中国国际法年刊

2019

Chinese Yearbook of International Law

中国国际法学会　主办

法律出版社
LAW PRESS · CHINA

《中国国际法年刊》编辑委员会名单

目　　录

论　　文

述　　评

书　　评

活动综述

文件资料

Contents

· Articles ·

· Notes and Comments ·

· Documents and Materials ·

论　　文

试论人类命运共同体制度化及其国际法原则*

张乃根**

摘要：中国国际法理论亟待创新，以适应日益走近国际舞台中央的新时代中国特色大国外交方略及其实施。人类命运共同体的学说包含了丰富的国际法理念，并具备制度化要素，为中国国际法理论创新提供了新视角。现代国际法制度的产生及发展证明，国际法理论的引领作用至关重要。人类命运共同体应该也完全可以通过将其核心理念确立为国际法原则作为其制度化的必要步骤。人类命运共同体的国际法原则可归纳为持久和平、普遍安全、共同繁荣、文明共存和可持续发展。“人类命运共同体五项国际法原则”相辅相成，将现行国际法基本原则内容与新时代中国的新主张融为一体，不仅是对中国倡导的和平共处五项原则的传承与发展，而且是对当代国际法原则体系的新贡献，因而，它们必将对“百年未有之大变局”朝着有利于全人类共同利益的方向发展起到规范性的指导作用。

关键词：理论创新；人类命运共同体；理念；制度化；国际法原则

---

* 本文为国家社会科学基金重大项目《“构建人类命运共同体”国际法治创新研究》（项目编号：18ZDA153）和国家社会科学基金重点项目《“人类命运共同体”国际法理论与实践研究》（项目编号：18AFX025）的阶段研究成果之一。

** 复旦大学特聘教授、中国国际法学会副会长。

一、引言:中国国际法理论的创新与人类命运共同体学说

在世界上独一无二、延绵五千多年的中华文明史上,中国与其他国家的关系自《史记》以来均有文字记载。① 其中,历代地理志界定本国疆域,其他为外夷,如西汉初年以阴山、长城为界,以北接壤的匈奴;②宋代之后称为外国,如朝鲜。但是,现代国际法及其理论源于文艺复兴之后的欧洲,直到第一次鸦片战争(1840—1842年)前后传入中国。一百七十多年以来,从周鲠生先生于1929年撰写《国际法大纲》,③到王铁崖先生于1981年主编《国际法》,④以及当代中国国际法学者致力于理论创新,时代造就了一代又一代的国际法学者,也呼唤着中国国际法理论的创新。

中国国际法理论的创新不是,也不可能将四百多年来的国际法理论完全推倒重来,而是要在此基础上,根据时代的发展和全球治理新制度的需要,提出具有新意的建设性理论。在当今"百年未有之大变局"⑤中,作为习近平新时代中国特色社会主义思想之一的人类命运共同体学说恰逢其时,它包含着丰富的国际法理念。⑥概括而言,根据已有研究,人类命运共同体学说所涵盖的国际法理念指的是,"构建以和平为基础,包容为核心,互利为功效,绿色为亮点的人类命运共同体,实质上就是倡导与践行和平、包容、互利

---

① 参见《二十五史·史记汉书》,上海古籍出版社1986年版。

② 参见谭其骧主编:《简明中国历史地图集》,中国地图出版社1991年版,第16页。

③ 周鲠生:《国际法大纲》,周莉勘校,中国方正出版社2004年版。

④ 王铁崖主编:《国际法》,法律出版社1981年版。

⑤ 参见《习近平在中央外事工作会议上讲话》,载《人民日报》2018年6月24日,第1版。

⑥ 参见张乃根:《试探人类命运共同体的国际法理念》,载《中国国际法年刊》(2017),法律出版社2018年版,第43~74页;徐宏:《人类命运共同体与国际法》,载《国际法研究》2018年第5期,第3~14页;人类命运共同体课题组:《人类命运共同体的国际法构建》,载《武大国际法评论》2019年第1期,第1~28页。

和绿色的国际法”；[①]“其要义是在以主权国家为主体的当今国际社会中，按照‘天下一家’的理念和联合国宪章的宗旨和原则，以公平正义和法律规则为基础，以人类共同利益为纽带，通过各国的各自努力和国家间的互助合作，同心协力，创建一个持久和平、普遍安全、共同繁荣、开放包容、清洁美丽的美好世界”。[②] 将这一具有鲜明中国特色的国际法新理念转化为全球治理新制度及其过程，将为中国国际法理论的创新提供新的视角，很值得深入探讨。本文尝试在这一视角下论述人类命运共同体的制度化及其国际法原则。本文认为，人类命运共同体的制度化是一个历史过程，而将其核心理念确认为国际法原则，则为必不可少的关键步骤。为此，下文将首先论证国际法理论对现代国际法制度建设的引领作用，继而循着国际法原则的路径探析人类命运共同体理念的制度化，然后着重阐述人类命运共同体的制度化与国际法原则的关系，最后论及人类命运共同体五项国际法原则与和平共处五项原则的承接与发展。

二、国际法理论对现代国际法制度建设的引领作用

本文尝试论述人类命运共同体学说所包含的国际法理念，并通过确认其所体现的国际法原则为人类命运共同体学说的制度化奠基，最终使其成为当代国际法的组成部分。由于国际法及其理论源于欧洲并根植于古希腊罗马文化，因此，扼要追溯本文所涉“理念”“制度”等概念的理论来源及其法律实践，有助于理解国际法理论对现代国际法制度建设的引领作用。柏拉图被认为是“理

① 张乃根：《试探人类命运共同体的国际法理念》，载《中国国际法年刊》(2017)，法律出版社 2018 年版，第 71 页。

② 人类命运共同体课题组：《人类命运共同体的国际法构建》，载《武大国际法评论》2019 年第 1 期，第 14 页。

念论”的创始人,[①]他在探讨正义的“理念”(idea)时首先得出一个定义:“正义就是给每个人以恰如其份的报答”。[②] 这一理念后来成为古罗马法基本原则之一的“给予每个人他应得的部分”。[③] 这是正义(*jus*,抽象意义的法)“理念”成为制度化法律的典型。“理念”是哲理性观念,通常蕴含于一定的学说或理论,而制度是可观察的系统性社会现象或行为规范。比如,亚里士多德在《雅典政制》中描述的宪政“制度”(institution)包括执政官、立法院和最高法庭。[④] 罗马法典首先是指法的“制度”(*institutionum*)。[⑤] 现代国际法以罗马法为基础,其产生和演变在很大程度上因循了从法“理念”到法“制度”的制度化路径。

俗话说“事实胜于雄辩”。历史表明,国际法理论常常引导制度建设。16 世纪末 17 世纪初,在欧洲民族主权国家兴起初期,尚无调整各国间关系的国际公约或公认的习惯国际法。人们通常认为:“15 和 16 世纪,在许多彼此绝对独立的国家没有建立起来以前,国际法是不需要的。”[⑥]“国际法之父”格劳秀斯基于罗马法,主张非神学的自然法理念,试图将战争与和平的国际关系准则建立在一个非常坚实的基础上,以致连上帝也不能改变它。如何证明

---

① [英]罗素:《西方哲学史》(上卷),何兆武、李约瑟译,商务印书馆 1963 年版,第 143 页。

② [古希腊]柏拉图:《理想国》,郭斌和、张竹明译,商务印书馆 1986 年版,第 7 页。又参见 Plato, *The Republic and other Works*, trans. by B. Jowett (New York: Anchor Press, 1973), p. 14。

③ [罗马]查士丁尼:《法学总论——法学阶梯》,张企泰译,商务印书馆 1989 年版,第 5 页。

④ [古希腊]亚里士多德:《雅典政制》,颜一译,载苗力田主编:《亚里士多德全集》(第十卷),中国人民大学出版社 1997 年版,第 4 ~ 5 页。又参见 Aristotle, *The Athenian Constitution*, trans. by P. J. Rhodes (New York: Penguin Books, 1984), p. 48。

⑤ 参见[古罗马]盖尤斯:《法学阶梯》,黄风译,中国政法大学出版社 1996 年版。“阶梯”的拉丁文具有制度的词义。参见 *Black's Law Dictionary*, fifth edition (St. Paul: West Publishing Co. 1973), p. 719。

⑥ [英]劳特派特修订:《奥本海国际法》(上卷第一分册),王铁崖等译,商务印书馆 1971 年版,第 55 页。

某行为符合自然法呢？他提出人类的共同意识是一种证明："因为普世需求的效果是普遍的原因；并且，此类观念的原因不是别的，正是被称为人类共同意识的感觉。"①现代国际法的基石——"共同同意"②或者说"协调的一致"③，由此形成。1648年《威斯特伐利亚和约》作为现代国际法第一项多边条约，就是经欧洲16个国家、66个神圣罗马帝国下王国，109位参会代表共同同意而缔结，它恢复并确立欧洲和平及三十年战争之后的制度安排。④ 民族国家主权平等的国际法体系的形成与格劳秀斯国际法理论实际上起到的引导作用密切相关。可以说，这是国际法理念到实证国际法（主权国家间条约）的制度化的最初范例。"他（格劳秀斯）的论著也许对这一和平的法律框架之准备作出了贡献。只要国际关系受到正义原则的约束，他的论著将继续是精神鼓舞的源泉。"⑤然而，此后的和平并没能持久。据不完全统计，从1650年到1800年的一个半世纪期间，欧洲各国之间共发生了67次大规模战争。⑥ 18世纪末，康德的《永久和平论》基于人道主义理念，主张人与人、国与国之间的和平共处，以自由国家的联盟为基础，维护国际和平。"这是各民族的联盟，而不是由各民族组成的一个国家。和平联盟与和平条约的区别在于：后者仅仅企图结束一次战争，而前者却要永远结束一切战争。"⑦这一永久和平的理念影响到后来国际联盟

① Hugo Grotius, *On the Law of War and Peace*, trans. by Francis W. Kelsey (Oxford: at the Clarendon Press 1925), p. 42.

② 参见[美]路易斯·亨金：《国际法：政治与价值》，张乃根等译，中国政法大学出版社2005年版，第36～37页。

③ 王铁崖：《国际法引论》，北京大学出版社1998年版，第35页。

④ See *Encyclopedia of Public International Law*, Vol. 7 (Amsterdam: Elsevier Science Publishers B. V., 1984), pp. 160 – 162.

⑤ L. E. van Holk & C. G. Roelofsen ed., *Grotius Reader* (The Hague: T. M. C. Asser Instituut, 1983), p. 41.

⑥ See Clive Archer, *International Organization*, (Routledge, 3rd edn, 2001), p. 4.

⑦ Kant, *Perpetual Peace*, edited and translated by Lewis White Beck (Bobbs-Merrill Educational Publishing, 1952), p. 18.

和联合国的建立。“如果我们正确理解康德,那么他的学说意味着永久和平是不能通过一度建立国际联盟来予以保证,而只是由于联盟成员国的经常和积极的合作,才能得到保证。”[①]正是在这个意义上,康德的永久和平理念引导了国际社会最终选择了永久性组织的制度。

为什么在现代国际法的历史上,国际法理论可以起到引领制度建设的作用?这很大程度归结于国际社会这一共同体的特性。[②] 从现代国际法起源于主权独立的欧洲民族国家间社会(就其共同宗教信仰而言,也称为“基督教世界”[③]),到《联合国宪章》下“各会员国主权平等”[④]的当代国际社会大家庭,有别于国内社会的中央政府类型的治理结构,国际社会迄今仍是平等主权国家间的共同体。相比于国内社会经过数以千年的政治演变而形成的“利维坦”[⑤](国家为拟制主权者)行使对国内社会统治权的模式,国际社会虽已有组织化的机制,但毕竟只有数百年历史,从根本上说,国际社会还是一个“无政府主义”或“半政府”的人类共同体。一国利益或实力至上的“丛林规则”往往支配着各国间关系。“当世界政治依然充满着各国为权力、荣誉和财富而在全球无政府状态下进行的斗争,则典型的国际关系观点根本上与修昔底德时代并无二致,而在现代尚未得到超越。”[⑥]

现代国际法产生之初,从中世纪教廷至高无上的统治下独立的欧洲各主权民族国家信奉“主权至上无管辖”。诚如《威斯特伐

---

① [奥]阿·菲德罗斯等:《国际法》,李浩培译,商务印书馆 1981 年版,第 38 页。

② 参见张辉:《人类命运共同体:国际法社会基础理论的当代发展》,载《中国社会科学》2018 年第 5 期。

③ 参见[美]斯塔夫里阿诺斯:《全球通史:1500 年以后的世界》,吴象婴等译,上海社会科学出版社 1992 年版,第 11 页。

④ 《联合国宪章》,载《国际条约集》(1945 - 1947),世界知识出版社 1959 年版,第 35 页。

⑤ 参见[英]霍布斯:《利维坦》,黎思复等译,商务印书馆 1985 年版。

⑥ [美]约翰·罗尔斯:《万民法》,张晓辉等译,吉林人民出版社 2001 年版,第 30 页。

利亚和约》第5条规定，涉及双方争端应约定仲裁员解决，或以条约结束该争端。[①] 然而，各国之间关系应适用什么法？人们并不清楚。格劳秀斯主张以非神学的自然法理念为指导，吸取古代罗马法的"万民法"概念，将经各国共同同意达成的条约或承认的习惯作为调整相互关系的国际法。"'自然法'所尽的最伟大的职能是产生了现代'国际法'和现代'战争法'"。[②] 可以说，"尽管其基础还不是很完美，但是在16世纪不可能有其他学说替代之"。[③] 格劳秀斯的理论很快为欧洲各国所接受，其影响是那么大，以致17世纪和18世纪的多数国际法学者都是格劳秀斯派，欧洲各国间条约也日益增多。但是，一方面，欧洲各国拥有平等的主权，包括有权发动自以为正义的战争，导致一次又一次的战争，一次又一次的和约；另一方面，欧洲国家通过海外扩张，将不平等的国际关系强加于亚非拉各国，形成极不平等的殖民地、半殖民地统治。19世纪和20世纪上半叶，包括"脱亚入欧"的日本在内的欧美各国陷入恶战不断的漩涡，不能自拔，两次世界大战给人类带来惨不堪言之灾难；同时，19世纪以来拉美国家率先发起的反殖民化独立运动，逐步向亚非发展。1945年10月联合国的诞生，标志着禁止一切战争，非经安理会授权或会员国被迫自卫，不得对他国使用武力的战后国际法之确立。这是将格劳秀斯的主权平等和康德的永久和平两种国际法理论相结合而产生的制度，亦即，联合国的各会员国主权平等，并以联合国宗旨为行为准则，维护国际和平与安全，"发展国际间以尊重人民平等权利及自决原则为根据之友好关系"，促进国际合作，"增进并激励对于全体人类之人权及基本自

---

① 参见《威斯特伐利亚条约》，载《国际条约集》（1648－1871），世界知识出版社1984年版，第3页。

② ［英］梅因：《古代法》，沈景一译，商务印书馆1959年版，第55页。

③ Andrew Clapham, *Briely's Law of Nations: An Introduction to the Role of International Law in International Relations* (Oxford University Press, 7th edn, 2012), pp. 22－23.

由之尊重”。[①] 从《威斯特伐利亚和约》到《联合国宪章》,尽管现代国际法制度的产生和演变从根本上取决于一定的国际关系,但是,不可否认格劳秀斯、康德等人的国际法理论在现代国际法制度的建设当中起到的引领作用。

如同17世纪初或20世纪初,当今人类社会又走到了一个新的历史节点。20世纪末21世纪初,国际社会刚刚结束长达半个世纪的冷战,却又遭遇史无前例的恐怖袭击以及美国随即发动在阿富汗等国的反恐战争,并延续至今。如今的“百年未有之大变局”,突出体现在原先两个超级大国之一的苏联已一去不复返,美国作为当今唯一的超级大国在反恐战争的拖累下已显现“走下坡路”的迹象,同时,国际关系多极化逐步发展,中国正在和平崛起,走近国际舞台中央。一百年前,人类社会在战火中煎熬,国际关系在枪炮中变动,联合国孕育于反法西斯世界联盟。当时,爱好和平和坚信正义将取得最终胜利的人类的唯一选择是:“持久和平的唯一真正基础是摆脱了侵略威胁,人人享有经济与社会安全的世界上自由人民之自愿合作”,[②]并“建立一个更普遍和更持久的全面安全体系”。[③] 一百年后的今天,“人类社会正处大发展大变化大调整时期”,“同时,人类也处在一个挑战层出不穷、风险日益增多的时代”。[④] 美国竭力维持其全球霸权地位,并时常滥用单边措施维护其一国私利,这给整个世界秩序造成了极大的不确定性;恐怖活动与地区冲突犬牙交错,给国际和平与安全带来极大危害;英国脱欧风波使得欧洲一体化前途未卜;民粹主义或狭隘民族主义势力抬头对于人类共同应对气候变化、消除贫困和促进发展等全球

---

① 《联合国宪章》,载《国际条约集》(1945－1947),世界知识出版社1959年版,第35页。

② 《联盟国宣言》(1941年6月12日于伦敦圣詹姆斯宫),载饶戈平主编:《国际组织法》,北京大学出版社1996年版,第34页。

③ 《大西洋宪章》,载[美]康马杰编:《美国历史文献选萃》,今日世界出版社1979年版,第108页。

④ 习近平:《共同构建人类命运共同体——在联合国日内瓦总部的演讲》(2017年1月18日),载《人民日报》2017年1月20日,第2版。

性挑战极为不利。世界朝何处去？人类社会前途何在？中国主张推进构建人类命运共同体，为未来一百年乃至更长时间人类社会的发展指明了方向。这一具有中国特色和体现国际社会共同愿景的理念，具有丰富的国际法理论及其制度化要素，必将对今后全球治理体系的制度改革和发展产生重大和深远的影响。

三、人类命运共同体制度化：国际法原则的路径

当代及今后很长时期的国际社会仍是平等主权国家为主体的人类共同体。推进构建人类命运共同体，是基于尊重各国主权及其自主选择发展道路的权利，推动建设相互尊重、公平正义、合作共赢的新型国际关系，倡导国际关系民主化；促进全球治理体系改革和建设，共同建设持久和平、普遍安全、共同繁荣、开放包容、清洁美丽的世界；建立健全开放、透明、包容、非歧视性的多边贸易体制，推动经济全球化朝着更加开放、包容、普惠、平衡、共赢的方向发展；以共建"一带一路"为重点，同各方一道打造国际合作新平台，为世界共同发展增添新动力。①

国际法理念转化为国际法制度，可通过条约、习惯国际法和国际法原则等制度化路径。从国际法原则形成或确认的路径看，推进构建人类命运共同体不仅具有丰富内涵的国际法理论，而且具备现实和未来发展的制度化基础或要素。国际法上的制度是指可观察的系统性实证国际法或国际机构。人类命运共同体的制度化与国际法的原则体系休戚相关。

国际法原则是现代国际法的制度性渊源之一。比如，《威斯特伐利亚和约》第 1 条至第 10 条为缔约各方同意的基本原则，包括各方"应保持基督徒的普遍和平，永恒、真正和诚挚的和睦关系"，

① 参见习近平：《在庆祝改革开放 40 周年大会上的讲话》(2018 年 12 月 18 日)，载《人民日报》2018 年 12 月 19 日，第 2 版。

"由于敌对行动在任何地方、以任何方式造成的一切,都应永远予以忘却、宽容或谅解","一方永远不得在任何名义或借口下,以武器、金钱、军人或任何种类的弹药帮助另一方的现存的或未来的敌人","关于洛林的争执应提交双方提名的仲裁人,或由法国和西班牙之间签订一项条约,或采取其他友好的办法来解决",各方"不得妨碍恢复原有产权","神圣罗马帝国下各国君主权利应予恢复"。[①] 这些早期的国际法原则体现了主权与和平、宽容与非战、友好解决争端和恢复原有财产权等欧洲各主权民族国家应遵循的基本准则。又如,《联合国宪章》第 2 条规定的国际法基本原则为:各会员国"主权平等","善意履行本宪章所担负之义务","应以和平方法解决其国际争端","在其国际关系上不得使用威胁或武力","对联合国依本宪章规定而采取之行动,应尽力予以协助"和"在维持国际和平及安全之必要范围内,应保证非联合国会员国遵行上述原则","不得授权联合国干涉在本质上属于任何国家国内管辖之事件"。这些当代的国际法基本原则是公认的国际关系准则。毋庸置疑,国际法的基本原则构成各国和平相处之关系赖以维持的制度性基础。同时,这些原则也是和平解决国际争端的可适用法。分别于 1922 年 2 月和 1945 年 6 月先后设立的国际常设法院和国际法院,均以其规约明文规定:"一般法律原则为文明各国所承认者"[②]是法院裁判之适用的国际法。虽然该规定"并不说明它包含着国际法渊源,但是,它是被这样引用的"。[③] 由于该规约有关可适用法的规定通常被认为是国际法渊源的表述,而在国际法实践中,无论是条约下的国际法基本原则,还是争

---

① 《威斯特伐利亚条约》,载《国际条约集》(1648 - 1871),世界知识出版社 1984 年版,第 3 页。

② 《国际常设法院规约》,载《国际条约集》(1917 - 1923),世界知识出版社 1961 年版,第 531 页;《国际法院规约》,载《国际条约集》(1945 - 1947),世界知识出版社 1959 年版,第 60 页。

③ [英]詹宁斯、瓦茨修订:《奥本海国际法》(第一卷第一分册),王铁崖等译,中国大百科全书出版社 1995 年版,第 14 页。

端解决适用的国际法一般原则,都是国际法渊源的一部分,因此,可以说,国际法原则是一种"制度性渊源",构成了国际法的制度化基础或要素。

作为国际法的制度化基础或要素的国际法原则体系包括了国际法上公认的基本原则和各国通行并可适用于国际关系的一般法律原则。应注意的是,虽然将这两类原则纳入国际法原则体系与公认的国际法渊源及其实践相吻合,但是,就本文研究而言,需要进一步区分这两类原则,并强调人类命运共同体的制度化所确立的是国际法基本原则,而非一般法律原则。

从16世纪上半叶格劳秀斯的《战争与和平法》到18世纪中叶乃至其影响远及19世纪下半叶的瓦特尔的《国际法或自然法的原则》,国际法理论的研究均以国际法基本原则为基础。前者开篇就以自然法理念为指导,阐述了为和平而战是正义的基本原则:正义战争符合自然法,"因此,足以确立的是并非所有战争与自然法背道而驰,同样也可以说,不违背国际法"。[①] 后者被认为"在其后一百多年的国际法学者的论著中,没有能超越之",[②]该经典著作专门阐述了国际法的基本原则:为了国际社会最终目的,每个国家应在增进自身福祉时尽可能地为其他国家的福祉作出贡献;"国际自然社会的法律对于每个国家的福祉是如此重要,一旦允许践踏这些法律,那么没有哪个国家可以期待保护其存在及其国内安宁,无论其可能采取什么明智、正当和合适的措施"。[③] 简言之,各国应遵循以自然法为基础的国际法,在国际和平上既为自身也为他国谋求福祉。

---

① Hugo Grotius, *On the Law of War and Peace*, translated by Francis W. Kelsey (Oxford: Clarendon Press, 1925), p. 57.

② Tetsuya Toyoda, *Theory and Politics of Law of Nations* (Martinus Nijhoff Publishers, 2011), p. 161.

③ E. de Vattel, *The Law of Nations or the Principle of Natural Law* (Hennry Dunant Institute, Translation of Edition of 1785, 1983), p. 8.

19 世纪末 20 世纪初,实证法学派兴起,国际法基本原则的学说随着自然法学派的衰落而遭冷遇。以《奥本海国际法》为代表的国际法理论不再专门讨论基本原则,直到 1992 年的第九版才提及《联合国宪章》有关履行国际义务的"善意"原则,作为一般法律原则。[①]

20 世纪 80 年代后,中国的国际法学说以全面阐述国际法的基本原则为重要特点之一。"所谓国际法的基本原则,不是个别领域内的具体原则,而是那些被各国公认的,具有普遍意义的,适用于国际法一切效力范围的,构成国际法的基础的法律原则"。[②] 中国国际法学者普遍认可这一观点,[③]并以《联合国宪章》及其《国际法原则宣言》[④]和新中国倡导的和平共处五项原则为主加以阐述。[⑤] 国际法基本原则体系包括各国主权平等、各民族享有平等权利与自决权、各国依照《联合国宪章》彼此合作并应秉诚意履行依据该宪章所负义务、各国在其国际关系上不应使用威胁或武力,各国应以和平方法解决其国际争端、依照该宪章不干涉任何国家国内管辖事项。和平共处五项原则包括互相尊重主权和领土完整,互不侵犯,互不干涉内政,平等互利,和平共处,其中,除平等互利,这均与前述基本原则一致。

国际法院曾多次确认国际法基本原则,并认为有些原则已经具有了习惯国际法的性质。比如,"尼加拉瓜军事与准军事行动案"判决明确:"不干涉原则包含了每个主权国家不受外来干预处

① 参见[英]詹宁斯、瓦茨修订:《奥本海国际法》(第一卷第一分册),王铁崖等译,中国大百科全书出版社 1995 年版,第 23 页。

② 王铁崖主编:《国际法》,法律出版社 1981 年版,第 48 页。

③ 参见梁西主编:《国际法》,武汉大学出版社 1993 年版,第 48 ~ 49 页;饶戈平主编:《国际法》,北京大学出版社 1999 年版,第 42 ~ 44 页。

④ 《关于各国依联合国宪章建立友好关系及合作之国际法原则宣言》(1970 年 10 月 24 日),A/RES/2625。

⑤ 参见邵津主编:《国际法》,北京大学出版社、高等教育出版社 2000 年版,第 28 ~ 34 页。

理自己事务的权利，虽然违反该原则的例子并不罕见，但是，本法院认为这是习惯国际法的一部分。"[①]又如，"石油平台案"判决将《联合国宪章》有关武力使用规定明确为习惯国际法，作为涉案条约解释的上下文，其中包含各国在其国际关系上不应使用威胁或武力的基本原则。[②]

与国际法基本原则有所不同，一般法律原则源自于各国国内法一般具有的原则，例如，诚信（good faith，也译善意）原则（包括行使权利中的诚信，即禁止权利滥用）、责任（包括过失）原则、司法程序（包括管辖权、回避、举证责任、既判力）等。至于国际常设法院和国际法院的规约所谓"文明各国承认者"中的"文明"一词，其实并无必要，"因为任何国家作为国际社会的成员必然被认为是文明的"。[③]

推进构建人类命运共同体主要融合上述国际法基本原则，而非一般法律原则，从而形成适应新时代全球治理新制度建设的国际法原则新体系。将人类命运共同体的核心理念融入现行国际法的原则体系，并促进其发展，是将其落实到国际法制度层面的必要路径和关键步骤。必须强调，中国所提出的推进构建人类命运共同体的理念，不是也不可能针对现行国际法制度或体系"重起炉灶"，而是要将有中国特色的国际法理论、理念通过制度化的路径，使之逐步成为实证国际法和全球治理体系的组成部分。在这个意义上讲，从国际法基本原则的确立入手，促进人类命运共同理念的制度化不失为可选择的路径。中国国际法学界已对此展开一定研究。[④] 本文旨在进一步论证国际法理论对现代国际法制度建设的

① Military and Paramilitary Activities in and against Nicaragua (Nicaragua v. USA), ICJ Reports 1986, p. 106. para. 202.

② See Oil Platforms (Iran v. USA), Judgment, I. C. J. Reports 2003.

③ ［英］郑斌：《国际法院与法庭适用的一般法律原则》，韩秀丽等译，法律出版社 2012 年版，第 27 页。

④ 人类命运共同体课题组：《人类命运共同体的国际法构建》，载《武大国际法评论》2019 年第 1 期，第 13～24 页。

引领作用,阐明人类命运共同体理念及其所包含的国际法理论对于"百年未有之大变局"中全球治理体系的改革与发展所具有的指导性作用,并基于国际法原则作为国际法的制度性渊源之一,从确立国际法原则的制度化角度,较系统地论述人类命运共同体理念与国际法原则的关系。

四、人类命运共同体制度化与国际法原则的关系

1. 持久和平的国际法原则

建设持久和平的世界是人类命运共同体所含国际法理念的首要内容。自从人类进入有文字记载的社会,就伴随着战争与和平。据《史记汉书》记载,在中华民族起源之"轩辕黄帝"时代,传说"神农氏世衰,诸侯相侵伐,暴虐百姓",可见连年战乱,百姓遭殃;"轩辕乃习用干戈吕征不亨",最终平定天下,"抚万民度四方",可谓太平世界。[①] 据现存最完整的古巴比伦《汉谟拉比王法典》记载,汉谟拉比王宣告"我得以和平统驭世人,以我的智慧保护之",同时祈祷"愿为我的武器开辟道路的战争与战斗之女王,爱护我的统治的仁爱的庇护女神伊丝达,在其盛怒之下……在战争与战斗之场中毁灭彼之武器"。[②] 显然,和平相伴战争。追求和平生活是人类本性之所向。诚然,人性之善或恶,古今中外哲学家们看法不一。类似中国古代儒家与法家之争,西方也有类似对立的观点,古希腊亚里士多德认为"人类由于志趋善良而有所成就",[③]英国资产阶级革命时期的霍布斯则断言人类的争斗天性会导致"每一个

---

① 《史记一、五帝纪》,载《二十五史 · 史记汉书》,上海书店上海古籍出版社 1986 年版,第 6 页。

② 《汉谟拉比王法典》,载《外国法制史资料选编》(上册),北京大学出版社 1982 年版,第 50 页。

③ [古希腊]亚里士多德:《政治学》,吴寿彭译,商务印书馆 1965 年版,第 9 页。

人对每一个人的战争”。[①] 但是,即便霍布斯也相信人类的理性会引导人类“寻求和平,信守和平”,[②]并最终达成相应的社会契约安排。这同样也适用于国际关系。

从《威斯特伐利亚和约》到《联合国宪章》,近四百年来国际社会所达成的这些里程碑式公约,其宗旨始终是和平。特别是吸取了两次世界大战的惨痛教训而制定的《联合国宪章》,开篇就是:“我联合国人民同兹决心欲免后世再遭今代人类两度身历惨不堪言之战祸……并为达此目的……接受原则,确立方法,以保证非为公共利益,不得使用武力”。该基本原则包括联合国“各会员国应以和平方法解决其国际争端,俾免危及国际和平、安全及正义”,“在其国际关系上不得使用威胁或武力,或以与联合国宗旨不符之任何其他方法,侵害任何会员国或国家之领土完整或政治独立”。坚持对话协商,建设一个持久和平的人类命运共同体与这一国际法基本原则是高度吻合的,因此可称之为“持久和平”的国际法原则。这是构建人类命运共同体的国际法首要原则。

2. 普遍安全的国际法原则

坚持共建共享普遍安全的世界是人类命运共同体所含国际法理念的重要内容。不同于相对战争而言的和平,安全以和平为前提,它的内涵更加宽泛,且在一定条件下具有自身价值。“维持国际和平及安全”是联合国之首要宗旨。在禁止一切战争以求人类持久和平时,“采取有效集体办法”,防止和消除对于和平之威胁,以达到各国免受侵略行为或其他破坏和平之行为的安全状态,就成为了和平的制度保障。现代国际法所赖以存在和发挥规制作用的国际社会从一开始就是一个相互依存的共同体,一国在其中往往难以独善其身。第二次世界大战的最大教训之一在于,以欧美为代表的国际社会首先对日本军国主义 1931 年侵占中国东北三

① [英]霍布斯:《利维坦》,黎思复等译,商务印书馆 1985 年版,第 94 页。

② Thomas Hobbes, *Leviathan*(Collier Macmillan Publishers, 1962), p. 104.

省的侵略行径姑息纵容,继而面对纳粹德国日益嚣张的侵略势头实行绥靖或所谓中立政策,生怕引火烧身的欧美列强却适得其反。战后联合国建立的集体安全机制旨在以大国一致方式,代表国际社会全体,保障国际和平及安全。“在当今国际社会尚无由居上机构始终压倒性地实施着法律的基本方面;这种实施依赖于非国家的共同体之集体行动。”[①]这是战后国际法意义上的“集体安全”原则。

共建共享普遍安全的世界,从两方面对联合国集体安全机制加以丰富和发展,其一,基于现行联合国集体安全机制,国际社会应统筹应对传统和非传统安全威胁。仅从近几年联合国安理会决议的若干主题就可看出,这两类安全威胁影响面广,发生频次高:2018 年关于中东局势(4 次)、索马里局势(3 次)、马里和利比亚局势(各 2 次)、阿富汗局势与核不扩散/朝鲜人民民主共和国(各 1 次),这些均事关地区安全或冲突问题;除了传统安全问题,2017 年有关恐怖主义行为对国际和平与安全的威胁(4 次);2016 年关于前南和卢旺达问题国际法庭及相关问题(4 次);2015 年关于妇女与和平安全、儿童与武装冲突(各 1 次)。可见,恐怖活动、国内武装冲突引起的种族灭绝事件、妇女儿童在武装冲突中的保护,都成为联合国集体保障机制涉及的国际和平及安全议题,而这些问题更多涉及人类社会的共同利益。普遍安全涵盖这些传统和非传统安全的全方面问题,甚至粮食安全、公共健康等人类生活能否得到安全保障也被纳入其中。其二,普遍安全不仅依靠安理会集体保障机制,而且应由国际社会共同努力,共建共享。这就要求在推进构建人类命运共同体的过程中,应致力于全球治理机制的改革。在战后 70 多年的今天,以安理会为核心的国际安全机制在应对普遍安全所面临的各种威胁时已显得力不从心。中国主张共商、共

---

① Hersch Lauterpacht, *International Law*, Vol. I (Cambridge University Press, 1970), p. 264.

建、共享的全球治理观,就是要从根本上解决现行机制中决策的非民主化问题,逐步建立健全包括联合国在内的各种全球治理机制。“民主是依公开平等的方式促进所有人的根本利益。”[①]也就是说,人类命运共同体理念下,国际社会的大事“由大家一起商量着办”。这就是当代国际法的“普遍安全”原则,也是构建人类命运共同体的国际法基本原则。

3. 共同繁荣的国际法原则

与调整各国之间政治关系的持久和平原则、普遍安全原则有所不同,中国主张推进构建共同繁荣的人类命运共同体,这以全球经济日趋一体化为客观条件,以促进贸易和投资自由化便利化,推动经济全球化朝着更加开放、包容、普惠、平衡、共赢的方向发展为目标。《联合国宪章》序言昭示的目的之一为“促进全球人民经济及社会之进展”,并将“促成国际合作,以解决国际间属于经济、社会、文化、及人类福利性质之国际问题”列为三大宗旨之一。在联合国主持下各国于 1946 年 10 月召开拟定成立国际贸易组织的准备会议,并就《关税与贸易总协定》(GATT)展开谈判。最终,该组织未能如期成立,但达成的 GATT 却通过临时适用而生效。[②] 该总协定以“提高生活水平、保证充分就业,保证实际收入和有效需求的大幅度增长,实现世界资源的充分利用研究及扩大货物的生产和交换为目的”。[③] 这些目的均含有共同繁荣的原则要素。但是,与 70 多年前不同的是,如今经济制度或经济发展水平不同的 193 个联合国会员国构成的国际社会大家庭更加需要开放与包容、普惠与平衡。

---

① Thomas Christiano,“Democratic Legitimacy and International Institutions”,in Samantha Besson and John Tasioulas (eds.), *The Philosophy of International Law* (Oxford: Oxford University Press,2013),p. 121.

② Protocol of Provisional Application of the GATT,October 30,1947,55. U. N. T. S. 308.

③ 《关税与贸易总协定》中文本,载《世界贸易组织乌拉圭回合多边贸易谈判结果法律文本》(中英文对照),法律出版社 2000 年版,第 424 页。

开放包容是共同繁荣的前提。对于各国,尤其是经济、贸易大国而言,对外不断加大开放其货物、服务和投资市场,为其他国家企业或投资者提供更多的商业机遇,是促进本国和世界经济发展的需要。《联合国宪章》各项目的、宗旨及基本原则均不涉及政治、经济、宗教及文化等社会制度的异同,而是以最大的包容性将所有爱好和平的国家纳入联合国。因各自制度及意识形态的不同而互相敌视所造成的冷战没有给人类带来什么好处。如今,建设共同繁荣的世界应摒弃冷战思维,各国间应互相尊重彼此社会、经济发展的制度选择,互相包容,求同存异,寻求大家都能接受的合作规则。这应是"共同繁荣"原则的基本要求。这不仅适用于国家间双边经贸关系,也应适用于各类区域性或全球性经贸国际组织。以世界贸易组织(WTO)为例。确认WTO建立的1994年4月15日《马拉喀什宣言》"决心通过使自己的经济融入建立在开放的市场导向政策及乌拉圭回合协议和决定所列各项承诺基础上的世界贸易体制,以巩固乌拉圭回合的成功结果……许多发展中国家和原中央计划经济国家采取了经济改革和自主贸易自由化的重大措施。……给予发展中国家差别和更优惠待遇的规定"。[①]可见,WTO体制秉承"开放的市场导向"(不是清一式的某种市场经济模式),鼓励相应的"经济改革和自主贸易自由化"(必要的体制改革或过渡),承认"发展中国家差别待遇"(经济发展水平不同的客观现实)。这就意味着,WTO也是一个开放包容的组织。根据"共同繁荣"原则,该组织应沿着开放包容的方向继续发展。

普惠与平衡是共同繁荣的核心。由于历史等原因,亚非拉地区的大多数国家仍处于发展中或最不发达的水平,因此,推进构建人类命运共同体,必须充分考虑这些地区及国家的利益诉求。20

---

① 《1994年4月15日马拉喀什宣言》,载《世界贸易组织乌拉圭回合多边贸易谈判结果法律文本》,第iii页。

世纪70年代，经过全球范围的非殖民化运动，广大的新兴发展中国家在政治独立的基础上要求改变旧的国际经济秩序，并推动联合国大会1974年第六次特别会议通过《建立新的国际经济秩序的宣言》[①]等文件，主张所有国家不论其经济社会制度，应基于公平、主权平等、相互依存、共同利益与合作等原则，并呼吁纠正已有国际经济秩序的不公平与非正义，努力消除发达国家与发展中国家的巨大鸿沟，保障稳定的经济增长和社会发展以及今世后代的和平与正义。40多年过去了，建立新的国际经济秩序，依然进程艰难。2015年联合国可持续发展峰会承认，全世界"几十亿公民仍然处于贫困之中，生活缺少尊严"，并承诺通过"集体努力谋求全球发展，开展为世界所有国家和所有地区带来巨大好处的'双赢'合作"。[②] 中国在过去40年改革开放中为全世界消除贫困，促进社会经济发展作出了显著贡献，同时，中国主张普惠与平衡的全人类共同繁荣，完全契合建立新的国际经济秩序和联合国2030年可持续发展议程的宗旨和原则。"共同繁荣"的国际法原则下的普惠与平衡是国际社会公认的普世要求，也是构建人类命运共同体的国际法基本原则。

4. 文明共存的国际法原则

人类社会是一个文明多样性的共同体。推进构建人类命运共同体，除了国家之间和平共处，共享普遍安全，谋求社会经济发展的共同繁荣，各种文明、文化的和谐共存也是人类的理想生活须臾不可缺少的方面。与共同繁荣原则所含制度性包容有所不同，文明间包容是不同文化思想的共存。现代国际法肇起于基督教文明的欧洲。《威斯特伐利亚和约》"对一些天主教国家和新教国家，规定了国际法上的共存……对宗教宽容的思想的实现，做出了一

① Declaration on the Establishment of a New International Economic Order 3201 (S-VI), A/9556, May 1, 1974.

② 《改变我们的世界：2030年可持续发展议程》，A/RES/70/1，2015年9月25日，第14段、第18段。

些贡献”。[①] 这说明,最初形成的现代国际法包含对基督教世界的不同宗教思想及其派别的宽容。但是,这仅限于基督教文明自身的包容。在欧洲人眼里,除了其文明及其社会,地球上的其他文明,不属于国际法上的文明。这一狭隘的文明观体现于欧美国家主导制定的国际常设法院及国际法院的规约第38条中所谓“一般法律原则为文明各国所承认者”。这是将“文明标准引入国际法,在文明民族与未开化民族间画上清晰且必要的界限”。[②] 在这样的文明观下,国际法仅适用于基督教文明世界。格劳秀斯最初探讨国际法时也是讲基督徒之间的战争正义与否问题。[③] 美国最高法院曾在20世纪初的一起著名案件中论证习惯国际法的相关国家实践时,先后将英国、法国、荷兰、德国、美国、奥地利和沙俄等国列入考量之列,甲午战争时期的日本是“最后一个被纳入文明民族的国家”。[④] 在第二次世界大战中,面对德意日法西斯和军国主义的疯狂侵略,爱好和平的国家和人民打破一切文明界限或政治意识形态的隔阂,组成反法西斯世界联盟,并在此基础上战后建立联合国,其会员国资格不分任何文明或制度,且明确其宗旨在于“不分种族、性别、语言或宗教,增进并激励对于全体人类之人权及基本自由之尊重”。这在现代国际法的历史上初步确立了“文明共存”的国际法原则。

在《联合国宪章》原则的基础上,人类命运共同体理念更加强调各种文明、文化、宗教等意识形态的交流互鉴、和谐共存。冷战后,随着苏联的瓦解,以计划经济为基础的僵化的经济制度及其相应的意识形态日渐失势,西方式的民主制度、市场经济及

---

① [奥]阿·菲德罗斯等:《国际法》,李浩培译,商务印书馆1981年版,第85页。

② [英]郑斌:《国际法院与法庭适用的一般法律原则》,韩秀丽等译,法律出版社2012年版,施瓦曾伯格所写“前言”,第1页。

③ 参见[荷]格劳秀斯等:《捕获法》,张乃根等译,上海人民出版社2006年版,第31页。

④ The Paquete Habana, 175 U. S. 677(1990), p. 700.

其理念在全世界流行。然而,对于像中国这样仍坚持自己特色的社会主义制度及其理念,是否应被允许在国际社会大家庭内共存?这个问题不时地引起争议。美国2017年《国家安全战略》将中国列为头号竞争对手,指责中国利用美国帮助建立的国际体制,在国内通过补贴产业和强制外国技术转让等方式扭曲市场。[①] 2019年年初美国、欧盟和日本贸易部长的《三方联合声明》再次表现出对所谓非市场的政策、市场导向的条件、产业补贴、国有企业及强制技术转让等议题的高度关注。[②] 这些政策和指责的实质在于,认为中国的制度及其理念不同于发达国家的事实不可容忍。除非中国按照其要求改变,否则就会被作为竞争或被围剿的对手。正如有学者在10多年前所言:"冷战的结束是一个重大的成就,但我们并非就要进入一个太平盛世。"[③]中国在坚持自己选择的社会经济基本制度的前提下,持续推动改革开放,吸取别人的长处,进行自我改进。"文明共存"的国际法原则是人类命运共同体理念的重要组成部分,它既符合《联合国宪章》下不同制度、文明的包容原则,也引领国际社会朝着和平共处、包容和谐的方向发展。

5. 可持续发展的国际法原则

坚持可持续发展,建设清洁美丽的世界是与时俱进,推进构建人类命运共同体所不可或缺的方面。茫茫宇宙,地球是人类如今和可预见的将来赖以生存的唯一星球。人们越来越认识到呵护地球共同家园的极端重要性。自1972年联合国《人类环境宣言》和1992年《关于环境与发展的里约宣言》以来,"可持续发展"已逐渐

---

① See National Security Strategy of the United States of America, December 2017.

② Joint Statement of the Trilateral Meeting of the Trade Ministers of the European Union, Japan and United States, Washington, D. C., January 9, 2019.

③ [美]迈克尔·赖斯曼:《国际法:领悟与构建》,万鄂湘等译,法律出版社2007年版,第142页。

成为国际环境法的一项基本原则。尽管该原则的含义还有不确定性,[①]但是,一般认为,"可持续发展不仅仅是现代国际法的一项原则,它是人类遗产中最古老的思想之一。而且被几千年来的人类智慧不断地加以丰富,它在国际法中起着重要作用"。[②] 没有几千年来我们的祖先实际上以某种可持续发展的方式生活,地球可能早已不适应人类生存。如果不以可持续发展的方式对待地球,那么人类终将走向自我毁灭。联合国《2030 年可持续发展议程》"重申联合国所有重大会议和首脑会议的成果,因为它们为可持续发展奠定了坚实基础"。[③] 从该议程以及先前的《21 世纪议程》所确认的承诺看,"国际法看起来的确要求国家和国际机构考虑可持续发展的目标并为实现此目标而确立适当的程序"。[④] 在这个意义上,可持续发展具有一定的国际法义务性质。在可持续发展原则的指导下,1992 年《联合国气候变化框架公约》、2016 年生效的应对全球气候变化的《巴黎协定》以及 2018 年后续实施细则,体现了全世界绝大多数国家兑现其承诺的决心与行动。

推进构建人类命运共同体的重要背景是,中国大力推动粗放型经济型态转变为环境友好型、高科技导向的经济形态,积极建设良好生态的新农村;同时,中国承诺大幅减少有害气体的排放,为全球应对气候变化,自主承担负责任大国的国际义务。所有这些都遵循了可持续发展的国际法原则。

综上,推进构建人类命运共同体的内容不仅与《联合国宪章》以及联合国主持下制定的有关国际法文件中一系列国际法基本原则相一致,而且增加了许多中国的新主张。总结而言,这包括"持久

---

① Ved P. Nanda, George Pring, *International Environmental Law and Policy for the 21st Century* (Martinus Nijhoff Publishers, 2nd edn, 2013), pp. 25 – 30.

② 1997 年《国际法院盖巴斯科夫——拉基玛洛大坝案卫拉曼特雷副院长的个别意见书》,载王曦主编:《国际环境法资料选编》,民主与建设出版社 1999 年版,第 656 页。

③ 《改变我们的世界:2030 年可持续发展议程》,A/RES/70/1,2015 年 9 月 25 日,第 11 段。

④ [英]帕特莎·波尼、埃伦·波义尔:《国际法与环境》,那力等译,高等教育出版社 2007 年版,第 92 页。

和平”的表述增强了和平原则所包含的世界和平之长远性，以构筑稳固、持久的和平为最终目标；以“普遍安全”为原则改进集体安全体制，共商共建促进全球治理体系的民主化；以“共同繁荣”为原则，坚持和发展开放包容、普惠平衡的国际经济合作；以“文明共存”原则促进不同文明、文化间交流互鉴，以求各国各地区的民心相通；“可持续发展”原则与各国，尤其是与发展中国家向环境友好社会转型发展的要求相联系，作为全球最大的发展中国家，中国将身体力行，推动可持续发展原则的落实。人类命运共同体的五项国际法原则相辅相成，将现行的国际法基本原则内容与中国的新主张融为一体，是对当代国际法原则体系的新发展和新贡献。本文旨在阐述和论证人类命运共同体五项原则在制度层面形成或被确认为公认的国际法原则，这也是中国国际法理论创新的一种尝试。

五、人类命运共同体五项原则与和平共处五项原则

构建人类命运共同体具有制度化特征的五项国际法原则，是在“百年未有之大变局”的新形势下对中国倡导的和平共处五项原则之传承和发展，即从侧重于新中国双边外交的和平共处五项原则，发展到如今基于多边外交和着眼于改进全球治理体系的人类命运共同体五项原则。当今中国的国际地位以及对外关系格局发生巨变，这迫切需要确立与之相适应的新时代中国特色大国外交方略。“中国外交要推动构建新型国际关系，推动构建人类命运共同体”①就是这一外交方略的指导思想。“文明创造的外交是防止国际关系完全受制于武力的最佳手段。……直到 1648 年结束 30 年战争的《威斯特伐利亚和约》建立了新关系的秩序，开始了古

① 习近平：《决胜全面建成小康社会　夺取新时代中国特色社会主义伟大胜利——在中国共产党第十九次全国代表大会上的报告》（2017 年 10 月 18 日），载《人民日报》2017 年 10 月 28 日，第 1 版。

典欧洲外交的时代(所有现代外交的起源)。”[①]可见,现代外交与现代国际法相伴而生,国际法是和平外交的必要手段。

新中国缔结的第一项双边条约——《中苏友好同盟互助条约》[②]规定,双方保证以友好合作的精神,并遵照平等、互利、互相尊重国家主权与领土完整及不干涉对方内政的原则,初步确立了和平共处五项原则。1953 年 12 月,周恩来总理在与印度政府代表团谈话时明确提出,并且在随后的中印双边协定序言载明“互相尊重主权和领土完整,互不侵犯,互不干涉内政,平等互利,和平共处”的五项原则。[③] 1954 年 6 月,周恩来总理先后访问印度、缅甸,并与两国分别发表联合声明,倡议将和平共处五项原则作为指导国际关系的准则。“如果这些原则能为一切国家所遵守,则社会制度不同的国家的和平共处就有了保证”。[④] 在新中国初期的特殊国际环境下,和平共处五项原则的提出和实践,既有利于与周边国家建立和发展睦邻友好关系,打破当时以美国为首的西方国家对新中国的孤立与封锁政策,也间接地促进了著名的《万隆宣言》将和平共处五项原则扩展为多边外交的十项国际法原则,1970 年联合国《国际法原则声明》也包含了和平共处五项原则的内容。从根本上讲,这些原则都与《联合国宪章》的宗旨及基本原则相一致,因而具有公认的国际法规范性或指导性。

根据 2018 年 3 月修正的《中华人民共和国宪法》[⑤]序言,中国独立自主的对外政策以和平共处五项原则为基础,以推动构建人类命运共同体为目标。人类命运共同体五项原则与和平共处五项原则,既有传承:持久和平与和平共处、普遍安全与互不侵犯、开放

---

① Sir Ivor Robert edited, *Satow's Diplomatic Practice* (Oxford University Press, 6th edn, 2011), pp. 5 – 10.

② 《中华人民共和国条约集》(第一集 1949 – 1951 年),法律出版社 1957 年版,第 2 页。

③ 《中华人民共和国条约集》(第三集 1954 年),法律出版社 1958 年版,第 1 页。

④ 《中华人民共和国条约集》(第三集 1954 年),法律出版社 1958 年版,第 13 页。

⑤ 《中华人民共和国宪法》,2018 年 3 月 11 日第十三届全国人民代表大会第一次会议通过修正。

包容与平等互惠、文明共存与互不干涉内政；又有创新：可持续发展，建立美丽世界。尽管人类命运共同体五项原则与和平共处五项原则的多数内容实质相同，但是，前者的价值取向更多体现了作为一个日益走向世界舞台中央的发展中大国所主张的多边主义。当代国际法中的多边主义是指，以《联合国宪章》为基石，维护联合国在保障国际和平与安全方面的权威，并改进以联合国为核心的多边国际组织体系，包括联合国下设的专门机构和诸如 WTO 此类与联合国相关的专门性国际组织。与和平共处五项原则提出之时中国暂未恢复在联合国的合法席位这一情况完全不同，如今，中国作为联合国安理会常任理事国之一，在维护国际和平及安全方面起到举足轻重的作用，比如，中国已是联合国维和部队的最大贡献者。中国与俄罗斯、哈萨克斯坦等国携手建立的上海合作组织，已有包括印度、巴基斯坦在内 8 个欧亚成员国，为促进地区合作反对恐怖主义，提高普遍安全水平发挥了至关重要的作用。在推动建立健全开放包容、共同繁荣的全球多边经贸体制方面，中国发起设立的亚洲基础设施投资银行，成员国已达百个，除了发展中国家，还包括除美国以外的主要发达国家。中国提出“一带一路”建设倡议得到越来越多的国家地区和国际组织的响应，并已与 122 个国家、29 个国际组织签署了 170 份政府间合作文件。① 中国积极推动《巴黎协定》的达成，并成为最早签署和批准该协定的国家之一。可以说，近十多年来，随着中国改革开放取得巨大进步，中国综合国力显著提高，中国所推动构建的持久和平与普遍安全的新型国际关系、开放包容与共同繁荣的国际合作关系、关乎全人类共同利益的清洁世界建设等体现了清晰、坚定且全方面的多边主义立场。

因此，如同当年和平共处五项原则能够在较短时间得到国际

① 截至 2018 年 12 月统计，载中国一带一路网：www. yidaiyilu. gov. cn/xwzx/roll/76800. htm，最后访问时间：2019 年 11 月 6 日。

社会的公认并融入国际法原则体系,当今中国主张的人类命运共同体五项原则,也将或迟或早制度化,继而被公认为全球治理体系的规范性或指导性的国际法原则。

六、结论:中国国际法理论创新视角下的人类命运共同体

总括全文,在当今"百年未有之大变局"中,挑战与机遇并存,这亟待中国国际法学人的国际法理论创新。以推进构建人类命运共同体为新时代中国特色大国外交方略,为传统国际法理论与中国贡献相结合的国际法理论创新提供了新的视角;通过国际法原则的形成、确认而逐步制度化的内在要素,人类命运共同体理念应该也完全可以被归纳为内涵丰富、具有时代新意的五项国际法原则,即持久和平、普遍安全、共同繁荣、文明共存和可持续发展的原则。

人类命运共同体五项原则是和平共处五项原则在新时代的发展,它基于《联合国宪章》的基本原则,涵盖和平共处五项原则,又突出了新时代中国与全人类共同利益所追求的全球治理新制度应遵循的国际法原则,因而必将成为当代国际法原则体系的重要组成部分,并最终由国际法理念逐步发展为惠及全人类的现实制度。

On the Institutionalization of Human Community with a Shared Future and Principles of International Law

ZHANG Naigen

Abstract: The Chinese theory of international law should be innovated in order to respond the needs for Chinese diplomatic strategy in the new era moving toward the center of global affairs.

The doctrine of human community with a shared future includes plentiful ideas of international law and essential elements of institutionalization, which provides a new viewpoint for innovation of Chinese theory of international law. The origin and development of modern international law demonstrates the critical importance of ideas about international law as guidance for institutional construction. It is necessary and possible to institutionalize the human community with a shared future through setting its ideas as principles of international law. The principles of international law for the human community with a shared future are those of lasting peace, universal security, common prosperity, coexistence of civilizations and sustainable development. The five principles of human community with a shared future are integrated with existing general principles of international law and Chinese new proposals in new era, which is not only the development of Chinese initiated Five Principles of Peaceful Coexistence, but also the new contribution for the contemporary system of principles of international law. It will be the guidance to advance "profound changes unseen in a century" for the common interests of mankind as whole.

Key Words: theoretical innovation; human community with a shared future; ideas; institutionalization; principles of international law

国际法中的历史性权利:现状与问题

贾兵兵*

摘要:历史性权利的概念在实践中表现为习惯法与领土取得权源理论的交集,在1982年《联合国海洋法公约》生效25年后的今天,它仍然在海洋法领域中具有重要影响。本文只关注相关实践的现状以及两个较少被讨论的问题:历史性领土主权的存在与实际影响;历史性捕鱼权作为特定的私人权利所造成的“可受理性”问题。本文认为,历史性领土主权的确立取决于“自古以来”的渊源;如果面临其他合理主张的竞争,相关方面需要提供和平、持续占有的历史证据,证据优越的主张胜出;“历史性捕鱼权存在于领海内、但不存在于专属经济区之中”的说法没有习惯法基础,而该权利在领海中受“无害通过”制度的挑战,也受“用尽当地救济”规则的限制。

关键词:历史性权利;历史性领土主权;历史性(传统)捕鱼权;无害通过制度;“用尽当地救济”原则

历史性权利的概念在1949年至1951年发生的英国诉挪威“渔业案”中得到诉讼双方和国际法院的重视,并以法院所宣示的“通过历史过程巩固”的外在表现方式构成习惯法与领土取得权

* 清华大学法学院教授;清华大学国际争端解决研究院副院长;《中国国际法年刊》编辑委员会成员。

源理论的交集，从此引发了"二战"后对领土变更规则（包括程序规则）的重新审视。[①] 在1982年《联合国海洋法公约》（以下简称《公约》）生效25年后的今天（2019年），它仍然对海洋法领域的国际实践产生重要影响，[②]比如"南海仲裁案"中对它所作的大幅描述与分析；[③]而中国的"历史性权利"在这个持续了3年的案件中占据了突出地位。本文对已经被很多出版物讨论过的问题不再圈圈点点，[④]而是关注这一题目下相关实践的现状以及其中两个较少被讨论的问题，这两个问题是：（1）历史性领土主权的存在与实

---

① Fisheries Case (UK v. Norway), Judgment of 18 December 1951, ICJ Reports 1951, p.116. 国际法院在判决中提到两种历史性权利表现方式：其一，适用于"历史性水域"，"通常"是指由于此权利的存在而成为内水的水域（p.130）；其二，适用于挪威的直线基线划法（p.139），后者起始于1869年国内立法，到1935年英国提出抗议时，已经通过稳定、长期的实践得到确立。"二战"前的实践已经在第一次联合国海洋法大会会议记录中有所总结（"历史性海湾：联合国秘书处备忘录"，联合国文件号A/CONF. 13/1），在此不再提及，see Clive Symmons, *Historic Waters in the Law of the Sea: A Modern Re-Appraisal* (Leiden/Boston: Martinus Nijhoff, 2008), pp. 8–15。

② 但是重要的专著数量不多，包括：Leo Bouchez, *The Regime of Bays in International Law* (Leyden: A. W. Sythoff, 1964); Yehuda Blum, *Historic Titles in International Law* (The Hague: Martinus Nijhoff, 1st edn., 1965); see also Clive Symmons, *Historic Waters in the Law of the Sea: A Modern Re-Appraisal*。本文还会特别引用 Andrea Gioia, "Historic Titles" (November, 2018), https://opil.ouplaw.com/view/10.1093/law:epil/9780199231690/law-9780199231690-e705?print=pdf (*Max Planck Encyclopedia of International Law*) (Last visited January 19, 2020)。

③ 本文沿用该案在常设仲裁法院官网上的名称："南海仲裁案"（菲律宾共和国诉中华人民共和国；案件号：2013–19），https://pca-cpa.org/en/cases/7 (Last visited January 19, 2020)。历史性权利构成了2016年7月12日"南海仲裁案"（实体问题）裁决（"2016年裁决"）的第五章，共50页的内容。

④ 据笔者不完全统计，自"2016年裁决"公布到笔者停笔时，国内有关该案与历史性权利的文章达到59篇之多。从仲裁案中菲方所提供的诉状附件中，可以看到国外对南海问题（历史证据是不可或缺的部分）的研究从20世纪中期开始到2016年为止，不仅从未间断，而且在数量上也因为南海局势在21世纪的变幻复杂，而有明显增加：Chia-Jui Cheng, "Selected Bibliographic and Research Resources on the Legal Status of the South China Sea etc.", (2011) Ⅷ *Soochow Law Journal* 117, pp. 117–147（这篇统计文献实际出版于2013年5月，所以包括直到那时出版的国内外出版物）；菲律宾诉状，2014年3月30日，附件中作为书面证据而提交的出版物（书、文章）达到120篇以上（附件全文参见 http://www.pca-cpa.org）。

际影响;(2)历史性捕鱼权问题。

针对上述问题(1),本文关注的是其对司法或仲裁机构管辖权的影响。此问题已经在笔者早些时候出版的文章中有所涉及但没有深入讨论。[①] 本文不停留在下述一般性假设的适用上:既然《公约》条款不涉及领土取得的方式问题,那么任何围绕领土主权展开的海洋争端都不属于《公约》解释或适用的范围。本文要探究的是这一假设所带来的深层问题:中国在南海的历史性领土主权对《公约》解释或适用的作用及影响。

针对上述问题(2),本文将考察一种特定的私人权利所造成的"可受理性"问题,而这一问题与领海和专属经济区制度有较大关系,在这两类海域中《公约》与习惯法的冲突都比较尖锐。本文将讨论的是:专属经济区作为新制度是否完全取代了历史上就已存在的捕鱼权——假设这种权利确实已经为国际法所认可?"惯常"捕鱼活动可以产生国际法下的权利吗?历史性权利有可能在《公约》生效之后继续存在于这两类海域中吗?

一、历史性权利的基本要件

1962 年,联合国秘书处公布了《关于历史性水域(包括历史性海湾)的法律制度》这一文件,它依据当时所掌握的实践和理论,确立了三个有关"历史性水域"的识别标准,[②]这一分类对后来实践的影响是决定性的,[③]成为讨论"历史性权利"相关法律规则的

---

① Bing Bing Jia, "The Principle of the Domination of the Land over the Sea: A Historical Perspective on the Adaptability of the Law of the Sea to New Challenges", (2014) 57 *German Yearbook of International Law* 63, p. 85.

② UN Secretariat, *Juridical Regime of Historic Waters, Including Historic Bays*, 2 *Yearbook of the International Law Commission* (1962), UN Doc. A/CN. 4. 143.

③ United States Department of State, Bureau of Oceans and International Environmental and Scientific Affairs, *Limits in the Seas*, No. 143 (China: Maritime Claims in the South China Sea), 5 December 2014.

起点;在司法实践中,《1962年秘书处研究报告》的三个标准被国际法院视为不存在争议。[①]

在这里概述一下秘书处的标准。秘书处认为,在识别是否存在"历史性水域"的权源时,要考虑三个因素或标准:(1)对于声索水域所行使权力的性质;(2)这一权利的行使必须具有持续性;(3)其他国家的反应。[②] 秘书处解释道,[③]第1点所提及的权利的行使必须是有效行为,即在现实中得以实现其所预期的结果的行为;第2点要求行使权利的做法必须已经构成"惯例"(usage);而第3点则要求其他国家对此行使权利的做法普遍表示容忍,特别是相关水域的其他沿岸国。第2点对声索国行使权力的做法要求并不高,只要其形成惯例即可,意思是这一做法在相当长的时间里持续存在,然后看其他国家的反应。这一结论避免了声索国出示该做法已经达到习惯法的证据要求,况且在今日条件下,针对有多个沿海国的水域的习惯法,其存在与否往往难以确定,特别是在声索本身受到其他沿海国质疑的情况下。

值得强调的是,上述报告迄今仍是联合国(或是任何机构)所作过的有关历史性水域权利的权威性研究成果,在其公布后近60年内没有被更新或修正,[④]但是,它不涉及"历史性权利"这一概念是否适用于领土取得的问题。[⑤] 另一方面,如果这一类权利的内

① Land, Island and Maritime Frontier Dispute (El Salvador/Honduras; Nicaragua Intervening), Judgement, ICJ Reports 1992, p. 351, paras. 394, 412.

② *Juridical Regime of Historic Waters, Including Historic Bays*, para. 185.

③ *Juridical Regime of Historic Waters, Including Historic Bays*, para. 186.

④ 国际法委员会:《第29届会议报告》,载《国际法委员会年刊》(1977)(第2卷)第129页第109段(针对历史性水域这一于1959年由联合国大会建议给委员会的题目,委员会决定暂时不需要采取行动,而等待第三次联合国海洋法大会谈判结果出炉后再说)。

⑤ 报告承认,其结论中存在揣测的成分,它是作为讨论的基础而非彻查的结果公诸于世的:*Juridical Regime of Historic Waters, Including Historic Bays*, para. 182。

容取决于相关国家行为的对象和意图,①那么先入为主地认为它不适用于领土取得就不够客观全面。②

其实,《1962 年秘书处研究报告》认定的三个标准也可以合并为两个,即长期、和平地行使主权权力和其他国家的默认或接受。不管怎样,这些标准本身并没有说明此类权利的种类、内容,而是起到了使相关权利的声索能够取得合法性的效果。

在实践中,1951 年"渔业案"判决已经将历史性权利的理论适用于挪威的直线基线法,认可后者对英国的有效性,这个判决在根本上有两重效果:它使得挪威的做法合法化;它使得挪威因此得到的内水区域合法化。后者正是领土主权取得的例子。所以,挪威既得到了领土主权,也维护了自己在当时独有的基线划法的合法性,而后者在性质上是个非领土主权的概念。在"厄立特里亚与也门仲裁案"中,仲裁庭承认实践中存在着非主权性的"历史性权利"(historic rights),③从而暗示着留下了"历史性领土主权"存在的可能性。④

如果存在"历史性领土主权"的话,它仍然是国际习惯法规范的内容,那么,有关这类权利的规则和影响是什么?需要提醒的是,在本文中,这一词组与"历史性所有权"同义,尽管在词义上还有可以争论的地方。

---

① *Juridical Regime of Historic Waters, Including Historic Bays*, para. 189. In the Matter of the South China Sea Arbitration, Award of 12 July, 2016, para. 266.

② 其实对于"历史性水域"的存在,实践也是认可的,Clive Symmons, *Historic Waters in the Law of the Sea: A Modern Re-Appraisal*, p. 296。

③ See Territorial Sovereignty and the Scope of Dispute, Award of 9 October 1998, 22 *Report of International Arbitral Awards*, p. 209, para. 126(仲裁庭考虑到许多世纪来红海南部水域中的捕鱼活动、该水域作为两岸之间通衢、双方渔民使用争议岛屿这些因素,认为均可以创造出双方共享的"历史性权利",形成某种"国际地役权",但又不到主权的层次)。

④ 当然,本案双方也特别要求仲裁庭在适用法中包括"历史性所有权"(historic titles)在内:Territorial Sovereignty and the Scope of Dispute, Award of 9 October 1998, para. 2(引用了双方订立于 1996 年的仲裁协议第 2 条第 2 款,要求仲裁庭在确定领土主权时适用习惯法和"历史性所有权")。

二、历史性领土主权

“红海案裁决一”中仲裁庭对此的相关阐述，值得在这里回顾一下。基于案件双方的仲裁协议和当庭辩论，仲裁庭给出了本案中“历史性所有权”的概念：“一个明确建立起来的权利，或……针对争议中的物体的绝对或相对最好的权利”，①或“占有（某物）的最好权利”。② 对于仲裁庭来说，此等所有权既可以是长期存在和众所周知的，也可以是通过时效、默认或长期占有而被接受为合法的权利。③ 在仲裁庭眼里，“历史性权利”存在着领土主权（所有权）和非主权权利的二分法。④

（一）历史性领土主权与其他历史性权利

如果仲裁庭接受了“历史性所有权”是通过“时效、默认或长期占有而被接受为合法”而存在的权利，那么它与习惯法中的占有和时效有什么区别呢？后两者作为习惯法中早已确立的规则，已经可以创制合法的所有权，为什么还要通过“历史性所有权”这一独立的概念来建立所有权呢？这一问题引发了本文的设想：在现代实践中，“历史性所有权”似乎只是其他领土主权取得方式的附加规则，在其他方式下取得所有权的同时，声索国借助了历史过程（和相关实践）的帮助，达到了相关方式的基本要求。与此相对，

---

① Territorial Sovereignty and the Scope of Dispute, Award of 9 October 1998, para. 105.

② Territorial Sovereignty and the Scope of Dispute, Award of 9 October 1998, para. 105.

③ Territorial Sovereignty and the Scope of Dispute, Award of 9 October 1998, para, 106.

④ Territorial Sovereignty and the Scope of Dispute, Award of 9 October 1998, para. 106. 就这一分类标准，参见 Yehuda Z. Blum, “Historic Rights”, (1995) 2 *The Max Planck Encyclopedia of Public International Law*, p. 710。有观点认为，《公约》的起草者是否了解、支持这一分类并不清楚：Chris Whomersley, “The Award on the Merits in the case Brought by the Philippines against China relating to the South China Sea: A Critique”, (2017) 16 *Chinese Journal of International Law* 387, p. 389。

在17世纪以前的实践中,作为取得领土主权的基本方式之一,"历史性所有权"可以独立存在,但是那时它的内涵是一种"自古以来"的权利且众所周知,因而没有争议。在当代领土争端中,这种独立存在的权利的例子似乎再难找到,主要原因之一是证据问题,即古代的权利如何按现代国际司法规则来予以证明,比如,"红海案裁决一"最后否定了案件双方提出的、有关各自历史性所有权的所有证据;[①]另一方面,从某种意义上说,"自古以来"(或严格意义上)的历史性权利的确立方式,随着国际法的发展而有所发展,比如:国际法院似乎倾向于依靠近期行使主权权利的证据来判断领土主权的所在。[②] 当然,倾向与习惯法规则是两个不同的概念,国际法毕竟没有摒弃上述严格意义的历史性所有权的概念。在这里,本文认为:针对领土的"历史性权利"可以单独存在,但是需要证明其古老的渊源;而持续至今尚未解决的此种权利则需要进一步证明这一权利得到和平、稳定的主权权利行为的支持。

当然,现代国际法下的领土取得方式不包括"历史性权利"这一权源,[③]那么,在领土取得与否的根本问题上,它的作用也许暂时是附带性的。但是,现代国际法产生于17世纪与国际关系自古以来就存在这两个事实之间,存在着基于时间的实践与认知上的

---

① Territorial Sovereignty and the Scope of Dispute, Award of 9 October 1998, para. 447, para. 450, paras. 471 – 472, para. 503.

② Territorial Sovereignty and the Scope of Dispute, Award of 9 October 1998, para. 450(引用了国际法院在1953年"曼基埃和艾克荷斯岛案"中的判决)。但本文认为,仲裁庭对1953年判决的这一解读不完全准确,在判决中,国际法院详细考察了英法双方提供的历史性所有权的证据,并加以对比,得出英国证据强于法国证据的结论。所以,它的裁定肯定了英国的历史性所有权:The Minquiers and Ecrehos Case(France/UK), Judgment of 17 November 1953, ICJ Reports 1953, pp. 47, 67, 70。

③ Andrea Gioia, "Historic Titles" (November, 2018), https://opil.ouplaw.com/view/10.1093/law:epil/9780199231690/law-9780199231690 - e705? print = pdf (*Max Planck Encyclopedia of International Law*) (Last visited January 19, 2020), para. 30.

差别，胡伯仲裁员的“时际法”概念就是对此差别的表述，①如果只依靠19世纪以后的实践证据，那么不可避免地会无视历史发展的连续性。所以，严格意义上的历史性领土主权是否存在，是现代国际法没有明确解答的问题。② 在这种情况下，不能武断地认为这种权利不存在。这一问题会在以后进行讨论，这里就不展开了。

另一方面，在既有的领土取得方式中，占领与时效直接与历史性权利或历史过程有关，自从“帕尔马斯岛仲裁案”裁决后，因均强调和平、持续地行使主权权力的决定性作用，占领与时效之间的界限已经模糊，③而该案与“渔业案”判决客观上造成了“历史性权利”与二者必然产生关联的事实。④ 在“南海仲裁案”中，中国明确坚持其在南海的历史性权利既包括对于岛屿和其他地物的主权，也包括非主权性权利。⑤ 尽管国际法上的主权含义属于罗马法上的绝对统治权，⑥但主权与其他法律权利并没有

① Island of Palmas (Netherlands/US), Award of 4 April 1928, 2 *Reports of International Arbitral Awards*, pp. 829, 845.

② Territorial Sovereignty and the Scope of Dispute, Award of 9 October 1998, para. 446. 例外是当国际争端的双方都接受现代国际法为适用法，比如本案的当事国在“原则协议”中就表达了这一态度：同上，第二段。还可参看这一裁决的第130～131段（仲裁庭提到，奥斯曼帝国在1856年“克里米亚战争”之后放弃了伊斯兰国家间的国际法，转而接受了欧洲国家间的国际法）。

③ Robert Jennings and Arthur Watts, *Oppenheim's International Law* (London: Longman, 9th edn, 1992), Vol. 1, Parts 2-4, pp. 708-709; Ian Brownlie, *Principles of Public International Law* (Oxford University Press, 7th edn., 2008), p. 143.

④ Island of Palmas (Netherlands/US), Award of 4 April 1928, 2 *Reports of International Arbitral Awards*, pp. 829, 869；参见本文首段脚注①；Clive Symmons, *Historic Waters in the Law of the Sea: A Modern Re-Appraisal*, pp. 4-6.

⑤ 《中华人民共和国政府关于菲律宾共和国所提南海仲裁案管辖权问题的立场文件》，2014年12月7日（“《中国政府立场文件》”），第26段，载外交部网站：https://www.fmprc.gov.cn/nanhai/chn/snhwtlcwj/t1368888.htm，最后访问时间：2020年1月19日。

⑥ Hersch Lauterpacht, *Private Law Sources and Analogies of International Law* (Longmans, Green and Co., 1927), pp. 95-96.

性质上的根本不同,它们都是法律所承认、授予的权利,[①]即使存在所有权和其他权利的区别;"主权"概念涵盖所有这些权利在内,它指代至高无上的国家权力。[②] 在这一原则之下,可以说在南海相邻国家之间的争端包括主权争端和特定种类海洋管辖权的争端。

在领土主权方面,中国在南海的主张主要基于发现和象征性兼并。[③] 依据"帕尔马斯岛仲裁案"中阐述的原则,中国在南海的行为包括管理、检查、勘探和开发,这些行为足以构成占领的权源。更重要的是,与本节内容直接有关的事实是,在南海各邻国的权利主张中,唯有中国对南海诸岛的主权主张可以基于"自古以来"的权源来解释。[④] 有关论述不在这里展开。[⑤]

现在要回答的问题是:《公约》是否给除领土主权外的历史性权利留下了继续存在的余地? 回答这一问题之前,需要对《公约》就历史性权利的说法进行一个梳理。

首先,《公约》并未就"历史性权利"(historic rights)一词进行定义,甚至未提及该词,更不用说规定出有关规则,[⑥]因而无法从《公约》本身推测出任何关于历史性权利的规定,这一发现或判断也适用于出现在《公约》中的"历史性所有权"(historic title)。可

---

① Malcolm Shaw, *Title to Territory in Africa: International Legal Issues* (New York: Clarendon Press, 1986), pp. 12 – 16.

② B. B. Jia, "The Synthesis of the Concepts of Sovereignty and the Rule of Law: Reflection on the Contemporary Chinese Approach to International Law", (2010) 53 *German Yearbook of International Law* 11, pp. 16 – 18.

③ Island of Palmas (Netherlands/US), Award of 4 April 1928, 2 *Reports of International Arbitral Awards*, pp. 829, 869.

④ Territorial Sovereignty and the Scope of Dispute, Award of 9 October 1998, paras. 125 – 127.

⑤ 贾兵兵:《〈联合国海洋法公约〉争端解决机制研究:附件七仲裁实践》,清华大学出版社2018年版,第五章。

⑥ Sean Murphy, "International Law Relating to Islands", (2017) 386 *Recueil des cours*, p. 152. 但是他的基本观点与笔者不同,却与"2016年裁决"一致:《公约》取代了专属经济区里的历史性权利。

以说,“历史性权利”作为一个完整、独立的范畴不是一个与《公约》的解释和适用相关的事项,因此,对“历史性权利”的解释无可避免地指向《公约》以外的习惯国际法。

其次,尽管《公约》被称为“海洋宪章”,[①]事实上《公约》仅有168个缔约国,美国、土耳其等国都尚未加入《公约》,因而“宪章”一说有些言过其实。此外,由于《公约》的谈判结果反映了包含大量妥协的“一揽子”协议,使得任一缔约或非缔约国均无法以文本某部分代表习惯法为借口选择性遵守《公约》的规则。[②]《公约》的性质依旧是条约,其特定规则是否反映了习惯法需要一一确定,《公约》前言的倒数第二段明确指出且充分证明了这一点,所以,《公约》无法涵盖海洋法方面所有习惯法规则,也不能替代仅由习惯国际法规范的历史性权利。

再者,如上所述,最高等级的历史性权利是领土主权。考虑到当代的具体条件,国际法下放弃领土主权(包括历史性领土主权)所要满足的要求是相关国家明确的意思表示,国际法院曾说:

“主权的转移可以通过两个国家的协议来实现……而协议可以是暗示的,从双方行为上推定出来。国际法对此做法不做形式上的规定;它强调的是双方的意思表示。”[③]

在同一地方,国际法院指出:“在某些情况下,如果拥有主权的国家对另一国家在相关领土上行使主权权力(conduct *à titre*

---

① T. B. Koh,“A Constitution for the Oceans”, in United Nations, *The Law of the Sea: Official Text of the United Nations Convention on the Law of the Sea with Annexes and Index*(New York: United Nations, 1983), xxxiii.

② Myron Nordquist, Shabtai Rosenne and Louis Sohn, *United Nations Convention on the Law of the Sea 1982: A Commentary*, Vol. v(Martinus Nijhoff, 1989), pp. 5 – 15.

③ Sovereignty over Pedra Branca/Pulau Batu Puteh, Middle Rocks and South Ledge (Malaysia/Singapore), Judgment, ICJ Reports 2008, p. 12, para. 120.

de souverain)的做法不做反应,也会造成主权的转移"。[①] 同样,如果批准或加入《公约》意味着将放弃某种主权权利,《公约》应当明确规定这一后果,但《公约》并未有如此规定;如果《公约》没有对此问题做出规定,放弃主权的推定是需要行为证据来支持的。

在《公约》下与历史性权利有关的条款,包括以下6个:(1)第10条(该条规则不适用于"历史性海湾")。(2)第15条(涉及海岸相向或相邻国家间划分领海界限时,"历史性所有权"可以导致划界按照与该条规定不同方法来进行的后果)。(3)第46条(b)款(构成"群岛"的要素之一:"历史上被视为"群岛)。(4)第47条第6款["如果群岛国群岛水域的一部分位于一个紧邻国家(领土)的两个部分之间,该邻国传统上在该水域内行使的现有权利和一切其他合法利益以及两国间协定所规定的一切权利,均应继续,并予以尊重"]。(5)第51条第1款("在不影响第49条施行的情形下,群岛国应尊重与其他国家间现有协定,并应承认紧邻国家在群岛水域范围内某些区域内的传统捕鱼权利和其他合法活动。行使这种权利和进行这种活动的条款和条件,包括这种权利和活动的性质、范围和适用的区域,经任何有关国家要求,应由有关国家之间的双边协定予以规定。这种权利不应转让给第三国或其国民,或与第三国或其国民分享")。(6)第298条(a)款(1)项(历史性海湾或所有权都可以被缔约国在该条下排除于《公约》第十五部分第二节下的强制管辖权之外)。在这6个条款中,本文只简要讨论其中一个,即第51条第1款;其余条款在其他地方已有所涉及。[②]

第51条下的这一条款,属于《公约》第四部分"群岛国"制度,

① Sovereignty over Pedra Branca/Pulau Batu Puteh, Middle Rocks and South Ledge (Malaysia/Singapore), Judgment, para. 121.

② 贾兵兵:《〈联合国海洋法公约〉争端解决机制研究:附件七仲裁实践》,清华大学出版社2018年版,第三、八章。

从措辞上看,与第47条第6款有相似之处,二者都包括“传统上”这个修饰词,而《公约》对之没有定义,只能推测它指向的是历史上就存在的做法。[①] 不过,由于第四部分的特殊性,虽然第51条第1款比第47条第6款更为宽泛,两个条款都只能在群岛国这个特定的语境下发挥作用,尤其是在像印度尼西亚所处的地理环境之中。所以,第51条第1款似乎是在平衡第47条第6款的规定。[②]

总之,《公约》下有可能涉及历史性权利的实质条款,其适用范围都停留在群岛水域、领海之中。“历史性海湾”属于内水,但是内水制度不受《公约》的规制(除了划分内水与领海的界限)。《公约》第五部分“专属经济区”制度,似乎与历史性权利没有直接关系。在这里,可以看一下第62条第3款的规定:

“沿海国在根据本条<u>准许</u>其他国家进入其专属经济区时,应<u>考虑</u>到所有有关因素,除其他外,包括:该区域的生物资源对有关沿海国的经济和其他国家利益的重要性、第六十九条和第七十条的规定、该分区域或区域内的发展中国家捕捞一部分剩余量的要求,以及尽量减轻国民<u>惯常</u>在专属经济区捕鱼或曾对研究和测定种群做过大量工作的相关国家经济失调现象的需要。”

本文给这一款的几个主要措辞加了下画线,它们在《公约》下的重要性是这样的:(1)“准许”——说明沿海国具有最终决定权,允许或拒绝其他国家的渔民进入它的专属经济区作业,再考虑到这一海域的法律性质,沿海国制定渔业管理规则的权力优先于其他国家的权利;(2)“考虑”——说明沿海国只需要考虑到该款下所列举的几个因素,也许还可以加上其他未列举因素,但没有义务必须把它们作为决定性因素来看待,考虑后可以完全置之不理;(3)“惯常”——说明其他国家渔民在这片海域过去一直从事生产

---

① Satya Nandan, Shabtai Rosenne and Neal Grandy, *United Nations Convention on the Law of the Sea 1982: A Commentary*, Vol. ii (Martinus Nijhoff, 1993), p. 432.

② Satya Nandan, Shabtai Rosenne and Neal Grandy, *United Nations Convention on the Law of the Sea 1982: A Commentary*, paras. 422 – 423.

活动,但这一活动从此将受到沿海国专属经济区法律的制约,而且过去存在的生产活动并未转化为法律上的权利。

那么,其他国家渔民的历史性(或是用《公约》里的“传统”一词)权利是否受到《公约》第五部分的限制?答案有两种。

其一,既不受《公约》限制,也不是《公约》解释的问题。那么,在《公约》第288条第1款下,相关法院或仲裁庭可能没有实体问题管辖权;若转而强调与《公约》的适用有关,则马上会触发海洋划界问题,因为在相关案件双方管辖权地理范围不明的情况下,无法判断历史性权利是否会与专属经济区制度碰撞。但是,正如同在“南海仲裁案”中情况一样,相关政府可能已经向联合国秘书长提交了《公约》第298条授权的声明,从《公约》第十五部分第二节下的强制管辖权中排除了有关大陆架、专属经济区划界的争端,[①]案件将无法通过管辖权这一阶段。

其二,《公约》对此问题的沉默直接导致了“南海仲裁案”的仲裁庭接受菲方律师的观点:既然《公约》不予规制,那么它暗示在专属经济区里的历史性权利被《公约》第五部分完全取代了。[②] 但是,这里的问题是第五部分无法取代“历史性领土主权”,因为第五部分只涉及主权权利中两个非领土主权的种类。[③] 就这一点,下面进行一下深究。

在菲律宾的主要诉讼主张中,两项与历史性权利相关:(1)“中国无权在《公约》规定的权利疆界外对水域、海床和底土行使其所声称的‘历史性权利’”;(2)“‘九段线’意图确定中国‘历史性权利’主张的疆界,但在这一点上,‘九段线’在国际法上毫无依据”。[④]

---

① https://treaties. un. org.

② In the Matter of the South China Sea Arbitration, Award of 12 July, 2016, para. 278.

③ 第56条第1款(a)项:“以勘探和开发、养护和管理海床上覆水域和海床及其底土的自然资源(不论为生物或非生物资源)为目的的主权权利,以及关于在该区内从事经济性开发和勘探,如利用海水、海流和风力生产能等其他活动的主权权利”。

④ “南海仲裁案”管辖权与受理性问题庭审记录,第一天,第17页:https://pca-cpa.org/en/cases/7。

问题在于，即使上述菲方声明的意图在于强调存在违反《公约》的情况，这种情况也不必然等同于“中国的历史性权利违反了习惯国际法”的这一判断。要证明二者等同只有一种方式，即认定《公约》取代了其所规范海域中（基于习惯法）的历史性权利。所以，菲方律师辩称：

“争议本质在于：中国声称其在南海享有‘历史性权利’，该权利受到其国内法和普遍国际法保护，并存在于《公约》范围以外。中国认为这些‘历史性权利’不仅赋予其对远超过《公约》疆界的水域的排他性主权权利和管辖权，甚至其历史性权利取代了、且在事实上废除了包括菲律宾在内的其他国家在《公约》赋予了合法权益的区域内的权利。”①

菲律宾认为《公约》是海洋权益、权利和义务的“唯一渊源”，对于“与《公约》明文规定抵触”的、基于历史性权利的主张，《公约》“排除这类主张并将其视作非法”；②中国从未主张过包括历史性所有权或历史性海湾在内的历史性权利，且《公约》第 298 条第 1 款（a）项并不包含“历史性权利”这一用语。③ 在“2016 年裁决”中，仲裁庭全面接受了上述说法。④

菲方和仲裁庭的观点存在明显问题。本文只讨论一个问题，⑤也是本节的中心问题：中国主张过历史性权利，其中包括符合“历史性所有权”概念的领土主权主张。中国立场可以从（至少）两个方面来论述。

① “南海仲裁案”管辖权与受理性问题庭审记录，第一天，第 26 ~ 27 页。

② “南海仲裁案”管辖权与受理性问题庭审记录，第一天，第 27 页。

③ “南海仲裁案”管辖权与受理性问题庭审记录，第二天，第 70 页。

④ In the Matter of the South China Sea Arbitration, Award of 12 July, 2016, paras. 229, 278.

⑤ 其余问题可参见 Sophia Kopela, “Historic Titles and Historic Rights in the Law of the Sea in the Light of the South China Sea Arbitration”, (2017) 48 *Ocean Development and International Law* 181, pp. 181 – 207。

(二)中方在南海诉求的双重内涵

作为一个类别概念,"历史性权利"具有双重含义,既可指中国对南海中岛屿和其他地物所拥有的领土主权,也可能指比主权范围更广泛的海洋权利。仲裁庭在"2016 年裁决"中也承认了这一点。[①] 如果"历史性权利"一词被理解为包括"历史性领土主权",[②]则与该仲裁相关的争端将落在管辖权之外,甚至可以说,这样的争端被排除掉是有双重理由的:《公约》无权处理领土主权的归属(除了领海和群岛水域);《公约》不规范"历史性权利"这一类权利的实体内容。

这里的推理是这样的:"九段线"在其范围内囊括了中国对南海岛屿的历史性领土主权和在南海水域中的其他非领土主权的历史性权利的主张;这两类权利构成中国在南海权益的有机组成部分,为其一贯实践所证实;如果《公约》对领土主权问题没有规定——实际上也确实没有,那么此问题不是《公约》解释的问题,第十五部分第二节下的强制管辖权就可能不适用。为避开这一结果,仲裁庭提出了一个超越管辖权范围的说法,使得整个案件的管辖权争辩成为多余程序。

在"2015 年裁决"里,仲裁庭这样评论"历史性权利"与管辖权的关系:

"中国主张的权利似乎是基于历史性权利,中国声称这些权利

---

① In the Matter of the South China Sea Arbitration, Award of 12 July, 2016, para. 225.

② 对此还有另一个看法,即第 298 条下的"历史性所有权"(historic title)从字义解释来看,不一定就排除了它包括非主权历史性权利,see Andrea Gioia, "Historic Titles", para. 18。"所有权"可以适用于领土,也可以适用于其他资源。那么,这个词组与"historic rights"内涵与外延上完全重合,可以互换。若此,"历史性权利"在英文里实际上有两个表示方法:historic titles/historic rights. 再推论的话,第 298 条允许缔约国从强制管辖权下排除任何有关历史性权利的争端。那么,中国政府在 2006 年向联合国秘书长提交的第 298 条声明就可以排除本案仲裁庭的管辖权了。Gioia 的说法并非没有道理,see *Juridical Regime of Historic Waters, Including Historic Bays*, para. 43(持肯定态度引用了 Gerald Fitzmaurice 发表在 1953 年卷的《英国国际法年刊》上文章中的说法)。

独立存在于《公约》之外并且为《公约》所保留，但这[一观点]并不妨碍存在与《公约》的解释和适用相关的争端……有关《公约》和其他文件或法律间关系的争端，包括《公约》是否保护产生于其他法律下的权利[这一问题]，毫无疑问是与《公约》解释和适用相关的争端。[①]"

裁决总结道，"菲律宾的第一项诉求要求仲裁庭考虑中国对南海所主张的历史性权利的效力，以及该等权利与《公约》条款间的关系。这是一项关于《公约》解释和适用的争端"。[②]

这一结论的问题在于，如果仅仅坚持"与《公约》的解释或适用相关"这一判断标准来建立管辖权的话，大量争端可能会落入《公约》下强制管辖权范围之内。[③] 例如，依据上述观点，当争端的存在影响到《公约》规则的适用时，它们就可能被提交至《公约》下的法院或法庭接受管辖。这个看似合理的观点事实上有着荒谬的逻辑。当争端与《公约》的解释或适用相关时，该争端才可能落入《公约》的管辖权范围之内，这是一项必要条件，但并非充分条件。如果一项争端不仅与《公约》的解释或适用相关，还与其他条约的解释或适用有关，则可能超出《公约》解释或适用的范围；否则，许多国家将发现他们会被卷入无谓的众多法律诉讼之中。

（三）《公约》文本中的"历史性所有权"

《公约》第 298 条第 1 款(a)项规定了"历史性所有权"。在 2015 年 11 月 24 日的当庭陈述中，菲方律师讨论了中国在

① South China Sea Arbitration, Jurisdiction and Admissibility, Award of 29 October 2015, para. 168.

② South China Sea Arbitration, Awards of 29 October 2015, para. 398.

③ 争端落入《公约》第十五部分法院或法庭管辖权范围之内的要求是"或"的关系(disjunctive)，即它或有关《公约》的解释，或有关《公约》的适用：比较第 279、286、287、288 条。

历史性权利方面的主张,其前提有二:“历史性权利”与《公约》中的主权权利和管辖权相关,而与领土主权无关;“历史性权利”主要是对声称该权利存在区域(比如“九段线”内的区域)内的生物及非生物资源享有的专属权利。① 另外,在菲方看来,中国实践中存在“历史性所有权”和“历史性权利”的用语区别,而针对后者的主张并未被《公约》第298条从强制管辖权中排除掉。② 再有,考虑到第298条的措辞,“历史性权利”是否包含“历史性所有权”的问题由第288条第4款决定,即仲裁庭具有管辖权来回答上述问题。③ 随后,菲方律师主张:在《公约》通过之前,国际法只承认对邻近海岸的海域所主张的历史性权利,如果《公约》允许上述主张继续存在,就应该包含明确的许可性条款;④中国的历史性权利的主张仅仅在所有南海周边国家都已成为《公约》缔约国后才可能出现。⑤

果然,“2016年裁决”认定,“根据中国的行为,仲裁庭认为中国所主张的是对‘九段线’内生物和非生物资源的权利,但(除由岛屿所形成的领海外)中国并不认为‘九段线’内的水域构成领海或内水的一部分”。⑥ 接着,仲裁庭通过考察“历史性所有权”一词在海洋法发展过程中的演进,对《公约》第298条第1款(a)项的措辞进行解释,⑦并得出结论:“历史性权利可以包括主权,但同样可以包括更为有限的权利,如捕鱼权或通过权等低于主权主张的权利”。⑧ 因此,“历史性所有权”的用语限定适用于对陆地或海域

---

① “南海仲裁案”实体问题庭审记录,第一天,第15页。
② “南海仲裁案”实体问题庭审记录,第一天,第41页。
③ “南海仲裁案”实体问题庭审记录,第一天,第45~46页。
④ “南海仲裁案”实体问题庭审记录,第一天,第60~61、65~66、69页。
⑤ “南海仲裁案”实体问题庭审记录,第一天,第72~73页。
⑥ In the Matter of the South China Sea Arbitration, Award of 12 July, 2016, para. 214.
⑦ In the Matter of the South China Sea Arbitration, Award of 12 July, 2016, para. 218.
⑧ In the Matter of the South China Sea Arbitration, Award of 12 July, 2016, para. 225.

的历史性（领土）主权。[①] 仲裁庭援引了中国官方声明；这些声明的法律基础并不是《公约》，而是强调历史性权利与《公约》并行的情况。[②] 在这里，仲裁庭的方法是将中方在南海的历史性权利主张的提起时间推迟到 2009 年，即针对马来西亚和越南在那一年联合向大陆架界限委员会提出的南海外大陆架界限申请，中方向联合国秘书长提出的两份外交抗议照会。[③] 在这里，可以看到《1962 年秘书处研究报告》提出的三个标准的影响；[④]“2015 年裁决”暗示、“2016 年裁决”判决：中方的历史性权利范围直到 2009 年才明确昭告，从此受他国挑战。[⑤] 这也解释了为何仲裁庭在此问题上只引用了三个中方实践的例子，[⑥]两个发生在 2012 年，一个发生在 2015 年。

所以，仲裁庭的做法不仅把“九段线”作为中方在南海历史性非主权权利主张的决定性证据，[⑦]而且把它局限于一个不可能实

---

① In the Matter of the South China Sea Arbitration, Award of 12 July, 2016, para. 225.

② In the Matter of the South China Sea Arbitration, Award of 12 July, 2016, paras. 207 – 214.

③ 中国驻联合国代表团致联合国秘书长照会：CML/17/2009 和 CML/18/2009，2009 年 5 月 7 日，载联合国网站：https://www.un.org/depts/los/clcs_new/clcs_home.htm，最后访问时间：2020 年 1 月 19 日。菲律宾也在那一年参考《公约》修改了本国法律：“Republic Act No 9522-An Act to Amend Certain Provisions of Republic Act No 3046, as Amended by Republic Act No 5446, to Define the Archipelagic Baselines of the Philippines, and for Other Purposes”, 10 March 2009, in: United Nations, Division for Ocean Affairs and the Law of the Sea, *Law of the Sea Bulletin*, No. 70 (2009) 32. 但是，菲律宾针对中方上述的照会所做出的反应发生在 2011 年 8 月 4 日，载联合国网站：http://www.un.org/Depts/los/clcs_new/submissions_files/mysvnm33_09/phl_re_chn_2011.pdf，最后访问时间：2020 年 1 月 19 日。

④ In the Matter of the South China Sea Arbitration, Award of 12 July, 2016, para. 275.（提到三个标准：宣告；其他国家默认；足够长的时间。）

⑤ In the Matter of the South China Sea Arbitration, Award of 12 July, 2016, para. 164, para. 275.

⑥ In the Matter of the South China Sea Arbitration, Award of 12 July, 2016, paras. 207 – 214.

⑦ In the Matter of the South China Sea Arbitration, Award of 12 July, 2016, para. 232. 这与仲裁庭早些时候的说法不一致，see In the Matter of the South China Sea Arbitration, Award of 12 July, 2016, para. 207，但结论里再次调回第 232 段的立场，see In the Matter of the South China Sea Arbitration, Award of 12 July, 2016, para. 278。

现历史性权利的时间限度里:2009 年至 2013 年。

问题是,中方从未承认 2009 年是其历史性权利的起始点,这一点在仲裁庭所倚重的、被视为中国政府抗辩的 2014 年《立场文件》中就已被否认。① 更为重要的是,中方的历史性权利(包括历史性领土主权)即使从 1947 年算起到“南海仲裁案”立案,也已存在超过 60 年的时间,而菲律宾从未抗议过;②而且,中国的“历史性领土主权”的公示,即使从 1948 年至 1951 年起算,也不意味着中国在每一个新国家出现在南海地区时都去对之进行宣示这一立场,相反,对此感到利益相关的新国家自己需要保持注意,③因为是新国家在进入既有的国际关系秩序之中,而不是这一秩序去无限制地满足新国家的要求。说到根本,仲裁庭的判断完全忽视了自己曾承认的观点:中国在南海的历史性权利并不依靠“九段线”而存在。进一步说,“九段线”是中国历史性权利的“浓缩”表象;中国的历史性权利可以独立存在于“九段线”之外。这个观点在其他地方已经讨论过了,④中方证据也很多。⑤

本文在此指出,“2016 年裁决”并没有将“历史性所有权”适用

---

① 《中国政府立场文件》,第四段。

② 相反,存在着中方对菲方持续重申自己立场的证据,比如 1956 年“克洛马事件”后的中方声明:Zhiguo Gao and Bing Bing Jia,“The Nine-Dash Line in the South China Sea:History, Status and Implications”,(2013) 107 *American Journal of International Law* 98, p. 103. 还可参见贾兵兵:《〈联合国海洋法公约〉争端解决机制研究:附件七仲裁实践》,清华大学出版社 2018 年版,第 44 ~ 45 页。

③ Fisheries Case (UK v. Norway), Judgment of 18 December 1951, ICJ Reports 1951, p. 116, at 138 – 139.

④ Zhiguo Gao and Bing Bing Jia,“The Nine-Dash Line in the South China Sea:History, Status and Implications”, p. 103.

⑤ Zhiguo Gao and Bing Bing Jia,“The Nine-Dash Line in the South China Sea:History, Status and Implications”, p. 103(提到了 1951 年中国外交部长周恩来关于美英对日和约草案及旧金山会议的声明,其中并没有提及“断续线”——“九段线”的前身,但是提到了接近历史性权利的说法);还可参看中国外交部文件《中国对西沙群岛和南沙群岛的主权无可争辩》,载《人民日报》1980 年 1 月 31 日,第 1 版(第一节用了“西沙群岛和南沙群岛自古以来就是中国的领土”的标题)。

于陆地的情形排除在外。[①] 众所周知,中国的历史性权利的主张包括对南海中的岛屿以及其附近海域的领土主权主张;既然中方立场包括对南海岛屿的主权主张,那么已经可以满足《公约》第298条第1款(a)项下"历史性所有权"的要求,从而引起中国政府2006年提交给联合国秘书长的排除性声明("2006年声明")的适用,[②]使得仲裁庭失去对本案的管辖权。另一方面,尽管《公约》承认由岛屿形成的领海,但这并不意味着其禁止缔约国在领海疆界内同时主张岛屿附近的历史性水域,[③]毕竟后来仲裁庭主张《公约》对领海宽度的延伸并不意味着消灭其中的历史性权利。本文第三小节会对仲裁庭所倡导的这一主张继续分析。

基于上述,中国在南海的历史性领土主权可以从两个维度剥夺仲裁庭的管辖权:领土主权问题不是《公约》的解释问题,而其对于《公约》适用的影响,则必须解决海洋划界这一前提问题,引发中国政府"2006年声明"的排除作用;或者,领土主权问题符合《公约》第298条第1款(a)项下"历史性所有权"的要求,从而通过"2006年声明"排除了第十五部分第二节下的强制管辖权。

本文还需提一下《公约》第293条对《公约》下强制管辖权的影响。这一条款要求《公约》下的法庭或法院应适用"其他与本公约不相抵触的国际法规则",那么,如果基于其他国际法规则的权利要求或主张与《公约》相抵触,[④]仲裁庭在第293条下似乎无权适用例如习惯法中有关历史性权利的规则。限于篇幅,在这里不展开对这一点的讨论。

---

① In the Matter of the South China Sea Arbitration, Award of 12 July, 2016, para. 266.

② https://treaties.un.org.

③ 《公约》第15条规定,"但如因历史性所有权或其他特殊情况而有必要按照与上述规定不同的方法划定两国领海的疆界,则不适用上述规定"。

④ In the Matter of the South China Sea Arbitration, Award of 12 July, 2016, para. 261.

三、历史性捕鱼权

在“2016 年裁决”中,仲裁庭承认了“传统捕鱼权”在有限范围内的继续存在。这一概念在仲裁案中的作用比较有限,但实际上是可以发挥更为突出的作用的,特别是对可受理性问题的影响。

在“南海仲裁案”中,传统捕鱼权被仲裁庭视为私人权利,与“历史性权利”相区别,后者被视为只是国家的权利。① 本文认为,这种分类导致了仲裁庭对捕鱼权这一问题在本案事实背景下所含蓄的潜力未做探究,否则会导致案件实体内容的改变。在本文中“传统捕鱼权”与“历史性捕鱼权”这两个词组通用,其实,这类权利的行使往往表现为私人活动,一旦成为国际法下的权利,其消失或被取代就需要国际法下相应规则的认可,但如果国际法对此没有规范,通常此类权利继续存在。这里有必要简要回顾一下与历史性捕鱼权有关的案例。

在“厄立特里亚/也门仲裁案”中,仲裁庭这样认为:

“许多世纪以来盛行的状态,[包括]红海南部海洋渔业资源的传统开放性、该水域作为两岸之间通衢、两岸人民可以共同使用涉案岛屿,它们都是能够产生特定‘历史性权利’的重要因素,这等‘历史性权利’对双方均有利,经由历史性巩固的过程产生,属于某种尚达不到领土主权高度的‘国际地役权’。”②

在仲裁庭看来,这些权利能够为红海两岸人民提供“维持存在了几个世纪的针对共有物特定权益的充分法律依据”。③ 仲裁庭在认定双方对争议岛屿拥有领土主权的同时,还强调双方要“保留该地区传统的捕鱼制度”,具体说来,在裁决判给也门的岛屿附近,也门应当保留现有制度,即“厄立特里亚和也门双方的渔民能够自

① In the Matter of the South China Sea Arbitration, Award of 12 July, 2016, para. 798.

② Territorial Sovereignty and the Scope of Dispute, Award of 9 October 1998, para. 126.

③ Territorial Sovereignty and the Scope of Dispute, Award of 9 October 1998, para. 126.

由利用和享有(渔业资源)”。[①] 这一判决符合双方在仲裁协定中的期待。[②] 仲裁庭并没有区分“历史性权利”(historic right)和“历史性所有权”(historic title),但正如上文所述,仲裁庭认为,在所包含的权利层次上,该案中的历史性权利尚达不到(历史性)领土主权的程度。

在1982年“大陆架案”中,国际法院认为,“历史性所有权必须如同长期以来那样得到尊重和保全”。[③] 法院所指的这些权利或所有权与地中海的洄游鱼类和定居种海生物相关,[④]它并未就历史性所有权和历史性权利进行区别。在该案中,突尼斯提出的历史性捕鱼权问题并未影响其和利比亚的大陆架划界,[⑤]但该案显示了历史性捕鱼权在海洋权利语境下的相关性和重要性,因为法院在该案的特定情境下很有可能把此权利加以考虑——只要它对大陆架划界产生影响。

1984年,国际法院(分庭)在“缅因湾划界案”中讨论了专属经济区与传统捕鱼权的关系问题。[⑥] 在该案中,国际法院分庭并没有完全否定美国渔民的历史性捕鱼权;它承认,通过在缅因湾海域建立专属捕鱼区,美国和加拿大排除了其他国家渔民的捕鱼活动,[⑦]美国渔民对这一捕鱼区在使用上的支配地位不能转化为美

① Territorial Sovereignty and the Scope of Dispute, Award of 9 October 1998, para. 526.

② Territorial Sovereignty and the Scope of Dispute, Award of 9 October 1998, para. 525. 1996年5月21日,厄立特里亚和也门签署双边“原则协定”,决定通过另一协议设立一个仲裁庭,这份“原则协定”的第2条规定:“有关领土主权问题,仲裁庭须依据可适用的国际法原则、规则和实践,以及特别是历史性所有权,予以裁决”。

③ Continental Shelf (Tunisia/Libya), Judgment of 24 February 1982, ICJ Reports 1982, p. 18, para. 100.

④ Continental Shelf (Tunisia/Libya), Judgment of 24 February 1982, para. 98.

⑤ Continental Shelf (Tunisia/Libya), Judgment of 24 February 1982, para. 105.

⑥ Delimitation of the Maritime Boundary in the Gulf of Maine Area (Canada/USA), Judgment of 12 October 1984, ICJ Reports 1984, p. 246, paras. 233 and 235.

⑦ Delimitation of the Maritime Boundary in the Gulf of Maine Area (Canada/USA), Judgment of 12 October 1984, para. 235.

国对加拿大管辖区域的主权;该判决规定的划界线并不包括赔偿划界后权利损失的效果,而如果经济利益(例如捕鱼、勘探资源、安全等)会对两国居民的生计造成灾难性后果,则经济利益很可能成为划界公平性的考虑因素。[①] 所以,在该案中,虽然分庭认为无法给予历史性权利(特别是捕鱼权)以决定性权重,但并未对历史性权利在普遍意义上的存在与否作出结论;相反,它强烈暗示了会将这一权利加以考虑,前提是最终的划界结果会导致渔民生计受到灾难性的影响。本案清楚地表明,历史性捕鱼权会影响海洋划界,[②]或者说历史性捕鱼权是海洋划界所需要考虑的相关因素。

后续国际法院案例和仲裁实践中还有涉及传统捕鱼权的先例,但在对这一问题所作的分析上不如前三个案例更有影响,在这里提一下后续案例是出于叙述完整的考虑,而需要注意的是,其对传统捕鱼权的态度是模糊的,甚至是负面的。[③] 在"卡塔尔诉巴林案"中,国际法院承认在争议海域曾存在着各邻国渔民从事捕捞珍珠活动,但是巴林渔民的捕捞活动本身并不构成"准领土(主权)权利"。[④] 不过,本案中渔民捕捞珍珠的生产活动早已在本案发生前半个世纪前就停止了,[⑤]所以,虽然本案判决没有否定传统捕鱼权的存在,但是事实上这个权利早已消亡;而且,即使它未消亡,也对划界

---

① See L. Clain, "Gulf of Maine-A Disappointing First in the Maritime Delimitation of a Single Maritime Boundary", (1984 - 1985) 25 *Virginia Journal of International Law*, pp. 521 - 620.

② 其他历史性权利影响划界实践的例子:Clive Symmons, *Historic Waters in the Law of the Sea:A Modern Re-Appraisal*, Chater IV.

③ In the Matter of an Arbitration between Barbados and Trinidad and Tobago, Award of the Arbitral Tribunal, 11 April 2006: https://pca-cpa.org. 特别是第269段("基于当事一方国民在公海上的传统捕鱼活动来决定其与另一方之间如何划分海洋边界的做法极为罕见,条约和习惯法中很大程度上不存在对此原则支持")。

④ Maritime Delimitation and Territorial Questions between Qatar and Bahrain (Qatar v. Bahrain), Merits, Judgment of 16 March 2001, ICJ Reports 2001, p. 40, paras. 235 - 236.

⑤ Maritime Delimitation and Territorial Questions between Qatar and Bahrain (Qatar v. Bahrain), para. 236.

没有影响,因为它不专属于巴林。所以,它不仅对本案中划界问题没有影响,而且对传统捕鱼权的意义也仅停留在20世纪上半叶。

上述案件叠加一起的效果是:历史性权利仍然独立存在。[①]这一点至关重要,因为国际法院的两个案例分别决定于1982年和1984年,正是《公约》通过后开放签字的这段时间,不仅法院考虑过《公约》相关条款的影响,而且争议国家都在这一问题上提出过自己的看法。在这一过程中,没有任何"历史性权利被《公约》取代"的说法出现过。

实际上,在"南海仲裁案"中,仲裁庭认为历史性权利在特定水域中依然存在,至少"历史性权利"这一概念对它来说还是有效的。在"2016年裁决"中,仲裁庭认为,"在《公约》中加入这一条款[第62条第3款]证明起草者当时无意保留此类权利,因为,如果传统捕鱼权被保留在专属经济区之内的话,就完全没必要加入这一条款"。[②] 与此相对,仲裁庭认为,"在领海内,《公约》继续了既存制度,没有做明显修改。《公约》创新之处在于接受了领海宽度为12海里,但没有对实体内容进行发展。仲裁庭在其中没有看到任何意在改变私人取得权利的地方,并判定在这一区域里传统捕鱼权继续受国际法保护"。[③]

这里有三个问题需加分析:(1)第62条第3款是有关"历史性权利"的规则吗?(2)在领海内私人权利超越领土主权存在的意义是什么?(3)这两个问题对案件可受理性是否产生影响?

(一)《公约》第62条第3款

上面已经对《公约》第62条第3款有所评述,在这里将考虑其与历史性权利的关系。第3款的作用是要求沿海国考虑(一下)传

① *Juridical Regime of Historic Waters, Including Historic Bays*, paras. 37–38,指出"历史性水域"存在的必要性。

② In the Matter of the South China Sea Arbitration, Award of 12 July, 2016, para. 804.

③ In the Matter of the South China Sea Arbitration, Award of 12 July, 2016, para. 804.

统捕鱼国的经济受传统捕鱼权变化的影响,但这一考虑不是决定性的:它不要求沿海国必须给予外国渔民在其专属经济区继续进行捕鱼活动的准入权。这一表述很难说是在描述一个历史性权利,因为历史性权利作为国际法承认的权利,其存在带来其他国家在国际法下相应的义务,即后者必须尊重历史性权利的存在与行使。如果权利的行使取决于其他国家的同意,它已经丧失作为权利的基本性质。

如果说该条款只部分涉及历史性权利的话,那么该权利很可能不属于《公约》解释的问题,比如:需要适用习惯法而非《公约》的地方不属于《公约》文字的解释问题。更何况,对第62条的讨论不可避免地涉及其文字中"沿海国"这一词组的解释问题,而该问题是一个有关领土主权的问题,因为需要首先知道谁是沿海国,之后才能考虑其准入权法律是否符合第62条的问题;但有关主权的问题不是《公约》解释或适用的问题。[①]

(二)历史性(传统)捕鱼权的地理范围

领海内私人权利是个较少被讨论的问题。"2016年裁决"涉及私人传统捕鱼活动的权利。仲裁庭认为国际法中存在着对私人权利特别保护的传统,[②]而且"历史性权利存在于领海中"与"其无法继续存在于专属经济区中"这两个说法并不冲突,只是反映了专属经济区制度出现时国际环境的特殊性。这个观点存在着问题。

其一,当代国际法中存在着"主权平等"的基本原则,[③]但是不存在"主权与私权平等"的说法,更不要说"私权超越主权"的可

---

① "查戈斯海洋保护区仲裁案"(常设仲裁法院案件编号:2011－03),裁决,2015年3月18日,第221段:https://pca-cpa.org/en/cases/11/。

② In the Matter of the South China Sea Arbitration, Award of 12 July, 2016, para. 799.

③ *Declaration on Principles of International Law Concerning Friendly Relations and Co-operation among States in accordance with the Charter of the United Nations*, Annex to United Nations General Assembly Resolution 2625(XXV), 24 October 1970(这七个原则中就包括"主权平等原则").

能。说到底,《公约》是多边条约,只接受国家(和国际组织)的批准、加入。个人或法人参与深海海底开发时也是需要缔约国赞助、支持和担保的。①

其二,如果某种私人权利在领海中长期存在,甚至只存在于领海之中,那么不管领海宽度是3海里也好,是200海里也好,它都有继续存在的理由。但是这样长期存在于领海中的权利在海洋法下只有一种,而且也仅是国家权利而非私人权利:即经过不同时代的多边条约、习惯法所确立起来的"无害通过权";同时,外国船舶在无害通过时进行捕鱼活动是被明确禁止的②。所以,本文认为,在习惯法下,"传统捕鱼权"从来就不存在于领海之中;而依靠与沿海国订立特别条约来维持这一权利的做法,在实践中几乎没有先例,除了我们已经讨论过的"红海仲裁案"。

其三,在"南海仲裁案"中,仲裁庭讨论传统捕鱼权的语境是黄岩岛水域内的捕鱼活动,特别是潟湖中的捕鱼活动。③ 不妨先看一下仲裁庭的结论:

"通过其官方船舶自2012年五月起在斯卡巴罗礁[黄岩岛]的活动,中国非法阻止了菲律宾渔民在当地从事传统捕鱼活动。仲裁庭在这里注明:这一裁决对主权问题完全没有影响。"④

本文对该结论有两方面看法。其一,黄岩岛是中国领土,⑤假如⑥

① 《公约》附件三,第4条第3款。还可参看《公约》第139条第1款。

② 《公约》第19条第2款视"任何捕鱼活动"都为"有害"行为。这一点在海洋法中从来如此:Robin Churchill and Vaughn Lowe, *The Law of the Sea*(Manchester University Press, 3rd edn, 1999), p. 284。另外,参看1958年《领海与毗连区公约》第14条第5款。

③ In the Matter of the South China Sea Arbitration, Award of 12 July, 2016, para. 810.

④ In the Matter of the South China Sea Arbitration, Award of 12 July, 2016, para. 814.

⑤ 国家海洋局海洋发展战略研究所:《中国的领土黄岩岛》,海洋出版社2012年版,第二章。

⑥ 这里不讨论也不影响黄岩岛作为中沙群岛组成部分的问题。如果考虑到中沙群岛作为整体的存在,那么这一问题就成了群岛水域的问题,而在这一水域中中国同样有权禁止外国渔民的进入。

领海基线从环礁边缘向海划出,[①]那么基线之内为中国内水。《公约》对内水制度没有规定,但是在习惯法下,内水属于沿海国领土主权之内的观点是没有争议的,那么,中方阻止外国渔民在潟湖里捕鱼是《公约》或习惯法都允许的做法。裁决在这里存在着对主权归属的判断,[②]否则无法得出上述"中国违法"的结论。其二,因为该结论的前提是私人捕鱼权在领海里继续存在,但这一判断已经超越了仲裁庭的管辖权;如果不提主权归属,中方的执法活动是否违反国际法就成了假设的问题,没有实际意义,[③]从而引发了下面深层的讨论。

"2016 年裁决"对传统捕鱼权存续水域的认定,存在着悖论。裁决的相关判断如下:(1)"私人作坊"式捕鱼权属于传统在相关海域捕鱼的私人和社区;[④](2)国际法保护私人权利,特别是在国际边界和主权观念发生变化的时候;[⑤](3)在专属经济区里,传统捕鱼权被《公约》下这一制度取代了;[⑥](4)但是,传统捕鱼权在《公约》第 2 条第 3 款下被融入了"其他国际法规则"之中,[⑦]从而使得此权利得以在领海中继续存在。对这一论理,反驳如下:

其一,《公约》下领海与专属经济区的两个制度,都造成了海洋边界的变化:前者体现宽度的拓展上,后者体现在全新的专属海域的建立上。没有道理认为在仲裁庭看来充满神秘的私人权利仅

---

① 参看《公约》第 6 条。

② In the Matter of the South China Sea Arbitration, Award of 12 July, 2016, para. 811.

③ 同样的看法,参见 Stefan Talmon, "The South China Sea Arbitration: Observations on the Award on Jurisdiction and Admissibility", (2016) 15 *Chinese Journal of International Law* 309, pp. 374 – 375。

④ In the Matter of the South China Sea Arbitration, Award of 12 July, 2016, para. 798. "私人作坊式"的说法对应"artisanal"这个词;"2016 年裁决"在此借用了先例中的定义:The Second Stage of the Proceedings between Eritrea and Yemen (Maritime Delimitation), Award of 17 December 1999, 22 *Report of International Arbitral Awards* 335, paras. 105 – 106。

⑤ In the Matter of the South China Sea Arbitration, Award of 12 July, 2016, para. 799.

⑥ In the Matter of the South China Sea Arbitration, Award of 12 July, 2016, para. 803.

⑦ In the Matter of the South China Sea Arbitration, Award of 12 July, 2016, para. 808.

仅可以在领海里存续,因为其所倡导的私人权利同样可以在专属经济区里存在,仲裁庭为此所依靠的《公约》第 2 条第 3 款与第 58 条第 2、3 款相呼应,后者也提到了其他相关的国际法规则,那么后者是否也吸纳了传统捕鱼权? 再有,假如(领海)主权无法消除私人的历史性捕鱼权,为什么在规格、程度上次于主权的专属经济区权利可以消除这一历史性权利? 是否专属经济区制度下必须有明确的条款来宣告这一消除的后果? 最后,特别要考虑到《公约》的制度对第三国来说没有拘束力这一事实,想象一下:相关缔约国完全可以从第三国(非缔约国)的手中买到后者渔民从沿海国专属经济区里捕捞的鱼,而不会违背《公约》下缔约国的义务。

其二,传统捕鱼权在习惯法中是否作为实在法规则而存在是个未决问题,仲裁庭仅仅简单提及 3 个案例就做出肯定的回答完全没有说服力,①除非各国能接受法官或仲裁员“创造”实体法的说法。

其三,第 62 条第 3 款是一个适用于缔约国(而非个人)的条款,那么它实际上不规范传统捕鱼权;如果出现了挂“方便旗”的外国船舶在专属经济区里捕鱼的情况,连这一条款都无法有效执行。

其四,《公约》第 2 条第 3 款规定:“对于领海的主权的行使受本公约和其他国际法规则的限制。”仲裁庭认为,“传统捕鱼权构成固有权利,仲裁庭认为保护这一权利的国际法完全落在‘其他国际法规则’的范畴之内,在领海之内适用。”但是正如上面已经讲到的,捕鱼活动已经不是无害通过行为,那么是否《公约》第 2 条第 3 款不包括习惯法和《公约》中的“无害通过权制度”(和其中对所有船只都适用的捕鱼禁令)?

更深层的问题是,如何说明国际法下的私人权利(比如传统捕鱼权)超越(比如领海中的)主权? 个人权利在第二次世界大战后有了长足的进步,这是不争的事实。不过,迄今为止,个人无法如

---

① In the Matter of the South China Sea Arbitration, Award of 12 July, 2016, para. 799.

同国家一样参与国际法的制定,也是个事实;更不用说个人无资格参加国际法的执法或司法活动。本文对此不作深究,但是会在下面考虑这一问题所带来的后果。

(三)可受理性问题

提出这个标题的原因在于,如果私人权利没有成为国家外交保护措施的对象,将保持其私有性质,否则,必会带来"用尽当地救济"的问题。《公约》对此原则予以承认,第295条这样规定:

"缔约国间有关本公约的解释或适用的任何争端,仅在依照国际法的要求用尽当地补救办法后,才可提交本节规定的程序。"

这一点在2016年后的研究中很少有人涉猎。[①] 在"南海仲裁案"中,菲律宾的诉状没有提及这一条款;"2015年裁决"和"2016年裁决"也就乐得不予理睬。仲裁庭特别强调,它所讨论的历史性权利是私人权利,而不是国家权利,[②]但问题是,假设菲律宾渔民拥有历史性捕鱼权,而在仲裁庭看来,这一私人权利的行使被中国政府船舶所阻碍而引发国家责任,[③]那么,一个私人权利怎么才能成为菲律宾政府的第10项诉讼请求呢?

"外交保护"这一机制对于本节的关键作用在于,一旦当地救济方式没有穷尽,那么就不能把争议提交给《公约》授权去解决该争议的国际司法、仲裁机构进行审理。在第295条下,第十五部分第二节下的强制管辖权属于次级规则,在任一涉及《公约》解释或适用案件中,优先适用的是第295条下的程序。[④]

---

① 比如对"2015年裁决"作出相当全面分析的 Stefan Talmon, "The South China Sea Arbitration: Observations on the Award on Jurisdiction and Admissibility", (2016) 15 *Chinese Journal of International Law* 309, pp. 328 – 329, 372 – 375。

② In the Matter of the South China Sea Arbitration, Award of 12 July, 2016, para. 798.

③ In the Matter of the South China Sea Arbitration, Award of 12 July, 2016, para. 810.

④ Bing Bing Jia, "The Issue of Admissibility in Inter-State Arbitration", in: Stefan Talmon and Bing Bing Jia (eds.), *The South China Sea Arbitration: A Chinese Perspective* (Hart Publishing, 2014), pp. 107, 130.

对于有关外交保护的法律,现在的认知水平基本反映在国际法委员会2006年的条款草案中(以下简称"2006年条款草案"),[①]尽管这一草案尚未被转化为条约或其他文件。[②] 在"2006年条款草案"中,第1条(外交保护定义)和第14条(用尽当地救济)都反映习惯法中的做法。[③] 第1条的主要内容是因某国的国际不法行为而受伤害的个人或法人的国籍国,通过外交或其他和平方式,提起前者的国际责任,并意图使责任得到履行;第14条规定,只有在相关个人或法人用尽当地救济后,国籍国才能就这一伤害的指控提起国际诉讼。第15条列举了5个不需用尽当地救济的情况。

在适用"用尽当地救济"规则的典型案例中,国际法院就曾指出:

"在国际诉讼程序开始前用尽当地救济的规则,是已经确立的习惯法规则。当一个国家接手其国民因为权利受另一个国家以违反国际法方式加以忽视的求偿请求时,一般都需要遵守这一规则。在求助于一个国际法院之前,有必要给伤害发生地国一个机会,在其本国法律体系中、采取其自我选择的方式来纠正错误。"[④]

法院当时特别强调,这一问题是可受理性问题,尽管美国政府在提出这一抗辩时视之为管辖权问题。[⑤]

在"南海仲裁案"中,没有证据显示菲律宾渔民曾经寻求过中国国内法院的救济,来解决被禁止进入黄岩岛潟湖捕鱼的问题。

---

① 参看联合国大会决议第62/67号,2006年12月6日(第一次邀请成员国政府对条款草案提意见)。

② 参看联合国大会决议第71/142号,2016年12月19日(再次向成员国政府推荐该草案,并邀请它们提出建议,以便国际法委员会可以将之转化为条约或其他文件)。

③ Ahmadou Sadio Diallo (Republic of Guinea v. Democratic Republic of the Congo), Preliminary Objections, Judgment, ICJ Reports 2007, p. 582, paras. 64 and 95.

④ Interhandel Case (Switzerland v. USA), Judgment of 21 March 1959, ICJ Reports 1959, p. 6, 27.

⑤ Interhandel Case (Switzerland v. USA), Judgment of 21 March 1959, p. 26.

虽然第295条属于《公约》第十五部分第二节之内,因而有关其解释或适用的争端受第287条下相关法院或仲裁庭的管辖,[①]但是至少它可以构成初步反对意见之一。另一方面,诉讼相关当事方未引用这一条款,并不意味着仲裁庭同样有权忽视它,特别是在相关当事方之一拒绝出庭的情况下。[②] 所以,"2016年裁决"对此问题缄口不提的做法与国际法院的实践存在较大差距。[③]

在案例法中,存在着个人权利与国家权利并存,而国家为自己的利益受损而提起国际诉讼的情况。对此,"2006年条款草案"第18条规定:

"船员国籍国行使外交保护的权利,不受船舶船旗国为此类船员——无论船员的国籍为何——因为针对船舶的国际不法行为所受伤害而要求救济这一权利的影响。"

在"北极日出号仲裁案"中,仲裁庭依照此条款,考虑了荷兰政府提出的外交保护请求,但由于仲裁庭已经在裁决中其他地方确立了荷兰政府提起俄罗斯国家责任的资格,所以认为没必要再利用这一请求去达到同一结论。[④] 在该案中,仲裁庭将荷兰这一请求视为可受理性问题。

---

① 参见《公约》第288条第4款。

② 参见《公约》附件七,第9条:"……仲裁法庭在作出裁决前,必须不但查明对该争端确有管辖权,而且查明所提要求在事实上和法庭上均确有根据。"鉴于这一条与《国际法院规约》第53条的关系,这里的"管辖权"被视为包含了可受理性问题:Hans von Mangoldt and Andreas Zimmermann, "Article 53", in: Andreas Zimmermann, Christian Tomuschat, Karin Oellers-Frahm, Christian Tams. (eds.), *The Statute of the International Court of Justice: A Commentary* (Oxford University Press, 2nd edn., 2012), p. 1344。

③ 在"人质案"中伊朗未出庭的情况下,国际法院在判决中说,"依据其职责所在,法院认为有必要考虑它对本案的决定权、或本案的可受理性是否受到联合国秘书长于1980年2月20日设立委员会这一事件的影响":United States Diplomatic and Consular Staff in Tehran (USA v. Iran), Judgment of 24 May 1980, ICJ Reports 1980, p. 3, para. 39. 仲裁庭对国际法院案例的依赖是众所周知的。

④ "北极日出号仲裁案"(荷兰诉俄罗斯)(常设仲裁法院案件编号:2014-03),实体问题裁决,2015年8月14日,第178~179段(其中引用 *M/V "SAIGA" (No. 2)* (Saint Vincent and the Grenadines v. Guinea), Judgment of 1 July 1999, *ITLOS Reports* (1999) 10, para. 107)。

但是,在“南海仲裁案”这一同样涉及国家责任问题的案件中,菲律宾并没有提起作为船旗国的诉讼,其第10项请求宣称“中国非法阻止菲律宾渔民在斯卡巴洛礁[黄岩岛]从事传统捕鱼活动”,[①]而其诉状中相关部分是围绕这一请求展开的。再有,菲律宾作为《公约》缔约国,并没有提起过《公约》第292条程序下的“迅速释放”诉讼,而这类诉讼确实构成“用尽当地救济”规则的例外。[②] 可以说,上述案件先例中提到的条件在“南海仲裁案”中都未能满足。那么结论只能是:本案涉及外交保护的部分,出现了忽视第295条规则的纰漏。

四、结　论

本文对历史性权利的问题和法律现状进行了考察,从中理出如下结论,并在对之列举时予以适当评论,体现在“( )”内,为嗣后研究打下基础:

1. 历史性权利包括历史性领土主权和非主权性权利两类(在这里存在着“《公约》谈判国是否明确接受这个分类”的问题)。

2. 历史性领土主权或历史性所有权的确立,首先取决于一个“自古以来”的渊源;如果不存在其他合理主张与之竞争的话,应视为完全确立(这是一个有争议、但有说服力的领土取得的特殊方式,只适用于历史证据古老、清楚、连续、具有证明力的情况,属于现代国际法下领土取得方式之外的方式,于17世纪之前就已存在,虽然它也表现为主权或类似主权权力的行使,但行使的程度不需要达到现代国际法中占领或时效方式中对行使这种权力的要求)。

3. 如果在当今条件下,历史性领土主权或历史性所有权的主张面临其他合理主张的竞争的话,相关方面都需要提供和平、持续

① South China Sea Arbitration, Awards of 29 October 2015, paras. 101, 407.

② *M/V "SAIGA" (No. 2)* (Saint Vincent and the Grenadines v. Guinea), Judgment of 1 July 1999, *ITLOS Reports* (1999) 10, paras. 105 – 106.

占有的历史证据,证据优越者的主权主张胜出(在这种情况下,历史性权利与占领和时效紧密联系在一起,占有时间长短是必要条件,但更重要的是存在和平、持续、有效的治理行为;当然,存在竞争的主权需要符合包括《联合国宪章》基本原则在内的当代强行法的要求,否则不构成竞争性主权)。

4. 中国在南海的历史性权利主张既包括历史性领土主权,主要是对岛礁和附近水域;也包括其他非主权的历史性权利,这一立场不能被分裂为两种权利来进行分析(这一立场的长期存在可以直接屏蔽掉《公约》第十五部分第二节下的强制管辖权,或引发中国政府"2006 年声明"的适用;假设中国的历史性权利成型于 1935 年的话,"九段线"只是中国从来在南海系统行使主权权力的表象之一;嗣后中国实践的一贯性从没有被打断过,2009 年中方与马来西亚和越南、2011 年与菲律宾就此问题的交锋并不能掩盖这一特点,而这一特点所依据的事实,能够构成历史性权利的重要因素;可以说,中国在南海的一贯实践对国际法中历史性权利的实践做出了重要贡献)。

5. "历史性捕鱼权存在于领海内、但不存在于专属经济区之中"的说法,没有习惯法基础,也非《公约》所宣示的内容,属于"法官造法"的例子,其有效性完全取决于嗣后国家实践的认可或否定。

6. 即使依照"南海仲裁案"裁决的思路,历史性捕鱼权也面临着与习惯法和《公约》下共同承认的"无害通过权"制度的重大挑战;其在专属经济区里的存在,受专属经济区地理位置的影响,比如半闭海,因此很难一概而论(如果历史性权利就是普遍性法律规则的例外的话,后者是否能取代前者需要明确的证据——比如多边条约里的明示条款)。

7. "南海仲裁案"裁决对"用尽当地救济"规则的漠视,造成法律上的错误(历史性捕鱼权即使真的在领海中存在,对其的"妨碍"也首先涉及个人权利,不涉及其国籍国权利,依照《公约》第

295 条和习惯法,国籍国都不能越过“外交保护”制度中上述根本性规则,造成“越俎代庖”的事实)。

Historic Rights in International Law: Current State of the Law and Two Issues

JIA Bingbing

Abstract: The concept of historic rights manifests itself in practice in the convergence of customary law and the doctrine of title relating to territorial acquisition. It is still exerting important influence in the law of the sea twenty-five years after the entry into force of the 1982 United Nations Convention on the Law of the Sea. This article will only examine the current state of law and practice in relation to the concept, as well as two less discussed questions: that of the actual impact, if any, of historic (territorial) sovereignty, and that of historic fishery rights, being private rights in nature, as a matter of admissibility. It is intended to show that historic (territorial) sovereignty exists on the basis of an immemorial title, and in the face of a reasonably formulated, competing title, requires historical proof of peaceful and continuous possession. A claim with superior proof prevails. The view that historic fishing rights exist in the territorial sea but not EEZ is without basis in customary law, and must face the additional challenge of the regime of innocent passage and be limited by the rules of exhaustion of local remedies.

Key Words: historic rights; historic (territorial) sovereignty; historic fishing rights; regime of innocent passage; principle of exhaustion of local remedies

南极特别区域的国际法分析*

吴　慧**　商　韬***

摘要：在领土诉求被《南极条约》"冻结"后，经济和政治利益成为了南极活动的重要驱动力，与此同时，对南极自然与人文环境的保护和维护成为重要议题。在此背景下，南极条约体系设置了名为"南极特别保护区""南极特别管理区""南极历史遗址和纪念物""南极海洋保护区"等的南极特别区域制度。通过对南极特别保护区与南极特别管理区的情况分析，可以获得有效指标，以此判断缔约国在多大程度上履行了或者愿意履行它们所承诺的南极环保义务。南极历史遗址和纪念物没有相应的管理计划，其设立条件相对容易。目前，南极海洋保护区也成为世界上唯一全部为公海的海洋保护区，南极海洋保护区的设立虽然在实践中取得了一定进展，但仍缺乏令人信服的法律依据和框架。第42届南极条约协商会议通过的《布拉格宣言》对南极特别区域存在一定的潜在影响，我国应充分了解南极特别区域制度的演变和发展进程，全面参与南极治理以及相关管理计划的制定与执行，构建中国在南极环保议题中的话语体系。

关键词：特别保护区；特别管理区；历史遗址和纪念物；海洋保护区

---

* 本研究获2018年国家海洋局极地考察办公室"南极特别区域研究"项目资助。

** 国际关系学院副院长、教授，博士生导师，中国海洋法学会副会长，中国南海研究协同创新中心研究员。

*** 南昌大学法学院讲师，法学博士。

《南极条约》暂时冻结了各国对南极的现有主权要求，确立南极只用于和平目的，禁止建立军事基地和防御工事，实行科学调查自由等制度。与此同时，对南极自然与人文环境的保护和维护成为重要议题。在此背景下，南极条约体系设置了名为“南极特别保护区”、“南极特别管理区”、“历史遗址和纪念物”以及“南极海洋保护区”的南极特别区域制度。西方国家对于南极环保议题的涉足较早，凭借先发优势，利用南极特别区域制度形成在南极的“圈地”之势，一方面给其他国家在南极的合法权益造成一定限制，另一方面也为南极特别区域的设置制造了诸多障碍。为此，我国应积极开展南极特别区域的制度研究工作，以维护包括南极条约体系在内的国际法所赋予的各项权利。与此同时，我国在南极的活动主体应充分关注南极特别区域内的各项国际法规则，避免和减少因南极活动引发的担忧和争议，自觉维护南极自然环境与法律环境的稳定，为提升我国在南极的话语权创造良好的政治环境。

一、南极特别区域的概念与形成

（一）南极与南极条约体系

1. 南极地区的界定

自从 19 世纪以来，人类通过探险、科考、旅游、资源勘探等活动，不但证实了南极的存在，而且获得了越来越多关于南极的信息。尽管如此，人类至今对“南极”一词所包括的具体地理范围、主权归属等问题还远未达成共识。①

地理上对“南极”的界定存在两种概念。一是指南极洲，是由南极大陆及其周围诸岛组成，面积约 1400 万平方公里，是地球上的第五大洲。对南极洲的定义及地理范围较为明确。二是指南极

① 陈玉刚、秦倩等编著：《南极：地缘政治与国家权益》，时事出版社 2017 年版，第 2 页。

地区,为南极幅合带以南的全部区域,包括大陆、岛屿和海洋。[①]对南极地区的定义较为模糊,地理范围也并不明确。这是因为自然科学上对南极地区进行科学界定存在一定困难,自然科学家往往根据其科学研究的大范围来划定南极地区,如根据地理纬度划定,其范围在南纬40度、50度、60度或南极圈以内;如根据植物特征划定,通常以南纬50度为界;如根据气候特征划定,以南极大气辐合带为界;如根据海洋特征划定,则以亚热带辐合带或南极幅散线为界。[②] 也就是说,自然科学依据不同领域对南极范围的划定存在较大差异,自然科学对南极地区难以给出清晰的范围,也造成了法律上对南极地区进行统一界定的困难,这也是南极条约体系中对南极界定存在差异的原因之一。

在南极条约体系中,《南极条约》与《关于环境保护的南极条约议定书》将南极定义为南纬60度以南的地区;《南极海洋生物资源养护公约》在范围上进行了扩展,将南极定义为南纬60度以南和该纬度与构成南极海洋生态系统一部分的南极幅合带之间的区域;《南极矿物资源活动管理公约》则将南极界定在南纬60度以南的南极条约地区,包括一切冰架和岛屿,以及不存在领土要求的地区。

2. 南极条约体系的范畴

南极条约体系是以《南极条约》为核心,包括《南极海豹保护公约》《南极海洋生物资源养护公约》《关于环境保护的南极条约议定书》等国际条约,以及历次协商国会议通过的各项措施、决定和决议,而发展起来的一个庞大条约体系,该体系以人类在南极大陆及其沿海的活动作为规范对象。南极条约体系确立了冻结领土要求、专为和平目的、科学考察自由,以及南极环境保护等南极治理的基本原则和制度。

① 陈玉刚、秦倩等编著:《南极:地缘政治与国家权益》,时事出版社2017年版,第2页。
② 邹克渊:《南极矿产资源与国际法》,现代出版社1997年版,第2页。

南极条约体系的形成是一个动态发展过程。从 1958 年 6 月起,阿根廷、澳大利亚、比利时、智利、法国、日本、新西兰、挪威、南非、美国、英国、苏联等 12 国代表经过 60 多次会议,在 1959 年 12 月 1 日签署了《南极条约》,①目前缔约方共有 54 个,其中协商国 29 个,非协商国 25 个。② 此后,根据《南极条约》第 9 条建立的南极条约协商会议于 1964 年签订了《保护南极动植物议定措施》;1972 年签订了《南极海豹保护公约》;1980 年签订了《南极海洋生物资源养护公约》;1988 年通过了《南极矿物资源活动管理公约》的最后文件;1991 年签订了《关于环境保护的南极条约议定书》;2005 年通过了《关于环境保护的南极条约议定书》的责任附件。此外,从 1961 年至 2015 年,南极条约协商会议共举办了 42 届,③通过了 600 余项措施、决定和决议。④ 上述国际法律文书共同构建现有的南极条约体系,并仍然处于发展过程当中。

(二)特别区域之阐释

由于南极的特殊状态,整个南极大陆都被看作一个特别保护区,同时也为环境保护制度的可能性提供了某种标准。⑤ 南极条约协商国强调它们对南极的环境保护负有特殊的义务,⑥而人类在南极的活动,也的确给南极环境造成了一定影响。

早期建立起来的部分科考站,由于时间仓促,外加一些政治上的因素,往往缺乏在环境方面长远的考虑,因此会直接建在动物聚

① 《南极条约》于 1961 年 6 月 23 日生效,现有 54 个成员国,我国于 1983 年 6 月 8 日加入。《南极条约》是无限期的,但条约第 12 条规定其生效 30 年之后经任一缔约国的请求,可召开审查会议,对其进行审查。

② Secretariat of the Antarctic Treaty, https://www.ats.aq/devAS/Parties?lang = e (Last visited January 16, 2020).

③ 该会议每两年举行一次,自 1993 年起每年举行一次。

④ Antarctic Treaty database, Secretariat of the Antarctic Treaty, https://www.ats.aq/devAS/ToolsAndResources/AntarcticTreatyDatabase?lang = e (Last visited January 16, 2020).

⑤ 位梦华、郭琨:《南极政治与法律》,法律出版社 1989 年版,第 353 页。

⑥ United Nations General Assembly, *Question of Antarctica*, A/39/583 (Part I), 1984.

居地。虽然这些科考站可能已采取某些严格的环境保护措施,但即便如此,也很难避免对周围动植物造成较大负面影响,尤其在南极夏季科考站的活跃阶段。例如,美国麦克默多科考站曾因垃圾处理不善给周围环境造成严重污染,以及将污水直接排入海洋等行为而遭到广泛批评。[①] 可以认为,过去科考站的选址和建设主要考虑的是方便,而不是对周围生态系统的保护。正因为如此,南极的科考和后勤活动已给南极环境造成一定影响,而这种负面影响也已到了不可忽视的地步。

此外,在领土诉求被《南极条约》"冻结"后,经济和政治利益成为了南极活动的重要驱动力。由于生态环境保护意识的兴起,直接在南极大陆进行探勘开发自然资源这类活动已被暂时禁止,但一些小规模的科研利用,因其不会给南极生态环境直接造成大规模影响,在科学技术进一步发展的情况下这类活动还可能会继续扩大。然而,当前这类科研利用活动在探索南极的同时,也驱动了商业利益。因此,这类活动也需成为调整和规范的对象。

正是基于上述情况,对南极的环境保护早已刻不容缓。在南极条约体系当中,1959 年《南极条约》并没有直接涉及环境保护与资源养护的条款。1964 年《南极动植物保护协议措施》、1972 年《南极海豹保护公约》、1980 年《南极海洋生物资源养护公约》以及 1991 年《关于环境保护的南极条约议定书》均对南极的环境保护与资源养护有所涉及。在协商会议上,南极环境保护问题也是一个经常性的议题。[②] 此外,对于如何构建更好的保护方式,也是南极事务中长期研究和探索的目标,而通过在南极设立某些特别区域,对自然和人文环境进行一定程度的保护,对可能造成相互干扰或累积环境影响的人类活动进行协调甚至是一定的限制,成为南极事务中研究和探索的保护方式之一。

---

① 位梦华、郭琨:《南极政治与法律》,法律出版社 1989 年版,第 355 页。

② 参见 Secretariat of the Antarctic Treaty, https://www.ats.aq/devAS/Meetings?lang=e, (Last visited January 16, 2020)。

本研究所称“特别区域”，既包括《关于环境保护的南极条约议定书》附件五《区域保护与管理》中所称“南极特别保护区”（Antarctic Specially Protected Areas，ASPA）①、“南极特别管理区”（Antarctic Specially Managed Areas，ASMA）②以及“历史遗址和纪念物”（Historic Sites and Monuments，HSM），③也包括在南极海洋生物资源养护委员会（Commission for the Conservation of Antarctic Marine living Resources，CCAMLR）框架下设立的“南极海洋保护区”（Marine Protected Areas，MPA）。

二、南极特别保护区与南极特别管理区分析

（一）制度的演变与确立

《南极条约》生效后不久，南极条约协商国就认识到必须采取特别的措施来保护一些具有重大荒野价值、环境价值、科学价值、美学价值、历史价值的区域。1964 年第 3 届南极条约协商会议通过的《南极动植物养护协议措施》（以下简称《协议措施》）提出在南极设立“特别保护区”，④旨在保护具有代表性、独特性或特别兴趣的地点，进入该保护区需获得许可，起初南极海域部分被排除在保护区之外。

从实践来看，1966 年南极条约协商会议批准了 15 个特别保护区，而对于南极海域部分是否应纳入保护区的问题，协商会议也进行了重新讨论。考虑到南极主要动植物多集中分布在沿海地区，因此仅仅将《协议措施》的适用范围限定在南纬 60 度以南陆地地区的狭义解释与实际情况显然是不符的。⑤ 综合南极动植物资

① 参见附件五《区域保护与管理》第 3 条。

② 参见附件五《区域保护与管理》第 4 条。

③ 参见附件五《区域保护与管理》第 8 条。

④ 参见《协议措施》第 8 条。

⑤ 位梦华、郭琨：《南极政治与法律》，法律出版社 1989 年版，第 357 页。

源分布的地理因素、需要在海上采取保护措施的科学因素,以及部分协商国争取将海域纳入条约区的外交因素,协商会议最终对条约区的范围进行了重新解释。根据该解释,《协议措施》第1条只是重申了《南极条约》第6条,但该条款并没有把《南极条约》的适用范围限制在陆地区域,所以考虑允许设立海上特别保护区。

应当指出,特别保护区制度从设立伊始就具有非常重要的价值,理论上它可用以评价南极科考站的选址,但实践中却相去甚远。如果一个国家在靠近企鹅聚居地的区域选址建立科考站,几乎可以肯定将对该地的企鹅造成某种程度的影响。站在环保的角度,本应将科考站建在距离鸟类、企鹅和海豹等动物集中地区较远的地方,但实际情况往往与此相反。各国政府的意图是尽量选择在动物集中处建立科考站,理由或出于对主权问题的关心,或是政治上的考虑,或是后勤方面的便利,以及科学考察上的兴趣等,上述因素显然超过对环境保护的考虑。例如,美国将阿蒙森－斯科特科考站建在南极的"极点"上,因为根据"扇形原则",南极领土主张国的扇形"领土"都要经过位于南极"极点"上的美国科考站。这样一来,虽然美国并没有对南极提出自己的领土要求,但南极领土主张国不得不考虑到美国的利益。①

这一阶段的特别保护区概念具有一定的局限性。《协议措施》只适用于动植物,类似干谷这样没有多少生物意义但具有很重要科学价值的地区则得不到保护。为应对这一现实问题,1972年第7届南极条约协商会议讨论和提出建立特别科学兴趣区,旨在保护该区域的科学活动及资源免受侵扰。在建议将某一地区设立为具有特殊科学意义的地区时,须提供这一地区的详细地图,并且要提出明确的管理计划,还要注明加以保护的期限。

此后,这一制度仍处于发展当中,至1991年,南极条约协商国

---

① 郭培清、石伟华:《〈南极条约〉50周年:挑战与未来走向》,载《中国海洋大学学报》(社会科学版)2010年第1期,第12～13页。

共提出设立过八类保护区：特别保护区、特别科学兴趣区、海洋特别科学兴趣区、特别旅游兴趣区、历史遗址、坟墓、特别保留区、多用途规划区。2002 年《关于环境保护的南极条约议定书》附件五《区域保护与管理》将上述各类保护区重新划分为南极特别保护区与南极特别管理区两类。至此，附件五《区域保护与管理》正式取代以往通过的各类保护区建议。[①]

制度的调整和演变可能是由于协商国出于政治上的考虑，不便对《协议措施》等基础性规则进行大范围修改，所以在此基础上提出一个又一个独立的概念，并最终调整、合并。这一情况可以反映出在南极特别区域领域，该制度经历了相对漫长的发展和完善，且仍然处于发展当中，只是制度的调整和构建过程是基于法律上的论据，还是政治上的考量，值得关注。

（二）特别保护区与特别管理区的定义

如前所述，《关于环境保护的南极条约议定书》附件五《区域保护与管理》将保护区统一为南极特别保护区与南极特别管理区两类。尽管都是区域保护与管理的方式与工具，但二者的定义与功能有着较大差异。南极特别保护区是为了保护南极特有的环境、科学、历史、美学、荒野价值（包括具有以上多种价值），或是为了支持与协助进行中或者计划进行的科学研究活动，由南极条约协商会议指定的特定南极区域。[②] 南极特别管理区则是为了协助、协调人类在南极地区的活动规划，改善各国在南极的合作，避免可能发生的冲突，以及将人类活动对南极环境的影响降到最低，由南极条约协商会议指定的特定南极区域。[③]

按照《关于环境保护的南极条约议定书》附件五《区域保护与管

① 刘惠荣、陈明慧、董跃：《南极特别保护区管理权辨析》，载《中国海洋大学学报》（社会科学版）2014 年第 6 期，第 1 ~ 2 页。

② 参见附件五《区域保护与管理》第 3 条。

③ 参见附件五《区域保护与管理》第 4 条。

理》的定义及规则,南极特别保护区与特别管理区有以下两点不同:一是在保护的主要价值上,南极特别保护区侧重保护“价值”,涵盖环境、科学、历史、美学或荒野价值,划区的目的在于对前述价值的保护和保全;南极特别管理区则侧重保护与协调人类在南极地区的“活动”,划区的目的在于通过协调人类活动,最大程度地降低此类活动对南极环境的影响。二是在管理模式上,正是因为南极特别保护区侧重保护某些特别重要的价值,所以在管理模式上除了对有限的科考活动开放以外,进入南极特别保护区实行预先许可制度,通过限制或禁止人类活动达到保护的目的;而进入南极特别管理区原则上不需事先许可,管理模式上相对自由,管理区内允许不同程度的利用,包括旅游和科研。此外,二者也存在一定的重叠之处,例如,二者均需提交拟定的管理计划,二者的地理范围都可以涵盖南纬60度以南的南极海域部分,并且南极特别管理区内可设立一处或多处特别保护区。

(三)当前的实践情况

1. 南极特别保护区当前状况

南极特别保护区目前为72个,第114号英国提议保护区,第118号、130号新西兰提议保护区于2014年被撤销。我国已获准设立3个南极特别保护区,分别是第168、169、174号特别保护区。其中,第168号特别保护区为我国单独申请,位于南极大陆东部的格罗夫山哈丁峰,该地区具有保存在内陆南极冰盖中的冰川侵蚀的珍贵地貌,具有重要的科学、美学和荒野价值。我国提议建立该特别保护区是为了保护该区域独特的地貌特征,以便对东南极冰盖的进化历史进行科学研究,同时扩大南极保护区系统的范畴。[①] 第169号特别保护区是由我国和澳大利亚联合申请,位于东南极洲阿曼达湾,提议设立该保护区的理由是为保护几千只帝企鹅的

① Secretariat of the Antarctic Treaty, https://www.ats.aq/e/protected.html (Last visited January 16, 2020).

繁殖群体,利于收集有价值的长期数量监测数据,并与其他东南极帝企鹅群进行比较研究。① 第 174 号特别保护区是由我国和澳大利亚、印度、俄罗斯联合申请,位于拉斯曼丘陵,提议设立该保护区的理由是保护该地区突出的地质特征,特别是其稀有矿物的储量和极不寻常的岩石。这种保护措施将维持这些稀有矿物在总体上的地质完整性以供将来研究,并保留发现新矿物的可能性。②

从沿海情况来看,共有 10 个特别保护区为沿海或部分沿海。③ 从时间跨度上看,首次申请设立保护区是在 1966 年,截至 2019 年年底的最后一次申请是在 2014 年。从提议国来看,共有 16 个国家获准设立了南极特别保护区,这些国家均为南极条约协商国。在这 16 个国家中,有 5 个国家比较活跃,分别为:美国、英国、澳大利亚、新西兰、智利。上述国家均为南极主权声索国及潜在主权要求国,且均已制订相关的南极政策与法律,具体行使南极特别保护区的管理职能。具体设立情况见表 1、图 1。

表 1　南极保护区各国申请情况

单位:个

序号	国别	总数	单独申请	联合申请
1	美国	16	13	3
2	英国	13	12	1
3	澳大利亚	13	11	2
4	新西兰	11	10	1
5	智利	8	6	2
6	阿根廷	4	2	2

① Secretariat of the Antarctic Treaty, https://www.ats.aq/e/protected.html (Last visited January 16, 2020).

② Secretariat of the Antarctic Treaty, https://www.ats.aq/e/protected.html (Last visited January 16, 2020).

③ 分别为第 144、145、146、152、153、161、121、149、151、165 号特别保护区, See Conservation Measure 91 – 02(2012) Protected of the values of Antarctic Specially Managed and Protected Areas。

续表

序号	国别	总数	单独申请	联合申请
7	中国	3	1	2
8	波兰	2	2	0
9	俄罗斯	2	1	1
10	意大利	2	1	1
11	印度	2	1	1
12	日本	1	1	0
13	挪威	1	1	0
14	法国	1	1	0
15	韩国	1	1	0
16	西班牙	1	0	1

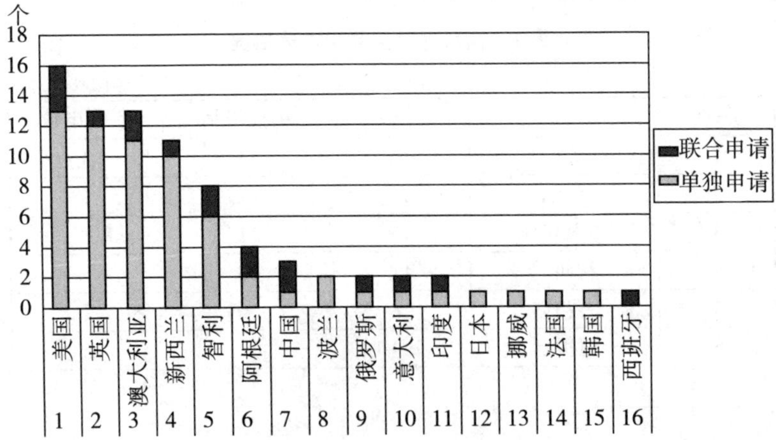

图1　南极保护区各国申请情况柱状图

南极研究科学委员会(Scientific Committee on Antarctic Research,SCAR)曾经对特别保护区进行过审查,并且坚持要求把特别保护区的数量限制在最小程度。[①] 从总量来看,如果考虑到南极地区的面积(包括南极洲及附近海域)以及设立保护区的时间跨度,72 个特别保护区并不是很多,应当说已在数量上进行了控制。然而,如果结合各提议国所设立的情况,不难发现当前大多数特别保护区集中在少数国家提议设立之下。这就产生两个问题:第一,对于单个国家提议设立南极特别保护区是否进行了数量限制或者是否有必要对此进行数量限制。毕竟南极特别保护区的设立初衷是为保护南极特有的环境、科学、历史、美学、荒野价值,或支持与协助进行中或者计划进行的科学研究活动,而非利用该划区工具在南极地区进行政治圈地,以彰显个别国家在南极的存在和影响力。第二,协商国中具有较大政治话语权的国家似乎有意阻止其他国家设立更多特别保护区。从当前南极特别保护区的总面积以及实施效果来看,离南极生态和环境保护的目标还有不小差距。这是因为对南极特别保护区的设立价值和执行考察需重点关注其管理计划,而当前南极特别保护区是否都遵循了《关于环境保护的南极条约议定书》附件五《区域保护与管理》的定义去设立,或者说设立上述保护区是否存在保护环境、科学、历史、美学、荒野价值以外的因素?此外,从当前大多数南极特别保护区的管理计划来看,并没有根据每个特别保护区的具体情况而制定一些特殊措施,而是显得较为“千篇一律”。以上问题尚未得到较好的应对,在此情况下延缓或停止设立南极特别保护区似乎与现实需要不符。

2. 南极特别管理区当前状况

南极曾设立过 7 个特别管理区,目前仍在运行的有 6 个。[②] 南极特别管理区总面积超过 4.8 万平方公里,远大于南极特别保护区面积,其中 1 号特别管理区与 7 号特别管理区为部分沿海。特别管理区由 15 个南极条约协商国、1 个南极条约缔约国单独或联

---

① 位梦华、郭琨:《南极政治与法律》,法律出版社 1989 年版,第 362 页。

② 2014 年澳大利亚提议设立的第 3 号特别管理区已被撤销。

合提出。美国是唯一单独设立南极特别管理区的国家,其他国家均为多国联合设立。作为提议国之一,我国参与东南极拉斯曼丘陵南极特别管理区的申请并获准设立,具体情况见表2。

表2 东南极拉斯曼丘陵南极特别管理区主要情况

编号	提议国	地理位置	面积	是否沿海	提议理由
ASMA6	澳大利亚、中国、印度、罗马尼亚、俄罗斯	东南极、拉斯曼丘陵	约252.54平方公里	是	沿海无冰区在南极洲很少见,因此拉斯曼丘陵地区在环境,科学和后勤方面具有重要意义。指定的主要原因是促进缔约方在规划和开展该区域活动方面的协调与合作,以期实现更大的环境保护成果

就南极特别管理区而言,提议国须提交一份管理计划,而该管理计划与特别保护区管理计划相比,有较大不同。《关于环境保护的南极条约议定书》附件五《区域保护与管理》第5条“管理计划”与第6条“指定程序”分别涵盖南极特别保护区与南极特别管理区。管理计划应提交给南极环境保护委员会、南极研究科学委员会,适当时还需提交给南极海洋生物资源保护委员会。在拟定提交给南极条约协商会议的建议时,南极环境保护委员会应考虑南极研究科学委员会提出的任何意见,并适当考虑南极海洋生物资源保护委员会提出的意见。此后,管理计划可通过一项措施由南极条约缔约国批准,该措施依照《南极条约》第9条第1款在协商国会议上通过。通过上述程序,可以认为管理计划应具有法律效力。从实践来看,南极特别保护区管理计划对相关主体具有法律

拘束力并无疑问。[1] 然而,由于南极特别管理区在设立初衷上立足于协调人类活动,旨在将人类活动对南极生态环境的影响降至最低,所以并未限制或禁止进入特别管理区,也未规定许可证制度。基于此,在实践中特别管理区的管理计划对南极相关活动主体并不具有强制拘束力,而是可以理解为具有劝诫、倡导的性质。然而,虽然看似无法律拘束力,但特别管理区的提议国(尤其是单一提议国的情形)在其承担的管理区内可能会具有较大的"裁量权",成为管理区内主要的,甚至是唯一的协调者。南极条约体系对这一制度的设计尚待明确与完善。

通过对南极特别保护区与南极特别管理区情况的分析,可以获得一个有用的指标,以此判断缔约国在多大程度上履行了或者有意愿履行它们所承诺的保护南极环境的义务。从前述南极特别保护区与南极特别管理区的设立情况来看,至少从形式上可以反映出缔约国对南极的环境保护似乎是很重视的。但在实践中,对管理计划的执行效果却存在疑问,过去违反管理计划的事件也屡见不鲜,时有记录。[2] 可以肯定的是,如果将管理计划的检查条款认真执行的话,将会发现更多违反各种规定的例子。造成这一现状的原因很复杂,既有历史遗留的关于科考站选址的因素,也有当前各国在南极科研竞争日益升级的影响。

三、南极历史遗址和纪念物分析

根据《关于环境保护的南极条约议定书》附件五《区域保护与管理》第8条的规定,被指定为南极特别保护区、特别管理区或位于这些区域内且具有公认历史价值的遗址和纪念物,未被指定为南极特别保护区、特别管理区或位于这些区域外且具有公认历史价值的遗

① 陈力:《中国南极权益维护的法律保障》,上海人民出版社2018年版,第118～119页。
② 位梦华、郭琨:《南极政治与法律》,法律出版社1989年版,第366页。

址和纪念物,以及南极条约协商会议在环保议定书及其附件五生效前指定的历史遗址和纪念物,均可由缔约方提议指定为南极历史遗址和纪念物,并由南极条约协商会议予以批准。上述定义的范围比较广泛,在空间上,包括特别保护区、特别管理区以内和以外有历史价值的遗址和纪念物;时间上,包括附件五《区域保护与管理》生效前后指定的历史遗址和纪念物。

截至2019年12月仍有效的历史遗址和纪念物共计87处,主要分布在南极半岛和东南极沿海地区,其中编号12、13、25、31、58的历史遗址和纪念物已被撤销。从提议国情况看,单个国家提议数量依次为:英国31个(其中24个为联合提议)、新西兰20个(其中17个为联合提议)、智利13个(其中4个为联合提议)、阿根廷13个(其中6个为联合提议)、挪威10个(其中8个为联合提议)、俄罗斯8个、澳大利亚5个(其中1个为联合提议)、法国5个(其中1个为联合提议)、美国5个(其中2个为联合提议)、波兰3个,德国、印度、中国各2个,保加利亚、比利时、日本、瑞典(联合提议)、秘鲁(联合提议)和西班牙(联合提议)各1个。需要指出的是,最初的提议国并不一定参加实际管理。具体情况见表3、图2。

表3 历史遗址和纪念物各国管理数量

序 号	国 别	管理数
1	英国	27个(其中21个为联合管理)
2	新西兰	20个(其中18个为联合管理)
3	智利	13个(其中4个为联合管理)
4	阿根廷	12个(其中7个为联合管理)
5	俄罗斯	8个
6	挪威	8个(其中6个为联合管理)
7	法国	6个(其中2个为联合管理)
8	澳大利亚	5个(其中1个为联合管理)
9	美国	5个(其中2个为联合管理)

续表

序　号	国　别	管理数
10	瑞典	4 个(均为联合管理)
11	德国	3 个(其中 1 个为联合管理)
12	波兰	3 个
13	中国	2 个
14	印度	2 个
15	日本	1 个
16	意大利	1 个(联合管理)
17	比利时	1 个
18	西班牙	1 个(联合管理)
19	秘鲁	1 个(联合管理)
20	乌克兰	1 个(联合管理)
21	保加利亚	1 个

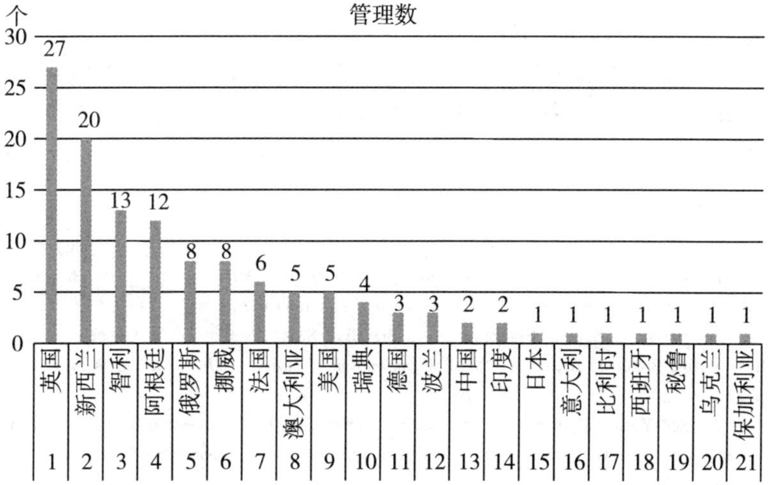

图 2　历史遗址和纪念物各国管理数量柱状图

值得注意的是,南极历史遗址和纪念物与南极特别保护区和特别管理区有较大不同。《关于环境保护的南极条约议定书》附件五《区域保护与管理》仅规定不得损坏、移除或销毁南极历史遗址和纪念物,但南极历史遗址和纪念物并没有相应的管理计划,其具体保护措施由相应的负责方自行管理。这一情况似乎意味着在南极地区设立历史遗址和纪念物是相对容易的。

四、南极海洋保护区分析

(一)海洋保护区的法律定义

"海洋保护区"概念的提出,针对的是不同的保护目的,例如保护濒危物种、维持或恢复脆弱物种种群、保护筑巢或繁殖区、保护生态系统、保护关键栖息地等。[①] 此外,海洋保护区也可以被设置用于管理相应的活动,以抵御气候变化或其他活动的影响。[②] 因此,它是旨在保护和保全指定区域内的栖息地或整个生态系统,是实施生态保护的工具。[③]

当前"海洋保护区"概念是一个总括型术语,该术语涵盖不同的海域,不同的保护目的,以及不同的保护类型,[④]学术上的归类差异导致在实践中关于海洋保护区的面积大小、位置区域以及

---

① Charlotte de Fountabert, David R. Downes and Tundi S. Agardy, "Biodiversity in the Seas: Implementing the Convention on Biological Diversity in Marine and Coastal Habitats", (1998) 744 *Georgetown International Environmental Law Review* 3, p. 10.

② Karen N. Scott, "Conservation on the High Seas: Developing the Concept of High Seas Marine Protected Areas", (2012) 850 *International Journal of Marine and Coastal Law* 2, p. 27.

③ See Yosifumi Tanaka, "The Changing Approaches to Conservation of Marine Living Resources International Law", (2011) 309 *Zeitschrift für auslandisches offentliches Recht und Volkerrecht* 2, p. 71.

④ Sarah Wolf, Jan Asmus Bischoff, "Marine Protected Areas", *Max Planck Encyclopedia of Public International Law* (2013).

保护内容彼此间差别较大。正因如此，在法律上对“海洋保护区”术语进行定义和解释就更加困难。国际自然保护联盟（The International Union for Conservation of Nature，IUCN）、《生物多样性公约》（Convention on Biological Diversity，CBD）、《保护东北大西洋海洋环境公约》（Oslo and Paris Conventions，OSPAR）都曾对“海洋保护区”概念进行过解释。

1. 国际自然保护联盟的定义

国际自然保护联盟是率先提出鼓励和发展海洋保护区的组织，1988 年国际自然保护联盟第 17 届成员国大会文件对海洋保护区作了如下定义：“任何被法律或其他有效措施部分保护或全部保护的封闭环境，这个封闭环境的范围包括潮间带或潮下带，及其上覆水域，并包括相关的动植物、历史、文化特征。”①

从措辞来看，定义中所涵盖的“相关的动植物”，表明定义旨在强调生物多样性保护的目的，而“被法律或其他有效措施……保护”则指明保护区的设立方式及设立要求。该定义具有一定的指导作用，逐渐被后续的国际法律文书所接受和参考。但是，国际自然保护联盟作出的上述定义较为宽泛，而且依据该定义，根据不同目的所建立的海洋保护区都是被承认的。

此外，2008 年国际自然保护联盟将保护区定义为，必须是一个明确界定的地理空间，并通过法律或其他方式来认定、专设、管理，从而实现与生态服务和文化价值相关的自然环境之长期保护。② 为了提供指导，国际自然保护联盟制定了保护区分类系统，并将保护区划分为严格的自然保护区、国家公园、自然遗址、栖息

① General Assembly of the IUCN, *Resolution* 17/38 (1988), 19/46 (1994). *IUCN*, 17*th Session of the General Assembly of IUCN and* 17 *IUCN Technical Meeting*, 1 – 10 Feb. 1988, p. 105.

② Nigel Dudley (ed), *Guidelines for Applying Protected Area Management Categories* (Switzerland: IUCN 2008), p. 8. 转引自邢望望：《从海洋保护区到公海保护区之法律概念的争辩》，载《中国海洋法年刊》（2018），知识产权出版社 2018 年版，第 59 页。

地(物种管理区)、陆地及海洋景观保护区、资源管理保护区六类。[①] 上述类别涵盖了从禁止人类活动的严格自然保护区,到允许人类以可持续方式管理资源的保护区。

国际自然保护联盟的定义在保护方式上留下了较大的操作空间。无论是政治实体、还是社团、企业,甚至土著群体,都可以成为对海洋保护区实施保护的主体;从国际条约到国内立法,以及各式各样的规范、文件、习惯等都可以成为海洋保护区的设立依据,甚至包括土著群体的习惯规范;此外,海洋保护区的管理也可以是多种形式的,仅要求能够实现长期保护的目标。

2.《生物多样性公约》的定义

1993 年生效的《生物多样性公约》并没有直接提供海洋保护区的术语解释。《生物多样性公约》第 2 条关于用语的解释中,对"保护区"作了如下定义:"是指一个划定地理界限、为达到特定保护目标而指定或实行管制和管理的地区。"虽然未直接提及海洋保护区,但可以认为,生物多样性应当包含海洋生物多样性,保护区的定义也应当包含了海洋保护区。鉴于《生物多样性公约》的广泛性,[②]可以认为上述条款是对保护区(涵盖海洋保护区)作出明确定义的具有法律约束力的国际条约。

《生物多样性公约》将保护区作为生物多样性保护的工具或手段,在这一目标范围内,根据保护区的定义,其设置目的可以涵盖的内容非常广泛。第2条措辞中"特定保护目标"表示不同缔约方可自行选择目的。根据上述定义,保护区是地理上界定的区域,是被"指定或实行管制和管理的地区"。其中,关于"指定"一词曾

---

① IUCN, https://www.iucn.org/theme/protected-areas/about/protected-area-categories (Last visited December 1,2019);陈力:《中国南极权益维护的法律保障》,上海人民出版社 2018 年版,第 161 页。

② 截至 2019 年年底,《生物多样性公约》共有 196 个缔约方,See United Nations Treaty Collection, https://treaties.un.org/pages/ViewDetails.aspx?src=TREATY&mtdsg_no=XXVII-8&chapter=27#2,(Last visited December 1,2019)。

引发过讨论。需要指出的是,根据条约上下文,“指定”不能被理解为单纯的“命名”,而是对地理坐标赋予的法律定义。[①]

上述定义中另一个值得注意的措辞是“或”。这一措辞产生了实践当中的争议,即如果保护区在缺乏任何调整人类活动的管制或管理规则的前提下被指定产生,该保护区是否还符合定义的目的。也就是说,实践当中是否可以为生物多样性保护的目标提议某一地区作为保护区,而不制定任何在法律框架下的管制和管理计划。这一做法或许与实践不符,因此另一种理解是,第 2 条当中的“或”必须被理解为“和”,这意味着实践中,单纯的指定是不够的,保护区的设立必须有管制和管理的规则。

此外,2004 年《生物多样性公约》特设技术专家组专门对海洋保护区作了如下定义:“海洋和沿海保护区是指海洋环境内或与其毗邻的任何确定区域,包括其覆盖水域及相关动植物和历史文化地物,且该区域已经受到立法或其他有效手段(包括习惯)的保护,使得海洋和/或沿海生物多样性得到更高水平的环境保护。”[②]

值得一提的是,上述定义虽然是由《生物多样性公约》特设技术专家组所作,不具有法律拘束力,但却得到了缔约方大会的赞同。[③] 如果将特设技术专家组所作的定义与前述《生物多样性公约》第 2 条的规定相比较,可以看出该定义并未完全遵从该公约第 2 条的规定,而是作为要求提出海洋保护区内部相比其外部,需要得到更高水平的环境保护。

3.《保护东北大西洋海洋环境公约》的定义

2003 年《保护东北大西洋海洋环境公约关于海洋保护区网络的建议》第 1.1 条对海洋保护区作了如下规定:“根据国际法,在一

---

① Michael I. Jeffery, “An International Legal Regime for Protected Areas,” in John Scanlon and Francoise Burhenne-Guilmin eds., *International Environmental Governance: An International Regime for Protected Areas*, (Gland/Cambridge: IUCN, 2004), p. 20.

② 邢望望:《从海洋保护区到公海保护区之法律概念的争辩》,载《中国海洋法年刊》(2018),知识产权出版社 2018 年版,第 59 页。

③ CBD COP Decision VII/5, https://www.cbd.int/marine/cop-07-dec-05.shtml (Last visited December 1, 2019).

个特定海洋区域内,通过保护、养护、恢复或预防性方式,来保护和保全海洋环境中的物种、栖息地、生态系统或生态过程。”①

上述定义中值得关注的做法,一是通过列举的方式将保护物种、栖息地、生态系统或生态过程作为海洋保护区建立的目的,二是将保护措施作为“预防性方式”的提法,意味着海洋保护区具有的预测、预警作用。

综上,从学者、国际条约和国际组织对海洋保护区所作的定义中不难发现,目前海洋保护区还不是明确的法律术语。正因为如此,在当前国际法语境下,存在各种类型的海洋保护区和不同定义的海洋保护区,而缺乏一个关于海洋保护区的综合法律框架,可以认为在法律上存在一定的混乱局面。笔者认为,当前国际法对什么是海洋保护区,以及建立海洋保护区的法律程序和意义并未作出回答。

(二)南极海洋保护区的进展

截至2019年年底,全球海洋保护区数量约为16,000个,约占全球海洋面积的5.3%。其中,国家管辖范围外海洋保护区约占1.2%。②《联合国海洋法公约》为海洋活动提供了法律框架,但并未对公海保护区的设立与运行作出规定,因此当前设立的海洋保护区基本位于沿海国管辖范围以内。南极海洋保护区也成为世界上唯一全部为公海的海洋保护区。对于在南极海域率先设立全部为公海的海洋保护区的理由,或许是因为南大洋的经济利益较大,其海洋生物资源很早就被捕捞利用,当前的任务更多集中在怎样保护,防止过度捕捞。③

南极海洋保护区是为自然资源提供保护的南极海洋区域,在

① Meeting of the OSPAR Commission, *ospar Recommendations* 2003/3 *on a Network of Marine Protected Areas*, Summary Record ospar 03/17/1 - E(2003), Annex 9, para. 1.1.

② 参见 Atlas of Marine Protection, http://www.mpatlas.org/map/mpas/(Last visited March 1,2020)。

③ 陈玉刚、秦倩等编著:《南极:地缘政治与国家权益》,时事出版社2017年版,第6页。

南极海洋保护区内，某些人类活动受到限制，以满足栖息地保护、生态系统监测或渔业管理等特定保护目标。南极海洋保护区是南极海洋环境与资源保护的新兴领域，目前正在南极条约体系内具有相对独立性的南极海洋生物资源养护委员会(Commission for the Conservation of Antarctic Marine Living Resources, CCAMLR)框架下逐步推进。

南极海洋生物资源养护委员会最早讨论海洋保护区议题可追溯至2000年，由生态监测与管理工作组(Working Group on Ecosystem Monitoring and Management, WG-EMM)下的生态监测地址选定与保护分组对监测地址管理计划进行了评估。2008年，南极海洋生物资源养护委员会科学委员会确认了11个设立南极海洋保护区的优先区域。2011年，科学委员会召开了第二次海洋保护区研讨会，此次研讨会认为前述11个优先区没有涵盖《南极海洋生物资源养护公约》的所有范围，建议整个公约区域应被划成9个区块，在这些区块范围分别设立南极海洋保护区网络，见表4、图3。

表4　《南极海洋生物资源养护公约》区域划分

区块	分区(完整或部分)	名称
1	48.1,48.2,88.3	西南极半岛－南斯科舍岛弧
2	48.3,48.4	南斯科舍岛弧
3	48.5	韦德海
4	48.6	布韦－毛德
5	58.6,58.7,58.4.4	卡诺－克罗泽特
6	58.5,58.4.3	凯尔盖朗高原
7	58.4.1,58.4.2	东南极
8	88.1,88.2	罗斯海区域
9	88.2,88.3	阿蒙森－别林斯高晋

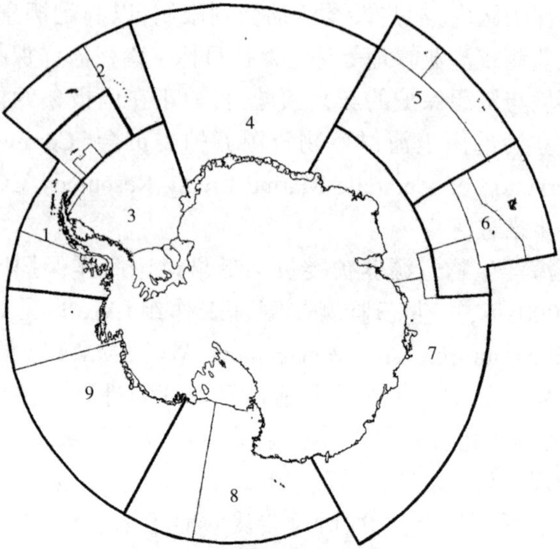

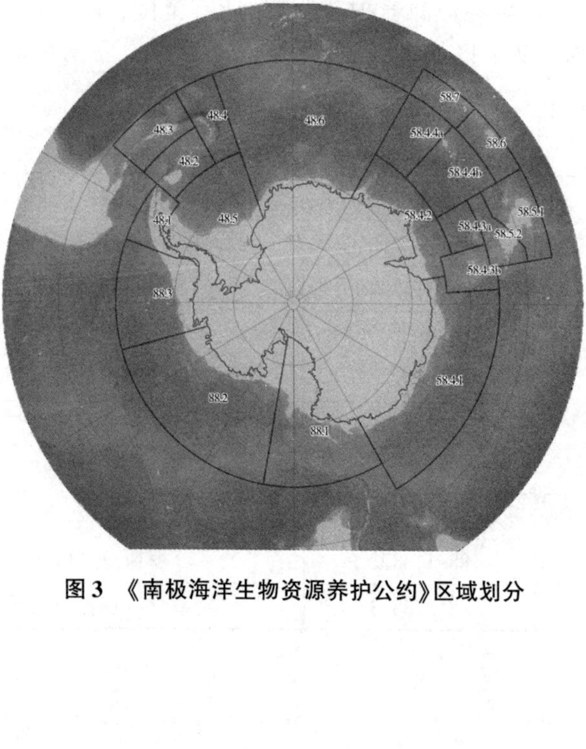

图 3　《南极海洋生物资源养护公约》区域划分

截至2019年年底，上述区块内批准的南极海洋保护区有两个：一是2009年英国提出了南奥克尼群岛海洋保护区（The South Orkney Islands Southern Shelf MPA，SOISS MPA）的提案并获得通过，面积为9.4万平方公里（图3中“凹”字形区域）；二是2011年美国和新西兰分别向南极海洋生物资源养护委员会提交关于建设南极罗斯海海洋保护区（The Ross Sea region MPA，RSR MPA）的提案，该提案经过多次修改和合并，最终于2016年获得通过，面积为155万平方公里（图3中编号为数字8的区域）。2018年，南极海洋生物资源养护委员会第37届会议主要审查了罗斯海海洋保护区和南奥克尼群岛海洋保护区的研究和监测计划；审查了在南极东部、威德尔海和南极半岛西部建立三个新海洋保护区的建议，以促进在南极建立一个具有代表性的海洋保护区系统。①

（三）当前存在的问题

南极海洋保护区当前主要的问题在于南大洋设立公海保护区的法律依据。规范公海制度最为主要的国际法是《联合国海洋法公约》（以下简称《公约》），《公约》通过划分海域的基本架构，区分出国家管辖下和国家管辖外的各海域，并在第七部分规定了公海制度。然而，依据《公约》，在公海获取海洋资源是一项明确的权利，而保护海洋资源的可持续利用仅是一项可供选择的限制。《公约》第十二部分“海洋环境的保护和保全”仅能处理沿海国管辖范围以内的事项，国家不能据此对国家管辖范围以外的海洋资源提供强有力的保护。也就是说，包括《公约》在内的现有国际法难以规范和协调在公海海域设立海洋保护区的实践。

正如任何有关超出国家管辖范围的制度都面临的问题一样，公海保护区也面临着与现有国际法相协调、具体执行中如何在超出国

① 自然资源部海洋发展战略研究所课题组：《中国海洋发展报告》（2019），海洋出版社2019年版，第3页。

家管辖范围以外行使控制权和开展监管活动、与其他非缔约国的利益协调等问题。[①] 而南极海洋保护区制度仍处于起步阶段，其国际法基础仍然较弱。[②] 这就造成了实践当中，南极海洋保护区的设立可能减损了其他国家根据国际法所享有的对公海的权利。

五、南极特别区域在协商国会议上的最新进展

2019 年 7 月第 42 届南极条约协商会议通过了《〈南极条约〉60 周年布拉格宣言》(以下简称《宣言》)。《宣言》中的部分条款对南极特别区域制度进行了调整，虽然是宣言性质，但其对南极特别区域的治理体系和未来发展趋势具有一定的影响力，同时也会对我国参与南极治理，提升在特别区域制度中的话语权提供一定的机遇。

(一)《布拉格宣言》条款分析

1. 第 3 条关于“自然保护区”的定位

《宣言》第 3 条确认，南极条约体系确保了有效的和持续的南极洲国际治理，规定了南极的使用只能用于和平目的，没有军事性质的措施，保障了科学调查自由和为此目的的合作，并将南极指定为一个用于和平和科学的自然保护区。

第 3 条将南极指定为一个用于和平和科学的自然保护区，与《关于环境保护的南极条约议定书》第 2 条“目标与指定”相一致。值得注意的是，议定书在序言中却将南极定位是特别保护区。另一方面，南极海洋生物资源养护委员会第 9104 号养护措施《建立

---

① “保护区不限成员名额特设工作组第一次会议的报告”，第 42 段。转引自桂静：《不同维度下公海保护区现状及其趋势研究——以南极海洋保护区为视角》，载《太平洋学报》2015 年第 5 期，第 2 页。

② 陈力：《南极海洋保护区的国际法依据辨析》，载《复旦学报》(社会科学版)2016 年第 2 期，第 162 页。

养护委员会海洋保护区的一般框架》认为整个公约[①]区域相当于国际自然保护联盟第四类海洋保护区,[②]见表5。

表5 各条约对南极地区的定义

公 约	定 义	条 款
《关于环境保护的南极条约议定书》	特别保护区	序言
	自然保护区	第2条
《布拉格宣言》	自然保护区	第3条
《建立养护委员会海洋保护区的一般框架》	国际自然保护联盟第四类保护区	序言

国际自然保护联盟作为一个独特的世界性联盟开始不断地推出自然保护区指南来指导会员建立和管理海洋保护区。[③] 该国际组织在保护区制度的形成和发展中发挥了重要作用,并将保护区划分为严格的自然保护区、国家公园、自然遗址、栖息地/物种管理区、陆地及海洋景观保护区、资源管理保护区六类。[④]

南极海洋生物资源养护委员会自我定位的国际自然保护联盟第四类海洋保护区,旨在保护特定物种或栖息地,对其管理需要反映这一优先事项。许多第四类保护区需要定期、积极的干预措施,以保护特定物种或栖息地。[⑤] 从上述定义可以看出,第四类保护区针对的主要是特定物种或栖息地。也就是说,《南极海洋生物资源养护公约》适用范围的区域——包括整个南极地区在内,被看作是旨在保护特定物种或栖息地的区域。不仅如此,第四类保护区

① 此处指的是《南极海洋生物资源养护公约》。

② 参见序言部分。

③ 邢望望:《从海洋保护区到公海保护区之法律概念的争辩》,载《中国海洋法年刊》(2018),知识产权出版社2018年版,第58页。

④ 陈力:《中国南极权益维护的法律保障》,上海人民出版社2018年版,第161页。

⑤ IUCN, https://www.iucn.org/theme/protected-areas/about/protected-area-categories (Last visited January 16,2020).

不能被描述为国际自然保护联盟定义的“荒野”。[①] 这些显然与南极特别保护区和特别管理区的定义存在矛盾。

此外,从适用范围来看,《南极条约》与《关于环境保护的南极条约议定书》的规定应适用于南纬60°以南的地区。而《南极海洋生物资源养护公约》适用于南纬60°以南和该纬度与构成南极海洋生态系统一部分的南极幅合带之间区域的南极海洋生物资源,[②]具体见表6。

表6 各条约关于适用范围的规定

公约	适用范围	条款
《南极海洋生物资源养护公约》	南纬60°以南和该纬度与构成南极海洋生态系统一部分的南极幅合带之间区域	第1条
《南极条约》	南纬60°以南的地区	第6条
《关于环境保护的南极条约议定书》	南纬60°以南的地区	第1条

不难发现,《南极海洋生物资源养护公约》的适用范围超出了《南极条约》和《关于环境保护的南极条约议定书》。从逻辑上看,国际自然保护联盟第四类保护区——栖息地/物种管理区,应囊括了自然保护区的概念。但无论从南极条约体系或是保护区定义都无法进行合理的解释。

实践中,特别保护区与特别管理区在《关于环境保护的南极条约议定书》附件五《区域保护与管理》中有较为清晰的法律界定,然而南极海洋保护区在法律定义和法律依据上一直存在较大争议。《宣言》在此处仍未对海洋保护区的划区根据和法律依据给出较好的解决方案或构思逻辑。

---

① IUCN, https://www.iucn.org/theme/protected-areas/about/protected-area-categories (Last visited January 16,2020).

② 参见《南极海洋生物资源养护公约》第1条。

2. 第 5 条关于信息交流

《宣言》第 5 条：强调各缔约方之间信息交流的重要性以及需要进一步完善和加强这些信息的交流。

该条款对南极条约体系下以往的信息交流义务会更加侧重强调执行力度。对于南极特别区域而言，《关于环境保护的南极条约议定书》附件五《区域保护与管理》作为协商国会议通过的措施具有法律拘束力，其对缔约国之间的信息交流作出了义务性的规定。① 作为信息交流的缔约国双方应就许可证、访问、视察等事项收集和交换记录；获取并交换有关南极特别管理区、南极特别保护区、历史遗址与纪念物发生任何重大改变或损害的信息。每年 11 月底之前，每一缔约国应将在前一年 7 月 1 日至当年 6 月 30 日期间发放的许可证数量和性质通知其他缔约国和南极环境保护委员会。《宣言》第 5 条或许会使得缔约国在关于南极特别区域制度上的信息公开和信息交流义务更加严格，对各缔约国的国内南极立法或产生一定影响。

3. 第 7 条关于加大力度保存和保护南极陆地和海洋环境与第 11 条限制对南极环境及生态系统的不利影响

《宣言》第 7 条：保证进一步加强努力，以保全和保护南极陆地和海洋环境，并继续识别并有效应对新出现的南极环境挑战。

《宣言》第 11 条：重申承诺限制对南极环境以及附属和相关生态系统的不利影响。

通过划区管理工具来保存和保护南极陆地和海洋环境，同时也是限制对南极环境及其所依赖的相关生态系统的不利影响，是南极条约体系下的有效方式之一。前述两个条款中“加大力度”以及“限制”的措辞，不排除在南极特别区域的建设和管理方面，朝以下方向发展：

第一，指定和设立更多的南极特别保护区、特别管理区，以及

① 参见附件五《区域保护与管理》第 10 条。

海洋保护区。一是为保护南极特有的陆地和海洋环境,将南极的任何区域(包括任何南极海洋区域)指定为南极特别保护区;二是旨在对南极陆地和海洋环境的影响降到最低,将任何正在进行或计划进行活动的区域指定为南极特别管理区;三是为保存和保护南极海洋环境在南大洋设立海洋保护区。上述特别区域或许会在《宣言》影响下呈现进一步开放指定和设立的局面。

第二,更加严格的审查和执行管理计划。在已有的南极特别保护区、特别管理区及海洋保护区中,为实现加大力度保存和保护南极陆地和海洋环境,对现有管理计划的实施情况的审查,尤其是提议国对有关的南极特别区域管理计划的执行情况审查,或许会更加严格。包括对管理计划保护理由的考察,提议国和其他国家在南极特别区域的实践情况通报,以及比对相关实践与管理计划的吻合程度等,都会更加具有针对性。

4. 第 13 条关于与南极海洋生物资源养护委员会的合作

《宣言》第 13 条:重申,南极海洋生物资源养护委员会在南极条约体系中的重要性,并且承诺继续与其密切合作,包括与南极海洋生物资源养护有关的事项。

保护南极海洋环境和南极海洋生物资源,包括通过海洋保护区实现上述目标,长期以来一直被认为是南极条约体系的一部分。根据《关于环境保护的南极条约议定书》及其附件,任何南极地区,包括任何海域,可被指定为南极特别保护区或南极特别管理区。同时,《南极海洋生物资源养护公约》第 5 条和第 8 条也规定了南极海洋生物资源养护委员会与《南极条约》之间的密切合作。

虽然南极条约协商会议和南极海洋生物资源养护委员会之间的权限和关系已在《关于环境保护的南极条约议定书》中作出过规定,但划区工具的使用仍然可能导致南极条约协商会议在南极海洋生物资源养护委员会通过的南极海洋保护区内指定南极特别保护区与南极特别管理区。从定义和目标来看,南极特别保护区、特别管理区,以及海洋保护区的在实践中恐会存在一定的出入。

根据《南极海洋生物资源养护公约》,"养护"一词包括对海洋生物资源的合理利用,[①]这与特别保护区侧重保护、特别管理区侧重最大程度降低影响的协调相比,还是产生了一定的差距。实践中,可能会在重合海域中引发管辖权上的冲突。

正因为如此,所以需要在南极条约协商会议和南极海洋生物资源养护委员会之间就包含海洋区域的特别保护区和特别管理区进行充分的沟通与合作。在沿海特别保护区和特别管理区与委员会的重叠部分,其保护目标应同时符合《关于环境保护的南极条约议定书》环境保护与《南极海洋生物资源养护公约》"养护与合理利用"的价值取向。两种保护价值并行不悖,互不减损。而在非重叠区域,委员会则享有绝对的主导权。[②] 从实践来看,部分沿海南极特别保护区均通过委员会进行审议。[③]

5. 第 14 条关于应对旅游和非政府活动

《宣言》第 14 条:重申其积极寻求办法应对当前和未来旅游业和非政府活动引起的挑战和影响的意向。

旅游和非政府活动对南极的影响和挑战对南极特别管理区存在潜在的影响。应对上述情况的解决方式之一,就是在南极条约体系下,将正在进行或计划进行大量旅游和非政府活动,且对南极环境造成较大影响的区域指定为南极特别管理区。在特别管理区中,将管理计划作为旅游和非政府活动的行动守则(Code of Conduction)协调上述活动,避免活动之间产生的冲突,将其对南极环境的影响降到最低。

如若《宣言》第 14 条所说的解决方式之一就是以上所说的特别管理区,将会存在一个潜在的问题——特别管理区管理计划的法律效力。如前文所述,与特别保护区侧重于通过许可证制度限

① 参见《南极海洋生物资源养护公约》第 2 条第 2 款。

② 陈力:《中国南极权益维护的法律保障》,上海人民出版社 2018 年版,第 169 页。

③ 例如,澳大利亚提议的 ASPA101、102、103,作为沿海特别保护区,均通过了南极海洋生物资源养护委员会审议。

制或禁止人类相关活动不同,特别管理区侧重于协调人类活动,最大程度降低人类活动对环境的影响,也就是说,特别管理区原则上不需事先许可,允许不同程度的利用,包括旅游和非政府活动。因此,特别管理区的管理计划应是仅具有倡导性质,用来指导管理区内的活动,并不具备强制的法律效力。这对于应对目前和未来的旅游和非政府活动所产生的影响和挑战是比较不利的。笔者认为,在《宣言》第14条的影响下,南极特别管理区有可能会产生以下变化或趋势:

第一,在实际上赋予南极特别管理区管理计划法律效力或"软法"性质。通过提升管理计划的法律效力,使其在实践中能够发挥更大作用,有效应对旅游和非政府活动所产生的影响和挑战。

第二,在不改变南极特别管理区管理计划性质的情况下,默认缔约国在通过国内立法实施管理计划的实践中赋予管理计划以强制的法律效力。当前已有部分国家的南极立法赋予南极特别管理区管理计划强制法律效力,[①]笔者尚未查找到因此在缔约国会议中产生较大争议的证据。

第三,在前述两条不发生,也就是未突破南极特别管理区管理计划倡导性性质的前提下,为有效应对旅游和非政府活动所产生的影响和挑战,不排除会提升特别管理区提议国在管理区内的协调权。实际上赋予提议国在管理区内就协调相关活动方面的领导权。

(二)对策建议

1. 南极海洋保护区问题从萌芽到发展,所经过的时间较短,却在实践中取得了突破性进展。与此同时,其法律基础却一直被诟病,可以说,南极海洋保护区制度仍在形成与夯实的过程当中。在此背景下,我国尚未提出南极海洋保护区提案,这也反映出我国在

① 如新西兰1994年《南极环境保护去》和英国1994年《南极法》。

南极海洋保护区的科学与法律依据的研究上存在不足。而在当前南极政治大环境对我不利的情况下,笔者建议从对海洋保护区等概念的解释出发,发挥我国哲学社会科学的集中优势,遴选出既能立足中国立场,又能关怀人类利益的社科成果,针对海洋保护区的划区根据和法律依据给出较好的解释方式或构思逻辑,以此构建中国话语体系的南极海洋保护区制度。

2.《关于环境保护的南极条约议定书》附件五《区域保护与管理》已对信息公开与信息交流作出过义务性的规定,但目前我国关于南极特别区域相关工作的立法还处于相对滞后的阶段。笔者建议可利用《宣言》强调进一步改善和加强缔约国之间信息交流的重要性和必要性的契机,加快我国南极立法工作。这也是履行国际义务和争取在南极政治环境中主动权的有效方式。

3. 针对《宣言》提出要加大力度保存和保护南极陆地和海洋环境,以及限制对南极环境及其所依赖的相关生态系统的不利影响,相较于当前在南极条约协商会议和南极海洋生物资源养护委员会会议上指定或设立特别保护区、特别管理区以及海洋保护区相对收紧的状况,将来或许会因此呈现出一段时期更为开放的指定或设立趋势。笔者认为,应加快、加紧对南极特别区域的研究工作,为及时抓住时机单独申请保护区、管理区、海洋保护区等提供支撑和夯实基础。

4. 在我国作为提议国之一的东南极拉斯曼丘陵南极特别管理区力争有所作为。一是在南极立法工作中建议赋予管理计划强制的法律效力,既增强了我国的管理力度,也符合许多缔约国的南极立法实践。二是在管理区中积极、主动发挥领导力。鉴于东南极拉斯曼丘陵属于沿海无冰区,这一地貌特征在南极洲很少见,对于拉斯曼丘陵地区在交通、后勤,以及科学研究方面,我国可尝试以《宣言》第14条“应对目前和未来的旅游和非政府活动所产生的影响和挑战”为由,积极承担协调工作,争取在这一地区获得更多的话语权。

Analysis of Antarctic Special Areas in International Law

WU Hui, SHANG Tao

Abstract: After the territorial division was suspended by the Antarctic Treaty, economic and political interests became an important driver of Antarctic activities. In the meanwhile, the protection and preservation of the natural and cultural environment in Antarctica became an important issue. Based on this background, Antarctic Special Areas such as Antarctic Specially Protected Areas (ASPAs), Antarctic Specially Managed Areas (ASMAs), Historic Sites and Monuments (HSMs), and Marine Protected Areas (MPAs) have been established under the Antarctic Treaty System. Through the analysis of ASPAs and ASMAs, effective indicators can be provided to judge the extent to which states parties have met or are willing to meet their commitment to Antarctic environmental protection. HSMs do not need a management plan, they are relatively easier to set up. At present, the Antarctic MPAs are the only marine protected areas in the world which made up of high seas as a whole. Although it has made some progress in practice, the establishment of the Antarctic MPAs still lacks a convincing legal basis and framework. The Prague Declaration adopted by the 42nd Antarctic Treaty Consultative Meeting has some potential impact on the Antarctic Special Areas, and China should make full use of it. Only by participating in the formulation and implementation of the related management plans of Antarctic Special Areas and Antarctic Governance Mechanism, can China construct a discourse power on

Antarctic environmental issues.

Key Words: Antarctic Specially Protected Areas; Antarctic Specially Managed Areas; Historic Sites and Monuments; Marine Protected Areas

北极科学研究合作的国际法律框架与中国路径问题*

王泽林**

摘要：北极的科学研究对人类具有重要意义，深化对北极的探索和认知是中国的北极政策之一，通过国际合作开展北极科学研究活动是目前国际社会的共识，规范北极科学研究合作的国际法律框架可以分为三个层级，即双边条约法律框架、区域性法律框架和普遍性法律框架。2017 年制定的区域性法律框架《加强国际北极科学合作协定》作为封闭性的条约，仅为北极八国相互之间提供北极科学研究的便利条件，对非北极国家的北极科学研究造成不利的影响，这不符合北极科学研究开放性和普遍性的基本精神，作为非缔约国的中国应当促进与缔约国之间达成双边北极科学研究协议，开展联合研究以享受该协定规定的便利，同时与其他非缔约国一起推动修改该协定以允许非北极国家加入。

关键词：北极科学研究；加强国际北极科学合作协定；斯匹次卑尔根群岛条约；联合国海洋法公约

人类对地球的认识漫长艰苦，航行技术的提高加速人类对未

---

* 本文系国家社会科学基金一般项目“中国北极权益的国际法问题研究”（14BFX126）、西北政法大学国际法青年创新团队“国际法前沿问题研究”项目的阶段性研究成果。

** 西北政法大学国际法学院副教授，国际法研究中心研究员，法学博士，硕士生导师。

知区域的探险活动,19 世纪末 20 世纪初北极的科学研究非常活跃,这一时期研究的主要方向是寻找北极航道以及确定地球的形状等。① 另外早期各国的极地考察还兼有发现和主张领土主权的意义,例如,即使当时的北极考察还在进行中,苏联就在 1926 年 4 月 15 日通过法令,预先性地宣布从本国海岸最东点和最西点与北极点之间的扇形区域内已发现或将来可能发现的"土地和岛屿"都归苏联所有。② 随着北极领土主权问题得以确定和解决,北极国家对北极的科学研究开始侧重于提高对北极地区大陆架地质的认识,进一步了解北极地区气候的变化规律、累积与北极地区自然体系和社会体系发展进程相关的知识,③在这一期间,相关国家基于科学领先或国防目的等维护本国利益的考虑,倾向于单独进行北极科学研究,这些国家对于是否进行国际合作研究面临选择问题,但一百多年的历史已经证明北极科学研究国际合作已成为历史发展的必然趋势。

19 世纪 70 年代极地的探险考察还是民族主义盛行,④1874 年奥地利探险家卡尔·维泼莱西特(Carl Weyprecht)认为只有通过一系列协调与合作的科学考察才能获得具有决定性的研究结果,并随后开始推动极地科学研究的国际合作活动,⑤因此 1882 年至 1883 年国际社会在北极进行了第一次大规模的科学考察即第一次国际极

---

① 亚历山大·德米特里耶维奇·涅基佩洛夫、亚历山大·阿尔季卡季耶维奇·马科斯科:《北极地区基础科学研究的前景》,载俄罗斯国际事务委员会主编:《北极地区:国际合作问题》(第二卷),熊友奇等译,世界知识出版社 2016 年版,第 415 页。

② Proclamation of Lands and Islands Located in the Northern Arctic Ocean as Territory of the USSR.

③ 亚历山大·尼古拉耶维奇·皮利亚索夫:《北极地区的科学研究与创新》,载俄罗斯国际事务委员会主编:《北极地区:国际合作问题》(第二卷),熊友奇等译,世界知识出版社 2016 年版,第 403 页。

④ NOAA,"The First International Polar Year 1881 – 1884", https://www.pmel.noaa.gov/arctic-zone/ipy – 1/History.htm(Last visited March 10,2019).

⑤ F. W. G. Baker,"The First International Polar Year",(1982)21 *Polar Record* 132, p. 277.

地年(IPY),[①]开创了国际科学合作的先河;1927年在国际气象组织的提议下,第二次国际极地年于1932年至1933年举行,参与国在北极建立了40个永久性观测站,为正在进行的北极科学研究创造了阶跃性的发展空间;国际科学联盟理事会于1952年提出进行一系列全球地球物理活动,因此1957年至1958年国际社会进行第三次国际极地年科学考察活动(又被称为国际地球物理年,在结束的时候有67个国家参与),[②]并且达成具有重要意义的《南极条约》;50年后第四次国际极地年于2007年至2009年举行,来自60多个国家的数千名科学家针对物理、生物和社会研究课题等进行了广泛的研究。[③]

国际极地年的北极科学研究国际合作框架是建立在国际组织(国际科学联盟理事会和世界气象组织)定期(目前为时隔50年)组织的合作活动基础之上,各国自愿决定是否参加,因此该框架并不是一个具有约束力的法律框架,而具有约束力且稳定的国际法律框架才能为北极科学研究的持续性国际合作提供保障作用。

国际社会认识到北极合作的重要性,除制定针对北极专门的国际条约之外,[④]还有一系列国际条约也适用于北极事务,[⑤]

---

① 从1882年夏天到1883年,来自奥匈帝国、英国、加拿大、丹麦、芬兰、德国、荷兰、挪威、俄罗斯、瑞典和美国的研究人员在北极地区开设了气象站。

② NOAA, "The International Polar Years", http://www.nas.edu/history/igy/(Last visited March 10,2019).

③ http://www.ipy.org/index.php?/ipy/about/(Last visited March 10,2019).

④ 北极理事会主导下制定的条约包括2011年《北极海空搜救合作协定》,2013年《北极海洋油污预防与反应合作协定》和2017年《加强国际北极科学合作协定》,另外还有国际海事组织制定的2015年《极地水域船舶航行安全规则》。

⑤ 适用北极的国际条约有:1920年《斯匹次卑尔根群岛条约》,1946年《国际捕鲸管理公约》,1965年《联合国消除一切形式种族歧视国际公约》,1966年《联合国公民权利和政治权利国际公约》,1966年《经济、社会、文化权力国际公约》,1973年《濒危野生动植物种国际贸易公约》,1973年《北极熊保护协定》,1979年《长程越界空气污染公约》,1982年《联合国海洋法公约》,1989年国际劳工组织《土著和部落人民公约》,1991年《关于跨界背景下环境影响评价的公约》,1992年《联合国气候变化框架公约》,1992年《联合国生物多样性公约》,1997年《联合国气候变化框架公约京都议定书》,2001年《关于持久性有机污染物的斯德哥尔摩公约》,2004年《国际船舶压载水和沉积物控制和管理公约》,2013年《关于汞的水俣公约》等。

同时一些国际组织、论坛或机构也规范和调整北极相关的合作事项。①

北极科学研究的地理范围,不仅包括北极国家的陆地区域,也包括北极地区的海洋区域,同时,北极科学研究需要对整个北极地区的不同地点进行多学科的持续观察与研究,才能取得科学的研究结果,"科学无国界",北极科学研究需要国际社会合作才能达到预期的研究目的。北极的科学研究不仅需要适用北极国家的国内法规,同时也要适用相关的国际法规则。对于北极科学研究的国际合作而言,笔者认为目前适用的国际法律框架包括以下三个层次,分别是双边条约、北极理事会主导的区域性法律框架以及《联合国海洋法公约》(以下简称《公约》)和《斯匹次卑尔根群岛条约》(以下简称《斯约》)等普遍性法律框架。②

一、北极科学研究合作的双边条约法律框架

北极地区的科学研究可能涉及北极八国的领土,③以及这

① 适用于北极的国际组织、论坛或机构有:北极理事会(AC),北极经济理事会(AEC),巴伦支海欧洲-北极理事会(BEAC),北极地区议员大会(CPAR),欧洲经济区(EEA),海洋国家和地区(OCT),欧洲联盟(EU),八国集团(G8),《伊鲁利萨特》(北极五国),北欧大西洋合作(NORA),北大西洋公约组织(NATO),北欧部长理事会(NCM),Northern Dimension(ND),北方论坛(NF),联合国(UN),联合国安理会,联合国欧洲经济委员会(UNECE),西北欧理事会。

② 《斯匹次卑尔根群岛条约》订立于1920年2月9日,原始缔约国有14个,分别是丹麦、法国、意大利、日本、荷兰、挪威、瑞典、英国(包括当时的领地澳大利亚、加拿大、新西兰、南非和印度)和美国,于1925年8月14日生效。中国受法国邀请,于1925年加入该条约。该条约的原始文本,无论是法文、英文还是挪威文本,均将该群岛命名为"斯匹次卑尔根群岛",但该条约的中文译名,民国时期主要有四种译法,分别是"斯壁嵫浦条约"、"斯槐尔拔条约"、"施比滋贝克条约"和"斯匹次北尔根条约"等,分别依据挪威文 Spitsbergen 和英文 Svalbard 翻译,参见段鑫:《中国加入斯匹次卑尔根群岛条约史实考述》,载《云南师范大学学报》(哲学社会科学版)2019年第2期,第109~118页。目前国内使用的中文译名有"斯瓦尔巴条约""斯瓦尔巴德条约"等,本文使用2018年1月26日中国发布的《中国的北极政策》白皮书中的译名"斯匹次卑尔根群岛条约",该译名与该条约的原始文本相符。

③ 北极八国分别是指加拿大、丹麦、芬兰、冰岛、挪威、俄罗斯、瑞典和美国。

些国家依据《公约》享有海洋科学研究管辖权利的海洋区域,再考虑到因为历史地理等原因这些国家积累的丰富的北极科学研究知识,北极八国之间,以及其他国家与这些国家之间签署双边合作研究条约是保障本国在北极进行科学研究的重要措施,所以双边条约成为保障北极国家之间以及北极国家与其他国家之间进行北极科学研究合作的重要法律框架。

就现状而言,两国之间签署单独规范北极科学研究合作的双边条约较少,主要原因是受条约内容范围的限制,两国之间就某一具体研究事项签署国家之间的条约在实践中很难操作,实践中一般是签署框架性的条约,例如 2012 年我国与冰岛签署《中华人民共和国政府与冰岛政府关于北极合作的框架协议》,1988 年美国和加拿大签署《美加北极合作协议》,①但该协议是用来解决美国与加拿大之间西北航道航行的争端,1992 年俄罗斯和加拿大达成《俄联邦政府与加拿大政府北极与北方地区合作协定》,就两国在北极的合作事项内容达成基本框架。② 两国签署框架性的双边条约之后,进一步再由相关的部门在其职责范围内签署具体的合作协定,或者推动两国科研机构签署更加具体的科学研究合作协议,例如 2019 年 6 月韩国总统文在寅在访问挪威期间,韩国极地研究所和挪威南森环境与遥感中心签署加强双方在北冰洋研究和教育合作的谅解备忘录,③中国的实践参见后文。

总而言之,有关北极科学研究的双边条约不涉及政治问题,这与双边治理既涉及低政治问题也涉及高政治问题不同,目前北极

① 该条约名称为 Agreement between the Government of Canada and the Government of the United States of America on Arctic Cooperation,美国、加拿大两国于 1988 年 1 月 11 日签署。

② Agreement between the Government of the Russian Federation and the Government of Canada on Cooperation in the Arctic Zone and in the North.

③ Lasse Pettersspm, " Strengthening Polar research cooperation with The Republic of Korea", https://www. nersc. no/news/strengthening-polar-research-cooperation-republic-korea (Last visited June 15,2019).

双边治理机制在高政治领域已有实质性突破。[①]

二、北极科学研究合作的区域性法律框架

1991年北极八国发表《北极环境保护宣言》并签署《北极环境保护战略》(AEPS),在此基础上,1996年9月又签署《关于成立北极理事会的宣言》,北极理事会正式宣告成立,2013年1月在挪威的特罗姆瑟设立常设秘书处,至此北极理事会初步具备由权力机构(部长会议)、执行机构(高官会议)及日常行政机构(常设秘书处)组成的"三级架构",北极理事会坚持"北极是北极国家的北极,北极理事会必须由北极国家主导"的"门罗主义"逻辑,[②]尽管北极理事会存在从高层论坛向政治决策型的国际组织转变的趋势,[③]但其依然不属于国际组织,北极理事会也界定自身为论坛。[④]迄今为止,北极理事会已经通过三个具有法律约束力的文件,分别是2011年的《北极海空搜救合作协定》,[⑤]2013年的《北极海洋油

① 王新和:《推进北方海上丝绸之路——"北极问题"国际治理视角》,时事出版社2017年版,第109~111页。

② 肖洋:《排他性开放:北极理事会的"门罗主义"逻辑》,载《太平洋学报》2014年第9期,第13页。

③ 王晨光:《路径依赖、关键节点与北极理事会的制度变迁——基于历史制度主义的分析》,载《外交评论》2018年第4期,第77页。

④ 北极理事会的官方网站介绍其性质为论坛,原文如下:The Arctic Council is a forum; it has no programming budget. All projects or initiatives are sponsored by one or more Arctic States. Some projects also receive support from other entities. https://arctic-council.org/index.php/en/about-us(Last visited May 3,2019).

⑤ 该条约英文名称为Agreement on Cooperation on Aeronautical and Maritime Search and Rescue in the Arctic,于2013年1月生效。https://oaarchive.arctic-council.org/bitstream/handle/11374/531/EDOCS-3661-v1-ACMMDK07_Nuuk_2011_SAR_Search_and_Rescue_Agreement_signed_EN_FR_RU.PDF?sequence=5&isAllowed=y(Last visited May 10,2019).

污预防与反应合作协定》,[①]以及 2017 年的《加强国际北极科学合作协定》。[②]

北极理事会主导制定的上述三个文件虽然具有法律约束力,但北极理事会只是作为缔约国之间谈判的平台,这些文件之所以具有约束力是因为北极国家的签署而让这些文件变成具有法律效力的国际条约,但又因为这些条约并不对其他国家开放签署或加入,因而它们属于非开放性的区域性国际条约。

2017 年签署的《加强国际北极科学合作协定》是北极理事会主导之下制定的区域性的国际法律框架,用来确保八个北极国家的科学家进入各国确定的北极地区,包括人员、设备和材料的进出,获得基础研究设施,以及进入研究区域等内容,本文先对该协议的基本内容简述之后再予以分析。

(一)《加强国际北极科学合作协定》适用的"特定地理区域"

《加强国际北极科学合作协定》(以下简称《协定》)附件一规定该《协定》适用的地理范围,即由各缔约国在附件一中描述指定的"特定地理区域",但应当是各缔约国行使主权、主权权利和管辖权的范围,即符合国际法的陆地、内水以及领海、专属经济区和大陆架,同时也包括北纬 62 度以北的公海中不属于国家管辖范围的区域。各缔约国指定的地理区域表述的准

① 该条约的英文名称为 Agreement on Cooperation on Marine Oil Pollution Preparedness and Response in the Arctic, https://oaarchive. arctic-council. org/bitstream/handle/11374/529/EDOCS – 2067 – v1 – ACMMSE08_KIRUNA_2013_agreement_on_oil_pollution_preparedness_and_response__in_the_arctic_formatted. PDF?sequence = 5&isAllowed = y(Last visited May 10, 2019)。

② 该条约英文名称为 Agreement on Enhancing International Arctic Scientific Cooperation, 于 2018 年 5 月 23 日生效, https://oaarchive. arctic-council. org/handle/11374/1916(Last visited May 10,2019)。

确程度不一,[①]因此有的地理区域还需要缔约国进一步加以明确。

(二)《加强国际北极科学合作协定》的主要内容

《协定》主要是为了打破科学研究和考察的障碍,积极促进北极的科学合作,因此缔约国认识到在北极维持和平、稳定和建设性合作的重要性,认为需要采取迫切的行动来减缓和适应气候变化,所以利用现有最佳知识进行决策具有重要性,而国际科学合作在这方面同样具有重要性,认识到许多组织和倡议已经在北极开展优秀的科学合作,因此缔约国签署《协定》来加强科学活动方面的合作,提高北极科学知识发展的有效性和效率。[②]

为达到上述目的,《协定》规定的科学合作主要体现在以下三

① 《加强北极国际科学合作协定》附件一认定的地理区域:为本协定目的而认定的地理区域由下列每一缔约国各自描述,包括本协定缔约国政府行使主权、主权权利或管辖权的区域,其中包括这些区域内的陆地、内水和符合国际法的邻接的领海、专属经济区和大陆架。认定的地理区域还包括北纬62度以北公海上的国家管辖范围以外区域。缔约国同意,认定的地理区域仅为本协定的目的而描述。本协定的任何条款不影响任何海洋法定权利的存在或界定,或国家之间依据国际法所划定的任何边界。加拿大:加拿大育空地区、西北地区和努纳武特地区的领土及邻接的加拿大海域。丹麦王国:丹麦王国领土,包括格陵兰岛和法罗群岛以及格陵兰岛专属经济区和法罗群岛渔业区最南端以北的海域。芬兰:芬兰领土及其海域。冰岛:冰岛领土及其海域。挪威:北纬62度以北海域和北极圈(北纬66.6度)以北的陆地。俄罗斯联邦:(1)摩尔曼斯克地区的领土;(2)涅涅茨自治区的领土;(3)楚科奇自治区的领土;(4)亚马尔-涅涅茨自治区的领土;(5)"沃尔库塔"自治区的领土(科米自治共和国);(6)阿莱科霍夫区、阿纳巴尔民族(多尔干-埃文克)区、布伦区、尼日涅科列姆斯克区、乌斯季延区[萨哈自治共和国(雅库特)]的领土;(7)诺里尔斯克市区、泰梅尔多尔干-涅涅茨自治区、图鲁汉斯克区(克拉斯诺亚尔斯克地区)的领土;(8)"阿尔汉格尔斯克市""梅津自治区""新地岛""新德文斯克市""奥涅加自治区""普里莫尔斯基自治区""北德文斯克(阿尔汉格尔斯克地区)"的领土;(9)苏联中央执行委员会常务委员会1926年4月15日"关于宣布苏维埃社会主义共和国联盟在北冰洋的陆地和岛屿上的领土的公告"的决议以及苏联其他法律中确认的北冰洋上的陆地和岛屿;及其邻接的海域(注:上述5~8项中所列的自治区的领土以2014年4月1日的划界为准)。瑞典:北纬60.5度以北的瑞典领土及其海域。美利坚合众国:北极圈以北和波丘派恩河、育空河与卡斯科奎姆河构成的边界以北和以西的所有美国领土;阿留申岛链;及其北冰洋和波福特海、白令海和楚科奇海上的邻接海域。

② Agreement on Enhancing International Arctic Scientific Cooperation, Article 2.

个方面：

一是各缔约国为北极的科学研究“参与者”提供便利条件，此处的“参与者”是指缔约国的科学技术部门和机构、研究中心、大学和学院，以及代表一个或多个缔约国，或与一个或多个缔约国合作的承包人、承授人和其他合作者，提供便利条件是指缔约国应采取一切必要程序，包括尽快地及时考虑和作出决定。①

具体而言，缔约国应当尽最大努力，提供便利以使缔约国“参与者”的人员、研究平台、材料、样品、数据和设备进入和离开缔约国的领土；②缔约国应当尽最大努力对“参与者”提供便利，使得“参与者”进入国家民用科研基础设施，以及获得诸如设备和材料运输与储存等的后勤服务；③缔约国应为符合国际法的“参与者”进入“特定地理区域”的陆地、沿岸、大气和海洋区域提供便利，缔约国对符合《联合国海洋法公约》本《协定》之下的海洋科学研究申请提供便利，缔约国对在“特定地理区域”需要收集航空科学数据的联合科学活动提供便利；④缔约国还应当对获取《协定》下的与科学活动有关的科学信息提供便利。⑤

二是缔约国应当对各阶段教育的学生和刚刚开始职业生涯的科学家提供机会以纳入依据本《协定》开展的科学活动中，以培养未来的研究人员，建立专业知识和能力推进北极的知识。⑥

三是缔约国应当鼓励“参与者”适当地利用传统和当地的知识来规划和开展《协定》下的科学活动，鼓励“参与者”与拥有传统和当地知识的人进行沟通，鼓励拥有传统和当地知识的人参与到依据《协定》而开展的科学活动中。⑦

---

① Agreement on Enhancing International Arctic Scientific Cooperation, Article 1.
② Agreement on Enhancing International Arctic Scientific Cooperation, Article 4.
③ Agreement on Enhancing International Arctic Scientific Cooperation, Article 5.
④ Agreement on Enhancing International Arctic Scientific Cooperation, Article 6.
⑤ Agreement on Enhancing International Arctic Scientific Cooperation, Article 7.
⑥ Agreement on Enhancing International Arctic Scientific Cooperation, Article 8.
⑦ Agreement on Enhancing International Arctic Scientific Cooperation, Article 9.

(三)《加强国际北极科学合作协定》的问题与影响

《协定》的签署对于排除北极科学研究难题,特别是北极国家的准入障碍具有重要的积极意义,例如美国统计自1990年至2014年的25年中,美国向俄罗斯申请在其专属经济区进行海洋科学研究48次,其中20次被拒绝或没有得到回应,即遇到准入拒绝,占申请比例42%。[①] 如上文所述,《协定》针对该问题作出专门规定,要求缔约国对研究人员的准入提供便利。但不应忽视的是,《协定》部分条款原则性的规定给缔约国留下较大的解释空间,如下文所述。

1.《协定》部分条款的模糊规定为缔约国违约创设条件

《协定》已经生效对缔约国具有法律拘束力,但是缔约国在履行《协定》规定的义务条款存在较大的解释空间,这可能对《协定》在实践中的执行造成障碍。

首先,《协定》第4条规定缔约国提供便利让"参与者"的人员等进入和离开缔约国的领土时,强调缔约国"应当尽最大努力"(Each Party shall use its best efforts)来履行这一义务。第5条规定"参与者"进入缔约国民用科研基础设施,以及获得诸如设备和材料运输与储存等的后勤服务方面,缔约国也"应当尽最大努力"(The Parties shall use their best efforts)。

其次,《协定》规定"本协定的执行应当取决于相关资源的可用性"。[②]

最后,《协定》第10条"法律、规章、程序和政策"规定"本协定下的活动和义务应当遵守可适用的国际法和可适用的相关缔约国的法律、规章、程序和政策。对于有次国家政府的缔约国而言,还需要遵守其次国家政府的可适用的法律、规章、程序和政策"。

---

① John Farrell,"New Agreement to Enhance International Arctic Scientific Cooperation", https://www.arcus.org/witness-the-arctic/2017/10/highlight/1(last visited April 15,2019).

② Agreement on Enhancing International Arctic Scientific Cooperation, Article 11.2.

下面对上述三方面的问题逐一进行分析。

第一,《协定》作为国际条约,在有效期内对各当事国有拘束力,必须由各该国善意履行,[①]"条约必须遵守"是条约法的一项基本原则,[②]但缔约国是否违反条约,只能以缔约国履行条约义务的结果来判断,缔约国"不得援引其国内法规定为理由而不履行条约",[③]对于《协定》而言,作为缔约国的北极八国应当履行《协定》规定的为其他缔约国的"参与者"提供科学研究便利之义务。但正如前文所述,《协定》规定缔约国"应当尽最大努力"来履行相关义务,这一表述具有不确定性和模糊性,直接关系到缔约国能否完成履行《协定》义务的结果。

就《协定》的文本解释而言,缔约国"应当尽最大努力"为其他缔约国的"参与者"提供出入本国领土,以及进入本国民用科研基础设施及提供服务的便利这一义务并非"结果性义务",换言之,缔约国并没有必须提供上述便利的这种义务,上述规定并非绝对的义务条款,"尽最大努力"属于限定义务,因此缔约国只要付出最大努力的程度,即使最后没有为其他缔约国的"参与者"提供上述便利,也不能视为违反《协定》及未履行《协定》义务,只有在缔约国未"尽最大努力"的情况下拒绝提供便利才构成未履行《协定》义务。作为缔约国而言,如果承担允许其他缔约国的"参与者"出入本国领土等事项的绝对义务,显然是无法实现的,因此为什么《协定》规定的是缔约国"尽最大努力"的义务,而并非承担提供上述便利内容的绝对义务之原因就不难理解。

因此如何理解"尽最大努力"义务中"努力"和"最大"的含义非常重要,国际法中"努力"义务并没有一个统一的标准,尽最大努力显然是所有"努力"中最高的要求,这一义务也与履行条约义

① 《维也纳条约法公约》第26条。

② Report of the International Law Commission to the General Assembly, *Yearbook of International Law Commission*, 1966, Vol. Ⅱ, p. 211.

③ 《维也纳条约法公约》第27条。

务中的"善意原则"密切相关,《维也纳条约法公约》在五处提到"善意"一词,《协定》缔约国应当善意地履行《协定》规定的提供便利义务,在这一前提下,才能做到"尽最大努力"的义务,如果确实因为国内强行法等原因而无法向其他缔约国的"参与者"提供便利,则视为已经履行《协定》义务,但是毫无疑问的是,在实践中缔约国可能会因为并没有提供便利,但解释已经尽了本国的最大努力义务拒绝承担违约的结果,这就会导致《协定》规定的缔约国提供上述便利内容落空而无法实现。

第二,《协定》规定"本协定的执行应当取决于相关资源的可用性",其他缔约国的"参与者"能否进入本国的民用科研基础设施,享受本国的后勤服务,进入本国描述的"特定地理区域"以及获取有关的科学信息,甚至能否利用本国传统和当地的知识包括与拥有上述知识的人沟通或邀请其参与科学活动,还要取决于上述这些"资源"是否具有可用性(availability),如果缔约国作出决定,认为相关的"资源"无法使用或没有足够的"资源"供"参与者"使用,结果导致无法执行《协定》并不构成违约。

第三,缔约国的"参与者"依据《协定》进行的活动和义务还需要遵守其他缔约国,甚至包括其次国家政府应当适用的法律、规章、程序和政策。这一义务需要缔约国的"参与者"在计划或进入其他缔约国的"特定地理区域"进行科学活动时,还需要遵守其他缔约国的国内法规以及相关政策,如果其他缔约国的现有法规、程序或政策禁止某些科学活动,则缔约国的"参与者"的科学活动依然可能被拒绝。

综上所述,《协定》缔约国还应该就执行《协定》商议具体的程序与流程,建立透明的实施机制,才可能实现《协定》制定的目标。

2.《协定》对非缔约方的北极科学研究活动影响深远

《协定》是北极八国达成一致意见,以指定本国的"特殊地理区域"作为条件互相提供便利,最终形成的缔约国之间的北极科学研究国际合作。显然,对于《协定》的缔约国北极八国而言,互相提供便利,消除之前的准入障碍,对于提高本国的北极科学知识具有积极的意义。同时,《协定》增强北极八国整合各种数据作为北极问题决策的依据,通过《协定》进行合作是北极八国利用科学外交的成功案例,当发生地缘政治冲突时它可以最大限度地减少政策变动的风险,为北极未来的环境保护和可持续发展平衡国家利益和共同利益。①

但是,对于《协定》的非缔约方,包括北极八国之外的其他国家或国际组织而言,将会带来明显的不利影响或后果,因为非缔约方不能享有《协定》中规定的缔约国提供的便利服务以及准入政策。

对此,国内有学者认为这将导致北极科学研究形成两种制度,即适用于北极国家的制度和适用于非缔约方的制度。这两种制度违反北极科学研究"开放性和普遍性"的精神,违反《斯匹次卑尔根群岛条约》和《联合国海洋法公约》的非歧视性原则。② 国内还有学者的观点更为严肃,认为北极理事会目前的科学研究工作机制,已经让北极理事会的"知识型垄断"进入高级阶段,北极八国遵循"内部开放、合作排外"的新"门罗主义",从知识生产到制度设计两个方面,竭力阻止观察员国深入参与北极理事会的科研工作,牢固把握北极理事会的科学话语权与决策权,《协定》的生效不仅增强了北极国家内部的科技合作与信息垄断程度,还进一步抬升了非北极国家获取北极科学信息的门槛,这种针对域外国家的制度性歧视,造成北极域内国家与域外国家在北极科学信息领域形成非对称博弈态势。③ 不过,国内有的学者相对乐观,因为

① Liu Han, "Influence of the Agreement on Enhancing International Arctic Scientific Cooperation on the Approach of Non-Arctic States to Arctic Scientific Activities", (2018) 29 *Advances in Polar Science* 51, p. 55.

② Liu Han, "Influence of the Agreement on Enhancing International Arctic Scientific Cooperation on the Approach of Non-Arctic States to Arctic Scientific Activities", (2018) 29 *Advances in Polar Science* 51, p. 56.

③ 肖洋:《北极科学合作:制度歧视与垄断生成》,载《国际论坛》2019 年第 1 期,第 103 ~ 107 页。

《协定》"允许第三国可基于同意而参与协定相关的科学活动并享相应权利",所以《协定》"鼓励第三国参与科学合作实则源于北极域内国家自身国家利益的综合考量"。[①]

如何客观地理解非缔约国在《协定》中的地位,以及非缔约国在《协定》生效后北极科学研究活动受到的影响,与上述学者的研究路径不同,笔者从国际法的视角对《协定》的相关规定进行如下分析。

对于非缔约方而言,《协定》首先在前言中提及"认识到非缔约方,特别是北极理事会的永久参与方和观察员正在为科学活动提供重要的科学专业知识和宝贵的贡献,认识到北极国家和其他国家在国际极地年通过财政投入和其他投资所获得的实质利益及其成果,尤其是与观察和分析有关的新的科学知识、基础设施和技术"。

另外《协定》第 17 条专门规定"与非缔约方的合作",该条规定"缔约方可以继续加强和促进与非缔约方在北极科学方面的合作;缔约方可以自行决定与非缔约方就本《协定》规定的合作事项进行合作,在与非缔约方的合作中可以采用与本《协定》规定的方法一致的方法;本《协定》不影响缔约方与非缔约方达成的协定项下的缔约方的权利和义务,也不排除缔约方与非缔约方的合作"。[②]

如上所述,因为《协定》是非开放性的条约,非缔约国不能直接享受《协定》规定的缔约国之间相互提供的科学研究便利条件,但《协定》并不排除缔约国与非缔约国之间的合作,但存在的问题是:假如缔约国 A 国与非缔约国 B 国之间签署北极科学研究合作协定,规定 A 国向 B 国提供科学研究的便利条件,例如允许 B 国科学家进入 A 国领土和研究平台设施、向 B 国科学家提供后勤服

① 白佳玉、王琳祥:《北极理事会科学合作新规则的法律解析》,载《中国海洋大学学报》(社会科学版)2018 年第 4 期,第 45 ~ 46 页。

② Agreement on Enhancing International Arctic Scientific Cooperation, Article 17.

务等,对于这种合作方式《协定》第17条明确允许,但是B国的科学家能否享有《协定》中其他七个缔约国提供的便利条件?显然是不可能的,因为这将导致B国通过与A国签署双边协定而享有《协定》缔约国才能享有的权利。

但是,假如B国的科学家或科研机构参与A国组织主导的北极科学研究活动,或者B国与A国联合进行北极科学研究活动,那么B国的科学家或科研机构能否享有《协定》规定的其他缔约国提供的便利条件和服务?

依据《协定》规定,具体享受缔约国提供便利条件和服务的是"参与者",而《协定》规定的"参与者"是指缔约国的科学技术部门和机构、研究中心、大学和学院,以及代表一个或多个缔约国,或与一个或多个缔约国合作的承包人、承授人和其他合作者。[①]《协定》第4条关于"参与者"的人员、设备和材料的进入和离开、第5条关于"参与者"进入研究基础设施、第6条关于"参与者"进入缔约国的研究区域和第9条关于鼓励"参与者"利用传统和当地知识等方面都作出明确的规定。因此,享有《协定》规定便利权利的只能是缔约国的相关机构以及其承包人、承授人和其他合作者。所以,B国的科研机构可以以A国的承包人、承授人和其他合作者的名义享受《协定》中规定的权利,但这需要以B国与A国达成协定为前提,并且只能是以A国的"参与者"身份享有,B国的科研机构或科学家无法直接享受《协定》规定的权利。

综上所述,非缔约国如果想利用《协定》规定的缔约国提供的便利和服务,必须与缔约国进行合作:这表现为或以缔约国"参与者"的身份享受相关权利,或在与缔约国签署的合作协定范围内享受相应的权利。这个结论,不仅可以从《协定》的文本解释,也可以从《协定》所规定的鼓励与非缔约方合作的精神中得出。

---

① Agreement on Enhancing International Arctic Scientific Cooperation, Article 1.

如果非缔约国不与缔约国进行合作，就无法享受《协定》规定的缔约国提供的便利和服务，实践中非缔约国与缔约国的合作主要取决于缔约国的立场和态度，如果缔约国拒绝与非缔约国合作，或者在较小范围内进行合作或在不重要的领域合作，都会影响非缔约国在北极科学研究的程度和深度，故非缔约国的北极科学活动因此受制于缔约国而变得异常被动，这正是《协定》受到非缔约国学者批评的主要原因。

三、北极科学研究合作的普遍性法律框架

与非开放性的《协定》不同，目前关于北极科学研究的开放性的国际法律框架分别是《联合国海洋法公约》和《斯匹次卑尔根群岛条约》，这两个条约部分内容涉及北极的科学研究。

（一）《联合国海洋法公约》关于北极海洋科学研究的规范

北极地区是由以北冰洋为中心的海和洋组成，《公约》作为一部普遍性的国际公约得到国际社会的承认，北冰洋沿岸国家除美国外均是《公约》的缔约国。美国虽然并非缔约国，但是依据 1983 年时任总统里根发布的总统声明与美国的实践，[①]尽管美国对海洋科学研究的范围存在特别声明，[②]但其依然承认《公约》规定的沿海国对领海行使海洋科学研究的主权，对专属经济区

---

① Statement on United States Oceans Policy by the President, March 10, 1983.

② 美国认为下列活动不属于《公约》规定的“海洋科学研究”：自然资源的勘探和开发；海道测量（目的是提高航行安全）；军事活动包括军事测量；涉及海底电缆铺设及操作的活动；依据《联合国海洋法公约》第十二部分第四节环境监测和环境污染的评估活动；海洋气象资料数据的收集及其他常规海洋观测（例如海洋状态的监测和预测、自然灾害预警和天气预报、气候预测），包括通过海洋学和海洋气象学联合技术委员会（JCOMM）的自愿海洋观测计划，全球漂流浮标计划和全球海洋观测计划；以海洋中考古和历史沉淀为对象的活动。https://www.state.gov/marine-scientific-research-consent-overview/，最后访问时间：2019 年 6 月 5 日。

以及大陆架行使海洋科学研究的管辖权等有关海洋科学研究的内容,并且设立海洋与极地事务办公室作为官方途径来处理依据《公约》对外申请海洋科学研究或接受外国申请海洋科学研究等事项。①

因此,各国在北极地区进行海洋科学研究的活动应当遵守《公约》法律框架下的相关规定,依据《公约》,所有国家和主管国际组织均有权进行海洋科学研究,②海洋科学研究应专为和平目的进行,③《公约》针对不同的海域规定了不同的制度。

作为沿海国享有领土主权的内水,外国必须经沿海国批准之后才能进行海洋科学研究。对于领海,《公约》规定"领海内的海洋科学研究,应经沿海国明示同意并在沿海国规定的条件下,才可进行"。④ 对于用于国际航行的海峡,《公约》规定外国船舶在过境通行时,非经海峡沿岸国的事先准许,不得进行任何研究或测量活动。⑤

对于专属经济区和大陆架,《公约》第246条规定外国进行科学研究"应经沿海国同意",⑥但是因为在第三次联合国海洋法会议中,"应用性海洋科学研究"(即对自然资源勘探与开发有关的研究)和"纯粹的海洋科学研究"(即专为和平目的增进对海洋环境的科学知识以谋取全人类利益的研究)适用不同的规定争论激烈,《公约》第246条考虑到这两种分类的争论,最后规定上述这两种类型的海洋科学研究均需要事先取得沿海国的同意,沿海国享有"斟酌决定权",但沿海国的这种权利并非不受限制,具体表现为:

---

① 海洋与极地事务办公室隶属于美国国务院的海洋与国际环境暨科学事务局(Department's Bureau of Oceans and International Environmental and Scientific Affairs, OES)。

② 《联合国海洋法公约》第238条。

③ 《联合国海洋法公约》第240(a)条。

④ 《联合国海洋法公约》第245条。

⑤ 《联合国海洋法公约》第40条。

⑥ 《联合国海洋法公约》第246条。

首先,这种限制体现为法律一般原则的限制,例如,《公约》第300条规定“缔约国应诚意履行根据本公约承担的义务并应以不致构成滥用权利的方式,行使本公约所承认的权利、管辖权和自由”。沿海国在行使“斟酌决定权”时不能违反该条规定的禁止权利滥用原则和善意履行原则。

其次,这种限制对于不同类型的海洋科学研究而言,沿海国的“同意”制度是有所区别的。虽然《公约》第246条的规定从字面解释,是指所有的海洋科学研究必须取得沿海国的同意,但从谈判过程以及第246条各款来看,这种同意制度还是有所不同:对于第246条第3款规定的“纯粹的海洋科学研究”在正常情形下沿海国应给予同意,而不能拒绝;对于“应用性海洋科学研究”,沿海国对于是否给予同意享有完全的斟酌决定权,第246条第5款规定下列三种海洋科学研究属于应用性的研究,分别是与生物或非生物自然资源的勘探和开发有直接关系,涉及大陆架的钻探、炸药的使用或将有害物质引入海洋环境,涉及第60条和第80条所指的人工岛屿、设施和结构的建造、操作或使用。至于上述所列情形是“例示规定”还是“列举规定”,一般认为根据条款文义与立法谈判过程,应为“列举规定”。因而,沿海国仅限于针对上述情形才可拒绝给予同意。具体而言,《公约》是给予沿海国对于有损其专属经济区或大陆架利益的科研计划同意与否的“斟酌决定权”,仅针对第三国或国际组织申请的科研计划为上述情况之一时,沿海国始有“斟酌决定权”,至于该等情况是否存在,则应视为客观事项,沿海国并无“斟酌决定权”。

关于同意的方式,《公约》除明确规定明示同意外,还规定有“默示同意”制度,即申请国或国际组织依据第248条规定,向沿海国提交了必要的情报,计划在沿海国的专属经济区或大陆架进行海洋科学研究,沿海国在收到通知后4个月内没有向申请国或国际组织做出(a)至(d)项任一回应,则沿海国的这种消极行为被视为默示同意申请国或国际组织的海洋科学研究计划,申请国或国际组织自提交计划6个月后,可以开始进行海洋科学研究。[①]

对于200海里之外的大陆架,《公约》规定沿海国已经或将在合理期间内对外大陆架上特定区域进行开发或详探作业,针对该特定区域而言,沿海国有权排除其他国家或国际组织进行海洋科学研究的自由;该特定区域之外的其他外大陆架区域,沿海国不得行使第246条第5(a)款规定的斟酌决定权而拒不同意其他国家或国际组织进行海洋科学研究活动。[②] 换言之,如果其他国家或国际组织准备在沿海国的外大陆架上进行海洋科学研究,也需要向沿海国进行申请并取得沿海国的同意。但是,对于沿海国已经或将在合理期间内进行开发或详探作业的外大陆架上的特定区域,沿海国可拒绝给予同意,而对于外大陆架上特定区域之外的区域,沿海国不能行使第246条第5(a)款,即以"与生物或非生物自然资源的勘探和开发有直接关系"为由拒绝给予其他国家或国际组织同意。对于沿海国而言,如果其不能举证证明已在任何时候公开指定某些特定区域已在进行,或将在合理期间内进行开发或详探作业,则对200海里之外的大陆架的海洋科学研究,不享有斟酌决定权,其他国家或国际组织可以自然资源勘探和开发为理由进行海洋科学研究,而沿海国不能拒绝同意。

对于公海,《公约》第87条和第257条均明确规定所有国家都有科学研究的自由,但这一自由受到《公约》大陆架规定的限制,即公海之下存在沿海国的大陆架或外大陆架,例如沿海国的外大陆架延伸至公海区域,或沿海国的大陆架范围超过专属经济区的范围,在上述情况下,公海的科学研究自由受到限制,沿海国对大

---

① 《联合国海洋法公约》第252条:各国或各主管国际组织可于依据第248条的规定向沿海国提供必要的情报之日起6个月后,开始进行海洋科学研究计划,除非沿海国在收到含有此项情报的通知后4个月内通知进行研究的国家或组织:(a)该国已根据第246条的规定拒绝同意;(b)该国或主管国际组织提出的关于计划的性质和目标的情报与明显事实不符;(c)该国要求有关第248和第249条规定的条件和情报的补充情报;或(d)关于该国或该组织以前进行的海洋科学研究计划,在第249条规定的条件方面,还有尚未履行的义务。

② 《联合国海洋法公约》第246条第6款。

陆架的权利优先于公海科学研究的自由,因此应适用大陆架的海洋科学研究制度。

对于国际海底区域,《公约》第256条规定所有国家和主管国际组织均有权依据第十一部分的规定在"区域"内进行海洋科学研究,《公约》第十一部分的第143条专门规定"区域"的海洋科学研究问题,要求"区域"的海洋科学研究以和平为目的而进行,为全人类谋利益和依据《公约》的第十三部分进行。

《公约》还规定海洋科学研究国家与主管国际组织的义务,主要是向沿海国提供研究申请相关资料的义务,①同意并确保沿海国有权参加或有代表参与申请者的海洋科学研究活动,向沿海国提供研究成果报告和结论等,如果研究方案出现重大变化应立即通知沿海国等,②另外在进行海洋科学研究活动的时候不应对沿海国行使主权权利和管辖权的活动有不当的干扰,③在出现规定的情况时海洋科学研究的活动应当暂停或停止,④如果因海洋科学研究出现有关《公约》解释或适用上的争端,依据《公约》第十五部分予以解决。⑤ 另外,《公约》还有一系列其他相关规定,如促进海洋科学研究的国际合作,通过适当途径公布和传播海洋科学研究知识等,本文不再赘述。⑥

综上所述,作为规范北极海洋科学研究的国际法律框架,《公约》对海洋科学研究已经作出详尽的规定,各国应当依据《公约》的规定在北极的海洋区域进行海洋科学研究,同时也应当遵守北冰洋沿岸国家依据《公约》制定的国内法规。

---

① 《联合国海洋法公约》第248条。

② 《联合国海洋法公约》第249条。

③ 《联合国海洋法公约》第246条第8款。

④ 《联合国海洋法公约》第250条。

⑤ 《联合国海洋法公约》第264条。

⑥ 关于《公约》规定的海洋科学研究更多内容参见王泽林:《极地科考与海洋科学研究问题》,上海交通大学出版社2015年版,第46~135页。

(二)《斯匹次卑尔根群岛条约》法律框架下的科学研究

《斯约》是开放性的条约,但是《斯约》赋予法国享有唯一的邀请权,法国可以邀请第三国加入条约,被邀请国应通知法国以完成加入,法国再通知其他缔约国。[①] 因此,《斯约》严格地来说是一个由法国来决定第三国能否加入的开放性的条约,1925 年中国接受法国邀请加入《斯约》,[②]截至 2019 年 6 月,《斯约》的缔约国为 44 个。[③]

《斯约》第 1 条规定挪威对指定经纬度之内包括斯匹次卑尔根群岛和熊岛在内的所有岛屿(为表述方便以下将挪威享有主权的上述岛屿及其内水和领海统称为斯瓦尔巴群岛)享有"充分和完全的主权",[④]但是缔约国的国民与挪威的国民享有同样的商业权利,[⑤]关于在斯瓦尔巴群岛的科学研究问题,《斯约》只有第

---

① Treaty concerning Spitsbergen,9 February 1920,Article 10.

② 1925 年 4 月 9 日法国驻华公使玛德向北洋政府外交总长递送照会邀请中国加入《斯约》,同年 5 月 7 日北洋政府外交部复函法国驻华使馆,表示乐意加入该条约,同年 7 月 1 日中国驻法国公使陈箓才报告外交部:"本公使业于本日亲赴法外部签押、署名,加盖图章,正式加入。相应咨复备案,即请查照为荷。"但这份报告未以电报发出,而是以邮寄形式寄回北京,北洋政府外交部收到这份报告是同年 8 月 10 日。该条约于同年 8 月 14 日生效。上述内容所涉历史档案存于我国台湾地区"中研院"近代史研究所档案馆,转引自段鑫:《中国加入斯匹次卑尔根群岛条约史实考述》,载《云南师范大学学报》(哲学社会科学版)2019 年第 2 期,第 109 ~ 118 页。

③ 依据挪威 The Governor of Svalbard 网站的统计,目前《斯约》的缔约国为 44 个,https://www. sysselmannen. no/en/Toppmeny/About-Svalbard/Laws-and-regulations/Svalbard-Treaty/。但是有的资料显示缔约国为 46 个,多出的 2 个国家一是斯洛伐克,其认为前捷克斯洛伐克加入了《斯约》,故其独立之后作为继承国而享有《斯约》的缔约国身份;二是爱尔兰,当英国签署《斯约》的时候它是英国的一部分,但在《斯约》被英国批准之前脱离英国成立爱尔兰自由邦,当英国批准《斯约》后爱尔兰声称它适用《斯约》。另外有的资料显示《斯约》的缔约国为 47 个,这是因为在前面 46 个缔约国的数目基础上将原缔约国前南斯拉夫列入其中,不过前南斯拉夫已经解体为几个国家,到目前为止还没有哪一个国家主张和宣布继承前南斯拉夫《斯约》缔约国的身份。参见 https://everything. explained. today/Svalbard_Treaty,最后访问时间:2019 年 6 月 5 日。

④ Treaty concerning Spitsbergen,9 February 1920,Article 1.

⑤ Treaty concerning Spitsbergen,9 February 1920,Article 2 and 3.

5 条规定："缔约国认识到在第 1 条所指的地域设立一个国际气象站的益处，其组织方式应由此后缔结的一项公约规定之。还应缔结公约，规定在第 1 条所指的地域可以开展科学调查活动的条件。"①

依此规定，缔约国应当缔结专门条约在《斯约》第 1 条所指地域进行科学研究活动，但是《斯约》没有明确规定缔约国的国民享有在所指地域进行科学研究的权利。迄今为止，缔约国并没有依据第 5 条制定专门条约，但不能因为没有缔结专门条约而否定缔约国的科学研究权利，并不意味着斯瓦尔巴群岛的科学研究制度存在法律真空，有学者认为《斯约》的三项基本原则，即平等原则、主权原则和非军事化原则都会影响到斯瓦尔巴群岛的科学研究。②

同时需要注意的是，《斯约》第 5 条没有非歧视性或平等的相关内容，因而从法理上讲，挪威似乎有权对缔约国的科学研究行为采取不平等的措施，尽管在实践中挪威是以平等的原则来处理缔约国的科学研究活动。

不过法理上的解释并不能完全解决实践中遇到的问题，目前在斯瓦尔巴群岛的科学研究仍然存在尚需解决的问题，主要体现在以下两个方面：

一是缔约国暨其国民是否享有在斯瓦尔巴群岛科学研究的专属权利，或研究自由的权利？

如上所述，《斯约》对此问题没有明确规定，缔约国也没有依据《斯约》第 5 条缔结专门条约来处理这一问题。根据挪威司法部

---

① 第 5 条原文规定如下：The High Contracting Parties recognize the utility of establishing an international meteorological station in the territories specifies in Article 1, the organization of which shall form the subject of a subsequent Convention. Conventions shall also be concluded laying down the conditions under which scientific investigations may be conducted in the said territories.

② 卢芳华：《斯瓦尔巴德群岛的科考制度研究》，载贾宇主编：《极地法律问题》，社会科学文献出版社 2014 年版，第 45 ~ 46 页。

的观点,之所以未制定专门条约,是因为当时在斯瓦尔巴群岛的国际研究数量有限,还不足以产生让国际社会讨论制定专门条约的问题,在 20 世纪 80 年代这个问题曾经非正式讨论过,但没有结果。① 挪威认为缔约国并没有在斯瓦尔巴群岛享有科学研究的专属权利,这个立场也体现于媒体报道朝鲜于 2016 年 1 月 25 日签署《斯约》后,挪威外交部发言人表示"签署条约并不给予研究的专属权利","挪威政府给予研究的特别许可",②在实践中挪威也将此立场适用于斯瓦尔巴群岛的科学研究管理中。

挪威是否有权单方面制定国内法规规范斯瓦尔巴群岛的科学研究活动? 首先,《斯约》的部分条款明确规定挪威可以制定相应法规,例如"挪威应自由地维护、采取或颁布适当措施,以便确保保护并于必要时重新恢复该地域及其领水内的动植物",③"挪威保证为第 1 条所指的地域制定采矿条例"等。④ 其次,从国际法角度考虑挪威享有"充分和完全的主权"也意味有权在本国领土制定法规,1925 年挪威制定的《斯瓦尔巴德法令》进一步规定挪威享有针对斯瓦尔巴德制定法规的权利,迄今为止挪威已经制定一系列适用于斯瓦尔巴群岛的法规。

针对缔约国在斯瓦尔巴群岛进行包括组织极地探险、成立科学研究基地等为目的的科学研究活动,挪威要求缔约国通过外交途径向斯瓦尔巴总督提交申请并获得许可,在挪威 2012 年 9 月 6 日公布的《斯瓦尔巴德科学家指南》中规定了详细的程序与内容,它要求"每个研究人员都有责任确保在从事实地研究之前获得所有的许可",因为许多研究活动需要得到总督

---

① Jacek Machowski, "Scientific activities on Spitsbergen in the light of the International Legal Status of the Archipelago", (1995) 16 *Polish Polar Research* 13, pp. 13 – 35.

② North Korea to Invade Europe after Signing Ancient Treaty-and They Can't be Stopped, February 6, 2016, https://www.express.co.uk/news/world/641767/North-Korea-invade-europe-treaty-cant-be-stopped (Last visited May 6, 2019).

③ Treaty concerning Spitsbergen, 9 February 1920, Article 2.

④ Treaty concerning Spitsbergen, 9 February 1920, Article 8.

的许可，[①]但是俄罗斯却基于各种原因不遵守上述规定。[②]

显然，缔约国对于能否在斯瓦尔巴群岛像《斯约》第 3 条规定的可以“毫无阻碍、完全平等地从事海洋、工业、矿业或商业活动”一样进行科学研究存在不同的理解，挪威的观点是不可以，俄罗斯的观点和立场正好相反，而其他的缔约国则遵守挪威的立场和法规，按要求与挪威合作并进行申请。

《斯约》规定的缔约国可以从事的“海洋活动”可以解释为包括海洋的科学研究活动，例如海道情况、海水流量、海洋水质等海洋科学研究活动。但是严格依据《斯约》的文本表述而言，缔约国无法找到可以享有无歧视进行科学研究的规定，《斯约》第 5 条规定缔约国“应缔结公约，规定在第 1 条所指的地域可以开展科学调查活动的条件”，也可以解释为缔约国享有在斯瓦尔巴群岛科学研究的权利，但是应当缔结公约明确开展科学研究活动的条件，在目前没有缔结公约的情况下不能否认缔约国没有科学研究的权利。结合前文所述的挪威立场与做法，这一问题依然存在潜在的争端尚待解决，只是挪威目前采取科学开放的态度，包括缔约国在内的其他国家在斯瓦尔巴群岛进行科学研究没有受到阻碍而使得这一问题没有引发冲突，也许按照挪威的理解其他国家申请科学研究是未缔结专门公约之前应当遵守的条件，或认为《斯约》根本就没有赋予缔约国在斯瓦尔巴群岛进行科学研究的权利，但不可否认的是，部分缔约国历史上曾在斯瓦尔巴群岛进行海洋、工业、矿业等活动，这些活动本身就离不开相关的科学研究活动，特别是在矿业生产前要对矿区进行勘探评估等科学研究活动，从事上述活动本身就附带有科学研究的权利，这是历史上形成的科学研究权利。但是如果这样理解的话，是否将缔约国在斯瓦尔巴群岛的科学研

① Guide for Scientists in Svalbard, https://www.sysselmannen.no/en/Scientists/Guide-for-scientists-on-Svalbard/ (Last visited May 10, 2019).

② Jacek Machowski, "Scientific Activities on Spitsbergen in the light of the International Legal Status of the Archipelago", p. 20.

究活动仅局限于上述活动相关的科学研究活动？这种理解与第5条规定不符,第5条不能解释为缔约国进行科学研究活动必须取得挪威的事先许可,因为显然无法从《斯约》的文本表述中得出这样的结论。解决这一问题的最好方法就是缔约国协商依据第5条缔结规范斯瓦尔巴群岛科学研究的公约,至于届时如何解决缔约国科学研究的范围、内容与程序等问题,可以通过协商的方式解决并达成协议。

二是《斯约》适用的范围问题同样也涉及缔约国科学研究的范围问题。

依照《斯约》的规定,缔约国船舶和国民从事的活动限于在第1条所指"地域及其领水内"平等地"捕鱼和狩猎的权利",①缔约国国民享有平等自由进入第1条所指地域的水域、峡湾和港口的权利,在陆上和领水内开展和从事一切海洋、工业、矿业或商业的活动,②但是《斯约》第5条却仅提及在"第1条所指的地域"开展科学调查活动的事项,因此,缔约国的科学研究活动范围是否仅限于斯瓦尔巴群岛的陆地区域,还是也包括附近的内水和领海区域？目前争论更大的是挪威能否主张斯瓦尔巴群岛周边的专属经济区和大陆架,以及《斯约》规定的缔约国暨其国民的权利,包括科学研究的权利能否在斯瓦尔巴群岛领海之外的专属经济区和大陆架行使。

挪威起初准备在斯瓦尔巴群岛之外建立专属经济区,③但考虑到缔约国的反对因而1977年建立了有别于专属经济区的"渔业保护区",④对于《斯约》与斯瓦尔巴群岛"渔业保护区"的关系,各缔约国基本持三种立场:其一挪威认为《斯约》不适用于斯瓦尔巴

---

① Treaty concerning Spitsbergen,9 February 1920,Article 2.

② Treaty concerning Spitsbergen,9 February 1920,Article 3.

③ Act No. 91 of 17 December 1976 relating to the Economic Zone of Norway.

④ T. Pedersen, "The Constrained Politics of the Svalbard offshore Area", (2008) 32 *Marine Policy* 913, p. 913.

群岛的"渔业保护区",[①]有的学者也支持挪威的这一立场,认为《斯约》只适用于斯瓦尔巴群岛的陆地区域、内水和领海,挪威拥有"渔业保护区"的专属权利而不受《斯约》的约束。其二认为《斯约》已将挪威的主权限于规定的区域,因此挪威对斯瓦尔巴群岛"渔业保护区"既无主权也无管辖权。1977 年苏联政府曾用外交照会告知挪威,认为挪威无权在领海之外建立渔业保护区,[②]因为挪威的主权来自条约而非习惯法,所以其主权应当受到限制。[③]尽管俄罗斯与挪威在 2010 年缔结划界条约,确定俄罗斯专属经济区与斯瓦尔巴群岛"渔业保护区"之间的海洋边界,但规定双方在该"渔业保护区"的渔业机会不受影响,因此可以认为俄罗斯接受挪威的该"渔业保护区"制度,但是并不意味着俄罗斯放弃其既有立场。[④] 其三认为挪威可以享有斯瓦尔巴群岛"渔业保护区"的管辖权,但是缔约国依据《斯约》规定的非歧视性权利也享有在该"渔业保护区"与挪威同样的权利,例如英国、荷兰和丹麦持这种观点,[⑤]而美国、法国和德国等声称依据《斯约》保留斯瓦尔巴群岛领海之外的任何权利,继续对该法律问题进行评估。[⑥]

对于缔约国在斯瓦尔巴群岛科学研究的地理范围,挪威目前的做法是依据斯瓦尔巴群岛及其内水和领海的范围进行管理,如

---

① Robin Churchill & Geir Ulfstein, "The Disputed Maritime Zones around Svalbard", in Myron Nordquist *et al.* (eds.), *Changes in the Arctic Environment and the Law of the Sea* (Leiden/Boston: Martinus Nijhoff Publishers, 2010), p. 564.

② "Soviet Union Diplomatic Note Handed to Norway on 15 June 1977", in A. N. Vylegzhanin and V. K. Zilanov, *Spitsbergen: Legal Regime of Adjacent Marine Areas* (The Netherlands: Eleven International Publishing, 2007), p. 146.

③ T. Pedersen, "The Svalbard's Continental Shelf Controversy: Legal Disputes and Political Rivalries", (2006) 37 *Ocean Development & International Law* 339, p. 345.

④ 董利民:《北极地区斯瓦尔巴群岛渔业保护区争端分析》,载《国际政治研究》2019 年第 1 期,第 78～79 页。

⑤ Torbjørn Pedersen, "The Dynamics of Svalbard Diplomacy", (2008) 19 *Diplomacy and Statecraft* 236, pp. 236 – 262.

⑥ Clive Archer, David Scrivener, "Frozen Frontiers and Resource Wrangles: Conflict and Cooperation in Northern Waters", (1982) 59 *International Affairs* 59, pp. 59 – 76.

上所述,涉及斯瓦尔巴群岛陆地区域的科学研究,无论是挪威本国还是其他缔约国的研究活动绝大多数都要取得总督的许可,涉及斯瓦尔巴群岛的内水和领海,则适用挪威于2001年制定的《关于外国在挪威内水、领海和经济区以及大陆架上进行海洋科学研究的规章》的规定,外国的海洋科学研究应当取得挪威的同意,但是该规章规定其不适用于挪威的"渔业保护区"。①

对于斯瓦尔巴群岛的"渔业保护区"争论问题,有学者认为当年在签署《斯约》的时候,斯瓦尔巴群岛领海之外就是公海,各国享有公海自由,如果缔约者能够预测到海洋法的发展趋势,必然会在《斯约》中对此问题明确规定。因此,对《斯约》的解释应当根据订约的目标解释,《斯约》被设计为"一揽子交易"方式,即其他缔约国承认挪威的主权,但这是以其他缔约国享有一定的无主地权利为前提,因此非歧视性的原则应当适用于当时已知的所有区域,包括陆地和海域,因此挪威对斯瓦尔巴群岛的"渔业保护区"享有的主权权利应当和缔约国享有的非歧视性权利一并适用于该区域。②

综上所述,因为《斯约》适用于斯瓦尔巴群岛的"渔业保护区"存在严重争议,而挪威目前在该区域仅实施有限度的渔业管理措施,外国包括《斯约》缔约国在该区域的海洋科学研究活动是引发冲突的潜在缘由。

四、中国实施北极科学研究的路径问题

囿于地理距离遥远、当时爆发的世界及国内战争以及经济和

① 该规章英文名称为 Regulations relating to Foreign Marine Scientific Research in Norway's Internal Waters, Territorial Sea and Economic Zone and on the Continental Shelf,第3条作此规定。

② Sarah Wolf, "Svalbard's Maritime Zones, Their Status under International Law and Current and Future Disputes Scenarios", Working Paper FG2, 2013/Nr. 02, January, 2013, SWP Berlin, pp. 17 – 18, https://www.swp-berlin.org/fileadmin/contents/products/arbeitspapiere/WP_Wolf_2_2013.pdf (Last visited May 16, 2019).

技术条件等诸多原因,我国虽然是《斯约》缔约国,但对斯瓦尔巴群岛和北极实施科学研究的时间较晚。直到1991年我国科学家高登义受挪威学者邀请赴北极进行为期半个多月的科学考察时,才得知中国在1925年已是《斯约》的缔约国,随后我国开始关注斯瓦尔巴群岛。2002年7月29日由中国企业支持在斯瓦尔巴群岛上的朗伊尔城建立民间性质的“中国伊力特·沐林北极科学考察站”;[①]随后2004年7月我国政府在斯瓦尔巴群岛的新奥尔松建立了永久性科学考察站,即北极黄河站;2018年10月18日我国与冰岛共建的“中－冰北极科学考察站”在冰岛阿库雷里的凯尔赫正式运营;从1999年至2018年我国“雪龙号”极地考察船已经对北极实施九次科学考察活动,我国的北极科学研究已经涵盖自然科学研究和社会科学研究,同时在“促进北极自然科学和社会科学研究的协同创新”。[②]

我国是政府主导型的多元化极地科技体制,[③]由新组建的自然资源部极地考察办公室和中国极地研究中心履行南北极科学考察任务,[④]目前我国在已经形成北极陆域科考以北极黄河站与“中－冰北极科学考察站”为平台,海域科考以“雪龙号”和“雪龙

① 高登义:《中国的第一个北极科学考察站》,载《科学新闻》2003年第8期,第40页。

② 中华人民共和国国务院新闻办公室:《中国的北极政策》(2018年1月),人民出版社2018年版,第11页。

③ 张禄禄、藏晶晶:《主要极地国家的极地科技体制探究——以美国、俄罗斯和澳大利亚为例》,载《极地研究》2017年第1期,第137页。

④ 1981年5月11日经国务院批复成立国家南极考察委员会,隶属国务院领导,同年9月15日成立委员会的办事机构国家南极考察委员会办公室,1994年国务院决定撤销国家南极考察委员会,国家南极考察委员会办公室更名为国家海洋局南极考察办公室,隶属1964年成立的国家海洋局领导,1996年8月27日更名为国家海洋局极地考察办公室。1989年中国极地研究所在上海成立,2003年更名为中国极地研究中心,隶属国家海洋局。2018年2月28日中共十九届三中全会审议通过了《中共中央关于深化党和国家机构改革的决定》和《深化党和国家机构改革方案》,此次机构改革将包括极地科考在内的海洋部门职责整合到新组建的自然资源部,自然资源部对外保留国家海洋局牌子。

2 号”极地考察船为载体,[①]这标志着今后我国的北极科学研究活动可实现“多船多站”“海陆联合”的科考新模式,同时我国也借助其他国家的科考平台开展科学研究活动。[②]

就北极科学研究的路径而言,笔者认为存在两种路径:中国主导和中国参与。无论通过哪一种路径实施北极科学研究,若无国际合作则难以实现科学研究的目标,尤其在北极八国达成《协定》之后,具体理由如下所述。

首先,就北极的陆域科学研究而言,即在北极国家的领土上进行科学研究,显然需要得到该国的同意,中国与冰岛共建的科学考察站以冰岛同意为前提,中国在挪威建设的北极黄河站也是以挪威发出邀请为先,如前文所述,缔约国在斯瓦尔巴群岛的陆上科学研究活动挪威要求提前申请并取得其同意,《斯约》规定的缔约国科学研究权利尚存在理论上的争议,因此若没有挪威的合作,其他缔约国几乎无法在斯瓦尔巴群岛开展科学研究活动。

其次,在北极实施海洋科学研究需遵守《公约》的规定,《公约》规定除公海科学研究自由外,科学研究国在北冰洋沿岸国家的内水、领海以及其他管辖海域进行海洋科学研究都要以沿岸国家的同意为前提,即如果没有沿岸国家的合作与同意,其他国家只能在北极的公海区域实施科学研究。2018 年 10 月 3 日,中国、美国、俄罗斯、加拿大、丹麦、挪威、冰岛、日本、韩国和欧盟十方正式签署《预防中北冰洋不管制公海渔业协定》,[③]该协定对于中北冰洋公海区域的科学研究有所规范,协定要求缔约方应便利在科学活动

---

① 我国自主建造的第一艘极地考察船舶“雪龙 2 号”于 2019 年交付使用,开始进行南北极试航。目前使用的“雪龙号”极地考察船系我国于 1993 年从乌克兰购买的破冰补给船改建,目前交替执行南北极科考任务,“雪龙 2 号”投入使用后将缓解我国极地科考船只少的问题。

② 陆俊元、张侠:《中国北极权益与政策研究》,时事出版社 2016 年版,第 236 页。

③ 截至 2019 年 10 月,俄罗斯、加拿大、欧盟、美国、日本和韩国已经批准该协定,依据该协定第 11 条的规定,需要签署的九国和欧盟批准(或接受、核准或加入)协定的所有文本之日起 30 天后生效。

中的合作，缔约方应同意在协定生效后两年内制定联合科学研究和监测计划，通过指导、共享数据和会议等方式来完成联合科学研究和监测计划。① 但是，协定也明确规定其“任何内容不得被解释为限制《公约》所体现的缔约方对于海洋科学研究的权利”，②因此，协定的缔约方仍然有权依据《公约》的规定对中北冰洋公海单独进行科学研究，协定鼓励缔约方在联合科学研究和监测计划的框架下以及按照各自的国家科学计划开展科学研究，但是受到一定限制，这表现为协定要求缔约方应确保其在协定区域涉及捕获鱼类的科学研究活动不妨碍预防不管制商业和试探性捕鱼以及保护健康海洋生态系统，③另外对缔约方的试探性捕鱼也有所限制。

换言之，中国主导的北极陆域或海域科学研究，除在北冰洋的公海进行科学研究外（倘若《预防中北冰洋不管制公海渔业协定》生效后，中国在中北冰洋公海涉及捕获鱼类的科学研究受该协定的限制），在其他区域的科学研究离不开相关国家的合作，虽然面临这些问题，但是我国主导海洋科学研究仍具有重要意义，因为我国可以依据国情设定北极的科学研究目标和方法，如果研究成功就可以取得北极科学研究某一领域的领先地位，这无论对全人类利益还是国家利益都具有不可替代的作用，同时强大的极地科考能力也是中国参与北极事务的前提和基础。④

除中国主导的北极科学研究之外，中国还可以通过参与的路径实施北极科学研究，最常见的形式是我国科学研究机构或科学家参与其他国家主导的科学研究，或者参与国际社会组织的北极联合科学研究，但是这种路径难免受制于人，在研究方向与范围设

---

① 《预防中北冰洋不管制公海渔业协定》第 4 条。

② 《预防中北冰洋不管制公海渔业协定》第 3 条第 7 款。

③ 《预防中北冰洋不管制公海渔业协定》第 3 条第 4 款。

④ 孙凯、王晨光：《中国参与北极事务的战略选择——基于战略管理的 SWOT 分析视角》，载《国际论坛》2014 年第 3 期，第 50 页。

定,研究成果使用,特别是研究战略目标等方面无法直接实现国家的意志。

如前文分析,《协定》对非缔约国将造成重大的负面影响,《协定》促进和加强了北极八国之间的北极科学研究合作,非缔约国如果利用《协定》就必须与缔约国进行合作,促进科研合作也是我国北极政策支持的重点,我国2018年1月发布的《中国的北极政策》白皮书向国际社会表明中国的北极政策之一就是“认识北极”,“探索和认知北极是中国北极活动的优先方向和重点领域”,“积极推进北极科研国际合作”,中国“主张通过合作依法在北极国家管辖范围区域内开展北极科考活动”,并且白皮书在很多具体领域提出北极合作的建议,其中就包括“中国主张在北极国家与域外国家之间建立合作伙伴关系”。①

对于我国利用《协定》规定的权利而言,笔者认为合作主要以两种方式进行:

一是非缔约国的科学机构或科学家作为缔约国“参与者”的身份享受《协定》的权利。但这种方式以受制于缔约国的同意为前提,在理论和实践中缔约国不可能同意非缔约国的科学机构作为缔约国的“参与者”直接享受《协定》规定的权利,一般是非缔约国的科学机构或科学家参与到缔约国“参与者”主导的北极科学研究工作,作为缔约国“参与者”的研究人员间接享受《协定》规定的赋予缔约国的权利,也有可能经缔约国同意,在一些不重要的领域非缔约国的科学机构或科学家可以作为“代表一个或多个缔约国,或与一个或多个缔约国合作的承包人、承授人和其他合作者”享受《协定》的权利。

二是非缔约国与缔约国之间签署双边或多边北极科学研究合作协议,在北极的一些研究领域采用联合科考的模式,虽然非缔约

---

①　中华人民共和国国务院新闻办公室:《中国的北极政策》(2018年1月),人民出版社2018年版,第1~22页。

国还是依据缔约国的“参与者”身份享受《协定》规定的权利，但是非缔约国参与的范围和程度比前一种方式更加有利于非缔约国。

对于中国的北极科学研究而言，特别是《协定》生效后，中国如何应对其对中国带来的不利影响，笔者认为我国必须与《协定》缔约国展开深入的合作，如果以前将合作视为一种方式，现在应提高至路径来对待，我国与其他国家已有的合作实践经验有助于中国加强和提升这一路径，具体而言建议如下。

（一）推动与《加强国际北极科学合作协定》缔约国之间签署国家层级的北极科学合作协议

我国目前与《协定》缔约国签署的国家层级的北极合作协议只有一个，即 2012 年 4 月 20 日签署并生效的《中华人民共和国政府与冰岛政府关于北极合作的框架协议》，规定双方愿加强北极科研合作，包括双方北极科研机构和组织在北极考察及科研方面的合作，促进双方科研人员的交流，[①]2013 年两国又发表《中华人民共和国政府和冰岛政府关于全面深化双边合作的联合声明》，声明中双方表示“根据 2012 年签署的《中华人民共和国政府与冰岛政府关于北极合作的框架协议》、《中华人民共和国国家海洋局与冰岛外交部海洋和极地科技合作谅解备忘录》和《中华人民共和国国土资源部与冰岛外交部关于地热与地学合作的谅解备忘录》等文件，进一步加强两国在北极、海洋、地热、地学、环保及气候变化等领域的交流与务实合作”。[②] 在双方积极努力之下，2014 年中国极地研究中心和冰岛研究中心共同举行中冰联合极光观测台奠基仪式，2016 年中冰联合极光观测台主体建筑竣工，[③]2018 年我国与

① 《中华人民共和国政府与冰岛政府关于北极合作的框架协议》第 3 条第 1 款。

② 《中华人民共和国政府和冰岛政府关于全面深化双边合作的联合声明》（2013 年 4 月 15 日），第 7 条。

③ 《中国同冰岛的关系》，载外交部网站：https://www. fmprc. gov. cn/web/gjhdq_676201/gj_676203/oz_678770/1206_678964/sbgx_678968/t7209. shtml，最后访问时间：2019 年 5 月 10 日。

冰岛共建“中－冰北极科学考察站”。

由于《协定》缔约国即北极八国对于中国北极活动的立场不同,特别是部分国家不愿意中国深入参与北极事务,因此与这些国家达成国家层级的北极科学合作协议目前而言无法实现,但是对于支持中国北极活动,希望与中国开展北极深入合作的国家而言,中国应当加强与这些国家的沟通和交流,争取签署国家层级的北极科学合作协议。

同时中国科研机构与《协定》缔约国的科研机构之间可以先行达成合作协议,增进互信,进而推动国家层级北极科学研究合作协议的协商与签署,在这方面,我国的科研机构已经做了不少工作,例如在2019年中俄建交70周年之际,青岛海洋科学与技术试点国家实验室与俄罗斯希尔绍夫海洋研究所签约共建北极联合研究中心,发挥中俄双方创新资源优势,开展北极科研问题的协同攻关;①2013年12月10日,来自冰岛、丹麦、芬兰、挪威、瑞典和中国等10家北极研究机构的专家学者在上海签署《中国－北欧北极研究中心合作协议》,宣布“中国－北欧北极研究中心”成立,通过多种形式开展北极科学合作研究。②

通过我国科研机构与《协定》缔约国科研机构之间签署北极科学合作协议的方法,进一步拓展到国家部门之间缔结的北极科学合作协议,最后通过达成国家之间的北极科学合作协议,为中国科研机构或科研人员参与或联合《协定》缔约国开展北极科学研究,利用《协定》规定的非缔约国条款,作为缔约

① 廖洋、王宁:《青岛海洋科学与技术试点国家实验室与俄罗斯希尔绍夫海洋研究所签约共建北极联合研究中心——助力构建海洋命运共同体》,载《中国科学报》2019年4月24日,第5版。

② 这些形式包括:围绕合作主题组织合作研究课题;为中国和北欧国家的学者和研究生提供访问学者津贴和奖学金,发展北极研究合作网络,开拓北极研究前沿;定期组织中国—北欧北极合作研讨会及相关工作会议;支持中国和北欧国家之间的北极文化交流与信息共享。参见《中国—北欧北极研究中心成立》,载科技日报:http://scitech.people.com.cn/n/2013/1211/c1057－23803895.html,最后访问时间:2019年5月12日。

国的“参与者”研究成员进行科学研究，从而实现我国间接享受《协定》规定的权利，这一路径的实现需要以与缔约国之间友好合作为前提。

（二）积极参与北极治理推进修改《加强国际北极科学合作协定》向非缔约国开放

虽然在2013年我国才成为北极理事会的正式观察员，但“中国参与北极事务由来已久”，我国“主张构建和完善北极治理机制”。[①] 但是，在理论与实践中，北极治理的全球主义理念和国家主义理念博弈已久，国家主义仍然根深蒂固，对北极的治理需要超越传统的国家间政治思维，从全球政治的视角推动北极治理的发展，[②]目前北极治理形成了“全球—区域—国家”三层次、多利益攸关方参与的多元格局，[③]在这多元格局中，不难看到的是北极理事会的区域性治理的功能不断增强，[④]这种现象对于推进北极的全球化治理是一种挑战。

中国作为北极理事会的正式观察员，依据《观察员手册》实际上承担了北极治理中的义务，而没有更多的权利，这是北极理事会成员“排他性开放”逻辑使然，[⑤]北极理事会对中国等域外国家的参与权限有着极其苛刻的限制，中国等正式观察员国在参与理事会附属机构的会议之时，经过主席的许可，可以在成员国和永久成员发表意见之后，提交相关文件以及口头陈述对相关问题的意见，在理事会部长级会议之上，观察员国只能提交书面声明，这就限制

① 中华人民共和国国务院新闻办公室：《中国的北极政策》（2018年1月），人民出版社2018年版，第17～19页。

② 王传兴：《北极治理：主体、机制和领域》，载《同济大学学报》（社会科学版）2014年第2期，第27～28页。

③ 徐宏：《北极治理与中国的参与》，载《边界与海洋研究》2017年第2期，第5页。

④ 郭培清、卢瑶：《北极治理模式的国际探讨及北极治理实践的新发展》，载《国际观察》2015年第5期，第64～65页。

⑤ 孙凯：《机制变迁、多层治理与北极治理的未来》，载《外交评论》2017年第3期，第128页。

甚至禁锢了中国等域外国家设置北极治理议程的活动空间,[①]因此在北极治理的话语权上受到极大限制。

面对各种困境,我国应当从国家层面制定北极科学战略,[②]以"科技先行"参与北极治理,[③]从而以点带面逐渐突破现有的一些障碍,逐渐深入参与北极治理。

从具体行动上而言,我国首先应在北极理事会的会议中发表本国的意见,建议北极理事会推动《协定》向非北极国家开放,从平等与互惠角度考虑,加入《协定》的非北极国家也可以依据《协定》的规定,向《协定》的北极缔约国提供本国部分管辖海域科学研究的对等便利条件。另外,我国已经与所有的北极国家开展北极事务双边磋商,可以考虑在双边磋商的议题中建议北极国家也推动《协定》向非北极国家开放。同时,我国也可以考虑与非北极国家,特别是其中的北极科考大国一起通过各自渠道推动《协定》的开放。

结　语

科学研究是中国目前在北极最主要的活动,我国的"十三五"规划建议"积极参与网络、深海、极地、空天等新领域国际规则制定",作为我国参与构建北极国际规则的重要途径之一,只有深入参与北极的科学研究活动,拥有高水平的北极科学研究知识,才能在参与和制定北极的国际规则过程中享有更多更重要的话语权,发挥更大的影响力,为实现这一目的,我国新的《国家安全法》规

---

① 赵宁宁:《中国北极治理话语权:现实挑战与提升路径》,载《社会主义研究》2018年第2期,第135页。

② 赵进平:《我国北极科技战略的孕育和思考》,载《中国海洋大学学报》2014年第3期,第6页。

③ 杨剑等:《科学家与全球治理——基于北极事务案例的分析》,时事出版社2018年版,第245页。

定我国增强在极地安全进出、科学考察的能力，保障和维护我国在北极的活动，①所以我国的北极科学研究活动不仅对提高我国北极科考水平，对人类认知了解北极，应对全球气候变化具有重要意义，同时也对中国参与国际规则制定，参与全球治理具有重要的意义。

我国应充分利用《斯约》和《公约》规定的缔约国科学研究的权利实施北极科学研究活动，积极与北极国家和非北极国家缔结双边科学研究协议开展联合研究，同时针对《加强国际北极科学合作协定》对中国造成的不利影响，在北极理事会中积极呼吁修改《协定》，与《协定》的其他非缔约国一起推动修改《协定》向非缔约国开放，在《协定》修改之前，积极争取与《协定》缔约国达成深入合作战略，争取以《协定》缔约国的“参与者”身份进行北极科学研究以间接获得《协定》规定的权利。

International Legal Framework for Arctic Scientific Research Cooperation and Paths of China

WANG Zelin

Abstract: The scientific research in the Arctic is of great significance to human beings, Deepening the exploration and understanding of the Arctic is one of China's Arctic policies, international cooperation in conducting Arctic scientific research activities is the consensus of the international community, the international legal framework for regulating Arctic scientific research

① 2015年我国《国家安全法》第32条对维护新型领域的国家安全任务作出了规定，这一条在初审时没有涉及，是根据常委会组成人员的审议意见，在三审时新增加的内容。新的《国家安全法》对外层空间、国际海底区域和极地的国家安全任务作出了原则规定，有利于为相关领域工作提供法律支撑。

cooperation can be divided into three levels, namely the bilateral treaty legal framework, the regional legal framework and the universal legal framework. The regional legal framework enacted in 2017, Agreement on Enhancing International Arctic Scientific Cooperation, as a closed treaty, is only a convenient condition for providing Arctic scientific research among the eight Arctic countries, and has a far-reaching negative effect on Arctic scientific research of non-Arctic countries. Inconsistent with the basic spirit of open and universal Arctic scientific research, China as a non-contracting country should strengthen bilateral scientific research agreement with the State party, conduct joint research to enjoy the conveniences of the Agreement, and with other non-parties together to promote the revision of the Agreement to allow non-Arctic countries to join.

Key Words: Arctic scientific research; Agreement on Enhancing International Arctic Scientific Cooperation; Treaty concerning Spitsbergen; UNCLOS

新中国 70 年国际争端解决的回顾和展望*

廖 丽**

摘要:和平解决国际争端对于中国和世界各国来说至关重要。新中国 70 年来,中国积极参与和平解决国际争端。在领土争端方面,除印度和不丹外,中国已完全解决了 14 个陆地边界问题中的 12 个。在《联合国海洋法公约》项下,涉及中国的"南海仲裁案"本质上是领土和海洋划界案件。迄今为止,在世界贸易组织争端解决机制中,中国起诉 21 件,被诉 44 件以及作为第三方参与 173 件案件。在国际投资法的背景下,中国参与国际投资案件也逐步增多。在"一带一路"方面,中国建立国际商事法庭解决"一带一路"领域的争端。新中国 70 年,中国总体上更多运用谈判、协商方法解决领土和海洋争端,积极利用 WTO 争端解决机制,综合运用诉讼、调解、仲裁方法解决"一带一路"争端。中国今后应更多运用综合方法解决国际争端,增强国际争端解决中的国家能力建设,推动国际模拟法庭建设,储备国际争端解决人才库。

关键词:新中国 70 年;国际争端解决;国际法治

---

* 本文为教育部青年基金项目"TPP 法律法规及中国自贸区战略研究"(16YJC820019)阶段性成果。

** 武汉大学国际法研究所副教授,武汉大学法学院副教授。

和平解决争端对第二次世界大战后的国际秩序至关重要,其关键目的在于维护和平并防止世界大战。根据《联合国宪章》,各国有义务和平解决争端。《联合国宪章》第 33 条规定争端解决可以采取多种形式:“任何争端之当事国,于争端之继续存在足以危及国际和平与安全之维持时,应尽先以谈判、调查、调停、和解、公断、司法解决、区域机关或区域办法之利用,或各该国自行选择之其他和平方法,求得解决。安全理事会认为必要时,应促请各当事国以此项方法,解决其争端。”[①]鸦片战争后的 100 多年里,殖民主义、帝国主义给中国带来了深重灾难,中国长期被列强无端剥夺了平等适用国际法的权利。中国人民为维护国家主权、独立和领土完整进行了不屈不挠的斗争,终于建立了新中国。新中国坚定选择以国际法为基础,根据和平共处五项原则与各国建立新型国家关系。[②]

2019 年是新中国成立 70 周年,在中国共产党的领导下,中国法治建设取得重大发展,中国特色社会主义法治体系初步建成。外交是内政的延伸,一个坚定致力于对内推进法治的中国,同时也必然是国际法治的坚定维护者和积极建设者。中国在重大国际和地区问题上秉持正义,仗义执言,坚定捍卫以《联合国宪章》为核心的国际法基本原则和国际关系基本准则。中国坚持和平解决国际争端和历史遗留问题。[③] 回顾和总结新中国 70 年国际争端解决的发展历程,无疑具有重要的理论价值和现实意义。

---

① Article 33, the United Nations Charter.

② 王毅:《中国是国际法治的坚定维护者和建设者》,载《光明日报》2014 年 10 月 24 日,第 2 版。

③ 王毅:《中国是国际法治的坚定维护者和建设者》,载《光明日报》2014 年 10 月 24 日,第 2 版。

一、新中国 70 年国际争端解决的实践

(一)中国与领土和海洋争端

1. 中国领土争端解决实践

在国际法和国际关系中,领土的意义重大,因为国家构成的要素之一是领土,领土争端往往涉及自然资源的占有。国际法并不支持一个国家使用武力侵占或吞并另一国的领土,例如《联合国宪章》规定,“各会员国在其国际关系上不得使用威胁或武力,或以与联合国宗旨不符之任何其他方法,侵害任何会员国或国家之领土完整或政治独立”。① 中国在领土争端方面,已与 14 个陆地邻国中的 12 个成功解决了边界争议,印度和不丹除外(见表 1)。②

表 1　中国领土争端解决情况③

争议地区	争端解决情况
缅甸边境	中国获得 18% 的争议领土;缅甸接收了一条战略高速公路、一座盐矿以及北部首选的分水岭④
尼泊尔边境	中国获得 6% 的争议领土和一半的珠穆朗玛峰;尼泊尔获得大部分牧区和通行关口⑤

---

① Article 2(4),the United Nations Charter.

② 根据中华人民共和国条约数据库,在中国的 14 个陆上邻国中,仅有印度、不丹两国未与中国签订明确领土边界范围的边界条约。http://treaty. mfa. gov. cn/Treaty/web/index. jsp,最后访问时间:2019 年 10 月 1 日。

③ M. Taylor Fravel,“Regime Insecurity and International Cooperation:Explaining China's Compromises in Territorial Disputes”,(2005)30 *International Security* 46,pp. 56 – 57.

④ 参见《中华人民共和国和缅甸联邦政府边界条约》第 1 条和第 2 条,1960 年 10 月 1 日签订。根据该条约,中国获得缅甸归还的 342 平方公里领土,此外还有部分未列明面积,为保持村寨不被边界线而分隔的部分村落。

⑤ 参见《中华人民共和国和尼泊尔王国边界条约》第 1 条,1961 年 10 月 5 日签订。

续表

争议地区	争端解决情况
印度边境	中国提出持有26%的争议领土;①争议仍然活跃②
朝鲜边境	中国获得长白山40%有争议的火口湖;朝鲜占有剩余领土③
蒙古边境	中国获得29%的争议领土④
巴基斯坦边境	中国获得60%的争议领土,但转让了1942平方公里领土给巴基斯坦⑤
阿富汗边境	中国没有获得任何有争议的瓦罕走廊⑥
不丹边境	中国提出持有24%的争议领土;争议仍然活跃⑦
老挝边境	中国获得50%的争议领土⑧
越南边境	中国获得50%的争议领土⑨
哈萨克斯坦边境	中国获得了约22%的争议领土⑩

① 参见《中华人民共和国政府和印度共和国政府关于在中印边境实际控制线地区保持和平与安宁的协定》,1999年9月7日签订。根据国内报道,对于中印边界争端,东段争议领土达9万平方公里,中段争议领土为2000平方公里,西段争议领土面积33,000平方公里。中国主张,东段和中段边界采用"传统习惯线"划界,而西段边界不存在争议,参见陈体强:《中印边界问题的法律方面》,载《国际问题研究》1982年第1期。

② 参见《中华人民共和国政府和印度共和国政府关于在中印边境实际控制线地区保持和平与安宁的协定》,1999年9月7日签订。

③ 参见《中华人民共和国政府和朝鲜民主主义人民共和国政府关于中朝边界的议定书》,1964年3月20日签订。

④ 参见《中华人民共和国和蒙古人民共和国边界条约》第1条,1962年12月26日签订。

⑤ 参见《中华人民共和国政府和巴基斯坦政府关于中国新疆和由巴基斯坦实际控制其防务的各地区相接壤的边界的协定》第2条,1963年3月2日签订。

⑥ 参见《中华人民共和国和阿富汗王国边界条约》第1条,1963年11月22日签订。

⑦ 参见《中华人民共和国政府和不丹王国政府关于在中不边境地区保持和平与安宁的协定》,1998年12月8日签订。

⑧ 参见《中华人民共和国和老挝人民民主共和国边界条约》第1条,1991年10月24日签订。

⑨ 参见《中华人民共和国和越南社会主义共和国陆地边界条约》第2条,1999年12月30日签订。

⑩ 参见《中华人民共和国政府和哈萨克斯坦共和国政府关于中哈国界的协定》第2条,1994年4月26日签订;参见《中华人民共和国政府和哈萨克斯坦共和国政府关于中哈国界的补充协定》第1条,1998年7月4日签订。

续表

争议地区	争端解决情况
吉尔吉斯斯坦边境	中国获得了约32%的争议领土①
塔吉克斯坦边境	中国获得了4%有争议的帕米尔高原地区;其他区域均分②
俄罗斯边境(东部)	中国获得了52%的河心岛;其他区域均分③
俄罗斯边境(西部)	协议确定了实际控制线④
俄罗斯边境附近的战略性岛屿	阿巴盖图和黑瞎子岛的控制权齐分⑤

边界争端源于中华人民共和国成立时中国陆地边界的模糊性。虽然大部分边界是在不平等条约中划定的,但这些条约所载的许多内容含糊不清、不准确。早在1950年邓小平就有先见之明地描述过西南边疆,"在这么长的边境上……少数民族问题解决得不好,国防问题就不可能解决好"。⑥ 在一段时期内,中印双方开展了边防合

① 参见《中华人民共和国政府和吉尔吉斯共和国政府关于中吉国界的协定》,1996年7月4日签订;参见《中华人民共和国政府和吉尔吉斯共和国政府关于中吉国界的补充协定》,1999年8月26日签订;参见《中华人民共和国政府和吉尔吉斯共和国政府联合公报》,2004年9月21日签订。根据中国社会科学网,中国取得的争议领土约30%,载http://www.cssn.cn/gj/gj_gjwtyj/gj_elsdozy/201311/t20131101_822429.shtml?COLLCC=3647664887&,最后访问时间:2019年10月1日。

② 参见《中华人民共和国政府和塔吉克斯坦共和国政府关于中塔国界线的勘界议定书》,2010年4月27日签订。根据人民网报道,中国和塔吉克斯坦争议领土面积约为2.85万平方公里,2011年塔吉克斯坦议会下院批准了中塔两国的勘界协定,塔吉克斯坦归还中国领土面积约1000平方公里,约占争议土地面积的4%。http://gx.people.com.cn/GB/179455/13730670.html,最后访问时间:2019年10月1日。

③ 《中华人民共和国和苏维埃社会主义共和国联盟关于中苏国界东段的协定》第2条和第5条,1991年5月16日签订。

④ 《中华人民共和国和俄罗斯联邦关于中俄国界西段的协定》第2条和第3条,1994年9月3日签订。

⑤ 《中华人民共和国和俄罗斯联邦关于中俄国界东段的补充协定》第1条,2004年10月14日签订。

⑥ 邓小平:《邓小平文选》,人民出版社1994年版,第161页。

作,为维护中印边境地区的和平与安宁发挥了积极作用。2015 年和 2016 年,双方军事领导人互访,就加强两军务实合作,共同维护边境地区和平与稳定达成重要共识。① 但 2019 年 10 月 31 日,印度政府把印控克什米尔地区分为"两个中央直辖区",其中包括与中国存在领土争议的"拉达克地区"。中方强烈反对印方将中印边界西段的中方领土划入印行政管辖范围并宣布印度的做法是非法无效的。

2. 涉及中国的海洋争端实践

1982 年《联合国海洋法公约》(以下简称《公约》)第 279 条要求各缔约国"应按照《联合国宪章》第二条第三项以和平方法解决它们之间有关本公约的解释或适用的任何争端,并应为此目的以《宪章》第三十三条第一项所指的方法求得解决"。《公约》第 280 条规定,"本公约的任何规定均不损害任何缔约国于任何时候协议用自行选择的任何和平方法解决它们之间有关本公约的解释或适用的争端的权利"。《公约》第 287 条规定了各国可自由选择国际海洋法法庭、国际法院、按照附件七组成的仲裁法庭或按照附件八组成的特别仲裁法庭进行管辖。

(1)"南海仲裁案"。② 2013 年 1 月 22 日,菲律宾根据《公约》第 287 条和附件七向中国提交了关于南海问题的国际仲裁说明和通知。2014 年 5 月 21 日,中国向常设仲裁法院提交了一份声明,重申"不接受菲律宾提起的仲裁"的立场。③ 7 月,根据《公约》附件七的规定,正式设立了由 5 名仲裁员组成的仲裁庭。④ 2015 年

① 国务院新闻办公室:《中国的亚太安全合作政策》(2017 年 1 月),载 http://www.scio.gov.cn/zfbps/32832/Document/1539907/1539907.htm,最后访问时间:2019 年 11 月 17 日。

② 在"南海仲裁案"中,中国态度是"不接受、不参与、不承认、不执行",中国并不参与该案,但因为此案涉及中国,故在本部分予以简要介绍。

③ Permanent Court of Arbitration, Press Release: Arbitration between the Republic of the Philippines and the People's Republic of China, 3 June 2014, https://pcacases.com/web/sendAttach/230 (Last visited November 19, 2019).

④ An Arbitral Tribunal Constituted Under Annex XII to the 1982 United Nations Convention on the Law of the Sea between the Republic of the Philippines and the People's Republic of China, Award on Jurisdiction and Admissibility, paras. 28 – 31.

10月29日,仲裁庭作出管辖权和可受理性裁决。2016年5月12日,中国外交部条约与法律司司长提出了《应菲律宾共和国请求建立的南海仲裁案仲裁庭所作裁决的声明》。2016年7月12日,仲裁庭作出最终裁决。在此案中,中国一直拒绝菲律宾诉诸仲裁,并坚持既不接受也不参与诉讼的立场,中国在公开声明和许多外交照会中向菲律宾和仲裁的登记处——常设仲裁法院重申这一立场。中国政府一贯表示,上述来文不得解释为中国以任何形式参与仲裁程序。[①] 菲律宾提请仲裁事项的实质是南海部分岛礁的领土主权问题,超出《公约》的调整范围,不涉及《公约》的解释或适用,因此,仲裁庭对菲律宾提起的仲裁明显没有管辖权。[②]

(2)南海争端。中国坚持认为中国对南沙群岛及其附近海域拥有无可争辩的主权。中国始终坚持通过谈判协商和平解决争议,坚持通过制定规则和建立机制管控争议,坚持通过互利合作实现共赢,坚持维护南海和平稳定及南海航行和飞越自由。[③] 2002年,中国与东盟各国签署《南海各方行为宣言》,并探讨制订"南海行为准则",这对维护中国主权权益,保持南海地区和平与稳定,增进中国与东盟互信有重要的积极意义。2019年8月,王毅在泰国曼谷举行的中国－东盟外长会上表示,过去1年中,中国和东盟国家秉承《南海各方行为宣言》精神,积极推进"南海行为准则"磋商,提前完成了单一磋商文本草案的第一轮审读。这展现了地区国家齐心构筑地区规则、合力维护南海和平稳定的坚定信念。[④]

① An Arbitral Tribunal Constituted Under Annex XII to the 1982 United Nations Convention on the Law of the Sea between the Republic of the Philippines and the People's Republic of China, Award on Jurisdiction and Admissibility, para. 10.

② 《中华人民共和国政府关于菲律宾共和国所提南海仲裁案管辖权问题的立场文件》,载外交部网站:http://www.gov.cn/xinwen/2014－12/07/content_2787663.htm,最后访问时间:2019年11月17日。

③ 国务院新闻办公室:《中国的亚太安全合作政策》(2017年1月),http://www.scio.gov.cn/zfbps/32832/Document/1539907/1539907.htm,最后访问时间:2019年11月17日。

④ 《"南海行为准则"磋商迈出关键一步》,载人民网,2019年8月3日,http://world.people.com.cn/n1/2019/0803/c1002－31273886.html,最后访问时间:2019年10月1日。

(3)中日钓鱼岛和东海划界争端。中国坚持认为钓鱼岛及其附属岛屿是中国的固有领土,中国对钓鱼岛的主权有着充足的历史和法理依据。中日就东海有关问题保持对话,举行了多轮海洋事务高级别磋商,围绕东海海空危机管控、海上执法、油气、科考、渔业等问题进行沟通,达成多项共识。中方愿继续通过对话磋商妥善管控和解决有关问题。[①] 2008 年 6 月 18 日,中日双方公布《中日东海问题原则共识》(以下简称《共识》),《共识》主要包括三方面内容:关于中日在东海的合作;中日关于东海共同开发的谅解;关于日本法人依照中国法律参加春晓油气田开发的谅解。《共识》对于解决东海划界具有重要意义。

(4)中韩黄海划界争端。韩方坚持在划界时采取“等距”原则,即以两国海岸线的“中间线”为界,而中方坚持采取“等比例”原则,即按照海岸线长度比例来划分界线。中韩黄海划界还涉及苏岩礁(韩国称“离于岛”)的归属问题。[②]

(二)中国参与 WTO 争端解决

根据《马拉喀什建立世界贸易组织协定》,世界贸易组织(WTO)于 1995 年 1 月 1 日成立。WTO 在乌拉圭回合多边贸易谈判期间建立了现行争端解决机制,强调了所有成员遵守世贸组织协定规定的义务。基于规则的争端解决机制被誉为“皇冠上的明珠”,WTO 争端解决机制为多边贸易体制提供了可靠性和可预测性。经过 15 年的艰苦努力,2001 年 11 月 10 日在多哈举行的第四届 WTO 部长级会议上,142 个成员国的代表批准并通过了中国入世议定书。2001 年 12 月 11 日,中国正式成为 WTO 的第 143 个成员。中国参

---

① 国务院新闻办公室:《中国的亚太安全合作政策》(2017 年 1 月),http://www.scio.gov.cn/zfbps/32832/Document/1539907/1539907.htm,最后访问时间:2019 年 11 月 17 日。

② 张涛:《中韩开始海洋划界谈判,将涉及苏岩礁归属问题》,载中国社会科学网,2015 年 1 月 29 日,http://www.cssn.cn/hqxx/hqwx/hqwxnews/201501/t20150129_1496620.shtml?COLLCC=1411984600&,最后访问时间:2019 年 10 月 1 日。

与 WTO 争端解决情况见表 2。

表 2　中国参与 WTO 争端解决情况①

年份	中国作为起诉方	中国作为被诉方	中国作为第三方
2002	DS252	—	DS243, DS245, DS248, DS249, DS251, DS253, DS254, DS257, DS258, DS264, DS265, DS266, DS267, DS268, DS269, DS270, DS273, DS276, DS277
2003	—	—	DS174, DS280, DS281, DS282, DS283, DS285, DS286, DS287, DS290, DS291, DS292, DS293, DS294, DS295, DS296, DS299, DS301, DS302
2004	—	DS309	DS212, DS308, DS312, DS315, DS316, DS317, DS320, DS321, DS322, DS323, DS327
2005	—	—	DS108, DS331, DS332, DS334, DS335, DS353
2006	—	DS339, DS340, DS342	DS207, DS336, DS337, DS341, DS343, DS344, DS345, DS347, DS350
2007	DS368	DS358, DS359, DS362, DS363	DS366, DS369
2008	DS379	DS372, DS373, DS378, DS387, DS388	DS371, DS375, DS376, DS377, DS381, DS384, DS386, DS389

① See http://wto.org/english/thewto_e/countries_e/china_e.htm (Last visited October 1, 2019).

续表

年份	中国作为起诉方	中国作为被诉方	中国作为第三方
2009	DS392, DS397, DS399	DS390, DS394, DS395, DS398	DS391,DS396,DS400,DS401
2010	DS405	DS407, DS413, DS414, DS419	DS402, DS403, DS404, DS412, DS415, DS416,DS417,DS418
2011	DS422	DS425, DS427	DS420,DS421,DS423,DS426
2012	DS437, DS449, DS452	DS431, DS432, DS433, DS440, DS450, DS451, DS454	DS429, DS430, DS434, DS435, DS436, DS438, DS441, DS444, DS445, DS447, DS453
2013	DS471	DS460	DS455, DS456, DS457, DS458, DS461, DS462, DS464, DS467, DS469, DS472, DS473,DS474
2014	—	DS483	DS475, DS476, DS477, DS478, DS479, DS480, DS482, DS484, DS485, DS486, DS487
2015	DS492	DS489, DS501	DS488, DS490, DS491, DS493, DS494, DS495,DS496,DS497,DS499

续表

年份	中国作为起诉方	中国作为被诉方	中国作为第三方
2016	DS515,DS516	DS508,DS509,DS511,DS517	DS502,DS504,DS505,DS510,DS512,DS513,DS518
2017	DS543,DS544	DS519,DS542,DS549	DS521,DS522,DS523,DS524,DS526,DS529,DS531,DS533,DS534,DS536,DS537,DS538,DS539,DS541,DS545,DS546,DS547,DS548,DS550,DS551,DS552,DS553,DS554,DS556,DS557
2018	DS562,DS563,DS565	DS558,DS568	DS559,DS560,DS561,DS564,DS566,DS567,DS573
2019	DS587	DS589	DS576,DS577
共计	21 起	44 起	173 起

迄今为止,中国已经参与了 21 起作为起诉方的 WTO 争端解决案件。加入 WTO 后,中国于 2002 年 3 月 26 日提交了第一起针对美国钢铁保障措施的起诉案件。[①] 2007 年 9 月 14 日,中国要求与美国就美国商务部对中国无涂层纸的初步反倾销和反补贴税进行磋商,该案件是中国作为申诉方首次单独提起的案件。[②] 中国参与了 44 起作为被诉方的争端解决案件,这 44 起案件涵盖了货物贸易、知识产权和服务贸易。因为中国是一个贸易大国,这些案件表明中国政府的措施对世界贸易的发展产生了重大影响;这也

① United States-Definitive Safeguard Measures on Imports of Certain Steel Products (DS252),26 March 2002.

② United States-Preliminary Anti-Dumping and Countervailing Duty Determinations on Coated Free Sheet Paper from China(DS368),14 September 2007.

表明其他WTO成员,特别是主要成员国和中国的主要贸易伙伴,如美国、欧盟、加拿大和墨西哥,都特别关注中国政府的贸易监管行为。① 直至2019年年底,中国作为第三方参与173起案件。第三方参与不仅可以借鉴其他WTO成员的经验教训,还可以监督WTO争端解决机制的正常运作,维护机制的多边特征,参与WTO规则的解释和应用。此外,中国还可以获得参与争议的其他WTO成员的贸易管理系统和贸易机制信息,包括其法律、法规和惯例。② 事实上,WTO争端解决逐渐被认为是解决中国贸易争端的重要和首选方式,这可以从中国参与WTO案件数量的增加得到证实。③

(三)中国参与投资争端解决

国际投资协定促进和保护在一国的自然人和私人公司在另一国进行的投资。根据此类协议解决投资者与国家之间争议的主要机制是将争议提交国际仲裁(投资者——国家争端解决)。投资仲裁通常包括一个由三人组成的小组,这些小组通常以联合国国际贸易法委员会(UNCITRAL)的仲裁规则为蓝本。④ 这方面最重要的多边条约是《解决国家与他国国民间投资争端公约》(以下简称ICSID公约),根据ICSID公约,国家和私人双方都有直接权利在缔约国的国内法院执行裁决。中国早在1993年就成为了ICSID公约的成员,截至2019年10月,在ICSID体系下共有3起针对中国的案件(见表3)。

---

① Liao Li, Yu Minyou, "Impact of the WTO on China's Rule of Law in Trade: Twentieth Anniversary of the WTO", (2015) 49 *Journal of World Trade* 837, p. 853.

② Liao Li, Yu Minyou, "Impact of the WTO on China's Rule of Law in Trade: Twentieth Anniversary of the WTO", (2015) 49 *Journal of World Trade* 837, p. 852.

③ Chi Manjiao, "China's Participation in WTO Dispute Settlement over the Past Decade: Experiences and Impacts", (2012) 15 *Journal of International Economic Law* 29, p. 39.

④ Harriet Moynihan, "China's Evolving Approach to International Dispute Settlement, International Law Programme", (2017) 2 *The Royal Institute of International Affairs* 1, p. 8.

表 3　中国参与 ICSID 争端解决情况①

案件编号	起诉方	被诉方	争端解决情况
ARB/11/15	Ekran Berhad	中国	2011 年 5 月 24 日登记;2013 年 5 月 16 日和解终结程序
ARB/14/25	Ansung Housing Co. ,Ltd.	中国	2014 年 11 月 4 日登记;2017 年 3 月 9 日裁决
ARB/17/19	Hela Schwartz GmbH	中国	2017 年 6 月 21 日登记;待决

另一个多边条约是《多边投资担保机构公约》,该公约除为投资提供保险外,还为投资争端提供调解服务。与 ICSID 中心不同,多边投资担保机构(MIGA)积极通过调解解决外国投资者和中国政府之间的争端。MIGA 在解决中国投资争端方面的具体作用尚不清楚,因为调解服务是保密的,MIGA 只发布选定的案例。MIGA 已经公布了两起中国和外国投资者关于 MIGA 所承保投资项目的争议案件,这两起案件在 MIGA 介入后得到了友好解决。②

(四)中国参与"一带一路"争端解决

丝绸之路经济带和 21 世纪海上丝绸之路,又称"一带一路",是习近平主席提出的发展战略和框架,强调国家之间的连通和合作,主要是中华人民共和国和欧亚大陆之间的联系和合作。"一带"包括中亚、西亚、中东和欧洲等原丝绸之路上的国家。该倡议要求通过建设基础设施,加强文化交流和扩大贸易,将该地区变成

① See https://icsid. worldbank. org/en/Pages/cases/AdvancedSearch. aspx (Last visited on October 1,2019).

② See Monika C. E. Heymann, "International Law and the Settlement of Investment Disputes Relating to China", (2008) 11 *Journal of International Economic Law* 507, pp. 521 – 522.

一个具有凝聚力的经济区。除了这个与历史悠久的丝绸之路大致相似的区域外,南亚和东南亚也包括在“一带”的延伸范围内。许多属于这一区域的国家也是中国主导的亚洲基础设施投资银行(AIIB)成员。该规划包括北部、中部和南部地带:北部从俄罗斯穿过中亚,到达欧洲;中部从西亚到波斯湾和地中海,贯穿中亚;南部从中国延伸到东南亚、南亚和印度洋。“海上丝绸之路”倡议是2013年10月习近平主席在印度尼西亚议会讲话中首次提出的,也被称为“21世纪海上丝绸之路”,是一项互补性的倡议,旨在通过几个相邻的水域——南海、南太平洋和更广阔的印度洋区域,促进东南亚、大洋洲和北非的合作。

表4显示“一带一路”区域中有11个东南亚国家,7个南亚国家,11个中亚和西亚国家,15个中东和非洲国家以及20个中欧和东欧国家。大多数“一带一路”倡议国是发展中国家,没有专门的争端解决机制。因此,如何解决这些国家间的争端,已成为实施“一带一路”倡议最重要的问题之一。对于“一带一路”国家而言,仲裁与调解相结合是适当的。仲裁是在近200年中发展起来的,由当事方选择的法官或法官们作出裁决的争端解决方式。仲裁的优势在于,它可以在当事方同意的基础上,为所选问题提供解决方案。不同于调查和调解,仲裁裁决具有约束力。① 实践证明,当争端主要涉及法律议题,而当事方期望公平地达成妥协时,调解是最有效的争端解决方法。②

---

① [英]J. G. 梅里尔斯:《国际争端解决》(第5版),韩秀丽等译,法律出版社2013年版,第141~142页。

② [英]J. G. 梅里尔斯:《国际争端解决》(第5版),韩秀丽等译,法律出版社2013年版,第103页。

表4　"一带一路"国家概况①

东南亚	南亚	中亚和西亚	中东和非洲	中欧和东欧
文莱	孟加拉国	阿富汗	巴林	阿尔巴尼亚
柬埔寨	不丹	亚美尼亚	埃及	白俄罗斯
印度尼西亚	印度	阿塞拜疆	伊拉克	波斯尼亚和黑塞哥维那
老挝	马尔代夫	格鲁吉亚	以色列	保加利亚
马来西亚	尼泊尔	伊朗	约旦	克罗地亚
缅甸	巴基斯坦	哈萨克斯坦	科威特	捷克
菲律宾	斯里兰卡	吉尔吉斯斯坦	黎巴嫩	爱沙尼亚
新加坡	—	蒙古	阿曼	匈牙利
泰国	—	塔吉克斯坦	巴勒斯坦	拉脱维亚
东帝汶	—	土库曼斯坦	卡塔尔	立陶宛
越南	—	乌兹别克斯坦	沙特阿拉伯	马其顿
—	—	—	叙利亚	摩尔多瓦
—	—	—	土耳其	黑山
—	—	—	阿拉伯联合酋长国	波兰
—	—	—	也门	罗马尼亚
—	—	—	—	俄罗斯
—	—	—	—	塞尔维亚
—	—	—	—	斯洛伐克
—	—	—	—	斯洛文尼亚
—	—	—	—	乌克兰
11个	7个	11个	15个	20个
共　计	64个国家			

① 《一带一路:国家概况》,载 http://china-trade-research.hktdc.com/business-news/article/One-Belt-One-Road/The-Belt-and-Road-Initiative-Country-Profiles/obor/en/1/1X000000/1X0A36I0.htm,最后访问时间:2019年10月1日。

2018年1月23日,中央全面深化改革领导小组第二次会议审议通过了《关于建立“一带一路”争端解决机制和机构的意见》。会议强调,要坚持共商共建共享原则,依托我国现有司法、仲裁和调解机构,吸收、整合国内外法律服务资源,建立诉讼、调解、仲裁有效衔接的多元化纠纷解决机制,依法妥善化解“一带一路”商贸和投资争端,平等保护中外当事人合法权益,营造稳定、公平、透明的法治化营商环境。① 2018年6月29日,新的中国国际商事法庭(CICC)成立,其包括分别位于深圳和西安的最高人民法院第一和第二国际商事法庭。国际商事法庭管辖的案件有五种,其中三种比较灵活(适用于最高人民法院管辖的申请最高人民法院审理的案件、在全国有重大影响的一审国际商事案件、最高人民法院认为适合审理的其他国际商事案件)。② 目前,最高人民法院国际商事法庭发布了两批涉“一带一路”典型案例。③ 2018年7月3日,《“一带一路”法治合作国际论坛共同主席声明》强调支持“一带一路”参与方加强协商合作,积极运用现有国内、国际争端解决机制或机构解决争端。探索建立符合“一带一路”实际需要的争端解决机制或机构,包括研究建立以条约为基础的国际机制或机构的可行性,预防和解决相关争端。④

---

① 《习近平主持召开中央全面深化改革领导小组第二次会议》,载 http://www.gov.cn/xinwen/2018-01/23/content_5259818.htm,最后访问时间:2019年10月1日。

② "What's on the Supreme People's Judicial Interpretation Agenda (II)?", Supreme People's Court Monitor, July 20, 2018, https://supremepeoplescourtmonitor.com/ (Last visited November 20, 2019).

③ 最高人民法院国际商事法庭:http://cicc.court.gov.cn/html/1//218/62/163/index.html,最后访问时间:2019年11月20日。

④ 《“一带一路”法治合作国际论坛共同主席声明》,新华社,2018年7月3日,www.xinhuanet.com/politics/2018-07/03/c_1123073746.htm,最后访问时间:2019年11月17日。

二、新中国70年国际争端解决的主要特点

(一)更多运用谈判、协商方式解决领土和海洋争端

新中国70年,中国在领土争端方面,除印度和不丹外,中国已通过谈判方式完全解决了14个陆地边界问题中的12个。在海洋问题上,中国政府重申,中国不接受任何第三方争端解决方式,不接受任何强加于中国的争端解决方案。中国政府将继续遵循《联合国宪章》确认的国际法和国际关系基本准则,包括尊重国家主权和领土完整以及和平解决争端原则,坚持与直接有关当事国在尊重历史事实的基础上,根据国际法,通过谈判、协商解决南海有关争议,维护南海和平稳定。① 在亚太地区热点问题上,中国政府主张,地区国家应秉持相互尊重、求同存异、和平共处的传统,通过直接谈判与协商妥善处理、和平解决争议问题,不能让老问题损害地区发展与合作,破坏国家间互信。对于领土和海洋权益争议,应在尊重历史事实的基础上,根据公认的国际法和现代海洋法,包括《公约》所确定的基本原则和法律制度,通过直接相关的主权国家间的对话谈判寻求和平解决。在有关问题解决前,各方应开展对话,寻求合作,管控好局势,防止矛盾激化升级,共同维护地区和平与稳定。② 中国在领土和海洋划界等问题上基本上排除了国际法院的强制管辖和《联合国海洋法公约》下的强制性争端解决机制,中国的基本立场是以谈判、协商方式解决双方之间的争议,拒绝第三方介入,无论是通过调查、调停、调解还是法律手段。

① 《中华人民共和国外交部关于应菲律宾共和国请求建立的南海仲裁案仲裁庭所作裁决的声明》,载https://www.fmprc.gov.cn/web/zyxw/t1379490.shtml,最后访问时间:2019年10月1日。

② 国务院新闻办公室:《中国的亚太安全合作政策》(2017年1月),http://www.scio.gov.cn/zfbps/32832/Document/1539907/1539907.htm,最后访问时间:2019年11月17日。

(二)积极利用WTO争端解决机制

WTO争端解决机制对保障多边贸易体制的安全性和可预见性起着关键作用,是改善贸易关系和及时处理具体贸易问题的有效工具。贸易摩擦和争端是我国贸易发展中的一大难题,是经济全球化时代我国对外贸易关系中不可避免的现象。贸易摩擦和争端关系到国家的利益和人民的福利,如果处理不当,结果是非常负面的。过去十几年中,中国参与了许多WTO案件,中国应诉21起案件,被诉44起案件,作为第三方参与173起案件。WTO已成为中国参与国际争端解决的最重要场所,通过积极参与WTO争端解决,中国对国际争端解决机制的态度更加包容、有信心。加入WTO,不仅拓展了我国贸易发展的国际法律环境,而且也为我国政府解决处理与贸易伙伴之间的贸易摩擦提供了新的政策工具和法律资源。利用WTO争端解决机制,解决由于规则适用而产生的摩擦,不失为缓和贸易摩擦不利影响、控制贸易摩擦数量的有效手段。而我国偏爱的谈判和磋商等外交手段则更适合于解决具有重大政治影响的、WTO体系之外的贸易摩擦问题。因此,在处理贸易摩擦时,除了加强和完善传统的谈判和磋商等外交手段外,我国政府应当积极利用WTO争端解决机制。①

(三)综合运用诉讼、调解、仲裁方式解决"一带一路"争端

2018年1月23日,中央全面深化改革领导小组第二次会议审议通过的《关于建立"一带一路"争端解决机制和机构的意见》强调建立诉讼、调解、仲裁有效衔接的多元化纠纷解决机制,依法妥

---

① 余敏友:《中国参与WTO争端解决活动评述》,载《世界贸易组织动态与研究》2009年第5期,第26页。

善化解"一带一路"商贸和投资争端。[1] 中共中央办公厅、国务院办公厅也印发了《关于建立"一带一路"国际商事争端解决机制和机构的意见》,支持"一带一路"国际商事纠纷通过调解、仲裁等方式解决,推动建立诉讼与调解、仲裁有效衔接的多元化纠纷解决机制。诉讼方面,2018 年 6 月 29 日,新的中国国际商事法庭成立,其包括分别位于深圳和西安的最高人民法院第一和第二国际商事法庭。最高人民法院先后发布两批涉"一带一路"典型案例 18 件。[2] 调解方面,最高人民法院一直十分重视推进调解工作的发展,2016 年 6 月发布《关于人民法院进一步深化多元化纠纷解决机制改革的意见》(以下简称《意见》)和《关于人民法院特邀调解的规定》,《意见》高度重视调解在解决国际商事纠纷中的作用,明确指出要支持具备条件、在国际上享有良好声誉的国内调解机构开展涉"一带一路"国际商事调解。支持有条件的律师事务所参与国际商事调解,充分发挥律师在国际商事调解中的作用。2019 年 8 月 7 日,中国签署《联合国关于调解所产生的国际和解协议公约》,公约旨在解决国际商事调解达成的和解协议的跨境执行问题,这对于今后解决"一带一路"沿线国家和解协议的跨境执行问题具有重要意义。仲裁方面,中国国际经济贸易仲裁委员会(以下简称贸仲)是按我国《仲裁法》确立的涉外商事仲裁机构,以仲裁的方式,独立、公正、高效地解决国际、国内的经济贸易争端以及国际投资争端。2013 年 1 月到 2019 年 6 月,贸仲共受理了 557 件涉"一带一路"沿线国家或地区仲裁争议,争议金额共计 243.57 亿元人民币,涉及 46 个国家或地区。[3] 综合运用诉讼、调解和仲裁方式,多元化

① 《习近平主持召开中央全面深化改革领导小组第二次会议》,载 http://www.gov.cn/xinwen/2018-01/23/content_5259818.htm,最后访问时间:2019 年 10 月 1 日。

② 最高人民法院国际商事法庭,载 http://cicc.court.gov.cn/html/1//218/62/163/index.html,最后访问时间:2019 年 11 月 20 日。

③ 中国国际经济贸易仲裁委员会主编:《涉"一带一路"国家仲裁案例选编》,法律出版社 2019 年版,前言。

解决“一带一路”争端,有利于发挥各个争端解决机制的优势,实现不同争端解决机制之间的有机衔接与转换。

三、新中国70年国际争端解决的反思和展望

(一)中国国际争端解决的主要问题

1.国际法的理论创新有待加强

长期以来,由于多种因素的影响,国际法基本理论问题一直是中国国际法学研究的薄弱环节,对一些最基本的国际法理论问题,如国际法的理念、国际法的法律性质、国际法的效力根据、国际法与国内法的关系、国际法的历史、国际法的渊源、一般法律原则、国际法的方法论、国际法的价值论、国际法的认识论以及国际法各分支的一些理论问题等,还缺乏全面、系统、深入的研究。① 诚如有学者所指出的:“与传统国际法强国相比,我国运用国际法的意识、经验、能力和机制还存在发展不平衡不充分的问题,在参与和利用国际司法机构等局部领域有明显短板。”②就当代世界而言,主要的国际法理论都是由西方国家构建且通过西方的话语呈现的。正是由于它们获得了国际法理论的制高点,当代的国家主要倚重于西方的话语、西方的理论。因而,要想成为一个国际法的强国,必须构建起一套国际法的理论。国际法理论的构建,显然有助于国家真正的强大。③ 在过去较长的一段时间里,由于种种原因,中国在国际法规则制定过程中发挥的作用比较有限,在国际法律体系变革中是“后来者”“参与者”的角色,在有关国际法发展中的议题

① 杨泽伟:《改革开放四十年来的中国国际公法学:特点、问题与趋势》,载《武大国际法评论》2018年第6期,第45页。

② 外交部条约法律司编著:《中国国际法实践案例选编》,世界知识出版社2018年版,第20页。

③ 何志鹏:《走向国际法的强国》,载《当代法学》2015年第1期,第151页。

设置、话语建构和规则制定等方面仍然相对滞后。换言之，目前国际法律体系变革的局势仍是“西强东弱”，理论话语体系中有强烈的“西方色彩”“欧美味道”，中国声音较为弱小。[①]

2. 参与国际法院、国际海洋法法庭的意愿和能力有待加强

新中国成立后，中国虽然开始重视国际法院的作用，并通过推荐我国法律专家担任法官等形式参与国际法院的活动，但从总体上说对国际法院的诉讼管辖权仍保持拒绝接受的态度。不过这种情况后来也逐渐发生了转变。1989 年，中国参与了联合国安理会五大常任理事国就加强国际法院作用的磋商。同年中国政府宣布，今后对于有关条约涉及由国际法院解决争端的条款，中国将采取不一概保留的态度。除涉及中国重大国家利益的国际争端仍坚持通过谈判、协商解决外，对于中国签署、批准或加入的国际公约，有关经济、贸易、科技、航空、环境、交通运输、文化等专业性和技术性公约规定争端由国际法院解决的，一般可以不作保留。[②] 迄今为止，虽然中国尚未向国际法院提交任何争端，但逐步参与了相关程序。针对“科索沃单方面宣布独立咨询意见案”，中国深入参与该案的审理过程，于 2009 年 4 月 16 日提交了书面意见，并于 12 月 7 日由时任外交部法律顾问的薛捍勤大使代表中国政府在国际法院出庭并作口头陈述，就该案相关的国际法问题充分、完整、深入地阐述了中方的法律立场。“这是新中国首次参与国际法院司法活动，具有重要意义。”[③]此外，2018 年，中国政府就“查戈斯群岛咨询意见案”提交了书面意见，中国政府高度重视该案在“非殖民化和民

---

① 杨泽伟：《改革开放四十年来的中国国际公法学：特点、问题与趋势》，载《武大国际法评论》2018 年第 6 期，第 48 页。

② 赵海峰：《中国与国际司法机构关系的演进》，载《法学评论》2008 年第 6 期，第 7 页。

③ 外交部条约法律司编著：《中国国际法实践案例选编》，世界知识出版社 2018 年版，第 21 ~ 52 页。

族自决”和“当事国同意原则”两方面的重要意义。① 1996 年,中国加入《公约》,但对于《公约》第 298 条第 1 款(a)、(b)和(c)项所述的任何争端(即涉及海洋划界、领土争端、军事活动等争端),中国政府不接受《公约》第十五部分第 2 节规定的任何国际司法或仲裁管辖。对于国际海洋法法庭在解决全球海洋争端中的重要性,联合国前秘书长潘基文在国际海洋法法庭成立 20 周年时指出,国际海洋法法庭不仅在解决国家间海洋争端中发挥着重要作用,也参与了诸如国际海底管理局矿区承包方合同争议的解决等事务。近年来,国际海洋法法庭的重要性正逐渐加强。例如,法庭 2015 年做出了由国际渔业分区域委员会提交的第 21 号案件的咨询意见,这表明法庭工作范围和作用在日渐扩大。前联合国秘书长潘基文曾鼓励更多的国家在《公约》框架下解决海洋争端。②

3. 国际诉讼律师或仲裁员人才有待加强

虽然我国参与 WTO 争端解决机制的实践丰富,但参与出庭辩论的中国籍律师却屈指可数。彭俊律师是第一位在 WTO 争端解决听证会出庭辩论的中国律师,代表中国政府参与了十多起 WTO 争端解决案件。2015 年,他出庭代理了“日本和欧盟诉中国高性能不锈钢无缝钢管反倾销措施案”,③但他自己声称,“我参加了三次上诉庭,2005 年作为不说话的第三方,2010 年作为不说话

① Written Statement of the People's Republic of China, Legal Consequences of the Separation of the Chagos Archipelago from Mauritius in 1965, International Court of Justice, 1 March 2018, https://www.icj-cij.org/files/case-related/169/169 - 20180301 - WRI - 03 - 00 - EN.pdf(Last visited November 19, 2019).

② 周超:《国际海洋法法庭成立 20 周年:推动全球海洋争端和平解决》,载《中国海洋报》2016 年 10 月 19 日,第 4 版。

③ China-Measures Imposing Anti-Dumping Duties on High-Performance Stainless Steel Seamless Tubes ("HP-SSST") from Japan (DS454), China-Measures Imposing Anti-Dumping Duties on High-Performance Stainless Steel Seamless Tubes ("HP-SSST") from the European Union (DS460).

的当事方,2015 年才作为说话的当事方。10 年才有了机会说话”。[1] “南海仲裁案”中,菲律宾聘请了一位美国知名律师,以期在国际法庭的南海问题仲裁中打击中国,[2]同时,根据《公约》附件七的规定,正式设立了由 5 名仲裁员组成的仲裁庭。[3] 虽然我国对该案不接受也不参与,但即使参与,我国能够出庭的国际海洋法律师或仲裁员也很缺乏。随着“一带一路”倡议的全面展开,中国企业不断“走出去”到海外进行投资和并购,随之产生的争端案件也呈明显上升趋势。然而我们目前涉外律师的人数远远不足。2016 年 12 月 30 日,为积极推进我国涉外法律服务业发展,司法部、外交部、商务部和国务院法制办联合印发了《关于发展涉外法律服务业的意见》,其中提出的主要任务之一就是为“中国企业和公民‘走出去’提供法律服务”,包括“切实做好涉外诉讼、仲裁代理工作,依法依规则解决国际贸易争端,积极参与反倾销、反垄断调查和诉讼,维护我国公民、法人在海外及外国公民、法人在我国的正当权益,依法维护海外侨胞权益”。总体上,无论是 WTO 领域、海洋领域还是“一带一路”等领域,我国国际诉讼律师或仲裁员都还很缺乏,需要大力加强相关人才的培养。

(二)中国国际争端解决的发展展望

1. 运用综合方法解决国际争端

从新中国 70 年国际争端解决的实践可看出,中国更倾向于在

---

① 《WTO 法学与中国外贸经济共成长》,载 http://www. gdsmtx. com/smtx/do/smtx/smtx ~1050_1010 ~ ~0 ~0000000000000163. html?_cid_ = HN_10_20,最后访问时间:2019 年 10 月 1 日。

② 华盛顿律师保罗·赖克勒在其职业生涯中曾多次代表小国对抗大国,他参与的相关国际案件包括:尼加拉瓜诉美国案;格鲁吉亚诉俄罗斯案;毛里求斯诉英国案;孟加拉国诉印度案。

③ An Arbitral Tribunal Constituted under Annex XII to the 1982 United Nations Convention on the Law of The Sea between the Republic of the Philippines and the People's Republic of China, Award on Jurisdiction and Admissibility, paras. 28 – 31.

经济领域使用法律手段,而在关涉中国核心国家利益的主权领域,中国更倾向于谈判和协商的方式。对不同类型的国际争端和对此类争端的不同看法会影响争端解决方法的选择,当认为案件是政治争端时,就倾向于通过政治方法解决,当认为案件是法律争端时,就倾向于通过法律方法来解决。事实上,国际争端通常包含政治和法律因素,特别是领土和海洋争端。因此,将国际争端澄清为政治或法律纠纷并不总是正确的。国际法院中国籍法官薛捍勤指出,在国际争端解决问题上,应该考虑解决这些问题的最佳方案。我们指的是综合方法;我们不应该从一个单一的,孤立的角度来处理这个问题,而应该在国际关系的整体背景下对其进行审查。我们不仅要努力实现规则之美,还要努力为各方寻找合适的解决方案。[①] 这种综合方法既包括以谈判、协商为主的政治方法,也包括诉诸国际司法机构的法律方法。

2. 增强国际争端解决中的国家能力建设

随着国际争端的处理从权力导向转变为规则导向,拥有充分的法律手段并有效应用它们来应对国际争端变得越来越重要。中国对国际争端解决的研究已经从简单的引入规则和理论转向对世界贸易组织、海洋法和其他领域的实践探索。但是,中国对国际争端解决机制的研究工作仍然不够。因此,中国必须从全局性和战略性高度重视国家处理国际争端能力建设的紧迫性和重要性。应强调四个方面:第一,建立和发展专业机构和团队,掌握国际争端解决知识;第二,推动国际争端解决的教育和培训;第三,建立国际争端解决国家级研发基金;第四,依靠现有的智库机构和协作中心进行更多的研究。为了应对国家能力建设的需要,2015 年 1 月,中共中央办公厅、国务院办公厅印发了《关于加强中国特色新型智库建设的意见》,同年 11 月 9 日,中央全面深化改革领导小组第十

① Xue Hanqin, "The Effectiveness of International Law", (2014) 108 *Proceedings of the Annual Meeting* (*American Society of International Law*) 385, p. 391.

八次会议通过了《国家高端智库建设试点工作方案》。在25家首批国家高端智库试点建设单位中,武汉大学国际法研究所成为唯一一家法学类并且是国际法的试点单位。此外,教育部批准设立了首家与国际法有关的"2011协同创新中心"——"武汉大学国家领土主权与海洋权益协同创新中心"。2019年10月,清华大学建立国际争端解决研究院,旨在围绕国际争端解决打造高水平研究对话平台,针对国家急需、影响广泛的重大课题进行深入研究,培养一流国际法治人才。

3.推动国际模拟法庭建设,储备国际争端解决人才库

中国在不断走向国际化的过程中,积极组织国际模拟法庭建设,推动国内赛事并参与相应国际赛事,促进涉外法律发展和涉外人才队伍建设,主动与国际社会接轨。"杰赛普(Jessup)国际法模拟法庭竞赛"是一项旨在推动对于国际公法的学习与研究的专业性法律辩论赛,被称作国际法学界的"奥林匹克竞赛"。2003年2月,中国人民大学法学院成功地举办了杰赛普国际法模拟法庭中国首届全国选拔赛。2007年,红十字国际委员会、中国红十字委员会和中国人民大学法学院联合举办了中国首届"国际人道法模拟比赛"。2012年,中国政法大学、西南政法大学、中华人民共和国商务部条约法律司共同创办中国"WTO模拟法庭竞赛",旨在通过模拟WTO争端解决机制中的专家组程序,推进高校法学院学生对WTO规则的掌握与运用。Willem C. Vis"国际商事仲裁模拟仲裁庭辩论赛"由威廉姆国际商业仲裁模拟法庭组织主办,于1993年设立,是目前国际上影响最为深远的商事仲裁领域的模拟辩论赛。国际刑事法院模拟法庭竞赛由佩斯法学院于2004年成立,于2006年向世界各地的法学院开放。该赛在中国的首次国内赛由中国政法大学于2012年举办,获得竞赛前三名的代表队赴荷兰海牙参加国际赛。"国际航空法模拟法庭竞赛"由联合国专门机构国际民用航空组织(ICAO)于2010年建议设立,荷兰莱顿大学航空法与空间法国际研究中心联合印度塞林纪念法援基金会创办,该赛中

国国内选拔赛每一年都举行。2017 年 4 月,首届全国高校海洋法模拟法庭邀请赛在武汉大学举行,大赛由国家领土主权与海洋权益协同创新中心、国家海洋局国际合作司、中国海洋法学会、武汉大学中国边界与海洋研究院共同主办,此次大赛开创了国内海洋法模拟法庭比赛的先河。中国应继续大力推动上述国际模拟法庭竞赛,为我国今后能更好地参与国际争端储备法律人才。

结　语

新中国成立后,1954 年,中国与印度签署同意互相尊重主权和领土完整、互不侵犯、互不干涉内政、平等互惠和和平共处五项原则,构建了中国外交政策的基石。中国也十分重视《联合国宪章》的权威,特别是不干涉别国内政的原则。中国在重大国际和地区问题上秉持正义、仗义执言,坚定捍卫以《联合国宪章》为核心的国际法基本原则和国际关系基本准则。中国坚持和平解决国际争端和历史遗留问题。1978 年以前,如熊玠(James C. Hsiung)教授总结的那样,无论是在理论还是实践层面,中华人民共和国接受既定的国际行为准则的某些规范而拒绝其他规范,与西方不同。① 但自 1978 年后,中国的态度和做法变得更加灵活。从 20 世纪 80 年代后期开始,中国开始改变对国际法院和法庭的一贯态度。比如,20 世纪 80 年代和 90 年代两位中国人倪征日奥和史久镛分别被提任国际法院法官。在经济贸易领域,中国开始接受第三方解决其国际争端。1992 年 7 月 1 日,中国政府批准了《关于解决各国和其他国家的国民之间的投资争端的公约》,这意味着中国接受了国际投资争端解决中心(ICSID)的管辖权。1996 年中国批准《联合国海洋法公约》,成为《联合国海洋法公约》缔约国。2001 年中

① J. C. Hsiung, *Law and Policy in China's Foreign Relations*: *A Study of Attitude and Practice*(New York: Columbia University Press, 1972), p. 315.

国加入WTO,并接受WTO争端解决机制。此外,中国共产党于2014年10月20日至23日在北京举行的中共十八届四中全会通过了《中共中央关于全面推进依法治国若干重大问题的决定》(以下简称《决定》)。这是第一次中共中央全体会议将依法治国作为主题。根据《决定》,中国共产党将全面推进依法治国的总目标,形成“中国特色社会主义法治”体系,建设“社会主义法治”国家。

在国际司法领域,中国虽然在很多国际司法机构都有自己的专家,但非常有趣的是,我们只接受了WTO争端解决机制,而此种接受实际上是不能选择的。除此之外,所有的通过司法的方式来解决纠纷的方式,我们都尽力避免。包括我们从来没有接受国际法院的任择性强制管辖权;在加入1982年《联合国海洋法公约》的时候,对于海洋法法庭的管辖权,也做出了保留。[①] 21世纪,国际法的作用将更加突出,国际争端法律化的趋势日益凸显,各国也会更多地利用国际法来维护本国的权益。中国国际法学界需要适应这一历史潮流,加紧培养国际法人才,整合国内法、国际法研究力量,合理规划,分工协作,密切配合,打造“中国国际法职业共同体”,拓宽推动中国国际法学研究发展的途径,改变中国国际法学在研究和教学方面的落后局面,缩小与欧美国家之间的差距,进一步推进国际法理论创新,提炼和打造有中国风格和气派、蕴含时代特征、有道义感召力的国际法理念,从而为促进世界和平与发展、维护中国的国家权益作出更大的贡献。[②] 正如外交部长王毅所言,《联合国宪章》确立的尊重国家主权和领土完整、和平解决国际争端和不干涉内政等重要原则,是现代国际法和国际关系的基石。在促进国际法治方面必须遵守核心要素。[③]

---

① 何志鹏:《走向国际法的强国》,载《当代法学》2015年第1期,第155页。

② 杨泽伟:《改革开放四十年来的中国国际公法学:特点、问题与趋势》,载《武大国际法评论》2018年第6期,第49页。

③ 王毅:《中国是国际法治的坚定维护者和建设者》,载《光明日报》2014年10月24日,第2版。

Review and Prospect of International Disputes Settlement in the 70 Years of New China

LIAO Li

Abstract: The peaceful settlement of international disputes is of paramount importance to China and other countries in the world. In the past 70 years, China has actively participated in the peaceful settlement of international disputes. For the territorial disputes, China has completely solved 12 of the 14 disputes, with the exception of India and Bhutan. Under the United Nations Convention on the Law of the Sea, only South China Sea arbitration case concerns China, but it is essentially a territorial and maritime delimitation dispute. China has initiated 21 cases, been sued in 44 cases and participated in 173 cases as third parties in the World Trade Organization. In the context of international investment law, China's participation in international investment cases has gradually increased. Regarding the "Belt and Road" initiative, China has established international commercial courts to resolve disputes in the "Belt and Road" area. In the past 70 years, China mainly referred to negotiations and consultations to solve territorial and maritime disputes, actively utilized the WTO dispute settlement mechanism, and comprehensively adopted the methods of litigation, mediation and arbitration to solve the "Belt and Road" disputes. In the future, China should use more comprehensive methods to resolve international disputes, enhance national capacity building, promote the construction of international moot courts, and reserve a talent pool of international dispute settlement.

Key Words: 70 years of new China; international dispute settlement; international rule of law

中国对世界贸易组织裁决的执行

——基于比较分析的视角

王倩慧*

摘要：在国际贸易领域，指责中国不遵守世贸组织规则的声音不绝于耳。世贸组织成员是否遵守了世贸组织规则，一个重要的检验标准在于该成员对世贸组织裁决的执行。本文将从执行时间及执行质量两方面，比较中国的执行状况与美国、欧盟、印度、巴西等世贸组织成员执行状况的差异。本文认为，国际社会结构的特殊性，世贸组织作为国际法治典范的不足及裁决本身存在的问题，导致世贸组织成员难以完全执行所有裁决。鉴于此，中国虽同其他国家一样无法完全执行所有的裁决，但在总体上，不管是同作为发达国家或地区代表的美国及欧盟相比较，还是同作为发展中国家的印度与巴西相对比，中国执行裁决的表现都极为出色。这充分体现了中国对世贸组织规则的尊重，展现了中国对维护世贸组织法治化所作出的贡献。

关键词：中国；世贸组织裁决；执行；争端解决机制

中国于2001年加入世界贸易组织（以下简称世贸组织），作为世界上最大的发展中国家，中国的加入，对中国及世贸组织而言都具有极其重要的意义。在加入初期，许多西方学者及政策

* 北京大学法学院国际公法方向博士研究生。

制定者对中国能否遵守世贸组织规则持怀疑态度,其中一些甚至认为中国会扰乱世贸组织的争端解决机制,威胁世贸组织的长期稳定。① 时至今日,中国加入世贸组织已近二十周年,各方对中国在此期间的表现主要有三种观点。第一种观点认为中国是世贸组织规则的破坏者,该观点的主要持有者为美国。美国贸易代表办公室自2002年以来,每年都会公布对中国履行入世承诺的评估报告。在2018年报告中,美国批评中国在遵守世贸组织规则上的"记录很差"(a poor record)并且在一些案件中不执行世贸组织争端解决机构的裁决。② 第二种观点与第一种观点类似,认为中国仅仅利用世贸组织实现本国的利益,在全球经济治理中没有承担应有的责任。③ 第三种观点与前两种观点截然相反,认为中国为遵守世贸组织规则作出了很多努力,是执行世贸组织裁决的模范成员。④

世贸组织被誉为国际法治的典范,其法治化主要体现在争端解决机制的强制性,而争端解决机制的强制性主要依靠世贸组织成员对争端裁决的执行。世贸组织成员是否遵守了世贸组织规

---

① See Sylvia Ostry, "WTO Membership for China: To Be and Not to Be-Is That the Answer?", https://www.cambridge.org/core/books/china-and-the-world-trading-system/wto-membership-for-china-to-be-and-not-to-be-is-that-the-answer/0FFA9A3B76701D466368F27FC9CE82D3, p. 37.

② United States Trade Representative, 2018 *Report to Congress on China's WTO Compliance*, February 2019, p. 8.

③ See e. g. Rafael Leal-Arcas, "China's Attitude to Multilateralism in International Economic Law and Governance: Challenges for the World Trading System", (2010) 11 *Journal of World Investment & Trade* 259, pp. 259 – 274; Matthew Louis Bishop and Zhang Xiaotong, "Why is China a Reluctant Leader of the World Trade Organization?", https://www.tandfonline.com/doi/full/10.1080/13563467.2019.1584170 (Last visited January 8, 2020).

④ See e. g. Minyou Yu; Heng Liu, "China's Ten Years in the WTO: Its Performance and New Challenges", (2012) 7 *Frontiers of Law in China* 329, pp. 331 – 376. Tong Qi, "China's First Decade Experience in the WTO Dispute Settlement System: Practice and Prospect", (2012) 7 *Asian Journal of WTO and International Health Law and Policy* 143, pp. 143 – 180.

则,一个重要的检验标准在于该成员对世贸组织裁决的执行。[①]世贸组织成员对世贸组织裁决的执行也是对维护世贸组织法治化作出的贡献。鉴于此,本文将通过研究中国执行世贸组织裁决的状况,对上文所述的前两种观点进行反驳。本文认为,中国对世贸组织裁决的遵守体现了中国对争端解决机制的尊重,对世贸组织规则的尊重,中国在执行裁决上的良好记录也是对维护世贸组织的法治化所作出的贡献。

一、中国参与世贸组织争端解决机制概况

在加入世贸组织初期,中国参与争端解决机制较为被动,但随着中国诉讼能力的增强,中国逐渐开始频繁地参与世贸组织争端解决机制。[②] 如表 1 所示,若以申诉、被诉及第三方参与案件数量衡量世贸组织成员使用争端解决机制的频率,中国已成为使用争端解决机制频率最高的成员之一,位于美国及欧盟之后。但美国及欧盟在数量上以绝对优势领先于中国及其他成员方。

表 1　使用争端解决机制频率最高的十大世贸组织成员[③]

单位:件

成员	申诉案件数	被起诉案件数	申诉和被起诉案件数之和	作为第三方参加诉讼的案件数
美国	124	155	279	156
欧盟	104	86	190	206
中国	21	44	65	179

① See Matthew Kennedy, "China's role in WTO dispute settlement", (2012) 11 *World Trade Review* 555, p. 580.

② See Chi Manjiao, "China's Participation in WTO Dispute Settlement over the Past Decade: Experiences and Impacts", (2012) 15 *Journal of International Economic Law* 29, p. 38.

③ 根据世贸组织官网信息统计绘制,参见 https://www.wto.org/english/tratop_e/dispu_e/dispu_by_country_e.htm,最后访问时间:2020 年 1 月 21 日。

续表

成员	申诉案件数	被起诉案件数	申诉和被起诉案件数之和	作为第三方参加诉讼的案件数
加拿大	40	23	63	154
印度	24	32	56	162
巴西	33	16	49	147
阿根廷	21	22	43	62
日本	26	16	42	212
墨西哥	25	15	40	106
韩国	21	18	39	127

在被诉数量上,中国目前作为被诉方的案件有 44 起(见表 2),被诉案件数量居于世贸组织成员第 3 位,位于美国和欧盟之后。

表 2　中国被诉案件状态一览①

分类序号	案件状态	案号	数量(件)
1	磋商阶段	DS387, DS388, DS390, DS407, DS419, DS450, DS451, DS501, DS519, DS549, DS568, DS589	12
2	争端解决机构同意成立专家组,但是尚未选出专家组成员	DS489, DS508, DS509	3
3	成立专家组	DS542, DS558	2
4	专家组报告已分发给各成员,等待通过或上诉	0	0
5	上诉程序中	0	0

① 根据世贸组织官网信息统计绘制,参见 https://www. wto. org/english/ tratop_e/dispu_e/dispu_by_country_e. htm,最后访问时间:2020 年 1 月 21 日。

续表

分类序号	案件状态	案号	数量(件)
6	上诉裁决已分发给各成员,等待通过	0	0
7	报告审批通过,被诉方无需采取措施执行裁决	DS440	1
8	报告审批通过,被诉方需要采取措施执行裁决	DS414,DS454,DS460,DS511,DS517	5
9	被诉方向争端机构通告执行完毕,申诉方未启动执行复审程序	DS339,DS340,DS342,DS362,DS363,DS394,DS395,DS398,DS413,DS425,DS431,DS432,DS433,DS483	14
10	争端双方就裁决执行情况达成一致意见	0	0
11	成立执行专家组	0	0
12	执行专家组未发现执行不符情况	0	0
13	执行专家组判定存在执行不符情况	DS427	1
14	申诉方提起报复授权申请	0	0
15	争端解决机构授权报复	0	0
16	申诉方中止专家组工作	0	0
17	在报告生成前申诉撤回、措施终止或双方达成协议	DS309,DS358,DS359,DS372,DS373,DS378	6

在44起被诉案件中,目前中国涉及执行的案件有20件(表2中8~15类案件)。在这些案件中,中国执行世贸组织裁决的状况如何?是否遵守了裁决?

国际贸易学者通常使用执行时间及执行质量两个标准衡量被

诉方是否遵守了世贸组织裁决。① 首先,“迟到的正义并非正义”(Justice delayed is justice denied),迅速执行裁决是争端解决机制的一项基本原则。② 根据《关于争端解决规则与程序的谅解》(以下简称《争端解决谅解》)第21条第1款及第2款的规定,对于争端解决机构的裁决,被诉方必须“迅速执行”,如果不能立即执行,则需在各方同意的“合理期限”内执行,拖延执行应被视为并未很好地执行世贸组织裁决。法律的有效执行离不开执行的效率。特别是在有关贸易救济的案件(反倾销案或反补贴案)中,拖延执行往往不会对弥补申诉方的损失带来任何实际效果。③

其次,世贸组织并没有对遵守一项裁决的法律标准作出明确的界定。④ 但根据《争端解决谅解》相关条款的规定,充分执行世贸组织争端裁决最主要的表现为撤销被裁定为不符合世贸组织规则的措施,这也是争端解决机构的首要目标。⑤ 通常依据申诉方对被诉方执行世贸组织争端裁决的评价能够比较直观地判断被诉

---

① See William J. Davey,“Compliance Problems in WTO Disputes Settlement”,(2009)42 *Cornell International Law* 119,p. 119. 韩逸畴:《中国遵守 WTO 不利裁决的策略及其对国家声誉的影响研究》,载《当代法学》2018年第6期,第127页。

② Naigen Zhang,“Implementation of WTO Dispute Settle”,(2008)5 *Manchester Journal of International Economic Law* 111,p. 112.

③ See William J. Davey,“Compliance Problems in WTO Disputes Settlement”,(2009)42 *Cornell International Law* 119,p. 120.

④ 韩逸畴:《中国遵守 WTO 不利裁决的策略及其对国家声誉的影响研究》,载《当代法学》2018年第6期,第127页。

⑤ 例如,《争端解决谅解》第3条第7款规定:“……当争端各方不能达成一致的解决办法时,争端解决机制的首要目标是保证撤销被认为与任何适用协定的规定不一致的有关措施。”虽然根据《争端解决谅解》第22条,被诉方若未在合理期限内执行世贸组织裁决且未与申诉方就补偿达成协议,申诉方可以向争端机构提出补偿和中止减让或其他义务的请求,该请求又可以被称为申请授权贸易报复。但《争端解决谅解》第22条第1款及第8款的规定一再强调补偿和中止减让或其他义务是在裁决未在合理期限内执行时的临时措施,即便是已提供补偿或已中止减让或其他义务但未执行旨在使一措施符合有关适用协定的建议的案件,争端解决机构仍应继续监督败诉方执行。可见,撤销被认为与任何适用协定的规定不一致的有关措施是被诉方执行裁决的必要内容。即使被诉方对不遵守的行为作出了补偿或被授权进行了贸易报复,只要被诉方仍未在不符措施上做出任何改变,则不应视为完全执行了裁决。

方是否撤销了被裁定为不符合世贸组织规则的措施。根据《争端解决谅解》第 21 条第 5 款的规定，若争端方在被诉方为遵守建议和裁决所采取的措施与适用协定相一致的问题上存在分歧，争端方可以提起执行复审程序，该程序又被称为"执行之诉"。[①] 当申诉方认为被诉方未执行或未完全执行裁决时，通常会根据《争端解决谅解》的第 21 条第 5 款向被诉方提起执行之诉。另外，根据《争端解决谅解》第 22 条，若被诉方出现未能执行裁决或未在合理期限内完成执行裁决的情况，申诉方可以在合理期限期满前，与被诉方进行谈判以期形成双方均可接受的补偿，若未达成补偿协议，申诉方可以向争端解决机构提出请求，授权其中止对有关成员实施适用协定项下的减让或其他义务。授权贸易报复是被诉方没有完全执行世贸组织裁决所应承担的违约代价。[②] 因此，授权贸易报复状况也是考察被诉方是否执行了世贸组织裁决的参考标准。

为更好地研究中国执行世贸组织裁决的状况，下文将从执行时间状况、执行之诉状况及被申请贸易报复状况这三个方面，分别比较中国与美欧、中国与印巴在执行世贸组织裁决上的差异。之后再详细分析中国执行的争议案件，并将中国在这些案件中的执行状况同其他世贸组织成员进行比较。

二、中国执行世贸组织裁决状况与其他国家执行状况的对比分析

（一）中国执行世贸组织裁决状况与美欧执行状况的对比分析

截至 2020 年 1 月初，美国涉及执行的案件有 55 起，欧盟涉及

① 本文以当事方请求建立执行专家组为执行之诉开始的时间点。

② 张乃根：《WTO 授权贸易报复的请求问题探究——以紧固件案执行争端解决为视角》，载《甘肃社会科学》2016 年第 5 期，第 169 页。

执行的案件有30起。下面将从执行时间、提起执行之诉数量及被申请授权报复数量这三个方面分析中国与美国、欧盟在执行世贸组织裁决上的差异。

1. 执行时间状况对比

由于很多案件涉及利益广、执行难度大,被诉方通常寻求在合理期限内执行裁决。一般情况下,除专家组或上诉机构作出报告的时间延长外,自争端解决机构成立专家组之日起至合理期限的确定之日为止,除非争议各方另有协议,否则合理期限不得超过15个月。

从表3的统计可以看出,美国与欧盟延期执行案件数量较多,平均执行裁决的时间都在2年以上,这反映出美国及欧盟拖延执行裁决的情况非常严重。美国和欧盟在执行某些案件时甚至会出现长达10年以上的执行记录。例如,在"欧共体——香蕉进口、销售和分销体制案"(DS27)中,欧盟执行裁决的时间长达15年以上。在"美国——1998年《综合拨款法》第211节案"(DS176,以下简称"《综合拨款法》案")中,争端解决机构于2002年1月2日通过了裁决报告,而截至2020年1月美国仍未完成对裁决的执行。此外,美国与欧盟在很多案件中常不断寻求延长执行期。例如,在"《综合拨款法》案"中,美国曾四次成功地延长合理期限。在加拿大提起的"欧共体——生物技术产品批准和营销措施案"(DS292,以下简称"生物技术产品案")中,欧盟曾六次成功地延长合理期限,最终争端各方在最后一次合理期限届满四个多月后,通过达成建立双边对话机制的方式结束了案件。虽然《争端解决谅解》并未禁止延长合理期限的行为,然而,多次寻求延长合理期限的行为很难说不是一种拖延战术。

相比美国与欧盟,中国延期执行的案件最少,平均执行裁决的时间最短。在目前仅有的两个延期执行的案件中,延期执行的时间也相对较短。在"中国——影响出版物和娱乐用音像制品贸易权和分销服务的措施案"(DS363,以下简称"中美出版物和音像制品案")中,因执行难度大,中国在合理期限届满1年后通报争端解决机构完成了裁决的执行。在"中国——对美国取向电工钢征收反倾销税和反补贴税案”(DS414,以下简称“取向电工钢案”)中,即便经历了执行复审程序,从争端解决机构通过裁决报告到中国最终取消反倾销税和反补贴税,也只经历了两年多的时间。此外,中国目前尚无一例延长合理期限的案件。

表3　中国、美国及欧盟被诉案件执行时间状况一览①

成员	延期执行案号	数量(件)	占各自涉及执行案件的比例	所有被诉案件平均执行时间(月)
中国	DS363,DS414	2	10%	9.7
美国	DS108, DS136, DS160, DS162, DS166, DS176, DS184, DS206, DS213, DS217, DS234, DS236, DS257, DS264, DS267, DS277, DS285, DS294, DS296, DS322, DS335, DS343, DS344, DS345, DS350, DS379, DS383, DS404, DS406, DS449, DS464, DS471, DS488	33	60%	24.2
欧盟	DS26, DS27, DS48, DS69, DS231, DS299, DS292, DS337, DS492	9	30%	28.5

2. 执行之诉案件状况对比

如上文所述,根据《争端解决谅解》第21条第5款的规定,若

① 此处的延期案件根据被诉方向争端解决机构通报完成执行的内容判断,如果是以争端双方达成协议方式结束的案件则通过协议内容判断,包括完成执行日期超过合理期限期满之日的案件或合理期限内未完成执行的案件,以及虽没有确定合理期限时间但严重拖延执行(超过15个月)的案件。执行时间的计算以争端解决机构通过裁决报告为开始时间,以被诉方通报完成执行的日期或双方就执行裁决达成协议的日期为结束时间,不包括在报告生成前申诉撤回、措施终止和双方达成协议以及无法确定结束时间的案件。根据世贸组织官网信息统计绘制,参见 https://www.wto.org/english/tratop_e/dispu_e/dispu_by_country_e.htm,最后访问时间:2020年1月21日。

被诉方在执行裁决上与裁决有出入,出现了执行争议,争端方可以请求建立执行专家组,启动执行复审程序。该程序也可以用来判断被诉方是否很好地执行了世贸组织的裁决。

从表 4 中可以看出,中国被诉案件中遭遇执行之诉的案件占所有世贸组织成员执行之诉案件的比例很低,而美国则占据了近百分之四十的比率。欧盟执行之诉案件占全体世贸成员执行之诉案件的比例也比中国的比例高出很多。

表 4　中国、美国及欧盟被提起执行之诉案件状况一览①

成员	被提起执行之诉的案号	数量(件)	占各自涉及执行案件的比例	占所有世贸成员提起执行之诉案件的比例
中国	DS414,DS427	2	10%	4%
美国	DS58, DS99, DS108, DS212, DS257,DS264,DS267,DS277, DS282,DS285,DS294,DS322, DS344,DS353,DS381,DS384, DS386,DS436,DS437	19	35%	39%
欧盟	DS26, DS27, DS48, DS141, DS316,DS397	6	20%	12%

中国、美国、欧盟被提起执行之诉的数量同各自涉及执行的案件数量进行对比更能反映出这三位成员的执行状况。从表 4 来看,中国被提起执行之诉的案件数量占其涉及执行的案件数量的比例只有 1/10。美国被提起执行之诉的案件数量占其涉及执行的案件的比例高于 1/3。欧盟被提起执行之诉的案件数量占其涉及执行的案件的比例为 1/5。相比之下,中国最低,美国最高,欧盟居中。

① 表中统计的提起执行之诉申请的案件不仅包括正处于执行复审程序的案件,也包括已经结束执行复审程序的案件。截至 2020 年 1 月中旬,所有涉及执行之诉案件的数量为 49 个。根据世贸组织官网信息统计绘制,参见 https://www.wto.org/english/tratop_e/dispu_e/dispu_by_country_e.htm,最后访问时间:2020 年 1 月 21 日。

3. 申请授权贸易报复的案件状况对比

根据《争端解决谅解》第22条确立的"报复措施"是争端解决机制具有强制性的保障。被诉方不执行裁决或在合理期限内未完成裁决的执行,且未与申诉方在合理期限到期后的20天内达成补偿协议,申诉方可以向争端解决机构申请授权进行贸易报复,从而保障自己的权益。

如表5所示,中国自入世以来,没有一起案件被申请授权贸易报复。而美国遭到报复申请的案件数量占全体世贸组织成员报复申请案件数量的一半以上,占其涉及执行案件的比例高达40%。欧盟遭到报复申请的案件数量占全体世贸组织成员报复申请案件数量的8.3%,占其涉及执行案件的比例为10%。此外,在所有授权报复申请中,目前处于被争端解决机构授权报复阶段的案件有8个,其中6个案件的被诉方为美国。[①] 这充分反映了美国不执行裁决的情况十分严重。

表5　中国、美国及欧盟被申请授权报复状况一览[②]

成员	被申请授权贸易报复的案号	数量(件)	占各自涉及执行案件的比例	占所有申请授权贸易报复案件的比例
中国	—	0	0	0
美国	DS136,DS160,DS162,DS217,DS234,DS257,DS264,DS267,DS268,DS277,DS285,DS294,DS322,DS353,DS381,DS384,DS386,DS406,DS437,DS464,DS471,DS488	22	40%	61%

① 现阶段美国作为被诉方被授权贸易报复的案号为:DS217,DS234,DS285,DS381,DS384,DS386。

② 截至2020年1月中旬,所有涉及贸易报复申请的案件数量为36个。根据世贸组织官网信息统计绘制,参见 https://www.wto.org/english/tratop_e/dispu_e/dispu_by_country_e.htm,最后访问时间:2020年1月21日。

续表

成员	被申请授权贸易报复的案号	数量(件)	占各自涉及执行案件的比例	占所有申请授权贸易报复案件的比例
欧盟	DS27,DS291,DS316	3	10%	8.3%

一直以来,国际法面临着国际规则难以约束大国的困境。即便是在被认为具有准司法性质的争端解决机制内也不例外。世贸组织通常被视为美欧创造的产物,美国和欧盟主导成立了世贸组织并设计了贸易规则。[①] 然而,从以上的对比分析中可以看出,美国与欧盟在执行世贸组织裁决上的记录非常糟糕。事实上,因被提起执行之诉及被申请授权报复的案件数量多,美国被认为是世贸组织体制内最大的"罪人"(sinner),欧盟被视为第二大"罪人"。[②] 同为争端解决机制内被起诉的大国,中国不管是在执行时间的状况上还是被提起执行之诉或申请授权贸易报复的数量状况上,都比美国及欧盟的表现优秀很多。

(二)中国执行世贸组织裁决状况与印巴执行状况的对比分析

中国与印度、巴西均为发展中大国,面临着很多相似的发展问题。同印度、巴西两国执行裁决状况的比较能够为分析中国执行世贸组织裁决的状况提供重要参考。

截至2020年1月,巴西作为申诉方提起的案件较多,作为被诉方的案件仅有16个,且仅有4个案件涉及执行。[③] 印度被诉案

---

① See Gregory Shaffer, Henry Gao, "China's Rise: How It Took on the U. S. at the WTO", (2018) 2018 *University of Illinois Law Review* 115, p. 118.

② See Arie Reich, "The Effectiveness of the WTO Dispute Settlement System: A Statistical Analysis", https://cadmus.eui.eu/bitstream/handle/1814/47045/LAW_2017_11.pdf;jsessionid=66A2F1C901FEBF354AD9C6FF6749A6BB?sequence=1, p. 19.

③ 所涉案号为:DS46,DS332,DS472,DS497。

件有 32 个,涉及执行的案件只有 7 个。[①]

1. 执行时间状况对比

下面将通过表格(见表 6)对比分析中国、印度、巴西三个世贸组织成员在执行裁决时间上的差异。

表 6　中国、印度及巴西被诉案件执行时间状况一览[②]

成员	延期执行案号	数量(件)	占各自涉及执行案件的比例	所有被诉案件平均执行时间(月)
中国	DS363,DS414	2	10%	9.7
印度	DS50,DS79,DS430	3	43%	11.8
巴西	DS332	1	25%	14.9

从表 6 的数据可以看出,中国在三个发展中国家里执行裁决的时间仍然是最短的,且延期执行的案件占各自涉及执行的案件的比例最低。巴西虽然仅有一个延期执行的案件,但占其涉及执行的案件的比例比中国高一些。需要说明的是,在“巴西飞机补贴案”(DS46)中,专家组及上诉机构均认定巴西所采取的出口补贴措施属于禁止性补贴,应撤销该项补贴。巴西随后通报争端解决机构称已经在 90 天内撤销了被裁定违法的出口补贴措施。但根据加拿大对此提起的执行之诉及最后的结果来看,巴西并未按照裁决要求撤销补贴措施。因此,该案件的执行时间并未被本文所采用。因而,表 6 中巴西所有案件的平均执行时间来源于飞机补贴案之外的其他三个案件。

2. 执行之诉案件状况对比

下面将通过表格(见表 7)对比分析中国、印度、巴西三个世贸组织成员在被提起执行之诉案件状况上的差异。

---

① 所涉案号为:DS50,DS79,DS90,DS146,DS175,DS430,DS456。

② 根据世贸组织官网信息统计绘制,参见 https://www.wto.org/english/ tratop_e/dispu_e/dispu_by_country_e.htm,最后访问时间:2020 年 1 月 21 日。

表7　中国、印度及巴西被提起执行之诉案件状况一览①

成员	被提起执行之诉的案号	数量(件)	占各自涉及执行案件的比例	占所有世贸成员提起执行之诉案件的比例
中国	DS414,DS427	2	10%	4%
印度	DS430,DS456	2	29%	4%
巴西	DS46	1	25%	2%

从表7的数据可以看出,中国和印度在被提起执行之诉的案件数量上相同,在被提起执行之诉的案件数量占各自涉及执行案件的比例上,中国的状况比印度的状况好一些。巴西虽然被提起执行之诉的案件数量只有一个,但占其涉及执行的案件的比例比中国高一些。此外,巴西被提起执行之诉的案件为巴西飞行补贴案。在该案中,巴西的执行行为被加拿大提起两次执行之诉。这种情况未发生在中国涉及执行之诉的案件中。

3. 申请授权贸易报复的案件状况对比

下面将通过表格(见表8)对比分析中国、印度、巴西三个世贸组织成员执行案件中所遭受的被申请授权贸易报复的情况。

表8　中国、印度及巴西被申请授权报复状况一览②

成员	被申请授权贸易报复的案号	数量(件)	占各自涉及执行案件的比例	占所有申请授权贸易报复案件的比例
中国	—	0	0	0
印度	DS430,DS456	2	29%	6%
巴西	DS46	1	25%	3%

① 根据世贸组织官网信息统计绘制,参见 https://www.wto.org/english/tratop_e/dispu_e/dispu_by_country_e.htm,最后访问时间:2020年1月21日。

② 根据世贸组织官网信息统计绘制,参见 https://www.wto.org/english/tratop_e/dispu_e/dispu_by_country_e.htm,最后访问时间:2020年1月21日。

从表8的数据可以看出,印度有2个案件被申请授权贸易报复,巴西有1个案件被申请授权贸易报复。中国加入世贸组织的时间相比印巴两国较晚,但中国被诉案件的数量却比印巴两国高出很多,然而目前中国却没有一起案件被申请授权贸易报复。

综上,美国与欧盟是发达国家和地区的代表,印度和巴西是发展中国家的代表,不管是同美欧执行裁决状况相比较,还是同印巴两国执行裁决状况进行对比,中国在执行世贸组织裁决上的表现都非常突出。从执行时间的状况、被提起执行之诉状况及被申请授权贸易报复状况这三个方面看,在中国、美国、欧盟、印度、巴西5位世贸组织成员中,中国执行世贸组织裁决的表现最为出色。

三、中国执行世贸组织裁决的争议案件分析

尽管中国在执行世贸组织裁决上的表现极为出色,中国的执行状况还是被某些学者质疑。[①] 下文将分析中国执行的一些比较具有争议性的案件,包括引起执行之诉的案件,并将中国的执行状况与其他世贸组织成员的相关执行实践进行比较。

(一)"中美知识产权案"(DS362)

2007年4月10日,美国就中国知识产权保护和执法措施问题请求与中国进行磋商,并于同年9月25日请求成立专家组,开启

---

① See e. g. Romi Jian, "China's Compliance with the WTO: A Critical Examination", (2016) 29 *Indian Journal of Asian Affairs* 57, p. 76. Timothy Webster, "Paper Compliance: How China Implements WTO Decisions", (2014) 35 *Michigan Journal of International Law* 525, pp. 525 – 578.

了“中美知识产权案”的序幕。专家组于2009年1月26日作出裁定,认为中国的《著作权法》第4条第1款及中国海关处置侵权货物的部分措施违反了世贸组织相关协议的内容。[①]

为执行裁决,中国修改了《著作权法》第4条第1款。[②] 删除了原条款中的第一句内容,改变了禁止出版、传播的作品不受著作权法保护的立场,中国的修改符合了专家组的裁定。然而国外学者韦伯斯特认为修改后的条款仍然授权中国政府决定哪些作品可以出版和传播,并据此指责中国的修改并没有从根本上改变《著作权法》,中国仅仅进行了细微的改变,表面上遵守了世贸组织的裁决。[③] 但韦伯斯特的指责是有问题的:首先,在美国的诉求中并没有对中国政府监督和审查作品的权力提出质疑;其次,专家组也并没有否定中国政府监督和审查作品的权力,只是对原条款中被依法禁止的作品不享有任何著作权提出质疑,认为不符合相关协定。[④] 事实上,《伯尔尼公约》也并没有禁止国家在监督和审查作品上的权力。[⑤]

另外,针对专家组关于中国海关处置侵权货物的部分措施违反了《知识产权协定》的裁定,中国修改了《知识产权海关保护条

---

① China-Measures Affecting the Protection and Enforcement of Intellectual Property Rights, Report of the Panel, WT/DS362/R, p. 134.

② 原《著作权法》第4条第1款的规定为:“依法禁止出版、传播的作品,不受本法保护。著作权人行使著作权,不得违反宪法和法律,不得损害公共利益。”修改后的该条款内容为:“著作权人行使著作权,不得违反宪法和法律,不得损害公共利益,国家对作品的出版、传播依法进行监督管理。”

③ See Timothy Webster, “Paper Compliance: How China Implements WTO Decisions”, (2014) 35 *Michigan Journal of International Law* 525, p. 559.

④ China-Measures Affecting the Protection and Enforcement of Intellectual Property Rights, Report of the Panel, WT/DS362/R, p. 32, para. 7. 132.

⑤ 《伯尔尼公约》第17条规定:“本公约的规定绝不妨碍本联盟每一成员国政府以立法或行政程序行使允许、监督或禁止任何作品或其制品的发行、演出或展出的权利,如果有关当局认为有必要对这些作品行使这种权利的话。”

例》第27条第3款。[①] 专家组认为原条款中所规定的中国海关在消除侵权标志后即可依法拍卖不符合《知识产权协定》第59条以及该协定第46条第四句中规定的原则。中国的修改改变了中国海关在消除侵权标志后即可依法拍卖这一措施,强化了对进口产品知识产权上的保护,符合了裁决内容。但是韦伯斯特认为增加后的条款表明相关措施仅仅适用于进口假冒商标货物,反而保护了中国国内存在的大量假冒产业。然而专家组在裁定中言明,《知识产权协定》第59条所规范的内容并不适用于出口货物,即仅规范进口货物。[②] 因此,中国修改的条例内容显然是和裁决相符的。

一般认为,世贸组织成员在执行裁决时,撤销被裁定与世贸组织规则不符的行政措施时相对容易,执行效率也比较高,一旦涉及国内法的修改,则面临较高的执行成本,被诉方也往往难以执行裁决。[③] 例如,上文所提到的"美国《综合拨款法》案",该案涉及美国国内法的修改,争端解决机构于2002年1月2日通过了裁决报告,但美国至今仍未完成对裁决的执行。美国在其他涉及国内法的案件中同样存在严重拖延执行甚至不执行的行为。[④] 但在该案

---

① 原《知识产权海关保护条例》第27条第3款的内容为:"被没收的侵犯知识产权货物可以用于社会公益事业的,海关应当转交给有关公益机构用于社会公益事业;知识产权权利人有收购意愿的,海关可以有偿转让给知识产权权利人。被没收的侵犯知识产权货物无法用于社会公益事业且知识产权权利人无收购意愿的,海关可以在消除侵权特征后依法拍卖;侵权特征无法消除的,海关应当予以销毁。"修改后的内容为:"被没收的侵犯知识产权货物可以用于社会公益事业的,海关应当转交给有关公益机构用于社会公益事业;知识产权权利人有收购意愿的,海关可以有偿转让给知识产权权利人。被没收的侵犯知识产权货物无法用于社会公益事业且知识产权权利人无收购意愿的,海关可以在消除侵权特征后依法拍卖,但对进口假冒商标货物,除特殊情况外,不能仅清除货物上的商标标识即允许其进入商业渠道;侵权特征无法消除的,海关应当予以销毁。"

② China-Measures Affecting the Protection and Enforcement of Intellectual Property Rights, Report of the Panel, WT/DS362/R, p. 48, para. 7. 224.

③ See Bruce Wilson, "Compliance by WTO Members with Adverse WTO Dispute Settlement Rulings: The Record to Date", (2007) 10 *Journal of International Economic Law* 397, p. 397.

④ 这些案件包括"美国外国销售公司案"(DS108)、"美国版权法110(5)'例外条款'案"(DS160)、"美国伯德修正案"(DS217, DS234)、"美国归零法案"(DS350)等。

中,中国却做到了在合理期限内通过对国内法进行修改的方式充分执行了世贸组织的裁决。①

(二)"中美出版物和音像制品案"(DS363)

根据《中华人民共和国加入议定书》(以下简称《入世议定书》)第5条第1款,我国承诺在加入3年内,所有在中国的企业均有权在中国的全部关税领土内从事除附件所列货物外的所有货物的贸易。然而,在实践中,处于国家安全因素的考虑,我国在文化产业上采取的限制措施较多。2007年4月,美国向世贸组织提起申诉,主张中国采取的限制出版物贸易权及文化产品分销权的措施违反世贸组织规则及中国的入世承诺,中国败诉。

该案的执行涉及我国在规范读物、录音制品、声像制品、影院影片等方面的多项法律法规。因案件的复杂性与敏感性,中国第一次延期执行了裁决。在影片进口权限的问题上,中国通过与美国达成协议作为实际执行的替代方案。中国对读物方面进行的修改,使得所有符合条件的企业均有可能进口出版物,符合了裁决。中国在录音制品、声像制品等方面也进行了修改,但保留了部分被裁定违反世贸组织义务的法律条款。

当不利裁决的执行具有较高的政治敏感性,涉及国家的某项制度或核心利益时,世贸组织成员通常难以完全执行裁决。

在"美国《综合拨款法》案"(DS176)中,美国因限制外国厂商在美国注册"哈瓦那俱乐部"朗姆酒商标,被欧盟起诉至世贸组织。美国败诉后,曾四次成功地延长了执行该案的合理期限,但直到最后一次合理期限届满之时美国仍未完成对裁决的执行,最后美欧就该问题达成了谅解。该案涉及美国对于古巴的经济制裁,

---

① See Julia Ya Qin, "Pushing the Limits of Global Governance: Trading Rights, Censorship and WTO Jurisprudence—A Commentary on the China-Publications Case", (2011) 10 *Chinese Journal of International Law* 271, p. 272.

在美国国内的政治敏感性极强。① 截至2020年1月,美国仍未修改相关法律条款,完成裁决的执行。

在“欧盟生物技术产品案”(DS291-DS293)中,鉴于“科学上的不确定性”和“消费者的不信任”,欧盟对转基因产品采取了一系列的限制措施。② 美国、阿根廷、加拿大等转基因食品生产大国于2003年将欧盟起诉至世贸组织,欧盟败诉。由于案件所涉问题的复杂性和敏感性,欧盟虽然表达了执行裁决的意愿,但具体执行之时,却不断延长执行期,严重拖延执行,还被美国提起授权贸易报复。但欧盟最终仍未执行裁决。③

在“印度农产品案”(DS430)中,为防止禽流感疫情,印度立法禁止进口所有发生禽流感国家的禽肉和猪肉产品,无论高致病型和低致病型禽流感。④ 该行为引起从未发生过高致病型禽流感的美国的不满,将印度诉至世贸组织,最后印度败诉。该案事关公共健康,在印度国内具有极高的政治敏感性。⑤ 在该案中印度因未在合理期限内执行裁决,被美国提起授权贸易报复。

上文提及的“巴西飞机补贴案”(DS46),是巴西与加拿大之间就巴西飞机补贴政策产生的贸易纠纷。巴西与加拿大的飞机制造业均为各自最为重要的出口产业之一。⑥ 双方均为本国的飞机提

① 参见胡建国:《美欧执行WTO裁决的比较分析——以国际法遵守为视角》,载《欧洲研究》2014年第1期,第123页。

② See Loretta Feris, “The EC Biotech Case and Its Implications for Measures Affecting Genetically Modified Organisms”, (2007) 18 *Stellenbosch Law Review* 118, pp. 118-119.

③ 类似案件还有“欧盟香蕉案”及“欧盟荷尔蒙案”。“欧盟香蕉案”涉及欧盟香蕉进口制度,背后存在复杂的政治经济利益,在该案中欧盟因未执行裁决被申诉方提起执行之诉及贸易报复申请,然而这些都未使欧盟执行裁决。“荷尔蒙案”起因于欧盟对含有促进生长的荷尔蒙的肉类制品的进口政策,欧盟执行裁决面临着政治、经济及社会多方面的压力,在该案中欧盟也因未执行裁决遭到申诉方申请争端解决机构授权贸易报复。

④ 孙昭:《寸土必争的世贸争端》,知识产权出版社2015年版,第222页。

⑤ 参见孙昭:《寸土必争的世贸争端》,知识产权出版社2015年版,第221页。

⑥ 加拿大庞巴迪公司是仅次于美国波音和欧洲空客的世界第三大航空航天制造商,巴西航空工业公司是全球第四大民用飞机制造商,具体内容参见吕博等:《加拿大与巴西飞机补贴争端》,载《中国经贸》2013年第10期,第42页。

供补贴但又都不满对方的补贴行为。巴西败诉后虽通报争端解决机构完成了裁决的执行,但实际上并未执行裁决,并遭到加拿大的贸易报复。巴西就飞机补贴问题对加拿大提起反诉。加拿大败诉后,同样通报争端解决机构完成了裁决的执行,但实际上也并未执行裁决。遭到巴西提起的执行之诉并败诉后,加拿大虽表达了执行裁决的意愿,然而时至今日仍无任何执行记录。

综合上述各个案例的分析可知,当不利案件具有较高的政治敏感性或涉及国家极为重要的利益时,世贸组织成员往往难以执行裁决。中国在中美出版物和音像制品案中的执行状况并非个例。相比其他贸易大国的实践,中国在“中美出版物和音像制品案”中,虽然没有完全执行裁决,但并未出现严重拖延执行或不执行的行为,也没有呈现出消极、对抗的执行模式。

(三)“取向电工钢案”(DS414)、“白羽鸡案”(DS427)

“取向电工钢案”“白羽鸡案”是中国被提起执行之诉的两个案件。① 这两个案件申诉方均为美国,皆起因于中国对美国相关产品采取的反倾销及反补贴措施,案件的执行过程也极为相似。中国先是被裁定部分措施与世贸组织原则不符,为执行裁决中国决定重新调查,之后调整了征收的税率,但又被美国提起执行之诉,中国相关措施再次被执行专家组裁定与世贸组织规则不符,后中国通报争端解决机构已经终止或在执行专家组裁定作出后发布了终止对相关产品征收反倾销税和反补贴税的公告。

有学者认为中国在“取向电工钢案”中的表现表明了中国为

---

① 在“加拿大诉中国浆粕反倾销案”(DS483)中,加拿大已要求根据《争端解决谅解》第21条第5款关于执行之诉的有关内容就中国再次采取的征收反倾销税的某些措施与中国进行磋商。若磋商不成,加拿大很可能申请建立执行专家组,使该案件进入执行复审程序。

保护国内钢铁产业不愿意执行世贸组织的裁决。① 不可否认,不论是“取向电工钢案”还是“白羽鸡案”,中国采取征收反倾销税或反补贴税的行为都是为了保护国内相关产业免受他国产业的冲击。世贸组织也允许成员在国内产业受到实质性损害的情况下采取反倾销及反补贴的措施,只是成员需遵守《反倾销协定》及《补贴和反补贴协定》等世贸组织协定。中国在两起案件中之所以采取通过再调查的方式执行裁决,很大原因在于反倾销反补贴的案件大多涉及政府在进行反倾销、反补贴调查中的程序问题,而非实体问题。在两起案件中,中国均在再调查之后,调整了原措施,下调了税率,但申诉方美国仍然不满,就中国的执行措施提起执行之诉。

而反观美国,在采取反倾销措施以保护国内市场方面,美国惯常采用“归零法”计算倾销幅度及反倾销税。“归零法”将某些负的倾销幅度归为零,而不是与其他正的倾销幅度进行相抵,这种方法增加了认定倾销存在的可能性,或提高了实际的倾销幅度。② 专家组在“欧盟征收床单反倾销税案”中,裁定“归零法”违反《反倾销协定》。然而,美国依旧“顶风作案”“明知故犯”,使用归零法计算倾销幅度与反倾销税,在相关案件中拒不执行裁决。③

除美国外,欧盟是另一个对中国提起反倾销案件较多的世贸组织成员。④ 不同于中国在执行欧盟对中国提起的反倾销案件中

---

① See Romi Jian, "China's Compliance with the WTO: A Critical Examination", (2016) 29 *Indian Journal of Asian Affairs* 57, p. 68.

② 刘勇:《论反倾销调查程序中的“归零法”》,载《法治研究》2008 年第 10 期,第 10 页。

③ 涉及的案件主要包括“加拿大诉美国软木反倾销案”(DS264)、“欧美归零法案”(DS294)、“日美归零法案”(DS322)、“墨西哥诉美国不锈钢最终反倾销措施案”(DS344)以及“欧共体诉美国继续使用归零法案”(DS350)等。在这些案件中美国一再坚持使用归零法,不执行裁决。美国的不执行行为导致美国在上述案件中有三起被提起贸易报复(DS264、DS294、DS322),一起案件被提起执行之诉(DS350)。

④ 截至 2019 年年底,欧盟对中国提起的反倾销措施案件有 3 起,即“欧盟诉紧固件反倾销案”(DS407)、“欧盟诉 X 射线设备反倾销案”(DS425)及“欧盟诉高性能不锈钢无缝钢管反倾销案”(DS460)。

的表现[①],“欧盟在中国诉欧盟紧固件案”(DS397)中,存在着严重的变相拖延执行的行为。在上诉机构作出裁决后,欧盟表示需要一段合理期限以执行裁决,在合理期限内欧盟启动重新调查程序,之后继续对中国紧固件企业征收反倾销税。[②] 中国对此提起执行之诉,欧盟败诉并提出上诉,中国提起交叉上诉,上诉机构支持了绝大部分执行专家组的裁定,欧盟再次败诉。直至2016年2月27日,欧盟才发布公告正式取消对中国紧固件行业的反倾销措施,而这距欧盟2007年对中国紧固件企业启动反倾销调查以来,已过去了近10年。[③]

(四)小结

通过以上对具有争议性案件的分析可知,国外学者对中国执行中美知识产权案的指责是不正确的,对中国其他案件的指责也存在有失偏颇的地方。首先,国外学者往往忽略了中国执行裁决的整体情况,仅仅根据某些案件的执行状况便质疑中国对裁决的执行。其次,对于涉及核心国家利益或具有较高政治敏感性的案件,中国也同其他世贸组织成员一样,难以完全执行裁决,中国的执行状况并非个例。最后,对于引起执行之诉的案件,即便是出于对国内产业的保护,中国也并没有像欧盟一样采取严重的变相拖延执行策略,更没有像美国一样公然持续采取被裁定为不符合世贸组织原则的措施,拒不执行裁决。相比美国和欧盟采取的消极、

① 在欧盟对中国提起的3个反倾销措施案件中,“X射线设备反倾销案”及“高性能不锈钢无缝钢管反倾销案”涉及执行。在“X射线设备反倾销案”中,专家组裁决作出后中国便撤销了被裁定违反世贸组织协定的措施,完全执行了裁决。在“高性能不锈钢无缝钢管反倾销案”中,中国虽未通报执行完毕,但也已于合理期限届满之时终止了对原产于欧盟的进口高性能不锈钢无缝钢管适用的反倾销措施,执行了裁决。

② European Communities-Definitive Anti-Dumping Measures on Certain Iron or Steel Fasteners from China, https://www.wto.org/english/tratop_e/dispu_e/cases_e/ds397_e.htm (Last visited December 25, 2019).

③ 樊晓云:《中国紧固件反倾销在WTO胜诉欧盟第一案的案例分析》,载《对外经贸实务》2017年第11期,第75页。

对抗的执行模式，中国对待很难立即执行的案件裁决的态度相对保守和克制，从未出现拒不执行裁决而损害争端解决机制公信力的情况。

四、影响世贸组织成员执行裁决的因素

即便是未完全执行裁决，中国的执行表现也优于其他主要世贸组织成员。但中国与这些成员一样，无法做到执行世贸组织的所有裁决。本文认为国际社会的横向权力结构，世贸组织作为国际法治典范的不足以及裁决本身存在的问题，是被诉方难以完全执行所有裁决的主要原因。

（一）国际社会的横向权力结构

不同于国内法，国际社会不存在一个中央政府，如果说国内社会的权力结构是纵向的，那么，国际社会的权力结构则是横向的，造成的结果就是国际法规则处于十分低级的水平。[①] 主权国家在这样的国际社会体系中，既是规则的制定者，同时也是规则的实施者，如何使国家遵守国际法？国际法如何约束国家行为？是国际法始终面临的难题。主权原则至今仍是国际法最重要的基本原则之一，任何国际法律秩序的建立都既需要使主权受到一定的限制，又需要体现主权的权威性。两项目标难免会相互冲突，难以同时实现。

此外，各主权国家虽然在对外交往中享有平等的主权，但国家实力不尽相同。在横向权力结构的国际社会中，强权政治在所难免。大国往往凭借实力塑造有利于自己的国际规则，弱小国家只能游离于国际社会的边缘，被迫接受大国所定制的国际规则。这

① 参见［意］安东尼奥·卡塞斯：《国际法》，蔡从燕等译，法律出版社2009年版，第6页。

种情况造成了国际社会的不平等,也使得国际规则难以规范大国的行为。

(二)世贸组织作为国际法治典范的不足

在国际法领域里,世贸组织目前被认为最接近国际法治,但因国际社会的横向权力结构的存在,世贸组织不可避免地受到国家主权及权力政治的影响。如上文所言,世贸组织主要由发达国家主导建立起来,世贸组织规则也主要由发达国家主导制定,因此,一些世贸组织协议并没有充分考虑发展中国家的利益,例如,《补贴与反补贴措施协定》《农产品协定》《知识产权协定》中很多规则都是不利于发展中国家的,增加了发展中国家执行相关世贸组织裁决的难度。① 另外,发达国家也相对更为熟悉规则,更擅长利用法律漏洞,不断翻新执行世贸组织裁决的技巧,变相拖延执行裁决。②

其次,虽然从关税与贸易总协定到世界贸易组织,世界贸易体制经历了从"权力导向"到"规则导向"的发展。③ 但这种转变并不是彻底的,作为"权力导向"体现的外交磋商仍是专家组成立之前的必要程序,且在争端解决方面依旧发挥着重大作用,即便专家组已经成立,争端方仍可以通过磋商达成协议,甚至在争端裁决通过以后,争端方仍可以通过达成协议的方式结束争端。此外,虽然授权贸易报复制度增强了世贸组织裁决的强制性,但通过本文第二部分的分析可以看到,贸易报复制度在敦促美国、欧盟遵守裁决上的效果十分有限。即便被授权贸易报复,美国、欧盟仍然不

---

① 参见何志鹏:《国际法治论》,北京大学出版社 2016 年版,第 563 页。

② 例如,文章第二部分提及的美国和欧盟不断寻求延长合理期限的做法。再如,欧盟在香蕉案中利用《争端解决谅解》为明确规定提起执行之诉的主体这一漏洞,作为败诉方的欧盟就自身的执行状况率先提起执行之诉。

③ John H. Jackson, "The Crumbling Institutions of the Liberal Trade System", (1978) 12 *Journal of World Trade Law* 93, p. 99. See also Julia Ya Qin, "China, India, and the Law of the World Trade Organization", (2008) 3 *Asian Journal of Comparative Law* [ii], p. 1.

执行裁决,很多案件因此不了了之。

中国的入世情况也许最能反映世贸组织政治性的一面。《世贸组织协定》第2条规定:"附件1、附件2和附件3所列协定及相关法律文件为本协定的组成部分,对所有成员具有约束力。"该项规定的意义在于实现了一揽子承诺计划,任何加入世贸组织的国家和地区都必须成为《世贸组织协定》及其所有附件的缔约方。[①]申请加入的国家或地区,除了有义务遵守《世贸组织协定》及其附件外,还需就市场开放作出承诺,这部分的承诺体现为《入世议定书》及《工作组报告》。

为加入世贸组织,中国历经了15年的艰辛谈判。最后达成的《入世议定书》中包含了众多违背世贸组织基本原则的条款,中国也承担了很多"超WTO义务"。[②] 实际上,在后来加入的所有成员中,只有中国的《入世议定书》作出的市场开放承诺最全面、最复杂。[③] 随着时代的发展,议定书中的很多"超WTO义务"条款对中国遵守世贸组织规则带来了越来越大的挑战。

(三)裁决存在的问题

裁决存在的问题主要体现在两方面,首先,并非所有专家组或上诉机构作出的裁决在执行方面都具有较强的可操作性。被诉方对裁决的执行程度受制于专家组或上诉机构作出的裁决内容。换句话说,专家组或上诉机构作出的裁决越明确,执行起来就越容易,模棱两可的裁决往往会使裁决执行较难操作,甚至会引起更多

---

① 王贵国:《世界贸易组织法》,法律出版社2003年版,第22页。

② 例如,《入世议定书》第15条规定,允许世贸组织进口成员国在15年内可不按照中国产品自身加个确定正常价值,即可以采取替代国措施。然而,中国入世15年之后,美国和欧盟仍使用替代国措施,中国已就此问题将美国、欧盟诉至世贸组织机构,所涉案号分别为DS515,DS516。

③ See T. P. Bhat, "Assessing China's Compliance with WTO Commitments", (2009) 3 *India Quarterly* 215, p. 216.

的争议。①

此外,不同于《世贸组织协定》的生成方式,世贸组织争端裁决由几名专业人士根据对世贸组织协议条款的解释和适用而作出。由三人组建的专家组的裁决或解释可能正确也可能错误,可能推理良好也可能相当武断。② 世贸组织裁决的瑕疵不可避免,客观上决定了被诉方不能完全地无条件地执行所有世贸组织裁决。例如,在“中国原材料出口限制措施案”(DS394,DS395,DS398)及“稀土案”(DS431,DS432,DS433)中,专家组及上诉机构均采取了严格的文本解释方法,割裂了《入世议定书》与世贸组织其他协定之间的关系,认为《入世议定书》第11条第3款无法适用《1994年关税及贸易总协定》第20条关于一般例外的规定。③《入世议定书》在世贸组织体系中的法律地位,特别是其与《世贸组织协定》附件之间的法律关系,《世贸组织协定》并未作出规定。④ 然而根据上述《世贸组织协定》第2条一揽子协议的规定,中国接受《世贸组织协定》所有附件的约束,作为《世贸组织协定》组成部分的《入世议定书》自然也同《世贸组织协定》所有附件存在内在关系。但专家组及上诉机构却忽略条约的整体性解释,裁定作为《世贸组织协议》组成部分的《入世议定书》无法适用《世贸组织协定》的附件《1994年关税及贸易总协定》,这在逻辑上也难以自洽。

通过对以上三个因素的分析可知,国际社会结构的特殊性,世贸组织作为国际法治典范的不足及裁决本身存在的问题,导致世

① 孟琪:《WTO裁决执行的法律机理与中国实践研究》,复旦大学出版社2019年版,第58~59页。

② 胡建国:《WTO争端解决裁决的国内效力问题研究——以国家主权为视角》,载《法学评论》2014年第6期,第145页。

③ 中国所主张的《1994年关税及贸易总协定》第20条关于一般例外的规定,主要是该条款的第2项,即可以为保障人民、动植物的生命或健康采取必需的贸易限制措施。对该案中专家组及上诉机构的解释方法问题参见马忠法:《论条约的整体解释法——以美日欧诉中国稀土等产品出口措施案为例》,载《当代法学》2014年第4期,第144~145页。

④ 参见王衡主编:《中国WTO争端应对法律问题研究》,法律出版社2015年版,第61页。

贸组织成员难以完全执行所有的裁决。从这个意义上看,决定世贸组织成员执行裁决状况的关键不在于该成员的执行能力,而在于该成员对履行国家义务的"善意"。美国、欧盟等世贸组织成员利用争端解决机制的漏洞大打拖延战以及不执行裁决的行为一次次地揭示了争端解决机制"强制性"背后的"脆弱性"。世贸组织成员高频率地拖延执行、被提起执行之诉以及被申请贸易报复,会损害裁决的实际效力,破坏争端解决机制的声誉,影响世贸组织的法治化。相反,世贸组织成员执行裁决的良好记录能够展现该成员履行国家义务的善意立场,体现该成员对国际规则的尊重,执行裁决的良好记录本身即是对世贸组织法治化的维护。

结　语

鉴于多种因素的存在,中国同其他国家一样,面对涉及重要国家利益的不利裁决时,也难以做到完全执行裁决。但是,从整体上看,中国对世贸组织裁决的执行保持着十分难得的良好执行记录。在涉及执行的 20 个案件中,中国通报争端解决机构已经执行完毕的案件有 16 件。[①] 若以被诉方迅速地撤销或在合理期限内撤销被裁定为与世贸组织规则不符的措施作为遵守世贸组织裁决的判断标准,中国有 12 个案件完全执行了世贸组织裁决,占通报执行完毕案件数量的 75%。[②] 从申诉方的评价来看,中国只有两起案件被提起执行之诉,无一例案件被提起授权贸易报复。即便中国承担着比其他国家更多的"超 WTO 义务",但不管是同作为发达国家代表的美国及欧盟相比较,还是同作为发展中国家的印度与巴西相对比,中国执行裁决的表现都极为出色。这充分体现了中国

① 中国 20 个涉及执行的案件中 2020 年 1 月未通报执行完毕的案件有:DS454,DS460,DS511,DS517。

② 该 12 件案件为:DS339,DS340,DS342,DS362,DS394,DS395,DS398,DS413,DS425,DS431,DS432,DS433。

对世贸组织规则的尊重,也展现了中国对维护世贸组织法治化作出的巨大努力。

China's Compliance with WTO's Rulings: A Comparative Analysis

WANG Qianhui

Abstract: In the field of international trade, accusations against China's non-compliance with WTO rules are endless. One test of whether a WTO member has complied with WTO rules is the implementation of WTO rulings by the member. This paper will compare the compliance status of China with the compliance status of WTO members such as the United States, the European Union, India, and Brazil, from the aspects of timeliness and quality of compliance actions. This paper argues that the particularity of the structure of the international community, the inadequacy of the WTO as a model of international rule of law, and the problems with the rulings themselves make it difficult for WTO members to fully comply with all rulings. In view of this, although China, like other WTO members, is unable to fully comply with all the rulings, in general, whether it is compared with the United States and the European Union, which are representatives of developed countries or regions, or India and Brazil, which are developing countries, China's compliance with the rulings has been excellent. This fully reflects China's respect for WTO rules and its contribution to safeguarding the rule of law of WTO.

Key Words: China; WTO rulings; compliance; dispute settlement mechanism

应对投资争端解决机制变革的中国方案及其实现*

张相君**

摘要:投资争端解决机制正处在变革期,因为投资客观情势已经发生了变化,引发的新问题明显溢出原有机制。为了应对这一局面,国际投资争端解决中心以及联合国国际贸易法委员会下的仲裁机制正在进行内部更新,欧洲和北美分别基于地区需求实践了不同方案。在国际社会发生根本变化的背景下,投资争端解决机制或许应当重新检视其基本理念。中国作为最重要的投资东道国,《外商投资法》确认的投诉协调处理机制具有很好的国际法意义和价值。投诉协调处理机制根本上不同于既有的、基于并囿于以仲裁为核心的投资争端解决机制,可为其发展提供一种超越技术而深入机理的理念变革,即从传统的投资者东道国对抗式争端解决转向二者合作解决争端,为处于发展关键期的投资争端解决机制改革提供真正的中国方案。为了实现这一中国方案,可借助我国主导和参与的多边平台构建具体机构,同时可借助具有域外效力的国内法以及具体规则进行落实。

关键词:投资争端解决机制;投资仲裁;《外商投资法》

---

* 本论文是国家社科基金专项项目"创新'一带一路'国际争端解决机制问题研究"(18VSJ049)阶段性成果。

** 法学博士,副教授。

投资争端解决机制如何改革,是国内外国际法学界讨论的热点,[①]也是欧洲、北美以及中国探索以不同路径引领国际经贸规则发展的关键点。当前,东道国对国际投资有明显的数量和规制需求,母国对投资有更严格的控制和规制需求。二者间张力加大,投资者与东道国间发生争端的概率随之上升。[②] 基于严格规制外商投资趋势的形成,[③]投资争端解决机制(Investor-State Dispute Settlement,ISDS)的改革甚至重新构建是必须回应的问题。[④] 国际投资争端解决中心(ICSID)以及联合国国际贸易法委员会(UNCITRAL)下的仲裁,虽然是当前投资争端解决的最重要方式,[⑤]但并不必然是该领域的首选平台、渠道以及改革归宿。欧洲和北美已经提出并实践了自身的 ISDS,中国也应积极利用这一窗口期,供给 ISDS 的中国方案。[⑥]

一、投资争端解决机制变革期的来临

现有的 ISDS 经历国家本位到投资者本位的演变,[⑦]形成了以

---

① 参见池漫郊:《〈美墨加协定〉投资争端解决之“三国四制”:表象、成因及启示》,载《经贸法律评论》2019 年第 4 期,第 25 页。

② See UNCTAD, World Investment Report 2019, World Investment Report 2018, World Investment Report 2017, https://unctad.org/en/Pages/DIAE/World%20Investment%20Report/World_Investment_Report.aspx (Last visited Jannuary 2, 2020).

③ 参见韩秀丽:《再论卡尔沃主义的复活——投资者国家争端解决视角》,载《现代法学》2014 年第 1 期,第 121 页;蔡从燕:《国家的“离开”“回归”与国际法的未来》,载《国际法研究》2018 年第 4 期,第 3 页;张生:《从〈北美自由贸易协定〉到〈美墨加协定〉:国际投资法制的新发展与中国的因应》,载《中南大学学报》(社会科学版)2019 年第 4 期,第 56 ~ 57 页。

④ 2019 年世界投资报告也提到了新的投资条约目标是提升平衡和灵活性,当然由此也会出现投资条约规范更加趋向异化。See UNCTAD, World Investment Report 2019, Key Message, p. xii.

⑤ Emily Osmanski, “Investor-State Dispute Settlement: Is There A Better Alternative”, (2018) 43 *Brooklyn Journal of International Law* 639, pp. 640 – 641.

⑥ 参见王鹏:《中立、责任与参与:国际投资仲裁的多边改革与中国对策》,载《国际政治研究》2018 年第 2 期,第 127 ~ 128 页。

⑦ 参见石慧:《投资条约仲裁机制的批判与重构》,法律出版社 2008 年版,第 1 ~ 4 页。

投资仲裁为核心的机制。[①] 由于难以回应国际投资环境的变化以及规制需求，[②]ISDS 正经受着广泛的批评和质疑并开始自我更新，[③]同时伴随着欧洲、北美的不同尝试。

（一）现有投资争端解决机制脱节于国际投资客观情势的需求

1. 现有投资争端解决机制没有回应国际投资情况的变化

当前的国际投资环境与 ISDS 产生时相比，发生了很大变化，主要表现在客观情势和法律规范两方面变化。从客观情势看，首先，投资活跃度明显增加，投资呈波浪式上升，对国际经济增长的贡献和驱动越发明显；[④]其次，发展中国家占投资东道国的比例明显上升；[⑤]再次，发展中国家的投资输出明显增多，大约占总量的三到四成；[⑥]最后，大型经济集团诸如二十国集团、亚太经合组织、金

---

① 余劲松、詹晓宁：《论投资者与东道国间争端解决机制及其影响》，载《中国法学》2005 年第 5 期，第 175 页。

② See Jean E Kalicki and Anna Joubin-Bret (eds), *Reshaping the Investor-State Dispute Settlement System* (Leiden: Brill/Nijhoff, 2015) pp. 16 – 17; UNCTAD, "Taking Stock of IIA Reform", International Investment Agreements Issues Note No 1, March 2016, https://investmentpolicy.unctad.org/publications/1203/taking-stock-of-iia-reform-recent-developments (Last visited September 12, 2019).

③ See Julian Arato, "The Private Law Critique of International Investment Law", (2019) 113 *American Journal of International Law* 1, p. 53. See also Kyle Dylan Dickson-Smith and Bryan Mercurio, "Australia's Position on Investor-State Dispute Settlement: Fruit of a Poisonous Tree or a Few Rotten Apples?" (2018) 40 *Sydney Law Review* 213, pp. 218 – 220.

④ 参见联合国贸易和发展会议：《2003 年世界投资报告》，纽约：联合国，2003，第 2 页；联合国贸易和发展会议：《2013 年世界投资报告》，纽约和日内瓦：联合国，2013，第 2 页。

⑤ See Transnational Corporations and Management Division, *Department of Economic and Social Development*, *World Investment Report* 1992 (*An Executive Summary*), New York: United Nations, 1992, p. 3. See also UNCTAD, World Investment Report 2018 (Overview), p. 6; World Investment Report 2019, Key Message, p. x.

⑥ See UNCTAD, World Investment Report 2013 (overview), p. xiii, World Investment Report 2014 (overview) p. xiv, World Investment Report 2016, p. 5, UNCTAD, World Investment Report 2017, p. 13; World Investment Report 2018, pp. 5 – 6; World Investment Report 2019, pp. 5 – 6.

砖国家组织以及其他区域经济体(如区域全面经济伙伴关系协定、跨太平洋伙伴关系协定等)在投资上明显占据主要地位,[①]区域内部投资日渐增多。在法律规范方面,首先,国际投资协议的内容以及现有协议进入改革期。国际投资协议从最初的双边模式发展到20世纪90年代的多边模式,当前进入大区域的双边阶段,并以规范合作为主要内容,[②]双边投资协定大量更新。[③] 其次,在东道国国内法层面,出现发达国家强化审查外资的趋势。[④]

客观情势和法律规范的变化表明,有必要重新审视当前的ISDS。而ISDS目前仍基本保持诞生时的特征:单方面保护投资者利益和偏重保护发达国家利益。[⑤] 在传统ISDS下,投资者可以绕开东道国国内司法体系,质疑甚至威胁东道国政府,[⑥]抵消东道国规制经济活动的行政和立法影响。[⑦] 在仲裁机构选择以及仲裁员选任上,发达国家占据明显优势。最终结果上,投资者获胜概率极大,东道国则因此须支付巨额赔偿金。[⑧] 尤其当东道国为应对

---

① 联合国贸易和发展会议:《2016年世界投资报告》,第6页;联合国贸易和发展会议:《2017年世界投资报告》,纽约和日内瓦:联合国,2017,第viii页。

② Anne Meuwese, "New Approaches to International Regulatory Cooperation: Constitutional Aspects of Regulatory Coherence in TTIP", (2015) 78 *Law and Contemporary Problem* 153, p. 155.

③ 2012年起,150多个国家开始更新其国际投资协议,协议保留规范空间,改善或者略去ISDS条款。参见联合国贸易和发展会议:《2017年世界投资报告》,第xi页。

④ UNCTAD, World Investment Report 2018 (Overview), pp. 16－17.

⑤ 实质审理阶段投资者胜率非常高,总体上投资者胜诉率在60%以上。参见联合国贸易和发展会议:《2016年世界投资报告》,要旨,第ix页;联合国贸易和发展会议:《2017年世界投资报告》,要旨,第x页;UNCTAD, World Investment Report 2018 (Overview), p. 17.

⑥ European Common, Concept Paper: Investment in TTIP and Beyond-The Path for Reform 3, May 5, 2015, http://trade.ec.europa.eu/doclib/docs/2015/may/tradoc_153408.PDF (Last visited September 2, 2019).

⑦ The Facts on Investor-State Dispute Settlement, Tradewinds, March, 2014, https://ustr.gov/about-us/policy-offices/press-office/blog/2014/March/Facts-Investor-State%　20Dispute-Settlement-Safeguarding-Public-Interest-Protecting-Investors (Last visited January 27, 2020).

⑧ See Emily Osmanski, "Investor-State Dispute Settlement: Is There A Better Alternative", (2018) 43 *Brooklyn Journal of International Law* 639, p. 651.

经济危机进行投资管制时,更易被诉。近些年的投资案件,有相当数量是针对东道国基于国民健康、①经济管理、②环境保护和劳工保护等发布的投资管制措施。③ 阿根廷已为此付出极大代价,④西班牙则很有可能步其后尘。⑤

2. 投资仲裁过度受到国际商事仲裁的同化影响

根据仲裁的定义,⑥仲裁程序受当事人密切控制,⑦此程序隐秘高效,其专业性在保证最低公正基础上实现了最大效率,这一点对于商事活动尤为重要。⑧ 考察仲裁历史可知,仲裁作为最早的争端解决方式,⑨学界对它理解和描述基本以商事仲裁为样本。国际投资仲裁在仲裁机构选择、仲裁员任命、仲裁程序进行、仲裁准据法适用等方面,均可观察到来自商事仲裁的影响。⑩

---

① See http://www.iisd.org/itn/2011/07/12/philip-morris-v-uruguay-will-investor-state-arbitration-send-restrictions-on-tobacco-marketing-up-in-smoke/(Last visited September 12, 2019).

② See David Dayen, "The Big Problem with the Trans-Pacific Partnership", Huffington Post, August 29, 2016, http://www.huffingtonpost.com/entry/isds-lawsuit-financing-tpp_us_57c48e40e4b09cd22d91f660(Last visited September 12,2019).

③ Public Citizen, "Case Studies: Investor-State Attacks on Public Interest Policies", http://www.citizen.org/documents/egregious-investor-state-attacks-case-studies.pdf (Last visited September 12,2019).

④ 参见刘京莲:《阿根廷国际投资仲裁危机的法理与实践研究——兼论对中国的启示》,厦门大学出版社 2011 年版,第 5 页。

⑤ 2017 年 5 月,第一个仲裁裁决做出,结果对西班牙不利。See Emily Osmanski, "Investor-State Dispute Settlement: Is There A Better Alternative", (2018) 43 *Brooklyn Journal of International Law* 639, pp. 657 – 658.

⑥ 参见[美]加里·B. 博恩:《国际仲裁:法律与实践》,白麟等译,商务印书馆 2015 年版,第 6 页。

⑦ 参见[英]J. G. 梅里尔斯:《国际争端解决》,韩秀丽等译,法律出版社 2013 年版,第 136 页。

⑧ 参见[美]加里·B. 博恩:《国际仲裁:法律与实践》,白麟等译,商务印书馆 2015 年版,第 21 页。

⑨ 参见[英]J. G. 梅里尔斯:《国际争端解决》,韩秀丽等译,法律出版社 2013 年版,第 106 页。

⑩ See José E. Alvarez, "Is Investor-State Arbitration 'Public'", (2016) 7 *Journal of International Dispute Settlement* 534, p. 535.

但事实上,二者存在较大区别。国际商事仲裁是典型的合同行为,而国际投资仲裁则是介于国际私法性质的合同行为以及国际公法性质的条约行为之间的特殊行为和程序,①甚至有观点认为,这两种仲裁彼此泾渭分明。② ISDS 机制因此应区别于国际商事仲裁。在世界投资报告中,改革争端解决机制处于国际投资协定改革议程优先定位,并具体提出了构建国际投资法院的说法,③这表明联合国也确认了二者的区别以及区分的意义。

3. 既有投资争端解决机制的非平衡性

这种非平衡性体现在两方面:地区非平衡性和利益非平衡性。实践中,东道国被起诉的案件量与该地被选任的仲裁员数量成反比。这一现象固然可以从语言能力方面进行表象化的解释,但更深层原因则是投资者与东道国利益在仲裁中难以平衡的问题。

就地区非平衡性来看,截至 2018 年年底,已知案件量为 942 件。④被告集中于最需要外资的发展中国家和地区,⑤但仲裁员主要来自发达国家,尤其是西欧和美国的仲裁员占比近七成。⑥ 就利益非平衡性来看,当前的 ISDS 形成了明显有利于投资者的结构,胜诉的投资者八

① José E. Alvarez, "Is Investor-State Arbitration 'Public'", (2016) 7 *Journal of International Dispute Settlement* 534, pp. 535 – 536.

② See Jan Paulsson, "International Arbitration is not Arbitration", (2008) 2 *Stockholm International Arbitration Review* 1, pp. 1 – 20; Gus Van Harten, "The Public-Private Distinction in the International Arbitration of Individual Claims Against the State", (2007) 56 *International Comparative Law Quarterly* 371, p. 372; Toby Landau, "Remarks in Proceedings of the 103rd Annual Meeting", *American Society of International Law*, 2009.

③ 联合国贸易和发展会议:《2017 年世界投资报告》,要旨,第 x ~ xi 页。

④ UNCTAD, World Investment Report 2019, p. 103, https://unctad.org/en/PublicationsLibrary/wir2019_en.pdf. (Last visited September 2, 2019).

⑤ 被诉的国家集中在南美(22%)、东欧和中亚(26%)、撒哈拉沙漠以南非洲(15%)、中东和北非(12%)、西欧(8%)、东南亚以及太平洋(7%)、中美加勒比(6%)、北美(4%)。ICSID: The ICSID Caseload Statistics (issue 2019 – 2), p. 12, https://icsid.worldbank.org/en/Pages/Resources/ICSID-Caseload-Statistics.aspx (Last visited Jannuary 26, 2020).

⑥ 西欧(1198 人/48%)、北美(514 人/20%)。See ICSID: The ICSID Caseload Statistics (issue 2019 – 2), p. 17.

成以上来自高收入国家,[①]以至于有投资者为了对东道国提出仲裁而进行投资,典型的例子就是"Antin 诉西班牙的投资争端案"。[②] 研究者基于东亚以及环太平洋的实证分析提出,当前双边投资条约缔约数量急剧下降的重要原因就是:发展中国家被起诉后才意识到投资条约对国家带来的法律责任,因此对 ISDS 条款转向保守态度。[③]

综上,现有 ISDS 既未回应投资环境的客观情势和法律规范变化,又过分受到国际商事仲裁影响,在程序以及实体方面都处于捉襟见肘的困窘境地。在程序方面,仲裁机构和仲裁员明显偏向保护投资者,[④]甚至因此出现了某些投资者直接投资仲裁的机会。从实体看,仲裁机构以及仲裁员并不考虑法律的一致性、稳定性和可预期性,裁决因此出现非合理范围内的不一致问题。[⑤] 而仲裁庭本身是否准确适用和解释国际法,又完全取决于自我判定。[⑥] 现有 ISDS 暴露出的规范和现实间错位,推动了学界对 ISDS 的研究及其近十多年的自我更新。

(二)国内外对改革 ISDS 的探讨和实践分歧

1. 国内外学界的探讨和尝试

国内学界关注 ISDS 改革,始于国外学界提出的投资仲裁合法

---

① See Tim R Samples, "Winning and Losing in Investor-State Dispute Settlement", (2019)56 *American Business Law Journal* 115, pp. 142 – 143.

② See David Dayen, "The Big Problem with the Trans-Pacific Partnership", *Huffington Post*, August 29, 2016, http://www.huffingtonpost.com/entry/isds-lawsuit-financing-tpp_us_57c48e40e4b09cd22d91f660 (Last visited September 2, 2019).

③ See Luke Nottage, "The Trans-Pacific Partnership: The TPP Investment Chapter and Investor-State Arbitration in Asia and Oceania", (2016) 17 *Melbourne Journal of International Law* 313, pp. 320 – 322, 329.

④ See Gus Van Harten, "Leaders in the Expansive and Restrictive Interpretation of Investment Treaties: A Descriptive Study of ISDS Awards to 2010", (2018) 29 *European Journal of International Law* 507, pp. 507 – 508.

⑤ 张生:《国际投资仲裁中的条约解释研究》,法律出版社 2016 年版,第 4 ~ 5 页。

⑥ Anthea Roberts, "Power and Persuasion in Investment Treaty Interpretation: The Dual Role of States", (2010) 104 *American Journal of International Law* 179, pp. 179 – 181.

性危机。[①] 学界最初多是评论以及提出理论对策;真正参与并贡献 ISDS 改革方案的研究,始于对实施"一带一路"倡议是否需要构建独立 ISDS 问题的关注。主流观点认为,有必要基于倡议构建投资争端解决机制。[②] 相关观点又可分为谨慎派和激进派。谨慎派观点可归纳为:利用已参与的现有 ISDS 机制或者主导平台,诸如亚投行、丝路基金等,对已有 ISDS 予以修正或修订,并在条件成熟时构建全新的 ISDS。[③] 激进派观点可归纳为:在合理扬弃已有机制的基础上建立全新的"一带一路"投资争端解决中心,扩大争端解决范围使其涵盖贸易和投资,利用包括调解以及可上诉仲裁等多元方式解决争端。[④] 除了理论探讨,还有实践尝试。[⑤]

西欧和美国学者基于 ISDS 暴露出的诸多问题,对当前 ISDS 机制改革进行了探讨。[⑥] 主流观点认为当前的 ISDS 必须进行改

---

① 参见魏艳茹:《论国际投资仲裁的合法性危机及中国的对策》,载《河南社会科学》2008 年第 4 期,第 140 ~ 141 页;刘笋:《建立国际投资仲裁的上诉机制问题析评》,载《现代法学》2009 年第 5 期,第 122 ~ 125 页。

② 参见王贵国:《"一带一路"争端解决制度研究》,载《中国法学》2017 年第 6 期,第 57 页;初北平:《"一带一路"多元争端解决中心构建的当下与未来》,载《中国法学》2017 年第 6 期,第 72 页;张晓君、陈喆:《"一带一路"区域投资争端解决机制的构建》,载《学术论坛》2017 年第 3 期,第 51 ~ 52 页;石静霞、董暖:《"一带一路"倡议下投资争端解决机制的构建》,载《武大国际法评论》2018 年第 2 期,第 1 ~ 2 页。

③ 参见刘敬东:《"一带一路"法制体系构建研究》,载《政法论坛》2017 年第 5 期,第 133 ~ 134 页;黄进、孔庆江:《关于设立亚洲基础设施投资银行投资争端解决中心的探讨》,载《国际经济评论》2017 年第 6 期,第 118 页。关于构建全新 ISDS,可参见石静霞、董暖:《"一带一路"倡议下投资争端解决机制的构建》,载《武大国际法评论》2018 年第 2 期,第 2 页。

④ 参见初北平:《"一带一路"多元争端解决中心构建的当下与未来》,载《中国法学》2017 年第 6 期,第 72 ~ 73 页;张晓君、陈喆:《"一带一路"区域投资争端解决机制的构建》,载《学术论坛》2017 年第 3 期,第 55 ~ 56 页。李智、刘永平:《论调解在"一带一路"国际投资争端解决中运用》,载黄进等主编:《国际私法与比较法年刊》(第 22 卷),法律出版社 2018 年版,第 209 ~ 212 页。

⑤ 参见王贵国、李鋈麟、梁美芬主编:《"一带一路"争端解决机制》,浙江大学出版社 2017 年版。

⑥ Charles H. Brower, "Politics, Reason, and the Trajectory of Investor-State Dispute Settlement", (2017) 49 *Loyola University Chicago Law Journal* 271, pp. 285 – 288.

革,分歧在于如何改革。一些学者研究了"一带一路"倡议下是否应构建 ISDS 的问题,提出了以仲裁为主,[①]或者利用中国国际商事法庭,或者以中国—澳大利亚 BIT 中可上诉的争端解决途径应对。[②]

2. 国外改革 ISDS 的不同实践路径

(1)既有 ISDS 的自我更新

伴随 ICSID 受案量在 21 世纪的急遽增加,仲裁裁决也出现了各种问题,ICSID 遭到多方批评和指责,甚至导致一些国家退出此机制。[③] 为解决此问题,ICSID 于 2006 年 4 月起进行改革。许多学者提议建立上诉机制,[④]并得到 ICSID 关注。但在 2011 年度报告提及此机制后,就没再出现相关讨论。[⑤] 2016 年 10 月,ICSID 开启新一轮修正议程,从 2019 年 8 月 16 日公布的《ICSID 规则修改第三工作文件》看,本次改革试图从程序正义和程序效率方面,解决仲裁成本高企、透明度不足、仲裁员客观公正性欠缺以及第三方资助等问题。[⑥]

---

① See Patrick M. Norton, "China's Belt and Road Initiative: Challenges for Arbitration in Asia", (2018) 13 *University of Pennsylvania Asian Law Review* 72, p. 100. See also Wendy Simon-Pearson, "One Belt, One Road, One Treaty: China's Energy Security and the Energy Charter Treaty", (2018) 9 *George Washington Journal of Energy and Environmental Law* 112, p. 125.

② See Zachary Mollengarden, "One-Stop Dispute Resolution on the Belt and Road: Toward an International Commercial Court with Chinese Characteristics", (2019) 36 *UCLA Pacific Basin Law Journal* 65, p. 95.

③ See Kendall Grant, "ICSID's Reinforcement? UNASUR and the Rise of a Hybrid Regime for International Investment Arbitration", (2015) 52 *Osgoode Hall Law Journal* 1115, p. 1117, 1119.

④ See Kendall Grant, "ICSID's Reinforcement? UNASUR and the Rise of a Hybrid Regime for International Investment Arbitration", pp. 1128 – 1129.

⑤ See Yenkong Ngangjoh-Hodu, "ICSID Annulment Procedure and the WTO Appellate System: The Case for an Appellate System for Investment Arbitration", (2015) 6 *Journal of International Dispute Settlement* 308, pp. 310 – 331.

⑥ 参见张晓君、李文婧:《"一带一路"背景下的 ICSID 改革》,载《重庆大学学报》(社会科学版)2020 年第 1 期,第 8 ~ 9 页。

作为关注投资争端的另一重要机构,联合国国际贸易法委员会(UNCITRAL)第三工作组自2017年起将工作重心转向ISDS改革上。工作组认为,争端解决改革的选项之一就是设立上诉机构。欧盟对此的观点是,上诉审查只有通过法庭实现;在工作组2019年4月的第37届会议中,欧盟认为争端解决机构应该是常设性质的。[①] 常设仲裁法院认识到成员国的差异立场,对是否设立上诉制度未发表任何意见;ICSID也未发表意见。[②]

(2)美国主导下的北美区投资争端解决模式

美国学界很早便关注投资仲裁裁决不一致以及保护性条款的可预见性等问题。[③] 学界早期观点是,建立类似WTO的上诉机构以避免仲裁机构间做出冲突裁决。[④] 2002年美国国会颁布的《两党贸易促进授权法案》[⑤]以及2004年《美国双边投资条约范本》[⑥]都贯彻了设立上诉机制的设想。

在2008年至今国际格局剧烈变动的背景下,美国开始转向重视国家主义。尤其是特朗普政府履任后,美国主导《北美自由贸易协定》(NAFTA)的重新谈判,并于2018年签署《美国墨西哥加拿大协

---

① 参见《投资人与国家间争议解决领域可能的改革——欧洲联盟提交的材料》,第37段,A/CN. 9/WG. III/WP. 145,https://undocs. org/zh/A/CN. 9/WG. III/WP. 145,最后访问时间:2019年9月11日。

② 参见《投资人与国家间争议解决领域可能的改革——国际政府间组织的评论意见》,第1~9、19段,A/CN. 9/WG. III/WP. 143,https://undocs. org/zh/A/CN. 9/WG. III/WP. 143,最后访问时间:2020年1月26日。

③ R. Doak Bishop,"The Case for an Appellate Panel and its Scope of Review",https://www. biicl. org/files/943_doak_bishop_presentation. pdf (Last visited October 22,2019). See also Susan Frank,"The Legitimacy Crisis in International Treaty Arbitration Privatizing Public International Law through Inconsistent Decisions",(2005) 73 *Fordham Law Review* 1521, p. 1607.

④ David A. Gantz,"The Evolution of FTA Investment Provisions: from NAFTA to the United States-Chile Free Trade Agreement",(2004) 19 *American University International Law Review* 679,pp. 708 - 710.

⑤ 刘笋:《建立国际投资仲裁的上诉机制问题析评》,载《现代法学》2009年第5期,第122~130页。

⑥ 辛宪章:《国际投资争端解决机制研究》,东北财经大学2013年博士学位论文。

定》。该协定对 NAFTA 下的 ISDS 做出重大修改,具有明显的“美国优先”基础上的国别适用、时际适用以及限缩适用等特征。[①]

(3)欧盟的投资法庭模式

以德国改革为肇始,[②]欧盟做出整体改革。在 2015 年欧盟委员会正式公布的《TTIP 投资章节建议文本》中,委员会提出建立常设投资法庭和上诉机制的可行性。2016 年 2 月 1 日,《欧盟—越南自由贸易区协定》(EU-Vietnam Free Trade Area Agreement)将“投资法庭制度”列为一项重要章节内容;在 2016 年 2 月 29 日欧盟与加拿大的《全面经济与贸易协议》(Comprehensive Economic and Trade Agreement)中,双方一致同意采用投资法庭体系。

投资法庭的“两审终审”,是对现有投资仲裁机制的最大改革。上诉法庭可以审查初审法庭适用条文的法律瑕疵、事实认定的明显错误或《华盛顿公约》第 52 条列举的审查理由。[③] 为避免无限期拖延裁判,欧盟对上诉庭规定了严格的时间限制(180 ~ 270 天);此外,法庭还借鉴了普通法系的“判例法”原则,强调上诉法庭之前对类似案件的裁判对此后的仲裁庭(包括初审和上诉庭)都具有约束力。欧盟委员会认为,投资法庭机制应被纳入将来欧盟与其他缔约方的所有贸易投资协议中。[④]

(三)投资争端解决机制的改革方案辨析

基于上文分析可知,ISDS 的改革可谓前途未卜,又众说纷纭。国际投资的客观情势变化表明,新机制应重视发展中国家的话语

---

① 参见池漫郊:《〈美墨加协定〉投资争端解决之“三国四制”:表象、成因及启示》,载《经贸法律评论》2019 年第 4 期,第 24 ~ 25 页。

② 孙珺、从小墣:《论德国在“投资者 – 东道国”争端解决机制上的立场转变及其影响》,载《德国研究》2017 年第 4 期,第 66 ~ 80、126 页。

③ 邓婷婷:《中欧双边投资条约中的投资者 – 国家争端解决机制——以欧盟投资法庭制度为视角》,载《政治与法律》2017 年第 4 期,第 99 ~ 111 页。

④ 董静然:《“一带一路”倡议下投资者 – 国家争端解决机制研究——基于欧盟国际投资法庭制度的考察》,载《江苏社会科学》2018 年第 1 期,第 173 ~ 180 页。

权,且最可能借助区域化规则构建的路径实现。法律规范的变化表明,投资协议必须尽快更新,且新机制应摒弃商事仲裁的个案裁决方法,平衡东道国的规制需求和投资者的安全需求。学界探讨多基于程序正义的角度,力求在已有 ISDS 程序设计上进行自我更新。当前,以 ICSID 以及 UNCITRAL 为代表的国际投资仲裁机制正在革新,欧洲和北美的改革路径于一定程度上吸收了学界对程序设计改进的探讨,并部分回应了事实和法律上的变化,尤其是对区域路径以及平衡东道国和投资者利益的重视。

但已有改革存在两方面的根本不足:其一,未回应客观情势变化中发展中国家话语权以及东道国投资环境稳定性的影响;其二,欧洲、北美和 ICSID 以及 UNCITRAL 的模式默认并重视争端解决的对抗性,忽视了合作解决争议的可能性。基于此种默认,已有的改革均试图确保对抗双方的平等地位以及程序权利充分行使。而事实上,各争端解决途径,无论是仲裁(包括一裁终局和可上诉仲裁)、诉讼(投资法庭),还是多元纠纷解决机制,经由数百年甚至上千年的实践,可以认为条条大路通罗马,任一种机制并不具有必然的优越性,而仅存在对象和区域的适应性,如欧洲对诉讼途径的偏好,北美对弹性机制的选择。鉴于此,中国也应考虑本区域特征以及需求,设计出符合需要的 ISDS。当前国内学者的探讨也都集中于此方向,更说明学界在此问题上已取得基本共识。进而言之,如研究者指出的,ISDS 的多重改革路径乃是国际制度的设计问题。① 既然是制度设计,则根本上应由国际投资事实和实际需求决定,同时受设计主导方的理念影响。

因此,中国在供给 ISDS 发展方案时,应基于当前国际社会和国际投资的客观情势变化,以符合基本变化方向和本区域需求为导向,超越具体路径之争,反思投资争端解决制度如何改革这一重大问题。

---

① 参见王彦志:《国际投资争端解决机制改革的多元模式与中国选择》,载《中南大学学报》(社会科学版)2019 年第 4 期,第 74 页。

二、发展投资争端解决机制的中国方案：ISDS 的理念更新可能

当前国际社会的特征正发生转变：即由国家间对抗前提下的宽松合作转向基于广泛、重要共同利益的更紧密合作。① 这种转变决定了国际制度这一公共产品也会发生逻辑变化：即从强调或基于对抗转为促成或实现合作。中国近年来向国际社会提供的国际公共产品，都具备促成国家间更紧密合作的特征。② 受此影响，ISDS 的构建理念也宜将重心从强调对抗转向强调合作，力求实现共同利益。

（一）更紧密合作国际社会中投资争议解决上的共利需求

在国际投资中，投资者和东道国存在长远共利需求，即东道国借助投资获得发展，投资者在东道国长期稳定发展中持续获益。尤其是在争端解决上，双方更应将争端视为共同面对的问题，而非分裂双方的问题。

1. 发展中国家投资环境稳定的意义及其对构建 ISDS 的启示

跨国投资者是否前往一地区投资，基本逻辑是成本回报，尤其是决定了隐性成本的东道国投资环境。③ 国际投资最初主要是发达经济体间相互投资，流入发展中国家的投资比例较低，也是因为后者的隐性成本明显较高。④ 而当前发展中国家已成为越来越重

---

① 参见张辉：《人类命运共同体：国际法社会基础理论的当代发展》，载《中国社会科学》2018 年第 5 期，第 53 页。

② 参见王亚军：《“一带一路”倡议的理论创新与典范价值》，载《世界经济与政治》2017 年第 3 期，第 12 页。

③ See World Bank Group, *Global Investment Competitiveness Report* 2017/2018: *Foreign Investor Perspectives and Policy Implications*, Washington, DC: The World Bank, 2018, p. 6.

④ 参见李原、汪红驹：《“一带一路”沿线国家投资风险研究》，载《河北经贸大学学报》2018 年第 4 期，第 54 页；孙焱林，覃飞：《“一带一路”倡议降低了企业对外直接投资风险吗》，载《国际贸易问题研究》2018 年第 8 期，第 66 页；王军杰：《论“一带一路”沿线投资政治风险的法律应对》，载《现代法学》2018 年第 3 期，第 170 页。

要的投资东道国,甚至在2018年首次超过发达经济体吸收了更多外资。投资回报率统计数据可以解释这一现象,数据显示,发展中国家的回报率明显高于发达国家,尤其是亚洲东南区域的回报率优秀且稳定;[①]这一结果得益于本地区尤其是中国的长期稳定,这也说明东道国稳定对资本流入量的决定性影响。另外,当前流入投资回报率明显高于流出投资回报率,这说明投资对东道国的经济驱动明显增强,尤其是发展中国家东道国对投资的需求和依赖也较高。基于发达经济体再度重视单边主义,未来投资可能会更倾向于流入发展中国家。如果能确保东道国投资环境稳定,这一判断将成为现实。

简言之,作为东道国的发展中国家实现长期稳定发展,是投资者获得长远稳定收益的必要条件。因此中国基于实施"一带一路"倡议的ISDS构建,不能罔顾东道国利益而单方面保护投资者;争端解决上应避免出现投资者恶意启动程序的现象,并确保在争端解决上的双方合作。基于前文的分析,中国作为重要的投资者母国和东道国,如果期望在国际投资领域真正获取话语权,应基于双方共利需求,积极主导构建以投资者东道国合作为基础的本区域ISDS机制。

2. 中国缔结的BITs确立的投资争端解决途径亟待更新

首先,中国目前有104项有效双边投资协定(BIT),[②]2010年之前缔结的第一代条约占96%。[③] 具体到"一带一路"沿线国家,有12个国家和中国尚无有效的双边投资协议;在有双边

---

① See UNCTAD, World Investment Report 2018(Overview), p. 6.

② 参见我国对外签订双边投资协定一览表, http://tfs.mofcom.gov.cn/article/Nocategory/201111/20111107819474.shtml,最后访问时间:2019年5月26日。

③ 联合国贸易和发展会议将2010年之前缔结的条约视为第一代条约,几乎所有投资争端都是第一代条约引起的。参见联合国贸易和发展会议:《2017年世界投资报告》,纽约和日内瓦:联合国,2017,第xi。关于第一代条约会给中国投资者带来管辖权缺失风险问题,参见刘勇:《"一带一路"投资风险及其法律应对——以"尤科斯诉俄罗斯案"为视角》,载《环球法律评论》2018年第1期,第176、185页。

投资协议的国家中，又有7个国家尚未签署《华盛顿公约》；[①]在46个既有双边协定又都签署了《华盛顿公约》的国家中，全面接受ICSID管辖的只有4个。[②] 其次，各方的投资协定争端解决条款在争端解决途径、机构以及程序选择上存在明显差异。[③] 最后，从沿线国家对既有ISDS机制的利用看，"一带一路"沿线国家虽然在双边投资协定中选择ICSID，但实际上对多边条约的利用率并不乐观。[④]

以上说明，既有机制对中国基于"一带一路"的投资进行争端解决并不方便易得，尤为关键的一点是，这些机制没有充分考虑如何平衡投资者和东道国共利需求。且双边投资协定过于陈旧，会导致投资者遭遇投资风险时可获得的救济途径完全是个案经验，缺乏制度性、一致性和可预期性；而缔约时间跨度长，有关争端解决的条款差异性也很大，中国投资者在沿线国家投资时，能否利用ICSID的争端解决机制并不统一。这些问题都会增加投资者的隐形成本和负担，需对此做出回应。

（二）中国以非诉讼途径解决外商投资争议的国内经验

在回应上述问题时，中国作为重要的投资东道国，应对或解决外商投资争议的国内经验值得重视。

1. 外国投资投诉协调制度的成就

中国已成为美国之外最重要的投资东道国，且自2000年起吸

---

① 参见张晓君、陈喆：《"一带一路"区域投资争端解决机制的构建》，载《学术论坛》2017年第3期，第51页。

② 参见刘京莲：《阿根廷国际投资仲裁危机的法理与实践研究——兼论对中国的启示》，厦门大学出版社2001年版，第204～208页。

③ 参见张晓君、陈喆：《"一带一路"区域投资争端解决机制的构建》，载《学术论坛》2017年第3期，第50～51页。

④ See ICSID, "The ICSID Caseload Statistics", ICSID: The ICSID Caseload Statistics (issue 2019－2), pp. 6, 12, 18－19, https://icsid.worldbank.org/en/Pages/Resources/ICSID-Caseload-Statistics.aspx (Last visited Jannuary 26, 2020).

引外资金额基本是连续增长。[①] 尤其是在近10年国际投资整体疲弱的背景下,相关数据的意义更为明显:中国对外资的吸引力具有连续稳定的可增长性。但外资初进中国时,当时的研究普遍并不看好外资在中国的安全稳定收益。国外研究者曾呼吁前往中国的投资者要小心谨慎,[②]国内研究者也预测中国作为本地区最大的东道国可能会面临较多争端,[③]但事实是中国构建起吸引外资的可靠法律环境,[④]涉及中国的投资争端始终处于较低比率。这与中国保持国内经济稳定休戚相关,同时和中国处理外商投资争议的独特途径具有直接联系,这一独特途径即外国投资投诉协调制度。

2. 外国投资投诉协调制度自下而上的生长和意义

根据可查资料,最早规范外国投资投诉协调制度的是1989年《上海市外商投资企业投诉及处理办法》。此后,其他省市开始出台类似办法。这种内生于实践的做法,由于具备不同于诉讼或仲裁的实效性,[⑤]最终得到商务部认可,并在2006年公布了《商务部外商投资企业投诉工作暂行办法》,此后由于其成效又被上升为法

---

① 参见商务部:《2013中国外商投资报告》,第2页,http://images.mofcom.gov.cn/wzs/201312/20131211162942372.pdf,最后访问时间:2019年12月13日;《中国外商投资报告2018》,第2页,http://wzs.mofcom.gov.cn/article/ztxx/201810/20181002793208.shtml,最后访问时间:2020年1月26日;UNCTAD,General Information:China(2017),https://unctadstat.unctad.org/CountryProfile/GeneralProfile/en-GB/156/GeneralProfile156.pdf (Last visited September 10,2019)。

② Pat K. Chew,"Political Risk and U.S. Investments in China:Chimera of Protection and Predictability?",(1993-1994)34 *Virginia Journalof International Law* 615,pp. 616-618.

③ 余劲松、詹晓宁:《论投资者与东道国间争端解决机制及其影响》,载《中国法学》2005年第5期,第181页。

④ 陶立峰:《国际投资规则视角下的上海自贸区外资管理法律制度研究》,法律出版社2018年版,第45~49、92~99页。Kate Hadley,"Do China's BITs Matter? Assessing the Effect of China's Investment Agreements on Foreign Direct Investment Flows,Investors' Rights,and The Rule of Law",(2013)4 *Georgetown Journal of International Law* 255,p. 256.

⑤ 参见徐芳:《论我国新型外国投资投诉协调处理机制的构建——兼评〈外国投资法(草案征求意见稿)〉相关规定》,载《河北法学》2016年第2期,第46~47页;吴加明:《新形势下涉台投诉协调工作面临的问题及其法制化路径》,载《台湾研究》2017年第5期,第86页。

律。2019 年中国通过的《外商投资法》,第 26 条以三款内容确认了外商投资企业投诉工作机制,同时第 12 条规定了与其他国家和地区、国际组织间的投资促进合作机制。结合这两条规定可知,外商投资企业投诉工作机制的国际化并非不可能。2020 年 1 月 1 日起生效的《外商投资法实施条例》(以下简称《实施条例》)再次确认了此机制的重要性。《实施条例》第 5、29、30、31 条,细化了《外商投资法》第 26 条的规定,规定了自中央至地方的外商投资企业投诉工作机制,包括中央的部委间联系会议、地方的专门部门(机构)负责等。些许令人遗憾的是,《实施条例》对《外商投资法》第 12 条规定的国际合作未能给予更为细化的衔接和支持。尽管如此,法律的确认表明未来这种合作是可以实现的。处理外商投资企业投诉的工作机制,历经近 30 年的本土实践,逐渐自下而上地成长并转化为法律条文,证明了这种途径的生命力;中国各地的实践也证明了该机制的适应性、充分的可实践性以及可复制性。

鉴于此,这一国内经验的意义不应仅局限于国内法层面。尤其是在处理投诉过程中,企业和相关政府部门因为合作解决问题从而形成良性互动,促进东道国改善投资环境、提高投资管理水平,[①]并提高外资企业承担社会责任水平,更具有前景可期的国际法意义。国内学者以及实务部门已经意识到预防争端的积极意义,[②]中国国际贸易促进委员会基于预防和解决争端的理念设立了预警机构;[③]国内多家高校院所成立了国际(商事)争端预防与解决研究院。

凡此种种,均说明在投资争端解决机制上,尽早合作解决争端

---

① 参见王鹏:《国际投资法的社会化趋势》,载《西安交通大学学报》(社会科学版)2016 年第 4 期,第 94 ~ 95 页。

② 参见漆彤:《论"一带一路"国际投资争议的预防机制》,载《法学评论》2018 年第 3 期,第 79 页。

③ 参见 http://www.ccpit.org/Contents/Channel_4131/2018/0521/1005579/content_1005579.htm(Last visited May 20,2019)。

可以覆盖传统事后解决争端路径的盲区,同时为 ISDS 的改革提供一种整体上的理念启示,使其符合当前更紧密合作国际社会的需求。同时,这一做法与仲裁或诉讼路径仍具有可衔接性,是构建 ISDS 中对边界的突破和对缺失内容的补正。2019 年 7 月 18 日,中国政府在 UNCITRAL 第三工作组第 38 届会议筹备期间,向秘书处提交意见书,建议探索建立投资调解机制并将其纳入仲裁前磋商程序,①可视为一次积极的实践。

(三)国内外已有探讨和实践对及早介入争端并衔接后续路径的启示

1. 国内外对预防性介入争端的探讨

在 ICSID 改革过程中,虽然中心认为上诉机制并非最佳选择,但有研究者提出,不妨设立一道"预审裁决"(preliminary ruling)程序:当仲裁庭在条约解释中遇到问题时,先中止审理程序,将相关问题提交给专门设立的一个机构解决。目前,欧盟就采用了此种方法,保证欧盟法能够在各成员国国内法院中得到一致实施。②UNCITRAL 秘书长安娜也提出过是否可以建立投资争端国际咨询中心的观点。③ 在 UNCITRAL 第三工作组于第 37 届会议上做的工作报告中,也提到了仲裁之外的手段解决和预防争端的方法。④ 中国政府在第 38 届会议筹备期间提交的意见书中,也有类

---

① 参见《中国政府提交的意见书》,A/CN. 9/WG. Ⅲ/WP. 177,https://uncitral. un. org/sites/uncitral. un. org/files/wp117c. pdf,最后访问时间:2019 年 9 月 11 日。

② Rudolf Dolzer and Christoph Schreuer, *Principles of International Investment Law* (Oxford:Oxford University Press,2008),pp. 31 – 38.

③ Anna Joubin-Bret, "Establishing an International Advisory Center on Investment Disputes", *Thinkpiece for the Second Task Force Workshop on Investment Policy*, 9 – 10 June 2015. 转引自单文华:《E15 投资政策专家组报告　向多变投资框架迈进》,载 https://www.sohu. com/a/164234648_777399,最后访问时间:2020 年 1 月 26 日。

④ 参见《第三工作组(投资人与国家间争端解决制度改革)第三十七届会议工作报告》,A/CN. 9/970,第 29 段,https://undocs. org/zh/A/CN. 9/970,最后访问时间:2019 年 9 月 11 日。

似表达。

2. 美国国内法院实行的早期中立评估制度及其启示

这一点不仅在国际法上有关注，美国国内法中已经有几十年的实践经验。为了让当事人对争端最终如何解决形成整体判断，美国争端解决的替代性机制中出现了一种早期中立评估制度（Early Neutral Evaluation，ENE）。该制度产生10年后，兰德公司给予其正面评价。[①] 此后，该制度不仅在美国适用，在其他英美法系的国家和地区也得到重视。此制度也被称为结果预测或者案件规划制度，以便各方后续更有效处理争端，[②]这也构成了该制度的价值内核。

ENE可视为对诉讼途径的前向延展，其意义在于：诉讼开始前双方即可在法院提供的平台上对话，由此形成是否进入对抗式程序的合意判断。ENE虽然并不强制双方接受和解或调解，但事实上接受比率却相当高。而且，ENE后续不排除双方选择对抗式程序，也使其获得更多认可。这说明争端解决机制不仅应重视事后的程序正义，也应重视及早介入并促成当事人的合作解决争端。

现有的ISDS改革探讨以及欧洲和北美的实践，都过于强调对已有程序的内部修补，是一种基于事后和全然信赖程序正义的态度。事实上，在投资客观情势和法律规范发生明显变化的情形下，此种路径的局限几乎不言自明：即基于并囿于以对抗为核心的争端解决程序，并不完全适应当前国际社会对密切合作的需求。此种程序适用于控辩双方处于对立立场的诉讼活动，但对双方通过协商达成合意的案件，却是不完全适用的。[③] 因此，如果换个角

① 参见林轲亮：《早期中立评估制度研究——多元化纠纷解决机制的另一维度》，西南政法大学2012年博士学位论文，第6页。

② 参见林轲亮：《早期中立评估制度研究——多元化纠纷解决机制的另一维度》，西南政法大学2012年博士学位论文，第10页；John Lande，"The Movement Toward Early Case Handling in Courts and Private Dispute Resolution"，(2008－2009) 24 *The Ohio State Journal on Dispute Resolution* 81，pp. 99－101.

③ 陈瑞华：《程序正义理论》，中国法制出版社2010年版，"序言"第7页。

度,即在争端产生早期即以合作而非对抗角度看待当事方的关系,或可促成投资者与东道国意识到并解决如下问题:投资者会因此失去东道国市场,东道国则会因此失去吸引投资者的稳定环境,甚至最终可能两败俱伤;进而促使各方避免将重心置于对抗式程序,过多考虑设计何种程序确保双方平等对抗。

中国作为最成功的投资东道国之一,所积累的预防性解决外资争议的国内经验证明了合作解决争端、培育更稳定良好投资环境理念的可实践性,也证明此理念具备不同于原有强调对抗的争端解决机制的优越性,对既有的技术路径可提供潜在的指引;且其并不否定后续技术路径的可衔接性,更使其具备了良好地嵌入争端解决体系的可能性。美国国内法院类似的早期中立评估制度,也证明合作方法相较于对抗性的路径,更能实现解决的目的。在此理念之下,中国建立适宜于本国所主导的国际投资争端解决机制,或许可以为当前改革中的 ISDS 提供另一个可选方案。

三、投资争端解决机制中国方案的实现路径

中国在改革已有 ISDS 或者基于"一带一路"倡议重新构建本区域 ISDS 时,应重视基于投资者与东道国合作的争端解决机制构建,其技术路径可考虑从以下几个方面着手。

(一)推进本区域成立国际投资争端预防与评估中心

当前国际秩序正进入调整时期,各种区域秩序和区域规则在未来国际秩序中将发挥更重要的作用。[①] 在国际秩序和投资客观情势变化的背景下,在多边方式解决问题的有效性开始明显降低的前提下,[②]为 ISDS 的未来发展提供中国方案时,可优先考虑区

① 参见唐世平:《国际秩序的未来》,载《国际观察》2019 年第 2 期,第 29 ~ 30 页。

② 参见张辉:《人类命运共同体:国际法社会基础理论的当代发展》,载《中国社会科学》2018 年第 5 期,第 53 页。

域化途径。

这种路径的具体实现,应基于已有的区域平台和机制,主要包括:其一,中国主导设立的平台,譬如亚洲基础设施投资银行和“一带一路”倡议;其二,中国参与的机制和平台,例如 ICSID 以及 UNCITRAL。在二者间,可优先利用中国主导的平台,召集各成员方探讨建立国际争端预防和评估中心。中心应是具有国际法人格的法律服务机构,首要目的是实现国际社会的投资投诉协调,并可借鉴美国 ENE 经验,以中国处理外商投资的投诉协调制度经验为基础,制定投诉协调规则或规约。中心为受东道国监管影响的投资者提供早期介入争端的平台和机制,促成投资者和东道国开展早期对话与合作。在中国参与的机制和平台中,中国可继续利用当前多边平台下的区域合作路径,譬如中国在 UNCITRAL 第三工作组第 36 届会议上申明的发展中国家参与 ISDS 改革进程的发言,以及在第 38 届会议筹备期间针对 ISDS 可能的改革提交的意见书,均属此类实践。这两条途径并行不悖,且以前者为重点。

(二)构建国际投资争端预防与评估中心的基本思路

1. 中心(规约)的制定目的:基于非零和理念的争端预防和解决

在“一带一路”倡议实施过程中,中国的身份是投资输出和输入的双向大国,这就决定了在争端预防性机制构建上,中国面临着如何平衡东道国和投资者利益的考验。为避免争端解决中的对抗式零和理念以及因此导致的双方利益冲突,各方制定中心规约时应在争端解决上确立非零和理念,[①]以更能惠益各方的合作途径扩充当前 ISDS 的覆盖范围,补缺事前的预防机制。

2. 中心(规约)的基本原则

国际投资争端预防和评估中心的规约可确立如下原则:早期介

---

① Peter K. Yu, "Toward a Non Zero-Sum Approach To Resolving Global Intellectual Property Disputes: What We Can Learn From Mediators Business Strategists, and International Relations Theorists", (2002) 70 *University of Cincinnati Law Review* 569, pp. 570 – 575.

入、平衡(保护投资和尊重东道国必要管理)原则、适度透明等原则。

(1)早期介入以控制争端解决成本

当前的争端解决中,诉讼和仲裁都耗费不菲,①尤其是投资争端的解决成本比贸易更高。研究者认为,投资争端比贸易争端的解决成本高出5~10倍,其平均费用超过800万美元。② 这对于律所和律师自然是丰厚的回报,对于投资人也很可能成为有利可图的机会,③但对于已经可能处于危机状态的国家而言,则会成为难以承受之重的"正义"。④ 因此"一带一路"倡议实施过程中的争端解决,如果以早期介入为基本理念,则可基本控制成本,使正义不至于如此昂贵和难以接近。

(2)投资者与东道国间的平衡原则

现有ISDS尤其为人所诟病的,是其过于偏袒投资者。⑤ 投资者被视为"手持利剑",而东道国则感到"刀斧加身"。这一机制本是为了保护在投资争端关系中处于弱势的投资者,但如今跨国公司富可敌国并不鲜见,很容易对中小国家形成明显优势,⑥甚至能

---

① 参见张晓君、陈喆:《"一带一路"区域投资争端解决机制的构建》,载《学术论坛》2017年第3期,第53页。

② Peter K. Yu, "The Investment-Related Aspects of Intellectual Property Rights", (2017) 66 *American University Law Review* 829, pp. 852 – 853.

③ See M. Hodgson, "Damages and Costs in Investment Treaty Arbitration Revisited", https://www.allenovery.com/en-gb/global/news-and-insights/news/damages-and-costs-in-investment-treaty-arbitration-revisited (Last visited January 26, 2020).

④ 参见《投资人与国家间争议解决领域可能的改革——欧洲联盟提交的材料》, A/CN.9/WG.III/WP.145,第33~34段, https://undocs.org/zh/A/CN.9/WG.III/WP.145,最后访问时间:2019年9月11日。

⑤ 单文华:《E15投资政策专家组报告　向多边投资框架迈进》,载搜狐网: https://www.sohu.com/a/164234648_777399,最后访问时间:2020年1月26日。

⑥ Baker, Brook K. and Geddes, Katrina, "Corporate Power Unbound: Investor-State Arbitration of IP Monopolies on Medicines- *Eli Lilly v. Canada* and the Trans-Pacific Partnership Agreement", September 29, 2015, Northeastern University School of Law Research Paper No. 242 – 2015; Dean Rusk International Center Research Paper No. 2016 – 13. Available at SSRN: https://ssrn.com/abstract=2667062 or http://dx.doi.org/10.2139/ssrn.2667062 (Last visited September 16, 2019).

强迫东道国。

因此,如果仍然基于仲裁为中心的争端解决模式,ISDS的更新和回应会非常困难,因为其中涉及大量双边投资条约具体条款的修订。而如果以合作解决和预警共商为思路,一旦投资者和东道国之出现利益冲突,投资者或东道国都可以申请评估机构介入并做出独立评估,则可实现二者间在解决冲突上的地位平衡。

(3)适度透明度原则

基于早期介入构建的合作型ISDS,与传统的仲裁、诉讼以及其他替代性争议解决机制(ADR)都不尽相同,其中涉及双方争点的确定及其证据的坦诚交换,涉及评估小组对双方真实诉求的了解,此过程在保密环境下更能顺利进行,但最终达成的争议解决结果则可公之于众。因此,适度透明既有利于保护投资者和东道国的商业以及国家秘密,又有利于争端解决形成先例,对评估机构形成约束。现有的仲裁透明度方面的框架,诸如《贸易法委员会投资人与国家间基于条约仲裁透明度规则》和《联合国投资人与国家间基于条约仲裁透明度公约》(《毛里求斯透明度公约》)可为如何确立适度透明度原则提供有益参考。

3. 机构形式的预构想以及后续衔接其他路径的可能

上述探讨的预防和评估中心,或可以在中国大陆某一地区,依托国际法研究重要机构设立。中心基于当前的"互联网+"以及大数据趋势,可实现投资者和东道国互联网会议、母国与东道国行业协会与中心评估小组的会议、数据以及电子证据实时传输和交换等。中心主持评估小组完成独立评估,促成双方对争端解决形成预测。

如果双方进行和解,可借鉴国际商事领域《关于调解所产生的国际和解协议公约》(《新加坡公约》)的做法形成可执行的和解协议。[①] 如果经由评估完成和解或者选择进入诉讼或者仲裁,中心

① 参见温先涛:《〈新加坡公约〉与中国商事调解》,载《中国法律评论》2019年第1期,第199页。

也可以作为衔接当事人与有资质的中国国际仲裁机构或者国际商事法庭的秘书机构,并完成和解书或者调解书以及其他司法文书的制作、送达以及辅助其进行裁决或判决的执行等。

(三)中国国内立法途径和卡尔沃主义复活的意义

1. 以国内法促成利用国际投资争端预防与评估中心

为应对国际规则出现空白或断层的情形,中国应重视在国内法规则中制定具有域外适用效力的规则。具体到 ISDS 上,由于一般引起争议的是东道国监管措施变化,因此可于一定程度上借鉴美国在贸易领域的做法,强制东道国接受争端的早期介入,此途径的单边性质决定了其适用范围有限,应限于东道国监管变化影响中国投资者权益且东道国政府不愿进行投资协调,或者东道国政府不符合国际法征收投资等极端情形。虽然仅限于上述极端情形,但此途径不可或缺。

2. "卡尔沃主义"可促成各方利用国际投资争端预防与评估中心

由于"卡尔沃主义"的复活,一些国家和地区对传统 ISDS 的否定,会从另一角度促成对早期介入 ISDS 的利用。因为此机制回避了投资者和东道国在用尽当地救济问题上的矛盾。

因此,当投资者对仲裁有明显的偏好和依赖,[①]而东道国又坚持其国内法院介入时,莫如在争端早期进行介入和预测如何解决争端最优,这也成就了国际投资争端预防与评估机构的存在意义。

结　语

国际社会重大变革背景下正在实现复兴的中国,已成为投资

---

① Charles H. Brower, "Politics, Reason, and the Trajectory of Investor-State Dispute Settlement", (2017) 49 *Loyola University Chicago Law Journal* 271, pp. 299 – 301.

流出和流入的双向大国。在面临如何改革当前 ISDS 的问题时,更重要的贡献在于检视既有 ISDS 是否在方向上存在偏差和盲区。在国际投资更加区域化且投资规则也倾向于区域化的背景下,中国作为本区域最为成功的东道国和投资者母国之一,在 ISDS 规则供给上,应重视国内法律框架内的外商投资争议解决经验,并进一步将此经验延伸至投资争端解决规则的构建:将争端解决从当前的对抗式自利推进转向为具有共同体意识的共利;将规则重心从对抗式程序转移至双方坦诚合作上。同时,这一机制并不否认和排除后续进入对抗式程序的可能,由此实现利己与利他的融合,这是顺应国际社会共同体的内涵和本质需求,也是中国担负国际责任的体现。

China's Proposal for the Reform of ISDS Regime and Its Realization

ZHANG Xiangjun

Abstract: The ISDS regime is now being reformed, which is caused by the need to tackle with new issues due to critically changed international investment situations. Whereupon, the traditional arbitration regime of ICSID and UNCITRAL is being updated, European Investment Court and USMCA has been adopting different approaches in accordance with regional needs. With fundamental changes in the international community, the ISDS regime needs to be re-examined over its basic ideology and concept. As one of the most important host countries, China has established a mechanism for coordinating and dealing with foreign investment complaints in the Foreign Investment Act, which is of great significance and value in international law. The mechanism is essentially different from existing ISDS regime which has been taking investment arbitration as the core. Whereas, this China's approach may shed light upon the reforming and development of ISDS and may be the foundation for China to propose for the development of ISDS. To realize such a proposal, China may promote the establishment of a specific institution in regional and multilateral platforms and organizations. At the same time, it can also be achieved through China's domestic law with international effects and through the codification of specific rules.

Key Words: ISDS; investment arbitration; Foreign Investment Act

述　　评

国家援用自卫权打击恐怖主义行为的法律问题研究

张丝路*

摘要:国际法院通过判决和咨询意见明确了《联合国宪章》第51条规定的自然权利的意义以及向安理会报告义务的性质,并提供了判断武力攻击严重性的标准,还阐释了习惯国际法对行使自卫权的限制。当非国家行为体实施的恐怖主义行为被一国确认且该国表示出承担行为责任的意图时,或者该行为体被一国总体控制时,恐怖主义行为归责于一国。在此基础上,还需要满足必要性以及相称性的限制,受害国才能行使自卫权。愈演愈烈的恐怖主义行为是对世界和平与安全的严重威胁,有必要以自卫权作为打击非国家行为体实施的不归责于特定国家的恐怖主义行为之最后手段。此种情况下,受害国援用自卫权的前提是安理会针对特定恐怖主义行为出台决议,并且实施恐怖主义行为的非国家行为体实际控制一国或多国部分领土。

关键词:自卫权;恐怖主义;非国家行为体

2019年4月21日发生在斯里兰卡的连环炸弹袭击,将恐怖主义这一威胁世界和平与安全的毒瘤再次拉入人们的视野。不论从

* 法学博士,西北政法大学在站博士后,西北政法大学国际法学院讲师。

法律上还是事实上来看,对与一国相互独立的个人或组织(以下简称非国家行为体)实施的恐怖主义行为,国家是否能够援用《联合国宪章》(以下简称《宪章》)第51条规定的自卫权予以跨境打击,是“9·11”事件之后,国际法学界一直争论的问题。本文试图从国际法院的判决和咨询意见入手,研讨国家援用自卫权的国际法规则;而后考察非国家行为体实施的恐怖主义行为归责于国家的条件,以及针对这类恐怖主义行为行使自卫权的条件;最后探讨是否存在针对非国家行为体实施的不归责于特定国家的恐怖主义行为,行使自卫权的必要性,以及如果存在前述必要性,相应的支撑理论。

一、国家援用自卫权的国际法规则——以国际法院判决及咨询意见为视角

《宪章》第51条规定了联合国成员国行使自卫权的三个条件;其一,受到武力攻击;其二,联合国安全理事会(以下简称安理会)未采取必要办法以维持国际和平与安全;其三,应将自卫权行使之办法向安理会报告。国际法院自1945年以来,在三件判决以及两份咨询意见中,进一步阐明并发展了行使自卫权的条件。需要说明的是,由于行使自卫权案件事实的复杂性以及援用武力问题的政治敏感性,国际法院在很多争议问题上的态度是模棱两可的,但对于以下问题,国际法院的意见是比较明确的。

第一,如何理解自然权利。在尼加拉瓜案中,国际法院指出,自然权利的措辞表明自卫权具有习惯国际法方面的性质。[①] 而在

① Military and Paramilitary Activities in and against Nicaragua(Nicaragua v. United States of America),Merits,Judgment,I. C. J. Reports 1986,p. 14,para. 176.

威胁或使用核武器的合法性咨询意见中，国际法院指出，援用《宪章》第51条规定的自卫权应受到特定限制，一些限制存在于自卫这一概念本身；另一些限制则被规定在《宪章》第51条。[①] 根据国际法院的以上论断，可以认为，自卫权应是国家依据习惯国际法所具有的权利，《宪章》只是并入了习惯国际法中的一些内容。

第二，习惯国际法对自卫权行使的限制——必要性和相称性。在尼加拉瓜案中，国际法院指出《宪章》并没有规定自卫权的全部内容，必要性和相称性也应属于行使自卫权的条件。[②] 而国际法院在后续的石油平台案、威胁或使用核武器的合法性咨询意见以及武装行为案中，都确认了必要性和相称性对于行使自卫权的限制。然而，国际法院在前述判决及咨询意见中，都没有明确界定必要性和相称性的法律标准，只是提出了以下考量因素：其一，自卫权行使时与武力攻击时的时间差；[③]其二，行使自卫权的整体规模是否与武力攻击相称；[④]其三，自卫行为针对的目标的性质；[⑤]其四，自卫行为针对的目标与武力攻击的目标之间的距离；[⑥]其五：行使自卫权可能导致的环境损害，或者说附带损失。[⑦] 总体而言，必要性要求的核心是武力自卫应是最后手段，而相称性的核心要

---

① Legality of the Threat or Use of Nuclear Weapons, Advisory Opinion, I. C. J. Reports 1996, p. 226, para. 40.

② Military and Paramilitary Activities in and against Nicaragua (Nicaragua v. United States of America), Merits, Judgment, I. C. J. Reports 1986, p. 14, para. 176.

③ Military and Paramilitary Activities in and against Nicaragua (Nicaragua v. United States of America), Merits, Judgment, I. C. J. Reports 1986, p. 14, para. 237.

④ Oil Platforms (Islamic Republic of Iran v. United States of America), Judgment, I. C. J. Reports 2003, p. 161, para. 77.

⑤ Oil Platforms (Islamic Republic of Iran v. United States of America), Judgment, I. C. J. Reports 2003, p. 161, para. 74.

⑥ Armed Activities on the Territory of the Congo (Democratic Republic of the Congo v. Uganda), Judgment, I. C. J. Reports 2005, p. 168, para. 147.

⑦ Legality of the Threat or Use of Nuclear Weapons, Advisory Opinion, I. C. J. Reports 1996, p. 226, para. 30.

求是武力自卫的严重性与武装攻击的严重性应一致。[①]

第三,向安理会报告的性质。在尼加拉瓜案中,国际法院指出,缺乏向安理会的报告,是考察行使自卫权的国家,是否确信其在行使自卫权的一个因素。[②] 此案后,不考虑行使自卫权本身是否满足《宪章》或者习惯国际法的要求,多数国家在行使自卫权之前都会按照国际法院的前述意见,向安理会报告。[③]

第四,武力攻击的严重性应达到《侵略定义》宣言所界定的侵略行为的程度。在尼加拉瓜案中,国际法院首次讨论了武力攻击的概念,其认为有必要区分最为严重的使用武力的方式(构成武力攻击)以及其他不严重的使用武力的情形。[④] 对于后者,国际法院援用1970年《关于各国依据联合国宪章建立友好关系及合作之国际法原则之宣言》(以下简称《国际法原则宣言》)关于禁止使用武力原则的有关规定;而对于构成了武力攻击的使用武力的方式,国际法院则是以1974年《侵略定义》宣言第3条规定的情况为例。国际法院在后续的石油平台案中接受了前述区分,[⑤]而在武装行为案中,国际法院同样援引《侵略定义》宣言第3条作为判断是否发生武力攻击的标准。[⑥] 可以认为,尽管国际法院试图避免直接定义《宪章》第51条所规定的武力攻击的概念,但其认可《侵略定义》宣言第3条对于武力攻击的概念,具有非常重要的解释价值,

---

① 史久镛:《国际法上的禁止使用武力》,李雪平译,黄解放校,载《武大国际法评论》2017年第6期,第8页。

② Military and Paramilitary Activities in and against Nicaragua(Nicaragua v. United States of America),Merits,Judgment,I. C. J. Reports 1986,p. 14,para. 200.

③ Christine Gray, *International Law and the Use of Force* (Oxford: Oxford University Press,4th edn,2018),p. 128.

④ Military and Paramilitary Activities in and against Nicaragua(Nicaragua v. United States of America),Merits,Judgment,I. C. J. Reports 1986,p. 14,para. 191.

⑤ Oil Platforms(Islamic Republic of Iran v. United States of America),Judgment,I. C J. Reports 2003,p. 161,para. 51.

⑥ Armed Activities on the Territory of the Congo(Democratic Republic of the Congo v. Uganda),Judgment,I. C. J. Reports 2005,p. 168,para. 146.

特别是对于如何认定武力攻击的严重性。

更为重要的是，在尼加拉瓜案中，国际法院通过援引《侵略定义》宣言第3条(g)款，即一个国家或以其名义派遣武装小队、武装团体、非正规军或雇佣兵，对一国进行武力行为，其严重性相当于第3条所列其他侵略行为，或该国实际卷入(substantial involvement)了这些行为，否定了仅向叛军提供武器、后勤以及其他支持就构成武力攻击的可能性。[①] 国际法院在后续的武装行为案中，认可了前述实际卷入标准，法院认为，基于案件事实，没有令人满意的刚果(金)政府直接或间接卷入的证据。[②] 而对于实际卷入所需的控制程度，从尼加拉瓜案中，国际法院有关尼加拉瓜叛军的行为是否归责于美国的认定来看，要满足有效控制标准。[③]

从国际法院的上述论断来看，如果国家实际卷入，则非国家行为体的行为应被归责于国家，因而，此时受害国不是在针对非国家行为体行使自卫权，而是针对实际卷入的国家行使自卫权。因此，基于前述分析，我们首先需要考察的是，针对归责于国家的恐怖主义行为行使自卫权的条件。而后需要分析的是，"9·11"事件后，是否存在直接向从事恐怖主义行为的非国家行为体行使自卫权的必要性，以及如果存在这种必要性，其相应的支撑理论。

二、针对归于国家的恐怖主义行为行使自卫权的前提和条件

国际社会自1963年以来，已制定了19份制止恐怖主义行为

① Military and Paramilitary Activities in and against Nicaragua(Nicaragua v. United States of America), Merits, Judgment, I. C. J. Reports 1986, p. 14, para. 195.

② Armed Activities on the Territory of the Congo(Democratic Republic of the Congo v. Uganda), Judgment, I. C. J. Reports 2005, p. 168, para. 146.

③ Military and Paramilitary Activities in and against Nicaragua(Nicaragua v. United States of America), Merits, Judgment, I. C. J. Reports 1986, p. 14, para. 115.

的国际公约。因此,尽管国际范围内尚未有针对恐怖主义、恐怖主义组织以及恐怖主义行为的权威界定,但至少对于恐怖主义行为之外延是有广泛国际共识的,即前述19份国际公约所规制的行为,包括危害民用航空安全、危害海上航行安全、劫持人质、侵害应受国际保护人员、恐怖主义爆炸、资助恐怖主义、核恐怖主义等行为。如果非国家行为体从事前述行为,并且按照《国家对国际不法行为的责任(草案)》(以下简称《不法行为的责任(草案)》)的规定,可以将前述行为归责于特定国家,则前述行为可以构成该国的国际不法行为。

需要指出的是,一国的国际不法行为责任与受害国行使自卫权是两个不同的问题,两者有不同的适用领域和适用条件。就非国家行为体从事的恐怖主义行为而言,即便该行为可以归责于特定国家,也不意味着受害国对前述行为就可以行使自卫权。除非前述行为满足了行使自卫权的条件,否则受害国应通过恢复原状、请求赔偿等和平手段,要求责任国承担相应的国际不法行为责任。据此,针对归责于国家的恐怖主义行为行使自卫权,除了满足恐怖主义行为归责于特定国家这一条件外,恐怖主义行为本身还必须满足《宪章》第51条和习惯国际法规定的自卫权行使之条件。

(一)行使自卫权的前提——恐怖主义行为归于国家的认定

《不法行为的责任(草案)》第二章对于如何将国际不法行为归责于一国做出了规定。需要指出的是,由于《国际法原则宣言》明确规定:“每一国皆有义务避免在他国发动、煽动、协助或参加内争或恐怖活动,或默许在本国境内从事以犯此等行为为目的指有组织活动,但本项所称之行为以涉及使用威胁或武力者为限。”因而,任何国家主动从事恐怖主义行为本身就违反了国际法基本原则。因此,以行使国内法授予的政府权力作为判断行为是否归责于国家的《不法行为的责任(草案)》第4条、第5条和第6条,以及将正式当局不存在或缺席时,行使政府权力的个人或组织的行为归责于国家的《不法行为的责任(草案)》第9条,在恐怖主义行为的场合不适用,因为国内法显然不能授权个人或组织公然从事违反国际法的行为。同时,由于本文界定的非国家行为体与国家相互独立,不存在法律或者事实上的联系,因此,以官方身份和职能为判断标准的《不法行为的责任(草案)》第7条,也不具备适用的可能性。此外,《不法行为的责任(草案)》第10条是从主体持续性的角度将叛乱运动或其他运动的行为归责于特定国家或者新国家,[①]显然行为本身与归责于国家存在时间上的先后顺序。因而,叛乱运动或其他运动的行为即便构成武力攻击,也不能在其成为一国新政府或成为新国家时,再行使自卫权,因为这典型属于现代国际法所禁止的武力报复,而非行使自卫权。因此,以下主要讨论《不法行为的责任(草案)》第8条以及第11条。[②]

第一,如一国确认并将恐怖主义行为当作其本身的行为,应体现出承担相应责任的意图。国际法委员会在针对《不法行为的责任(草案)》第11条的述评中明确表明,确认并当作不仅仅是在一般意义上承认某种事实,而是国家指出具体有争议的行为并使得该行为成为自己的行为。[③] 从归责的角度,这意味着国家有承担责任的意图。在目前国际社会反对恐怖主义的大趋势之下,国家几乎不可能明确地表明对非国家行为体的恐怖主义行为承担责任,故而,基本可以排除第11条适用的可能性。

---

① Report of the International Law Commission, *Draft articles on Responsibility of States for Internationally Wrongful Acts with commentaries*, A/56/10(2001), chap. IV, p. 50.

② 《国家对国际不法行为的责任(草案)》第8条"受到国家指挥或控制的行为":"如果一人或一群人实际上按照国家的指示或在其指挥或控制下行事,其行为应视为国际法所指的该国的行为。"《国家对国际不法行为的责任(草案)》第11条"经一国确认并当作其本身行为的行为":"按照前述各条款不归于一国的行为,在并且只在该国确认并当作其本身行为的情况下,依国际法视为该国的行为。"

③ Report of the International Law Commission, *Draft Articles on Responsibility of States for Internationally Wrongful Acts with commentaries*, A/56/10(2001), Chap. IV, p. 53.

第二,应根据总体控制标准判断国家是否指示、指挥或控制恐怖主义行为。国家指示、指挥或控制非国家行为体实施恐怖主义行为时,国家并非主动从事,而只是参与恐怖主义行为,因而,就归责而言,核心问题是国家对于非国家行为体的控制程度。目前有两种不同的标准,认定将非国家行为体实施的行为归责于国家所需的控制程度。前已述及,在尼加拉瓜案中,国际法院认为,针对导致美国法律责任的行为,原则上应证明国家有效控制被指控违反国际人道法的军事或准军事活动。[①] 正是基于这一判断,国际法院才没有认可美国实质卷入尼加拉瓜叛军的行动。前述有效控制标准在武装行为案得到了援用。[②] 但是,在塔迪奇案中,前南斯拉夫国际刑事法庭上诉庭指出,为了将一个组织的行为归于一个国家,应要求该组织作为一个整体在该国的总体控制之下。[③] 不难看出,总体控制标准所需的控制程度要低于有效控制标准。

国际法委员会在针对《不法行为的责任(草案)》第 8 条的述评中指出,由于塔迪奇案件的法律问题和案件事实与尼加拉瓜案不同,才导致了上述两种不同的认定标准。然而,国际法委员会并没有否认塔迪奇案中的判断标准,而是提出了个案式的判断标准,即在任何情况下,在每个案件中评价特定行为的实施,是否在国家的控制下,应依据前述控制可以使行为归责于该国的程度。[④]

笔者认为,应根据总体控制标准,而不是有效控制标准,判断国家对于非国家行为体的控制程度。原因在于,其一,在国家参与恐怖主义行为的场合,总体控制标准相较于有效控制标准理论上

---

① Military and Paramilitary Activities in and against Nicaragua (Nicaragua v. United States of America), Merits, Judgment, I. C. J. Reports 1986, p. 14, para. 115.

② Armed Activities on the Territory of the Congo (Democratic Republic of the Congo v. Uganda), Judgment, I. C. J. Reports 2005, p. 168, para. 160.

③ *Prosecutor* v *Duško Tadic*, ICTY, Case No IT – 94 – 1 – A, Appeals Chamber, 15 July 1999, para. 120.

④ Report of the International Law Commission, *Draft Articles on Responsibility of States for Internationally Wrongful Acts with commentaries*, A/56/10(2001), chap. IV, p. 48.

更为合理。在尼加拉瓜案中,国际法院需要判断的是军事或准军事行动是否违反国际人道法。因而,在行为本身是否违反国际法存疑时,较高的控制标准应是合理的。[①] 然而,在国家参与非国家行为体实施恐怖主义行为的场合,由于恐怖主义行为本身是违反国际法的,为避免国家依据其本身不是从事国际不法行为的主体而逃脱责任,降低国家控制的程度应是合理的。其二,就国家参与恐怖主义行为的方式而言,总体控制标准相较于有效控制标准更具有针对性。有学者经过研究指出,国家参与恐怖主义组织的主要方式包括训练、提供情报、提供武器、财政资助、提供后勤保障、理念指导以及提供基地等。[②] 就这些方式而言,很难认定国家有效控制实施恐怖主义行为的非国家行为体。据此,总体控制标准相较于有效控制标准更适于国家参与恐怖主义行为的场合。其三,总体控制标准相较于有效控制标准,更符合打击恐怖主义行为的实际需要。由于目前国际社会的大趋势是反对恐怖主义,因而,在《不法行为的责任(草案)》其他条款设定的标准很难运用于认定恐怖主义行为是否归责于国家的前提下,降低判断控制的标准,进而有效打击国家参与的恐怖主义,也符合打击恐怖主义行为的实际需要。

(二)行使自卫权的条件

当非国家行为体从事的恐怖主义行为被归责于特定国家时,恐怖主义行为还必须满足《宪章》第 51 条和习惯国际法规定的行使自卫权的条件,受害国才能援用自卫权。判断前述恐怖主义行为能否满足行使自卫权的条件,有以下四个问题需要澄清。

第一,构成武力攻击的恐怖主义行为所需满足的严重性。正

---

① Kimberley N. Trapp, *State Responsibility for International Terrorism* (Oxford: Oxford University Press,2011),p. 44.

② Daniel Byman, *Deadly Connections-States that Sponsor Terrorism* (Cambridge: Cambridge University Press,2005),pp. 54 - 66.

如国际法院在尼加拉瓜案中的论断,并不是所有形式的使用武力都能构成武力攻击,武力攻击本身需要满足一定的严重性标准,这意味着不是所有形式的恐怖主义行为本身都能构成武力攻击。尽管国际法院、国家实践以及有关使用武力的权威国际法论著,都没有对于严重性的判断标准做出明确、统一以及权威的限定,但笔者认为,恐怖主义行为至少应达到造成重大人员伤亡或巨大财产损失的程度,才能满足武力攻击的严重性条件。[①]

第二,必要性和相称性要求。针对归责于国家的恐怖主义行为,行使自卫权应当满足必要性的限制,即行使自卫权应是打击恐怖主义行为的最后手段。2006 年联合国大会一致通过了《联合国全球反恐战略》,该战略在防止和打击恐怖主义的措施中明确要求联合国各成员国采取措施"确保根据国内法和国际法,特别是人权法、难民法和国际人道主义法的相关规定,逮捕和起诉或引渡恐怖主义行为的实施人"。同时,还需要成员国"在适当情况下加强合作,及时交流关于防止和打击恐怖主义的准确信息"。[②] 这就意味着,各国应首先通过交换情报来预防恐怖主义行为;而当恐怖主义行为发生后,也应首先采用请求处罚或引渡等国际刑事司法合作方式,惩处恐怖主义行为,而不应该首先诉诸武力。

而在恐怖主义行为可以归责于一国且满足必要性要求时,尽管可以针对该国实施自卫行为,但相称性要求使得自卫行为应针对实施恐怖主义行为的非国家行为体的基地或者设施,其最终的目标应当是阻止该行为体继续实施武力攻击。同时,自卫行为也不应造成实施恐怖主义行为的非国家行为体所在国非军事目标的损失,特别是平民的伤亡。[③]

---

① 罗国强、朱俊杰:《国家援引自卫权打击恐怖主义可能性之维度》,载《武大国际法评论》2018 年第 3 期,第 48 页。

② 联合国大会决议,《联合国全球反恐战略》,A/RES/60/288(2006),第 5 页。

③ 李寿平、王志佳:《试论国家境外武力反恐的合法性》,载《法学杂志》2016 年第 9 期,第 53 ~ 54 页。

第三,不能通过累积的方式认定恐怖主义行为是否构成武力攻击。通过累积的方式认定是否构成武力攻击是为了解决单个行为或事件不满足武力攻击严重性标准之问题。有学者援引国际法院在石油平台案中的意见,指出国际法院并没有否定一系列行为或者事件累积后,可以构成武力攻击,进而使得受害国可以援用自卫权的可能性。[①] 然而,国际法院在石油平台案中的意见,仅针对美国提出的累积增加了特定攻击严重性之论断,[②]并没有明确回答是否可以通过累积的方式认定武力攻击。[③]

在此前提下,笔者认为,不能通过累积的方式认定恐怖主义行为是否构成武力攻击。原因在于,一方面,如果累积的目的是为了整合已经发生的恐怖主义行为,进而从整体上认定这些行为的严重性,则其实质等同于对以前发生的恐怖主义行为的武力报复,这显然是现代国际法所不允许的;另一方面,如果累积的目的是为了证明将来可能发生的行为或事件构成针对受害国的严重威胁,进而达到行使武力攻击所需的严重性条件,这显然是预期性自卫权的另一种表达方式,而预期性自卫权是国际法所不允许的。[④] 因此,不能通过累积的方式认定恐怖主义行为是否满足严重性标准。而针对不满足严重性标准的恐怖主义行为,更适当的应对方式应是通过情报交流、反措施或国际刑事司法合作,预防或者惩处恐怖主义行为。

第四,恐怖主义行为针对的目标。从公认的恐怖主义行为来看,需要明确的是,针对一国外交代表机构及其人员、位于他国的

---

① Yoram Dinstein, *War, Aggression, and Self-defence* (Cambridge: Cambridge University Press, 5th edn, 2012), p. 206.

② Oil Platforms (Islamic Republic of Iran v. United States of America), Judgment, I. C. J. Reports 2003, p. 161, para. 62.

③ Christine Gray, *International Law and the Use of Force*, (Oxford: Oxford University Press, 4th edn, 2018), p. 152.

④ 赵枫、陈聪:《越境打击恐怖势力的合法性及其根本判定依据》,载《南京政治学院学报》2017 年第 1 期,第 95 页。

本国公民以及本国国籍的民用航空器或者船舶的恐怖主义行为,能否运用自卫权予以回应。(1)在德黑兰案中,尽管国际法院提及了美国宣称的,针对伊朗武力攻击其大使馆的行为,援用自卫权的请求,但并未做出判断。① 考虑到驻外使领馆及其工作人员实际是国家的代表,从这个角度而言,针对这些人的恐怖主义行为,应该被认为是直接针对特定国家的,特别是考虑到他国实质卷入前述恐怖主义行为的场合,但是和平手段也应是解决这类问题的首要选择。(2)国际法委员会针对《外交保护条款(草案)》的述评明确指出,为《宪章》第2条第4款所禁止的使用武力,不是一国行使外交保护的权利所可以采用的措施。② 显然,如果出现非国家行为体劫持一国位于他国的本国公民的情况,可行的解决方法当然是通过和平手段实施外交保护。(3)《侵略定义》宣言第3条第4项明确将一国的武装部队攻击另一国商船或民用航空器的行为认定为侵略行为,显然针对民用航空器或商船的恐怖主义行为如果满足严重性的要求,应是可以构成武力攻击的。但需要指出,《侵略定义》宣言英文版采用的是舰队或者机群的措辞,③显然单独攻击一架民用航空器或者一艘商船达不到严重性的要求。另外,根据国际法院在石油平台案中的意见,被攻击的民用航空器或者商船应当以受害国为国籍国,而不考虑所有权的问题。④ 同时,针对某一特定地点,不区分不同国籍的民用航空器或者商船的范围攻击,不能构成针对特定国家的武力攻击。⑤

---

① United States Diplomatic and Consular Staff in Tehran, Judgment, I. C. J. Reports 1980, p. 3, para. 93.

② Report of the International Law Commission, *Draft Articles on Diplomatic Protection with commentaries* A/61/10(2006), chap. IV, paras. 27 – 28.

③ Definition of Aggression Article 3(g):"An attack by the armed force of a state on the land, sea or air force, or marine and air fleets of another states."

④ Oil Platforms(Islamic Republic of Iran v. United States of America), Judgment, I. C. J. Reports 2003, p. 161, para. 64.

⑤ Christine Gray, *International Law and the Use of Force*, (Oxford: Oxford University Press, 4th edn, 2018), p. 152.

三、针对不归于国家的恐怖主义行为行使自卫权的必要性以及理论基础

在以下两种情况下，即使恐怖主义行为不归责于国家，受害国也能针对实施恐怖主义行为的非国家行为体行使自卫权：(1)安理会授权。需要指出的是，即使在“9·11”事件之后，安理会第1368号决议和第1373号决议，也只是在序言中“确认以及申明单独或集体自卫的固有权利”，并“决心以及重申采取一切手段打击恐怖主义行为所造成的对国际和平与安全的威胁”，[①]而并没有明确授权任何国家单独行使自卫权或多个国家集体行使自卫权。考虑到使用武力问题的政治敏感性，即便安理会授权针对实施恐怖主义行为的非国家行为体行使自卫权，多数情况下，也仅仅只是一种默许，而不是明确授权。(2)实施恐怖主义行为的非国家行为体所在国(以下简称所在国)同意。比如2015年9月30日，应叙利亚政府邀请，俄罗斯开始对叙境内的恐怖极端组织发动空袭。所在国同意需要同时满足四个条件：第一，有效同意必须由国家明确地表达，而不能仅仅只是推定；第二，有效同意不能有任何瑕疵，比如错误、受贿或受到强迫而做出；第三，有效同意必须是，依据国内法，有权机构以及有权个人做出的；第四，有效同意必须在不法行为实施前做出。[②] 据此，本部分主要讨论的是，除前述两种特殊情况外，受害国能不能在一般意义上针对实施恐怖主义行为的非国家行为体，行使自卫权。

---

① 联合国安理会，第1368(2001)号决议号决议，S/RES/1368(2001)，第1页。联合国安理会，第1373(2001)号决议号决议，S/RES/1373(2001)，第1页。

② Isabella Wong, “Authority to consent to the use of force in contemporary international law: the Crimean and Yemeni conflicts”, (2019) 6 *Journal on the Use of Force and International Law* 52, pp. 56–57.

(一)针对不归于国家的恐怖主义行为行使自卫权的必要性

即便不存在上述两种特殊情况,从实际需要的角度,至少有以下三个理由支持受害国针对实施恐怖主义行为的非国家行为体行使自卫权:

首先,国际和平与安全。不可否认的是,"一切形式和表现的恐怖主义都是对国际和平与安全的最严重威胁之一"。[①] 因而,为了维护国际和平与安全,援用自卫权打击,乃至于消灭实施恐怖主义行为的非国家行为体,是现今国际社会的实际需要之一。

其次,保护国家主权的需要。自卫权存在的主要原因,是为了维护一国的主权,而主权本质上包含着一国的安全利益。从这个角度而言,构成武力攻击且造成巨大损失的恐怖主义行为,威胁到了国家的安全利益。基于此,为了保护国家的安全利益,援用自卫权打击实施恐怖主义行为的非国家行为体,具有必要性。但不可否认的是,主权也是针对实施恐怖主义行为的非国家行为体,行使自卫权的最大障碍。因而,针对实施恐怖主义行为的非国家行为体,行使自卫权,必须具备侵犯所在国主权以及不通过和平手段予以解决的充足理由。

最后,尊重和保障人权。《宪章》序言重申对于基本人权的尊重,而实施恐怖主义行为的非国家行为体"奉行暴力极端主义思想,系统而广泛地肆意袭击平民,践踏人权和违反国际人道主义法,包括以宗教或族裔为由进行侵权违法,毁灭文化遗产和贩运文化财产",[②]这显然与《宪章》的基本精神背道而驰。在现行国际法本身缺乏良好执行机制的前提下,援用自卫权惩处严重践踏基本人权的恐怖主义行为,可以被认为是一种保护和尊重人权的方式。然而,这不等于在一般意义上承认人道主义干涉的合

---

① 联合国安理会,第2249(2015)号决议,S/RES/2249(2015),第1页。

② 联合国安理会,第2249(2015)号决议,S/RES/2249(2015),第1页。

法性，也就是说，尊重和保障人权仍然是一国的国内事务，仍应由该国独立承担该责任，而不能动辄以他国陷入人道主义危机为由，实施武力打击。

需要指出的是，有针对实施恐怖主义行为的非国家行为体行使自卫权的必要性，不等于只能或者首先通过援用自卫权打击实施恐怖主义行为的非国家行为体。正如我国政府在反恐问题上的一贯立场，打击恐怖主义行为应当根据《宪章》的宗旨和原则以及其他公认的国际关系基本准则，充分发挥联合国的主导作用，进一步加强反恐协调与合作，组成反恐统一战线。① 受害国援用自卫权应是打击恐怖主义行为的最后手段。

（二）针对不归于国家的恐怖主义行为行使自卫权的理论

"9·11"事件之后，尽管尚未形成习惯国际法规则许可受害国援用自卫权打击实施恐怖主义行为的非国家行为体，但由于存在上述必要性，许多国际法学者提出不同理论支持受害国援用自卫权打击实施恐怖主义行为的非国家行为体，大体形成了以下三种不同的观点：

第一，可以从《宪章》文本、国家实践以及权威学者的论述中得出受害国可以针对非国家行为体行使自卫权的结论。② 同时，为了限制受害国随意援用自卫权，对于非国家行为体实施的恐怖主义行为的严重性要求，应高于针对国家实施武力攻击的严重性要求。③ 然而，这种理论的主要问题是忽视了所在国主权。允许受害国针对实施恐怖主义行为的非国家行为体行使自卫权，显然

① 赵宝云、冯小卫、华小勇：《中国政府的反恐立场和反恐政策》，载《思想理论教育导刊》2012年第4期，第68页。

② Noam Lubell, *Extraterritorial Use of Force against Non-state Actors* (Oxford: Oxford University Press, 2010), pp. 31 – 36.

③ Tom Ruys, *Armed Attack and Article 51 of the UN Charter: Evolutions in Customary Law and Practice* (Cambridge: Cambridge University Press, 2010), pp. 499 – 500.

违反了国家主权原则。同时,也将该国的国内问题,转变为国际问题,这显然也违反了不干涉内政原则。当然,如果非国家行为体在所有国家管辖领域之外实施恐怖主义行为,考虑到恐怖主义行为的严重危害性是世界各国公认的,前述理论在此种特殊情况下有适用的合理性。

第二,所在国积极地庇护或者支持实施恐怖主义行为的非国家行为体。[①] 该理论的核心在于,所在国与实施恐怖主义行为的非国家行为体在一定程度上的关联性是受害国行使自卫权,或者说损害所在国主权的前提。因此,该理论本质上只是将国家实质卷入所需的控制标准进一步降低而已。然而,如何认定,特别是谁来认定所在国与实施恐怖主义行为的非国家行为体之间的关联性,是该理论面临的首要难题。同时,国家支持、庇护非国家行为体实施恐怖主义行为本身是违反国际法的,因此,该理论混淆了所在国的国际不法行为责任与受害国行使自卫权的条件。

第三,所在国不能或者不愿意解决实施恐怖主义行为的非国家行为体带来的威胁。[②] 该理论的实质在于,将受害国援用自卫权作为打击非国家行为体实施的恐怖主义行为最后的救济手段。[③] 该理论存在以下两方面的问题,其一,所在国不愿意打击实施恐怖主义行为的非国家行为体,本身是违反国际法规则的。显然,如同第二种理论一样,该理论混淆了所在国的国际不法行为责任,与受害国行使自卫权的条件。其二,如果所在国愿意打击从事恐怖主义行为的非国家行为体,但由于自身能力的不足而未产生

---

① Jutta Brunnée and Stephen J. Toope, "The Use of Force: International Law after Iraq", (2004) 53 *The International and Comparative Law Quarterly* 785, p. 795.

② Ashley Deeks, "Unwilling or Unable: Toward a Normative Framework for Extra-Territorial Self-Defense", (2012) 52 *Virginia Journal of international Law* 483, p. 483.

③ 何志鹏、王惠茹:《非国家行为体"对使用武力法的挑战与发展——兼评"不能或不愿"测试》,载《法学杂志》2019 年第 8 期,第 53 页。

效果,此时,允许受害国援用自卫权实际上不仅侵犯了所在国的主权,也违反了不干涉内政原则。更可取的方法应是遵照《联合国全球反恐战略》,通过国际合作以及能力建设,帮助所在国打击恐怖主义行为或者提升所在国预防和打击恐怖主义行为的能力,而不是直接援用自卫权。

笔者认为,就受害国针对实施恐怖主义行为的非国家行为体行使自卫权问题,安理会在巴黎“11·13”恐怖主义袭击后,一致通过的第2249号决议可以提供比较适当的理论出发点。该决议首先重申:“安理会尊重所有国家的主权、领土完整、独立和统一”,而后认定伊拉克和黎凡特伊斯兰国(以下简称伊黎伊斯兰国)“控制伊拉克和叙利亚相当一部分地域和自然资源”,并在决议正文中明确表明:“促请有能力的会员国根据国际法,特别是《联合国宪章》、国际人权法、难民法和人道主义法,在叙利亚和伊拉克境内受亦称为伊黎伊斯兰国控制的领土上,采取一切必要措施,加倍做出努力并进行协调,特别防止和打击伊黎伊斯兰国的恐怖主义行为。”①尽管该决议没有明确授权联合国成员国援用自卫权打击恐怖主义行为,但该决议在正文,而不是在序言中,明确要求成员国采取一切必要措施打击恐怖主义行为。同时,该决议还在承认叙利亚领土主权的基础上,认定伊黎伊斯兰国控制了一定的领土。因此,根据前述决议,可以认为,受害国针对实施恐怖主义行为的非国家行为体行使自卫权,应有两个重要前提:

第一,安理会针对特定恐怖主义行为出台决议。安理会的决议体现出了特定恐怖主义行为的严重性。尽管安理会一再肯定使用一切手段打击恐怖主义的必要性,但很少专门针对某一特定的恐怖主义行为,出台具有约束力的决议,明确表明其态度。而一旦安理会专门针对某一恐怖主义行为出台决议,特别是一致通过的

① 联合国安理会,第2249(2015)号决议,S/RES/2249(2015),第1~2页。

情况下,可以认为,该决议认可了决议涉及的恐怖主义行为的严重性,或者说该恐怖主义行为构成对国际和平与安全的严重威胁。比如,法国常驻联合国代表在第2249号决议表决通过后的讨论中,明确表明:"发生在11月13日的事件是对法国的武装侵略。"①而后,德国常驻联合国临时代表也在给安理会主席的信中指出:"伊黎伊斯兰国已经并继续对伊拉克、法国和其他国家进行武装攻击。"②不可否认的是,安理会针对特定恐怖主义行为达成的决议,背后一定有政治因素的考量,但这也从一定意义上表明了国际社会对决议涉及的恐怖主义行为之严重性的关切。

第二,实施恐怖主义行为的非国家行为体至少实际控制了一国或多国部分领土。一方面,实际控制领土的要求是为了减缓对所在国主权的侵害。需要将恐怖主义行为归责于一国,才能针对实施恐怖主义行为的非国家行为体行使自卫权的原因在于,不能损害所在国的主权;而必须首先使用和平手段处理恐怖主义行为的原因在于,所在国国内的恐怖主义行为本质上应是一国内政,它国不应当干涉。然而,当所在国丧失了对于非国家行为体所在地区的实际控制时,可以认为,该国已经丧失此部分领土为其提供的利益。而如果安理会就非国家行为体实施的恐怖主义行为出台专门的决议,一定意义上讲,此等情形已不纯然是一国内政。另一方面,在不考虑国际法人格的基础上,实际控制领土可以被认为是非国家行为体承担国际法责任的前提。1996年国际法委员会一读通过的《不法行为的责任(草案)》第14条第1款规定:"在国际法上,叛乱运动于一国领土或该国管理的领土上实施的行为,不应被视为该国的行为。"针对该条的解释指出:"叛乱运动可能从事使得叛乱运动本身负责的行为,如果该行为违反了叛乱运动应承担

① 联合国安理会,《恐怖行为对国际和平与安全造成的威胁》,S/PV.7565(2015),第2页。

② 2015年12月10日德国常驻联合国代表团临时代办给安全理事会主席的信,S/2015/946,第1页。

的国际义务。"[①]尽管叛乱运动与实施恐怖主义行为的非国家行为体并不相同,但国际责任的承担,并不考察实施行为的主体本身的性质,关注的重点是行为本身是否违反国际法。从这个角度而言,当非国家行为体已经有效控制一定的领土,则表明其已经开始成形,不管是否能够被认定为叛乱运动,也不管其最终是继续存续,还是被消灭,都应对其存在期间实施的恐怖主义行为负责。但需要指出的是,即便受害国能够针对实施恐怖主义行为的非国家行为体行使自卫权,也只能针对该行为体,[②]而不能以此为借口随意打击所国家,特别是不能造成平民的伤亡。

四、结 语

国际法院的判决和咨询意见阐明了《宪章》和习惯国际法规定的一国援用自卫权的条件。因而,受害国针对非国家行为体实施的恐怖主义行为援用自卫权时,应首先明确该行为是否可以归责于特定国家。可以依据《不法行为的责任(草案)》,以特定国家确认且该国表示出承担相应行为责任的意图,或者非国家行为体被特定国家总体控制为判断归责的标准。在此基础上,受害国援用自卫权还需要满足必要性以及相称性对于援用自卫权的限制。

而当非国家行为体实施的恐怖主义行为不能归责于特定国家时,尽管国际合作应是打击恐怖主义行为的主要途径,但也存在援用自卫权作为打击恐怖主义行为最后手段的必要性。此种情况下,从理论上讲,受害国援用自卫权打击实施恐怖主义行为的非国家行为体的应以安理会针对非国家行为体实施的特定恐怖主义出

---

① Report of the International Law Commission, Draft Articles on Responsibility of States for Internationally Wrongful Acts with commentaries adopted on first reading, http://legal.un.org/docs/?path=../ilc/texts/instruments/english/commentaries/9_6_1996.pdf&lang=EF.

② Tom Ruys, *Armed Attack and Article 51 of the UN Charter: Evolutions in Customary Law and Practice*, p. 496.

台决议,以及非国家行为体实际控制一国或多国部分领土为前提。

Research on the Legal Issues of States Invoking Right of Self-Defense against Terrorism Acts

ZHANG Silu

Abstract: International Court of Justice, by judgments and advisory opinions, illustrates the meaning of inherent right and the duty to report to the Security Council, provides examples of armed attack and clarifies the right of self-defense under customary international law. When the terrorist attacks by non-state actors were acknowledged and adopted by a State or the non-state actors were overall controlled by a State, the terrorist attacks were attributable to a State. However, the requirements of necessity and proportionality should also be satisfied, before triggering the right of self-defense. If the terrorist attacks were not attributable to a state, provided that the Security Council make a resolution and the non-state actors occupied certain territory, the victim state can apply the right of self-defense as the last resort against terrorist acts of non-state actors.

Key Words: right of self-defense; terrorism; non-state actors

郑斌教授国际法、航空航天法主要学术贡献评述*

张超汉**　杨　欢***

摘要：郑斌教授专注于国际法学、航空航天法学研究八十余年，为国际法、航空航天法的发展作出了杰出贡献。郑斌教授的国际法、航空航天法思想是一个内容丰富、逻辑严整、极富前瞻性和创造性的理论系统，在国内外颇具影响力。在国际法学领域，他明确了国际法院所适用的一般法律原则的含义及法律地位，消除了"基本原则"适用的模糊性；在国际航空法学领域，他总结了国际航空运输的组织及法律框架。此外，郑斌教授对速成国际习惯法、双梯度责任和限额定期复审机制的阐释，及其空天一体化理论为后续研究提供了重要的思想渊源。教授在国际法学、国际航空法学以及外层空间法学的重要学说及观点，既有理论意义，又有实践价值。学习其理论思想不仅有利于我国国际法学研究，而且有助

---

* 本文系教育部人文社会科学研究青年基金项目"冲突地区民航飞行风险预防机制及中国对策研究"（19YJC820070）、中国博士后科学基金第10批特别资助项目"中国大飞机发展战略法律保障机制研究"（2017T100292）和西北政法大学"一带一路"重大国际法问题研究青年学术创新团队的研究成果。衷心感谢匿名评审专家对拙稿提出的宝贵修改意见，文中疏漏之处概由作者负责。

** 西北政法大学郑斌航空与空间法研究所副教授、副所长，西北政法大学军民融合发展研究院研究员、长安青年学者，上海交通大学凯原法学院博士后研究人员。

*** 西北政法大学郑斌航空与空间法研究所助理研究员。

于我国加快制定与完善航空航天法律及政策,推进航空航天治理与航空航天强国建设。

关键词:郑斌;国际法;航空航天法;双梯度责任;限额复审;速成习惯法

2019 年 10 月 16 日,郑斌先生于伦敦仙逝,享年 98 岁。

郑斌,英籍华人,祖籍广东中山,1921 年生于北京。其父郑天锡,前国际联盟常设国际法院法官,原国民政府驻英国大使。郑斌先生 1944 年获瑞士日内瓦大学法学学士,1950 年获英国伦敦大学法律系哲学博士,1966 年获伦敦大学法学博士,1980 年当选为英国皇家航空学会院士。先生荣誉卓著,曾被法国政府授予学术勋章;被巴西政府授予桑托斯杜蒙航空勋章;被韩国航空与空间学会授予"航空与空间法贡献奖";亦曾被国际航天联盟空间法国际学会赠终生成就图书奖,证书称"其无数国际法、航空法与空间法的重要著作,对国际法的渐进发展具有非凡的、权威的和永久的贡献"。先生曾获国际航空运输协会颁发的"国际航空法发展杰出贡献奖",并于 2010 年获得欧洲航空学协会终身成就奖。先生历任伦敦大学学院法学院院长、伦敦大学法学院院长,伦敦大学航空与空间法终身名誉教授;曾担任过国际法协会英国分会荣誉秘书,国际法协会航空法委员会会长。先生 1982 年应中国社会科学院邀请首次回国开展学术交流,其讲学足迹遍布中国、韩国、法国、德国、荷兰、美国、巴西等二十多个国家。①

郑斌先生一生致力于国际法学、国际航空法学与外层空间法学研究,在这三大领域做出了开创性的贡献。在国际法学领域,先生探讨了国际裁判中所适用的一般法律原则,在很大程度上消除了"基本原则"这一用语适用的模糊性,为国际法学的研究提供了

① [英]郑斌:《国际法院与法庭适用的一般法律原则》,韩秀丽、蔡从燕译,法律出版社 2012 年版,作者简介第 1 ~4 页。

基准资料；在国际航空法学领域，郑斌先生创造性地提出双梯度赔偿责任等理论，使国际航空法的发展迈上新台阶；在外层空间法领域，郑斌先生更是以极具前瞻性的研究视角探讨了在国家实践不足的情况之下，速成国际习惯法[①]形成的可行性，以及在自由探索与利用外层空间时各国需要遵守的基本原则。今天我们回顾先生的学术成果，学习先生的治学精神，以此来缅怀这位杰出的国际法学家。

郑斌先生著述丰厚，主要著作有《国际法院与法庭适用的一般法律原则》[②]《国际航空运输法》[③]《国际空间法文集》[④]《国际法：学说与实践》[⑤]《当代国际法问题：纪念齐治·施瓦曾伯格八十诞辰文集》；[⑥]并著有论文若干，程家瑞先生将部分论文编辑成册，出版论文集《国际航空法研究：郑斌论文选集》。[⑦] 本文欲以郑斌先生的三本代表性专著，即《国际法院与法庭适用的一般法律原则》、《国际航空运输法》和《国际空间法文集》为主线，兼述其对双梯度赔偿责任与限额定期复审机制的精妙阐释，进而探讨先生对国际法学、国际航空法学以及外层空间法学所做的重要学术贡献。

---

① 因尚不存在统一的标准，故国际法学界对于“速成国际习惯法”的定义莫衷一是，各学者曾以下述称谓指代，如 instant customary international law, instant custom, modern custom, new custom, contemporary custom 等。其中文译文亦不统一，其中使用较多的为“速成国际法”“即时国际法”等。考虑到该术语的内在含义，本文采“速成国际习惯法”这一版本。

② Bin Cheng, *General Principles of Law as Applied by International Courts and Tribunals* (London: Stevens and Sons, 1953). 该著作已由韩秀丽和蔡从燕教授翻译，并于 2012 年由法律出版社出版。

③ Bin Cheng, *The Law of International Air Transport* (London: Stevens and Sons, 1962). 该著作已由徐克继翻译、刘伟民教授校对，并于 1996 年由中国民航出版社出版。

④ Bin Cheng, *Studies in International Space Law* (Oxford: Clarendon Press, 1997).

⑤ Bin Cheng (ed.), *International Law: Teaching and Practice* (London: Stevens and Sons, 1982).

⑥ Bin Cheng and E. D. Brown (eds.), *Contemporary Problems of International Law: Essays in Honour of Georg Schwarzenberger on His Eightieth Birthday* (London: Stevens and Sons, 1988).

⑦ Chia-Jui Cheng (ed.), *Studies in International Air Law: Selected Works of Bin Cheng* (Leiden: Brill Nijhoff, 2018).

一、在国际法学领域所做的贡献

郑斌先生在国际公法学领域深耕不辍,其理论成果对国际法学的发展起到了巨大的促进作用。先生在国际法学方面的学术贡献突出体现在其所著《国际法院与法庭适用的一般法律原则》一书中。

此书的最初形式是郑斌先生于1950年申请伦敦大学法律系哲学博士学位时提交给伦敦大学的学位论文,后于1953年出版。该著系统分析了自1794年现代国际仲裁开始至1953年本书第一次出版之际,约130个国际法院与法庭的600余个曾适用国际法"一般法律原则"的裁决,①目的在于探究这些被引用的一般法律原则实际上该如何定义,以及它们在国际法上应具有何种地位。

具体而言,本书分为四编:第一编自保原则,第二编诚信原则,第三编为责任概念中的一般法律原则——这其中又包含了个人责任原则、过失原则、全部赔偿原则与近因原则,以及第四编司法程序中的一般法律原则——这其中又包含了管辖权、指示采取临时保全措施的权限、确定管辖权范围的权力、证明与举证责任、既判力原则和消灭时效等内容。

其中,对自保原则和诚信原则的论述尤为精彩。

第一,自保原则。

在"自保原则"一编中,作者考察了"人民的安全是最高法律"这一为各国所公认的一般法律原则的适用情况,并从自保原则的领土(国内)适用和对外适用两方面加以论述。

从第一种情况即自保原则的领土适用来看,这一原则允许国家的福利和安全整体凌驾于受国家权力约束的个人、国民或在其

① ［英］郑斌:《国际法院与法庭适用的一般法律原则》,韩秀丽、蔡从燕译,法律出版社2012年版,中文版序言第1页。

领土内的外国人的权利和利益之上。[①] 在此前提下,作者首先论述了基于公共福利或安全的需要,一国可以对外国人进行拒绝和驱逐。其次,作者自然地引出对“公共福利”的内涵及促进措施(如征收、征用)的探讨。最后,作者在上述内容的基础上阐述因征收征用可能引发的补偿问题。全编结构紧密、环环相扣、一气呵成。

从第二种情况即自保原则的对外适用来看,该原则使得一国在与他国交往中享有诸如自卫、自助等权利。需要特别关注的是,若要使自卫、自助等措施取得合法性,则上述措施必须出于防卫性和预防性目的,且应受到如“必要”、诚信原则、人道原则等限制。在笔者看来,本部分最大的亮点为“在外国领土上进行自卫的行为”。郑斌先生通过简洁的语言和丰富的实例,明确地表达了这样的观点:即使在外国领土中,一国有时也可以采取预防措施,但前提是“存在刻不容缓的和压倒一切的自卫必要、没有选择手段的余地、没有考虑时间”。[②]

总之,在“自保原则”一编中,我们了解到“人民的安全是国家最高法律”这一原则的适用情况,了解到本原则在国际国内两个层面上的不同表现,也从本部分的论述中看到了该原则在实际适用过程中应如何受到限制,以便使国家实现自保的利益与个人利益、他国利益相协调。

第二,诚信原则。

诚信原则一编的主要内容可概括如下:在国际行为,特别是条约关系领域,在行使权利和履行义务之时,国际法要求遵守某种诚实、忠诚以及公平交往的标准。[③] 而在第五章“诚信原则的其他适

① [英]郑斌:《国际法院与法庭适用的一般法律原则》,韩秀丽、蔡从燕译,法律出版社2012年版,第32页。

② [英]郑斌:《国际法院与法庭适用的一般法律原则》,韩秀丽、蔡从燕译,法律出版社2012年版,第87页。

③ [英]郑斌:《国际法院与法庭适用的一般法律原则》,韩秀丽、蔡从燕译,法律出版社2012年版,第407页。

用”中,作者依次阐述了通知政策变化的义务、维持现状的义务、自相矛盾的人不予听取以及欺诈使一切归于无效等内容——这些内容与国内民法的普遍性原则相呼应,更加印证了作者在中文版序言中所表达的观点,即本书论述的一般法律原则不只局限于国际法,而是属于各个法律体系所共有。这些相同的一般原则贯穿并奠定了国际法与所有国内民法,包括民事诉讼法的基础。

最后,在本书的“结论”一章中,作者总结概括了一般法律原则的作用。[①]

纵观全书,本著看似聚焦于国际法中一般法律原则的性质、内容和功能,但在四个法律原则项下,作者实际上分析了大量的重要国际法问题,如对外国人的拒绝和驱逐、对外国财产的征收和征用、对自卫和自助的界定与区分。因此,可以说本书实际上是“一部深入研究国际法中大量至关重要同时又是普遍问题的综合性专著”。[②]

也正是在本书中,我们得见郑斌先生独特的写作方法,即利用归纳研究方法,通过列举多个相关案例,辅之以充分的说理论证,从而使所要阐述的问题不言自明。同样的写作方法在郑斌先生于1962 年出版的《国际航空运输法》中亦有所采用。《国际航空运输法》一书包含了对英国与世界上几乎所有国家签订的所有双边航空运输协定的全面分析。不得不说,这种研究方法能最大程度地激发读者的阅读兴趣,使读者紧跟作者的步伐,进而在反复比较与归纳分析中得出合乎逻辑的结论,通过此种写作方式所传递出来的经验与智慧是枯燥苍白的单纯说理所不能比拟的。

与此同时,郑斌先生对一般法律原则的探讨与研究启示着我们:若欲探寻国际法原则存在与否,不应当只是站在先验的基础上

---

① 有关“一般法律原则的作用”的具体内容详见[英]郑斌:《国际法院与法庭适用的一般法律原则》,韩秀丽、蔡从燕译,法律出版社 2012 年版,第 408 页。

② [英]郑斌:《国际法院与法庭适用的一般法律原则》,韩秀丽、蔡从燕译,法律出版社2012 年版,第 428 页。

进行无谓的理论争辩，而是应当立足于各国的实践寻找答案。同样，这也启示着我们：在学术研究中，我们要做的永远不是先预设一个价值立场，然后找寻可以论证此立场的材料，而是要从浩如烟海的材料中发掘出新的观点，继而回归大量的材料来论证自身观点的科学性。须知，国际法的学习与研究应当是一个自下而上的"艰辛"求索，而非自上而下的"轻松"设计。

二、在国际航空法学领域所做的贡献

如要追溯国际航空法学的发展脉络，探寻这个"年轻"的法学领域的前世今生，"郑斌"这个名字是必须提及的。关于郑斌先生在该领域所做的学术贡献，本文重点从两方面论述。

（一）《国际航空运输法》

郑斌先生对于国际航空运输的深邃思考与独到见解在这本著作中展现得淋漓尽致。

本书中文版的校译说明部分有这样一段话：作者以其研究成果证明，国际航空运输法是"国际法中独特、丰富、专业化和新颖的部门""有各自的原则和标准"。《国际航空运输法》这部著作不仅为航空法的发展作出了开拓性的贡献，而且扩展了现代国际法新的视野。[①] 的确如此，郑斌先生以渊博学识为斧，在国际航空法的丛林中为后人开辟出一条新路，使后人可以踩着先生以文字铺就的路走上探索求知的旅程。

本书中文版共分为三个部分，接下来将逐一阐述。

第一部分为组织和法律框架。在该部分中，作者分三章全面阐述了国际民航组织的相关法律问题，包括其成员资格和组织结

① ［英］郑斌：《国际航空运输法》，徐克继译，刘伟民校，中国民航出版社 1996 年版，第 1 页。

构、该组织的职能,以及1944年《芝加哥公约》规定的成员权利和义务。其中第四章所述“1944年芝加哥公约的原则和标准”尤其值得关注,特别是空气空间主权原则和航空器国籍原则。

第二部分为定期和不定期国际航班的区别及不定期国际航空运输法。在本部分,作者分两个章节展开论述。首先在概念上对定期和不定期国际航班进行了区别,继而针对不定期国际航空运输法展开论述。在介绍不定期国际航空运输法时,作者以1944年《芝加哥公约》第5条为切入点,探讨了英国和其他国家间的两项正式双边协定,[①]并用极大的篇幅着重阐述了于1956年4月30日在巴黎开放签字的《关于欧洲不定期航班商业权利的多边协定》(以下简称《巴黎协定》)。值得探讨的是,作者在介绍《巴黎协定》的范围时,将其分为属人范围,即将协定的缔约方限定在欧洲民航会议成员国之中;属物范围,即“除定期国际航班之外的取酬或出租的国际飞行”;[②]媒体范围,按此范围所用航空器必须首先为民用航空器;以及无须多言的地域范围。在上述四种范围中,“媒体范围”一词或许最能引发读者的疑惑,笔者认为,此处的“媒体范围”应当是指航空器的国籍问题,但也许是因为中英语言的差异,以致在翻译上出现了偏差,从而使读者对“媒体范围”一词的含义产生困惑。

第三部分为定期国际航空运输法,这也是国际航空运输的主要组成部分,大概正是基于这一原因,作者选择用五个章节进行详细阐述。[③] 在本部分,作者首先对多边主义和双边主义进行区分,并得出结论:“至少在定期国际航空运输方面,在今后相当长的时

---

① 这里指的是英国于1950年10月6日与法国签订的协定和于1952年5月13日与瑞士签订的协定,两项协定在1960年4月11日前被废止。

② [英]郑斌:《国际航空运输法》,徐克继译,刘伟民校,中国民航出版社1996年版,第168页。

③ 这五个章节分别为第七章“多边主义、双边主义和航空公司间的合作”;第八章“定期国际航班:权力的授予”;第九章“定期国际航班:管理措施”;第十章“定期国际航空运输:争端的解决”;第十一章“航空运输协定的缔结、修改、中止和终止”。

间里流行的将是双边主义而不是多边主义”。[①] 而在“航空公司间的合作”这一部分,作者提到了国际航空运输协会(IATA),该机构和国际民用航空组织(ICAO)一样,在国际航空法学研究中占据着重要地位,是探讨国际航空运输法绕不开的永恒主题。

除上述内容外,作者还谈到定期国际航班的权力授予、管理措施、争端解决等问题。其中,机场和其他设施的使用、对定期航班的运力管理,以及利用仲裁解决国际航空运输中产生的纠纷等内容,至今仍具有相当强的现实意义。

郑斌先生所著《国际航空运输法》一书,资料翔实、分析透彻、归纳精准、立说有据。此专著虽成书于20世纪60年代,但书中的内容于今天来看仍有巨大的参考和借鉴价值。先生的智慧光辉穿越两个世纪,仍然照耀着当下之航空法学界。

(二)双梯度赔偿责任和限额定期复审机制

除《国际航空运输法》外,在国际航空运输责任领域,郑斌先生对双梯度赔偿责任(Two-tied Liability System)和责任限额定期复审机制(Review of the Limits of Liability)的探讨同样值得关注。

谈到双梯度赔偿责任和限额定期复审机制必然要提到1999年的《统一国际航空运输某些规则的公约》(简称《蒙特利尔公约》),[②]公约分别在第21条和第24条中明文规定了双梯度赔偿责任[③]和

---

① [英]郑斌:《国际航空运输法》,徐克继译,刘伟民校,中国民航出版社1996年版,第186页。

② 该公约于2003年11月4日生效,中国作为第94个缔约国,于2005年7月31日对我国生效。截至2019年年底,该公约包括中国、美国、欧盟、日本、加拿大等主要航空大国在内的134个当事国。参见 https://www. icao. int/secretariat/legal/Lists/Current% 20lists% 20of% 20parties/AllItems. aspx,最后访问时间:2019年12月23日。

③ 双梯度赔偿责任是指以10万特别提款权为界划分两个梯度。在第一梯度即10万特别提款权(SDR)之内,承运人需承担有限责任和严格责任。而在第二梯度即超出10万特别提款权的范围内,承运人需承担“有条件的”无限责任,并实行推定过失责任制度。

限额定期复审机制。[①] 该公约既有对以1929年《统一国际航空运输某些规则的公约》(简称《华沙公约》)为核心的华沙体系文件已有规则的保留与继承,[②]又有在此基础上的一系列发展与创新。[③]

1. 从《华沙公约》到《蒙特利尔公约》

20世纪上半叶,国际航空运输业刚刚起步,各国普遍采取国内立法或适用本国现有民商法等方式对其加以规范,但这样的立法状况显然难以满足国际航空运输这一天然具有国际性特点的运输方式的需要。为了从法律层面规范日益兴起的国际航空运输业,呵护这一造福全人类的新兴产业的健康成长,保护旅客与货主的权益,明确承运人与消费者之间的权利义务关系,1929年10月12日,德、意、日、美、法等国在波兰首都华沙签订《华沙公约》,第一次对国际民用航空运输活动进行私法调整,第一次在国际公约中对航空承运人责任加以规定。[④]

《华沙公约》作为国际私法领域成功条约的典范,以保护承运人为立法导向,规定了较低的赔偿限额和推定过失责任,在航空事业发展初期发挥了积极的作用。在其后的70年里,该公约以及对它加以修正而产生的一系列议定书共同构成了华沙责任体系,在国际民用航空运输领域发挥着无可替代的重要作用。

---

① 限额定期复审机制是指保存人应当每隔5年对责任限额进行一次复审,并根据复审结果及时修订,以更好地保障旅客的切身利益、适应社会经济发展的需要。

② 以《华沙公约》为核心的华沙体系(Warsaw System)包括8个法律文件:1929年《统一国际航空运输某些规则的公约》;1955年海牙《修订统一国际航空运输某些规则的议定书》;1961年瓜达拉哈拉《统一非缔约承运人承担国际航空运输的某些规则以补充华沙公约的公约》;1971年《经海牙议定书修订华沙公约的危地马拉议定书》以及1975年修订华沙公约的四个《蒙特利尔议定书》。

③ 新旧两种责任体制在新的国际航空运输背景下将在一定时期内“共存”与“并行”适用,并逐步“过渡”到由《蒙特利尔公约》统一调整航空运输活动的状态。新公约并非简单地“取代”华沙体制文件。参见王瀚:《国际航空旅客运输责任制度的演进与发展》,载《中国社会科学院法学博士后论丛》(第四卷),中国社会科学出版社2008年版,第600页。

④ 谢开磊:《论〈蒙特利尔公约〉的突破及对我国民用航空法的影响》,载《当代经济》2011年第8期,第46页。

遗憾的是,随着世界经济和航空科技不断向前发展,承运人的风险预见能力随之提升,《华沙公约》逐渐落后于时代,已无法适应快速发展的航空业,以至于造成了国际、国内航空事故赔偿极不平衡的尴尬状况,使得许多航空大国或航空运输贡献率大的国家开始寻求突破公约有关赔偿限额的桎梏。以美国为代表的诸多国家通过法院实践对公约进行不同的解释,从而生成了超越《华沙公约》赔偿限额的数个不同标准。这些标准相互冲突,华沙体系由此陷入复杂混乱和执行不统一的状态。各国企图通过进一步增加修订协议和其他文书的方式缓和上述冲突,反而使这种混乱状态陷入更加糟糕的境地。此外,许多国家选择在适用新修订协议的同时一并适用华沙体系,这样的初衷是好的,但在具体实践中却起到了相反的效果,使得整个国际航空运输责任体系乱上加乱。① 在此背景下,碎块化的国际航空运输责任体系呼唤着统一的赔偿标准。

20 世纪 90 年代,国际民航组织顺应时代需要与各国呼声,开始对《华沙公约》进行一体化和现代化改革。但是"如何规定死亡乘客的赔偿标准"这一问题一直阻碍着华沙体系规则的改革进程,各国谈判一度陷入僵局。

时间倒流回 1981 年,在西印度群岛的多巴哥举办的国际航空法研讨会中,郑斌受邀担任主要发言人。在本次研讨会中,郑斌提交了题为《国际航空运输中旅客伤亡的绝对、无限制及担保责任体系》的报告,该报告涉及的主要原则如下:②

(1)航空承运人应承担严格责任;

---

① Bin Cheng, "The Birth of the Alvor Draft Convention to Reunify and Revitalise the Relevant Rules Relating to International Carriage by Air", in *Fourth International Aviation Law Seminar, Alvor, Algarve, Portugal* (London: Lloyd Press, 1987), pp. 1 – 32.

② Bin Cheng, "An Integrated System of Absolute, Unlimited and Secured Liability for Passenger Injury or Death in International Carriage by Air", in *International Aviation Law Seminar, Tobago, West Indies* (London: Lloyd Press, 1981), pp. 208 – 233.

(2)航空承运人(在一定条件下)应承担无限责任;

(3)航空承运人应有足够的责任保险;

(4)承认和保护航空承运人对其他责任方的代位权。

上述倡议一经提出便为各国打开了有关乘客伤亡赔偿责任的崭新思路。6年后的1987年,彼时第四届伦敦劳埃德国际航空法研讨会正在葡萄牙的阿尔沃召开。郑斌教授应乔治N.汤普金斯(George N. Tompkins)主席的邀请,与皮特·马丁(Peter Martin)共同起草了《阿尔沃国际航空运输公约草案》(以下简称《草案》),该草案即是对前述倡议的再发展。

《草案》的主要内容如下:①

(1)规定高达10万特别提款权的严格责任,同时规定过失责任;

(2)任何国家都可以根据承运人的过失来规定高于10万的赔偿限额;

(3)增加第五管辖权——在满足当事国为公约缔约国的前提条件下,允许原告向其住所或永久居住地的法院提出诉讼;

(4)要求航空公司按照公约所规定的责任内容进行投保;

(5)每隔5年对特别提款权进行复查,以确定新的数额标准。

《草案》首次提出在国际航空旅客运输中采用"推定过失责任"和"无过失责任"并行的、二元结构的"双梯度赔偿责任"的设想。该设想极富创造性。它直接触及华沙航空运输责任体制的两大核心问题——限制责任制度和推定过错责任制度,反映了长期以来国际社会改革华沙体制、加重承运人责任和提高赔偿责任限额的呼声,也吸取了华沙公约历次修订文件取得的进

① *Draft Convention Relating to International Carriage by Air*, adopted by the Fourth Lloyd's of London International Aviation Law Seminar, held at Alvor, Portugal, from 11 to 16 October 1987 [Alvor Draft]. For its complete text see: Bin Cheng, "Sixty Years of the Warsaw Convention: Airline Liability at the Crossroads (Part Ⅱ)", (1990) 39 *German Journal of Air and Space Law* 3, pp. 3 – 39.

步成果。[1] 这一设想不仅平衡了航空大国与航空后起国家的矛盾,而且平衡了航空消费者和承运人的矛盾,得到了各国谈判代表的一致赞同。它为《华沙公约》重回一体化轨道指明了方向,亦为《蒙特利尔公约》的制定打下坚实的基础,此后各国纷纷响应,开始了以双梯度赔偿原则为基础制定新责任体制的探索。

1992 年,日本发生了历史上最大的空难事故,承运人如何对罹难者亲属进行赔偿受到了国际社会的广泛关注。日本国际航空公司在尊重《华沙—海牙议定书》中旅客伤亡条件的前提下接受了 10 万特别提款权的绝对责任和基于推定过错的无限额责任,并放弃了基于共同过失的抗辩。[2] 这一举动无疑是对上述《草案》提出的"双梯度赔偿责任"设想的采纳,引发当时航空界的震惊与思索。也正是从这次事件开始,对华沙公约体系的变革与对"双梯度赔偿责任"的吸纳便呈现出不可阻挡的趋势。

1999 年,恰逢《华沙公约》问世 70 周年之际,《蒙特利尔公约》应运而生。自此,统一国际航空运输责任法的新时代正式开启。

2.《蒙特利尔公约》对于前述报告及《草案》的吸收与借鉴

通过对比前述郑斌于 1981 年所提交的报告、《阿尔沃国际航空运输公约草案》和《蒙特利尔公约》三个文件,人们可以惊奇地发现它们之间存在着诸多相似之处。

《蒙特利尔公约》第 17 条"旅客死亡及身体伤害和行李损失"、第 21 条"旅客死亡或伤害的赔偿标准(双梯度赔偿责任)"、第 29 条"索赔的根据",对应报告中的原则一、二,同时对应《草案》中的第一项、第二项内容;《公约》第 50 条"保险制度"对应报

---

① 王瀚:《21 世纪国际航空私法的新发展(下)——关于 1999 年〈蒙特利尔公约〉航空责任运输立法的评论与分析》,载《北京理工大学学报》(社会科学版)2011 年第 5 期,第 84 页。

② Bin Cheng, "A New Era in the Law of International Carriage by Air: from Warsaw (1929) to Montreal (1999)", (2004) 53 *International and Comparative Law Quarterly* 833, p. 839.

告中的原则之三,同时对应《草案》中的第四项内容;《公约》第37条"对第三人的追偿权"对应报告中的原则之四;[①]而《公约》第24条"限额定期复审机制"对应《草案》中第五项内容,第33条"第五管辖权"对应《草案》中第三项内容。

由上可知,郑斌先生将国际航空运输责任体系从一片混乱中"解救"出来,使碎块化的国际航空运输法律体系自此走上统一和谐的轨道。先生对化解《蒙特利尔公约》草案谈判的核心争议,推动公约的通过和生效做出了不可磨灭的贡献。可以说,没有先生创造性地提出"双梯度赔偿责任"和"限额定期复审机制",就没有当下为各国普遍参加的全球统一性私法公约的问世。

《蒙特利尔公约》作为华沙体制成功现代化和一体化的集大成者,从制定之初便发挥着引领航空事业发展的重要作用,时至今日依然在国际航空运输法律体系中占据着举足轻重的地位。尤其是公约所规定的双梯度赔偿责任和限额定期复审机制,自制定以来二十年间始终为国际航空运输业的蓬勃发展保驾护航。就在2019年5月27日,ICAO理事会第217届会议审议通过了对《蒙特利尔公约》第三次责任限额复审的决定,[②]足见其拥有持久的"生命力"。当下,这一全球统一的国际航空运输责任体制能够被越来越多的国家接受和认可,与该公约中各项科学合理的规则密不可分。而当我们追溯过往,去探寻公约历经多年仍可以保持"生机"的原因,便能发现是郑斌先生的学术思想为其提供了养分。如果将《蒙特利尔公约》比作一粒种子,二十年足以使这粒种子长成参天大树,而催生其在国际舞台上生根发芽、抽枝结果的便是郑斌先生的学术智慧。只有在具有永恒价值的学术思想的土壤之上,

---

① Chia-Jui Cheng (ed.), *Studies in International Air Law: Selected Works of Bin Cheng* (Leiden: Brill Nijhoff, 2018), Foreword, XVI.

② "2019 Revised Limits of Liability under the Montreal Convention of 1999", https://www.icao.int/secretariat/legal/Pages/2019_Revised_Limits_of_Liability_Under_the_Montreal_Convention_1999.aspx (Last visited January 8, 2019).

才能生长出荫蔽国际航空运输业的“理论之树”。

故而,我们可以得出这样的结论:郑斌先生是当之无愧的“《蒙特利尔公约》之父”。[①]

三、在外层空间法学领域所做的贡献

众所周知,被誉为“外空宪章”的《外空条约》是外层空间法的基石,它规定了国际法主体进行航天活动应遵守的十项基本原则。而当我们翻阅郑斌先生所著的《外层空间法文集》时,[②]不难发现《外空条约》中的多项原则早已被先生提出并加以论证。论及先生在该领域所做的贡献,最引人注目之处有三:一是“速成国际习惯法”这一概念的提出;二是先生对于外层空间法基本原则的探讨;三是先生对于“空天一体化”趋势的思索。

首先是“速成国际习惯法”这一概念的提出。

速成国际习惯法(instant international customary law)的提出有其独特的时代背景。当时,人类对外层空间的探索和认知已经从理论与推测迅速转变为实践,但同时面临各种限制因素,众多问题亟待解决。[③] 而传统国际习惯法的形成要素主要有二:一为心理因素即法律确信;二为实践因素又称物质因素,即各国长期反复的实践,其中实践因素的苛刻标准严重阻碍着国际习惯的形成,对规

---

① “Bin Cheng may rightly be recorded in history as the ‘Father’ of Montreal Convention of 1999”. See Chia-Jui Cheng(ed.), *Studies in International Air Law: Selected Works of Bin Cheng* (Leiden: Brill Nijhoff, 2018), Foreword, XVI.

② 本书收录了作者自 1957 年以来近四十年间发表的共计 26 篇文章,其中最早的一篇文章(即郑斌先生于 1957 年正式发表的 International Law and High Altitude Flights: Balloons, Rockets, and Man-made Satellites 一文)于人类首次成功进入外层空间之时便已发表,足见作者对空间法学的研究先于常人、领先时代。全书逻辑清晰,层次分明。正文由七部分组成,依次为国际法和空间法、联合国和外层空间、联合国外层空间条约、外层空间、宇航员和空间物体、外层空间的军事利用、外层空间商业利用条约和国际法。在上述六部分之外是关于航空和空间法对国际法发展之贡献的结语。

③ Bin Cheng, *Studies in International Space Law* (Oxford: Clarendon Press, 1997), p. 677.

范外层空间的探索活动造成了不利影响。

基于上述情况,郑斌先生在《联合国关于外层空间的决议:“速成”国际习惯法?》[①]一文中以联大决议为视角分析了外层空间法的新发展,并指出:国际习惯法的唯一构成要件应当是国家的法律确信,但是这并不意味着“国家实践”这一要素被排除在外,只是将其从传统国际习惯法的“构成要素”转化成国际习惯法“存在的证明”。因此,在不考虑国家实践的持续性或时间因素、在国家实践不足的情况下形成一种速成的国际习惯法是完全可行的。[②]

郑斌教授的观点启发了随后的许多学者,并为法庭审理相关案件提供了有力的参考,联合国国际法院在“北海大陆架案”中便有针对性地采纳了“速成国际习惯法”这一原创性概念。正如法院在裁决中指出的那样:即使没有经过相当长的时间,但有极为广泛并有代表性的国家参加,本身就已足够……短时间的实践本身并不必然阻碍新的习惯法新规则的形成……实践的时间,尽管可能是一段短时间,但是国家实践……既是广泛的,同时又是实际一致的。[③] 我们可以从国际法院的陈述中提炼出如下观点:首先,习惯法产生的原因在于法律确信;其次,习惯法的产生与各国实践持续的时间并无直接的因果关系;最后,虽然习惯法的产生不以长期反复的实践作为要件,但对于实践的广泛性和一致性存在要求。不难看出,本案在相当程度上证明了郑斌先生的论断,即国际习惯法的构成要件主要应当是国家的法律确信。

事实上,虽然郑斌先生关于“速成国际习惯法”的论断启发了许多学者,但也为他本人带来了不少的质疑与误读。自提出“速成

---

① Bin Cheng, “United Nations Resolutions on Outer Space: ‘Instant’ International Customary Law”, (1965) 5 *Indian Journal of International Law*23, pp. 23 – 48.

② Bin Cheng, *Studies in International Space Law* (Oxford: Clarendon Press, 1997), pp. 136 – 141.

③ See North Sea Continental Shelf Case (Federal Republic of Germany v. Denmark and the Netherlands), Judgement, I. C. J. Reports 1969, p. 42, para. 43 and para. 74.

国际习惯法"这一概念近二十年后,郑斌先生在其主编的《国际法:教学与实践》一书的后记(国际法的性质与渊源)中对上述观点做了进一步论证:第一,一般国际法规则是由同意,即直接关系各国一致的一般个别法律确念所形成的。第二,在直接关系各国之间,根据不同情况,国家的数量可由两个直至国际社会的所有国家……从这个意义上理解,所要求的"同意"是国际社会中有力量分子的同意。换言之,与所有的社会一样,普遍一般法律确念并非共同一般法律确念。①

这篇后记虽然简短,但是意味深长。从学术价值来看,它更进一步地完善了先生关于"速成国际习惯法"的理论,使得这一理论可以更好地运用到实践中来;从先生的治学精神来看,这种对自身学术思想的坚持难能可贵,也更加证明了先生的学术思想经得起时间与实践的检验。

今天,外层空间对我们而言已不再那么神秘。但当我们去阅读先生关于"速成国际习惯法"的论断时,依然能感受到那流淌在字里行间的非凡创造力。这一理论填补了传统国际法渊源理论所留下的空白,顺应了快速发展的国际社会的需要,为致力于解决外层空间探索活动中现实问题的国家及人民提供了崭新的视角和全新的思路,在今天依然值得深入研究。

其次,作者深入探讨了外空国家活动的一般法律原则。

从19世纪60年代到20世纪初,作者在多篇文章中或多或少地论及国家在空气空间和外层空间活动中应当遵守的法律原则,如自由探索和利用原则、空域主权原则、②国际合作与便利化原则③等。

---

① Bin Cheng(ed.),*International Law:Teaching and Practice*(London:Stevens and Sons,1982),pp.237–262.

② Bin Cheng,"From Air Law to Space Law",(1960)13 *Current Legal Problems* 228,pp.228–235.

③ Bin Cheng,"From Air Law to Space Law",(1960)13 *Current Legal Problems* 228,pp.250–254.

在上述原则之外,作者还探讨了宇航员的法律地位问题,[①]外层空间的非军事化利用问题,[②]以及进行发射活动需要承担道义和法律责任等内容,[③]郑斌先生对这些原则和问题的探讨极其深入。同时,其对这一领域发展的预判也极为超前,以无人驾驶飞机为例,郑斌先生早在20世纪50年代末便对无人驾驶飞机的管制问题进行了颇具前瞻性的思考。[④]

最后,郑斌先生关于空气空间法和外层空间法的思想中也渗透了其对"空天一体化"发展趋势的思索。

在传统的法律体系中,"空"和"天"之间具有缝隙,前者为国家主权范围,未经允许不得入内;后者为人类公域,各国有权自由探索。在人类的活动聚焦于陆地与领空的时候,在空与天之间存在鲜明界限的时代,在"空天一体化"概念并未被明确提出之时,郑斌先生就敏锐地察觉到了空、天融合的发展趋势,并开始了对空天一体化理论的早期思考。

在郑斌先生于1965年发表的《国际法的域外适用》一文中,他便指出:国际法并无固定的地理限制,它从一开始便扩展到国际法主体在外层空间的活动。[⑤] 而郑斌先生在《空气空间与外层空间的法律体制:功能论与空间论的边界问题》一文的第二部分"国际

---

① Bin Cheng, *Studies in International Space Law* (Oxford: Clarendon Press, 1997), pp. 457 – 461.

② Bin Cheng, "The Military Use of Outer Space and International Law", in E. G. Bello, Bola A. Ajibola, and San (eds.), *Essays in Honour of Judge Taslim Olawale Elias* (London: Martinus Nijhoff Publishers, 1992), pp. 63 – 75.

③ Bin Cheng, "International Responsibility and Liability for Launch Activities", (1995) 20 *Air and Space Law* 297, pp. 301 – 306.

④ Bin Cheng, "International Law and High Altitude Flights: Balloons, Rockets, and Man-made Satellites", (1957) 6 *International and Comparative Law Quarterly* 487, pp. 504 – 505.

⑤ "In fact, International law knows no inherent geographical limits and extends to the activities of the subjects of international law in outer space from the very beginning." See Bin Cheng, "The Extraterrestrial Application of International Law", (1965) 18 *Current Legal Problems* 132, p. 138.

法存在的问题"中更加明确地阐述了自己的观点：当我们谈及空气空间与外层空间的法律界限问题时，它一般是在国际公法这一前提下进行的划分，事实上，两者并没有明显的区别，而应视为统一的法律体系。①

因此，我们可以做出推断：郑斌教授的航空航天法思想中早已蕴含了"空天一体化"的雏形。事实上，随着航空航天技术的快速发展，航空、航天活动之间的技术隔阂逐渐缩小，活动范围逐渐交叉，临近空间的作用逐步被发掘。在此背景下，亚轨道飞行、空间交通运输、空间交通管理和航天科技在航空领域的应用迅速交叉融合，这给传统的航空航天管理体制和法律体系带来了严峻的挑战，航空法和航天法迫不得已且不可避免地走在了一起，出现了空天一体化的发展趋势。立足当下，回顾当时，郑斌教授的思考在今天依然具有可借鉴的朴素价值，同时也为空天一体化理论的深入研究提供了重要的思想基础。

外层空间法领域是一个存在许多空白的领域，在当年是一片几乎未被开垦过的土地，而郑斌先生是最早一批在这片土地上辛勤耕耘并收获硕果的人。② 如果没有郑斌先生在外层空间法领域所做的开创性贡献，那么致力于研究外层空间法的后继学人大概也能将外层空间法的研究推向今时今日的高度，但那无疑会更加曲折艰难。

四、结　语

郑老的离去画上的不是一个句号，而是一个冒号。这冒号之

① Bin Cheng, "The Legal Regime of Airspace and Outer Space: the Boundary Problem Functionalism versus Spatialism: the Major Premises", (1980) 5 *Annals of Air and Space Law* 323, p. 328.

② "His research into international air law inevitably led him into upper airspace and outer space so that he became one of the first to be seriously involved with the subject", See Chia-Jui Cheng (ed), *Studies in International Air Law: Selected Works of Bin Cheng* (Leiden: Brill Nijhoff, 2018), Biography, LXI.

后的内容留待每一个致力于国际法学尤其是航空航天法学研究的人进行注解、填充和发展。当我们把目光投向头顶的天空,当我们选择去凝视更远的宇宙苍穹,我们或许才能更加深刻地懂得那冒号之后应当是什么。

郑老在1962年所著的《国际航空运输法》中含蓄地表达了自己的心愿:"我们希望天空联结各国人民,而不是隔离他们(We Want the Air to Unite the Peoples, and not to Divide Them)。"①数十年的时光转瞬即逝,今天郑老的愿望正在实现。在不远的将来,一代代国际法人要做的不仅是让天空联结各国人民,更是要让天空造福各国人民,让这个地球上的每个人抬起头看到的不是黑暗,而是无比璀璨的星光。

Professor Bin Cheng's Major Academic Contributions to International Law and Aerospace Law

ZHANG Chaohan, YANG Huan

Abstract: Professor Bin Cheng had focused on the research of international law and aerospace law for more than 80 years, and had made the outstanding contributions to the progressive development of them. His thoughts on international law, air law and space law are a theoretical system with rich content, strict logic, foresight and creativity, and have a great influence in the world. In the field of international law, he clarified the meanings and legal status of general principles of law as applied by international courts, and eliminated the ambiguity in the application of "general principles". In the field of international air law, he summarized the framework of International

① Bin Cheng, *The Law of International Air Transport* (London: Stevens and Sons, 1962), p. 495.

Civil Aviation Organization and legal regime of air transport. Furthermore, his presentations on "instant international customary law" "two-tied liability system" and "review of the limits of liability", as well as the theory of the space-aeronautics incorporation, provide significant ideological sources for the following fellows. His doctrines and opinions on international law, air law and space law have both theoretical and practical value. Not only can they contribute to our theoretical research on international law, but also can help China make and perfect regulations and policies about air and space law rapidly. Besides, they also can promote China's aerospace governance and help to build a powerful aeronautics and astronautics country.

Key Words: Bin Cheng; international law; aerospace law; two-tied liability system; review of the limits; instant international customary law

书　评

新时代中国国际法学者的丹心、初心和匠心

——评黄惠康《中国特色大国外交与国际法》*

彭芩萱**

摘要:《中国特色大国外交与国际法》是我国知名国际法专家、资深外交官黄惠康教授在中华人民共和国成立70周年之际出版的一部鸿篇巨制。本书以新中国70年波澜壮阔的外交理论与实践为素材,以习近平外交思想为指引,在理论与实践、法律与外交的融合处,全面系统地阐述中国外交的基本理念、原则、政策及宏伟实践,揭示了新时代中国特色大国外交之精髓、时代特征和丰富内涵。作者创造性地提出了向海兴国"蓝色外交"、应对气候变化"绿色外交"、追逃追赃反腐败"红色外交"、网络空间治理"数字外交"和"一国两制"涉港澳台条法外交等新理念,结合丰富的外交案例,将中国特色法律外交的精髓和精彩立体化地呈现在读者面前。本书站位高、立意远,理论联系实际、法律联系外交,资料翔实、引注丰富,体现了一

* 本文系武汉大学自主科研项目(人文社会科学)阶段性研究成果,得到"中央高校基本科研业务费专项资金"资助。

** 国家高端智库武汉大学国际法研究所助理研究员、荷兰阿姆斯特丹自由大学跨文化人权研究中心特聘研究员、湖北省重点资助博士后、《武大国际法评论》编辑、荷兰乌特勒支大学法学博士。

位中国资深外交官和国际法学家的丹心、初心和匠心。

关键词：国际法；中国外交；习近平外交思想；黄惠康；人类命运共同体

2019年10月，正值中华人民共和国成立70周年，中国资深国际法学家、联合国国际法委员会委员、外交部条法司前任司长、前驻马来西亚大使黄惠康教授的力作《中国特色大国外交与国际法》作为国家高端智库武汉大学国际法研究所"国际法文库"精品书之一，由法律出版社正式出版。通读全书后，黄惠康教授作为新时代中国国际法学者的丹心、初心和匠心跃然纸上。

一、中国国际法学家黄惠康

黄惠康，法学博士，1955年出生于浙江杭州，是素以治学严谨著称的知名国际法学家、长期工作在外交一线的资深外交官和家国情怀常抱的优秀共产党员。黄惠康教授现任联合国国际法委员会委员、中国外交部国际法咨询委员会主任委员、公共外交咨询委员会委员、国际常设仲裁法院仲裁员、中国－亚非法律协商组织交流合作指导委员会主任、武汉大学国际法研究所特聘教授、浙江大学光华法学院客座教授。他著有《国际法上的集体安全制度》、《中国政治与法律导论》(英文)、《外层空间法》等10余部专著及《论联合国维持和平部队的法律基础》、《关于国家官员的外国刑事管辖豁免》(英文)、《国际法的发展动态及值得关注的前沿问题》等数十篇论文。1978年，国家恢复高考制度，当时还在大庆油田建设边疆的他，终于有机会重回学堂深造，开始了学哲学、研法律、干外交的新征程。1991年初他从武汉大学国际法所的讲堂转赴外交战线，开始了职业外交生涯。他先后担任亚非法律协商组织助理秘书长、外交部法律顾问、外交部气候变化谈判特别代表、条约法律司司长、驻马来西亚大使、唐山市副市长等职，国内外从业经历丰富。

2010 年,黄惠康教授当选联合国国际法委员会委员,并于 2011 年和 2016 年连选连任。中国政府在 2015 年 9 月推举时任中国驻马来西亚特命全权大使黄惠康竞选连任联合国国际法委员会委员的外交照会中如此评价:"黄惠康博士是一位具有广博学识的国际法专家,拥有丰富的国际法实践和外交经验……曾在武汉大学从事国际法教学与研究工作,加入中国外交部后,先后担任外交部条约法律司参赞、中国驻纽约总领馆副总领事、中国驻加拿大使馆公使衔参赞、外交部法律顾问、外交部气候变化谈判特别代表、外交部条约法律司司长等职,代表中国政府参加了许多重要的国际会议和双、多边法律事务磋商、谈判……中国政府相信,如黄惠康博士当选连任国际法委员会委员,必将继续对委员会的工作和国际法的发展做出重要贡献。"2016 年 11 月 3 日,黄惠康教授在第 71 届联合国大会国际法委员会换届选举中,再次以高票当选连任。①

黄惠康教授致力于外交谈判与实践、国际法学教育研究及国际法编纂工作,为新时代中国外交工作、国际法学学科发展和高等教育事业发展作出了杰出贡献。30 多年来,虽然工作岗位时有变化,但黄惠康教授一直"视自己为国际法学者、周鲠生老先生的传人。他最珍爱的是教师的头衔,最期待的是重返校园,传经授道,分享外交条法战线一位老兵对国际法的感悟"。本书便是他如愿回归讲堂、授业解惑过程中形成的精华之作,值得细细品读、学习和体会。

二、全面阐述中国特色大国外交与国际法的力作

本书是黄惠康教授受聘在国家高端智库武汉大学国际法研究

① 参见黄惠康:《中国特色大国外交与国际法》,法律出版社 2019 年版,作者简介页。

所国际法博士研究生专修课讲义基础上撰写的学术专著,全书共10章,约52万字。黄惠康教授在备课、讲课、答疑、解惑过程中的认真、勤勉、激情与才华时刻都感染着在座的学生、学者,其深沉的家国情怀和深厚的专业素养则时刻激励着我们志存高远、脚踏实地。黄教授通过创造性地提出向海兴国“蓝色外交”、应对气候变化“绿色外交”、追逃追赃反腐败“红色外交”、网络空间治理“数字外交”、“一国两制”涉港澳台条法外交,并结合精彩生动的外交故事,让我们感受到外交工作没有那么遥不可及:外交工作涉及上至外层空间,下到深海洋底,大到维持世界和平,小到稀有物种保护,都关系到每一位公民的切身利益。

黄惠康教授心系国际法教育,这本书是他面向国际法学者、外交工作人员和我国国际法专业的未来人才,结合几十年外交工作经验和国际法理论体系的心血结晶。十年树木,百年树人。100多年前,清廷大臣李佳白曾预言:“中西未交涉以前不识有公法也,中西既交涉之后不可无公法也……因念中外交涉之事日繁一日,亦日棘一日”,在培养国际法人才方面“诚能贯而通之,引而伸之,一省数十人合十数省数百人,熟谙公法而后出于中外交涉事,或和平与议,或执理与争,庶几外交不致如今日之棘手也”。[①] 如今,黄惠康教授也常说,推进中国特色大国外交,推动构建人类命运共同体,离不开国际法人才的培养。

改革开放40多年来,我国国际法人才培养取得了长足进展,国际法实践能力不断提升。但现有的国际法高端人才队伍的体量和能力与民族复兴大业的宏伟目标的实现仍有很大差距,总体上仍处于“人多势不强”的发展阶段。具有国际一流水平、在重要国际岗位的国际法人才以及有国际竞争力和影响力的国际法智库存在明显短板,应对纷繁复杂和日趋繁重的国际关系和外交事务难

---

① 转引自杨泽伟:《近代国际法输入中国及其影响》,载《法学研究》1999年第3期,第124~133页。

以得心应手。因此,黄教授认为,加快高端国际法人才培养和智库建设,提升我国在国际法领域的整体实力和影响力是国际法教育的重要使命。他通过言传身教,身体力行地为新一代的国际法学人树立了不忘初心、学以报国的崇高理想和远大抱负。

本书旨在以理论与实践、法律与外交相结合的角度,帮助读者领略中国特色大国外交的精髓,准确把握国际格局变化和国际法发展的脉络,探索中国国际法学如何更好地服务于中华民族伟大复兴的中国梦、促进国际法治、推动构建人类命运共同体的历史使命。本书第一至四章为总论,第五至九章为分论,第十章为升华之结论。总论部分,第一章以法律外交之魅力和作者外交工作生涯中的国际法维权故事开篇,以丰富的条法外交案例阐明了国际法与外交实践的融合之道。第二章则以新时代中国最前沿的问题,如“一带一路”、“南海仲裁”、半岛局势、中美贸易局势等,将新时代中国外交思想和伟大实践加以剖析展示。第三章在此基础上点出当前外交条法工作的总体态势和值得关注的国际法问题,为启发读者思路、开拓新的学科增长点提供了系统而清晰的导图。第四章聚焦联合国集体安全机制和中国综合安全观,高屋建瓴地将我国独立自主的和平外交框架和内容展现在读者面前。

分论部分,第五章向海兴国“蓝色外交”,结合钓鱼岛、黄岩岛、冲之鸟礁、南海仲裁案、周边海洋渔业问题及北极治理问题等具体案例,全面深入地阐释了我国海洋环境、总体形势和发展战略。第六章应对气候变化“绿色外交”结合作者作为外交部气候变化谈判代表的经历、艰难的谈判进程及谈判最新进展阐释了气候变化国际治理的基本原则和中国立场。第七章追逃追赃反腐败“红色外交”则结合数十枚我国境外追逃、跨境追赃的真实案例,梳理了相关问题的处理方式、国际合作情况和所涉的国际法问题。第八章网络秩序治理“数字外交”则以“制网权”为出发点,总结了网络安全国际博弈态势的“一个核心”、“两股力量”和“三对矛盾”,同时横向比较了美国、欧盟、俄罗斯及其他国家的网络安全战略,介绍分析了打击网络犯罪的相关国际法律文件及中国在网络外交方面的关注和立场,对网络安全与国际法的研究具有全局式的指导意义。第九章“一国两制”涉港澳台条法外交阐释了“一国两制”对国际法发展的贡献以及在我国香港、澳门特区的成功实践,并具体论述了联邦制或邦联制为何不能适用于未来两岸统一的法律分析。

最后一章“人类命运共同体的国际法构建”则将整本书的站位再次拔高,深刻阐释了人类命运共同体思想作为新时代中国特色大国外交的旗帜在国际法上的重要地位与意义,提出人类命运共同体思想为国际法的进一步发展提供了新的价值追求,为中国国际法学界履行神圣使命明晰了用武之地。本章进一步深入分析了人类命运共同体思想所蕴含的和平共处原则、普遍安全原则、共同繁荣原则、开放包容原则和可持续发展原则的国际法内涵及其实现路径与方式。

总之,本书体现了黄惠康教授扎实的理论功底和丰富的实践经验,也体现了他向来主张的“义理”“考据”“辞章”“献策”之结合。本书作为作者代表作之一,从选题、选材、用典、立论、聚焦新发展、开拓新疆域等方面入手,结合国际法发展前沿和外交条法工作前沿,理论联系实际、法律联系外交,资料详实、引注丰富,大量援引外交一线经典案例以案说法,登高望远、抽丝剥茧地梳理外交前沿问题,循循善诱地引领学术研究选题投向,全面系统地阐述阐述了中国外交的基本理念、原则、政策及宏伟实践,揭示了新时代中国特色大国法律外交之精髓、时代特征和指导思想。

三、丹心、初心和匠心独运的国际法专著

第一,站位高、立意远,反映出作者家国情怀永抱的丹心。

作为学校最早加入共青团的学生,黄惠康教授在青年时代就

展现出了超凡的激情与领导力，并在1976年就加入了中国共产党。[①] 他说，“我的理想，信念是和国家同步的”。[②] 在他外交生涯的众多国际舞台，不论是在亚非法律协商组织，还是在联合国国际法委员会，黄教授都是一如既往地以这样“苟利国家生死以”的丹心和“黄沙百战穿金甲”的决心面对一切外交挑战，而这颗家国情怀永抱的丹心也贯穿着本书的始终。例如，本书反复出现的宗旨在于“讲政治、懂政策、顾大局，护利益，坚持外交为民和国家利益至上的原则，提高政治站位和政治敏感性，以最大限度地维护国家利益为出发点和落脚点”，[③]善于利用国际法作为“捍卫国家主权、安全和发展利益的有效武器”[④]，将马克思主义哲学视为“国际法学人的看家本领”，“学好、用好马克思主义哲学，不断提高辩证思维能力”，[⑤]“积极推广中国理念，提出中国方案，抢占未来国际秩序的主导权”，[⑥]“加强政学结合，建立与国内高校的交流合作机制，积极推动中国国际法智库建设，协调推动国际法学界为国家外交事业服务”。[⑦] 作者家国情怀永抱的丹心力透纸背，激励和鼓舞着一代又一代国际法学人不忘初心，砥砺前行。

第二，理论联系实际、法律联系外交，展示了作者献身大国条法外交的初心。

习近平总书记曾指出：“依法治国是党领导人民治理国家的基本方略，法治是治国理政的基本方式”，[⑧]“全面依法治国是国家治

---

① 参见宗道一：《黄惠康：马航客机失联事件中的中国大使》，载《名人传记》2014年第7期，第14页。

② 参见宗道一：《黄惠康：马航客机失联事件中的中国大使》，载《名人传记》2014年第7期，第14页。

③ 黄惠康：《中国特色大国外交与国际法》，法律出版社2019年版，第35页。

④ 黄惠康：《中国特色大国外交与国际法》，法律出版社2019年版，第27页。

⑤ 黄惠康：《中国特色大国外交与国际法》，法律出版社2019年版，第35页。

⑥ 黄惠康：《中国特色大国外交与国际法》，法律出版社2019年版，第100页。

⑦ 黄惠康：《中国特色大国外交与国际法》，法律出版社2019年版，第103页。

⑧ 习近平：《在首都各界纪念现行宪法公布施行30周年大会上的讲话》，载《人民日报》2012年12月5日，第2版。

理的一场深刻革命",是"中国特色社会主义的本质要求和重要保障"。[①] 全面依法治国,当然离不开法律外交。这就要"提高国际法在全球治理中的地位和作用,确保国际规则有效遵守和实施,坚持民主、平等、正义,建设国际法治"。[②] 黄惠康教授作为从珞珈山讲坛走出去的学者型外交官,时刻不忘初心,将法律理论知识与外交前线工作结合起来,为中央和外交部党委外交决策提供法律支撑,运用法律武器维护和拓展国家主权、安全、发展权益。他认为,"国际法与外交融合所产生的法律外交,是现代外交的高级形态,也是中国国际法学人施展才华、报效祖国的用武之地","以自己的国际法专长为国家外交和世界和平事业做贡献,是每一个有志于国家外交事业的国际法学人值得追求的理想境界,也是当代中国国际法学人的历史使命"。[③]

正是秉持着这番献身条法外交的初心,黄惠康教授将他 30 多年的国际法教学科研经验和法律外交经验与理论紧密结合起来,将理论梳理、法律外交案例和法律工具分析立体化地展现在读者面前。例如,曾作为我国外交部气候变化谈判特别代表的他,在分析应对气候变化的国际治理时,体现着生动鲜活的第一视角和资深外交家的政治敏锐。他指出"气候变化问题表面上是一个环境保护问题,但归根结底是发展问题,实际上隐含着发达国家之间以及发达国家和发展中国家之间的经济、贸易及环保技术的竞争问题",[④]他点出气候变化治理背后两大阵营针锋相对、三股力量相

① 《决胜全面建成小康社会　夺取新时代中国特色社会主义伟大胜利——在中国共产党第十九次全国代表大会上的报告》,载央广网:http://news. cri. cn/special/shijiuda,最后访问时间:2020 年 1 月 17 日。

② 习近平:《携手构建合作共赢、公正合理的在气候变化治理机制——在气候变化巴黎大会开幕式上的讲话》,载人民网:http://politics. people. com. cn/n/2015/1201/c1024 - 27873625. html,最后访问时间:2019 年 5 月 20 日。

③ 黄惠康:《中国特色大国外交与国际法》,法律出版社 2019 年版,第 2 页。

④ 黄惠康:《中国特色大国外交与国际法》,法律出版社 2019 年版,第 269 页。

互制衡、四对矛盾纵横交错，[①]并以一个专业法律学者的角度分析了气候变化国际谈判过程的法律节点。

第三，一手资料详实、引注扎实丰富，体现了作者心系国际法教研的匠心。

从学哲学到研法律，从学堂到外交，从国内到海外，40余年的风雨历练、理论钻研和前线经验，已经让黄惠康教授成为一名享誉海内外的国际法知名学者，他严谨的治学态度和敬业的精进品格体现在全书的每一个细节中。例如，在“对国际法作用的认知”一节[②]中，为了说明“实力至上论”和“法律至上论”的代表性观点和区别，作者将近代具有代表性的方家如郑观应、薛福成、张之洞、端方、李鸿章、谭嗣同等的作品及观点梳理出来，结合当时的外交历史和美国法律实践阐明这些观点存在的时代背景，并对两方观点都进行了作者具有原创性的分析，这背后所进行的大量研究、功课和思考可见一斑。

又如，在“外交前沿值得关注的国际法问题”一节[③]中，他精心列举了诸如人类命运共同体与国际法、“一带一路”法治保障、朝鲜半岛局势相关法律问题、国际法院查戈斯群岛咨询意见案、人工智能武器的法律问题等一些既重大又前沿法律问题，并给予了权威且专业的分析。丰富的考据和深入的分析对于启发国际法学生思考和兴趣、提高外交官员的国际法知识水平、提供国际法领域新的学科增长点都具有重要的指导意义。再如，在“国际法与外交实践融合之道”一节[④]中，在点出当前特别需要关注的调研课题之后，作者还“手把手”地将外交条法调研如何起好标题、写好导语、将就逻辑、浓缩语句等进行了细致专业的指导。总之，对国际法学生来说，这本书是一把开启国际法密域的钥匙；对研究者来说，这本书是一座挖掘国际法科研问题的富矿山；对外交官来说，这本书

① 参见黄惠康：《中国特色大国外交与国际法》，法律出版社2019年版，第271页。
② 参见黄惠康：《中国特色大国外交与国际法》，法律出版社2019年版，第13页。
③ 参见黄惠康：《中国特色大国外交与国际法》，法律出版社2019年版，第123页。
④ 参见黄惠康：《中国特色大国外交与国际法》，法律出版社2019年版，第37页。

是一方法律外交的权威解题宝库。

四、中国特色国际法理论研究与实践之核心要义

《中国特色大国外交与国际法》为我国条法外交描绘了一幅全景式图卷。书中引用的案例、国际法学人故事、国家间谈判关键争议点似工笔细描、一丝不苟;个中情节,波澜壮阔、精彩纷呈;同时不难发现贯穿全书的主线浓墨重彩、明晰可见。此处摘出3条核心观点及例证以飨读者。

第一,大国外交必重国际法,要开展具有中国特色的国际法理论研究与实践。

习近平总书记指出,"当前,我国处于近代以来最好的发展时期,世界处于百年未有之大变局,两者同步交织、相互激荡"。[①] 在此经济全球化、政治多极化、文化多元化、社会网络化的时代背景下,新时代中国在党的坚强领导下开创性地推进中国特色大国外交,取得了许多历史性成就。[②] 其中,指导我国大国外交的最重要的理论认识之一就在于:大国外交必重国际法。"治国者,以奉法为重",[③]国际法作为国际社会最重要的行为规范,在全球治理和大国外交中发挥着不可替代的作用。[④] 一百多年来,中国人民为

---

① 习近平:《努力开创中国特色大国外交新局面》,载央广网:http://pic.cnr.cn/pic/nativepic/20180624/t20180624_524280223.shtml,最后访问时间:2020年1月8日。

② 习近平:《努力开创中国特色大国外交新局面》,载央广网:http://pic.cnr.cn/pic/nativepic/20180624/t20180624_524280223.shtml,最后访问时间:2020年1月8日。

③ (明)罗贯中:《三国演义》,第九十六回,后主览毕曰:"胜负兵家常事,丞相何出此言?"侍中费祎奏曰:"臣闻治国者,必以奉法为重。法若不行,何以服人?丞相败绩,自行贬降,正其宜也。"后主从之,乃诏贬孔明为右将军,行丞相事,照旧总督军马。

④ 参见黄进:《国际法文库·总序一》,载黄惠康:《中国特色大国外交与国际法》,法律出版社2019年版,总序一。

争取主权、独立和平等,进行了不懈的努力。[①] 而关于国际法作用的问题,在清代官员和学者中一直存在着不同的见解。[②] 本书分析了郑观应、薛福成和张之洞等"实力至上论"者观点和端方、李鸿章和谭嗣同等"法律至上主义"者的观点后认为,"实力至上论"会导致强权政治和霸权主义,而"法律至上论"则过于理想主义,忽略了国际法为国家利益服务的本质。所以,作者认为,既要反对不尊重国际法的"法律虚无主义",也要反对唯西方是从的"法律至上主义",而是要建立具有中国特色的国际法理论与实践。[③] 不可否认的是,改革开放40多年来,在党中央的坚强领导下,中国国际法工作开拓奋进,在承认、继承、国籍、和平解决国际争端等问题上,以其独特的实践丰富了国际法。[④]

本书开篇就指出,"国际法离开外交,是无缘之水,无本之木;而外交离开国际法,就会沦为强权和霸道"。[⑤] 而随着经济和社会的发展,法律就会越完备,法治也越健全,这一原理放之于当今国家间交往日益密切的全球化时代,同样适用。正如路易·亨金所指出的,"在各国关系中,文明的进步表现为从武力到外交,又从外交到法律的过程"。[⑥] 习近平总书记也曾强调,"我们应该创造一个奉行法治、公平正义的未来。要提高国际法在全球治理中的地位和作用,确保国际规则有效遵守和实施,坚持民主、平等、正义,建设国际法治"。[⑦] 因此,随着我国日益走近世界舞台中央,为人

---

① 参见习近平:《永立潮头不忘初心 勇于担当继续前进》,载《光明日报》2016年7月2日,第3版。

② 参见程鹏:《清代人士关于国际法的评论》,载《中外法学》1990年第6期。

③ 参见黄惠康:《中国特色大国外交与国际法》,法律出版社2019年版,第16页。

④ 参见黄惠康:《中国特色大国外交与国际法》,法律出版社2019年版,第17页。

⑤ 黄惠康:《中国特色大国外交与国际法》,法律出版社2019年版,第1页。

⑥ Louis Henkin, *How Nations Behave: Law and Foreign Policy* (New York: Columbia University Press, 2nd *ed.* 1979), p. 1.

⑦ 习近平:《携手构建合作共赢公正合理的气候变化治理机制——在气候变化巴黎大会开幕式上的讲话》,载人民网:http://politics.people.com.cn/n/2015/1201/c1024-27873625.html,最后访问时间:2019年11月11日。

类做出更大贡献,我们所面临的全球性的挑战也日益复杂,国际法作为协调国际关系和统筹国家合作的作用也日趋重要。总之,本书贯穿始终的主线观点就在于:大国外交必重国际法,以国际法为我国外交服务,并创新国际法理论与实践。

第二,人类命运共同体思想是国际法理论和实践发展的新旗帜。

坚持推动构建人类命运共同体,是习近平外交思想的核心和精髓,是党的十八大以来中国外交的重大理论创新成果。[①] "推动构建人类命运共同体"的思想载入 2018 年《宪法修正案》,标志着该思想成为新时代中国特色大国外交的一面旗帜。[②] 如何阐释现有国际法律体系、赋予人类命运共同体思想以国际法制度内容,是亟须我国国际法学者探讨解决的重大理论和实践问题。[③] 本书回顾了人类命运共同体思想的形成历程,认为人类命运共同体思想秉持和平、主权、普惠、共治原则,将为破解国际立法难题注入新动能,为推动全球治理提供可行方案,为国际法发展提供了新的动力。[④] 从国际法的角度看,人类命运共同体思想不仅含有人类社会崇高的奋斗目标和先进的新型国际关系理念,[⑤]还含有对世界各国有拘束力的国际法基本原则和规则。因此,推进构建人类命运共同体与实现国际法治有着内在的必然联系。[⑥]

总之,作者认为,人类命运共同体的国际法构建,为国际法的进一步发展提供了新的价值追求,为中国国际法学界承担时代使

---

① 参见闻言:《坚持推动构建人类命运共同体　努力建设一个更加美好的世界——学习习近平〈论坚持推动构建人类命运共同体〉》,载《人民日报》2018 年 10 月 31 日,第 6 版。中共中央党史和文献研究院编辑的习近平同志《论坚持推动构建人类命运共同体》一书,收录习近平同志 2013 年 1 月至 2018 年 6 月关于推动构建人类命运共同体的重要文稿 85 篇。

② 参见杨洁篪:《以习近平外交思想为指导,深入推进新时代对外工作》,载《求是》2018 年第 15 期。

③ 参见彭芩萱:《人类命运共同体的国际法制度化及其实现路径》,载《武大国际法评论》2019 年第 4 期,第 8 页。

④ 参见黄惠康:《中国特色大国外交与国际法》,法律出版社 2019 年版,第 475 页。

⑤ 参见何志鹏:《走向人类命运共同体》,载《红旗文稿》2018 年第 14 期。

⑥ 参见张晓君:《尊重国际法权威,维护国际秩序》,载《求是》2018 年第 20 期。

命指明了方向。在此基础上,本书分别从持久和平原则、普遍安全原则、共同繁荣原则、开放包容原则、可持续发展原则等五个方面出发,精确深入地分析了人类命运共同体思想的国际法内涵,用国际法这一世界通用语言来对该思想进行阐释,并进一步探索推进在海洋、外空、网络、极地、气候变化等领域规则制定中探索体现人类命运共同体思想的方式和路径,针对人类命运共同体在国际法上的地位、意义和影响增信释疑、凝聚共识。

第三,国际法的新疆域是当今国际社会制度性权力必争之所。

作者认为,国际法作为国际秩序主导权之争仍将在国际关系的各个领域深入发展,且将成为对外斗争和扩大国际影响的重要抓手。[①] 因此,需要用好国际法服务大国外交,也要就国际法的前沿问题提出中国方案。[②] 尤其是在传统国际问题尚未得到解决的当下,涉及海洋、极地、外空、网络的新疆域的问题频发,传统安全与非传统安全交织,发达国家内部逆全球化和民粹主义思潮暗流涌动,单边保护主义政策抬头。人类所面临的全球性挑战前所未有的巨大,而制度性权力的竞争却越发激烈。基于此,本书在第三章第二节对目前外交前沿最值得关注的国际法问题进行盘点和分析时,就有数项涉及国际法新疆域,例如查戈斯群岛咨询意见案、全球海洋治理法律问题、人工智能武器的法律问题等。

因此,本书在分析传统的外交和国家安全领域的国际法的基础上,创造性地就当前国家利益争夺激烈的新疆域——海洋、气候、反贪、网络等问题分别冠之以颜色,如向海兴国"蓝色外交"、气候变化"绿色外交"和追逃追赃"红色外交"等,并为每个新疆域都分配一整个章的篇幅加以细致展开,辅之以丰富、生动的案例,让读者能够更直观更深刻地感受与理解目前我国外交工作的最前沿和国际法新疆域的法律问题。例如,以本书第七章追逃追赃反腐败"红色外交"

---

① 参见黄惠康:《中国特色大国外交与国际法》,法律出版社 2019 年版,第 120 页。

② 参见黄惠康:《中国特色大国外交与国际法》,法律出版社 2019 年版,第 117 页。

为例,为说明境外追逃合作的主要方式及其法律问题,本章针对性地分别援引了十几个相关案例,都具有典型性和代表性,读者通过案例学习,能够迅速直观地把握个中法律问题,启发思考。

五、结　论

黄惠康教授始终怀揣着对国际法规律和真知的敬畏、对祖国深沉的热爱和对国际法教育事业的关怀,为国家外交、世界和平和教书育人默默奉献着。《中国特色大国外交与国际法》是他多年学哲学、研法律、干外交、做教育的心血结晶。本书以新中国 70 年波澜壮阔的外交理论与实践为素材,以习近平外交思想为指引,在理论与实践、法律与外交的融合处,全面系统地阐述中国外交的基本理念、原则、政策及宏伟实践,揭示了新时代中国特色大国外交之精髓、时代特征和丰富内涵。本书近距离展示了条约法律外交之魅力,深入浅出地探讨条法外交调研之道,为政学结合、法律与外交结合破解入门难题。总之,这本书对于国际法学生来说,是开启对法律外交兴趣和思考的启蒙书;对于国际法学者来说,是提升科研、教学、咨询报告水平和能力的源泉;对于外交人员来说,则是了解法律外交、学习外交条法案例的权威参考书。

A Masterpiece by an International Legal Scholar in the Chinese New Era

—Book Review for *China's Diplomacy and International Law*

PENG Qinxuan

Abstract: Prof. Huang Huikang, a world renowned expert in international law and a senior diplomat in China, has published a masterpiece on the occasion of the 70th anniversary of the founding of the People's Republic of China. This book, by the name of China's Diplomacy and International Law is based on the 70 - year diplomatic theory and practice in China. The book demonstrates a well-balanced integration of diplomatic thinking and legal analysis, which helps the readers to understand the fundamental principles, policies of China's diplomacy in the New Era. In order to present a vivid panorama of China's diplomacy and international law, the book creatively develops the concepts of Blue Diplomacy to refer to ocean governance, Green Diplomacy to deal with climate change, Red Diplomacy to cope with anti-corruption, Digital Diplomacy for cyberspace governance and One-Country-Two-System Diplomacy for special districts governance of Hong Kong, Macao and Taiwan, each with amplified amount of cases and materials. For students, it is a key that opens up the door to international law studies; for researchers, it is a rich mine of international legal questions; for diplomats, it is a guide book to understand the art and science of legal diplomacy.

Key Words: international law; Chinese diplomacy; Xi Jinping's diplomatic thought; Huang Huikang; community of shared future for mankind

条约解释中的多样性与同一性

——评张乃根教授《条约解释的国际法》

牟文富*

摘要:本文对张乃根教授新著《条约解释的国际法》一书进行简要评述。该书用丰富的案例、详实的文献考察了条约解释的发展历史、解释理论和当代条约解释实践。全书以《维也纳条约法公约》(VCLT)解释规则作为参照系,考察了自格劳秀斯以来条约解释如何发展到VCLT解释规则的历史,分析了各色条约解释理论与VCLT解释规则的关系,验证了VCLT解释规则对国际争端解决机构条约解释实践的影响。通过细致的分析、丰富的案例支持,该书表明VCLT解释规则具有充分容纳能力,各色解释理论——诸如有效解释、目的解释、演进解释、体系解释/整合解释等——并没有超越VCLT解释规则的范围。解释机构的多样性并未破坏条约解释的同一性。

关键词:条约解释;维也纳条约法公约;国际法院;国际法;习惯国际法

条约解释一直是条约法中最迷人、也最具有挑战性的智识活

---

* 四川省社会科学研法学研究所副研究员、法学博士。

动。挑战性在于条约解释长期以来被相当多的人认为是一门艺术而非科学,[①]而艺术则属于主观活动范畴,具有高度不确定性。“条约法的确定性主要取决于解释规则的确定性。”[②]解释规则的确定性是条约法专家孜孜以求的目标。1969 年的《维也纳条约法公约》(VCLT)第 31 ~ 33 条确立了条约解释规则。自其签署以来,有为数不多的条约解释专著出版,既有通论性质的,也有国际法特定领域的条约解释实践。复旦大学特聘教授、法学院博士生导师张乃根教授新著的《条约解释的国际法》出版,代表了中国学者在条约解释领域做出的卓越贡献。

《条约解释的国际法》由上海人民出版社于 2019 年 9 月出版。全书分上下两卷,上卷包括第一篇“引论”(第一、二章)与第二篇“理论”(第三至七章),下卷包括第三篇“实践”(第八至十二章)和结语部分。除正文外,书末附有缩略语、条约索引、案例索引、主题词索引、参考文献。全书篇幅浩大,体例完备,共 1100 余页,98 万字。《条约解释的国际法》对条约解释的历史、理论、实践做了详实的考察,尤其是所有论述均有裁判实践支持,引证的案例非常丰富,引用的参考文献囊括了自格劳秀斯以来的重要著作。与近来出版的条约解释专著相比,《条约解释的国际法》对条约解释的研究在深度与广度上远胜同侪。下文对该书主要内容做一简要介绍。

一、条约解释的一般国际法问题

第一篇“引论”部分包括第一章“条约解释的国际法研究与实践”和 第二章“条约解释的一般国际法问题”。第一章以 1969 年

---

① See Oliver Dörr and Kirsten Schmalenbach, *Vienna Convention on the Law of Treaties-A Commentary*(Springer,2nd,2018),p. 560.

② 阿果在 1964 年国际法委员会条约法专题会议上的发言。See Summary Records of the Sixteenth Session,[1964] 1 *Yearbook of the International Law Commission*, A/CN. 4/167, para 34,p. 23.

VCLT 中的解释规则为纲考察了条约解释的发展史。作者聚焦在各国际争端解决机构的条约解释实践何时向 VCLT 的解释规则靠拢。作者在第二章中对以下 6 个条约解释方面的理论问题的评价非常有价值,现简单介绍如下。第一,嗣后协定与嗣后惯例。考察 VCLT 文本起草历史,作者注意到条约解释中的嗣后协定与嗣后惯例不是一个新问题,因为联合国国际法委员会(ILC)在起草历史中将嗣后惯例作为解释的上下文,而且在国际裁判实践中早已确立。[①] 第二,关于演进解释的本质,作者指出,关键是"条约解释的时间要素"或"条约续存期间的时际性",但又与 VCLT 第 31 条第 3 款(C)所反映的"条约的体系解释"有关。作者进一步指出,根据 ILC 的立场,VCLT 第 31 条第 2 款与第 3 款在结构上具有"内部上下文"与"外部要素"的关系,但"嗣后"就意味着具有一定的时际性,而相关国际法规则是就"适用于当事国间关系"而言,也应理解为缔约之后发生的当事国间关系,具有一定的时际性。作者提出了导致演进解释的这样的缘由:"如果假定缔约方有意使涉案条约的一般性术语具有演变的含义,这就是约文本身具有的'内部要素'"。[②] 作者在全书中非常倚重"内部上下文"与"外部要素"这两个概念,构成了作者考察条约解释实践的核心工具。第三,体系解释。VCLT 第 31 条第 3 款(C)被认为包含了"体系整合原则",不过作者认为,第 31 条第 3 款(C)的起草者"似乎并没有解决规则冲突或整合国家规范体系之意,[……]看不出其初衷是为了解决国际规则的冲突和整合非体系化的国际法"。[③] "体系解释更多地强调在国际法裁判的实践中适用 VCLT 第 31 条第 3 款(C)项所蕴含的理念。"[④]第四,条约解释的整体方式。作者指出,条约解释的整体方式"没有增加

① 参见张乃根:《条约解释的国际法》,上海人民出版社 2019 年版,第 67 ~ 68 页。
② 张乃根:《条约解释的国际法》,上海人民出版社 2019 年版,第 76 页。
③ 张乃根:《条约解释的国际法》,上海人民出版社 2019 年版,第 79 页。
④ 张乃根:《条约解释的国际法》,上海人民出版社 2019 年版,第 81 页。

什么新内容”,[①]VCLT 解释规则中的“上下文的整体视角”足以涵盖这类解释方法。[②] 第五,条约的有效解释。ILC 在起草条约法草案时担心该原则“具有扩大解释的倾向”而没有将其纳入,[③]作者认为此举是明智的。[④] 作者认为,有效解释原则“不是一项脱离 VCLT 第 31 条第 1 款的解释原则,而是在适用该条款的解释通则时的必然要求,从属于解释通则”。[⑤] 第六,条约解释的判理稳定性。作者指出,判理稳定性这个“用语通常指对嗣后裁判具有指导意义的法理”。[⑥] 通观全书,判理稳定性是作者评估各条约解释水平的重要指标。

二、条约解释理论

(一)条约解释的序幕

第三章“格劳秀斯的条约解释理论”、第四章“瓦特尔的条约解释理论”和第五章“哈佛《条约法公约草案》的条约解释理论”对条约解释规则的历史发展做了一个谱系分析。作者认为,格劳秀斯“从条约的用语及含义中去善意地推断缔约者的真实意图,非常接近 VCLT 第 31 条第 1 款规定的条约解释通则”,[⑦]瓦特尔的条约法学说“体系……更接近于现代的条约法”,[⑧]已经有“演进解释、有效解释、辅助解释、体系解释、整体解释或整体运作等所涵盖

① 张乃根:《条约解释的国际法》,上海人民出版社 2019 年版,第 87 页。
② 张乃根:《条约解释的国际法》,上海人民出版社 2019 年版,第 89 页。
③ 张乃根:《条约解释的国际法》,上海人民出版社 2019 年版,第 98 页。
④ 参见张乃根:《条约解释的国际法》,上海人民出版社 2019 年版,第 103 页。
⑤ 张乃根:《条约解释的国际法》,上海人民出版社 2019 年版,第 98 页。
⑥ 张乃根:《条约解释的国际法》,上海人民出版社 2019 年版,第 107 页。
⑦ 张乃根:《条约解释的国际法》,上海人民出版社 2019 年版,第 155 页。
⑧ 张乃根:《条约解释的国际法》,上海人民出版社 2019 年版,第 176 页。

的原则”。[①] 作者还从瓦特尔条约解释的基本规则、具体规则中辨析出了其与 VCLT 第 31 条、第 32 条之间的一些共同点。[②] 哈佛《条约法公约草案》第 19 条呈现出与格劳秀斯、法泰尔体系化的解释理论颇为不同的面貌——简约化的解释规则。第 19 条被认为是体现了“目的解释”。作者认为,该草案第 19 条的评注走出了纯理论导向的方法,其条约解释的简化方案影响了后来 VCLT 的编纂。[③]

(二)《维也纳条约法公约》的条约解释

1. 从无到有的 VCLT 解释规则

第六章“《维也纳条约法公约》的条约解释”以较长的篇幅对 VCLT 第 31 ~ 33 条的形成、条约解释理论的演变进行了细致梳理。VCLT 解释规则是 ILC 在起草的后期才被纳入的,其中英国籍报告员的贡献尤大。VCLT 解释规则在 1969 年时的法律地位还是很不确定的。作者的意见是,就条约解释是否存在具有约束力的原则或规则这一问题而言,无论是 ILC 草案的评注还是国际法院(ICJ)的司法实践,对此都没有肯定的回答,更没有确认其习惯国际法的地位。[④] 作者的结论认为,VCLT 解释规则并非对已有规则的编纂,而是“通过多边条约确立若干条约解释规则,有助于条约解释的可预期性,增强条约法的确定性”。[⑤]

2. VCLT 解释规则的解释

作者花了较大篇幅对 VCLT 的条约解释规则与各种解释学派之间的关系进行了分析,涉及约文学派、目的学派、主观学派。VCLT 第 31 条作为条约条款,本身也有进行解释的必要,因此一

---

① 张乃根:《条约解释的国际法》,上海人民出版社 2019 年版,第 194 页。

② 参见张乃根:《条约解释的国际法》,上海人民出版社 2019 年版,第 197 ~ 202 页。

③ 参见张乃根:《条约解释的国际法》,上海人民出版社 2019 年版,第 253 ~ 254 页。

④ 参见张乃根:《条约解释的国际法》,上海人民出版社 2019 年版,第 288 ~ 289 页。

⑤ 张乃根:《条约解释的国际法》,上海人民出版社 2019 年版,第 312 页。

定的理论提炼有助于我们更好地理解它。作者的考察表明，目的学派给予条约之目的与宗旨更多权重，但危险在于可能超出约文的含义、偏离缔约方的初始意图。主观学派的条约解释的目的在于查明当事国的意图，其与"目的及宗旨"均属主观范畴。

至于 VCLT 的条约解释规则采用了何种解释理论，作者指出，VCLT 第 31 条体现的是约文派，[①]但对于 VCLT 的整个条约解释规则，作者认为它"实际上调和了当时各种条约解释理论"，条约法草案评注强调了约文的优先性，作者认为"这种约文优先是兼顾条约解释的外部证据和内部宗旨及目的之折衷理论"。[②]

关于 VCLT 的条约解释规则的单一性和整体性，作者提醒要注意两方面的内在逻辑。首先，VCLT 第 31 条第 1 款以约文及其用语为起点，但是在解释过程中，第 31 条第 1 款中的"最直接"上下文与第 2 款所蕴含的"直接相关的上下文"二者之间，"存在递进的逻辑关系，但这并不是等级关系"。[③] 其次，"VCLT 解释通则主张根据约文的上下文，应兼顾条约之目的及宗旨，善意解释之。一旦在内、外上下文中的约文通常意义得以澄清，本身就体现了缔约者有关目的及宗旨。故，目的及宗旨不是解释要素，而是水到渠成的东西"。[④]

3. VCLT 解释规则的理论渊源

条约解释是为了探寻意义，这个过程在多个方面涉及一些理论问题。作者指出，麦克奈尔在其《条约法》(1961 年)中总结的条约解释规则为 VCLT 解释规则的起草提供了理论渊源："条约解释首先有必要使得条约清晰的用语有效，或者说，依据用语的通常及

① 参见张乃根：《条约解释的国际法》，上海人民出版社 2019 年版，第 291 页。

② 张乃根：《条约解释的国际法》，上海人民出版社 2019 年版，第 296 页。

③ 作者所依据的条款是 ILC 的 1966 年《条约法草案及评注》第 27 条第 1～2 款，对应《维也纳条约法公约》第 31 条第 1～2 款。参见张乃根：《条约解释的国际法》，上海人民出版社 2019 年版，第 298、299 页。

④ 张乃根：《条约解释的国际法》，上海人民出版社 2019 年版，第 299、300 页。

自然意义加以解读,并且当用语是清楚时,就不再寻求其他什么含义”。作者认为这是兼具有主观学派和约文解释学派的解释理论。[①] 可以补充的一点是,麦克奈尔认为“可以将[条约解释]任务置于一个单一语句(in a single sentence)之中”。[②] 这也提供了一种解决条约解释条文组织形式的简约化思路。谈到条约解释理论,美国耶鲁学派(纽黑文学派)的条约解释理论值得关注,该理论将条约视为决策过程而非固定文本。作者在分析后总结说,“纽黑文学派所说的条约解释是一种泛化的解释”,[③]这个判断极为公允。[④]

(三)当代条约解释理论评析

第七章“晚近的条约解释理论”评估了加德纳(Richard Gardiner)的《条约解释》、达梅(Isabelle Van Damme)的《世界贸易组织上诉机构的条约解释》、韦勒(Todd Weiler)的《国际投资法的解释》等近年来有代表性的条约解释专著。此外,作者对 ILC 起草的《关于与条约解释相关的嗣后协定和嗣后实践的结论草案》的评价值得注意。该草案是一份重要的条约解释文件,《条约解释的国际法》对草案结论进行了逐条解析,指出了其中几个存在的问题。(1)草案结论 2 提及 VCLT 第 31 条、第 32 条构成“单一的综合行动”,而分析 ILC 起草的《条约法草案》的评注以及 ICJ 的判

---

① 参见张乃根:《条约解释的国际法》,上海人民出版社 2019 年版,第 334 ~ 335 页。

② Lord McNair, *The Law of Treaties* (Clarendon Press, 1961), p. 365.

③ 张乃根:《条约解释的国际法》,上海人民出版社 2019 年版,第 345 页。

④ 纽黑文学派对美国条约解释实践几乎没没有什么影响,反映美国国际法学家主流意见的《美国对外关系法第三次重述》(1987)、《美国对外关系法第四次重述》(2018)关于条约解释的条目并未提到纽黑文学派,而是立足于《维也纳条约法公约》第 31 ~ 33 条。参见 The ALI, *Restatement (Third) of Foreign Relations*, Vol. 1 (The American Law Institute Publishers, 1987), pp. 196 – 197; The AIL, *Restatement (Fourth) of Foreign Relations: Selected Topics in Treaties, Jurisdiction and Sovereign Immunity* (The American Law Institute Publishers, 2018), pp. 55 – 56, 61。

例后,作者明确表示单一解释通则仅仅指第31条,不包括第32条。[①] (2)草案结论4等条款中提到一个重要的新概念——源于VCLT第32条的嗣后惯例,这种提法没有案例和实践支撑,草案结论的评注混淆了"习惯国际法相关国家实践与条约解释的嗣后惯例"。[②] (3)关于嗣后惯例的识别,《条约解释的国际法》认为ICJ在"捕鲸案"中奉行了一种严格的检验方法,相比而言,ILC报告员采用了一种较为"宽化立场",作者赞成"严格地遵循个案酌定,而非轻易地确认有关嗣后协定与嗣后惯例"。[③]

三、解释机构与解释实践的多样性

《条约解释的国际法》下卷第三编"实践"第八至十二章近700页的篇幅,涉及多种国际争端解决机构,引用了大约130多个案例,覆盖了国际法主要领域的条约解释实践。在一般国际法及海洋法的条约解释领域(第八章),作者以VCLT解释规则(尤其是第31条)为参照系,考察各国际争端解决机构在这些领域中的条约解释实践在何种程度上遵循该条、又在何种程度上偏离该条。作者作了几点很有价值的总结。(1)VCLT各项解释规则已被确认为习惯国际法。(2)国际裁判机构的条约解释并不一定援引VCLT解释规则。(3)条约解释规则的适用仍是国际法上的一门艺术。(4)一般国际法及海洋法的条约解释存在诸多应予以正视的问题。[④]

---

① 参见张乃根:《条约解释的国际法》,上海人民出版社2019年版,第417页。

② 张乃根:《条约解释的国际法》,上海人民出版社2019年版,第421~422、435~436页。

③ 张乃根:《条约解释的国际法》,上海人民出版社2019年版,第425页。

④ 这些问题包括:(1)ICJ在"领土争端案"中宣告VCLT第31条体现习惯国际法时并未援引任何判理。(2)某些判理缺少一致性,典型的如低潮高地能否占用问题,ICJ的立场前后不一。(3)个别判例看似适用VCLT解释规则,却阉割其精神,对涉案条约用语做出不当解释,典型的如"南海仲裁案"。参见张乃根:《条约解释的国际法》,上海人民出版社2019年版,第602~610页。

在国际法贸易法领域(第九章),作者归纳世界贸易组织(WTO)争端解决机构的条约解释实践有如下特点:确认了 VCLT 解释规则具有“国际公法解释惯例”的地位;澄清了善意解释,即依条约用语在上下文并参照条约之目的与宗旨所具有之通常意义来解释,本身就是善意的;[①]有效解释原则是 VCLT 解释第 31 条第 1 款的解释通则之延伸,[②]揭示了“演进解释大致属于适用 VCLT 解释通则范畴”;[③]WTO 上诉机构在其解释实践中努力维持有关解释通则、有效解释判理的一致性或稳定性。[④]

在国际投资法中(第十章),作者总结说,“VCLT 解释规则已成为投资仲裁中条约解释的可适用法”。[⑤] 国际投资争端解决中心(ICSID)适用 VCLT 解释规则的基本倾向包括约文在先、有效解释作为 VCLT 第 31 条解释通则的延伸,但也不排除作为单独的解释,个别案件适用了整体解释的方式。

在国际人权法的条约领域(第十一章),作者发现欧洲人权法院通常在援引 VCLT 的解释规则时,“将‘活的手段’之演进解释与实际和有效解释相结合”。[⑥] 作者认为,这体现了“VCLT 第 31 条第 1 款解释通则所要求的善意解释”,另一方面,“该原则也包含了‘解释之目的论’。”[⑦]而美洲人权法院的条约解释实践,“越来越倾向于对该公约保护的人权作扩张解释[……]。”[⑧]前南斯拉夫国际刑事法庭(ICTY)、卢旺达问题国际刑事法庭(ICTR)这类国际刑事法庭“从一开始,有关初审庭就以国内法院的法律解释方法作

① 参见张乃根:《条约解释的国际法》,上海人民出版社 2019 年版,第 786 页。
② 参见张乃根:《条约解释的国际法》,上海人民出版社 2019 年版,第 786 页。
③ 张乃根:《条约解释的国际法》,上海人民出版社 2019 年版,第 788 页。
④ 参见张乃根:《条约解释的国际法》,上海人民出版社 2019 年版,第 790 ~ 792 页。
⑤ 张乃根:《条约解释的国际法》,上海人民出版社 2019 年版,第 875 页。
⑥ 张乃根:《条约解释的国际法》,上海人民出版社 2019 年版,第 901 页。
⑦ 张乃根:《条约解释的国际法》,上海人民出版社 2019 年版,第 903 ~ 904 页。
⑧ 张乃根:《条约解释的国际法》,上海人民出版社 2019 年版,第 946 页。

为参照……上诉庭……无意归纳一般指导意义的判理”。①

中国的条约解释实践(第十二章)更多地是在ICSID、WTO这类争端解决机构、向ICJ咨询案提交国家意见过程中进行的。作者总结了一些经验教训:在“原材料案”中,中国对VCLT解释规则的忽视导致中国误读条约用语;在“稀土案”中,中国诉诸整体解释和有效解释,但“似乎中国在上诉辩称时没有充分地加以阐明,并体现于解释过程”。②

四、ICJ对VCLT解释规则性质的表态:皇帝的新衣之谜

ICJ 1994年的“领土争端案”判决在条约解释历史上是一个重要转折点,其首次确认VCLT第31条反映了习惯国际法。该案被ICJ自身、其他国际争端解决机构多次援引。然而,《条约解释的国际法》的研究表明,ICJ对VCLT解释规则做出习惯国际法的识别工作并没有足够的案例支持,也“不提供任何判理”。③ 虽然ICJ表明是反映了习惯国际法,其实名不副实,是“皇帝的新衣”。④ 学术界对ICJ识别习惯国际法的方法保持了相当的兴趣,一直在归纳法和演绎法两种方法上纠缠。⑤ 识别习惯国际法的一般方法是归纳法,ILC在2018年通过的《关于习惯国际法的识别的结论草

---

① 张乃根:《条约解释的国际法》,上海人民出版社2019年版,第964页。

② 张乃根:《条约解释的国际法》,上海人民出版社2019年版,第1001页。

③ 张乃根:《条约解释的国际法》,上海人民出版社2019年版,第457页。

④ 张乃根:《条约解释的国际法》,上海人民出版社2019年版,第608页。

⑤ See Martti Koskenniemi, *From Apology to Utopia: The Structure of International Legal Argument* (Cambridge University Press, 2005), pp. 397 – 410; William Thomas Worster, “The Inductive and Deductive Methods in Customary International Law Analysis: Traditional and Modern Approaches”, (2014) 45 *Georgetown Journal of International Law*, pp. 445 – 521; Stefan Talmon, “Determining Customary International Law: The ICJ's Methodology between Induction, Deduction and Assertion”, (2015) 26 *European Journal of International Law*, pp. 417 – 443.

案案文》之结论2认可这种方法,即要按照一般惯例、法律确信两要素去识别习惯国际法。[①] 与此相对应的是演绎法:“规则可通过存在一般惯例及其被接受为法律(法律确信)的经验证据之外的方式确定。”[②]ILC指出实际上可能是两种方法混合使用:“两要素法事实上并未排除在适用两要素法时作为辅助手段谨慎使用演绎法。”[③]ILC认为“乌拉圭河沿岸的纸浆厂案”(2010)、“领土争端和海洋划界案”(2012)采用了演绎法,但其措辞并不那么肯定。[④]

不过归纳法、演绎法并不能完全解释ICJ裁判实践中所采用的方法。斯蒂芬·塔尔蒙(Stefan Talmon)近期的研究认为,在ICJ的裁判实践中所使用的主要方法实际上并非单一的归纳法或演绎法,而是归纳法、演绎法、宣告(assertion)的混合使用。[⑤]“在ICJ的大多数案件中,法院并不提供任何推理,无论是归纳法还是演绎法,而是简单地宣告某法属于它所认为的那种范畴。”[⑥]国际法院在宣告某项国际法规则的状态、性质时使用的措辞包括“认为”(in the opinion)、“观察到”(observe),但没有相应的推理。[⑦]

---

① 参见国际法委员会在2018年第七十届会议二读通过《关于习惯国际法的识别的结论草案案文》结论2所评注第5段。沃斯特在2014年的论文中就指出了这种现象。See William Thomas Worster,“The Inductive and Deductive Methods in Customary International Law Analysis: Traditional and Modern Approaches”,(2014)45 *Georgetown Journal of International Law*,p.520.

② 《关于习惯国际法的识别的结论草案案文》结论2所评注第5段。

③ 《关于习惯国际法的识别的结论草案案文》结论2所评注第5段。

④ 国际法委员会对《关于习惯国际法的识别的结论草案案文》结论2的评注第5段用了“看上去就使用了这一方法”(This appears to be the approach[…])这样的措辞来形容国际法院在“乌拉圭河沿岸的纸浆厂案”所采用的演绎法。

⑤ See Stefan Talmon,“Determining Customary International Law: The ICJ's Methodology between Induction,Deduction and Assertion”,(2015)26 *European Journal of International Law*, p.441.

⑥ Stefan Talmon,“Determining Customary International Law: The ICJ's Methodology between Induction,Deduction and Assertion”,(2015)26 *European Journal of International Law*, p.441.

⑦ See Stefan Talmon,“Determining Customary International Law: The ICJ's Methodology between Induction,Deduction and Assertion”,(2015)26 *European Journal of International Law*, pp.434-436.

这与《条约解释的国际法》的判断一致：ICJ 常常径直作出“表态”(pronouncement)但无裁判实践支持。[①]

法院以宣告方式来确定习惯国际法规则的原因在于，“有些情形下，因为归纳几无可能，或者因为缺乏能从中演绎出可适用法律之一般性规则或原则”。[②] 可以设想，国际法院一般应采用归纳法去确定 VCLT 第 31 条是否属于习惯国际法。严格按照归纳法，ICJ 要做详细的调查工作，这可能超出了其能力，属于“几无可能”的显著情形。更何况“各国的实践远远未达到普遍充分”。[③]

ILC 对演绎法的界定太过宽泛。如果解释者在实际的解释过程中缺少细致的推理，那么无论是演绎法，还是宣告，抑或是《条约解释的国际法》所说的“表态”，它们之间的差别很难区分。在施瓦曾伯格(Georg Schwarzenberger)看来，演绎法不过就是“伪装的司法立法”(judicial legislation in disguise)。[④] 这个论断恐怕也适用于 ICJ 对习惯国际法的宣告、表态。

五、结　束　语

《条约解释的国际法》揭示了条约解释实践之多样性表象背后所隐含的一些问题及答案，作者的贡献良多。

---

① 参见张乃根：《条约解释的国际法》，上海人民出版社 2019 年版，第 107 页。

② Stefan Talmon, "Determining Customary International Law: The ICJ's Methodology between Induction, Deduction and Assertion", (2015) 26 *European Journal of International Law*, p. 442.

③ 参见张乃根：《条约解释的国际法》，上海人民出版社 2019 年版，第 807 页，脚注 1。马尔蒂·科斯肯涅米指出，习惯国际法的识别困难在于缺乏一种确定的、一致的习惯法理论。现有习惯法的理论充满不确定性，原因在于循环论证。它设定行为(behaviour)是法律确信的证据，而后者又是支持行为与习惯具有相关性的证据。See Martti Koskenniemi, *From Apology to Utopia: The Structure of International Legal Argument* (Cambridge University Press, 2005), pp. 408, 436.

④ 转引自 William Thomas Worster, "The Inductive and Deductive Methods in Customary International Law Analysis: Traditional and Modern Approaches", p. 419。

1.《条约解释的国际法》全书贯彻了一种依据国际争端解决机构的解释实践来考察条约解释理据的研究进路，如果缺乏VCLT缔结、生效后的条约解释实践的支撑，那么有关学说、理论最多就是学理层面，其合理性、实际的适用功能就值得怀疑。就此来看，作者所持的是一种严格的实证主义研究进路。这种进路对新概念、新学说持高度谨慎态度。①

2. 全书的细致分析表明，VCLT第31条所能容纳的解释能力很强，无论是目的论解释、演进解释、有效解释、体系解释，它们并没有超出第31条第3款所构成的解释框架。② 在不依赖这些理论的情况下凭第31条也可实现这些理论所意欲达到的解释效果，因此在条约解释过程中引入其他解释理论的必要性似乎没有那么强。

3. ILC在"国际法不成体系问题"研究报告中将VCLT第31～33条作为处理国际法各规范之间关系的桥梁。③ 然而，国际争端解决机构的多样性是否导致了条约解释实践出现不成体系的结果?④ 从《条约解释的国际法》下卷详实的案例分析来看，情况并非如此。各解释机构基本维持了其解释实践的同一性(unity)。第一，从《条约解释的国际法》的考察来看，各争端解决机构在不同时期都接受了VCLT解释规则，在条约解释实践中也基本遵照它来解释涉案条约。第二，各个国际争端解决机构基本接受了ICJ对VCLT第31条反映习惯国际法的"表态"，而且常常援引ICJ的

---

① 参见张乃根:《条约解释的国际法》，上海人民出版社2019年版，第438页。

② 参见张乃根:《条约解释的国际法》，上海人民出版社2019年版，第88～90、97～98、296、436、455页。

③ "国际法不成体系问题:国际法多样化和扩展化引起的困难的报告和结论"，*Yearbook of International Law Commission*，2006，Vol. II，Part II，p. 206。

④ See Liliana E. Popa，*Patterns of Treaty Interpretation as Anti-Fragmentation Tools-A Comparative Analysis with a Special Focus on the ECtHR，WTO and ICJ*(Springer International Publishing，2018)，pp. 25－26；E. Bjorge，"The Convergence of The Methods of Treaty Interpretation：Different Regimes，Different Methods of Interpretation?" in M. Andenas & E. Bjorge(Eds.)，*A Farewell to Fragmentation：Reassertion and Convergence in International Law*(Cambridge University Press，2015)，p. 498.

判例。这里存在一个条约解释的“渐进学习过程”,[①]“即使各法庭坚持认为它们适用了一种特别的解释风格,事实上它们适用的是同一种方法。”[②]第三,除 ICJ 之外,可以认为其他各争端解决专门机构处理的案件属于“自足制度/特别法”,而且也有法庭自认如此。[③] 即便这样,ILC“国际法不成体系问题”专题报告员马尔蒂・科斯肯涅米的研究认为“[……]自足制度或子系统[并未]完全并最终排除适用一般法的‘封闭的法律环道’[……]从惯例和文献中可得出的起码结论是,《维也纳条约法公约》第 31 条和第 32 条永远适用,除非其他解释原则明确提出它们无效”。[④]《条约解释的国际法》大量的案例分析可以支持这一点。第四,各争端解决机构的解释实践实际上呈现了差异,甚至还诉诸 VCLT 解释规则之外的各种理论,如目的解释、有效解释、演进解释。如上所述,VCLT 第 31 条其实能容纳这些理论所蕴含的方法,这些理论或解释方法并未真正偏离 VCLT 解释规则。因此,判断一个解释是好的解释抑或糟糕的解释,核心的标准是 VCLT 第 31 条第 1 款中的善意。但正如本书作者反复强调,善意不是一个孤立的解释原则,而是符合解释要求之过程的结果。[⑤]

---

① E. Bjorge, “The Convergence of The Methods of Treaty Interpretation: Different Regimes, Different Methods of Interpretation?” in M. Andenas & E. Bjorge (Eds.), *A Farewell to Fragmentation: Reassertion and Convergence in International Law* (Cambridge University Press, 2015), p. 533.

② E. Bjorge, “The Convergence of The Methods of Treaty Interpretation: Different Regimes, Different Methods of Interpretation?” in M. Andenas & E. Bjorge (Eds.), *A Farewell to Fragmentation: Reassertion and Convergence in International Law* (Cambridge University Press, 2015), p. 535.

③ See E. Bjorge, “The Convergence of The Methods of Treaty Interpretation: Different Regimes, Different Methods of Interpretation?” in M. Andenas & E. Bjorge (Eds.), *A Farewell to Fragmentation: Reassertion and Convergence in International Law* (Cambridge University Press, 2015), p. 506.

④ 马尔蒂・科斯肯涅米定稿的报告:“国际法不成体系问题:国际法多样化和扩展引起的困难——国际法委员会研究组的报告”(A/CN. 4/L. 682),第 174 段。

⑤ 参见张乃根:《条约解释的国际法》,上海人民出版社 2019 年版,第 786 页。

Unity within Diversity of Treaty Interpretation

—A Review on Zhang Naigen's *International Law of Treaty Interpretation*

MOU Wenfu

Abstract: This review essay is a brief introduction and short comment on the newly published *International Law of Treaty Interpretation* by Professor Zhang Naigen from Fudan University. This voluminous book features detailed and reflective examination of the history, theories and practice of treaty interpretation supported by abundant cases and comprehensive bibliographies. With VCLT interpretive rules as its reference frame, the book reviews the history of treaty interpretation since Grotius, analyzes the relation of various interpretive theories to VCLT interpretive rules and scrutinizes the influence of VCLT interpretive rules upon judicial practices of diverse international dispute settlement bodies. The study accomplished in the book reveals that VCLT interpretive rules, with sufficient accommodating capacity, can support various interpretive theories, inter alia, effective principle, teleological interpretation, evolutive interpretation, systematic/integrated interpretation and holistic approach, which are in effect not far beyond or broken away from the VCLT interpretive rules as reflecting customary international law. Unity has been maintained within the diversity of interpretive bodies.

Key Words: treaty interpretation; VCLT; ICJ; international law; customary international law

国际法存在和发展的源流探索

——读古祖雪教授《国际法:作为法律的存在和发展》

李寿平*

摘要:古祖雪教授所著《国际法:作为法律的存在和发展》对于国际法的法律属性、国际法的价值目标、国际法的体系结构、国际造法基本原则及国际法治变革路径等国际法基础理论问题提出了诸多创新观点。古教授认为国际法不仅是治世之法也是治国之法,其效力根据来源于内容上的合法性和形式上的合意性,因此,国际造法应坚持客观性、国际民主、国际合作和国际法治等基本原则。面对国际法面临的信用危机和充分性、有效性、合法性的危机,古教授提出了现代国际法变革路径,坚持将国际合作作为解决国际法危机的根本手段,推动联合国改革,加强联合国在国际法治中的作用,促进国际法的多样性发展。

关键词:国际法;国际法治;国际造法;国际合作

自1648年《威斯特伐利亚和约》以来,国际法作为国际治理的工具一直实然存在并不断创新发展。但作为应然存在的理由,国际法的法律属性、价值目标等若干国际法基础理论问题一直是国

---

* 法学博士,国际宇航科学院社科学部院士,北京国际法学会会长,北京理工大学法学院院长、教授,主要从事国际公法研究。

际法学界研究和争议的对象。同时,实然运行的国际法在创新发展中面临科技发展、全球化等诸多因素的挑战,国际法治如何变革和发展正是21世纪以来国际社会共同思考和应对的重要问题。

古祖雪教授所著《国际法:作为法律的存在和发展》(以下简称古教授著作)是对其多年来国际法研究成果的总结和提炼。古教授对于国际法的法律属性的创新认识,对国际法的价值目标、国际法的体系结构、国际造法基本原则及国际法治变革路径等国际法基础理论问题提出的思想和观点,吾辈颇有高山仰止之感。近十年来,尽管本人一直在《中国社会科学》《法学研究》等核心刊物上拜读、领悟古教授的这些思想,但古教授著作的面世,仍使我对古教授国际法思想的系统性顿有垒石成屋之感。

仔细研读著作后,有几点学习体会和大家一起分享。

一、国际法存在的价值:治世之法与治国之法

国际法是不是法?国际法存在的意义和价值目标是什么?这是国际法理论中带有根本性的命题。长期以来,普芬多夫(S. Puffendorf)①、奥斯汀(J. Austin)②等国际法法律效力"否定论"者的影响一直存在。两次世界大战及本世纪的伊拉克战争再次使人民对国际法的价值、效力甚至对其存在深感忧虑。③

对于国际法的法律属性,古教授著作通过对哈特国际法思想的评论和对国际法理念的论述,认为随着国家之间相互作用的加

① 普芬多夫认为,自然法才是法,一切实在的国家间协议或相互义务都可能被个别国家随意解除,因此它们并不构成国际法律。参见梁西主编:《国际法》(修订第2版),武汉大学出版社2002年版,第9页。

② 奥斯汀认为,法律是主权者的"命令",并且由制裁的威胁予以支持,因此,国际法不是真正的法律,只是"实在道德"。参见王铁崖:《国际法引论》,北京大学出版社1998年版,第8页。

③ 参见[希腊]尼古拉斯·波利蒂斯:《国际法的新趋势》,原江译,云南人民出版社2004年版,第1页。

强和国际社会的日益组织化,国际法的"硬"法属性日益,国际法虽然有别于国内法,但两者在内容和功能上的相似性增强。[①] 古教授著作认为和平是国际法的基本理念,人权是国际法的终极理念,正义是国际法的工具理念,[②]通过总结和平、人权、正义的国际法目标价值确立了国际法作为治世之法的合理性。国际法的发展历史就是人类追求和平与安全的历史,作为治世之法的国际法因人类追求和平而存在,也因人类维持和平而发展。和平的目的是促进人的发展,人权是人类社会一切活动所追求的最高价值,作为治世之法的国际法一方面尊重和促进人权,另一方面防止和惩治侵犯人权。正义是确保和平和促进人权的条件和手段,作为治世之法的国际法必须确立主权平等、公平互利、有约必守的基本原则。[③]

国际法是否治国之法,一直是法学界研究的重大理论问题。自 1648 年威斯特伐利亚体制确定现代主权国家以来,人类社会的政治生活呈现"个人—国家"与"国家—国际社会"的双层分立模式,这种双层分立模式使得国内社会与国际社会处于明显的分割状态,传统法律控制模式也呈现明显的"二元分立"特征,即国内法与国际法基本上处于分立状态。国内法致力于解决国内社会"私人—私人"之间和"私人—政府"之间的法律关系;国际法则以主权国家为中心,其核心功能是尊重和保障国家利益。[④] 显然,在"二元分立"的双层分立时代,治国之法仅限于国内法。

随着经济全球化和科技的发展,越来越多的私营实体参与国际经济事务和国际经济事务的全球治理,双层分立的社会模式逐

① 参见古祖雪:《国际法:作为法律的存在和发展》,厦门大学出版社 2018 年版,第 114 ~ 15 页。

② 参见古祖雪:《国际法:作为法律的存在和发展》,厦门大学出版社 2018 年版,第 16 ~ 38 页。

③ 参见古祖雪:《国际法:作为法律的存在和发展》,厦门大学出版社 2018 年版,第 33 ~ 37 页。

④ 参见陈辉庭:《世界贸易体制的变革:经济全球化背景下国际法与国内法的联结》,社会科学文献出版社 2014 年版,第 37 ~ 43 页。

步被打破,国际社会与国内社会由于私人活动的扩展而逐步联结起来,国际事务和国内事务的界限也由于私人活动变得模糊。在此背景下,“二元分立”的法律控制模式开始变化,国际法与国内法的联系开始紧密。特别在现代国际法中,国际法的内涵已经发生变化,国际法不仅限于是调整国家间关系的国际公法,而是包括调整一切国际关系(不限于国家之间的政治关系)的具有法律约束力的行为规范的总和。① 国际法所调整的社会关系包括国际社会成员在交往中形成的政治、经济、民商事关系等法律关系。

正是基于此,古教授著作从条约法和条约实践的角度认为,国际法可以作为治国之法,只是认为国际法是依国家同意而产生,国家只能将其同意并将其转化或并入国内法的国际法作为治国之法。将国际法作为治国之法是国家基于自身利益的考量,是国际关系中遵守诚信原则的表现。②

国际法既是治世之法也是治国之法,古教授著作这一论断既是对国际法法律效力“否定论”的有力回击,也是对国际法作为法律存在的有力证明。

二、国际法存在的根据:内容合法与形式合意

国际造法是国际法存在的核心问题,其直接关乎国际法作为法律体系的正当性问题。对于国际法的正当性,自然法学派认为国际法是“正当理性的命令”,其效力来源于“良知”、“正义”和“自然权利”的自然理性。③ 盛行于19世纪的实在法学派则认为国际

① 参见黄进:《宏观国际法学论》,武汉大学出版社2007年版,第5页。

② 参见古祖雪:《国际法:作为法律的存在和发展》,厦门大学出版社2018年版,第88~107页。

③ See J. G. Starke, *An Introduction to International Law* (London: Butterworths Law, 6th ed, 1963), pp. 18 – 32 and Wheaton Henry, *Elements of International Law* (Berlin: Nabu Press, 1866), p. 20.

法的效力产生于各国的"共同意志",[①]如美国学者路易斯·亨金就认为"国家的同意是国际法的基础"。[②] 我国大多数学者赞同周鲠生先生的"意志协调说",认为国际法是"各国意志之间的协调",[③]其观点和实在法学说有不同之处,但没有实质性的区别。

自然法学派观点不承认国家的共同意志是国际法的效力根源,忽视了法律规范与道德规范的区别,实在法学派的观点仅承认国家的共同意志是国际法的效力根源,重视了形式效力,忽视了正义内容,容易导致"恶法亦法"的结论。

古祖雪教授通过《国际造法的基本原则》一文,创新性地提出了国际造法应遵循客观性、国际民主、国际合作和国际法治等基本原则,这是当前国内第一个系统研究国际造法基本原则的重大成果。尽管本人认为国际法治是一种手段或途径,很难成为一项基本原则,但国际法稳定、可持续发展显然需要基本原则予以指导。在主权平等的国际社会,国际社会没有集中统一的立法机构。国际造法主要是国家、国际组织等国际造法主体通过条约、国际文件、司法裁决等方式形成国际法。当前,国际社会并没有关于国际造法的程序和实体规则,古祖雪教授提出的客观性、国际民主、国际合作原则对于国际社会科学造法、民主造法实际上提供了程序和实体性标准,即国际造法的正当性不仅要求内容上的合法性,还要求形式上合意性。

国际造法内容合法性就是指国际造法要反映国际社会发展规律,适应国际社会需要的客观变化,经受国际社会实践的客观检验,也就是国际造法应坚持客观性原则。[④]

国际法是国家通过协调后达成的一种共同国家意志,国际造

① 参见梁西主编:《国际法》(修订第2版),武汉大学出版社2002年版,第12页。

② [美]路易斯·亨金:《国际法:政治与价值》,张乃根等译,中国政法大学出版社2005年版,第36页。

③ 周鲠生:《国际法》,商务印书馆2018年版,第10页。

④ 参见古祖雪:《国际法:作为法律的存在和发展》,厦门大学出版社2018年版,第40~44页。

法就要从程序上要体现国家的意志。古教授著作提出国际造法的国际民主原则,在此基本原则下,国际造法的主体应具有普遍性,国际造法权利应具有平等性,国际造法的意志应具有自治性。[①]在平权的国际社会,国际民主的保障是国家间的合作,只有通过国际合作才能真正实现国家意志的协调。因此,国际合作原则也是国际造法的基本原则,在此原则下,国际社会必须承认国际法存在的必要性,只有"国际社会成员的共同同意认为应该有一组法律规则—国际法—以支配它们作为该社会成员的行为",[②]国家才有国际造法合作的意愿。国际社会必须遵守"预约谈判原则",在合作中善意做出有法律意义的努力,善于妥协,兼顾各方诉求。

古祖雪教授提出国际法治原则实际上是指国际造法的法治化理念,认为国际造法不仅要有完备的规则体系,还要有违反国际造法规则应承担相应后果的责任制度,实现国际造法有法可依、有法必依、违法必究。[③]

实际上,古祖雪教授不仅为国际造法正当性直接提供了评价标准,实际上也对国际法的经典理论问题"国际法效力根据"做了回答。古教授认为,"国际法在内容上的合法性是国际法效力的内在根据","国际法在形式上的合意性是国际法效力的外在根据"。[④] 国际造法的基本原则也是围绕这两个要求而设立的,客观性原则是为了实现内容的合法,国际民主和国际合作两原则是为了实现形式上的合意。

古教授著作还对国际造法规则的形成进行了研究。在国际法发展历史上,国际造法一直处于"无法可依"的无序状态。这种无

---

① 参见古祖雪:《国际法:作为法律的存在和发展》,厦门大学出版社 2018 年版,第 45 ~ 49 页。

② [英]詹宁斯·瓦茨:《奥本海国际法》(第 9 版)(第 1 卷第 1 分册),中国大百科全书出版社 1995 年版,第 8 页。

③ 参见古祖雪:《国际法:作为法律的存在和发展》,厦门大学出版社 2018 年版,第 62 ~ 68 页。

④ 参见古祖雪:《国际法:作为法律的存在和发展》,厦门大学出版社 2018 年版,第 45 页。

序表现在以下几个方面：

第一，国际造法主体的无序。国家毫无疑问是国际造法的主要主体。随着国际社会组织化发展，安理会造法、司法机构造法等国际组织造法成为健康且不可回避的现实，特别是“司法造法”是任何社会中司法运作之永恒特征，国际社会概莫能外。① 此外，还有一些非政府间国际组织也在实践中参与国际造法活动，如在 WTO 框架下，一些非政府国际组织通过参与 WTO 部长级会议参与国际造法，1996 年 12 月的新加坡部长级会议是第一届 WTO 部长级会议，就有 159 个非政府组织注册参加。在国际劳工组织的会议上，政府、企业（包括跨国）和工会的代表有平等的权利。可见，全球治理背景下，在国际造法中，参与国际造法的主体是多样的。

第二，国际造法的形式是无序的。根据《国际法院规约》第 38 条的规定，国际造法的形式不仅包括国家间协商，也包括司法机构的司法裁决实践，甚至包括权威公法学家的学术研究。在国际造法实践中，国际组织及其机构通过的国际文件，这种“软法”造法实践是近年来国际造法形式发展的重要补充。特别是随着国际软法的发展，国际造法形式更显无序，一些国际会议也可能是国际软法造法的重要形式。

第三，国际造法规则是无序的。在现行国际法中，有《维也纳条约法公约》对条约的形成提供了规则，②各国际司法机构也通过内部组织法对其司法裁决的形成进行了规制，如国际法院的《国际法院规约》、③国际刑事法院的《国际刑事法院罗马规约》④等。由

① See Hersch Lauterpacht, *The Development of International Law by the International Court*(London: Stevens & Sons Limited, 1958), pp. 155 – 156.

② 1969 年的《维也纳条约法公约》和 1986 年的《维也纳条约法公约》都对条约的缔结、生效及保留做出了明确规定。

③ 国际法院为联合国主要司法机关，根据 1945 年 6 月 26 日在旧金山签署的《联合国宪章》设立，《国际法院规约》是《宪章》的一个部分，对法官的组成及审理案件程序做了明确规定。

④ 《国际刑事法院罗马规约》是于 1998 年 7 月 17 日在罗马由联合国设立国际刑事法院全权代表外交会议通过，该规约对于法院的组成，案件的调查、起诉、审判进行了明确规定。

于国际造法形式和造法主体的无序,现行国际法对国际会议造法、国际组织造法缺乏明确的规则。

古祖雪教授在其《现代国际法的多样性、碎片化与有序化》一文中实质上认为,正是由于国际造法的无序可能导致国际法的“碎片化”。[①] 国际法的碎片化是不可避免的,是国际法的固有特征。国际法碎片化将导致国家在国际法适用过程中必须遵守相互排斥的国际义务的情形,容易引起国家责任和国际争端,不利于国际关系的稳定。对此,古教授著作认为要加强国际组织间的合作与国家间的协调来缓解国际法的碎片化。

三、国际法存在的形式:规范形态与板块结构

自《威斯特伐利亚和约》为标志的近代国际法形成以来,国际法学者对近400年来国际法形成和发展的结构和体系有不少论述。英国国际法学家施瓦曾伯格曾经认为,国际法包括三类:(1)权力的法律,用来处理冲突的利益;(2)互惠的法律,用来处理相互兼容的利益;(3)协调的法律,用来处理相同的利益。简而言之,国际法是由协调利益和冲突两部分的法律组成。施瓦曾伯格的观点显然过于简单,利益与冲突主要是国家间的关系,国际法不仅要协调国家间的关系,也要协调人类作为整体的关系。

美国学者霍夫曼则将国际法体系描述成:(1)关于政治架构的国际法——如界定基本状况、某些基本准则和国家间开展政治博弈规则的一揽子协定;(2)关于互惠的国际法,它规定在各种具体问题领域中形成和发展国际关系的条件和规则,一般受关于政治架构的基本法规限定;(3)关于共同体的国际法,它处理那些不

---

① 国际碎片化实质国际法体系内部的各种规范和制度之间没有形成一种结构上的有机联系,相互之间有冲突,甚至彼此矛盾。参见古祖雪:《国际法:作为法律的存在和发展》,厦门大学出版社2018年版,第174页。

能以相互分离的、处于竞争状态的各国国家在利益上的互惠为基础,只能以其行动超越了狭隘国家利益的共同体为基础才能得到最佳解决的问题。[①] 霍夫曼对国际法体系的描述同样局限于国家间关系的调整,将国际法分为一般国际法和区域国际法或特定国际法,这种描述貌似反映了国际法的体系,但对国际法的内部结构描述是不准确的。

在众多观点中,最具有启迪的是20世纪60年代美国知名国际法学家沃尔夫冈·弗里德曼在其《变动中的国际法结构》中提出观点。弗里德曼基于国际法的目标价值将国际法分为共存(co-existence)国际法与合作(co-operation)国际法,他认为传统国际法的特征在于保障国家的共存,关注的是主权国家间管辖划分与和平共存,国际法是用以保证国家独立存在的工具,因此是"共存国际法"。[②] "二战"结束后以《联合国宪章》为标志确立的现代国际法正从共存(过程)转向合作(实质与福利),因此是"合作国际法",但是,其"共存法"性质仍然存在[③]。遗憾的是,基于时代的限制,弗里德曼未能发现冷战结束后,随着全球化的发展,特别是全球性危机和挑战的出现,国际法的目标价值不得不发生新的变化。国际法不仅要关注共存、合作,同时还要关注应对全球性的危机和实现人类共同利益。

古教授著作基于时代的变化,引进地质学的板块结构理论,将国际法划分为三个板块:(1)共存国际法;(2)合作国际法;(3)人权国际法。古教授著作显然是对弗里德曼观点的继承,但也创新性地将人权国际法从合作国际法中发展出来。古教授认为人权国

---

① 参见[美]熊玠:《无政府状态与世界秩序》,余逊达等译,浙江人民出版社2001年版,第225~226页。

② See Wolfgang Friedmann, *The Changing Structure of International Law* (London: Stevens & Sons,1964) p. 61.

③ See Wolfgang Friedmann, *The Changing Structure of International Law* (London: Stevens & Sons,1964) p. 118.

际法是以人的存在和全面发展为诉求,主要规定国家对个人、国际组织对个人的义务,主张约束国家行使主权权利。今天的国际法体系实际上是一个三个规范板块并存的结构体系。[①] 古教授提出的国际法板块结构理论显然是对弗里德曼思想的超越。

古教授著作通过对国际法形态结构的总结,展示了国际法规范等级和效力范围的发展。通过对国际法部门结构的归纳,体现了国际法调整范围和管制重心的变化轨迹。国际法的三大板块则是对国际法形态结构和部门结构的新结合。可以说,古教授著作中的第四、六、七章是我国国际法学界第一次系统阐释国际法体系结构及其发展的重要成果。

当然,随着全球化的发展,全球性危机的出现和人类共同利益的形成,国际法仅仅关注人权显然是不够的,特别是将人权国际法局限于个人人权更显片面。

冷战结束后,世界并没有出现弗朗西斯·福山所假设的“冷战的结束意味着全球政治中重大冲突的结束和相对和谐世界的出现”,[②]大量的种族冲突和种族清洗、恐怖主义袭击成为国际安全的新威胁。同时,全球化和科技的发展也产生了一系列环境资源危机、全球气候与生态危机。这些非传统安全威胁不仅威胁个人人权,也直接威胁人类安全、人类的共同进步和繁荣。因此,个人人权并非国际法价值的全部,当代国际法的目标和价值不仅要关注国际社会的共同利益(和平、安全、人权、发展等),也要关注人类共同利益。因此,我相对比较认同将国际法的第三板块界定为“共进(co-progressiveness)国际法”。[③]

① 参见古祖雪:《国际法:作为法律的存在和发展》,厦门大学出版社2018年版,第81~84页。

② 转引自[美]塞缪尔·亨廷顿:《文明的冲突与世界秩序的重建》,周琪等译,新华出版社2010年版,第9页。

③ 参见易显河:《向共进国际法迈进》,载《西安政治学院学报》2007年第1期,第55~68页。

四、国际法发展的未来：信用危机与变革路径

对于国际法的发展，古教授著作比较乐观地发现，现代国际法通过管制重心的转移、调整范围的扩充、规范等级的确立，越来越关注战争法与和平法、共存法与合作法、任意法与强行法之间的平衡，国际法的法律效力不断增强。古教授著作也敏锐地观察到，类似于伊拉克战争等事件，超级大国的单边主义行动及联合国对单边主义行为的漠视，使现代国际法面临严重的“信用危机”。[①] 同时，面对冷战后因宗教、种族、贫穷造成的局部冲突和人道灾难，恐怖主义的蔓延对国际和平与安全的威胁，贫穷、疾病和环境恶化等世界经济和社会问题，不仅联合国反应迟缓，现行国际法也面临充分性、有效性、合法性的危机。[②]

在国际法的发展历史中，现代国际法发展确实面临严重的危机。国际法的“信用危机”实际上早就存在，国际法效力的“否定论”者一直对国际法律理念和价值持怀疑的态度。国际法的实践危机在冷战结束后越来越明显，随着全球化和科技的发展，现行国际法在全球治理中的实践中越来越暴露其在全球治理中的不足和局限。

第一，21 世纪以来，人类科技飞速发展，人类活动与全球治理的范围不断扩大，这种形势不但加剧了旧有的全球性问题，也衍生出一系列新的问题，导致现行国际法在网络安全、外空安全、极地资源、食品安全、公共卫生、跨国刑事犯罪等方面都不同程度地显现出规则的供给不足。

---

① 古祖雪：《国际法：作为法律的存在和发展》，厦门大学出版社 2018 年版，第 199 ~ 204 页。

② 参见古祖雪：《国际法：作为法律的存在和发展》，厦门大学出版社 2018 年版，第 217 ~ 225 页。

第二,冷战之前的传统安全威胁主要涉及国家,是国家制造、国家认知、国家应对的威胁,是国家对国家的威胁。现有国际法治规则主要致力于传统安全威胁的解决,关注国家间问题的解决,对于恐怖主义袭击、气候变化、传染疾病的控制、金融危机等非传统安全威胁的关注显然不够,因此,现有规则在应对这些非传统安全威胁问题越来越显得失灵。

第三,特别是在全球治理失灵背景下,[①]现行国际法观、国际法的目标价值也面临危机。传统国际法观是以治理国家间关系占主导地位的权力政治观。在权力政治观下,追求国家利益是国际关系的核心,因此,国际法的价值目标主要是实现国家利益或国家间利益。在全球治理中,为解决全球性危机和挑战,实现人类共同利益,就必须要创新国际法观和目标价值,用共商共建共享的新型国际法观来推动国际法治向合作共赢变革,推动国际法的目标价值从国家间利益为主的国际利益向人类共同利益变革。

古教授著作认为,国际法发展中面临的危机表明现行国际法已经不能适用国际社会发展的需要,必然会产生一种催生新的国际法律规范的力量,这种力量孕育于对国际法危机的反思。[②] 当然,古教授著作并不仅仅被动地反思国际法的危机及其产生的原因,在其"国际法的多样化、碎片化与有序化""从伊拉克战争看国际法面临的冲击与命运""联合国改革与国际法的发展"等章节中无不透露出作者对国际法变革路径的精细思考。

首先,国际合作是解决国际法危机的根本手段。古教授著作

---

① 全球治理失灵主要是指全球性问题更加凸显,现有的国际规则体系越来越不能有效管理全球事务,不能应对全球性挑战,致使全球问题不断产生和积累,世界秩序因而出现失调。参见秦亚青:《全球治理失灵与秩序理念的重建》,载《世界经济与政治》2013 年第 4 期,第 5 页。

② 参见古祖雪:《国际法:作为法律的存在和发展》,厦门大学出版社 2018 年版,第 204 ~ 205 页。

认为只要在国际合作的基础上,总结国际社会的实践,解决国际社会的问题,国际法就会迎来一个崭新的发展阶段。[①] 联合国改革需要国际社会的合作才能发挥作用,信用危机需要国际社会合作才能解决,国际法规则的碎片化也只能是国际合作才能缓解,因此说,国际合作是解决当前国际法危机的根本性手段。

其次,推动联合国改革,加强联合国在国际法治中的作用。联合国改革直接影响国际法的信用危机,如果联合国能够真正实现其动员功能、规范功能和监督功能,[②]国际社会即便是对超级大国的单边行动有"不平"之感,也会因联合国的作为而不会有"无奈"之感。联合国改革的成功是国际社会对国际法价值确信的基本保障。

最后,促进国际造法的多样性发展。解决国际法的充分性、有效性、合法性最直接的手段是国际造法。一方面,积极促进和规范国家间、国际组织、司法机构、安理会等造法主体的造法活动,全面推进国际法的完善和发展。另一方面,全球推进条约、国际习惯、司法裁决对国际造法的完善,同时,加强国际软法的作用,推进国际软法在国际造法中的作用。古教授指出,国际法产生和发展历史证明,只有坚持国际造法四原则,才能使国际法在国际社会起到法律的真正作用。

古教授著作对国际通信法、国际知识产权法的存在和发展也有诸多创新理论和观点,如对国家知情权概念的提出和理论的解读,在信息社会具有重要的实践价值和理论意义。由于本人知识面有限,就不做评述了。

总之,古教授著作对国际法的法律性质、法律地位和国际法效力之根据等国际法理论问题的论述,对国际法发展面临的危机和

① 参见古祖雪:《国际法:作为法律的存在和发展》,厦门大学出版社 2018 年版,第 216 页。

② 参见古祖雪:《国际法:作为法律的存在和发展》,厦门大学出版社 2018 年版,第 243 ~ 248 页。

未来走向等国际法现实问题的探索,其思路之清晰、立意之高远、视角之独特、观点之深邃,对于我们重新审视传统国际法基本理论问题提供了重要启迪。

Studies on the Sources on the Existence and Development of International Law

—Some Reflections on *International Law*: *The Existence and Development as Law*

LI Shouping

Abstract: Prof. Prof. GU Zuxue provided lots of innovative views on the legal attribute, value goal, structure and general principles of international law and the method of revolution of international law in *Existence and Development of International Law as Law*. Prof. Gu regarded international law as the law to govern the world and to govern a state. The effect of international law was derived from the validity of its content and its modality, so international law-making shall comply with the principles of objectiveness, international cooperation, international democracy and international rule of law. In order to resolve the crisis of international, Prof. Gu proposed the route on the reformation of international rule of law. He regarded international cooperation as the main way to resolve the crisis of international law. He insisted on the reformation of the UN and the development of the diversity of international law.

Key Words: international law; international rule of law; international law-making; international cooperation

活动综述

中国国际法学会2019年工作综述

张　歆*

一元复始，万象更新。2019年，中国国际法学会深入学习习近平新时代中国特色社会主义思想，贯彻落实党的十九届四中全会精神，不忘初心，牢记使命，锐意进取，勇于创新，推动学会各项工作迈上了新台阶。

一、创新年会办会模式，建设特色学术论坛

（一）主办中国国际法学会2019年学术年会

2019年5月18日至19日，由中国国际法学会和西北政法大学共同主办的中国国际法学会2019年学术年会在古城西安隆重举行。本届年会主题为"新中国70年与国际法的发展：多边主义面临的挑战及应对"。来自全国各高校、科研院所、政府机构和法律实务部门的专家、学者、官员、研究生近600人参加年会，提交会议论文300余篇。

中国国际法学会会长黄进、西北政法大学校长杨宗科分别在大会开幕式上致辞，最高人民法院副院长罗东川出席开幕式并发表讲话。在大会报告环节，外交部条约法律司司长、中国国

---

* 现供职于中国国际法学会秘书处。

际法学会常务副会长贾桂德,商务部条约法律司副司长、中国国际法学会副会长李詠箑分别为大会作了“当前国际形势和我国外交条法工作”和“国际贸易投资法律体系面临的挑战”的主题报告。

会议期间,全体与会代表围绕国际法基本理论问题、中国国际法理论与实践、全球治理变革与国际法、共建“一带一路”相关法律问题、网络空间国际法、国际司法与仲裁机构、海洋法、国际人道法与人权法、联合国国际法委员会重点研究专题、WTO 改革与国际法、海牙国际私法公约与中国国际私法立法、国际投资贸易法律问题等 12 个分议题进行了为期两个半天的分组讨论。

年会期间,西北政法大学国际法学院与自然资源部海洋发展战略研究所、司法部国际合作局、武汉大学网络空间国际治理研究院、华东政法大学人道法与军事法研究中心、西北政法大学郑斌航空与空间法研究所合作,共同举办了五个夜场主题边会。边会主题分别为:“海洋法最新发展形势报告”“适用国际刑事司法协助推进跨国追逃追赃追诉”“改善和深化中日合作背景下中日历史遗留问题解决的国际法思考”“网络空间国际法青年论坛”“国际航空法的新发展与热点问题研讨会”。上述五场边会吸引了各自领域国内一流国际法专家学者莅临,现场座无虚席,发言踊跃,讨论深入,气氛热烈,成为本届年会的一大亮点。

年会闭幕式增加了竞选下一届中国国际法学会学术年会承办资格环节。辽宁大学法学院、上海政法学院国际法学院、北京外国语大学法学院、北京理工大学法学院、中国政法大学国际法学院分别代表本学校,就竞选 2020 年中国国际法学会学术年会承办资格发表了竞办演讲。

本届年会盛况空前,讨论全面深入,成果丰硕。年会承办单位西北政法大学和国际法学院全体师生员工以令人赞叹的团队精神、杰出的组织才能、夜以继日废寝忘食的工作态度,为本届年会的成功举办做出了突出贡献,受到与会代表高度评价。

（二）主办年度“东湖国际法律论坛”

2019 年 11 月 23 日，由中国国际法学会和中国国际贸易促进委员会、武汉大学共同主办的第四届“东湖国际法律论坛”在湖北武汉隆重召开。本届论坛的主题是“未来科技与国际法”，共有来自中央国家机关、贸促系统、高校智库、著名律所及企业界知名专家、学者等国内外权威人士 400 余人参会。中国国际法学会会长黄进出席开幕式并致辞。

“东湖国际法律论坛”创立于 2016 年，至今已举办四届。为巩固论坛成果，扩大论坛影响力，促进国际法理论与实务结合，本届论坛的主办三方签署了共建“东湖国际法律论坛”合作备忘录，明确将“东湖国际法律论坛”设为常设论坛，今后作为一年一度的国际法盛会持续举办，共同致力于建设一个充满自信、开放包容、持续发展的国际法理论和实务交流研讨的平台，积极推动中国国际法人参与全球治理，为提高我国国际影响力和话语权，推动建立新型国际关系以及构建人类命运共同体做出贡献。

二、举办高端会议，提升学会影响力

（一）举办“大变局下的国际法：发展中国家的作用”国际研讨会

2019 年 7 月 29 日，由中华人民共和国外交部和中国国际法学会共同主办的“大变局下的国际法：发展中国家的作用”国际研讨会在北京举行。国务委员兼外交部长王毅向研讨会致贺信。外交部副部长罗照辉出席会议开幕式，宣读王毅的贺信并讲话。国际法院院长优素福出席会议并发表主旨讲话。中国国际法学会会长黄进在闭幕式上作总结发言。外交部条法司司长、中国国际法学会常务副会长贾桂德主持开幕式。来自 80 多个国家的法律官员和驻华使馆代表，联合国、国际海洋法法庭、国际红十字会、亚洲—非洲法律协商组织等国际组织代表和国内外专家300多人与会。与会代表围绕会议主题,就“大变局下的国际法:向何处去”和“大变局下的国际法:发展中国家的作用”两个议题,深入研讨了当前国际秩序和国际法面临的挑战,以及发展中国家在维护国际法、塑造国际秩序方面的作用。会议从国际法的角度,主动团结发展中国家力量,共同反对单边和霸凌主义,发出了维护多边主义和公平正义的声音。

(二)主办“纪念周鲠生先生诞辰130周年座谈会”

2019年3月31日,由武汉大学、中国国际法学会共同主办的“纪念周鲠生先生诞辰130周年座谈会”在武汉大学举行。全国人大常委会副委员长、民革中央主席万鄂湘、时任外交部条法司司长徐宏、中国国际法学会会长黄进等出席并致辞,周鲠生先生家属代表及来自国际法学界200多位专家学者、武汉大学师生代表和校友代表与会。

座谈会以“薪火相传——新时代中国国际法学人的使命担当”为主题,与会专家学者和家属代表深切缅怀周鲠生先生,追思他在我国高等教育、法学研究、法治建设、外交工作等领域的杰出贡献。学习和传承他的家国情怀、道德文章、法治信念、教育精神、人格风范。激励中国国际法学界广大同仁以他为榜样和楷模,为创新、繁荣发展中国特色国际法理论与实践、推动构建人类命运共同体、实现中华民族伟大复兴中国梦而努力奋斗。

(三)主办“2019·国际法论坛”

2019年8月15日至16日,中国国际法学会和亚洲国际法研究院在香港共同主办“2019·国际法论坛”。本次论坛主题为“合作与安全:可持续全球投资的关键”。香港特别行政区行政长官林郑月娥、中国国际法学会会长黄进、亚洲国际法研究院院长梁定邦作开幕致辞。中华人民共和国外交部驻香港公署特派员谢峰、亚非法协秘书长肯尼迪·加斯顿(Kennedy Gastorn)发表主旨演讲。

论坛集中讨论了促进跨境贸易与投资、纠纷解决、“一带一路”与国际法、网络安全等议题。来自中国内地、香港特别行政区、坦桑尼亚、斯里兰卡、波兰、美国、泰国、比利时、智利、韩国、瑞士等国家和地区的300余位国际法学者和实务专家参加了会议。这是学会第四次与亚洲国际法研究院合作在香港举办国际法论坛。在今年香港的特殊形势下,学会坚持办会,不仅是对特区提升法律服务中心地位的支持,也提振了外界对于香港止暴制乱的信心。

(四)主办“纪念《日内瓦公约》70周年:重申承诺”国际研讨会

2019年9月7日至8日,中国国际法学会和红十字国际委员会在北京举行高级别国际研讨会,隆重纪念《日内瓦公约》通过70周年,重申对公约的承诺。中国国际法学会会长黄进、红十字国际委员会东亚地区代表处主任白良作开幕致辞,瑞士驻华大使馆公使、大使代办沈鹤鸣、红十字国际委员会大会委员毛罗·阿里戈尼、中华人民共和国外交部条法司副司长胡斌发表主旨演讲。中国国际法学会常务副会长孙吉胜主持了大会开幕式。

本次研讨会面向世界各国政府部门、军方、科研机构、高校和其他利益攸关方相关领域的专家、学者和实务工作者,近150人与会。在为期两天的会议中,与会代表回顾并介绍了国际人道法领域的挑战和新发展,就国际人道法领域各方感兴趣的重要议题进行了国际层面多维度的深入交流和研讨。此外,本次研讨会还将为各利益相关方参加2019年年底举行的第33届红十字与红新月国际大会提供技术支持。

三、以刊物为依托,推广学术成果

(一)出版《中国国际法年刊》(2018)

在编辑部全体工作人员的共同努力下,《中国国际法年刊》

(2018)于2019年1月中旬顺利完成组稿、编审和其他出版前期准备工作,5月由法律出版社出版。目前,编辑部正在进行《中国国际法年刊》(2019)的组稿和编审工作。

《中国国际法年刊》编委会成员有所调整。李兆杰教授、秦晓程副教授、王可菊教授、周忠海教授、朱榄叶教授不再担任编委会委员,编辑部推荐增补中山大学黄瑶教授、吉林大学何志鹏教授、厦门大学蔡从燕教授、浙江大学赵骏教授,并获学会常务理事会同意。《中国国际法年刊》编辑部工作人员有所变动。北京大学法学院陈一峰副教授请辞《中国国际法年刊》执行编委一职,由外交学院讲师宋岩博士接任陈一峰副教授在年刊编辑部的工作。

(二)《国际法学刊》创刊

2019年9月26日,国家新闻出版署审查批准了申办《国际法学刊》的申请。这得益于外交部条法司的鼎力支持和外交学院的辛苦付出。《国际法学刊》定位为中国国际法学会会刊。《国际法学刊》主管单位为外交部,主办单位为外交学院、中国国际法学会、世界知识出版社。世界知识出版社同时也是出版单位。主办《国际法学刊》的启动资金及以后每年此杂志的出版费用,将由外交学院承担。《国际法学刊》创刊号于2020年第一季度出版。外交学院、中国国际法学会、世界知识出版社有志于把《国际法学刊》办成一流法学刊物。

四、调整学会领导机构成员,推进学会制度建设

(一)贾桂德同志出任中国国际法学会副会长

因外交部条法司原司长徐宏于今年5月上旬赴荷兰出任中华人民共和国驻荷兰大使,2019年5月18日,中国国际法学会第十

届全国理事会第二次会议依照《中国国际法学会章程》的规定，选举外交部条约法律司司长贾桂德担任中国国际法学会副会长。此次中国国际法学会领导机构组成人员变动情况已根据国家有关法律法规的规定，获国家主管部门外交部批准，并在国家登记管理部门民政部履行了备案手续。

（二）制定《中国国际法学会财务管理办法》（试行）

中国国际法学会的资金来自社会各界捐赠和会员会费，学会设有独立财务账户，具体财务工作由秘书处所在地外交学院财务处专业财会人员代管。

2018 年举行中国国际法学会第十届全国理事会换届选举后，为贯彻落实民政部进一步加强社会组织管理工作的精神，秘书处根据学会会长办公会的决定，起草了《中国国际法学会财务管理办法》（试行），并提交 2019 年学会第一次常务理事会审议通过。

五、启动纪念中国国际法学会成立 40 周年筹备工作

2020 年是中国国际法学会成立 40 周年，学会将举行系列纪念活动。学会今年开始筹备中国国际法学会成立 40 周年纪念大会，成立了由李鸣常务副会长牵头的学会秘书处、中国政法大学、外交学院、北京理工大学和北京外国语大学五方纪念大会筹备工作组。学会计划按照一定的标准推选出 40 位具有代表性的国际法专家学者，对其个人事迹进行梳理和总结，讲述新中国成立 70 年来特别是改革开放 40 多年来其为中国国际法事业做贡献的事迹，具体工作将由学会确定名单后由各相关单位完成。学会还将梳理学会 40 年来发展历程大事记，举办纪念大会现场图片展，编辑纪念册或者纪念短视频。国内各常务理事单位也将在本单位举办各类研讨会，广泛开展纪念活动。

六、就南海问题回复越南国际法学来函,增信释疑

2019年8月24日,越南国际法学会会长阮伯山发表致中国国际法学会黄进会长公开信,援引南海仲裁案裁决,否定我国关于南沙群岛的整体性及其他问题的主张。9月19日,黄进会长以发表公开信方式作出回应,强调我国在南海的领土主权和海洋权益,重申我不接受、不参与南海仲裁案的原则立场,指出中越之间通过谈判解决争端是双方共识,同时欢迎越南国际法学会会长来华进行学术交流。10月29日,阮伯山再次就有关问题发表公开信,黄进会长发表公开信重申了中方立场。

七、寄语2020

2019年,面对世界百年未有之大变局,中国继续高擎多边主义和全球化旗帜,在乱局中引领方向,与各国人民携手共建“一带一路”,推动构建人类命运共同体。2020年,中国国际法学会将坚持统筹国际、国内两个大局,团结广大国际法同仁,服务国家重大战略需求,为国家治理体系和治理能力现代化建设做出贡献;维护多边主义,维护以国际法为基础的国际秩序,为建设公正合理的全球治理体系贡献力量。

学会工作要坚持正确方向。学会是在外交部领导下的国际法学术团体,国际法是一个实践性很强的学科,学会要积极服务国家改革开放,服务国家重大战略需求,也要为全面依法治国作出贡献。习近平总书记在中央全面依法治国委员会第二次会议上的讲话中指出,要加强涉外法治建设,加快涉外法治工作战略布局;要加快推进我国法域外适用的法律体系建设,加强涉外法治专业人才培养,积极发展涉外法律服务,强化企业合规意识,保障和服务高水平对外开放。总书

记的重要讲话不仅表明中央全面依法治国委员会已将涉外法治建设工作纳入其工作职责和范围,而且为我国进一步加强涉外法治建设工作指明了前进方向。党的十九届四中全会决定进一步强调,要加强涉外法治工作,建立涉外工作法务制度,加强国际法研究和运用,提高涉外工作法治化水平。学会的发展要把握好办会方向,鼓励会员努力通过扎实的研究及其成果为国家的外交大局做好服务。

学会工作要狠抓落实。去年学会新一届常务理事会制定了学会未来五年发展战略规划。学术年会将淡化国际公法、国际私法和国际经济法界限,突出问题导向,更加开放包容;鼓励通过设立专题委员会、举办各类国际国内小型研讨会,开展特定专题研究;加强同世界性国际法学术组织、区域性国际法学术组织、重要国家的国际法学术组织以及世界著名国际问题智库的交流合作,加强同国际法律组织(联合国国际法委员会、联合国国际贸易法委员会、海牙国际私法会议、国际统一私法协会、国际发展法律组织、亚非法律协商组织等)的交流合作;加强学会高端智库建设,紧紧围绕国家"四个全面"战略布局和对外开放,以服务党和政府决策为宗旨,以政策研究咨询为主攻方向,重点围绕国家重大战略需求,开展前瞻性、针对性、储备性研究;重视青年国际法人才培养;加强学会文化建设;加强现代学会制度建设等。总之,未来学会工作可以说方向明确、目标明确、任务明确。要坚持自强不息、追求卓越,不忘初心、久久为功,尽力而为、量力而行,逐步实施,稳步推进,把规划落到实处。

"大江流日夜,兰舟再催发。"2020 年是中国国际法学会成立 40 周年。历史华章,流光溢彩。我们永远不会忘记那些为使中国国际法在世界占一席之地,殚精竭虑,奉献毕生的国际法先贤。周鲠生、宦乡、倪征䴔、王铁崖、李浩培、韩德培、陈体强、姚梅镇……回顾历史,不忘初心;展望未来,牢记使命。2020 年,让我们继续以昂扬的斗志,承前启后,继往开来,不惧风雨,勇毅笃行,为维护国家主权、安全和发展利益,为建设一个和平安宁、公平正义的和谐世界而努力奋斗。

南北极治理与中国极地事业取得的成就[*]

密晨曦[**]　姜祖岩[***]

极地对全球气候变化和人类生存发展具有重要影响。南极中央是冰雪覆盖的大陆,周围环海,岛屿星罗棋布。北极中央是浩瀚的海洋,大部分海域处于冰封的状态。位于北极中心的北冰洋,由美国、俄罗斯、加拿大、挪威和丹麦五个沿岸国环绕,芬兰、瑞典和冰岛也有部分岛屿和领海进入北极圈。南北极治理各有特点。

一、南极治理框架和事务发展

南极治理的国际规则主要体现为发展中的《南极条约》体系和适用于南极地区的其他国际法。①《南极条约》确立了南极治理的基本法律框架,开启了人类合作协商南极事务的新时代。②

＊ 本文由国家社科基金"新时代海洋强国建设"重大研究专项项目(批准号:18VHQ006)"提升我国在国际涉海事务中的话语权和制度性权利研究"支持。

＊＊ 国际法学博士,自然资源部海洋发展战略研究所海洋法研究室副主任/副研究员;宁波大学东海研究院兼职研究员;"国家领土主权与海洋权益协同创新中心"战略所分中心研究员。

＊＊＊ 硕士,自然资源部海洋发展战略研究所研究实习员。

① 刘惠荣:《南极治理中的"人类命运共同体"意蕴》,载《中国海洋大学学报》(社会科学版)2019 年第 6 期,第 11 页。

② 《张高丽在第 40 届南极条约协商会议开幕式上强调坚持南极条约原则精神更好认识保护利用南极》,载《人民日报》2017 年 5 月 24 日,第 1 版。

(一)南极基本治理框架

《南极条约》体系以《南极条约》为基础发展而来。《南极条约》的适用,不妨碍或影响各国根据国际法在该地区内公海权利的行使。《南极条约》体系确立的南极治理的基本框架和原则,主要包括和平利用南极、冻结领土主权要求、鼓励科学研究与合作、倡导生态环境保护以及一定期限内禁止矿物资源开发①等。《南极条约》协商会议(ATCM)是根据《南极条约》建立的定期议事机制,是南极国际治理中重要的政府间多边机制。依据《南极海洋生物资源养护公约》(以下简称 CAMLR 公约)成立的南极海洋生物资源养护委员会(CCAMLR)是《南极条约》框架下管理海洋生物资源的唯一多边机构,主要讨论包括南极海洋生物资源养护在内的海洋保护相关事宜。

南极保护区是南极环境治理的主要载体之一。南极保护区可分为南极特别保护区、南极特别管理区和南极海洋保护区。南奥克尼群岛南部陆架海洋保护区是南极首个海洋保护区,总面积达 98,000 平方千米。CCAMLR 于 2009 年通过《保护南奥克尼群岛南大陆架》的养护措施。2016 年,CCAMLR 通过新西兰和美国提出的罗斯海保护区提案。罗斯海海洋保护区总面积约 155 万平方千米,分为普遍性保护区、特别研究区和磷虾研究区三类区域。在普遍保护区:禁止开展任何渔业活动;研究性捕捞要符合养护措施 CM24 - 01 的规定和保护目标。在特别研究区:允许开展有限的犬牙鱼渔业捕捞活动,但要符合养护措施 CM41 - 09、CM91 - 05 的规定;允许开展有限的南极磷虾的研究性捕捞,但要符合养护措施 CM51 - 04 的规定和保护目标。在磷虾研究区:允许开展有限的南极磷虾的研究性捕捞,但要符合养护措施 CM51 - 04 的规定

① 《环保议定书》设立了禁止矿产资源活动的条款,规定任何有关矿产资源的活动都应予以禁止,但与科学研究有关的活动不在此限;禁止的期限为议定书生效之日起 50 年。

和保护目标;其他研究性捕捞要符合养护措施 CM24 - 01 的规定和保护目标。在渔船和从事南极生物资源研究的科考船不得倾倒废弃物或其他物质,最低也应遵守《渔业活动一般性环保要求》(养护措施 CM26 - 01)的规定。[①]

(二)南极治理进展

2019 年 7 月 1 日至 11 日,第 42 届《南极条约》协商会议和第 22 次环境保护委员会会议在捷克布拉格召开,制定 12 项措施、通过 7 项决定和 7 项决议。2019 年 10 月 21 日至 2019 年 11 月 1 日,CCAMLR 第 38 届会议在澳大利亚霍巴特召开,会议主要关注了气候变暖、渔业规则、特别管理区提案、海洋保护区修改提案等内容。

值《南极条约》签订 60 周年,第 42 届《南极条约》协商会议通过的《〈南极条约〉60 周年布拉格宣言》(以下简称《宣言》),重申了《华盛顿部长宣言》(2009 年)、布宜诺斯艾利斯宣言(2011 年)、《圣地亚哥宣言》(2016 年)的主旨,认可《南极条约》体系、《南极条约》协商会议、南极环境保护委员会、CCAMLR、南极研究科学委员会(SCAR)对于促进南极地区的和平利用与国际合作的作用,提到有意向积极地寻求解决方式,来应对目前和未来的旅游和非政府活动所产生的影响和挑战,是指导南极活动、指引南极治理方向的重要文件。

《宣言》确认《南极条约》体系向所有对南极有兴趣的国家开放,认可为了全人类的利益,南极应当继续只能用于和平目的。同时,《宣言》重申对《南极条约》、《环保议定书》和《南极条约》体系

---

① 关于 CM24 - 01(The Application of Conservation Measures to Scientific Research)、CM41 - 09(Limits on the Exploratory Fishery for Dissostichus Mawsoni in Statistical Subarea 88.1 in the 2018/19 Season)、CM91 - 05(Ross Sea Region Marine Protected Area)、CM51 - 04(General Measure for Exploratory Fisheries for Euphausia Superba in the Convention Area in the 2018/19 Season)和 CM26 - 1(General Environmental Protection During Fishing)等保护措施的具体内容,参见 https://www.ccamlr.org/en/conservation-and-management/browse-conservation-measures,最后访问时间:2019 年 11 月 15 日。

中的其他法律文件的承诺;认可《南极条约》的适用对于促进南极地区的和平与国际合作所起到的成就;确认《南极条约》体系确保有效和持续的南极国际治理,保障科学调查自由和为此目的的合作,并且将南极指定为一个用于和平和科学的自然保护区;重申根据《环保议定书》做出的禁止与矿产资源相关的除了科学研究之外的所有活动的承诺;承诺继续就包括与南极海洋生物资源养护有关的事项与 CCAMLR 开展密切合作。

《宣言》铭记南极科学调查自由与和平的国际合作是《南极条约》的基石;认可过去 60 年,在南极、来自于南极和关于南极的科学研究取得的具体成果,已经扩展了人类关于自然进程的知识边界,这些知识包括对于全球环境变化的影响和人类活动对该变化的作用;强调进一步改善和加强缔约国之间信息交换的重要性和必要性;强调在南极、来自于南极和关于南极的所有科学调查作出的贡献和重要性。《宣言》提出,将加强 SCAR 在提供科学建议方面的重要价值,并且加强国家南极局局长理事会(COMNAP)向《南极条约》协商会议提供相关南极项目运行建议和帮助的重要价值。

《宣言》重申协商国做出的承诺,全面保护南极环境及其依赖的和相关的生态系统,并且将南极指定为自然保护区,只用于和平与科学;并重申限制对南极环境及其所依赖的和相关的生态系统的不利影响的承诺;《宣言》承诺加大力度保存和保护南极陆地和海洋环境,并且继续探寻和有效应对南极环境面临的新挑战;《宣言》肯定了南极环境保护委员会为《南极条约》协商会议决策提供关于环境管理的最佳可能建议基本来源所做出的突出贡献,以及重申了 CCAMLR 在《南极条约》体系中的重要性。

二、北极治理框架和形势发展

北极的治理平台和法律适用具有多元化的特点。伴随着北极自然环境的变化,相关国家以及学术界对北极的认知经历了不断发展的过程。北极从冷战结束前的战略争夺要地转向“合作新平台”,北极治理取得阶段性进展。同时,北极治理还面临着未决的问题和挑战,包括气候变化、生态环境保护等跨区域问题,需要国际合作,对利益攸关方提出了新的要求。

(一)北极治理框架

在北极,国际法、区域协定、双边条约和国内法并存,软法和硬法并施。结合制定或签约主体和适用范围看,可分类如下:一是适用于全球的公约、条约或协定,特别是《公约》和国际海事组织(IMO)框架内的公约、规则和指南等法律文件;二是适用于特定区域的条约,如《斯匹茨卑尔根群岛条约》(以下简称《斯约》)①。挪威依据《斯约》对该地区享有主权,其他缔约国有权自由进出《斯约》适用的区域,并依法在该特定区域内平等享有开展科研以及从事生产和商业活动的权利,包括狩猎、捕鱼、采矿等;三是两国之间签署的双边条约;四是有关国家制定的相关国内法律、法规和规定等。

近十年来,北极法律制度和规则处于发展的活跃期。IMO 起草制定的具有约束力的“国际极地水域船舶操作规则”已于 2017 年 1 月生效,标志着北极航道的国际治理迈出新步伐。《预防中北冰洋不管制公海渔业协定》已于 2018 年 10 月 3 日在丹麦自治领格陵兰伊路利萨特举行了签署仪式。② 北极八国在北极理事会框架下已签署了三个有拘束力的文件,分别是 2011 年《北极海空搜救合作协定》、2013 年《北极海洋油污预防与反应合作协定》和 2017 年《加强北极国际科学合作协定》。

---

① 该地区由包括斯匹次卑尔根和熊岛在内的 9 个岛屿组成,挪威政府于 1925 年改称为斯瓦尔巴群岛。

② 中国、美国、俄罗斯、加拿大、丹麦、挪威、冰岛、日本、韩国以及欧盟于 2017 年 11 月就《预防中北冰洋不管制公海渔业协定》文本达成一致。

(二)北极地区形势发展

2019年3月12日至14日,北极理事会全体会议在芬兰库萨莫召开,审查并批准了向5月举行的部长级会议提交的成果,包括教育、石油污染风险、生物多样性、海洋生态系统、北极气候变化和海洋酸化等领域。会上还讨论了气候变化的进展、污染风险的预防、减少黑碳排放、海洋垃圾治理等问题,并批准了芬兰环境部牵头的北极环境影响评估报告。[①] 然而,2019年5月6~7日在芬兰的罗瓦涅米召开的第11届北极理事会部长级会议上,因美国与其他成员国在气候变化问题上的意见不一致,拒绝接受涉及气候变化问题的共同宣言草案,导致本届会议未能发表共同宣言。经时任主席国芬兰提议,发表了一份联合声明取代共同宣言,重申维护北极地区和平、稳定和建设性合作,但未提及气候变化问题。芬兰另外发表了一份主席声明,强调应对气候变化的重要性。[②] 美国国务卿还在5月6日的演讲中,对中国参与北极事务作了与事实不符的批评与指责,[③]反映了美国"全方位遏制中国"在北极的延伸,相关言论并未得到其他国家的响应和支持。本届部长级会议宣布增加IMO为北极理事会观察员。[④] 北极理事会现任轮值主席国是冰岛。

近些年来,北极周边国家以及中日韩等国家纷纷出台了北极战略、政策或计划。包括中国在内的多数国家的战略、政策或计划的共同特点是强调北极环境和生态保护、促进科学研究和国际合

① 《2019年北极理事会全体会议在芬兰举行》,载中国海洋在线:http://www.oceanol.com/guoji/201903/29/c85992.html,最后访问时间:2019年8月3日。

② 《第11届北极理事会部长级会议未能通过共同宣言》,载人民网:http://world.people.com.cn/n1/2019/0508/c1002-31072850.html,最后访问时间:2019年12月1日。

③ 《北极理事会部长级会议未达成共同宣言,美国国务卿遭多方批评》,载环球网:https://world.huanqiu.com/article/9CaKrnKklP2,最后访问时间:2020年1月20日。

④ 《第11届北极理事会部长级会议未能通过共同宣言》,载人民网:http://world.people.com.cn/n1/2019/0508/c1002-31072850.html,最后访问时间:2019年12月1日。

作以及与北极原住民开展文化交流与合作等内容。2019 年 6 月，美国国防部向国会提交了新的《北极战略》报告。《北极战略》报告以美“国防战略”的目标和优先领域为基础，更新了美国的北极目标，营造北极的“战略竞争”氛围，强调美国在北极的国家安全利益，计划增强在北极的军事存在。报告开篇提出“与中国和俄罗斯的竞争是美国长期安全和繁荣的主要挑战”，①认为“北极包括美国的北方通道，并且是对国内攻击和美国军力投射的潜在载体。美国东部和西部的北冰洋通道构成了海上交通的战略走廊。北极海上航线穿越美国和俄罗斯之间的白令海峡，而格陵兰岛、冰岛、英国－挪威(GIUK-N)缺口是北极和北大西洋之间海军作战的战略走廊”。② 报告还提到，发展一支更具致命性、具有恢复能力的、敏捷和随时待命的联合部队，将确保其军队不仅在战略竞争的关键区域，而且在全球范围内保持其竞争优势。为了使美国在北极地区保持可靠的威慑力，有必要了解和塑造北极地区未来经营的地缘战略格局。③ 美国北极战略转向，营造北极安全紧张气氛，以战略竞争为底色，捏造北极“中国威胁论”，与北极和平合作的大势相悖，成为影响北极治理未来走向的重要变量。

三、中国极地事业取得的成就

多年来，中国在探索极地未知领域、提升科学认知、保护极地环境、参与南北极治理、推进极地国际交流合作等方面进行了一系列的积极实践。

---

① Office of the under Secretary of Defense for Policy, *Report to Congress Department of Defense Arctic Strategy*, June 2019, p. 2.

② Office of the under Secretary of Defense for Policy, *Report to Congress Department of Defense Arctic Strategy*, June 2019, p. 3.

③ See Office of the under Secretary of Defense for Policy, *Report to Congress Department of Defense Arctic Strategy*, June 2019, p. 2.

(一)中国南极事业的发展

作为《南极条约》的协商国,中国坚定维护《南极条约》宗旨,保护南极环境,和平利用南极,倡导科学研究,推进国际合作,努力为人类知识增长、社会文明进步和可持续发展做出贡献。

1. 科学考察基础设施建设

中国已经初步建成涵盖空基、岸基、船基、海基、冰基、海床基的国家南极观测网,基本满足南极考察活动的综合保障需求。中国在南极建有长城站(常年考察站)、中山站(常年考察站)、昆仑站(内陆考察站)、泰山站(营地)。2018 年 2 月,中国第 5 个南极考察站——罗斯海新站在恩克斯堡岛正式选址奠基,预计 2022 年建成。

中国依托南极考察活动,初步建立了门类齐全、体系完备、基本稳定的科研队伍,组建了涵盖南极海洋、测绘遥感、大气化学等领域的重点实验室,在南极冰川学、空间科学、气候变化科学等领域取得一批突破性成果,推动了南极科学研究由单一学科研究向跨学科综合研究发展。截至 2019 年 12 月底,中国已组织开展了 36 次南极考察活动,开展了地球科学、生命科学、天文学等多学科考察。在第 36 次南极考察任务执行过程中,“雪龙”号和“雪龙 2”号顺利“会师”,开启中国极地考察“双龙探极”的新格局。

2. 法律法规制度建设

中国制定了相关国内法规和规范性文件,规范管理在南极的活动。2004 年国务院颁布第 412 号令,对极地考察活动实行审批制度。中国先后发布了《南极考察活动行政许可管理规定》、《南极考察活动环境影响评估管理规定》、《南极活动环境保护管理规定》以及《访问中国南极考察站管理规定》等。2018 年 9 月,第十三届全国人大常委会立法规划公布,《南极活动与环境保护法》列为一类立法项目,南极立法工作正处于进展中。2019 年 9 月,自然资源部发布《赴南极长城站开展旅游活动申请指南(试行)》,对赴南极长城站旅游申请流程、开放区域及违规处理等进行规范。

3. 南极国际治理与合作

中国于1983年加入《南极条约》,1985年成为《南极条约》协商国,1994年批准《环保议定书》,之后又陆续批准了该议定书的5个附件。中国于1986年成为SCAR的正式成员国。1988年成为国家南极局局长理事会(COMNAP)的创始成员国。2006年中国被批准加入CAMLR公约并成为CCAMLR成员国,开始全面参与南极海洋生物资源的养护和合理利用。

中国倡导以保护科学价值和环境价值等为目标,合理开展南极区域保护。根据《环保议定书》确立的区域保护和管理机制,中国于2008年单独提议设立了格罗夫山哈丁山南极特别保护区。此外,中国还与澳大利亚、俄罗斯、印度等国联合提议设立了阿曼达湾南极特别保护区、斯托尼斯半岛南极特别保护区和拉斯曼丘陵南极特别管理区,有效保护相关区域的环境,促进有关各方交流合作。

中国积极参与了涉及南极的国际重大科研项目合作。中国还积极开展与相关国家在南极考察与科学研究领域的双边合作,与有关国家[①]在南极研究、保障、科普等领域开展广泛合作,签署了多个政府间或研究机构间合作协议。同时,中国积极推动区域国家间加强南极交流与合作,与日本、韩国共同倡导发起成立了亚洲唯一的区域性极地科学合作组织——“极地科学亚洲论坛”,旨在加强亚洲国家之间的协调,鼓励和推进亚洲国家在极地科学研究方面的合作与发展。

此外,在南极考察站建设与运行、交通运输、物资支持、医疗援助、人员培训、搜救等方面,中国也与相关国家展开互助合作。“雪龙”号考察船和“雪鹰601”固定翼飞机多次参与南极救助行动。

---

① 美国、日本、韩国、泰国、澳大利亚、新西兰、智利、乌拉圭、俄罗斯、挪威、比利时、德国、法国、意大利、英国和欧盟等。

(二)中国北极事业的发展

中国的北极活动已从最初的科学研究逐渐拓展到全球治理、区域合作等诸多方面。作为北极事务的积极参与者、建设者和贡献者,中国一直致力于为北极地区的和平与可持续发展贡献中国智慧和中国力量。

1. 科学考察基础设施建设

中国于1996年成为国际北极科学委员会成员国。2004年,中国在斯匹次卑尔根群岛的新奥尔松建成“黄河站”。2018年10月,中国和冰岛共同筹建的中—冰北极科学考察站正式运行。该科考站位于冰岛北部凯尔赫村(Karholl),由中冰联合极光观测台升级而成。自1999年7月中国开展首次北极科学考察至今,中国已进行了10次北极考察任务,在北极地区逐步建立起海洋、冰雪、大气、生物、地质等多学科观测体系。

在基础设施建设上,中国积极发展注重生态环境保护的极地技术装备,努力推动深海远洋考察、冰区勘探、大气和生物观测等领域的装备升级,促进在北极海域石油与天然气钻采、可再生能源开发、冰区航行和监测以及新型冰级船舶建造等方面的技术创新。①

2. 北极航道航行实践

2019年5月4日,国家主席习近平在对俄罗斯联邦进行国事访问并出席第23届圣彼得堡国际经济论坛前夕,接受采访时提到:开发利用北极航道将为“一带一路”建设同欧亚经济联盟对接合作提供新契机、增添新平台、注入新动力,有利于加强中俄两国同相关各方互联互通和互利共赢。安全和环保对北极通航至关重要。中方鼓励有关中国企业积极参与,为航道商业化运作和当地经济社会发展作出实实在在的贡献。同时,相关工作应该确保绿

---

① 参见《中国的北极政策》,载新华网:http://www.xinhuanet.com/politics/2018-01/26/c_1122320088.htm,最后访问时间:2019年12月26日。

色环保以及开发利用的可持续性,做到互利双赢、互利多赢,既有利于促进中俄合作,也有利于促进世界经济增长。①

近年来,中国逐步开展了北极航道的航行探索。科考船"雪龙"号已分别有穿越东北航道、西北航道和中央航道的实践。2013年,中国商船"永盛轮"首次通过北极东北航道抵达欧洲,实现了中国商船极地航次零突破。从 2013 年到 2017 年,中远海运特运公司共派出 10 艘船舶,累计完成了 14 个北极航次物流运输任务。② 2018 年至 2019 年,中远海运特运公司的北极航次继续进行。2019 年 9 月,中远"天禧轮"途经北极航道,在青岛港实施卸船作业,标志着中远海运特运——山东省港口集团北极航线 2019 首航成功。③ 作为"一带一路"框架内北极方向的重要通道,"冰上丝绸之路"将极大地推动区域经济的发展,促进东北亚国家的共同繁荣和全球经济增长。

3. 北极国际治理与合作

从地理位置上讲,中国是受北极气候和环境变化影响最大的国家之一。近年来,中国积极参与北极全球治理和国际交流合作,致力于与国际社会一道共同维护和促进北极可持续发展。④

中国高度重视北极理事会在北极事务中发挥的积极作用,认可北极理事会是关于北极环境与可持续发展等问题的主要政府间论坛。⑤ 自 2013 年成为北极理事会正式观察员国以来,中国积极推荐相关领域专家参与到北极监测与评估计划工作组、北极污染

① 参见《习近平接受俄罗斯主流媒体联合采访》,载人民网:http://politics. people. com. cn/n1/2019/0605/c1024 - 31120089. html,最后访问时间:2019 年 10 月 9 日。

② 参见《中国远洋海运集团今夏将有 10 艘以上商船穿越北极航道》,载新华网:http://www. xinhuanet. com/2018 - 06/19/c_1123006124. htm,最后访问时间:2019 年 10 月 9 日。

③ 参见《山东省港口集团北极航线成功首航》,载中国水运网:http://www. zgsyb. com/news. html?aid = 520838,最后访问时间:2019 年 12 月 28 日。

④ 参见姜祖岩:《与国际社会共建南极美好未来——读〈中国的南极事业〉白皮书》,载《中国海洋报》2017 年 5 月 31 日,理论版。

⑤ 参见《中国的北极政策》,载新华网:http://www. xinhuanet. com/politics/2018 - 01/26/c_1122320088. htm,最后访问时间:2019 年 12 月 26 日。

物行动计划工作组和北极动植物保护计划工作组的项目。同时，中国还积极推进北极科研国际合作，鼓励中国科学家开展北极国际学术交流与合作，推动中国高校和科研机构加盟“北极大学”协作网络。

在双边和多边层面，中国积极推动在北极各领域的务实合作，包括在气候变化、科考、环保、生态、航道和资源开发、海底光缆建设、人文交流和人才培养等领域的沟通与交流。中国主张在北极国家与域外国家之间建立合作伙伴关系，已与所有北极国家开展北极事务双边磋商。2010 年，中美建立了海洋法和极地事务年度对话机制。2012 年，中国与冰岛签署《中华人民共和国政府与冰岛共和国政府关于北极合作的框架协议》，这是中国与北极国家缔结的首份北极领域专门协议。自 2013 年起，中俄持续举行北极事务对话。[①] 同时，中国也十分注重发展与其他北极域外国家之间的合作，已同英国、法国开展双边海洋法和极地事务对话。2016 年以来，中国、日本、韩国启动了北极事务高级别对话，推动三国在加强北极国际合作、开展科学研究和探索商业合作等方面交流分享相关政策、实践和经验。[②]

中国支持中国－北欧北极研究中心、北极圈论坛等平台在促进各利益攸关方交流合作方面发挥作用，也鼓励科研机构和企业发挥自身优势参与北极治理。中国－北欧北极研究中心作为推动中国－北欧合作交流的重要平台，已成为中国和北欧国家间重要的合作机制，目前有 18 家成员机构，包括 10 所北欧研究机构和 8 所中方研究机构。2019 年 5 月 8 ~9 日，第七届“中国－北欧北极研究合作研讨会”在上海举行，此次会议的主题是“北极渔业、冰

① 参见《中国的北极政策》，载新华网：http://www.xinhuanet.com/politics/2018－01/26/c_1122320088.htm，最后访问时间：2019 年 12 月 26 日。

② 参见《中国的北极政策》，载新华网：http://www.xinhuanet.com/politics/2018－01/26/c_1122320088.htm，最后访问时间：2019 年 12 月 26 日。

上丝绸之路和可持续发展实践”。[①] 5月10~11日,自然资源部和北极圈论坛在上海共同举办了北极圈论坛中国分论坛。[②] 北极圈论坛主席、冰岛前总统格里姆松在致辞中表示,在中国举行此次北极圈论坛具有历史性意义,中国和亚洲的未来都和北极有着密切联系,很高兴看到中国以建设性的态度积极参与北极有关对话和合作。[③]

---

① 参见《第七届“中国-北欧北极研究合作研讨会”在我校开幕》,载上海海洋大学官网:https://www.shou.edu.cn/2019/0508/c147a245030/page.htm,最后访问时间:2020年1月2日。2013年12月,中国极地研究中心、冰岛研究中心等10家来自中国和北欧五国(冰岛、丹麦、芬兰、挪威、瑞典)的北极研究机构在上海成立中国-北欧北极研究中心(CNARC),秘书处设在中国极地研究中心。

② 北极圈论坛(Arctic Circle)由冰岛前总统格里姆松2013年发起,每年10月在冰岛雷克雅未克举行论坛大会;在冰岛以外举行1~2个分论坛。迄今为止,在美国、新加坡、格陵兰和法罗群岛(丹麦)、加拿大、韩国等举办了8个分论坛。

③ 参见《我国将为北极可持续发展贡献中国智慧》,载新华网:http://www.xinhuanet.com/politics/2019-05/10/c_1124478690.htm,最后访问时间:2019年12月1日。

第18届《国际刑事法院罗马规约》缔约国大会综述

李久烨*

2019年12月2日至7日，第18届《国际刑事法院罗马规约》缔约国大会在海牙召开。外交部条法司胡斌副司长率中国观察员代表团与会，并在一般性辩论环节发言。会议情况如下：

一、美国威胁法院的行为受到缔约国广泛声讨

近来，美国高官多次公开宣称如果法院调查起诉其国民，将对法院及其有关官员实施制裁。在本届缔约国大会上，法院院长严词谴责美国做法，称这是“对法院前所未有的公开威胁”。检察官也强调“对法院的攻击就是对所有缔约国的攻击”，并呼吁缔约国给予法院更多支持来应对威胁，确保法院独立履职。

法院院长和检察官的发言得到多数缔约国的支持和呼应。南非、巴西、尼日利亚、巴勒斯坦等发展中国家纷纷明确谴责针对法院及其官员的威胁行为。欧盟及其多数成员国在发言中表示，将不懈保护法院及其工作人员免受外部威胁和压力。中国代表表示同各方一道反对单边霸凌行径。

---

* 现供职于外交部。

二、法院加强对地区热点问题的介入

2018 年 9 月,法院预审分庭裁定,缅甸将大批“罗兴亚人”“驱逐”至孟加拉国构成“危害人类罪”,并于 2019 年 11 月 14 日正式授权检察官对缅甸将“罗兴亚人”“驱逐”至孟加拉国开展全面调查。检察官在发言中详细介绍本案进展,表示获准启动有关调查是其近期工作的重要成就,并呼吁各方予以支持。奥地利、瑞典等欧洲国家,孟加拉国、冈比亚、突尼斯、伊朗等伊斯兰国家,均不同程度对法院启动调查表示支持。加拿大还认为,法院所享有的管辖权存在很大限制(仅能对与缔约国孟加拉国领土有关的行为进行调查),呼吁联合国安理会将缅甸问题移交法院。中国指出,法院应当根据补充性原则和一般国际法的要求,在涉及非缔约国时严格审慎行使管辖权。

此外,其他地区热点问题在本届缔约国大会上也有所涉及。格鲁吉亚呼吁法院对 2008 年俄格冲突中发生的战争罪行为进行调查;巴勒斯坦谴责美国通过威胁阻挠法院调查巴勒斯坦情势的做法,重申将给予法院大力支持;一些欧洲国家对安理会未能将叙利亚局势移交法院表示关切。

三、法院管辖罪行的范围继续扩大

2019 年 8 月,瑞士提出修正案,提议将在非国际性武装冲突中故意以断绝平民粮食作为战争方法的行为认定为战争罪,并在本届大会上获绝大多数国家支持。澳大利亚、新西兰等少数国家尽管并不反对该修正案,但表示应暂停扩大法院管辖的罪行范围,并强调应将重点巩固法院作为高效权威的司法机构的作用。委内瑞拉在相关决议表决前进行发言,对该修正案持反对意见,强调其存在定义过宽、易被滥用的风险,但并未阻挡缔约国协商一致通过该修正案。

联合国外空委第62届会议及其法律小组委员会第58届会议(2019年)简况

崔宏宇*

2019年4月1日至12日和6月12日至21日,联合国外空委法律小组委员会第58届和联合国外空委第62届会议分别在维也纳举行,由外交部、国家航天局等有关部门代表和专家学者组成的中国代表团与会。在审议常规议题基础上,各国主要围绕"空间2030"议程、外空活动长期可持续性和空间资源开发等问题展开争论,反映出在当前各航天大国加大投入、外空探索出现新热潮的背景下,外空国际规则制订已进入新一轮活跃期。会议主要情况如下:

一、"空间2030"议程制订稳步推进

2018年外空委第61届会议设立工作组,谈判制订"空间2030"议程及其实施计划,并提交2020年第75届联大审议。该议程旨在完善外空全球治理机制,促进更好利用空间技术服务,实现可持续发展目标,该议程将对未来外空治理和国际合作机制产生

---

* 现供职于外交部。

重要影响。

2019 年,工作组围绕前期多次磋商基础上形成的“空间 2030”议程及其实施计划草案展开讨论,草案以空间经济、空间社会、空间进入和空间外交为框架展开具体内容,涵盖空间法、载人航天、卫星导航、空间减灾、通信遥感、能力建设、国际合作等领域的合作及协调内容。

各方在议程定位、侧重点等问题上诉求较为分化。美国等强调以外空全球治理为导向制订议程,支持商业航天和私营主体发挥作用。欧洲主张在农业、海洋、生物多样性、灾害管理、气候变化、妇女平权等方面充分发挥空间技术和应用对可持续性发展的促进作用。中国和俄罗斯等主张议程应以促进可持续发展为导向,聚焦合作,加强外空活动对社会经济发展的促进作用,并建议对“外空全球治理”明确“以国际法为基础”的限定,避免将一国法规作为国际标准。其他发展中国家还关注技术转让、能力建设等内容。各国将在 2020 年继续讨论该议程。

二、外空活动长期可持续性准则谈判进入新阶段

外空活动长期可持续性(Long-term Sustainability of Outer Space Activities,LTS)是联合国近年来在和平利用外空领域的主要规则制订进程。2010 年外空委科技小组委员会设立工作组,由各国法律和技术专家历经 8 年艰难谈判,于 2018 年就序言和 21 条准则(guidelines)达成一致,但对剩余 7 条准则草案、准则通过形式和 LTS 后续工作等问题缺乏共识。又经 1 年艰苦磋商,各方最终在 2019 年达成一揽子方案,即:同意委员会通过已达成一致的 LTS 序言和 21 条准则,将其作为本届会议报告附件,鼓励各国和政府间国际组织自愿执行已通过内容,并明确指出外空委是机制化讨论执行和审查准则问题的主要平台。委员会决定在科技小

组委员会外空活动长期可持续性议题下设立5年期工作组,考虑制订新准则、交流执行经验、开展能力建设等工作。会议以上决定获得联大第74/408号决议确认,LTS进程将进入执行和谈判并重的新阶段。2020年起,新工作组将就职权范围、工作方法和工作计划等问题进行磋商。

LTS准则从外空活动的政策和监管框架、外空活动安全、外空国际合作与能力建设、外空科技研发等四方面制订规则,已通过的准则主要涉及加强国内监管框架、提高空间物体轨道准确度、分享空间碎片监测信息、无线电频率和轨道占用、减轻空间天气不利影响、加强空间物体登记、信息分享、小型空间物体的设计和操作、交会评估、促进国际合作、空间物体失控再入大气层、激光束安全防护等问题。未达成一致的7条准则草案涉及外空活动仅用于和平目的、地面设施安全、空间物体主动移除、未登记空间物体、空间物体避碰、防止外空活动改变空间自然环境、防止有害信息和通讯等问题。

三、空间资源开发规则制订呼声日高

随着空间技术发展和更多私人实体参与,空间资源开发作为一种潜在新型外空活动受到高度关注。在美国、卢森堡已经制订国内授权立法、非政府进程海牙空间资源工作组成果即将出台的背景下,各国要求在外空委平台制订空间资源开发国际规则的呼声增强。俄罗斯、德国、希腊、比利时等国认为,个别国家就空间资源开发进行单边立法,是否符合外空国际规则存在疑问,也容易造成立法"碎片化"现象,有必要在外空委平台探讨建立相关国际制度。中国代表团认为,关于空间资源开发的法律制度不应出现"真空",应在坚持现有外空条约有关原则精神的基础上,逐步发展空间资源开发有关国际规则。

在法律小组委员会上,希腊和比利时提议设立工作组,讨论空间资源开发有关规则,获得中国及俄罗斯、德国、墨西哥、巴西等不少国家支持;美国、加拿大、荷兰、卢森堡等国反对,主张先明确工作组职责、期限、成果等因素,并主张有关讨论应考虑海牙空间资源治理工作组成果。各方最终同意在下届法律小组委员会会议就此问题进行非正式磋商。随后,外空委会议同意希腊和比利时的提名,由澳大利亚和波兰作为共同协调人,主持有关非正式磋商。

此外,外空规则制订领域还涌现出其他新兴热点问题。例如,美欧大力开发互联网卫星星座项目,发射大量微小卫星,不少国家认为此举不仅影响天文观测、危及发射活动安全、涉及恶意抢占低轨资源,还涉及空间物体登记等法律问题,有必要完善有关国际规则,加强监管。日本大力扶持本国私营企业发展空间碎片主动移除技术,并在外空委广为宣介,一些国家指出,空间碎片主动移除给认定发射国、确立管辖权、空间物体登记等传统空间法规则适用都带来新问题,有必要完善有关国际规则。美国"3 号航天政策令—国家空间交通管理政策"提出,要在双、多边平台鼓励国际社会采用美国制订的空间行为最佳做法和安全标准,不少国家指出,对于影响各国共同利益的问题,不应片面推行一国政策和法律。

海牙国际私法会议第22届外交大会简况

吴　琼*

2019年6月18日至7月2日，海牙国际私法会议（以下简称海牙会议）在荷兰海牙举行第22届外交大会，谈判通过了《承认与执行外国民商事判决公约》（以下简称《公约》）。来自70多个国家、欧盟和10多个国际组织共400余名代表参加。由外交部、最高人民法院等部门、香港特区政府、澳门特区政府、学术界和律师界专家等组成中国代表团与会。

《公约》是在海牙会议"判决项目"项下制定的，该项目旨在建立民商事诉讼管辖权和承认与执行判决方面的统一规则。本次外交大会上，各方达成《公约》意愿强烈，最大程度展现灵活，以协商一致方式通过了《公约》全部条款。《公约》是民商事判决国际流通方面最具影响力的国际法律文书，系统规定了承认与执行外国民商事判决的范围和条件等，对进一步加强该领域国际司法合作具有重要意义。外交大会上，中国代表团建设性参与《公约》谈判，倡导各方秉持多边主义和共商共建共享理念开展互利合作，并就反垄断、知识产权等提出的多项建议案文获大会通过。

《公约》共四章32条，主要包括以下方面：

---

* 现供职于外交部。

第一,《公约》宗旨目的。序言阐明,《公约》旨在为国际民商事活动提供更优质、更有效、更低成本的司法保障。为彰显多边主义、扩大《公约》影响力,大会一致同意在序言中加入"促进以规则为基础的多边贸易和投资"表述,这是海牙会议《公约》首次采用该措辞。

第二,《公约》适用范围。《公约》适用于一缔约国法院作出的民商事判决在另一缔约国的承认与执行。但对知识产权、隐私等各方分歧较大事项,《公约》予以排除适用。各方对《公约》是否适用于反垄断事项分歧巨大,经艰苦谈判,各方最终同意在垄断行为和效果均发生在原审国的前提下纳入特定反垄断事项。

第三,管辖基础。《公约》第五条规定了可被承认与执行判决的管辖基础,包括被申请执行人在原审法院所在地有惯常居所、被申请人明确同意原审法院管辖权、合同履行地或者应当履行地、侵权行为发生地等。第六条明确了对不动产物权的专属管辖,即只有不动产所在地法院所作判决才能得到承认与执行。同时,第七条规定了可以拒绝承认或执行的理由,包括侵害被告的正当答辩权、违反被请求国公共政策等,以保障当事人合法权益、照顾被请求国关切。

第四,灵活安排。为最大限度促进合作,第十五条规定在不违反专属管辖的情况下,一国可根据国内法承认与执行外国判决。同时为兼顾各方关切、鼓励各国加入《公约》,第十八、十九条允许一国声明《公约》不适用于特定事项、国家为诉讼一方当事人等,第二十三条规定《公约》不影响缔约国在先或者在后缔结的其他条约。

《“区域”内矿产资源开发规章》2019年谈判情况

李学文*

2019年，国际海底管理局（以下简称海管局）继续将《“区域”内矿产资源开发规章》（以下简称开发规章）制订作为优先工作事项，通过海管局年度届会、举办相关研讨会、邀请各方提交书面评论意见等方式推动谈判进程。总体来看，开发规章制订节奏有所放缓，相关磋商的技术性和实践性更加突出。

一、开发规章制订的起源和进展

根据《联合国海洋法公约》（以下简称《公约》），国际海底区域及其资源属于人类共同继承财产，由海管局代表全人类控制和管理有关勘探和开发活动。当前，国际深海采矿正在从勘探向开发过渡，制定国际海底资源开发规章势在必行。

开发规章制订工作于2011年启动，当时的斐济代表团在海管局第17届会议上提议请理事会着手制定深海采矿规章。2012年理事会同意将开发规章制订纳入海管局的专家机构法律技术委员会（以下简称法技委）优先工作事项。2014年年初，海管局启动深

* 现供职于外交部。

海采矿“利益攸关方调查问卷”活动,广泛征集各方意见,为规章起草提供了参考。2015 年 2 月,法技委初步形成了开发规章的大致框架草案。2017 年 8 月,秘书处首次公布相对完整的开发规章草案,并邀请各利益攸关方就此提交评论意见。2017 年 12 月,共有 51 个国家、组织机构和个人向海管局提交了评论意见。

为促进开发规章制订,2018 年海管局首次决定开始每年举行两次会议,以增加开发规章磋商时间。在当年 3 月第 24 届会议第一期会议讨论的基础上,海管局于 5 月 30 日公布了第二版开发规章草案。7 月第 24 届会议第二期会议对上述草案进行逐章评议,理事会主席邀请各成员国于当年 9 月 30 日前提交评论意见。共有 41 个国家、组织和个人向海管局提交意见。

2019 年海管局继续执行每年两次会议的模式。2 月,第 25 届会议第一期会议讨论开发规章草案涉及的财务、环保、决策、监管等问题,并就企业部相关问题达成初步共识。3 月 22 日,法技委公布第三版开发规章草案。7 月,第 25 届会议第二期会议就上述草案进行逐条讨论,但进展缓慢,未完成一读。此前法技委、秘书处和不少国家都主张不迟于 2020 年完成开发规章谈判。但在 7 月会上,多数国家强调开发规章制订“质量胜过速度”,不必非在 2020 年出台。为充分吸收各方观点,本届理事会主席再次邀请各利益攸关方于 10 月 15 日前提交评论意见。此次共有 39 个国家和组织向海管局提交意见。

二、开发规章制订涉及的主要问题

现有开发规章草案包括序言、正文、十个附件、四个附录和一个附表。正文共十三部分共 107 条,内容涉及承包者的权利和义务、保护和保全海洋环境、开发工作计划的审查和修改、开发合同的财政条款、争端解决等。谈判中主要涉及以下问题:

(一)缴费机制

该问题涉及深海采矿收益在承包者与海管局之间的分配,是深海开发的核心问题。根据《公约》和1994年执行协定,缴费应考虑采用特许权使用费或结合特许权使用费与盈利分享的制度。2019年3月和7月,海管局举行两次财务工作组会议,探讨深海开发缴费模型。非洲集团提交了缴费率较高的财务模型。南非认为对照《公约》第82条沿海国开发本国外大陆架的规定,深海采矿缴费率不应低于7%。日本要求考虑健全商业原则,给予承包者适当财务激励。

(二)区域环境管理计划(REMP)

REMP是海管局为落实《公约》第145条规定的环保义务所采取的独特环保措施。目前海管局只在太平洋勘探矿区密集的克拉利昂-克利珀顿区设有REMP,国际社会呼吁在其他有勘探矿区的区域也制定REMP。英、德、荷兰和非洲国家等要求在开发规章中明确,如缺乏REMP,相关区域就不能进入实质开发。海管局第25届会议决定通过成立工作组和举办研讨会等方式,在西太平洋、大西洋中脊、印度洋等区域推动设立REMP。值得注意的是,勘探矿区承包者并无义务在合同区外向海管局提供环境数据,REMP的制定主要是海管局的责任。

(三)标准和指南

根据《公约》,海管局有权就开发规章的技术和环保等问题制定有关标准和指南。2019年5月,海管局和南非在比勒陀利亚合办“标准和指南研讨会”,梳理了标准和指南清单,就不同类型标准和指南的制订顺序及工作方法等形成建议。在海管局第25届会议期间,各方普遍认可标准应有法律约束力,应由理事会制定;指南仅作为建议性文件,可由法技委和秘书处制定。此外,法技委建议按照“通过开发规章、提出开发计划、开始商业开发”三阶段分步制订标准和指南。关于工作方法,部分标准和指南由法技委委员牵头成立工作组制订,部分由海管局秘书处委托外部顾问起草。各国均强调有关进程应保持透明和包容,在充分讨论的基础上进行。

(四)企业部

企业部是从事运输、加工和销售从国际海底区域回收矿物的海管局机关,代表广大发展中国家的利益。目前企业部尚未独立运作,由秘书处代行其职责。1994 年执行协定规定,海管局可在首份开发工作计划获得核准或收到联合企业建议的情况下考虑企业部独立运作。2019 年,波兰撤回了其此前要与企业部成立联营企业的建议。但应非洲国家要求,海管局在第 25 届会上仍延长了企业部特别代表的任期,由其代表企业部参与开发规章谈判。特别代表活动所需费用通过自愿信托基金的方式解决。现有规章草案对企业部问题有所规定,但远不完善,尤其缺少联营企业相关规定。

(五)“区域”内活动与海底电缆的适当顾及

深海采矿与海底电缆铺设之间的协调也是开发规章制订关注的重要问题。现有草案规定每个承包者均应尽职尽责,确保不损害合同区内的海底电缆或管线。法国和电缆保护协会侧重电缆保护,要求承包者在向法技委提交任何工作计划之前,首先确定相关区域是否存在海底电缆,或者有铺设电缆的计划。大多数国家认为,深海采矿活动和海底电缆铺设在法律地位上并无优劣之分。根据《公约》,承包者对海底电缆承担的应是适当顾及而非尽职义务。

三、中国的参与

中国倡导构建人类命运共同体,支持并践行人类共同继承财产原则,积极参与国际海底开发规章谈判,主动贡献中国智慧和中国方案。

(一)参加海管局第25届会议两期会议

中国代表团分别于2019年3月和7月赴牙买加参加海管局第25届会的两期会议,积极参与规章磋商。中国强调开发规章应符合《公约》和1994年相关执行协定,深海采矿应与深海环境保护保持平衡,缴费机制应保留特许权使用费和盈利分享相结合的选择,应明确设立REMP的责任和路线图,并与开发规章制定的节奏相协调。中国建议尽快制定成立联营企业的标准和程序,主张企业部独立运作须遵守渐进原则、健全商业原则和发展中国家优惠待遇原则等。相关主张和建议得到很多国家的呼应和认同,部分已被开发规章草案采纳。

(二)南非标准和指南研讨会

2019年5月13日至15日,中国外交部和相关部门组团参加了海管局与南非在比勒陀利亚联合举办的开发规章标准和指南问题研讨会。代表团介绍了中国在深海领域标准制订情况,建议海管局将标准进行分类处理,依据人类对深海的现有认识和勘探实践等确定不同标准和指南的制订顺序,强调海管局在相关工作中重视现有标准和指南以及国际标准化组织的作用。

(三)提交书面评论意见

2019年10月15日,中国政府向海管局提交了第三份开发规章评论意见。评论意见包括总体意见、重点问题和具体条款三部分。总体意见部分强调海洋命运共同体理念,主张规章制订符合《公约》及1994年执行协定,建议同步制订深海惠益分享规则。重点问题部分对企业部、缴费机制、检查机制、独立专家等问题分别阐述立场、提出方案。具体条款部分对规章草案中的39个条款进行了逐条点评,并对多数条款提出具体修改意见。

国家管辖范围以外区域海洋生物多样性养护和可持续利用问题国际协定2019年谈判情况

陈昕瑶*

根据联大第72/249号决议，国家管辖范围以外区域海洋生物多样性（BBNJ）养护和可持续利用问题国际协定政府间谈判于2018年正式开启。2019年3月25日至4月5日以及8月19日至30日，第二次和第三次政府间大会在纽约联合国总部相继举行。来自130余个国家和欧盟以及多个国际组织的代表与会。新加坡海洋事务大使、外长特使李陈惠菁女士担任大会主席。外交部条法司参赞苟海波率团参加了两次会议。

第二次政府间大会是BBNJ进程自启动15年来首次进入以案文为基础的磋商，标志着谈判由"务虚"转实。第三次政府间大会上，谈判方式有所转变，除此前的大会和非正式工作组会议外，首次引入小范围会议和平行磋商等灵活工作方式。这两次会议上各方围绕大会主席起草的协定草案，就BBNJ国际协定所涉海洋遗传资源及其惠益分享、海洋保护区等划区管理工具、环境影响评价、能力建设和海洋技术转让等"一揽子"问题进行了深入讨论，相关情况如下：

---

* 现供职于外交部。

一、海洋遗传资源及其惠益分享

会议就海洋遗传资源的法律属性、定义、适用范围、获取、惠益分享、监测利用和知识产权问题等展开讨论，传统海洋大国和发展中国家间仍存在不少分歧。

绝大多数国家虽赞同海洋遗传资源的地理范围应包括公海和国际海底区域，但海洋大国强调应适用公海自由原则，发展中国家则坚持适用人类共同继承财产原则。大多数国家支持在属事范围上区分作为遗传资源载体的鱼和作为商品的鱼，不将后者纳入协定调整范围，但就协定是否适用于衍生物存在分歧。

此外，海洋大国多主张协定应重点规范原生境获取，同时适用自由获取制度；优先考虑非货币化惠益分享模式；反对就海洋遗传资源的利用进行监测；要求知识产权问题在相关主管机构框架下予以处理，反对 BBNJ 国际协定就此做出规定。与此对应的是，发展中国家主张在规制原生境获取的同时，应就非原生境获取和由计算机模拟的海洋遗传资源和数字序列数据作出规范；坚持同时采用货币化和非货币化惠益分享两种模式；支持监测海洋遗传资源的获取和利用情况；并要求在协定中规范相关知识产权问题。

二、海洋保护区等划区管理工具

会议就划区管理工具的目标、机制安排、区域识别标准、设立程序、监测审查、设立期限等问题展开讨论。

各方赞同 BBNJ 国际协定框架下的划区管理工具应以保护和可持续利用国家管辖范围以外区域的海洋生物多样性为目标。关于机制安排，各方普遍认同新协定下的划区管理工具不影响现有法律文书或相关机构职权，但对适用“全球模式”、“区域模式”抑或“混合模式”仍持不同立场，对是否在新协定下建立协调机制存在分歧。关于区域识别标准,各方多认可在最佳可得科学信息基础上,参考现有国际标准识别相关区域,但对是否将“社会经济因素”和“传统知识”纳入识别标准争议较大。关于设立程序,多数国家赞同由缔约国提出提案,并与利益攸关方进行协商,相关提案需经科学评估后再提交决策机制,但对于是否需要协商一致存在不同观点。各方认同对区域管理工具进行监测和审查的必要性,但对开展的方式有不同意见。关于划区管理工具的存续期限,各方就是否设定期限及纳入“日落条款”问题存在不同立场。

三、环境影响评价

会议就实施环境影响评价的法律依据、启动门槛、实施程序、毗邻沿海国地位、战略环评等问题展开讨论。

各方普遍认同《联合国海洋法公约》(以下简称《公约》)第204条至第206条为建立BBNJ协定的环评制度提供法律依据,应将其作为一般义务予以规定。大多数国家支持应根据《公约》第206条的规定,将各国“有合理依据认为”相关活动“可能造成重大污染或重大和有害变化”作为环评启动门槛;也有国家建议参照《关于环境保护的南极条约议定书》,采用“具有大于轻微或短暂影响”的标准。多数国家强调环评由“国家主导、国家决策”,还有国家强调毗邻沿海国因存在特殊关切而应参与相关过程。关于战略环评,环保派国家坚持就相关内容作出规定,要求对国家相关政策或规划进行评价;但反对国以相关制度不明、缺乏国家实践等理由反对。多数国家支持将累积影响和跨界影响作为环评考虑因素,部分国家还主张考虑社会经济及影响和文化影响。

四、能力建设和海洋技术转让

各方普遍赞同能力建设和海洋技术转让的目标应与《公约》

第 14 部分保持一致,应在新协定中包含促进发展中国家能力建设和海洋技术转让的一般性责任。但海洋大国和发展中国家就具体实施方法仍存在不少分歧,发展中国家普遍要求在新协定下设立强制供资的基金予以保障,海洋大国则强调应在自愿的基础上向基金提供资金。海洋大国多反对对能力建设和海洋技术转让进行监测和审查,认为可在自愿基础上交流经验或报告,但不能纳入强制性审查程序。

五、跨领域问题

各方还就跨领域问题进行了交流。各方认同新协定应适用于国家管辖范围以外区域,认为新协定不能损害《公约》、其他现行国际文书、框架以及全球、区域和部门机构的职权;协定应纳入国际合作义务等。各方在机构设置、建立信息交换机制、争端解决等方面还存在不同看法。

2019 年两次会议谈判力度较之前明显加大,各方在全面阐述立场主张的基础上,围绕协定草案展开了更为细致的磋商,谈判持续走深走实。其中,中国代表团建设性参与谈判,在所有议题下积极发言,并提交了数份案文建议。有理有据地传递中国声音,为推动谈判进程贡献中国智慧与中国方案,受到各方的认可与好评。

第三次政府间大会已商定,由大会主席根据各方讨论情况对现有协定草案进行修改,作为下次会议的讨论基础。第四次政府间大会将于 2020 年 3 月 23 日至 4 月 3 日在纽约联合国总部举行。

联合国网络犯罪政府专家组第五次会议综述

王渊洁*

背景提要:联合国网络犯罪政府专家组于2011年根据联大决议设立,于2013年初编写《网络犯罪问题综合研究报告(草案)》(以下简称《报告(草案)》),对全球网络犯罪发展趋势、特点、危害、当前国际应对的状况和局限等进行全面研究,并提出包括制定综合性全球文书、国际示范条款、加强对发展中国家的技术援助等应对方案。在2013年专家组第二次会议上,各方对《报告(草案)》进行了讨论,由于各方对《报告(草案)》提出的结论和建议存在较大争议,专家组进程暂时停摆,但各方同意仍继续在这一平台讨论网络犯罪问题。

在中国、俄罗斯、巴西等金砖国家积极推动下,专家组于2017年召开第三次会议,并决定以《报告(草案)》为基础讨论网络犯罪的实质问题。2018年,专家组召开第四次会议,通过了2018年至2021年工作计划。根据计划,专家组将每年召开一次会议,分别就打击网络犯罪立法、定罪、调查、电子证据、国际合作等实质问题进行讨论,并在2021年前出台工作建议提交联合国预防犯罪与刑事司法委员会。

---

* 现供职于外交部。

2019年3月27日至29日，联合国网络犯罪政府专家组第五次会议在维也纳举行。中国政府代表团由外交部、公安部、最高人民检察院、司法部、工信部和常驻维也纳联合国代表团组成。北京师范大学、上海国际问题研究院及腾讯公司作为观察员参会。与会各国普遍认可就打击网络犯罪开展多边讨论的必要性，对联合国网络犯罪政府专家组的工作表示满意。各国重点围绕网络犯罪"执法与调查"和"电子证据与刑事司法"两个议题进行了务实讨论，介绍了本国相关法律和实践，并提出数十项具体规则建议。

一、能力建设

云计算、大数据、物联网、加密技术、人工智能等新技术的发展，给人类社会带来巨大发展潜力，但技术的加持也使网络犯罪手段迭代更新，增加了执法与调查的难度。在新技术带来的新挑战面前，各国特别是发展中国家的执法机关感到"能力恐慌"，加强能力建设的需求十分突出。

会上，不论是美国这样的世界头号互联网强国，还是多米尼加这样互联网产业并不发达的小国，都在强调网络犯罪执法与调查能力建设的重要性。哥伦比亚、摩洛哥等国指出，缺少专业训练导致网络执法与调查效果不尽如人意，跟不上日益严峻的网络犯罪形势。布基纳法索强调除了对人员的专业培训外，向不发达国家的设备器材援助也很重要。法国、俄罗斯等国介绍了在国内建立网络犯罪专业调查部门，并进行技术培训的实践。我国专家介绍了北京市检察院系统加强网络犯罪调查能力建设的经验和做法。各国普遍认可联合国毒罪办为促进发展中国家能力建设所做工作，支持其继续在这一领域发挥积极作用。

侦破网络犯罪需要较强的专业技术能力，也高度依赖以电子数据形式存在的证据。互联网企业掌握网络技术、网络资源和用户数据，它们能否给执法机关提供必要的配合与协助，直接关系到能否迅速侦破犯罪。

二、公私合作

从会议情况看,加强打击网络犯罪的公私合作,强化互联网企业配合执法与调查的义务,已成为多数国家的共识。澳大利亚专家介绍了澳去年底通过的《协助和获取法案》(The Assistance and Access Act,或"AA 法案"),该法案授权澳大利亚安全和执法机关向互联网公司获取加密信息访问权限,以收集电子证据。日本介绍了本国执法机关与互联网企业的合作机制及指导原则。挪威介绍了建立"网络安全中心",加强执法机关与互联网企业调查网络犯罪协作的经验。白俄罗斯介绍了国内出台专门规范,对打击网络犯罪公私合作进行指导的情况。

在公私合作问题上,如何保护互联网企业的合法权利及个人隐私,成为许多国家关注的重点。我国指出,既要立法明确互联网企业配合执法与调查的义务,也要明确此类义务的边界,确保互联网企业的合法权利不受侵犯。欧洲委员会强调在公私合作中要注意保护个人隐私,建议联合国毒罪办制定相关规则供各国参考。俄罗斯表示,应平衡执法效率和企业、个人权利,在未来制定全球性公约时可邀请互联网企业参与,以确保其权利得到保障。加拿大、意大利、智利、南非等国强调通过互联网企业调取电子数据应符合比例原则和必要原则,平衡执法的侵入性和企业权利、个人隐私保护,并防止数据泄露。与会的《布达佩斯公约》缔约国专家介绍了该公约的人权保障条款,认为公约可有效解决打击网络犯罪公私合作中的企业和个人权利保护问题。这些国家还介绍,《布达佩斯公约》缔约国正谈判的公约第二附加议定书涉及直接向境外互联网企业调取电子数据问题,因此邀请了相关企业参与讨论过程,以确保反映企业的权利保障诉求。

三、创新管辖权

国家对传统跨国犯罪行使管辖权一般以属地原则为主，辅之以属人原则、保护原则及效果原则等，这也适用于跨国网络犯罪。与传统犯罪相比，网络犯罪的跨国性更加突出，犯罪人、犯罪使用的网络资源、犯罪结果发生地、作为证据的电子数据等往往位于多个国家。云计算技术的出现催生了云服务产业，使得涉案电子数据跨国分布和存储的现象更加普遍，很多时候甚至难以准确判断数据的地理位置。这些都给以属地原则为基础的管辖权规则带来新的挑战。

会上，多个国家表示现有管辖权规则不能很好满足打击网络犯罪的需要。葡萄牙专家表示，当前云服务的广泛应用使电子数据可存储在世界任一角落，确定数据存储的地理位置既不现实，也无必要，以属地原则为主的现行管辖权规则应根据网络犯罪特点作出灵活调整。澳大利亚强调，尽管各国对于数据主权及管辖权属地原则存在不同理解，但这不应阻碍电子数据取证的国际合作。阿根廷等部分《布达佩斯公约》缔约国建议对网络犯罪管辖权采取特殊规定，扩展至接受相关企业网络服务的国家。印度、巴西等国指出《布达佩斯公约》难以解决非缔约国在管辖权方面的关切，应通过在联合国框架下制定全球性公约设计更符合网络犯罪特点的管辖权规则。我国介绍了国内通过有关司法解释，以较宽泛方式界定网络犯罪案件“犯罪发生地”范围，以强化对网络犯罪管辖的实践。

四、电 子 证 据

与会各国专家就电子证据问题进行了大量技术性交流，讨论基本聚焦于电子证据的定义、取证和采信。总体看，各国法律关于电子证据的定义存在差异,有的国家如俄罗斯等目前尚未明确电子证据的定义,也不认为有必要明确,目前只是列举式规定了几类典型电子证据。总体上,各国基本接受"用户数据"(subscriber data)、"内容数据"(content data)和"通信数据"(traffic data)的电子证据分类。我国介绍了在电子证据立法方面的最新进展,建议各国尽快立法承认电子证据的证据能力,规定电子证据的定义和范围,加强电子证据取证能力,在判断电子证据的真实性、合法性、关联性、完整性,以及在适用传统证据规则时考虑到电子证据的特殊性,并在本国立法中规定扣押、封存原始存储介质、现场提取、远程勘验、冻结等电子证据取证手段。

各国对"用户数据"作为电子证据的作用及取证机制进行了深入讨论。我国公安部电子证据专家以一起中美协作侦破的网上儿童色情案件为例,生动呈现了电子证据在网络犯罪调查中的作用,其中作为破案关键证据之一的犯罪嫌疑人所用IP地址引发与会专家热议。各国普遍认为,由于网络犯罪的"匿名性""溯源难",IP地址这类"用户数据"在发现犯罪嫌疑人方面具有特殊重要作用。澳大利亚专家指出,一些互联网公司掌握用户IP地址,应承担向执法机关提供此类数据以供侦破犯罪的义务。阿根廷、尼日利亚等国主张电子证据取证应区分"用户数据"和"内容数据",认为"用户数据"较少涉及个人隐私等核心权益,对其可采取比"内容数据"等更快捷的取证机制。白俄罗斯等一些国家则指出,将IP地址作为定罪证据需格外谨慎,特别是要准确判定某个IP地址在特定时点的实际使用者。

加密技术、加密货币给网络犯罪执法与司法带来的挑战受到各国重视。各国普遍认为,加密技术给网络犯罪提供了更隐蔽、更难破解的工具,极大增加了执法机关调查取证成本,应进行适当管控。澳大利亚专家援引澳"AA法案"指出,网络加密方式复杂多样,单靠执法机关的解密设备难以破解,互联网公司向用户提供加密服务,掌握解密技术,有义务为调查严重犯罪需要向执法机关提供协助,以便获取加密数据。意大利专家认为,破解加密技术带来的挑战只是时间问题,但也受系统、数据等多方面因素影响,当前应立足于加强对执法机关的技术培训。俄罗斯专家介绍,俄执法机关可以访问加密数据,但对访问的时间及方式等有法律上的限制。法国、德国、白俄罗斯等国对加密货币给网络犯罪调查带来的困难提出关切。法国指出,加密货币给犯罪分子洗钱打开方便之门,使网络成为滋生洗钱犯罪的新土壤。联合国毒罪办反洗钱部门负责人表示,目前世界上有迹可查的加密货币多达两千余种,但当前执法机关有能力对之进行调查的屈指可数,各国需高度重视利用加密货币犯罪的问题。

一些国家还就电子证据的可采性问题表达了看法。美国、日本、秘鲁等国指出,电子证据很容易被篡改,确保电子证据的可采性给司法机关带来挑战,各国目前采取的标准和规则并不一致,也在实践中造成刑事司法合作障碍。我国专家介绍了中国参照国际标准化组织(ISO)电子证据取证原则建立和完善本国电子证据标准体系的实践,并指出,电子证据跨国取证涉及程序合法性问题,直接决定电子证据的可采性,依据一国取证程序收集的电子证据在他国可能因程序不合法而不具可采性,各国应充分认识到跨国取证中电子证据可采性问题的复杂性,进一步加强交流和协调。

五、调取境外电子数据

打击跨国犯罪如需调取位于他国的证据,一般通过国际司法协助和执法合作渠道进行。此种渠道的优点是能够充分保障证据所在国的司法主权,但也存在程序繁琐、效率较低的问题。在网络犯罪中,由于证据主要是不稳定、易灭失、需快速保存和提取的电子数据,且常常分布和存储在多个国家,国际司法协助和执法合作渠道在取证效率上的问题无形中被放大。为及时获取证据,美国和一些欧洲国家近年来采取了绕过上述渠道和其他国家政府,直接调取境外电子数据的做法,在实践中引发了不少争议。在本次会议上,该问题成为与会各方的讨论焦点之一。

总体看,各国均认为在调取境外电子数据问题上并未形成统一的国际规则,对是否应允许一国绕过国际司法协助和执法合作渠道直接跨国调取电子数据,各国分歧较大。以美国、英国、智利等《布达佩斯公约》缔约国为代表的一些国家表示,国际司法协助和执法合作渠道取证效率低,不适应调取电子数据的需求,应授权执法机关直接向互联网企业调取证据,包括存储在他国的证据;《布达佩斯公约》对此已有机制设计,公约第二议定书谈判也在有序推进,将就直接调取境外电子数据作出更快捷的设计。美国强调,不应因电子数据存储在外国而影响调查取证,可通过双多边协议构建快捷取证通道。尼日利亚认为,并非所有直接跨国调取电子数据的行为都会侵犯国家主权,例如直接调取"用户数据"即不存在该问题。巴西介绍了其最近通过的直接调取境外电子数据相关立法。美国、日本、智利、斯洛伐克等国还大力推介《布达佩斯公约》便利合作调取境外证据的"7 天 24 小时网络"。

俄罗斯、南非、伊朗等国则对跨国直接调取电子证据表达关切,强调跨国调取电子证据应尊重证据所在国主权,保障相关主体和个人的权利。俄罗斯强烈批评《布达佩斯公约》第 32 条 b 款侵犯数据所在国主权。白俄罗斯等国强调跨国直接调取电子证据可能使相关企业面临"要么违反本国法,要么违反相关外国法"的法律冲突。西班牙、科威特指出,跨境调取电子数据涉及管辖权等重要问题,需各国协商达成共识。我国强调,网络犯罪虽然没有国界,但国家主权有国界。跨国调取电子证据应尊重证据所在地的国家主权,不能仅因国际司法协助和执法合作取证效率低便对其简单予以否定。应当综合考虑和平衡各方面因素,更多通过优化司法协助和执法合作的程序和方式提升取证效率,尊重相关企业和个人的正当权利。

六、制定全球性打击网络犯罪公约

自联合国网络犯罪政府专家组进程于2011年开启以来，是否需制定全球性打击网络犯罪公约一直是各国争论的焦点。尽管本次会议的议题并不直接涉及该问题，但与会各方在这一点上依然分歧明显，《布达佩斯公约》缔约国和金砖国家为代表的发展中国家两个阵营的争论渗透会议始终。

《布达佩斯公约》缔约国认为，公约已有63个国家加入，缔约国遍布五大洲，即便是未加入公约的国家，有不少也已在本国立法中吸收了公约规定，因此公约已成为应对网络犯罪的"全球标准"。阿根廷、巴拉圭、尼日尔等新加入《布达佩斯公约》的国家在会上积极发言支持《布达佩斯公约》，呼吁更多国家加入公约或参照公约修改完善国内法。葡萄牙、罗马尼亚等国专家强调，国际社会对是否制定打击网络犯罪全球性公约从未形成共识，即便那些赞同制定全球性公约的国家也未就公约应包含哪些内容达成一致。澳大利亚、哥伦比亚表示，制定全球性公约复杂耗时，国际社会难以承受等待的代价。

金砖国家、伊朗、厄瓜多尔等国则认为，布达佩斯公约参与谈判的国家有限，缺乏广泛代表性；公约严苛的加入条件及复杂的修改程序使其缺乏开放性，不具备成为全球标准的条件；公约制定于2001年，很多内容不能适应网络信息技术近年来的飞速发展；只有在联合国框架下制定打击网络犯罪全球性公约，才能真正确保各国广泛参与，反映各国意志，协调各国法律和实践。俄罗斯表示很难理解为何一些国家坚持"要么布达佩斯公约，要么什么都不要"(Budapest Convention or nothing)，强调只有联合国有资格、有能力制定打击网络犯罪的全球标准，建议以俄罗斯2017年提交的《联合国合作打击信息犯罪公约草案》为基础制定全球性公约。南非指出，制定联合国打击网络犯罪公约可有效协调非盟等不同区域组织现有公约,包括《布达佩斯公约》在内的现有区域性公约可作为联合国公约的讨论基础。我国指出,《布达佩斯公约》在开放性和包容性方面先天不足,少数国家制定的公约不能作为“全球标准”。当前网络犯罪国际法律框架呈现明显的“碎片化”,影响了打击网络犯罪的国际合作,各国应认识到为打击网络犯罪提供全球性法律框架的必要性,共同制定各国参与谈判、对各国开放的打击网络犯罪全球性法律文书。

不少国家关注去年底联大通过“打击为犯罪目的使用信息通信技术”决议。俄罗斯呼吁各国积极参与在联大平台对网络犯罪的讨论,提醒各国注意联合国秘书长将根据决议授权准备网络犯罪问题报告,希望各国积极提交书面意见。欧洲委员会则对联大通过上述决议表示关切,认为该进程与联合国网络犯罪政府专家组的职责如何协调是个问题。多米尼加等少数国家明确反对在联大开启新的网络犯罪进程,认为联合国网络犯罪政府专家组应成为讨论网络犯罪问题的“唯一平台”。

此外,在打击网络犯罪国际法律文书问题上,意大利、科威特等国还提出制定《联合国打击跨国有组织犯罪公约》打击网络犯罪附加议定书的“第三条道路”。

七、下一步工作

根据专家组 2018 年至 2021 年工作计划,专家组将于 2020 年举行第六次会议,讨论“国际合作”及“犯罪预防”议题,并最晚于 2021 年就各国在前几次会议中提交的结论和建议进行磋商,形成最终结论和建议,提交联合国预防犯罪与刑事司法委员会审议。

“跨国公司及其他工商企业与人权”法律文书政府间工作组第五次会议综述

邵　妩*

以跨国公司为代表的工商企业一直是经济全球化的生力军，在实现发展权方面发挥了重要作用。但近年来，西方跨国公司在东道国因劳工、环境污染等问题涉嫌侵害人权的案件频发，日益引起国际社会关注。联合国于2008年出台《工商企业与人权：实施联合国“保护、尊重和补救”框架指导原则》（以下简称《指导原则》），成为第一个规范跨国公司侵害人权问题的全球标准，得到国际社会广泛支持。

但同时，一些非洲及拉美发展中国家认为《指导原则》没有法律约束力，实施效果欠佳，希望推动就跨国公司侵害人权问题制定有法律约束力的国际文书。2014年6月，联合国人权理事会通过第26/9号决议，决定设立“一个跨国公司及其他工商企业与人权问题的不限成员名额政府间工作组”，谈判跨国公司和其他工商企业与人权问题法律文书，旨在从国际层面明确跨国公司侵害人权的法律责任，并建立预防、监督和追责机制。从2015年到2018年，工作组召开了四次会议，并在2018年第四次

* 现供职于外交部。

会议上开始就法律文书零案文展开磋商。中国政府派员参加了上述全部会议。

2019年10月14日至18日,跨国公司及其他工商企业与人权法律文书政府间工作组第五次会议在日内瓦举行。中国外交部、国务院国有资产监督管理委员会和中国驻日内瓦代表团与会。近70个国家及有关国际组织、行业组织和非政府组织与会,厄瓜多尔常驻日内瓦代表Emilio Miño大使当选新一届工作组主席兼报告员。会议逐条讨论了法律文书修订案文(在2018年零案文基础上吸纳各方意见形成,共22条),决定以非正式磋商等方式继续征求意见,于2020年形成第三版修订草案。笔者有幸跟随中国代表团全程参加了本次会议。现在把会议焦点问题和讨论情况整理如下,供关心跨国公司侵害人权问题国际立法的各界同仁参考。

一、法律文书适用于哪些商业活动,涵盖哪些人权?

根据修订案文,法律文书适用于“所有商业活动”,包括但不限于“跨国商业活动”,同时应涵盖“所有人权”。由于此前零案文规定法律文书只适用于“跨国商业活动”,修订案文明显扩大了法律文书适用范围,引发不少争议。尽管一些国家表示支持,但包括我国在内的另一些国家则主张,根据人权理事会第26/9号决议授权,法律文书应只规范“跨国商业活动”,企业的国内商业活动应受各国国内法规制,将法律文书适用范围扩大至“所有商业活动”超出了决议授权。一些国家特别关注国有企业问题,要求明确法律文书适用于国有企业。此外,不少国家认为,“法律文书应涵盖所有人权”这一表述过于宽泛模糊,可能导致各国各自解释,适用不同标准。我国等一些国家建议将法律文书涵盖的人权范围明确界定为国家加入的国际人权条约明文规定的人权。另一些国家则主张,“所有人权”应为国际社会普遍认可的人权和基本自由,包括各国国内法认可的人权。

二、人权遭受跨国公司侵害的受害人享有哪些权利?

修订案文第四条“受害人权利”体现了对受害人的“强保护”,对受害人权利进行了全面详尽的规定,一些权利甚至超出了保护受害人的合理需要,例如通过适当的外交和领事渠道确保受害人的诉诸司法和救济权、减免受害人诉讼费用、举证责任倒置、通过环境修复和生态恢复给予受害人救济等。与会各国对该条存在实质性分歧。一些国家认为,该条明确了国家的人权保护义务,对确保受害人获得有效救济至关重要,这些国家同时还强调,现有条文关于受害人“获取信息权”的规定还应进一步强化。但另一些国家认为,该条许多条款基本只是重申了现行国际人权法规定的受害人权利,没有必要保留。一些国家及部分商会组织强调,该条向国家强加了过重的义务,给予受害人过多特权,特别是第4款“受害人应有权从特别的考虑和照顾中受惠”等规定具有歧视性,在国际人权法上没有先例,可能造成滥诉和新的不平等。一些国家强调,举证责任倒置的做法比较罕见,应确保不和各国国内法冲突。部分商会组织指出,国际社会对环境权是否属于人权尚未形成共识,该条将环境修复和生态恢复作为对受害人的救济手段有失妥当。

我国指出,该条部分规定有违平等原则与合法性原则,且缺乏国际人权法上的依据;特别是一些条款涉及的人权义务源于特定国际人权条约,由于不少国家并非这些条约的缔约国,这将给这些国家不当创设新的人权义务;该条规定确保受害人通过适当的外交和领事渠道获得救济,易和国际法上的外交保护、领事保护混淆,需进一步澄清。

三、国家承担哪些预防义务，企业有哪些尽职义务？

修订案文第五条“预防”是法律文书十分核心的条款，涉及国家预防跨国公司侵害人权的义务和公司自身防止侵害人权的尽职义务。根据该条，缔约国应有效规范跨国公司在其领土或管辖内的活动，确保其国内立法要求公司在本国领土或管辖内尊重并防止侵害人权。该条还详细规定了跨国公司的人权尽职义务，如识别和评估自身商业活动，或与其有合同关系的其他企业的商业活动可能导致的人权侵害等，要求缔约国确保公司履行这些义务。

关于企业的“人权尽职义务”，一些国家赞成在法律文书中予以规定，同时建议该条更好参考《指导原则》，并与之形成互补关系。这些国家认为，在法律文书中规定跨国公司的人权尽职义务有助于建立法律框架，规范包括供应链上下游企业在内所有企业的活动，确保企业履行尊重人权的法律责任。同时，另一些国家则认为，该条给国家施加了过重的义务，限制了国家的政策裁量空间，应予修改甚至删除。部分商会组织表示，该条未能做到与《指导原则》充分衔接，应考虑企业的实际能力和可操作性，确保法律的可预测性。

关于预防义务与法律责任的关系，各方存在较大分歧。一些国家及部分非政府组织表示，应在“预防”条款和“法律责任”条款间建立联系，履行人权尽职义务不必然免除或减轻跨国公司的法律责任，未实际做到尽职的跨国公司仍应受到制裁。另一些国家和部分商会组织则认为，如跨国公司最大程度履行了尽职义务仍不能免除法律责任，对其太不公平；要求跨国公司为其供应链合作伙伴的行为承担人权尽职义务，既不现实，也与《指导原则》和各国国内法不符；法律文书应理顺“预防”和“法律责任”两个条款的关系，创造适当激励机制，以促进跨国公司履行人权尽职义务。

我国主张应避免给企业,尤其是发展中国家的企业和中小企业施加难以实际履行的义务。该条给国家创设了不少新的人权义务,也超出了为受害人建立救济机制的合理需要,例如要求一些仅以电子方式存在的跨国公司,按法律文书的规定去"识别可能受商业活动影响的团体并与其进行有意义的磋商",将使其不堪重负;将跨国公司的人权尽职义务规定为结果义务而非行为义务,意味着其即便履行了义务也不一定能豁免法律责任,这不符合公平和法治原则。

四、如何就跨国公司侵害人权的行为追究法律责任?

修订案文第六条"法律责任"要求缔约国确保国内法对商业活动中侵犯人权的行为建立全面和充分的法律责任体系,尤其是确保国内法规定境内跨国公司应对《国际刑事法院罗马规约》禁止的战争罪、危害人类罪、灭绝种族罪以及《禁止酷刑公约》《禁止强迫失踪公约》等规范的酷刑、强迫失踪、法外处决行为承担刑事、民事或行政责任。同时,该条还规定,对与其有合同关系的供应链合作伙伴侵害人权的行为,如相关跨国公司本应预料到这些行为但未能防止其发生,也要承担法律责任。

各国对"法律责任"条款存在明显意见分歧。一些国家对该条表达了支持,并强调应强化对跨国公司侵害人权行为的追责,缔约国应对构成国际犯罪的人权侵害行为行使"普遍管辖权"。但同时,另一些国家认为,各国通常根据相关人权公约和国内法追究各类侵害人权行为的法律责任,修订案文应仅就法律责任问题作出原则性规定,具体如何执行则应交由国内法解决。一些国家指出,很多国家的国内法没有规定法人的刑事责任,该条援引的《国际刑事法院罗马规约》《禁止强迫失踪公约》等国际条约,很多国家也都没有加入,要求这些国家就上述条约规定的侵害人权行为追究跨国公司的刑事责任,属于为国家创设新的人权义务,不符合第26/9号决议授权。一些国家还指出,该条对法人刑事责任的规定过于模糊,并且将法人的刑事、民事和行政责任混同,在实际适用中会产生严重问题。

我国主张,追究跨国公司侵害人权的法律责任应充分尊重各国司法主权和法律原则,避免为各国规定一套全新的法律义务;对跨国公司侵害人权的行为,最根本和有效的救济在于东道国,“法律责任”条款的重点是促使东道国强化本国司法体制,管好本国领土内跨国公司侵害人权的行为;本条规定的战争罪、灭种罪、危害人类罪、法外处决等侵害人权行为,责任主体通常是国家、武装叛乱团体等,跨国公司在现实场景中不太可能犯下这些罪行,法律文书应集中精力处理最常见、最严重的跨国公司侵害人权行为,避免让商业卷入国际政治。

五、哪些国家有权管辖跨国公司侵害人权的案件?

修订案文第七条“司法管辖权”规定,侵害人权行为的发生地、受害人居所地和涉案公司住所地所在国均有权对跨国公司侵害人权的案件行使管辖权。当受害人居所地、涉案公司住所地并非侵害人权行为发生地时,基于受害人居所地、涉案公司住所地进行管辖属于域外管辖。此外,该条还规定,公司住所地不仅包括公司注册地,还包括公司的法定席位、管理中心和实质商业利益所在地。与会国家对该条引入域外管辖并建立宽泛的管辖权态度分化。一些国家支持该条,强调管辖权的行使必须有域外效力,以保障跨国公司及其供应链合作伙伴切实尊重人权。这些国家还建议增加解决管辖权冲突的相关规定,同时确保受害者有权选择管辖法院。但不少国家也指出,引入域外管辖将导致对整个供应链行使不合理的管辖权,侵害其他国家的司法主权。一些商业组织也认为,该条使跨国公司无法预测将被哪国法院管辖,也没有解决对以电子方式进行的跨国商业活动如何行使管辖权的问题。

我国主张,行使域外管辖权须十分谨慎,限定在国际法许可的范围内,以免侵犯他国主权。基于受害人住所地行使管辖权在国际实践中十分罕见,将公司法定席位、管理中心和实质商业利益所在地规定为公司住所地与普遍的国际实践也不一致,两者都是不合理的域外管辖,可能造成受害人任意挑选管辖法院。我国还强调,对一些国家国内法规定的"不方便法院"原则,不能轻易否定。

六、审理跨国公司侵害人权的案件应当适用哪国法律?

修订案文第九条"适用的法律"规定,审理跨国公司侵害人权的案件原则上适用法院地法,包括与冲突法有关的此类法律规则,但法院地国也可适用侵害人权行为发生地、受害人居所地和相关公司住所地法律。对该条,不少国家提出异议。一些国家认为,该条没有规定适用法律的优先顺序,在法律适用产生冲突的情况下无法提供解决方案。另一些国家指出该条未区分民事和刑事诉讼,强调只有民事诉讼才允许受害人选择适用法律,在刑事诉讼中则应尊重法院地国主权,限制选择适用法律。还有一些国家指出,允许法院地国适用受害人住所地法律,受害人完全可以通过变更住所地选择适用全球范围内任何国家的法律,以使自己在诉讼中处于有利地位,这将极大增加企业的合规成本。

我国指出,该条规定以适用法院地法为原则,具有积极意义,但其同时又规定可以适用法院地法中的冲突法,而根据冲突法规范进行的转致、反致的结果常常是适用法院地以外国家的法律,适用法院地法的原则因而很容易被规避。此外,我国还认为,该条关于适用受害人住所地法律的规定,造成了法律适用的不确定性,并可能违反刑法的"法无明文规定不为罪"原则和民法的"正当程序"原则。

联大通过决议授权谈判制定打击网络犯罪全球性公约

张路遥*

纽约当地时间12月27日下午，第74届联大以79票赞成、60票反对、33票弃权，通过中国、俄罗斯等47国共提的“打击为犯罪目的使用信息通信技术”决议，正式开启谈判制定打击网络犯罪全球性公约的进程。根据决议，联合国将设立一个代表所有区域的不限成员名额特设政府间专家委员会，拟定打击网络犯罪全球性公约。该专家委员会将于2020年8月在纽约召开组织会议，商定下一步工作计划，提交第75届联大审议。这标志着自互联网诞生以来，联合国将首次主持网络问题国际条约谈判。

中国、俄罗斯、印度、南非、尼日利亚、埃及、肯尼亚、泰国、越南、委内瑞拉、牙买加等众多发展中国家对决议投了赞成票。欧盟成员国、美国、澳大利亚、新西兰、加拿大、日本等发达国家投反对票。33国投弃权票。

网络信息技术的发展促进了经济腾飞和社会进步，但同时也带来了日益严重的网络犯罪问题。由于网络信息技术的特点，网络犯罪天然具有很强的跨国性，有效应对网络犯罪挑战离不开国际合作，一套能够有效协调各国立法和实践的统一规则至关重要。

* 现供职于外交部。

十几年来,国际社会在打击毒品、腐败等跨国犯罪方面制定了不少国际公约,如《联合国打击跨国有组织犯罪公约》《联合国反腐败公约》等,但在网络犯罪领域仅有几部区域性的多边条约,如欧洲委员会《布达佩斯公约》《阿拉伯国家联盟打击信息技术犯罪公约》《上海合作组织成员国保障国际信息安全政府间合作协定》《非洲联盟网络安全和个人数据保护公约》等。这些区域性条约在打击网络犯罪方面发挥了不同程度的作用,但关注点各有不同,内容差别较大,参与谈判的国家数量有限,不能真正为各国提供打击网络犯罪的全球性解决方案。

包括中国、俄罗斯、南非等在内的很多国家主张尽快在联合国框架下谈判制定全球性的打击网络犯罪公约。以美国、欧洲国家为主的部分《布达佩斯公约》缔约国主张将该公约作为"全球标准",反对制定全球性公约,导致联合国迟迟未能启动制订打击网络犯罪全球性法律文书的谈判。

上述决议成功通过,彰显了多边主义,维护了联合国在全球治理规则制定的主渠道地位,也反映了国际社会以更有力措施应对网络犯罪的共识和决心。未来各方共同谈判制定的公约将在网络犯罪定罪、管辖权、国际合作等方面进行有效协调,极大便利和推进打击网络犯罪的国际合作。

联合国气候变化马德里会议综述

尚宝玺*

12 月 2 日至 15 日,《联合国气候变化框架公约》第 25 次缔约方大会(COP25),《京都议定书》第 15 次缔约方大会(CMP15),《巴黎协定》第 2 次缔约方大会(CMA2),公约附属履行机构、附属科技咨询机构第 51 次会议在西班牙马德里举行(以上会议统称"联合国气候变化马德里会议")。智利任会议主席国。来自 196 个缔约方及 1176 家观察员组织、844 家媒体共 23,000 余人与会。中国派出由生态环境部副部长赵英民为团长、外交部气候变化谈判特别代表孙劲、生态环境部气候司司长李高为副团长的 70 多人政府代表团与会。

本次会议适逢公约生效 25 周年、《巴黎协定》即将于 2020 年正式实施的重要节点,对全球气候治理具有承上启下的重要意义。会议主要任务为对 2020 年前实施和力度情况进行盘点,并在 2018 年卡托维兹会议(COP24)达成《巴黎协定》实施细则基础上,推进实施细则遗留问题谈判,特别是完成《巴黎协定》第六条实施细则谈判。此外,各方还需根据授权,开展"华沙损失与损害国际机制"(WIM)审评,并就公约周期性评估、资金等问题做决定。

在美国坚持退出《巴黎协定》的背景下,会议最终达成了坚持多边主义、反映各国气候治理共识的"智利马德里行动时刻"决

* 现供职于外交部。

定，并就《联合国气候变化框架公约》《京都议定书》《巴黎协定》落实和治理等做出 30 余项决定。关于《巴黎协定》第六条实施细则谈判，因各方分歧严重，会议未能达成共识，留待明年继续讨论。关于 2020 年前实施和力度盘点，会议决定于 2020 年 COP26 召开有关 2020 年前实施和力度的圆桌会议，该会议报告将作为公约第二轮周期性审评的参考材料。关于 WIM 机制审评，会议要求 WIM 执行委员会建立关于缓发事件、非经济损失的专家组；视情况为发展中国家扩大应对损失与损害的资金、技术、能力建设支持；在执行委员会下建立"圣地亚哥网络"，加强对发展中国家应对损失与损害的技术支持。关于资金问题，会议重申了发达国家于 2020 年前每年为发展中国家动员 1000 亿美元气候资金的承诺，要求各方于 2020 年 4 月底前提交有关气候资金定义提案，决定于 2021 年开展对公约下资金常设委员会功能审评。

中国政府始终将应对气候变化作为可持续发展的内在要求和建设全球生态文明、构建人类命运共同体的责任担当，一直积极、建设性参与全球气候治理。中国代表团团长、生态环境部副部长赵英民在高级别发言中系统宣介中方对马德里会议立场，指出会议应坚定落实《巴黎协定》，共同维护多边主义，全力以赴完成《巴黎协定》实施细则遗留问题谈判、明确识别 2020 年前差距、切实增强实施手段。赵强调，中国是最大的发展中国家，发展不平衡、不充分问题突出，但仍采取了强有力的气候行动。中方将努力克服单边主义、保护主义带来的问题和困难，坚定不移实施积极应对气候变化国家战略，百分之百落实承诺。

会议期间，中国代表团全面深入参与会议各议题谈判，促成多个发展中国家集团联名向大会主席提交关于"2020 年前行动和力度盘点"提案，为发展中国家集体关切仗义执言，彰显我国在全球气候治理中的影响力和引导力。代表团始终与智利主席国、公约秘书处保持密切沟通，为会议在艰难局面下取得成果、平稳落幕持续贡献"中国智慧"。此外，代表团还与东道国西班牙、法国、意大利、挪威、丹麦、加拿大、巴西、阿联酋、伊朗等国代表团举行多场双边磋商,交流立场、共谋合作。

此外,中国代表团还按惯例在会场设立"中国角",举办了包括气候与适应、蓝色碳汇、地方气候行动、碳捕集与封存技术、核电发展等主题的边会近三十场,与各方广泛分享应对气候变化政策与行动的最新"中国故事",展现中国坚定不移推进全球生态文明建设的大国担当,吸引大量来宾参与。

联大“迈向《世界环境公约》”特设工作组进程

黄国璋*

2017年，法国提出倡议制订《世界环境公约》(以下简称《公约》)。在法国推动下，联大于2018年5月通过72/277号决议，要求联合国秘书长就国际环境法存在的不足提交报告，并成立特设工作组讨论解决方案。2018年9月到2019年5月，工作组召开一次组织会议和三次实质会议，就全球环境治理诸多根本性、基础性问题深入交换意见。但终因各方矛盾分歧巨大，仅提出加强全球环境治理、在2021年联合国环境大会制订一项高级别政治宣言的工作组建议。2019年8月，上述工作组建议经联大第73/333号决议通过。至此，历时两年多的特设工作组进程落下帷幕，法国未能实现其制订《公约》的最初设想。对这一进程进行回顾梳理，有助于了解目前各方在环境领域的利益诉求和相关规则制定的未来走向。

一、法方推动制订《公约》的努力

近年来，法国在环境领域态度积极，通过国内环境权入宪、主

---

* 现供职于外交部。

张设立联合国环境组织、推动达成《巴黎协定》、组织召开“一个星球”峰会等多渠道不断塑造环境治理引领者角色。此次法国推动制订具有法律约束力的《公约》体现了其在全球环境治理领域的最新“造法”努力。法国积极筹备,多措并举:

道义上,积极呼吁各方广泛参与。法国通过强调全球环境问题的严重性和紧迫性,借联合国秘书长报告指出当前全球环境治理不足,使各国聚焦采取行动。政治上,努力调动推动进程的多方力量。法国通过召开联大主题峰会、“之友小组”专家会议、任命于己亲近的联合主席及委托原法属殖民地国家代为发声等多管齐下,增加制订《公约》的政治动力。法律上,积极夯实不同法系的共识基础。法组织全球范围知名环境法专家学者共同参与制订《公约》草案,提升草案学术代表性和权威性,在学界讨论和工作组磋商进程中广泛引用既有公约、协定和宣言等文件表述,谋求各方对制订《公约》条文的法律共识。

二、各国立场差异分析

1. 美国环境治理立场倒退,对待新兴规则持设防态度。美国向来对制定有约束力的国际环境法文书持保守态度。自特朗普政府宣布退出《巴黎协定》以来,美国在全球环境治理领域立场更趋保守。对法国倡议制订新规则体系,美国政府全力反对,美国学界亦不认可。美国对联大授权成立特设工作组的决议投反对票,在磋商中强调制订《公约》超越授权,在制定工作组建议时反对召开联大高级别峰会,一直秉持消极的反对态度。

2. 俄罗斯对《公约》倡议缺乏信任,防范法国扩大影响力。俄认为制订《公约》是法国单方面关切,认为具有法律约束力的文书将形成新的机制体制,会削弱联合国环境署及联合国环境大会在全球环境治理中的地位和作用。同时,新文书可能进一步扩大发达国家发展优势,损害国家环境资源主权等。由此,俄罗斯在联大决议磋商和工作组磋商等进程中对法国的《公约》制订倡议持全面反对态度。

3. 欧盟内部存在分歧,难以全力支持配合法国。欧盟内部对制订新文书必要性、是否需要具有法律约束力、增设进程出资承诺等存在诸多分歧,难以有效协调对法国支持的统一立场。由此导致其谈判代表对外表态授权有限,无法全力推动进程前进。

4. 发展中国家首要关切是履约能力建设和支持,对制定统一文书意愿不足。广大发展中国家强调,其履行多边环境条约的资金、技术和能力缺乏,是当前国际环境法的最主要不足,国际社会特别是发达国家应加强对发展中国家履约手段的支持。发展中国家普遍对制订具有法律约束力的文书意愿不高,沙特、巴西、厄瓜多尔等对此坚决反对。

三、中国贡献

自法国推动倡议制订《公约》以来,中国本着参与全球治理和构建人类命运共同体的责任担当,积极参与相关进程。

2017 年 9 月,王毅国务委员兼外交部长在出席马克龙主持的联合国《世界环境公约》主题峰会期间表示,对于法方制订《公约》的倡议,中方表示欢迎和赞赏。王毅指出,在推进国际环境治理合作,包括讨论制订《公约》进程中,应统筹考虑各方利益,做到“四个坚持”:一是要坚持在可持续发展框架内讨论环境问题;二是要坚持“共同但有区别的责任”原则;三是要坚持环境资源国家主权原则;四是要坚持发展中国家的充分参与。

2018 年 1 月,法国总统马克龙访华,马克龙在与习近平主席会谈中提及倡议制订《公约》,两国共同发表的《中法联合声明》第 8 段规定“中法两国将就制订《公约》事保持建设性对话”。

2019 年 5 月的特设工作组收官会议中,我国代表团重申我国关于完善国际环境治理的总体立场和主张,在工作组相持不下阶段积极协调、贡献中国智慧和中国方案,为会议妥善达成建议草案、推动会议取得圆满成果做出了积极贡献,向国际社会展现了我国共谋全球生态文明建设和负责任大国的良好形象。

联合国国际法委员会第71届会议(2019年)综述

杨　熙　廖钢强　李久烨*

联合国国际法委员会第71届会议于2019年4月29日至6月7日和7月8日至8月9日在日内瓦分上下期举行。会议二读通过了“危害人类罪”条款草案并决定提交联大，一读通过了“一般国际法强制性规范(强行法)”“与武装冲突有关的环境保护”两个专题的研究成果，还讨论了“国家责任方面的国家继承”“国家官员的外国刑事管辖豁免”“一般法律原则”三个专题。

会议决定，新增“与国际法有关的海平面上升”专题并设立研究组，将“就严重违反国际人权法和国际人道法行为对个人的赔偿”和“防止和打击海盗和海上武装抢劫行为”两个专题纳入委员会长期工作计划，请各国就“条约的暂时适用”示范条款草案提交意见。下届会议将于2020年4月27日至6月5日、7月6日至8月7日在日内瓦举行。中国籍委员黄惠康大使全程出席了本届会议。各专题审议情况如下：

关于“危害人类罪”专题，特别报告员提交了第四次报告，主要针对各国及国际组织提出的意见进行反馈。各委员普遍认为报告资料详实丰富，总体给予较高评价。该草案已进入二读，委员们

* 作者均供职于外交部。

鲜有对条款草案提出实质性修改意见,仅就有关条款草案的措辞进行技术性修改,或针对各国政府及国际组织提出的意见进行分析和反馈。委员会最终于本届会议通过了二读,并提交联大。

关于"国家官员的外国刑事管辖豁免"专题,特别报告员提交了第七次报告,主要分析了与国家官员外国刑事管辖豁免有关的程序问题,并提出了考虑豁免、决定豁免、援引豁免、放弃豁免、法院地国与官员所属国之间的通知、信息交换、磋商和转移程序、对有关官员个人权利等方面的保障条款草案。上述条款草案均被提交至起草委进行讨论,但由于委员们对程序保障条款的内容和框架未能达成一致,仅通过一条条款草案(即条款草案8"前条"),规定有关程序保障条款将适用于所有情形下的官员豁免问题,其余问题将留待下届会议继续讨论。

关于"一般国际法强制性规范(强行法)"专题,特别报告员提交了第四份报告,仅涉及区域强行法及拟定说明性清单两个问题。特别报告员认为,并无国家实践证明目前存在区域强行法,国际法不承认区域强行法的概念,因此不就本问题提出结论草案。特别报告员建议,委员会编制一份关于强行法规则的说明性清单。本届会议通过了本专题的一读,共23条结论草案及评注,包括列明了一项非穷尽性清单,将禁止侵略、禁止灭绝种族、禁止危害人类罪、国际人道法基本规则、禁止种族歧视和种族隔离、禁止奴役、禁止酷刑以及自决权列为强行法。

关于"与武装冲突有关的环境保护"专题,特别报告员提交了第二份报告(总第五次报告),主要讨论了武装冲突中的自然资源保护、非国家行为体的责任和义务、国家责任和赔偿责任等前几次报告的遗留问题,并提出了7条原则草案,分别为:原则草案6之二(公司应尽职责)、原则草案8之二("马尔顿斯条款")、原则草案13之二(改变环境的技术)、原则草案13之三(掠夺)、原则草案13之四(责任 responsibility 与赔偿责任 liability)、原则草案13之五(企业责任)、原则草案14之二(人员流离失所)。本届会议一读通过了共28条原则草案及评注。

关于“国家责任方面的国家继承”专题，特别报告员提交了第三次报告，主要讨论被继承国遭受国际不法行为侵害造成的损害赔偿问题，并提出第12~15条条款草案，涉及外交保护、继承国的损害赔偿责任等。截至本届会议结束，起草委员会暂时通过了第7、8、9条3条条款草案，余下条款草案将在下一届会议继续讨论。多数委员认为，目前在国家责任继承领域的国家实践和国际司法判例都相当匮乏，即便有限的国家实践也是情况各异，各有其政治历史背景及特殊性，且内容敏感，这为委员会开展本专题的工作带来了很大困难，建议委员会应认真考虑修改本专题的最终成果形式，如指南草案、结论草案、示范条款等。

关于“一般法律原则”专题，特别报告员提交了首次报告，主要分析了本专题的范围、研究方法、“一般法律原则”的发展历史以及要素和来源，并提出3条结论草案。特别报告员强调，第一次报告仅是介绍性的和初步性的，希望听取委员会的讨论。委员们普遍认为，应以《国际法院规约》第38(1)(c)条为研究起点，同时采取审慎和严谨的研究方法；深入研究“一般法律原则”与其他渊源的关系，特别是与习惯国际法的关系；认真研究一般法律原则的构成要素，将“承认”作为研究重点；厘清一般法律原则的来源等。特别报告员表示下一份报告将聚焦于一般法律原则的功能，以及与其他国际法渊源的关系问题，并希望在委员会五年期结束前完成一读。

“大变局下的国际法:发展中国家的作用”研讨会综述

邵 妩*

2019年7月29日,“大变局下的国际法:发展中国家的作用”国际研讨会在北京举行。国务委员兼外交部长王毅向研讨会致贺信。外交部副部长罗照辉出席会议开幕式,宣读王毅的贺信并讲话。开幕式由条法司司长贾桂德主持。

罗照辉表示,王毅国务委员兼外交部长的贺信阐明了这次研讨会的重要意义,为接下来的讨论提供了重要指导。当今世界充满希望,也面临严峻挑战。个别国家无视国际法和国际关系准则,奉行单边主义和保护主义,搞霸凌、干涉和单边制裁,到处挑起贸易战,给世界带来了不安和动荡。世界的种种乱象,决不意味着国际法过时了、没用了,反而再次提醒我们遵守国际法的重要性。定规则、守规则是各国正确的相处之道,搞霸凌、行强权注定没有出路。维护以联合国为核心、以国际法为基础的国际体系,摒弃“强者为所欲为、弱者逆来顺受”的旧思维,是世界从历史中得来的重要经验,符合各国人民的意愿,也是人类进步的必由之路。

罗照辉说,新中国成立70年来一直是国际法的坚定维护者和建设者。习近平主席提出了构建人类命运共同体的重要思想,倡

---

* 现供职于外交部。

导各国共同努力,建设持久和平、普遍安全、共同繁荣、开放包容、清洁美丽的世界。要实现这些美好愿景,维护国际法、按国际法办事是应有之义和重要途径。推动构建人类命运共同体已经被载入中国宪法,代表着中国坚定走和平发展道路、坚定维护国际法的庄严承诺。

罗照辉回顾了发展中国家团结合作,为丰富国际法原则、促进海洋、环境和人权等领域国际法发展作出的历史性贡献,指出如果霸权和强权再度盛行,世界重新陷入混乱,没有任何国家能够独善其身,发展中国家更容易首当其冲成为受害者。发展中国家占联合国会员国总数的2/3,经济总量在全球经济总量中占比达到40%,有更大力量、更大责任共同坚持正义、维护规则。

罗照辉表示,中国作为发展中国家的一员,愿与其他发展中国家密切合作,维护以联合国为核心、以国际法为基础的国际体系,把世界带向更加光明的未来。首先是在国际规则制定中坚持多边主义。提升发展中国家的代表性和发言权,使国际立法平衡、包容地反映最广泛的主张和利益,得到最广泛的拥护和遵守。其次是推动国际法得到切实遵守。维护《联合国宪章》确立的基本原则,维护以世贸组织为核心、以规则为基础的多边贸易体系,善意履行国际义务,反对双重标准,合则用、不合则弃。最后是坚守国际法维护公平正义、促进和平发展合作的核心价值。反对歪曲和滥用国际法,反对借国际法之名行霸权强权之实,更要反对打着国际法的旗号调词架讼,挑动加剧分歧和冲突。

王毅的贺信引起热烈反响。与会多国专家表示,贺信传递了中国坚持多边主义、维护国际公平正义的鲜明立场。在中国国际地位和影响力不断提升、国际秩序经历深刻调整的背景下,中国旗帜鲜明地坚持国际法,使发展中国家备受鼓舞,对世界未来走向具有重要意义。罗照辉副部长在讲话中倡导维护以联合国为核心、以国际法为基础的国际秩序,提出具体合作倡议,对当前发展中国家共同应对单边主义、霸权主义挑战具有很强的现实针对性。

研讨会由外交部和中国国际法学会共同举办。国际法院院长优素福出席会议并作主旨讲话。来自80多个国家的法律官员和驻华使馆代表,联合国、国际海洋法法庭、国际红十字会、亚洲—非洲法律协商组织等国际组织代表和国内外专家300多人与会,深入研讨当前国际秩序和国际法面临的挑战,以及发展中国家在维护国际法、塑造国际秩序方面的作用。

澳门回归20周年对外法律事务研讨会

杨承甫*

2019年11月12日，由外交部与澳门特区政府主办，外交部驻澳门特派员公署协办的“澳门回归20周年对外法律事务研讨会”在澳门特区举行。研讨会全面梳理总结澳门回归20年来在对外法律事务领域落实“一国两制”和基本法的成功经验和做法，并对未来工作进行谋划和展望，是澳门特区庆祝回归20周年系列活动之一。时任澳门特区行政长官崔世安、外交部驻澳门公署特派员沈蓓莉在开幕式致辞，全国政协副主席何厚铧，全国人大常委会澳门基本法委、法工委，国务院港澳办，中央政府驻香港、澳门联络办公室，驻香港、澳门公署，香港、澳门特区政府等单位代表，内地和港澳特区知名专家学者共计400余人与会。

崔世安表示，回归祖国20年来，特区政府与中央政府一直保持密切沟通与配合，严格按照《宪法》和《基本法》处理各类对外法律事务。在中央政府的大力支持和协助下，澳门对外交往的领域明显拓展，参与国际事务的水平显著提升，国际知名度和影响力大幅增加。

沈蓓莉充分肯定回归以来澳门对外法律事务在维护国家主

* 现供职于外交部。

权、安全和发展利益,保持特区长期繁荣稳定方面所作贡献,并从依法办事、健全机制、服务发展、开拓创新等角度,就做好下阶段澳门对外法律工作提出建议。沈蓓莉表示,外交部将更加积极发挥外交资源优势,为特区长期繁荣稳定营造良好外部环境,助力特区在中国特色大国外交中发挥更大作用。

外交部条法司司长贾桂德在研讨会上作了《积极支持特区构建国际法律合作网络,推动“一国两制”伟大事业行稳致远》的主题报告,回顾总结了中央政府指导协助澳门特区构建国际法律合作网络的实践,并表示上述成功实践主要得益于全面准确贯彻“一国两制”和《基本法》、紧密贴合澳门特区需求、不断推动体制机制创新。中央政府将继续大力支持澳门对外交往,防范外部风险与干扰,创新完善与《基本法》实施相配套的机制体制。

研讨会还就“‘一国两制’在国际法层面的成功实践”“‘一国两制’对国际法实践的新发展”“发挥特区优势助力国家发展”三个专题进行讨论,与会代表畅所欲言,积极建言献策,会议气氛热烈友好。

第一期“一带一路”法治合作研修项目

黄　晨*

2019年10月14日至25日，由外交部主办、外交学院承办的第一期“一带一路”法治合作研修项目在京成功举办，外交部罗照辉副部长出席研修项目开幕式并致辞，外交部条法司司长贾桂德主持开幕式。来自巴基斯坦、埃及、土耳其、塞尔维亚等20余国负责“一带一路”法律事务的司处级官员参加研修项目。

本期研修项目系王毅国务委员兼外交部长于2018年7月在“一带一路”法治合作国际论坛上首倡提出，并被纳入第二届“一带一路”国际合作高峰论坛成果清单。研修项目是首个聚焦“一带一路”法治合作的援外培训项目，是宣传习近平外交思想和“一带一路”建设法治合作理念、提升我国与共建“一带一路”国家法治交流合作水平的旗舰项目。

课程方面，贾桂德司长以“新中国成立70年来中国的国际法实践和贡献”为题作开班第一课。孙劲参赞与学员就“一带一路”法治合作开展专题研讨交流。研修项目还邀请国内顶尖专家学者，讲授中国司法制度、“一带一路”倡议及新发展、中国参加世贸组织实践、和平解决国际争端和中国实践、中国双边投资协定等课

* 现供职于外交部。

程,积极传递国际法治的中国声音。授课之外,学员还参访了古代丝绸之路的起点西安、最高人民法院及华为公司等。通过上述活动,学员对中国法律制度与实践、中国对国际法问题的观点和看法、中国的历史文化、“一带一路”的意义和重要作用等有了深入了解。

第二届"一带一路"国际合作高峰论坛廉洁丝绸之路分论坛

黄　晨*

2019年4月25日,第二届"一带一路"国际合作高峰论坛廉洁丝绸之路分论坛在京举办。中央纪委副书记、国家监委副主任李书磊作主旨演讲,时任外交部副部长孔铉佑、联合国副秘书长苏亚雷斯等出席并致辞,来自30多个国家和国际组织的150余名官员及专家学者与会。

分论坛深入研讨共建"一带一路"过程中企业合规经营、政府廉洁自律、加强国际反腐败和法治合作等重要议题,发表成果文件《廉洁丝绸之路北京倡议》,就共建廉洁丝绸之路达成广泛共识。本次分论坛由中央纪委国家监委主办,外交部协办。

孔铉佑在发言中指出:"一带一路"是"廉洁之路",也是"法治之路",在建设"法治之路"过程中,中方坚持尊重各国主权、坚持遵守国际规则、坚持互学互鉴。参加分论坛的国际专家也热议"一带一路"法治合作。联合国副秘书长苏亚雷斯表示,中国共产党和中国政府高度重视法治建设,联合国愿与中方在"一带一路"框架下深化法治合作。亚非法律协商组织秘书长加斯顿表示,"廉洁丝绸之路"建立在遵守国际公约的基础上,必将获得成功。

---

* 现供职于外交部。

国际法院2019年司法工作新进展

王 佳*

2019年,国际法院开展了大量的工作,其新进展主要包括:第一,作出3项判决:就"某些伊朗资产案"(伊朗诉美国)中被告国提出的初步反对意见作出的判决;就"贾达夫案"(印度诉巴基斯坦)的实体问题作出的判决;就"《制止向恐怖主义提供资助的国际公约》和《消除一切形式种族歧视国际公约》的适用案"(乌克兰诉俄罗斯)中被告国提出的初步反对意见作出的判决。第二,作出1项咨询意见:1965年查戈斯群岛从毛里求斯分裂的法律后果的咨询意见。第三,发布13项命令,这些命令除涉及设定或延长时限等程序问题外,其中一项驳回了阿拉伯联合酋长国在"《消除一切形式种族歧视国际公约》的适用案"(卡塔尔诉阿拉伯联合酋长国)中提出的关于指示采取临时措施的请求。本文将对国际法院在2019年所作出的判决、咨询意见及临时措施命令进行介绍。

一、某些伊朗资产案的初步反对意见判决①

某些伊朗资产案是伊朗与美国之间围绕两国间缔结的《友好、经济关系和领事权利条约》(Treaty of Amity, Economic Relations,

---

* 外交学院国际法系副教授。

① 如无特别注释,本部分资料来源皆为:Certain Iranian Assets (Islamic Republic of Iran v. United States of America), Preliminary Objections, I. C. J. Judgment of 13 Feb. 2019.

and Consular Rights,以下简称《友好条约》)在国际法院进行的五起案件中的一起。①

本案主要涉及美国对伊朗财产的制裁措施。2016 年 6 月 14 日,伊朗向国际法院提交请求书,对美国提起诉讼,伊朗指出,"美国所采取的一系列措施,违反了 1955 年 8 月 15 日在德黑兰签署的《友好条约》……已经或正在对伊朗和伊朗公司(包括伊朗国有公司)行使其权利而控制并享有其包括在伊朗境外/美国境内财产的能力产生严重不利影响"。②

2019 年 2 月 13 日,国际法院就美国提出的初步反对意见作出判决,判定其对伊朗提出的部分请求具有管辖权,且伊朗的请求具有可受理性。下文将对法院判决内容进行介绍。

(一)事实背景

美国和伊朗于 1955 年缔结《友好条约》以维持两国间"牢固、持久的和平和诚挚的友谊"③。然而随着伊朗革命的爆发和对美国驻伊朗大使馆的侵占,伊朗与美国于 1980 年断绝外交关系。1984 年,美国将伊朗指定为"支持恐怖主义的国家"(State sponsor of terrorism),并通过 1996 年修改《外国主权豁免法》(Foreign Sovereign Immunities Act)取消了在特定案件中"支持恐怖主义的国家"在其法院所享有的豁免。此后,伊朗便在美国法院被频繁起诉,伊朗则拒绝出庭,且美国法院作出的缺席判决无法执行。然而,美国随后通过了一系列措施以使缺席判决能被执行,其中包括

① 其余的四起案件为在德黑兰的美国外交和领事人员案(United States Diplomatic and Consular Staff in Tehran)、1988 年 7 月 3 日空难案(Aerial Incident of 3 July 1988)、石油平台案(Oil Platforms)和关于违反《友好、经济关系和领事权利条约》的指控案(Alleged Violations of the Treaty of Amity, Economic Relations, and Consular Rights)。

② 《国际法院的报告(2018 年 8 月 1 日至 2019 年 7 月 31 日)》,大会正式记录,第七十四届会议,补编第 4 号,A/74/4,第 32 页,第 166 段。

③ United States of America and Iran Treaty of Amity, Economic Relations, and Consular Rights(the United Nations, Treaty Series, Vol. 284, pp. 93 – 137.), art 1.

于2012年通过第13599号行政命令,冻结了伊朗政府(包括伊朗中央银行和由伊朗所有或控制的所有金融机构)在美国的财产,及由美国人(包括其国外分支)所拥有或控制的任何上述财产。受上述措施影响,伊朗政府及国有实体所有的财产在美国面临极大风险。由此,伊朗针对美国提起了诉讼。

(二)管辖权

伊朗援引《友好条约》第21条第2款作为法院管辖权的依据,该条款规定,“缔约国间关于本条约的解释或适用的任何争议如不能通过外交途径予以解决,则应提交国际法院,除非缔约国商定其他和平方式”。美国认为本案的争议不属于“本条约的解释或适用”的争议,并由此对法院的管辖权提出3项初步反对意见。

1. 初步反对意见一

美国对法院管辖权提出的第一项初步反对意见的内容是:请求法院驳回关于美国采取的封锁伊朗政府或伊朗金融机构的财产和财产利益的措施违反了《友好条约》任何条款的所有主张,判定这些主张不属于法院管辖权的范围。美国的依据在于《友好条约》第20条第1款第3、4项,第3项规定条约不排除规制武器、弹药和战争工具的生产和运输的措施,第4项规定条约不排除为维持或恢复国际和平与安全或为保障重要安全利益而采取的必要措施。

法院指出其在此前的案件中已经认定《友好条约》第20条第1款第4项不构成对其管辖权的限制,而只能作为实体问题的辩护理由,且这样的解释同样适用于第3项。因此,法院驳回了第一项初步反对意见。

2. 初步反对意见二

美国对法院管辖权提出的第二项初步反对意见的内容是:请求法院驳回根据《友好条约》任何条款提出的、以声称美国未能给予伊朗政府、伊朗中央银行或伊朗国有实体(定义见13599号行政命令和执行 13599 号行政命令的管理规定)免受管辖和强制执行的主权豁免权为基础的所有主张,判定这些主张不属于法院管辖权的范围。美国认为《友好条约》没有赋予缔约国或其国家实体以任何豁免。

法院依次分析了伊朗所援引的《友好条约》5 项条款,即第 4 条第 2 款、第 11 条第 4 款、第 3 条第 2 款、第 4 条第 1 款和第 10 条第 1 款。法院的结论是上述条款并不包含伊朗所称的美国应尊重伊朗政府及特定实体的豁免的义务。另外,对于伊朗所提出的美国违反习惯国际法中的主权豁免问题,法院认为与《友好条约》的解释或适用无关,因而不属于条约第 21 条第 2 款的管辖权范围。所以,法院认为其对于伊朗所指控的主权豁免的违反问题无管辖权,支持了美国所提出的第二项初步反对意见。

3. 初步反对意见三

美国对法院管辖权提出的第三项初步反对意见的内容是:驳回以给予伊朗政府或伊朗中央银行的待遇为基础、声称违反《友好条约》第 3、4 条或第 5 条的所有主张,判定这些主张不属于法院管辖权的范围。

法院指出《友好条约》第 3、4、5 条是为缔约国的公司保障特定权利和提供保护,因而问题在于伊朗中央银行是否属于条约所规定的公司。条约第 3 条规定公司(companies)包括 corporations、partnerships、companies,以及其他联合体,不论是不是有限责任或是否为了金钱利益,且未区分私人企业和国家企业。但是法院认为这一定义必须结合上下文和条约的宗旨与目的来解释。法院指出,条约的宗旨和目的是保护参与商业活动的公司,因而完全从事主权活动的实体不能被认定为条约所界定的公司,但既从事商业活动又从事主权活动的实体应被认定为公司,即使商业活动不构成该实体的主要活动。

因此,法院认为其必须检视当美国采取措施时,伊朗中央银行在美国领土上从事活动的性质,而法院却发现其没有充分的事实证据去确认伊朗中央银行的活动性质,鉴于这一问题主要属于事实性质且与案件实体紧密相关。法院认为其只有在双方就实体问题进行论证后才能确定就第三项初步反对意见的管辖权。因此,法院认定第三项初步反对意见不完全具有初步性质。

(三)可受理性

美国对案件的可受理性提出了两项反对意见,分别基于滥用程序(abuse of process)和"不干净的手"(unclean hands)。关于滥用程序,美国称伊朗并不是为了维护条约所保护的利益,而是要让法院卷入更大的战略意义的争议,而且也颠覆了条约的目的。法院指出,只有在极特殊且存在充分证据的情况下,其才会根据滥用程序驳回具有牢固管辖权基础的案件。《友好条约》在伊朗递交请求书时仍为有效,且其条款为法院提供了管辖权基础。① 在此情况下,法院认为本案不存在特殊情况以使其作出驳回请求的决定。因此,法院驳回了这项反对意见。

关于"不干净的手",美国指称伊朗资助和支持恐怖主义,还实施了其他颠覆性行动。但是,法院指出美国并未证明伊朗违反了《友好条约》,而且即使伊朗的行为是应该指责的,也不足以令法院根据"不干净的手"理论支持美国对可受理性提出的反对意见。因此,法院也驳回了这项反对意见。

(四)执行部分

法院判决的执行部分内容如下:

1. 一致驳回美国对管辖权提出的第一项初步反对意见;

2. 以 11 票对 4 票,支持美国对管辖权提出的第二项初步反对意见;

① 在国际法院于 2018 年 10 月 3 日发布对违反 1955 年《友好、经济关系和领事权利条约》的指控案的临时措施后,美国于次日宣布终止该条约。

3. 以 11 票对 4 票，宣布美国对管辖权提出的第三项初步反对意见在本案的情况下并不完全具备初步性质；

4. 一致驳回美国对可受理性提出的初步反对意见；

5. 一致认定在符合本执行部分第 2 和 3 点的情况下，法院有管辖权，可对伊朗提交的请求书作出裁决，并且该请求书是可受理的。

二、贾达夫案的实体判决[①]

2017 年 5 月 8 日，印度提交了请求书，对巴基斯坦提起诉讼，称巴基斯坦在拘留和审判一名印度国民——库布胡山·苏迪尔·贾达夫(Kulbhushan Sudhir Jadhav)先生一事上“严重违反了 1963 年《维也纳领事关系公约》”，贾达夫先生被巴基斯坦一个军事法庭判处死刑。[②] 印度同时还提出关于指示采取临时措施的请求。法院于 2017 年 5 月 18 日发布命令，决定指示采取临时措施，要求巴基斯坦确保在本诉讼终局判决作出之前不处决贾达夫先生。2019 年 7 月 17 日，法院对本案实体问题作出判决。

(一) 事实背景

贾达夫系印度国民，自 2016 年 3 月 3 日起被囚禁于巴基斯坦监狱。有关贾达夫如何被逮捕一事，双方存有争议。2017 年 3 月 21 日，巴基斯坦以普通照会通知印度，将根据印度方面对巴基斯坦在调查程序中提出的协助请求所作反应来考虑对贾达夫的领事探视。2017 年 4 月 10 日，巴基斯坦军事法庭判决贾达夫死刑，称其从事了间谍、蓄意破坏和恐怖主义行为。印度认为军事法庭作出的判决违反国际法和《维也纳领事关系公约》(以下简称《公约》)的规定，因为该判决公然无视《公约》第 36 条，特别是该条第

---

① 如无特别注释，本部分资料来源皆为：Jadhav (India v. Pakistan), Merits, I. C. J. Judgment of 7 Jul. 2019.

② 《国际法院的报告(2018 年 8 月 1 日至 2019 年 7 月 31 日)》，第 39 页，第 192 段。

1 款第 2 项规定的权利,并且无视被告还可以根据 1966 年《公民权利和政治权利国际公约》第 14 条的规定享有的基本人权。

(二)管辖权

印度指出,国际法院对本案的管辖权基础在于《国际法院规约》第 36 条第 1 款的规定,即根据《〈维也纳领事关系公约〉关于强制解决争端之任择议定书》的协定管辖权。印度和巴基斯坦都是议定书的缔约国,议定书第 1 条规定,有关《公约》的解释和适用的争端应属国际法院的强制管辖范围,因而作为争议一方的本议定书的缔约方可向法院提起诉讼。

法院认为本案的争端是与贾达夫先生的逮捕、拘留、审判和判刑有关的领事协助问题,且指出巴基斯坦未否认争议属公约的解释和适用问题。因而,法院认定其有权根据议定书第 1 条审理印度有关违反《公约》的指控。

(三)可受理性

巴基斯坦对印度的请求书的可受理性提出了三项反对意见,分别基于滥用程序、滥用权利和不法行为。

1. 滥用程序

巴基斯坦指出印度滥用法院的程序,其依据主要有两点:第一,印度在请求法院指示临时措施时,未告知法院还存在根据宪法提起宽大请愿(clemency petition)的权利;第二,印度在提起诉讼前未考虑议定书第 2 条和第 3 条所规定的其他争议解决机制。

法院指出其在指示临时措施时考虑到了贾达夫先生上诉或者获得救济的可能性,包括宽大情愿,但是在死刑执行前,上述救济具有不确定性;而且法院认为议定书未对国际法院管辖权的行使设定前置程序。因此,法院驳回了巴基斯坦的第一项反对意见。

2. 滥用权利

巴基斯坦指出印度滥用国际法上的权利,其依据主要有三点:

第一,印度拒绝提供有关贾达夫印度国民身份的证据;第二,印度拒绝巴基斯坦提出的针对贾达夫刑事调查的合作请求;第三,印度授权贾达夫以化名真护照进入巴基斯坦以从事间谍和恐怖主义活动。巴基斯坦多次援引联合国安全理事会第 1373 号决议所规定的反恐义务以支撑其观点。

法院指出,其在豁免和刑事程序案(赤道几内亚诉法国)的初步反对意见判决中判定当权利的确定属实体问题时,滥用权利不能被作为不可受理的理由。法院认为,根据当前的证据贾达夫的印度国民身份是无疑的。另外,巴基斯坦似乎意在表明印度由于违反了国际法上的义务而不能请求对贾达夫先生进行领事协助,法院认为这属于实体问题。因此,法院驳回了巴基斯坦的第二项反对意见,将巴基斯坦的第二项和第三项依据留待实体问题部分解决。

3. 不法行为

巴基斯坦指出由于印度从事了不法行为,法院应驳回印度的请求书。其依据在于"干净的手"理论和"违背道德之对价不生诉权"(ex turpi causa non oritur actio)和"不法行为不产生权利"(ex injuria jus non oritur)的原则。巴基斯坦特别指出印度不回应其对贾达夫先生调查的协助请求,为贾达夫提供化名真护照,以及对贾达夫在巴基斯坦的间谍和恐怖主义活动负责等。

法院认为基于仅靠"干净的手"理论的意见不能使一项具有牢固管辖权基础的请求具有不可受理性。而对于"违背道德之对价不生诉权"的原则,法院认为巴基斯坦没能解释印度被指控的任何不法行为能够阻止巴基斯坦承担对贾达夫先生提供领事协助的义务。法院认为这一观点也适用于"不法行为不产生权利"的原则。因而,法院驳回了巴基斯坦的第三项反对意见。

(四)所指控的对《维也纳领事关系公约》的违反

1.《公约》第 36 条的可适用性

法院指出,巴基斯坦对有关《公约》的适用的辩护主要集中在三个方面:第一,巴基斯坦称《公约》第36条不适用于初步认定的间谍案;第二,巴基斯坦称由习惯国际法调整领事关系中有关间谍的案件,并且许可国家对《公约》第36条所规定的领事协助条款创造例外;第三,巴基斯坦称由两国于2008年缔结的《领事探视协议》调整本案中领事探视问题,而非由公约调整。

对于第一个方面,法院以条约解释的方法对《公约》第36条及《公约》的宗旨和目的进行解释后作出结论称,第36条未排除特定种类的人,如被控以间谍罪的人;对于第二个方面,法院指出《公约》序言称“习惯国际法的规则继续调整本公约条款所未明确规定的问题”,由于《公约》第36条明确规定了领事协助,法院认为是《公约》而非习惯国际法调整两国间有关领事协助的关系;对于第三个方面,法院分析了《领事探视协议》的相关条款以及公约第73条第2款,结论是协议是旨在“确认、补充、延伸和阐发”《公约》的嗣后协议,因而协议的规定不能看作是取代了《公约》第36条的义务。因此,法院作出结论认定《公约》适用于本案,尽管贾达夫先生被控参与了间谍活动。

2. 所指控的对《公约》第36条的违反

印度指称巴基斯坦因下述行为违反了《公约》第36条:(1)未通知贾达夫先生其根据36条所享有的权利;(2)未从速通知印度其逮捕了贾达夫先生;(3)拒绝印度的领事官员探视贾达夫先生。

对于第(1)项,法院指出《公约》第36条第1款第2项规定接受国的有权机关必须在外国人被逮捕的情况下通知其所享有的权利。法院注意到巴基斯坦未否认其未通知贾达夫权利的事实,只是坚持《公约》不适用于涉嫌间谍罪的个人。因此,法院认定巴基斯坦由于未通知贾达夫其享有的权利而违反了公约的义务。

对于第(2)项,法院指出《公约》第36条第1款第1项规定当派遣国国民被逮捕或拘留,如其要求,接受国的有权机关应该从速通知派遣国的领事机关。因此,法院认为其需要确定的是:第一,贾达夫是否提出要求;第二,巴基斯坦是否通知了印度领事机关;

第三,巴基斯坦是否从速通知。对于第一个问题,法院认为第36条第1款第1项的“如其要求”应结合第2项的当事人的权利来解释。鉴于法院已认定了巴基斯坦未通知贾达夫其享有的权利,则巴基斯坦有义务直接通知印度领事机关。对于第二个问题,法院认定巴基斯坦在2016年3月25日通知了印度贾达夫被逮捕和拘留的情况,符合《公约》第36条第1款第2项的规定。对于第三个问题,法院认为巴基斯坦的通知距贾达夫的被逮捕有约三周,违反了从速通知义务。

对于第(3)项,法院认为巴基斯坦未许可印度领事官员探视贾达夫的事实没有疑问,至于印度拒绝在调查中与巴基斯坦合作以及巴基斯坦允许贾达夫聘请律师的情况都不能排除巴基斯坦安排领事会见的义务。

因此,法院作出结论,认为巴基斯坦因拒绝印度领事官员会见贾达夫违反了《公约》第36条的义务。

3. 滥用权利

巴基斯坦指出,印度因违反了国际法的义务而不能对贾达夫进行领事协助。法院认为,《公约》并未将第36条的义务履行建立在其他国家遵守国际法义务的基础上,否则领事协助的整个体系将严重受损。因此,巴基斯坦有关滥用权利的指控不能使其违反《公约》第36条的行为合法。

(五)救济

印度请求法院裁定并宣告,巴基斯坦的行为严重违反了《公约》第36条;并宣布巴基斯坦军事法庭作出的判决违反国际法和《公约》的规定,印度有权要求恢复原状;宣布军事法庭的判决无效,阻止巴基斯坦以任何方式执行判决或定罪;指示巴基斯坦立即释放印度国民贾达夫,并为他安全前往印度提供便利;或者,如果法院裁定不释放贾达夫,那么宣布军事法庭的判决无效,并阻止巴基斯坦执行军事法庭的判决;或者还可以指示该国采取巴基斯坦法律规定其可采用的步骤,宣布军事法庭的裁判无效;无论哪种情况,指示根据普通法在民事法庭进行审判,给予领事完全探视权,并给予印度为其代聘法律代表的权利。

法院指出,巴基斯坦由于未通知贾达夫其公约权利、未从速通知印度逮捕和拘留贾达夫,以及拒绝领事探视违反了公约义务,且未通知贾达夫和拒绝领事探视属于具有持续性的国际不法行为。因此,法院认为巴基斯坦有义务停止上述行为,并按照《公约》第36条履行义务。对于印度提出的其他救济请求,法院认为其管辖权限制在《公约》的解释和适用方面,不能延伸至印度基于其他国际法规则的诉求。

法院认为,对于本案而言,合适的救济途径是未贾达夫的定罪和判刑提供有效的审查和复议。审查和复议时,必须确保考虑到《公约》被违反而产生的影响。法院还指出,审查和复议可通过多种途径进行,而选择权在于巴基斯坦。

(六)执行部分

法院判决的执行部分内容如下:

1. 一致裁定根据1963年4月24日《〈维也纳领事关系公约〉关于强制解决争端之任择议定书》第1条,法院有管辖权,可以受理印度于2017年5月8日提出的请求书;

2. 以15票对1票,驳回巴基斯坦对印度请求书可受理性的反对意见,裁定印度的请求书可受理;

3. 以15票对1票,裁定巴基斯坦未从速向库布胡山·苏迪尔·贾达夫先生说明其根据《公约》第36条第1款第2项享有的权利,违反了巴基斯坦依该条款应负的义务;

4. 以15票对1票,裁定巴基斯坦没有及时通知印度驻巴基斯坦的适当领馆库布胡山·苏迪尔·贾达夫先生被拘禁一事,剥夺了印度向有关个人提供《公约》规定的援助的权利,从而违反了巴基斯坦根据公约第36条第1款第2项应负的义务;

5. 以 15 票对 1 票，裁定巴基斯坦剥夺了印度与库布胡山·苏迪尔·贾达夫先生沟通和接触的权利，剥夺了该国在贾达夫先生被拘禁期间看望他并为他代聘法律代表的权利，从而违反了巴基斯坦根据《公约》第 36 条第 1 款第 1 项和第 3 项应负的义务；

6. 以 15 票对 1 票，裁定巴基斯坦有义务从速告知库布胡山·苏迪尔·贾达夫先生他的权利，并根据《公约》第 36 条向印度领事官员提供与贾达夫先生接触的机会；

7. 以 15 票对 1 票，裁定本案的适当赔偿是，巴基斯坦履行义务，以自选方式对库布胡山·苏迪尔·贾达夫先生的定罪和判决进行有效审查和复议，确保充分考虑到违反《公约》第 36 条规定的权利的影响，同时考虑到本判决第 139、145 和 146 段；

8. 以 15 对 1 票，宣布继续延缓执行是对库布胡山·苏迪尔·贾达夫先生的定罪和判决进行有效审查和复议必不可少的条件。

三、《制止向恐怖主义提供资助的国际公约》和《消除一切形式种族歧视国际公约》的适用案的初步反对意见判决①

2017 年 1 月 16 日，乌克兰提交请求书，起诉俄罗斯联邦，指控后者违反 1999 年 12 月 9 日《制止向恐怖主义提供资助的国际公约》和 1965 年 12 月 21 日《消除一切形式种族歧视国际公约》。乌克兰同时还提交了指示临时措施的请求。

乌克兰特别声称，自 2014 年以来，俄罗斯联邦"在乌克兰进行军事干预，资助恐怖主义行为，侵犯了数百万乌克兰公民的人权，包括侵犯了太多乌克兰人的生命权"。乌克兰认为，俄罗斯联邦的

---

① 如无特别注释，本部分资料来源皆为：Application of the International Convention for the Suppression of the Financing of Terrorism and of the International Convention on the Elimination of All Forms of Racial Discrimination (Ukraine v. Russian Federation), Preliminary Objections, I. C. J. Judgment of 8 Nov. 2019.

行动无视国际法的基本原则,包括《制止向恐怖主义提供资助的国际公约》奉行的原则。

乌克兰在其请求书中进一步称,“在克里米亚自治共和国和塞瓦斯托波尔市,俄罗斯联邦公然蔑视《联合国宪章》,用军事力量夺取了乌克兰主权领土的一部分”。乌克兰声称,“俄罗斯联邦试图使其侵略行为合法化,精心设计了一次非法的‘全民投票’,并在暴力和恐吓非俄罗斯族裔群体的氛围中仓促实施”。乌克兰 认为,这场“始于入侵和全民投票并一直持续至今的蓄意文化清除运动,违反了《消除一切形式种族歧视国际公约》”。①

2017 年 4 月 19 日,法院就指示采取临时措施的请求发布命令,关于克里米亚情势,要求俄罗斯联邦必须按照《消除一切形式种族歧视国际公约》规定的义务,不再对克里米亚鞑靼人群体保留其人民理事会等代议机构的能力实行或施加限制,且确保提供乌克兰语教育;还要求双方应避免采取任何可能加剧或扩延提交法院的争端或使其更难以解决的行动。

2018 年 9 月 12 日,俄罗斯联邦就法院管辖权和请求书的可受理性提出某些初步反对意见。2019 年 11 月 8 日,法院就初步反对意见作出判决。

(一)介绍

1. 争议的主题

法院指出,2014 年春,在乌克兰东部和克里米亚爆发冲突后,乌克兰提起诉讼。对于乌克兰东部的情势,乌克兰只根据《制止向恐怖主义提供资助的国际公约》提起诉讼;对于克里米亚的情势,乌克兰则只根据《消除一切形式种族歧视国际公约》提起诉讼。法院还指出双方对本案争议的主题有不同看法。

---

① 《国际法院的报告(2018 年 8 月 1 日至 2019 年 7 月 31 日)》,第 35 ~ 36 页,176 ~ 178 段。

对此,法院指出,本案争议的一个方面是俄罗斯是否有义务根据《制止向恐怖主义提供资助的国际公约》对乌克兰东部发生的事件中,采取措施并进行合作以防止和阻止资助恐怖主义的行为,如果俄罗斯确有义务,那么俄罗斯是否违反义务;另一个方面是俄罗斯对克里米亚鞑靼人和乌克兰族裔采取的歧视措施是否违反了其根据《消除一切形式种族歧视国际公约》所承担的义务。

2. 乌克兰援引的管辖权基础

乌克兰援引了《制止向恐怖主义提供资助的国际公约》第 24 条第 1 款和《消除一切形式种族歧视国际公约》第 22 条为法院的管辖权基础。俄罗斯则称法院不具有上述两个条款的属物管辖权,而且乌克兰也不能满足上述条款的程序性要求,且由于未用尽当地救济,乌克兰基于《消除一切形式种族歧视国际公约》的请求不具有可受理性。

(二)《制止向恐怖主义提供资助的国际公约》

关于本案的争议是否为《制止向恐怖主义提供资助的国际公约》所涵盖,通过条约解释的方法,法院认为该公约的所有缔约国有义务采取措施预防和制止任何人资助恐怖主义的活动。至于该公约的程序性要求,法院认为两国无法通过协商和仲裁解决争议,该公约第 24 条的程序性要求已经得到满足。所以,法院对于基于《制止向恐怖主义提供资助的国际公约》的请求具有管辖权。

(三)《消除一切形式种族歧视国际公约》

关于本案的争议是否为《消除一切形式种族歧视国际公约》所涵盖,法院指出,鉴于公约所规定的宽泛的权利和义务,俄罗斯对克里米亚的鞑靼人和乌克兰族裔所采取的措施有可能对该公约权利产生影响。至于该公约的程序性要求,鉴于两国长达两年的谈判毫无成果,该公约第 22 条的程序性要求已经得到满足。所以,法院对于基于《消除一切形式种族歧视国际公约》的请求具有管辖权。

此外,俄罗斯还提出,乌克兰基于《消除一切形式种族歧视国际公约》的请求不具有可受理性,因为未曾用尽当地救济。法院认为,乌克兰不是为某一或某些国民而提起诉讼,乌克兰所针对的是俄罗斯对待克里米亚的鞑靼人和乌克兰族裔的行为方式,所以用尽当地救济原则不适用于本案。法院于是驳回了俄罗斯有关可受理性的反对意见。

(四)执行部分

法院判决的执行部分内容如下:

1. 以 13 票对 3 票,驳回俄罗斯对法院不具备基于《制止向恐怖主义提供资助的国际公约》第 24 条第 1 款的管辖权的初步反对意见;

2. 以 13 票对 3 票,裁定法院根据《制止向恐怖主义提供资助的国际公约》第 24 条第 1 款具有管辖权,可受理乌克兰基于该公约的请求;

3. 以 15 票对 1 票,驳回俄罗斯对法院不具备基于《消除一切形式种族歧视国际公约》第 22 条的管辖权的初步反对意见;

4. 一致驳回俄罗斯对乌克兰基于《消除一切形式种族歧视国际公约》提起的请求的可受理性的初步反对意见;

5. 以 15 票对 1 票,裁定法院根据《消除一切形式种族歧视国际公约》第 22 条具有管辖权,可受理乌克兰基于该公约的请求,且请求书中与该请求有关的部分具有可受理性。

四、1965 年查戈斯群岛从毛里求斯分裂的法律后果的咨询意见[①]

2017 年 6 月 22 日,联合国大会通过 71/292 号决议,请求国际

---

① 如无特别注释,本部分资料来源皆为:Legal Consequences of the Separation of the Chagos Archipelago from Mauritius in 1965, I. C. J. Advisory Opinion of 25 Feb. 2019.

法院对1965年查戈斯群岛从毛里求斯分离的法律后果发表咨询意见。2019年2月25日,法院就本案发表了咨询意见。

(一)引发通过咨询意见请求的事件

法院首先介绍了引发通过咨询意见请求的事件,主要是本案的背景情况。毛里求斯是印度洋中的岛国,毛里求斯主岛距查戈斯群岛约2200公里。在英国作为殖民者统治毛里求斯后,一直将查戈斯群岛作为毛里求斯的附属部分加以管理。自1964年起,美国和英国为在印度洋地区建立军事基地展开了正式协商,美国最终选中了查戈斯群岛。同年,英国和毛里求斯当局就分离查戈斯问题展开协商,并于1965年达成了《兰卡斯特宫协议》(The Lancaster House Agreement)。同年,英国发布了《英属印度洋领地法令》(British Indian Ocean Territory Order),创建了英属印度洋领地(BIOT),从此曾经属于毛里求斯属地的查戈斯群岛和曾经属于塞舌尔殖民地的法夸尔群岛、阿尔达布拉群岛和德罗什岛共同组成一个单独的殖民地。当年,联合国大会通过名为"毛里求斯问题"的第2066(XX)号决议,对上述情势表达了严重关切。在1967年到1973年之间,查戈斯群岛上的所有居民被强制迁离。1968年,毛里求斯独立。2010年4月1日,英国宣布在查戈斯群岛中和周围设立海洋保护区。当年12月,毛里求斯根据《联合国海洋法公约》提起针对英国的附件七仲裁。2015年,仲裁庭裁决认为其对毛里求斯提出的大多数请求无管辖权。2017年1月,非洲联盟大会通过关于查戈斯群岛的决议,支持毛里求斯完成非殖民化。当年6月,联大通过了关于请求国际法院发表咨询意见的决议。

(二)管辖权和自由裁量权

1. 管辖权

《国际法院规约》第65条第1款规定:法院对于任何法律问题如经任何团体由联合国宪章授权而请求或依照联合国宪章而请求

时,得发表咨询意见。《联合国宪章》第 96 条第 1 款规定:大会或安全理事会对于任何法律问题得请国际法院发表咨询意见。法院指出,本案中提出请求的是联大,符合宪章规定。法院还指出,联大所提出的问题,是要求法院根据国际法检视某一情况。属于法律问题。因此,法院认定其对本案有管辖权。

2. 自由裁量权

法院指出,当其面对一项咨询请求时,法院可以基于维系其司法特征的考虑而拒绝做出咨询意见。但是,法院又指出,由于发表咨询意见代表其作为联合国活动的参与,原则上不应该拒绝发表意见。只有当存在"迫不得已的理由"(compelling reasons)时,才能拒绝发表咨询意见。

一些国家提出本案存在迫不得已的理由,比如咨询程序不适于解决复杂、具有争议性的事实问题,法院的回应并不有助于联大履行其职责,以及法院不应重新检视已经为查戈斯海洋保护区仲裁案所解决的问题等,法院都认为不能成立。值得注意的是,有国家指出本案涉及未同意提交法院的双边争议,可能破坏国家同意原则,上述观点恰是本案的焦点所在。对此,法院承认,如果其回应将造成国家同意原则被绕开,则将构成拒绝发表咨询意见的迫不得已的理由。但是,本案中联大不是为了解决两国争端的目的而请求法院发表咨询意见,相反,联大是为了履行其非殖民化的职责而寻求法院协助。法院指出,联大一直致力于推动非殖民化,对非殖民化问题的解答对联合国有特殊意义。所以,所提问题在于非殖民化的更大框架下。而且,法院有可能触及争议问题不代表解决争议。因此,法院不认为作出咨询意见将破坏国家同意原则。综上,法院认为本案不存在迫不得已的理由,不应拒绝发表咨询意见。

(三)联大向法院所提问题

在对本案的事实背景进行梳理后,法院开始回答联大所提问题:第一,考虑到国际法,包括联大 1960 年 12 月 14 日第 1514

(XV)号决议、1965 年 12 月 16 日第 2066(XX)号决议、1966 年 12 月 20 日第 2232(XXI)号决议和 1967 年 12 月 19 日第 2357(XXII)号决议所体现的义务,在查戈斯群岛从毛里求斯分离后,当毛里求斯 1968 年获得独立时,毛里求斯的非殖民化进程是否依法完成?第二,英国对查戈斯群岛的持续管理将在国际法(包括上述决议所体现的义务)上产生何种后果?包括对毛里求斯无法执行在查戈斯群岛重新安置本国国民尤其是原籍查戈斯群岛的国民的计划所产生的后果。

1. 毛里求斯的非殖民化进程是否依国际法完成

对于联大所提出的第一项问题,法院认为应该首先界定相关时期,其次应确定相关时期内国际法的内容,并应分析联大在非殖民化过程中的职能。

由于联大将毛里求斯的非殖民化进程是否完成界定在 1965 ~ 1968 年期间,法院认为可适用法律必须是在 1965 ~ 1968 年期间的。然而,由于习惯法具有演进的特性,法院认为其可以考虑在此之前通过的《联合国宪章》和 1960 年的联大 1514 号决议,以及确认或解释了既存规则或原则的此后的法律文件。

在可适用的国际法方面,法院认为其应分析在非殖民化背景下的民族自决权。但是,提交法律意见的国家对民族自决权在 1965 ~ 1968 年期间是否形成习惯国际法存在不同看法。法院通过分析《联合国宪章》的宗旨、联大第 1514 号决议、《公民权利及政治权利国际公约》和《经济、社会及文化权利国际公约》的共同第 1 条,以及《关于各国依联合国宪章建立友好关系及合作之国际法原则之宣言》等,认为民族自决权在当时已经属于习惯国际法。

对于联大在非殖民化工作的作用,法院指出,在 1514 号决议通过后,联大在非殖民化方面起到了重要的作用,其根据《联合国宪章》的规定监督会员国履行该项义务。

在本案中,法院认为在英国和毛里求斯在缔结兰卡斯特宫协议时,分离查戈斯群岛并不是基于毛里求斯人民的自由、真实意愿。

那么,由于查戈斯群岛被非法分离并并入另一新殖民地,法院认定毛里求斯的非殖民化进程在其于 1968 年获得独立时未合法完成。

2. 英国持续管理查戈斯群岛的国际法后果

法院指出,由于毛里求斯非殖民化的进程不符合民族自决权,那么英国对查戈斯群岛的持续管理就构成了引起国际法上国家责任的不法行为,且此种不法行为具有持续性。因此,英国有义务尽快结束对查戈斯群岛的管理,从而使毛里求斯能够完成其非殖民化进程。

由于民族自决权是一项对一切义务(obligation erga omnes),所有国家对该项义务都具有法律利益。因此,所有会员国都有义务与联大合作以完成毛里求斯的非殖民化。

(四)结论

法院对大会的请求答复如下:

1. 一致认定法院有权发表所请求的咨询意见;

2. 以 12 票对 2 票,决定遵从征求咨询意见的请求;

3. 以 13 票对 1 票,认为考虑到国际法,继查戈斯群岛分离后,毛里求斯的非殖民化进程在该国于 1968 年获得独立时并未依法完成;

4. 以 13 票对 1 票,认为英国有义务尽快结束其对查戈斯群岛的管理;

5. 以 13 票对 1 票,认为所有会员国都有义务与联合国合作,完成毛里求斯的非殖民化。

五、《消除一切形式种族歧视国际公约》的适用案的临时措施命令①

2018 年 6 月 11 日,卡塔尔对阿拉伯联合酋长国提起诉讼,指

① 如无特别注释,本部分资料来源皆为:Application of the International Convention on the Elimination of All Forms of Racial Discrimination (Qatar v. United Arab Emirates), Provisional measures, I. C. J. Order of 14 Jun. 2019.

控其违反了1965年12月21日《消除一切形式种族歧视国际公约》,两国都是该公约的缔约国。卡塔尔在请求书中坚称,“阿联酋颁布并实施了一系列明确基于民族血统而针对卡塔尔人的歧视性措施……至今仍然有效”,导致了所指控的侵犯人权行为。① 当天,卡塔尔还提交了关于指示采取临时措施的请求,以便在案件最终判决作出前,保护卡塔尔人及其家庭根据该公约享有的权利不再进 一步遭受无法补救的损害,并防止争端恶化或扩大。2018年7月23日,法院就关于指示采取临时措施的请求发布命令,支持了卡塔尔的请求。2019年3月22日,阿联酋也向法院书记官处提交了关于指示采取临时措施的请求,称为在本案中保留其程序性权利,并防止卡塔尔在最终判决作出前进一步加剧或扩大当事方之间的争端。

(一)初步管辖权

由于法院在2018年7月23日的命令中裁定其对本案具有初步管辖权,法院认为针对本请求没有理由改变此前的结论,所以法院对本请求具有初步管辖权。

(二)阿联酋请求的临时措施

阿联酋所请求的第一项临时措施是:要求法院命令卡塔尔立即撤回该国于2018年3月8日根据《消除一切形式种族歧视国际公约》第11条向消除种族歧视委员会提交的文函,并采取一切必要措施终止委员会对该文函的审议。法院指出,只有在当事方确实存在某项权利的情况下,才能够指示临时措施。对于阿联酋的请求,法院认为其内容并不是一项权利,而是条约的解释问题。

阿联酋所请求的第二项临时措施是:要求法院命令卡塔尔立即停止妨碍阿联酋协助卡塔尔公民的努力,包括在卡塔尔境

① 《国际法院的报告(2018年8月1日至2019年7月31日)》,第46页,第216~217段。

内不阻止卡塔尔公民访问他们可以申请返回阿联酋许可证的网站。法院认为这项措施是与其2018年7月23日的命令执行相关的,而不涉及《消除一切形式种族歧视国际公约》所规定的阿联酋的权利。

阿联酋所请求的第三、四项临时措施分别是:要求法院命令卡塔尔立即阻止其国家机构和由国家所有、国家控制和国家资助的媒体机构通过散布关于阿联酋和提交法院审理的争端问题的虚假指控严重加剧和扩大争端并使争端更难以解决;卡塔尔应避免采取任何可能加剧或扩延诉至法院的争端或使其更难以解决的行动。法院认为,上述两项请求都是关于避免加剧争端的,而此类请求不能单独指示,而且也曾经在2018年命令中指示过双方应避免加剧争端。

(三)结论

综上,法院作出结论认为本请求不能满足《国际法院规约》第41条所规定的指示临时措施的条件,但本结论不影响实体阶段的任何方面。

(四)执行部分

法院命令的执行部分内容如下:以15票对1票,驳回阿联酋于2019年3月22日提交的关于指示采取临时措施的请求。

国际海洋法法庭2019年审理案件的新进展*

密晨曦**

国际海洋法法庭(以下简称法庭)是依据《联合国海洋法公约》(以下简称《公约》)设立的,①对《公约》的解释和适用的争端具有管辖权的主要司法机构之一。法庭由21位法官组成,来自不同的地理区域集团。截至2019年年底,法庭受理的案件共达29起。2019年,法庭审结了"诺斯塔"(Norstar)号案并审结了两起临时措施案;新受理且在审的案件两起。

一、M/V"诺斯塔"号案(巴拿马诉意大利)

2015年12月17日,巴拿马就意大利扣留"诺斯塔"号争端提交法庭。巴拿马作为"诺斯塔"号的船旗国,以意大利违反《公约》第87条第1款和第2款以及相关规定,侵犯其航行自由以及有关海洋其他国际合法用途的权利、非法扣留"诺斯塔"号和扣押船上

---

* 本文由国家社科基金"新时代海洋强国建设"重大研究专项项目(批准号:18VHQ006)"提升我国在国际涉海事务中的话语权和制度性权利研究"支持。

** 国际法学博士,自然资源部海洋发展战略研究所海洋法研究室副主任/副研究员;宁波大学东海研究院兼职研究员;"国家领土主权与海洋权益协同创新中心"战略所分中心研究员。

① 参见《公约》第十五部分第287条及附件六《国际海洋法法庭规约》。

石油造成损失为由,要求意大利赔偿损失并承担本案的诉讼费用。巴拿马和意大利都是《公约》的缔约国,两国均已根据《公约》第287条做出选择法庭处理相关争端的管辖声明。①

(一)案情回顾

1998年9月24日,西班牙执法人员应意大利的请求,对位于帕尔马湾的"诺斯塔"号予以扣留,理由是"诺斯塔"号为游艇供给汽油的行为违反意大利的国内法。② 巴拿马认为该片海域是位于"意大利、法国和西班牙领海之外的国际水域",意大利则认为是"法国、意大利和西班牙的沿岸"。③ 意大利的法院认为"诺斯塔"号相关活动没有违反意大利的国内法。2003年3月,意大利的萨沃纳法院就该纠纷做出判决,命令释放船舶并宣告所有涉案人员免予刑事指控,随后要求西班牙的帕尔马·马洛卡岛法院执行判决。意大利检察官上诉此案,热那亚上诉法院维持了原判。2006年9月6日,西班牙的巴利阿里群岛港口港务局请求意大利萨沃纳法院授权拆除"诺斯塔"号。同年10月31日,热那亚上诉法院发布命令称,萨沃纳法院已于2003年3月做出判决,应予执行。至于船舶归还后的处置则并不属于法院的管辖范畴。

法庭于2015年12月17日将"诺斯塔"号案列为第25号案。2016年3月10日,意大利向法庭提交了书面的初步反对意见,认为法庭对巴拿马于2015年12月17日提起的诉讼请求没有管辖权,其诉求不具有可受理性。法庭围绕上述问题做了审理和阐述,

---

① 巴拿马关于297条声明仅限于本案,参见The M/V "Norstar" Case (Panama v. Italy), Preliminary Objections, Judgment of November 4, 2016, ITLOS, paras. 54 – 58, https://www.itlos.org/fileadmin/itlos/documents/cases/case_no.25/Preliminary_Objections/Judgment/C25_Judgment_04.11.16_orig.pdf,最后访问时间:2019年12月18日。

② 西班牙应意大利的请求执法是基于1959年《斯特拉斯堡公约》,1959年《斯特拉斯堡公约》是一个关于司法方面的互助协议,缔约国一方可请求另一方提供司法协助。

③ The M/V "Norstar" Case (Panama v. Italy), Preliminary Objections, para. 41.

于2016年11月4日驳回了意大利的初步反对请求。[①] 法官以21∶1认为法庭对本案有管辖权；以20∶2认为对巴拿马的诉求有可受理性。[②] 根据法庭发布的程序令，巴拿马和意大利分别于2017年4月11日和2017年10月11日提交了诉状和辩诉状。此后，双方又提交了答辩状和复辩状。

（二）实体问题审理

结合口头陈述，巴拿马的最终诉求可总结为以下几个方面：[③]（1）意大利命令和请求抓扣"诺斯塔"号，对公海上的供油活动行使其刑事管辖权和适用海关法，妨碍航行和合法的商业活动并对有关人士提出控告，侵犯了巴拿马和悬挂巴拿马国旗的船只根据《公约》第87条第1款、第2款和有关条款规定享有的航行自由以及与此自由有关的海洋其他国际合法用途；（2）意大利故意扣留"诺斯塔"号，对公海供油活动无限期行使其刑事管辖权和适用海关法，违反了国际法，并违反了《公约》第300条规定的"诚意履行"并"不致构成滥用权利"的义务；（3）由于上述侵权行为，意大利有责任以赔偿金的方式补偿巴拿马和"诺斯塔"号所有人员的损失并支付利息；[④]（4）意方的具体行为和程序性行为构成"滥用权利"并违反"善意履行"义务，意大利有责任支付由此产生的法律费用。意大利请求法庭驳回巴拿马的诉求，并由巴拿马承担本案的法律费用。

---

① 关于"初步反对"的审理部分，参见密晨曦：《国际海洋法法庭2016年审理案件的新进展》，载《中国国际法年刊（2016）》，法律出版社2017年版，第663～667页。

② ITLOS/Press254, https://www.itlos.org/fileadmin/itlos/documents/press_releases_english/PR_254_EN.pdf (Last visited January 7, 2020).

③ The M/V "Norstar" Case (Panama v. Italy), Judgment of April 10, 2019, ITLOS, para. 68, https://www.itlos.org/fileadmin/itlos/documents/cases/case_no.25/Judgment/C25_Judgment_10.04.pdf (Last visited January 18, 2020).

④ 巴拿马要求意大利支付的赔偿金额计27,009,266.22美元，支付利息24,873,091.82美元并170,368.10欧元和26,320.31欧元。

2019 年 4 月 10 日,法庭就该案作出判决。法庭认为,《公约》第 87 条"航行自由"第 1 款适用于本案。船舶在公海上受其船旗国的专属管辖。船舶在公海上的供油行为属于航行自由的一部分。意大利将其刑法和海关法延伸适用于公海、发布逮捕令并请求西班牙当局执行等行为,侵犯了巴拿马的航行自由。但《公约》第 87 条第 2 款是"适当顾及"条款,即各国行使公海自由时,须适当顾及其他国家行使公海自由的利益。因本案不是关于意大利行使航行自由的争端,因此不存在意大利违反"适当顾及"义务的问题。法庭没有完全支持巴拿马主张的赔偿金额。法庭认为,自意大利的萨沃纳法院于 2003 年 3 月 26 日作出释放船舶和船员的判决,船主应当知道判决结果,但并未收回且无证据证明其试图收回船舶,意方不法行为即已被打断,此后"诺斯塔"号可能的损失与扣船行为之间没有直接联系。最终,法官以 15 : 7 认为意大利违反《公约》第 87 条第 1 款;一致认为,《公约》第 87 条第 2 款不适用于本案;以 20 : 2 认为意大利没有违反《公约》第 300 条;以 15 : 7,判决意大利就"诺斯塔"号损失,向巴拿马支付赔偿金 285,000 美元及利息,利息支付自 1998 年 9 月 25 日起算直至判决当日,年利率为 2.7182%;以 19 : 3 决定对巴拿马提出的其他赔偿请求①不予支持。②

二、扣留三艘乌克兰海军舰船案(乌克兰诉俄罗斯联邦)

2019 年 4 月 16 日,乌克兰根据《公约》第 290 条第 5 款,请求

① See The M/V "Norstar" Case (Panama v. Italy), Judgment of April 10, 2019, paras. 433, 438, 443, 448, 449 and 452.

② 五位法官各自发表声明(Declaration),两位法官各自发表个别意见(Separate Opinion),七位法官联合发表反对意见(Joint Dissenting Opinion), https://www.itlos.org/cases/list-of-cases/case-no-25/(Last visited January 8, 2020)。

法庭就"豁免三艘乌克兰海军舰船和24名服役人员"规定临时措施,要求俄罗斯联邦快速释放并返还乌克兰的3艘海军舰船;中止对24人的刑事诉讼程序并避免提起新的诉讼;释放扣留的24名乌克兰服役人员并允许他们返回乌克兰。[①] 此案列为法庭的第26号案。乌克兰于2019年4月初照会俄罗斯联邦,附有就此事件提起《公约》附件七仲裁的通知。

(一)基本案情

2018年11月25日,在黑海靠近刻赤海峡的地方,俄罗斯联邦控制并扣留了3艘乌克兰海军舰船和船上的24名服役人员,并适用刑事诉讼程序,关押了这些人员。在此过程中,俄海岸警卫队使用武力,向其中一艘舰船射击,致使部分人员受伤。俄罗斯联邦继乌克兰提起《公约》附件七仲裁和请求法庭规定临时措施后,于2019年4月30日照会法庭不参加法庭程序,并于2019年5月7日向法庭提交了关于本案立场的备忘录。[②] 备忘录中提到,乌克兰的诉求不能启动《公约》附件七仲裁,也不符合规定临时措施的条件。[③] 俄罗斯联邦在其备忘录中阐述了"军事活动"例外问题,并阐述了应驳回乌克兰诉求的其他理由,包括《公约》第283条第1款"交换意见"义务、缺乏紧迫性和临时措施请求涉及对案情的预判等问题。俄罗斯联邦申明,该备忘录不应被视为接受乌克兰提起的任何程序以及参加程序的其他阶段。

法庭于2019年5月10日进行了听证,并于5月25日发

① ITLOS/Press280, https://www.itlos.org/fileadmin/itlos/documents/press_releases_english/PR_280_EN.pdf(Last visited January 7,2020).

② ITLOS/Press284, https://www.itlos.org/fileadmin/itlos/documents/press_releases_english/PR_284_En.pdf(Last visited January 7,2020).

③ Case Concerning the Detention of Three Ukrainian Naval Vessels (Ukraine v. Russian Federation), Provisional Measures, ITLOS, Memorandum of the Government of the Russian Federation of May 7,2019, para. 2, https://www.itlos.org/fileadmin/itlos/documents/cases/case_no_26/Memorandum.pdf(Last visited January 6,2020).

布了“临时措施”命令。俄罗斯联邦没有到庭。法庭援引“北极日出号”案,认为一方不出庭或对案件不进行辩护,不影响法庭规定临时措施,但在规定临时措施前,法庭需依据《公约》第290条第5款,初步证明将予组建的仲裁庭具有管辖权。法庭认为,本案争议意味着双方在是否引发违反《公约》有关条款义务的问题上持有不同立场,这些条款包括第32条“军舰和其他用于非商业目的的政府船舶的豁免权”、第58条“其他国家在专属经济区内的权利和义务”、第95条“公海上军舰的豁免权”和第96条“专用于政府非商业性服务的船舶的豁免权”。法庭认为,初步证明存在关于《公约》解释和适用的争端。[①] 接下来,法庭就《公约》第298条第1款(b)规定的排除管辖事项是否适用于本案的问题做了审理。俄罗斯联邦和乌克兰均已作出声明,将有关军事活动的争端排除在《公约》第15部分第2节规定的争端解决程序之外。[②] 法庭认为,关于执法和军事活动的区分,不能仅从舰船性质上作判断,必须建立在对活动性质的客观评估基础上,考虑具体案件的相关情况;双方对刻赤海峡通行制度解释的不同是争端的核心;使用武力是发生在执法活动而非军事活动中,最终否定了争端的军事活动性质以及《公约》第298条第1款(b)在本案的适用。[③] 法庭还认为《公约》第283条交换意见义务符合要求,初步证明《公约》附件七仲裁庭对此争端有管辖权。法庭接下来对“情况紧急”相关问题作了审理,认为可以规定其根据情况认为适当的任何临时措施,以保全争端

① Case Concerning the Detention of the Ukrainian Naval Vessels (Ukraine v. Russian Federation), Provisional Measures, Order of May 25, 2019, ITLOS, paras. 44 – 45, https://www.itlos.org/fileadmin/itlos/documents/cases/case_no_26/C26_Order_25.05.pdf (Last visited January 6, 2020).

② Case Concerning the Detention of the Ukrainian Naval Vessels (Ukraine v. Russian Federation), Provisional Measures, Order of May 25, 2019, paras. 46 – 49.

③ Case Concerning the Detention of the Ukrainian Naval Vessels (Ukraine v. Russian Federation), Provisional Measures, Order of May 25, 2019, paras. 63 – 77.

各方的权利。[1]

法庭规定临时措施如下：以 19∶1 决定俄罗斯联邦应迅速释放乌克兰海军舰船，并将其返还乌克兰保管；以 19∶1 决定，俄罗斯联邦应立即释放 24 位被拘人员并允许他们返回乌克兰。法庭认为要求俄罗斯联邦中止对 24 人的刑事诉讼程序并避免新的诉讼是不必要的，但以 19∶1 决定，双方应避免采取任何可能加剧或扩大该已提交《公约》附件七仲裁争端的行动。同时，法庭以 19∶1 决定，双方应分别在 2019 年 6 月 25 日前，向法庭提交关于遵守临时措施的初始报告，并授予庭长有要求提供其认为适当的继上述报告后的进一步报告和信息的权利。[2]

（二）关键问题

本案争议的关键问题在于相关事件是涉及军事活动还是执法活动。俄罗斯联邦和乌克兰对第 298 条第 1 款（b）的适用问题持不同意见。俄方认为本案争端涉及军事活动，应排除《公约》附件七仲裁庭的管辖；乌克兰则认为本案不涉及军事活动，而是执法活动，不应排除管辖。高之国法官在其个别意见中提到，军事活动的评估应基于各种因素的综合作用，例如活动的意图和目的，同时考虑到案件的相关情况，例如各方部署其部队的方式以及各方在海上的互相接触。本案事件可以分成两个阶段：乌克兰海军舰船在 2018 年 11 月 25 日通过刻赤海峡的预定通道期间，俄海岸警卫队命令其停止通过，因为乌克兰未遵守相关的监管程序和出于风暴安全原因暂停通过并临时关闭海峡。

---

① Case Concerning the Detention of the Ukrainian Naval Vessels (Ukraine v. Russian Federation), Provisional Measures, Order of May 25, 2019, paras. 114.

② Case Concerning the Detention of the Ukrainian Naval Vessels (Ukraine v. Russian Federation), Provisional Measures, Order of May 25, 2019, paras. 124. 本案中，两位法官各自发表声明（Declaration），包括中国籍高之国法官在内的三位法官各自发表个别意见（Separate Opinion），一位法官发表反对意见（Dissenting Opinion）。https://www.itlos.org/cases/list-of-cases/case-no-26/（Last visited January 7, 2020）.

当乌克兰海军舰船忽视停止命令时,俄海岸警卫队船只以涉嫌非法越过俄罗斯联邦国家边界为由,将乌克兰海军舰船停在附近的锚地并限制其行动。从此刻开始,事件从一般通过升级为海上对峙,一边是3艘乌克兰的海军舰船,另一边是俄方的军舰和海岸警卫队船以及一架战斗直升机。在被封锁了8小时后,乌克兰船只开始打破封锁并从刻赤海峡返航。双方在海上发生了一系列冲突行为,包括向乌克兰的"Berdyansk"号发射警告和目标射击,3名船员受伤。此外,俄国防部的Ka－52战斗直升机参与了阻止和扣留乌克兰的"Nikopol"号的行动。俄罗斯联邦黑海舰队的护卫舰ASW "Suzdalets"部署在附近,用以"监视乌克兰海军舰船的行动"。高法官认为,对有关活动的客观评价还应考虑到缔约方的国际行动、官方立场和法律文件。在向法庭提出临时措施请求之前,乌克兰将此已提交联合国安全理事会和欧洲人权法院(ECHR),只有在可能违反《联合国宪章》第2条第4款的情况下使用或威胁使用武力的事件才能提交联合国安理会通过决议,乌克兰向欧洲人权法院提出的临时措施请求也正式承认了这些活动的军事性质。[①] 因此,在对抗期间的相关活动,由执法活动升级为军事活动,应构成第298条第1款(b)项的适用。

"军事活动"一词在《公约》中没有明确的界定。自《公约》生效以来,国际法院和法庭也没有在判例法中予以充分地讨论。[②] 现有文献似乎普遍支持对"军事活动"这一概念作出相对宽松的解释。比如,德国教授塔尔蒙提到:"人们普遍认为,鉴于军事活动

① Case Concerning the Detention of the Ukrainian Naval Vessels (Ukraine v. Russian Federation), Provisional Measures, Separate Opinion of Judge Gao, paras. 22 – 32, https://www.itlos.org/fileadmin/itlos/documents/cases/case_no_26/C26_O25.05_SO_ZG.pdf (Last visited January 10, 2020).

② Case Concerning the Detention of the Ukrainian Naval Vessels (Ukraine v. Russian Federation), Provisional Measures, Separate Opinion of Judge Gao, para. 18.

的高度政治性,必须对该术语予以广泛的解释。军事活动不仅限于军舰和军用飞机或政府船只和从事非商业服务的飞机的行动。”[①]截至 2019 年 5 月,已有 27 个国家根据第 298 条第 1 款(b)就军事活动例外作出声明。[②] 如果对军事活动的解释设置过高的门槛,不仅将有违根据第 298 条第 1 款(b)项作出声明的国家的本意,导致第 298 条第 1 款(b)形同虚设,甚至还可能“激发国家通过部署大量海军舰艇和提高部队人数来升级而不是缓和冲突,以获得对军事活动排除争端解决强制管辖的资格。”[③]因此,考虑到《公约》的谈判历史,法律上合理和可行的办法应该是努力避免对军事活动例外适用非常低或非常高的门槛。[④]

三、M/T“San Padre Pio”号案（瑞士联邦诉尼日利亚）

2019 年 5 月 21 日,瑞士根据《公约》第 290 条第 5 款请求法庭规定临时措施,列为法庭的第 27 号案。2019 年 5 月 6 日,瑞士已经就尼日利亚逮捕和拘留“San Padre Pio”号及其船员和货物的争端提起《公约》附件七仲裁。

“San Padre Pio”号是一艘悬挂瑞士国旗的油轮。2018 年 1 月 23 日,该油轮在尼日利亚专属经济区进行其中船到船石油转移

---

① Stefan Talmon, “The South China Sea Arbitrations: is there a Case to Answer?” in Stefan Talmon and Bing BingJia (ed.), The South China Sea Arbitration: A Chinese Perspective (Oxford: Hart Publishing Ltd, 2014), pp. 57 – 58. See Case Concerning the Detention of the Ukrainian Naval Vessels (Ukraine v. Russian Federation), Provisional Measures, Separate Opinion of Judge Gao, para. 19.

② Case Concerning the Detention of the Ukrainian Naval Vessels (Ukraine v. Russian Federation), Provisional Measures, Separate Opinion of Judge Gao, para. 11.

③ Case Concerning the Detention of the Ukrainian Naval Vessels (Ukraine v. Russian Federation), Provisional Measures, Separate Opinion of Judge Gao, para. 11, para. 45.

④ Case Concerning the Detention of the Ukrainian Naval Vessels (Ukraine v. Russian Federation), Provisional Measures, Separate Opinion of Judge Gao, para. 11, para. 55.

时,被尼日利亚海军抓扣。该船被命令前往尼日利亚的哈科特港并被继续扣留,16 名船员被送往监狱,并以“无法律授权和适当许可”“合谋分发和处理石油产品”并在船上实施了这一行为为由受到指控。随后,该指控修改为仅适用于船长(Master)和 3 名管理人员(Officers)以及船舶,其他船员被释放并返还到船上。船长(Master)和 3 名管理人员(Officers)直至 2018 年 4 月 13 日获得保释后返还船上,保释条件是未获得事先批准或法庭命令,不得离开尼日利亚。①

法庭于 2019 年 6 月 21 日至 22 日进行了听证。瑞士主张尼日利亚应立即采取一切必要的措施,确保该船和人员以及货物能够离开尼日利亚的管辖海域,行使航行自由权去往瑞典;释放船长及 3 名管理人员,允许其离开尼日利亚领土和所辖海域;暂停一切法院和行政程序并避免产生新的可能升级或扩大已提交附件七仲裁争端的程序。尼日利亚于 2019 年 6 月 22 日请求法庭驳回瑞士关于临时措施的请求。②

法庭于 2019 年 7 月 6 日发布决定,规定临时措施如下:以 17∶4 要求瑞士应该以银行担保的形式向尼日利亚提供 14,000,000 万美元的财务保障;如果附件七仲裁庭确认尼日利亚的相关做法不违反《公约》,瑞士应确保船长和 3 名管理人员回尼日利亚出庭和接受刑事审判;在此基础上,尼日利亚应迅速释放船舶、人员及货物;以 19∶2 要求双方应避免采取可能导致争端升级或扩大的任何行动;以 19∶2 决定瑞士和尼日利亚应在 2019 年 7 月 22 日前各自向法庭提交关于遵守临时措施的初始报告,并授予庭长有要求提供其认为适当的继上述报告后的进

① ITLOS/Press 290, https://www. itlos. org/fileadmin/itlos/documents/press_releases_english/PR_290_En. pdf(Last visited January 10,2020).

② ITLOS/Press 290, https://www. itlos. org/fileadmin/itlos/documents/press_releases_english/PR_290_En. pdf(Last visited January 10,2020).

一步报告和信息的权利。①

两国于2019年12月3日达成协议,②将关于逮捕和扣留“San Padre Pio”号及其船员和货物的争端(实体问题)移交法庭审理,列为法庭第29号案。

四、毛里求斯和马尔代夫在印度洋的划界案(毛里求斯和马尔代夫)

毛里求斯和马尔代夫于2019年9月24日达成特别协议,根据法庭《规约》第15条第2款,将两国在印度洋的海洋划界争端提交法庭组成的特别分庭处理。法庭将该案列为第28号案。根据两国请求,法庭组建了一个特别分庭处理上述争端。特别分庭分别将2020年4月9日和2020年10月9日设定为毛里求斯和马尔代夫提交诉状和辩诉状的期限。但是,2019年12月18日,马尔代夫依据《公约》第294条和法庭《规则》第97条提交了书面初步反对,同日通知至毛里求斯。鉴于此,特别分庭庭长将2020年2月17日定为毛里求斯提交其书面观察和初步反对意见的期限,将2020年4月17日定为马尔代夫对应提交相关书面材料的期限。③此案有待继续跟踪和关注。

---

① The M/T “San Padre Pio” Case (Switzerland v. Nigeria), Order of July 6, 2019, ITLOS, para. 146, https://www.itlos.org/fileadmin/itlos/documents/cases/case_no_27/Orders/C27_Order_06.07.2019_rev.pdf (Last visited January 10, 2020). 中国籍高之国法官等四位法官各自发表反对意见(Dissenting Opinion),三位法官各自发表个别意见(Separate Opinion),另有两位法官共同发表联合声明(Joint Declaration),两位法官各自发表声明(Declaration)。

② Special Agreement and Notification, https://www.itlos.org/fileadmin/itlos/documents/cases/case_no.29/C29_Sp_Agr_Mins_17.12.2019_final_original.pdf (Last visited January 10, 2020).

③ Dispute Concerning Delimitation of the Maritime Boundary Between Mauritius and Maldives in the Indian Ocean, (Mauritius/Maldives), Preliminary Objections, Order of December 19, 2019, https://www.itlos.org/fileadmin/itlos/documents/cases/case_no_28/C28_Order_2019_6.pdf (Last visited January 12, 2020).

附表 国际海洋法法庭受理案件一览①

序号	当事国/机构	案件	案由	受理时间(年)
1	圣文森特和格林那丁斯;几内亚	“塞加号”案	迅速释放	1997
2	圣文森特和格林那丁斯;几内亚	“塞加号”案(2)	临时措施 实质问题	1998
3	新西兰;日本	南方蓝鳍金枪鱼案	临时措施	1999
4	澳大利亚;日本	南方蓝鳍金枪鱼案	临时措施	1999
5	巴拿马;法国	“卡莫科号”案	迅速释放	2000
6	塞舌尔;法国	“蒙特·卡夫卡号”案	迅速释放	2000
7	智利;欧盟	东南太平洋养护和可持续捕捞箭鱼群案	实质问题	2000
8	伯利兹;法国	“大王子号”案	迅速释放	2001
9	巴拿马;也门	“契斯雷·雷夫2号”案	迅速释放	2001
10	爱尔兰;英国	混合氧化物案	临时措施	2001
11	俄罗斯联邦;澳大利亚	“奥尔加号”案	迅速释放	2002
12	马来西亚;新加坡	新加坡在柔佛海峡围海造地案	临时措施	2003
13	圣文森特和格林那丁斯;几内亚比绍	“朱诺商人号”案	迅速释放	2004
14	日本;俄罗斯联邦	“Hoshinmaru”号渔船案	迅速释放	2007
15	日本;俄罗斯联邦	“Tomimaru”号渔船案	迅速释放	2007

① 本表信息主要根据国际海洋法法庭网站信息整理,http://www.itlos.org,最后访问时间:2020年1月12日。

续表

序号	当事国/机构	案件	案由	受理时间(年)
16	孟加拉国;缅甸	孟加拉国与缅甸在孟加拉湾的海洋边界划界案	海域划界	2009
17	国际海底管理局	担保个人和实体参加国际海底区域活动的国家的责任和义务	咨询意见	2010
18	圣文森特和格林纳丁斯;西班牙	"路易莎"号案	迅速释放 临时措施	2010
19	巴拿马;几内亚比绍	"弗吉尼亚 G"号案	实质问题	2011
20	阿根廷;加纳	"ARA Libertad"案	临时措施 实质问题	2012
21	次区域渔业委员会	相关渔业问题	咨询意见	2013
22	荷兰;俄罗斯联邦	"北极日出号"案	临时措施	2013
23	加纳;科特迪瓦	加纳和科特迪瓦在大西洋的海洋划界案	临时措施	2014
24	意大利;印度	"恩瑞卡·雷克斯"号案	临时措施	2015
25	巴拿马;意大利	"诺斯塔"号案	实质问题(损害赔偿)	2015
26	乌克兰;俄罗斯联邦	扣留乌克兰三艘海军舰船案	临时措施	2019
27	瑞士联邦;尼日利亚	"San Padre Pio"号案	临时措施	2019
28	毛里求斯;马尔代夫	毛里求斯和马尔代夫在印度洋的划界案	海域划界	2019
29	瑞士联邦;尼日利亚	"San Padre Pio"号案(2)	实质问题	2019

国际刑事法院 2019 年度实践综述

陈 苏*

2018 年 12 月至 2019 年 12 月(下称“本年度”),国际刑事法院(下称“法院”)在案件审理、情势初步审查、调查等司法活动中都取得了进展,概述如下:

一、各情势所涉案件的审理进展

(一)中非共和国情势:上诉分庭维持本巴等妨害司法案的“重新量刑决定”

2019 年 11 月 27 日,上诉分庭对“本巴等人妨害司法案”作出量刑判决(以下简称“上诉量刑判决”),驳回上诉人让-皮埃尔·本巴·贡博(Jean-Pierre Bemba Gombo,以下简称本巴)全部上诉理由,维持审判分庭在 2018 年 9 月 17 日对于本案其中 3 名被告人本巴、艾美·基洛洛·穆桑巴(Aimé Kilolo Musamba,以下简称基洛洛)和让-雅克·曼根达·卡邦戈(Jean-Jacques MangendaKabongo,以下简称曼根达)的“重新量

* 中国政法大学国际法学院 2017 级国际公法专业博士研究生。

刑决定”。[1]

2018年10月18日,本巴针对“重新量刑决定”提起上诉,上诉理由包括:(1)“重新量刑决定”,违背了2018年3月8日上诉分庭量刑判决(以下简称“首次上诉量刑判决”)中的指示;(2)“重新量刑决定”存在滥用自由裁量权以及适用法律、程序方面的错误,严重侵犯了被告人的权利;(3)“重新量刑决定”对本巴刑期和罚金裁量不当,明显超出本巴应负罪责,违背了“首次上诉量刑判决”关于考虑罪行严重性的要求。

上诉分庭判决驳回上诉的理由主要有:(1)“重新量刑决定”对罪行严重性的考量,并未违背“首次上诉量刑判决”。虚假证言的证明对象为实体问题或者非实体问题,本身并不能够作为判断相关妨害司法行为严重性的标准,从而也不能够单纯据此而影响法庭对于妨害司法犯罪的量刑。(2)“重新量刑决定”对本巴参与情节的考量也未违背“首次上诉量刑判决”。主犯和从犯的区分反映出不同主体对于犯罪的不同参与程度与其不同的主观恶性,但主犯的刑罚并非必然重于从犯,量刑应当结合案件具体情况。(3)对本巴已羁押期间的扣减无误,“本巴案”改判无罪对本案没有影响。2017年3月22日“量刑决定”作出时,本巴已被“本巴案”审判分庭判处18年监禁,该判决扣减了本巴已羁押期间,这种情况下,不应重复扣减;而2018年6月8日“本巴案”上诉分庭判决本巴无罪释放后,相当于“本巴案”没有扣减本巴已羁押期间,故2018年9月17日

---

① The Prosecutor v. Jean-Pierre Bemba Gombo, Aimé Kilolo Musamba, Jean-Jacques Mangenda Kabongo, Fidèle Babala Wandu and Narcisse Arido, Judgment on the appeal of Mr Jean-Pierre Bemba Gombo against the decision of Trial Chamber VII of 17 September 2018 entitled “Decision Re-sentencing Mr JeanPierre Bemba Gombo, Mr Aimé Kilolo Musamba and Mr Jean-Jacques Mangenda Kabongo”, the Appeals Chamber, 27 November 2019, ICC – 01/05 – 01/13 A10; The Prosecutor v. Jean-Pierre Bemba Gombo, Aimé Kilolo Musamba, Decision Re-sentencing Mr Jean-Pierre Bemba Gombo, Mr Aimé Kilolo Musamba and Mr Jean-Jacques Mangenda Kabongo, Trial Chamber VII, 17 September 2018, ICC – 01/05 – 01/13 – 2312.

"重新量刑决定"对此予以扣减并无不当,"重新量刑决定"未侵犯本巴获得公正审判的权利。(4)"重新量刑决定"在确定罚金数额时考虑本巴偿付能力对其判处罚金,并无不当,主要基于本巴所负罪责的严重程度,未违背《程序和证据规则》第145条"权衡所有相关因素"的要求。

本案全部5名被告人的判决结果如下:根据2019年11月27日上诉分庭判决,本巴、基洛洛和曼根达违反《国际刑事法院罗马规约》(以下简称《规约》)第70(1)(a)条和第70(1)(c)条规定,提供伪证和不当影响证人作证,构成妨害司法罪,判处本巴一年监禁并处30万欧元罚金,判处基洛洛11个月监禁并处3万欧元罚金,判处曼根达11个月监禁;根据2018年3月8日上诉分庭判决,认定菲代勒·巴巴拉·万杜(Fidèle Babala Wandu,以下简称巴巴拉)和纳西斯·阿里多(Narcisse Arido,以下简称阿里多)违反《规约》第70(1)(c)条规定,帮助本巴、基洛洛和曼根达提供伪证,构成妨害司法罪,判处巴巴拉6个月监禁,判处曼根达11个月监禁。本案5名被告人受羁押时间均已经超过其被判处的刑期,根据《规约》第78(2)条,在现有刑期中扣减羁押期后,本案5名被告人的监禁刑罚均服刑完毕。

(二)中非共和国情势:本巴二审被判无罪后申请赔偿

2019年3月8日,因被改判无罪,本巴向第二预审分庭提交关于损害赔偿的申请,主张赔偿其基于被羁押、财产损失、其他损害、律师费等产生的损失至少6860万欧元,就其中财产损失4240万欧元,如法院不予赔偿则本巴将另行提交有关仲裁机构按照联合国国际贸易法委员会规则处理。① 本案正在审理中。

---

① The Prosecutor v. Jean-Pierre Bemba Gombo, Second Public Redacted Version of "Mr. Bemba's claim for compensation and damages" Mr. Jean-Pierre Bemba Gombo, 19 March 2019, ICC-01/05-01/08-3673-Red2.

(三)中非共和国情势Ⅱ:检察官诉阿尔弗雷德·叶卡托姆(Alfred Yekatom)和帕特里斯·爱德华·恩加索纳(Patrice-Edouard Ngaïssona)案

2019年2月20日,第二预审分庭决定将二被告人案件合并审理。2019年12月11日,分庭确认了检察官对阿尔弗雷德·叶卡托姆(Alfred Yekatom,以下简称叶卡托姆)和帕特里斯·爱德华·恩加索纳(Patrice-Edouard Ngaïssona,以下简称恩加索纳)犯有战争罪和危害人类罪的部分指控。① 就2013年9月至2014年12月期间在中非共和国西部发生的非国际性武装冲突,分别指控二被告人犯有战争罪和危害人类罪。其中,对叶卡托姆的战争罪和危害人类罪指控包括发生在班吉(Bangui)、山原学校(Yamwara School)及位于洛巴伊的PK9-Mbaïki Axis3处地点发生的行为,对恩加索纳的指控除包含上述叶卡托姆3处地点行为外,还涉及另外8处地点发生的行为,涉及包括故意攻击平民人口、谋杀、强奸、劫掠、故意攻击宗教建筑、驱逐或强行迁移人口、摧毁或没收敌方财产及迫害等行为。此外,二被告人还被指控犯有在2013年12月至2014年8月期间招募未满15周岁的儿童入伍参与军事行动的战争罪行。②

(四)苏丹达尔富尔情势:上诉分庭对约旦上诉案作出判决

本年度,检察官诉奥马尔·哈桑·艾哈迈德·巴希尔(Omar Hassan Ahmad Al Bashir,以下简称巴希尔)一案主要进展是,上诉

---

① See Yekatom and Ngaïssona case:ICC Pre-Trial Chamber II confirms part of the charges of war crimes and crimes against humanity and commits suspects to trial,ICC-CPI－20191211－PR1506,https://www. icc-cpi. int/Pages/item. aspx?name＝PR1506,11 December 2019.

② The Prosecutor v. Alfred Yekatom and Patrice-Edouard Ngaïssona, Public redacted version of the decision on the confirmation of charges against Yekatom and Ngaïssona,Pre-Trial Chamber II,20 December 2019,ICC-01/14－01/18－403－Red.

分庭于2019年5月6日就“约旦拒绝按照国际刑事法院请求协助逮捕和移交巴希尔问题”(以下简称“约旦上诉案”)作出判决,一致维持第二预审分庭于2017年12月11日作出的判决,认为约旦作为《规约》缔约国,于2017年3月29日在约旦首都安曼举行的“阿拉伯国家联盟峰会”期间未逮捕出席该峰会的苏丹总统巴希尔并移交给国际刑事法院,违反了《规约》;同时,以三票对两票,判决第二预审分庭决定把约旦不与国际刑事法院合作的情况提交缔约国大会和联合国安理会是错误的,因为第二预审分庭认定约旦没有与国际刑事法院进行磋商是错误的。判决主要涉及两个问题:

1. 国家元首在国际刑事法院的管辖豁免权问题。上诉分庭认为,国家元首豁免并未形成习惯法规则,国际法从未承认国家元首豁免可以阻止国际法庭行使管辖权。《规约》第86条规定的缔约国合作义务,应与第27(2)条结合解读。联合国安理会第1593号决议赋予法院依据《规约》对苏丹情势管辖的权力,自然包括第27(2)条,即任何豁免都不能成为法院行使管辖权的障碍。因此,法院要求约旦逮捕并移交巴希尔,苏丹不能援引国家元首豁免权,而约旦执行法院逮捕令,也无需苏丹放弃国家元首豁免权。

2. 法院将缔约国不与法院合作情况提交缔约国大会或联合国安理会的自由裁量权问题。上诉分庭认为,按照《规约》第87(7)条,提交缔约国大会或联合国安理会需同时满足两个条件:一是有关国家没有遵守合作请求;二是这种不合作已严重到致使法院无法依据《规约》行使职权。只有当分庭认为上述两个条件同时满足的情况下,才继续考虑是否提交。《规约》第97条所要求的磋商,并未规定具体程序和形式,故未事先明示磋商并非必然构成违背该条。①

---

① The Prosecutor v. Omar Hassan Ahmad Al-Bashir, Judgment in the Jordan Referral re Al-Bashir Appeal, the Appeals Chamber, 6 May 2019ICC – 02/05 – 01/09 – 397 – Corr.

(五)利比亚情势:预审分庭裁决卡扎菲案可受理

2019年4月5日,预审分庭驳回被告人赛义夫·伊斯兰·卡扎菲(Saif Al-Islam Gaddafi,以下简称卡扎菲)关于本案不可受理性的申请,确认法院可受理本案。卡扎菲的理由是,2011年至2016年期间,其曾在利比亚国内司法机关被羁押和审判,并于2015年被判处死刑,根据《规约》第17(1)(c)条及第20(3)条,在国内法院已进行审理的情况下,国际刑事法院不应再受理本案。

预审分庭裁决主要涉及:(1)卡扎菲具备依《规约》第19(2)(a)条提出申请的主体资格,因为预审分庭已于2011年对卡扎菲签发了逮捕令,其身份符合《规约》第19条所规定的条件。(2)关于《规约》第20(3)条的解释,分庭回顾了前南斯拉夫国际刑事法庭、卢旺达国际刑事法庭、美洲人权法院等判例中对"一事不再理"原则的阐述,指出在解释该条款时,对国内法院判决的审查,应当考虑其终局性、与《公民和政治权利国际公约》第14(7)条相符这两方面。被告人所提供的国内司法判决,从程序看显然不是终局的,从内容上看,依据利比亚2015年第6号法案,谋杀等严重大规模侵犯人权行为被赦免,不符合国际人权法相关标准,属于在国际法上不能赦免的罪行,故国际刑事法院对本案可受理。①

(六)刚果民主共和国情势:上诉分庭部分修正卢班加案的赔偿判决

2019年7月18日,上诉分庭就托马斯·卢班加·迪伊洛(Thomas Lubanga Dyilo,以下简称卢班加)赔偿判决上诉案判决,维持2017年12月15日第二审判分庭就赔偿问题的判决(以下简称原审判决)结果,仅对被害人赔偿资格审核的部分程序予以修

① The Prosecutor v. Bosco Ntaganda, Decision on the "Admissibility Challenge by Dr. Saif Al-Islam Gadafi pursuant to Articles 17(1)(c), 19 and 20(3) of the Rome Statute", Pre-Trial Chamber I, 05 April 2019, ICC-01/11-01/11-662.

正,即原审判决认定未达到获赔标准的被害人或因证明材料不齐而放弃主张赔偿的被害人,可申请被害人信托基金对其求偿资格重新予以评估,即与原审判决第292至297段①规定的未来可能主张赔偿的被害人相同。被害人信托基金评估后,在第二审判分庭批准后可提供相关建议。判决还阐明了判断标准:(1)根据《规约》第75(1)条,赔偿程序既可因被害人申请而启动,也可由分庭在一定情况下依职权启动;(2)获赔被害人的范围,不应仅限于提起申请的被害人;(3)分庭审理赔偿问题时,不能超出被定罪范围;(4)在确定赔偿数额时,要考虑修复弥补的适当费用、伤害情况及被定罪人的合法权益;(5)审判分庭对获准参与审判的被害人,应提供明确指示,在评估被害人获得赔偿的资格时,也应明确其证明标准。②

(七)刚果民主共和国情势:审判分庭就恩塔甘达案分别做出定罪和量刑判决,恩塔甘达提起上诉

2019年7月8日,第六审判分庭作出判决,认定博斯科·恩塔甘达(Bosco Ntaganda,以下简称恩塔甘达)2002年至2003年期间犯有战争罪和危害人类罪罪行合计18项,其中,法院首次将性奴役认定为战争罪和危害人类罪罪行。分庭指出,同一行为如果分别满足不同罪名下的犯罪构成要件,则可分别被认定犯有不同罪名,本案中对谋杀、强奸、性奴役等罪行均认定其分别构成战争罪和危害人类罪。③ 2019年9月9日,检察官根据《规约》第81(1)条提起上诉,认为分庭未将其指控的两起事件定罪,存在认定事实

① The Prosecutor v. Thomas Lubanga Dyilo, Decision Setting the Size of the Reparations Award for which Thomas Lubanga Dyilo is Liable, Trial Chamber II, 21 December 2017, ICC - 01/04 - 01/06 - 3379 - Red-Corr-tENG, paras. 292 - 297.

② The Prosecutor v. Thomas Lubanga Dyilo, Public redacted Judgment on the appeals against Trial Chamber II's Decision Setting the Size of the Reparations Award for which Thomas Lubanga Dyilo is Liable, the Appeals Chamber, 18 July 2019, No. ICC - 01/04 - 02/06 - 3466 - Red.

③ The Prosecutor v. Bosco Ntaganda, Judgement, Trial Chamber VI, 8 July 2019, No. ICC - 01/04 - 02/06 - 2359, paras. 1202 - 1208.

和适用法律错误;[①]同日,被告人也对判决提起上诉,认为判决整体存在适用法律错误及侵害恩塔甘达获得公正审判的权利,请求改判无罪。[②]

2019年11月7日,审判分庭作出量刑判决,判处恩塔甘达监禁30年,扣减2013年3月22日起的羁押期。根据《规约》第77条和第78(2)条,对于犯有多个罪行的被告人,量刑时最终刑期不能低于单个刑期且最长不超过30年,分庭在量刑时,对恩塔甘达所犯18项罪行逐一判定刑罚,其中最高为监禁30年,分庭认为无需从整体上减少量刑,故判处30年监禁。分庭考虑到恩塔甘达应负罪责严重性及其自身的赔偿能力、背景情况等因素,认定无需处以罚金。[③] 2019年12月9日,被告人恩塔甘达根据《规约》第81(2)(a)条就量刑判决提起上诉,主张推翻全部量刑并应监禁刑期减少为23年以内。[④]

目前本案所涉赔偿问题仍在审理中。2019年12月5日,审判分庭就赔偿问题审理安排如下:(1)指令书记官处与被害人代理人、被害人信托基金共同甄别应受赔偿被害人范围;(2)就赔偿相关因素判定,指令书记官处2020年2月14日前向分庭提供专家名单,由分庭决定是否组成专家组以协助分庭审理赔偿问题;(3)任何对赔偿问题感兴趣的组织,均可于2020年1月10日前申请提交"法庭之友"意见,如获准许则应在2020年2月28日前提交;(4)辩方、检方、被害人代理人于2020年10月30日前提交关

---

① The Prosecutor v. Bosco Ntaganda, Prosecution notice of appeal, Office of the Prosecutor, 9 September 2019, No. ICC – 01/04 – 02/06 – 2395.

② The Prosecutor v. Bosco Ntaganda, Mr. Ntaganda's Notice of Appeal against the Judgment pursuant to Article 74 of the Statute, ICC – 01/04 – 02/06 – 2359, Defence Team of Mr. Bosco Ntaganda, 9 September 2019, No. ICC – 01/04 – 02/06 – 2396.

③ The Prosecutor v. Bosco Ntaganda, Sentencing Judgement, Trial Chamber VI, 7 November 2019, No. ICC – 01/04 – 02/06 – 2442, paras. 246 – 252.

④ The Prosecutor v. Bosco Ntaganda, Notice of Appeal against Sentencing Judgment (ICC – 01/04 – 02/06 – 2442), Defence Team of Mr. Bosco Ntaganda, 9 December 2019, No. ICC – 01/04 – 02/06 A.

于赔偿问题最终意见。①

(八)马里情势:预审分庭确认指控哈桑犯有战争罪和危害人类罪

2019 年 7 月 8 日至 17 日,第一预审分庭就检察官对被告人哈桑·阿格·阿布杜勒·阿齐兹·阿格·穆罕默德·阿格·马哈茂德(Al Hassan Ag Abdoul Aziz Ag Mohamed Ag Mahmoud,以下简称哈桑)的各项指控举行听讯。2019 年 9 月 30 日,预审分庭作出不公开决定,确认根据《规约》第 7 条和第 8 条指控哈桑犯有战争罪和危害人类罪,指控罪行合计 13 项。② 其中,危害人类罪罪行主要涉及自 2012 年 4 月 1 日起至 2013 年 1 月 28 日期间,在马里廷巴克图,哈桑领导的伊斯兰马格里布“伊斯兰卫士”(Ansar Dine)组织和“基地”(Al Qaeda)组织武装力量对廷巴克图地区平民实施的广泛、系统地攻击,实施酷刑、强奸、性奴役及强迫婚姻、迫害等其他不人道行为;战争罪罪行主要涉及前述期间在马里廷巴克图发生的非国际性武装冲突中,哈桑领导的前述武装力量实施的酷刑、虐待、损害个人尊严、未经正当程序判刑或处决、故意指令攻击专用于宗教和历史意义的建筑物、强奸、性奴役。

2019 年 10 月 7 日,被告人哈桑提起上诉。2019 年 11 月 18 日,预审分庭驳回哈桑上诉,将案件移交审判分庭。③ 2019 年 11 月 21

---

① The Prosecutor v. Bosco Ntaganda, Order setting deadlines in relation to reparations, Trial Chamber VI, 5 December 2019, No. ICC – 01/04 – 02/06 – 2447.

② The Prosecutor v. Al Hassan Ag Abdoul Aziz Ag Mohamed Ag Mahmoud, Version publique expurgée Rectificatif à la Décision relative à la confirmation des charges portées contre Al Hassan Ag Abdoul Aziz Ag Mohamed Ag Mahmoud, Pre-trail Chamber I, 13 November 2019, ICC – 01/12 – 01/18 – 461 – Corr-Red.

③ The Prosecutor v. Al Hassan Ag Abdoul Aziz Ag Mohamed Ag Mahmoud, Version publique expurgée Décision relative à la requête de la défense aux fins d'autorisation d'interjeter appel de la Décision relative à la confirmation des charges et transmission du dossier à la présidence en vertu de la règle 129 du Règlement de procédure et de preuve, Pre-trail Chamber I, 18 November 2019, ICC – 01/12 – 01/18 – 498 – Red2.

日，院长会议决定成立第十审判分庭负责审理本案。[①] 2019年11月26日，审判分庭将第一次庭前会议时间定于2019年12月12日。[②] 2019年12月11日，被告人哈桑向审判分庭提交放弃出席庭前会议的通知。[③] 2019年12月12日，第一次庭前会议如期举行。

（九）乌干达情势：翁古文案全部举证程序结束，法庭确定最终陈述时间

2016年12月6日起，审判分庭对米尼克·翁古文（Dominic Ongwen，以下简称翁古文）危害人类罪和战争罪一案进行审理，审理期间，检察官、被害人及被告人相继举证。2019年12月6日，被告人完成举证后，12月12日，首席法官宣布本案举证完毕。[④] 各方将于2020年2月19日前提交书面意见，[⑤]最终陈述拟定于2020年3月10日开始进行。[⑥]

（十）科特迪瓦情势：巴博和古德被判无罪并附条件释放，检察官提起上诉

检察官诉洛朗·巴博（Laurent Gbagbo，以下简称巴博）和夏

---

① The Prosecutor v. Al Hassan Ag Abdoul Aziz Ag Mohamed Ag Mahmoud, Decision constituting Trial Chamber X and referring to it the case of The Prosecutor v. Al Hassan Ag Abdoul Aziz Ag Mohamed Ag Mahmoud, the Presidency, 21 November 2019, ICC – 01/12 – 01/18 – 501.

② The Prosecutor v. Al Hassan Ag Abdoul Aziz Ag Mohamed Ag Mahmoud, Order Scheduling First Status Conference, Trail Chamber X, 26 November 2019, ICC – 01/12 – 01/18 – 507.

③ The Prosecutor v. Al Hassan Ag Abdoul Aziz Ag Mohamed Ag Mahmoud, Waiver, Defence for Mr Al Hassan Ag Abdoul Aziz Ag Mohamed Ag Mahmoud, 10 December 2019, ICC – 01/12 – 01/18 – 528.

④ The Prosecutor v. Al Hassan Ag Abdoul Aziz Ag Mohamed Ag Mahmoud, Declaration on the Closure of the Submission of Evidence, Trial Chamber IX, 12 December 2019, ICC – 02/04 – 01/15 – 1699.

⑤ The Prosecutor v. Dominic Ongwen, Decision on Defence Request to Reconsider the Date of the Closing Statements, Trial Chamber IX, 04 December 2019, ICC – 02/04 – 01/15 – 1691.

⑥ The Prosecutor v. Dominic Ongwen, Modification of Deadline Regarding Closing Briefs and Setting of Dates for Closing Statement, Trial Chamber IX, 23 October 2019, ICC – 02/04 – 01/15 – 1645.

尔·布莱·古德(Charles Blé Goudé,以下简称古德)一案,本年度发生重要进展。2019年1月15日,第一审判分庭做出多数一致的口头判决,认定关于二被告人于2010年至2011年期间有关行为构成危害人类罪的指控均不成立,二被告人无罪。当日,检察官向审判分庭提交申请,请求审判分庭依据《规约》第83(3)(c)(i)条在上诉阶段继续羁押二被告人。[①] 2019年1月16日,审判分庭驳回了检察官请求。[②] 2019年1月16日,检察官依据《规约》第83(3)(c)(ii)条对审判分庭决定提起上诉,请求暂缓释放二被告人。[③] 2019年1月18日,上诉分庭作出暂缓释放二被告人的决定。[④] 2019年2月1日,上诉分庭判决二被告人变为附条件释放,并列明限制行动地域范围、定期报告义务等八项条件,且上诉分庭有权利调整这些条件。上诉分庭判决二被告人附条件释放的主要原因是,二被告人被指控罪行的严重程度,使之足以产生逃逸的动机。[⑤]

2019年7月16日,审判分庭公布了其认定被告人无罪的原因:尽管检察官提供了大量证据材料,分庭也充分考虑了全部的这些证据,但这些证据材料均无法证明存在关于攻击平民人口的"政

① The Prosecutor v. Laurent Gbagbo and Charles Blé Goudé, Urgent Prosecution's request pursuant to article 81(3)(c)(i) of the Statute, Office of the Prosecutor, 15 January 2019, ICC - 02/11 - 01/15 - 1234.

② The Prosecutor v. Laurent Gbagbo and Charles Blé Goudé, ICC - 02/11 - 01/15 - T - 234 - Eng, Delivery of Decision(Open Session), p. 7, Lines 9 - 14.

③ The Prosecutor v. Laurent Gbagbo and Charles Blé Goudé, Prosecution's Appeal pursuant to article 81(3)(c)(ii) of the Statute and urgent request for suspensive effect, Office of the Prosecutor, 16 January 2019, ICC - 02/11 - 01/15 - 1236.

④ The Prosecutor v. Laurent Gbagbo and Charles Blé Goudé, Decision on the Prosecutor's request for suspensive effect of her appeal under article 81(3)(c)(ii) of the Statute and directions on the conduct of the appeal proceedings', the Appeals Chamber, 16 January 2019, ICC - 02/11 - 01/15 - 1243(OA14).

⑤ The Prosecutor v. Laurent Gbagbo and Charles Blé Goudé, Judgment on the Prosecutor's appeal against the oral decision of Trial Chamber I pursuant to article 81(3)(c)(i) of the Statute, the Appeals Chamber, ICC - 02/11 - 01/15 - 1251 - Red2.

策"或"整体计划",也无法证明二被告人在公开场合的演说构成指挥官命令,以及无法证明二被告人存在命令、招募、引诱他人实施被指控犯罪行为。[①] 2019 年 9 月 16 日,检察官向上诉分庭提交了上诉状,请求推翻审判分庭关于二被告人无罪的认定并撤销该裁决。

二、其他情势的进展

(一)孟加拉国/缅甸情势:初步审查结束,预审分庭授权检察官开始调查

2018 年 9 月 6 日,第一预审分庭裁决法院对驱逐罗辛亚人及其他相关罪行有管辖权;[②]2018 年 9 月 18 日,检察官开始对孟加拉国/缅甸情势进行初步审查[③]。初步审查对象主要是犯罪要件之一发生在《规约》缔约国孟加拉国的有关罪行,并依《规约》第 53(1)条对其全面评估以确定是否继续调查。2019 年 7 月 4 日,检察官申请第三预审分庭授权其 2019 年 10 月 6 日正式开始对该情势进行调查。[④] 2019 年 11 月 14 日,第三预审分庭授权检察官开

① The Prosecutor v. Laurent Gbagbo and Charles Blé Goudé, Reasons for oral decision of 15 January 2019 on the Requête de la Défense de Laurent Gbagbo afin qu'un jugement d'acquittement portant sur toutes les charges soit prononcé en faveur de Laurent Gbagbo et que sa mise en liberté immédiate soit ordonnée, Trial Chamber I, 16 July 2019, ICC – 02/11 – 01/15 – 1263; and Annex B, Public Redacted Version of Reasons of Judge Geoffrey Henderson, ICC – 02/11 – 01/15 – 1263 – AnxB-Red.

② Decision on the Prosecution's Request for a Ruling on Jurisdiction under Article 19(3) of the Statute, Pre-Trial Chamber I, 6 September 2018, ICC-RoC46(3) – 01/18 – 37.

③ See Statement of ICC Prosecutor, Mrs Fatou Bensouda, on opening a Preliminary Examination concerning the alleged deportation of the Rohingya people from Myanmar to Bangladesh, 18 September 2018, https://www.icc-cpi.int/Pages/item.aspx?name=180918-otp-stat-Rohingya.

④ Situation in the People's Republic of Bangladesh/Republic of the Union of Myanmar, Request for authorisation of an investigation pursuant to article 15, Office of the Prosecutor, 04 July 2019, ICC – 01/19 – 7.

始对该情势调查,分庭认为,有合理理由认定存在检察官所主张之驱逐出境和迫害等相关罪行,授权检察官就2010年6月1日起发生的上述罪行及其他罪行进行调查,“其他罪行”需部分犯罪要件发生于孟加拉国或按照《规约》第12(3)条声明接受法院管辖的国家。预审分庭还考察了可受理性问题,分庭指出:一方面,已有资料信息并不存在导致案件不可受理的因素,就本情势而言,受害人人数已有大约60万至100万,无论从行为严重程度还是受害人情况看,都符合可受理标准;另一方面,在调查过程中,参与方仍可就可受理性问题提出申请。①

(二)科摩罗情势:检察官重新审查后,仍决定终结初步审查程序

2013年5月14日,就2010年5月31日以色列袭击加沙地带人道主义救援船队的情势,科摩罗作为船舶登记注册国,请求检察官根据《规约》第12、13条和第14条进行调查,同日,检察官决定开始初步审查。2014年11月6日,检察官以情势不满足《规约》第53条规定的“犯罪的严重程度”为由,决定停止对该情势进行初步审查。② 2017年11月29日,按照上诉分庭决定,③检察官再次审查后仍维持其原决定,即终结对科摩罗

① Situation in the People's Republic of Bangladesh/Republic of the Union of Myanmar, Decision Pursuant to Article 15 of the Rome Statute on the authorization of an Investigation into the Situation in the People's Republic of Bangladesh/Republic of the Union of Myanmar, Pre-Trial Chamber III, 14 November 2019, ICC-01/19-27.

② Situation on Registered Vessels of the Union of the Comoros, the Hellenic Republic and the Kingdom of Cambodia, Decision on the request of the Union of the Comoros to review the Prosecutor's decision not to initiate an investigation, Pre-Trial Chamber I, 16 July 2015, ICC-01/13-34.

③ Situation on Registered Vessels of the Union of the Comoros, the Hellenic Republic and the Kingdom of Cambodia, Decision on the admissibility of the Prosecutor's appeal against the "Decision on the request of the Union of the Comoros to review the Prosecutor's decision not to initiate an investigation", Appeals Chamber, 06 November 2015, ICC-01/13-51, para. 66.

情势初步审查。2018年2月23日,科摩罗再次申请分庭对检察官终结初步审查的决定予以审查,2018年11月15日,分庭做出决定,要求检察官重新审查科摩罗情势停止初步审查的问题;2019年1月18日,检察官就预审分庭的决定提起上诉;2019年9月2日,上诉分庭判决维持了预审分庭的决定,要求检察官于2019年12月2日前重新决定是否恢复科摩罗初步审查,并强调应遵循预审分庭关于适用法律的指引,但按照《规约》及《程序和证据规则》,预审分庭的指引并不能干涉检察官认定事实等方面的裁量,故最终决定是否恢复初步审查仍由检察官决定。[①] 2019年12月2日,检察官重新审查后仍决定终结对科摩罗情势的初步审查。[②]

(三)阿富汗情势:预审分庭决定不予授权检察官开始调查

2017年11月20日,检察官请求第三预审分庭授权对其所指控与阿富汗有关罪行展开调查,2018年3月,阿富汗情势被重新分配给第二预审分庭。2019年4月12日,第二预审分庭决定驳回检察官对于阿富汗情势的调查请求。[③] 预审分庭在认定法院对于阿富汗情势具有管辖权和可受理性的基础上,因对于该情势的调查无助于实现公正而驳回了检察官的调查请求。主要涉及以下问题:

---

① Situation on Registered Vessels of the Union of the Comoros, the Hellenic Republic and the Kingdom of Cambodia, Judgment on the appeal of the Prosecutor against Pre-Trial Chamber I's "Decision on the 'Application for Judicial Review by the Government of the Union of the Comoros'", the Appeals Chamber 2 September 2019, ICC-01/13-98.

② Situation on Registered Vessels of the Union of the Comoros, the Hellenic Republic and the Kingdom of Cambodia, Public with Public Annex 1 Notice of Prosecutor's Final Decision under rule 108(3), as revised and refiled in accordance with the Pre-Trial Chamber's request of 15 November 2018 and the Appeals Chamber's judgment of 2 September 2019, Pre-Trail Chamber I, 2 December 2019, CC-01/13-99.

③ Situation in the Islamic Republic of Afghanistan, Decision Pursuant to Article 15 of the Rome Statute on the Authorisation of an Investigation into the Situation in the Islamic Republic of Afghanistan, Pre-trail Chamber II, 12 April 2019, ICC-02/17-33.

1. 对《规约》第 15 条的解读。分庭指出,检察官对于某情势进行调查的广度应受制于预审分庭的授权范围。检察官仅有权对其调查请求中明确提及的、经分庭授权的事件以及与之存在密切联系的事件进行调查,而无权扩大或者变更其被授权调查的范围,更无权将其请求调查的情势作为一个整体而对全部事件进行调查,否则将严重减损《规约》第 15 条对于检察官自由裁量权的限制作用。

2. 关于管辖权问题,包括属事和属地两方面。属事管辖权方面,检察官指控的战争罪和危害人类罪罪行符合《规约》第 7、8 条规定的犯罪要件。属地管辖权方面,应同时满足两个条件:一是施加酷刑前的捕获行为须发生在阿富汗境内正在进行的武装冲突的场合下且与该武装冲突存在关联,二是施加酷刑的行为须全部或者部分发生在《规约》缔约国境内,从而否定检察官主张二者满足其一即可。美国中央情报局针对受害人的捕获行为发生在阿富汗境外,与当时阿富汗境内正在进行的非国际性武装冲突间缺乏联系,故法院对于这部分行为无权管辖。

3. 符合可受理性的标准。就补充性而言,分庭指出,检察官指控塔利班等反政府武装、阿富汗政府军以及美国武装力量及其中央情报局的犯罪行为,均缺乏有效的国内程序对相关个人进行调查起诉,因此,对于阿富汗情势的调查并不违反国际刑事法院管辖权的补充性原则。就严重性而言,分庭对相关犯罪的性质、受害人数量、犯罪的规模和持续性以及犯罪后果严重性等因素进行考量后,认为符合《规约》第 17(1)(4)条规定的"严重性"标准。

4. 对《规约》第 53(1)(3)条及《程序和证据规则》第 48 条所涉"无助于实现公正"的解读。分庭指出,对于"公正"的解读,须符合法院设立目的——有效惩治最严重国际犯罪,消除有罪不罚现象,防止大规模暴行。对于申请授权进行的调查,"公正"的最低限度要求是,该调查及其后续起诉程序能在合理时间内有效进行,那些不可行的、注定将归于失败的调查,很难符合"公正"要求;法院设立目的不是对所有最严重国际犯罪及情势都进行审判或者审查。基于上述分析,预审分庭判定检察官的调查无助于实现公正:一是相关犯罪发生时间久远,而在此期间检察官并未收集犯罪证据,相关证据已难以通过调查程序获得;二是阿富汗境内复杂和动荡的局势导致法院很难从其有关当局取得合作以逮捕犯罪嫌疑人和收集证据;三是对于阿富汗情势的调查将导致大量占用法院资源,从而影响那些更有可能进入审判程序的情势的调查和起诉工作。

2019 年 6 月,检察官、被害人分别提起上诉。2019 年 9 月 17 日,第二预审分庭作出决定:准许检察官就其前两项主张提起上诉,即分庭是否有必要或可对《规约》第 53(1)(c)条规定的"公正"进行解读、分庭在裁量"公正"时所考虑因素是否存在错误,对于检察官第三项主张即《规约》第 15 条是否限制调查范围,分庭认为该问题并未实质影响决定结果,故未准予上诉。对于被害人提起的上诉,分庭决定不予受理,主要基于:(1)在检察官申请调查阶段,被害人身份并未确认,故现阶段提起请求的人只能视为"潜在被害人";(2)《规约》第 68 条关于被害人的规定,其主旨是被害人得以表达其主张和观点,这种被害人权益的保护需要通过明确规定的方式进行,且从第 68 条并不能得出《规约》第 82(1)条所规定的上诉主体包括被害人或申请授权调查阶段的"潜在被害人";(3)《规约》第 82(4)条在规定被害人的权益时,采取了明确提及的方式,也表明不宜推定第 82(1)条"程序各方"包含被害人或"潜在被害人"。①

(四)巴勒斯坦情势:检察官终结初步审查,提交预审分庭请求授权调查

2019 年 12 月 20 日,检察官依据《规约》第 19(3)条向第一预审分庭提交授权调查的申请,检察官提出,通过对发生在约旦河西

① Situation in the Islamic Republic of Afghanistan, Decision on the Prosecutor and Victims' Requests for Leave to Appeal the "Decision Pursuant to Article 15 of the Rome Statute on the Authorisation of an Investigation into the Situation in the Islamic Republic of Afghanistan", Pre-Trial Chamber II, 17 September 2019, ICC - 02/17 - 62, paras. 18 - 25.

岸和加沙地带的战争罪行的初步审查,可以认定其构成《规约》第53(1)条规定的启动调查程序的合理前提,并且巴勒斯坦已成为《规约》缔约国,法院对发生在巴勒斯坦被占领土上的有关罪行也具有属地管辖权。① 2019 年 12 月 23 日,检察官又补充提交了以色列政府就该情势发布的报告,以色列政府在报告中认为国际刑事法院对该情势无管辖权。② 书记官处分别于 2018 年 11 月 12 日、2019 年 2 月 12 日、2019 年 5 月 13 日及 2019 年 8 月 9 日四次向分庭提交报告,介绍该情势有关被害人及受影响区域的信息及相关外部行动情况。③

(五)委内瑞拉玻利瓦尔共和国情势:预计 2020 年发布属事管辖权审查结果

2019 年,检察官继续就属事管辖权进行评估,按照《规约》第15 条收集来自委内瑞拉国内及国际组织、联合国人权高专办、联合国任意拘禁问题工作组、美洲人权委员会等的相关报告,关注行为涉及谋杀、伤害、剥夺人身自由、酷刑、性犯罪、迫害等。④ 2018年 2 月 8 日,检察官决定对委内瑞拉玻利瓦尔共和国(以下简称委内瑞拉)情势进行初步审查,针对自 2017 年 4 月其该国发生示威和政治动荡期间的有关罪行。⑤

---

① See Situation in the State of Palestine, Prosecution request pursuant to article 19(3) for a ruling on the Court's territorial jurisdiction in Palestine, Office of the Prosecutor, 20 December 2019, ICC – 01/18 – 9.

② See Situation in the State of Palestine, Supplementary information to the Prosecution request pursuant to article 19(3) for a ruling on the Court's territorial jurisdiction in Palestine, Office of the Prosecutor, 23 December 2019, ICC – 01/18 – 10.

③ See Registry's Fifth Report on Information and Outreach Activities Concerning Victims and Affected Communities in the Situation, Registrar, 14 November 2019, ICC – 01/18 – 7.

④ See Report on Preliminary Examination Activities 2019, the Office of the Prosecutor, 5 December 2019, paras. 57 – 83.

⑤ See Report of the International Criminal Court on its activities in 2017/18, A/73/334, paras. 61 – 62.

(六)关于菲律宾情势:退约生效前的行为法院仍有权管辖

菲律宾退出《规约》的声明于 2019 年 3 月 17 日生效,检察官仍继续对此日期前发生的有关罪行开展初步审查,收集和分析来函及公开资料中关于菲律宾政府在“缉毒战”中所涉杀人罪行的信息。

此外,与法院司法活动有关的两项动态也值得关注:一是缔约国大会于 2019 年 12 月 6 日通过了瑞士提案,将“在非国际性武装冲突中断绝平民粮食”(“饥饿战”)定义为战争罪,修正了《规约》第八条;二是 2019 年 10 月 3 日至 4 日,全体法官会议对《法庭实务手册》(Chambers Practice Manual)进行了修订,为分庭的各种审判活动设置期限,并增加了《裁判写作指引》《裁判结构指引》两部分内容。

混合刑事法庭 2019 年实践综述

李梦琦*

混合刑事法庭①是在组成与管辖权方面兼具国际和国家双重性质的法庭,通常在犯罪行为发生地运行。② 其混合性主要体现在成立方式、管辖权、适用法律以及人员组成等方面。这一类法庭的国际实践主要包括:东帝汶特别法庭、科索沃 64 号法令小组、塞拉利昂问题特别法院、波斯尼亚和黑塞哥维纳战争罪分庭、柬埔寨法院特别法庭、黎巴嫩问题特别法庭等。叙利亚国际公正独立机制是根据 2016 年联合国大会决议成立的协助调查机构,为起诉与审判提供证据。

许多混合刑事法庭已经结束使命,停止工作,有些法庭已转入剩余机制以完成少量执行、归档工作,有些法庭仍有案件推进。本文将对塞拉利昂问题特别法院、柬埔寨法院特别法庭、黎巴嫩问题特别法庭和叙利亚国际公正独立机制在 2019 年的主要工作进展进行概述。

---

* 中国政法大学国际法学院国际公法专业 2019 级硕士研究生。

① 混合法庭(Hybrid Courts)目前缺少权威定义,但在联合国的文件中多有列举。学者大多从体现其混合性质的要素方面进行定义。此处所列举的混合法庭为在联合国文件中提到的以及学界广泛认可的混合法庭。叙利亚国际公正独立机制并非混合法庭,而是可以为法庭提供调查证据的国际性调查机构。该机构的建立具有创新性,为方便表述,将其也列举在此。

② See OHCHR, *Maximizing the legacy of hybrid courts*, HR/PUB/08/2, Introduction.

一、柬埔寨特别法庭综述

柬埔寨法院特别法庭(ECCC),又称"红色高棉特别法庭"。其设立目的在于审判柬埔寨红色高棉政权的高级领导人和在1975年至1979年间犯有种族灭绝罪、危害人类罪、战争罪、其他柬埔寨认可的国际公约有关的犯罪和对严重破坏柬埔寨法律的行为负有最大责任的人。

(一)002号案

002号案按照犯罪行为发生的时间划分为002/01号案与002/02号案两个案件,两个案件所指控的事实行为不同,有各自独立的审判和判决。002/02号案中,被审判的两名红色高棉前领导人为民主柬埔寨国民议会前主席、红色高棉副书记农谢(Nuon Chea)和前民主柬埔寨国家元首乔森潘(Khieu Samphan)。

2019年3月28日分庭宣判,判决农谢和乔森潘犯有危害人类罪、严重违反《日内瓦公约》的犯罪和种族灭绝罪。两名被告均被判终身监禁。①

审判分庭认定,被告作为红色高棉高级领导人应对发生在红色高棉时期的大量暴行负责。在这一时期,红色高棉的高级领导人组成了一个"共同犯罪集团"(joint criminal enterprise, JCE),这一集团至少制定实施了以下政策:(1)强迫人口从城镇到农村地区或在农村地区之间流动;(2)建立和运作合作社和工地;(3)建立和运行"安全中心"和执行场所,辨别、逮捕、隔离那些被认为是最严重敌人的人,并对他们进行再教育;(4)针对特定群体的压迫,包括穆斯林少数民族占族人、越南人、佛教徒和前高棉共和国

---

① See ECCC, *Case* 002/02 *Judgement*, 002/19-09-2007/ECCC/TC, 16 November 2018, paras. 4401, 4402.

官员等;(5)强迫性婚姻制度。[①]

在个人刑事责任问题上,审判分庭认为两名被告都是红色高棉的高级领导人,他们在推动红色高棉的共同犯罪中发挥了重要作用,并有着犯罪团体成员共有且必要的直接意图、歧视性意图和特定意图。他们通过共同犯罪集团犯下了:(1)危害人类罪:谋杀,灭绝,驱逐,奴役,监禁,酷刑,基于政治、宗教和种族的迫害,还有以侵犯人类尊严、强迫失踪、强迫转移、强迫婚姻和强迫婚姻形式下的强奸等表现形式的其他不人道行为;(2)种族灭绝罪:杀害越南族裔成员;(3)严重违反《日内瓦四公约》的罪行:谋杀、酷刑、不人道待遇,故意对身体或健康造成巨大痛苦或严重伤害,故意剥夺公平审判的权利,以及在 S21 安全中心非法监禁受《日内瓦四公约》保护的人。[②]

而对于在合作社、工地与安全中心的平民死亡事件,农谢和乔森潘与犯罪团体的共同意图不成立,但是他们将会以帮助和教唆团体成员实施危害人类罪下的杀人罪定罪。[③]

关于针对穆斯林少数民族占族的种族灭绝罪,法院认为没有足够的证据表明农谢和乔森潘满足"共同意图"的要件。但是根据上级责任理论,农谢在犯罪集团内拥有做出决策和号令成员的权力,所以需要对成员的行为负责。法院认定农谢犯有杀害占族和宗教团体成员的种族灭绝罪。[④] 然而,没有证据表明乔森潘帮助或教唆成员实施种族灭绝行为,或是有阻止或惩罚犯罪行为的能力。因此,无论是从教唆、帮助的犯罪形态还是从上级责任的角

---

① See ECCC, *Case* 002/02 *Judgement*, 002/19 - 09 - 2007/ECCC/TC, 16 November 2018, para. 3728.

② See ECCC, *Case* 002/02 *Judgement*, 002/19 - 09 - 2007/ECCC/TC, 16 November 2018, paras. 4198, 4326.

③ See ECCC, *Case* 002/02 *Judgement*, 002/19 - 09 - 2007/ECCC/TC, 16 November 2018, paras. 4199, 4328.

④ See ECCC, *Case* 002/02 *Judgement*, 002/19 - 09 - 2007/ECCC/TC, 16 November 2018, para. 4198.

度检验,乔森潘的种族灭绝罪名都不成立。[①]

农谢于2019年7月1日对审判分庭判决提出上诉。[②] 8月4日,农谢在医院去世。农谢的辩护律师提出了紧急请求,请求法庭终止上诉程序并撤销对农谢的判决,或者在农谢的指定代理人的参与下继续上诉程序。[③] 并提出鉴于法庭《内部规则与规定》没有对这一特殊情况做出指导,上述做法的依据为柬埔寨国内法律和国际标准,并且不与法庭的《内部规则与规定》相违背。[④] 同时建议法庭对这一方面的规则进行补充。[⑤] 2019年11月22日,最高法院分庭宣布中止上诉,但是拒绝了农谢辩护律师的以上请求。[⑥]

(二)004号案

004号案的被告人为奥安(Ao An)、伊沙姆(Im Chaem)和伊姆蒂(Yim Tith),并根据被告人分为004/01号案、004/02号案与004号案,其中004/02号案与004号案都处于对调查法官结案令的上诉阶段。

1. 004/02号案

2018年8月16日,因为对奥安是否符合法庭属人管辖权的条件存在争议,国际和国家联合调查法官针对奥安案分别发布了两

---

① See ECCC, *Case 002/02 Judgement*, 002/19 - 09 - 2007/ECCC/TC, 16 November 2018, para. 4329.

② See ECCC, *Nuon Chea's Notice of Appeal against the Trial Judgement in Case* 002/02, 002/19 - 09 - 2007 - ECCC/TC, 1 July 2019.

③ See ECCC, *Urgent Request Concerning the Impact on Appeal Proceedings of Nuon Chea's Death Prior to the Appeal Judgement*, 002/19 - 09 - 2007 - ECCC/SC, 6 August 2019, para. 89.

④ See *Urgent Request Concerning the Impact on Appeal Proceedings of Nuon Chea's Death Prior to the Appeal Judgement*, 002/19 - 09 - 2007 - ECCC/SC, 6 August 2019.

⑤ See ECCC, *Urgent Request Concerning the Impact on Appeal Proceedings of Nuon Chea's Death Prior to the Appeal Judgement*, 002/19 - 09 - 2007 - ECCC/SC, 6 August 2019, para. 89.

⑥ See ECCC, *Decision on Urgent Request concerning the Impact on Appeal Proceedings of Nuon Chea's Death prior to the Appeal Judgement*, 002/19 - 09 - 2007 - ECCC/SC, 22 November 2019, para. 87.

个结案令。这是分庭历史上第一次面临同一司法机构发布两个相互冲突的结案令的情况。2019 年 12 月 19 日,在经过庭前听证会与长期的案卷审查后,预审分庭得出结论:联合调查法官同时发布两个相互矛盾的结案令是非法的,这破坏了法庭法律框架的基础。① 因为联合调查是法庭的一项基本法律原则,②根据柬埔寨法院特别法庭的法律和《内部规则与规定》,联合调查法官仅能在达成共识的基础上提出异议。③

国家联合调查法官认为,国际联合调查法官的调查结果不实、适用法律有误并与此前出的结论矛盾④。对两个相互矛盾的结案令处理方法是法律上的空白,⑤所以相关法律都应被解释为有利于被告。⑥ 而国际联合调查法官认为自己的调查完全符合法庭的法律,国家联合调查法官错误地行使了发布单独和矛盾的结案令的权力,该结案令是无效的。⑦ 最终,根据法庭《内部规则与规定》第 77 条第 13 款,由于国家联合调查法官的撤诉令在预审分庭未得到四个及以上赞成票,国际联合调查法官的起诉书未被撤销,奥安将据此被起诉。⑧

---

① See *Considerations on Appeals against Closing Orders*,004/2/07 – 09 – 2009 – ECCC/OCIJ(PTC60),19 December 2019,para. 302.

② See ECCC,*Considerations on Appeals against Closing Orders*,004/2/07 – 09 – 2009 – ECCC/OCIJ(PTC60),19 December 2019,para. 103.

③ See ECCC,*Considerations on Appeals against Closing Orders*,004/2/07 – 09 – 2009 – ECCC/OCIJ(PTC60),19 December 2019,para. 120.

④ See *Considerations on Appeals against Closing Orders*,004/2/07 – 09 – 2009 – ECCC/OCIJ(PTC60),19 December 2019,para. 293.

⑤ See ECCC,*Considerations on Appeals against Closing Orders*,004/2/07 – 09 – 2009 – ECCC/OCIJ(PTC60),19 December 2019,para. 295.

⑥ See *Considerations on Appeals against Closing Orders*,004/2/07 – 09 – 2009 – ECCC/OCIJ(PTC60),19 December 2019,paras. 296 – 301.

⑦ See *Considerations on Appeals against Closing Orders*,004/2/07 – 09 – 2009 – ECCC/OCIJ(PTC60),19 December 2019,paras. 317 – 326.

⑧ See ECCC,*Considerations on Appeals against Closing Orders*,004/2/07 – 09 – 2009 – ECCC/OCIJ(PTC60),19 December 2019,para. 694.

2. 004 号案

2015 年 12 月 9 日,国际联合调查法官认为 004 号案中伊姆蒂(Yim Tith)犯有种族灭绝罪、危害人类罪和严重违反《日内瓦公约》的罪行。① 2018 年,联合调查法官共同签署了一项命令,终止了 004 号案中的调查工作。自此,联合调查法官的所有调查结束。目前,国家与国际联合检察官、被告律师正在对这两个不同的结案令提起上诉。②

国家联合法官在结案令中提出,法庭只对红色高棉时期的最高领导人或对罪行负最大责任的人行使管辖权,而伊姆蒂的参与没有主动计划,参与程度不高,并且与正常部门或地区领导的执法政策相似。如果不执行政策,他将会遭到杀害。因此法庭对他没有管辖权。③ 而国际联合法官则认为伊姆蒂的罪行涉及种族灭绝罪、其他危害人类罪、战争罪,以及国内法规定的杀人罪。被告在暴行中都起到了重要作用,他完全接受了非人道的核心思想并付诸实施,伊姆蒂应当受法庭管辖。④

二、黎巴嫩问题特别法庭

黎巴嫩问题特别法庭(The Special Tribunal for Lebanon)是根据联合国安理会第 1664(2006)号决议,⑤由联合国与黎巴嫩共和国通过协定设立的。它的主要职责是对 2005 年 2 月 14 日袭击黎

---

① See ECCC, *Statement of the International Co-Investigating Judge regarding Case* 004. 9 December 2015.

② See ECCC, *Decision on Yim Thith's Request that the Pre-Trial Chamber Order the Urgent Provision of an Accurate English Translation of the Order Dismissing the Case against Yim Tith and Suspend the Closing Order Appeal Time Limits*, 004/07 – 09 – 2009 – ECCC/OCIJ (PTC61), 26 September 2019, para. 3.

③ See *Summary by the National Co-Investigating Judge*, available at https://www.eccc.gov.kh/en/articles/co-investigating-judges-issue-two-separate-closing-orders-case-against-yim-tith.

④ See *Closing Order*, 004/07 – 09 – 2009 – ECCC-OCIJ, 28 June 2019, paras. 992 – 999.

⑤ 参见联合国安理会决议:《设立黎巴嫩国际法庭事宜》,S/RES/1664(2006)。

巴嫩前总理拉菲克·哈里里(Rafik Hariri)等人事件的所有责任人进行审判。

(一)司法实践

2018 年,法庭已经完成了对阿亚什案[Ayyash et al.(STL–11–01)]的审理工作,目前尚未宣判。2019 年,与前案有关的 STL–18–10 号案有重要进展。该案涉及与萨利姆·贾米勒·阿亚什(Salim Jamil Ayyash)有关的针对马尔万·哈马德(Marwan Hamade)、乔治·哈维(Georges Hawi)和埃利亚斯·艾尔·穆尔(Elias El-Murr)的三起袭击。预审法官确认了检方针对阿亚什五项罪名的起诉(谋划实施恐怖活动,组织犯罪团体进行恐怖活动,实施恐怖行动、预谋故意杀人罪、预谋故意杀人未遂)。[①] 2019 年 9 月 16 日预审法官公开了该案的起诉书。起诉书中,检方通过电子证据证明阿亚什与已经在爆炸中身亡的同伙穆斯塔法·阿迈·巴德定(Mustafa Amine Badreddine)通过多个移动通讯网络参与策划、准备和执行针对上述官员的刺杀行动。[②] 与此同时,预审分庭法官向黎巴嫩共和国政府[③]与国际社会[④]发布了对阿亚什的逮捕令,呼吁邀请包括黎巴嫩之内的各国逮捕阿亚什并移送至黎巴嫩问题特别法庭。

本案将可能涉及缺席审判程序。根据黎巴嫩法律、《黎巴嫩问题特别法庭规约》(以下简称《规约》)和《程序和证据规则》(以下简称《规则》),法庭允许缺席审判,但有一定条件和程序限制。只

---

① See *Prosecutor v. Salim Jamil Ayyash*, *Public Redacted Indictment*, STL–18–10–I–PTJ, 14 June 2019, para. 1.

② See *Prosecutor v. Salim Jamil Ayyash*, *Public Redacted Indictment*, STL–18–10–I–PTJ, 14 June 2019.

③ See *Warrant to Arrest Mr. Salim Jamil Ayyash Including Transfer and Detention Request*, STL–18–10/I/PTJ, 20 June 2019.

④ See *International Warrant to Arrest Mr. Salim Jamil Ayyash Including Transfer and Detention Request*, STL–18–10/I/PTJ, 20 June 2019.

有在书面明确表示放弃出庭权利、有关国家当局未将被告人移交法庭和被告人失踪的情况下才可以缺席审判。但法庭同时赋予了被告人充分的上诉权利。[①] 在被告人失踪的情况下,法庭庭长可以在咨询预审法官后决定公告对被告人的起诉情况与逮捕令。若30日内被告人仍未归案,[②]在预审法官提出申请后,审判分庭与法庭庭长协商确定案件情况已符合《规约》第22条与《规则》第106条后,可以进行缺席审判。[③] 根据以上规定,2019年9月24日黎巴嫩问题特别法庭庭长伊万娜·赫德利科娃法官(Judge Ivana Hrdličková)下令公告送达起诉书。[④] 但由于30天后被告仍未找到,法庭庭长宣布组建STL-18-10号案的审判分庭。[⑤] 2019年12月2日,该分庭决定于12月13日召开公开听证会,决定是否对阿亚什进行缺席审判。[⑥]

(二)重要文件

2019年4月10日,法官全体会议批准了《规则》的六项拟议规则修正案,该修正案于2019年4月25日生效。修正案对判决、量刑程序和上诉判决,以及证人和受害者待遇的规定进行了修改。[⑦]

---

① See STL, *Statute of the Special Tribunal for Lebanon*, S/RES/1757(2007), Art. 22.

② See STL, *Rules of Procedure and Evidence*(*amended on* 10 *April* 2019), STL-BD-2009-01-Rev. 10, 10 April 2019, Rule 76.

③ See STL, *Rules of Procedure and Evidence* (*amended on* 10 *April* 2019), STL-BD-2009-01-Rev. 10, 10 April 2019, Rule 106.

④ See *Prosecutor v. Salim Jamil Ayyash*, *Order Pursuant to Rule* 76(*E*), STL-18-10/I/PRES, 24 September 2019.

⑤ See *Prosecutor v. Salim Jamil Ayyash*, *Order Convening Trial Chamber* Ⅱ, STL-18-10/I/PRES, 6 November 2019.

⑥ See *Prosecutor v. Salim Jamil Ayyash*, *Scheduling Order in Respect of Rule* 106 *of the Rules of Procedure and Evidence*, STL-18-10/I/TC, 2 December 2019.

⑦ See *Rules of Procedure and Evidence* (*amended on* 10 *April* 2019), STL-BD-2009-01-Rev. 10, 10 April 2019.

三、塞拉利昂问题特别法庭剩余机制

塞拉利昂问题特别法庭(Special Court for Sierra Leone, SCSL)是2000年联合国应塞拉利昂政府的请求成立的国际性法庭,这是世界上第一个"混合"刑事法庭。2013年,塞拉利昂问题特别法庭成为第一个完成授权任务并过渡到剩余机制的法庭。塞拉利昂特别法庭剩余机制(Residual Special Court for Sierra Leone, RSCSL)负责继续履行特别法庭在2013年关闭后的法律义务。这些义务包括证人保护,刑罚执行以及SCSL档案的管理等。①

2019年10月2日,剩余机制出版了《承担最大责任:塞拉利昂问题特别法庭精选判例》②。这是塞拉利昂问题特别法庭判决总结的电子版本,可供阅读者根据罪名、案件、事实、地点和法律分析进行检索,为研究者进行法律分析提供帮助。

四、叙利亚国际公正独立机制

2016年12月21日,联合国大会通过了第71/248号决议,建立了协助调查和起诉自2011年3月以来在阿拉伯叙利亚共和国境内犯下国际法所规定最严重罪行者的国际公正独立机制(International, Impartial and Independent Mechanism to Assist in the Investigation and Prosecution of Persons Responsible for the Most Serious Crimes under International Law Committed in the Syrian Arab Republic since March 2011)。该机制的任务是"收集、整理、

---

① See *the Residual Special Court for Sierra Leone Agreement* (*Ratification*) *Act*, 1 Feb. 2012.

② RSCSL, *Bearing the Greatest Responsibility*: *Select Jurisprudence of the Special Court for Sierra Leone*, 2 Oct. 2019, available at http://rscsl.org/Documents/RSCSL_Jurisprudence.pdf.

保存和分析违反国际人道主义法行为和侵犯践踏人权行为的证据,建立档案,以便依照国际法,协助和加速由对这些罪行拥有管辖权或今后可能拥有管辖权的国家、区域或国际法院或法庭根据国际法标准进行公正和独立的刑事诉讼。”①叙利亚国际公正独立机制是证据调查机构,而非审判机构。

2019年2月13日,国际公正独立机制向联合国大会提交了第三次报告。报告概括描述了国际公正独立机制取得的工作进展,其成果主要体现在以下方面:(1)发挥了资料中心的作用,保管有关发生在叙利亚境内的罪行的信息和证据;(2)能够整合零散证据,开展有针对性的调查以填补证据缺口;(3)建立了多个合作框架,与国家、国际组织以及民间社会组织的合作得到加强。②

2019年8月2日,国际公正独立机制提交的第四次报告主要阐述了以下进展:(1)证据收集的数量增加,对于证据的分析和调查能力得到提升;(2)能够对核心罪行进行结构调查,对司法机构的援助请求做出更快答复;(3)制定了以幸存者为中心的工作办法,充分反映受害群体的利益。报告最后说明,国际公正独立机制正在逐步得到国际社会的承认和利用,希望能够继续加强与各国、各机构的合作。③

---

① 联合国大会决议:《协助调查和起诉自2011年3月以来在阿拉伯叙利亚共和国境内犯下国际法所规定最严重罪行者的国际公正独立机制》,A/RES/71/248(2016),第4段。

② 参见联合国大会报告:《协助调查和起诉自2011年3月以来在阿拉伯叙利亚共和国境内犯下国际法所规定最严重罪行者的国际公正独立机制的报告》,A/73/741。

③ 参见联合国大会报告:《协助调查和起诉自2011年3月以来在阿拉伯叙利亚共和国境内犯下国际法所规定最严重罪行者的国际公正独立机制的报告》,A/74/313。

2019年刑事法庭余留事项国际处理机制工作综述

赵 鹏*

2019年，刑事法庭余留事项国际处理机制(以下简称余留机制)继续完善组织工作，推进司法工作，从而努力确保大部分司法工作于2020年年底前完成。① 具体而言，在2019年，新的余留机制主席就职，余留机制继续进行法官的选举和任命工作。此外，余留机制于2019年对于"卡拉季奇上诉案"和"恩吉拉巴图瓦雷复审案"作出判决，受理"恩吉拉巴图瓦雷藐视法庭案"，并且继续推进"斯坦尼希奇和西马托维奇案"、"姆拉迪奇上诉案"和"图里纳博等五人藐视法庭案"的审理工作。以下分别就上述案件在2019年取得的进展进行介绍。

一、上诉案件

(一)卡拉季奇案

在"卡拉季奇案"中，前南斯拉夫问题国际刑事法庭(以下简称前南刑庭)检察官对于被告人拉多万·卡拉季奇(Radovan

---

* 中国政法大学国际法学院国际公法专业2019级博士研究生。

① S/2019/888, paras. 140 – 142.

Karadžić)共提出11项指控,指控卡拉季奇因在波黑境内的萨拉热窝、斯雷布雷尼察等几十处市镇对于波黑波斯林和波黑克族人实施谋杀、迫害、强迫转移、驱逐出境和酷刑等行为而犯下灭绝种族罪、危害人类罪和战争罪。前南刑庭检察官在其起诉书的附件中添加明细表,该明细表以时间为轴线,对于被告人卡拉季奇被指控的犯罪行为、犯罪行为发生的时间和地点进行了详细列举,共涉及99个犯罪事件。[①] 2016年3月24日,前南刑庭审判分庭就"卡拉季奇案"作出审判判决。该审判判决认定,被告人卡拉季奇通过以下共同犯罪集团(Joint Criminal Enterprises, JCE)实施灭绝种族罪、危害人类罪和战争罪:(1)首要共同犯罪集团(Overarching JCE),该集团旨在在波黑境内将波黑穆斯林和波黑克族人永久驱逐出波黑塞族人宣称拥有的土地;(2)萨拉热窝共同犯罪集团(Sarajevo JCE),该集团旨在在萨拉热窝通过狙击和炮轰的手段在平民之间散布恐慌;(3)斯雷布雷尼察共同犯罪集团(Srebrenica JCE),该集团旨在在斯雷布雷尼察消灭波黑穆斯林;(4)扣押人质共同犯罪集团(Hostages JCE),该集团为阻止北约空袭而扣押联合国人员作为人质。此外,前南刑庭审判分庭判定,被告人卡拉季奇作为上级亦应对其部下所犯特定罪行承担刑事责任。据此,前南刑庭审判分庭判处被告人卡拉季奇40年监禁。[②] 该审判判决作出后,本案控辩双方均依据《过渡安排》第2条第2款的规定,向余留机制上诉分庭提起上诉;并且分别于2016年12月5日和2016年12月23日向余留机制上诉分庭提交上诉陈述,[③]均于2017年3月15日提交答辩陈述,[④]分别于2017年4月6日和2017年4月

① See the *Prosecution's marked-up indictment*(IT - 95 - 5/18 - PT),19 October 2009.

② See the *Trial Judgement Summary for Radovan Karadžić*,24 March 2016.

③ See the *Book of Authorities for Prosecution Appeal Brief* (MICT - 13 - 55 - 0235), *Radovan Karadzic's Appeal Brief* (MICT - 13 - 55 - 0249/1).

④ See the *Book of Authorities for Prosecution Response Brief* (MICT - 13 - 55 - 0301), *Radovan Karadzic's Response Brief* (MICT - 13 - 55 - 0299/2).

19日提交复辩陈述。[①] 被告人卡拉季奇在其所提交的上述陈述中共提出50项上诉理由(Appeal Grounds),第1项至第46项上诉理由关乎定罪,第47项至第50项上诉理由关乎量刑。检察官则在其上述陈述中共提出4项上诉理由,第1项至第3项上诉理由关乎定罪,第4项上诉理由关乎量刑。[②] 2018年4月23日至24日,余留机制上诉分庭就该案件完成上诉听讯。[③] 在此之后,余留机制上诉分庭对于该案件进行了审议并进行了判决书的起草工作。[④]

2019年3月20日,余留机制上诉分庭就"卡拉季奇案"作出上诉判决。该上诉判决支持了被告人卡拉季奇提出的第31项上诉理由中的部分主张,并且支持了检察官提出的第4项上诉理由。被告人卡拉季奇在其提出的第31项上诉理由中指出,前南刑庭审判分庭对于检察官在其起诉书附件的"明细表"列举的全部99个犯罪事件中的36个犯罪事件的认定,仅依据"未经质证的证据"或者使得此类证据在案件的事实认定中发挥着决定性的作用,前南刑庭审判分庭的此种做法是错误的。[⑤] 具体而言,被告人卡拉季奇指出,前南刑庭审判分庭对于"未经质证的证据"的错误使用主要表现为以下两种形式:一是对于《前南刑庭规约》第92条之二规定的"书面证言"的错误使用;二是对于《前南刑庭规约》第94条规定的"既判力事实"的错误使用。被告人卡拉季奇就此进一步指出,依据《前南刑庭规约》第92条之二的规定,未经质证的书面

① See the *Book of Authorities for Prosecution Reply Brief* (MICT - 13 - 55 - 0319), *Radovan Karadzic's Reply Brief*(MICT - 13 - 55 - 0316/3).

② See the *Book of Authorities for Prosecution Appeal Brief* (MICT - 13 - 55 - 0235), *Radovan Karadzic's Appeal Brief* (MICT - 13 - 55 - 0249/1).

③ Available at https://www.irmct.org/en/cases/mict - 13 - 55(last visited 30 December 2019).

④ 关于"卡拉季奇案"的详细介绍,参见赵鹏:《国际刑事法庭余留机制2018年实践综述》,载《中国国际法年刊(2018)》,法律出版社2019年版,第631~633页。

⑤ See the *Radovan Karadzic's Appeal Brief*(MICT - 13 - 55 - 0249/1), 23 December 2019, p. 153.

证言不能够用于证明被告人的犯罪行为存在与否;依据《前南刑庭规约》第94条的规定,对于在法庭其他程序中已经获得认定的"既判力事实",法庭在另案程序中仅应对于相关事实给予"司法注意",而非使其在认定被告人是否犯罪的过程中发挥决定性的作用;此外,依据前南刑庭在其审理的"波波维奇案"、"乔尔杰维奇案"和"斯塔蒂奇案"中作出的判决可知,法庭不能够仅依据"未经质证的证据"认定被告人犯罪的事实或者使得此类证据在此种认定中发挥决定性的作用。① 综上而言,被告人卡拉季奇对于证明其有罪的部分证据的证据能力和证明力均提出质疑。对此,余留机制上诉分庭认定,《前南刑庭规约》第21(4)(e)条规定的被告人"审问或指定别人审问证明其有罪的证人"的权利不容侵犯,也即法庭原则上不应当仅依据"书面证言"和"既判力事实"等"未经质证的证据"判定被告人有罪,或者使得此类证据在判定被告人有罪的程序中发挥决定性的作用。② 据此,余留机制上诉分庭支持了卡拉季奇的部分主张,从而推翻了审判判决对于被告人卡拉季奇部分犯罪事实的认定,也即其在检察官提交的"详情单"所列举的第B.13.1号事件、第B.20.4号事件、第C.22.5号事件和第C.27.5号事件中部分犯罪事实的认定以及其在第E.11.1号事件中全部犯罪事实的认定。除此5个事件之外,对于被告人卡拉季奇提出的其在其他31个事件中亦不能够被证明实施犯罪的主张,余留机制上诉分庭予以驳回;原因在于,余留机制上诉分庭查明,前南刑庭审判分庭对于相关犯罪事件的认定并未仅依据或者主要依据"未经质证的证据",或者被告人卡拉季奇无法提供证据证明前南刑庭审判分庭错误使用"未经质证的证据"的事实。③ 除定罪事项之外,就检察官在其第4项上诉理由中提出的前南刑庭审判

① See the *Radovan Karadzic's Appeal Brief* (MICT - 13 - 55 - 0249/1), 23 December 2019, pp. 154 - 156.

② See the *Appeal Judgement* (MICT - 13 - 55 - A), 20 March 2019, para. 449.

③ See the *Appeal Judgement* (MICT - 13 - 55 - A), 20 March 2019, paras. 452, 453.

分庭对于被告人卡拉季奇量刑过轻的主张,余留机制上诉分庭指出:尽管其上诉判决推翻了前南刑庭审判判决对于被告人部分罪行的认定,但是此对于被告人卡拉季奇量刑的影响相较于其所的极其严重的罪行而言微不足道;被告人卡拉季奇作为波黑塞族共和国及其军事力量的最高领导,对于上述四个共同犯罪集团的犯罪行为的实施发挥着统领和实质性的作用;同时,该四个共同犯罪集团实施的相关犯罪行为极具残暴性、规模性和系统性,导致相关犯罪行为催生大量受害者,并且幸存受害者遭受着犯罪的持续性影响。① 综合考虑以上因素,余留机制上诉分庭决定判处卡拉季奇终身监禁。该上诉判决作出后,卡拉季奇于 2019 年 3 月 28 日就对其作出的终身监禁的判决提起上诉。② 2019 年 4 月 2 日,余留机制主席阿吉乌斯法官作出决定,指出《余留机制规约》和《余留机制程序和证据规则》均无相关规定为"就上诉判决而进行上诉"的行为提供法律基础,因此,决定驳回卡拉季奇的上诉申请。③

(二)姆拉迪齐案

2017 年 11 月 12 日,前南刑庭审判分庭判决拉特科·姆拉迪奇(Ratko Mladić)犯下灭绝种族罪、危害人类罪和战争罪,判处其终身监禁。④ 对于该审判判决,"姆拉迪齐案"控辩双方均于 2018 年 3 月 22 日向余留机制上诉分庭提起上诉,⑤并于 2018 年 8 月 6 日至 2018 年 11 月 29 日间分别向余留机制上诉分庭提交诉状、答

---

① See the *Appeal Judgement* (MICT - 13 - 55 - A),20 March 2019,para. 776.

② See the *Radovan Karadzic's Notice of Sentencing Appeal* (MICT - 13 - 55 - 0664),28 March 2019.

③ See the *Decision on Radovan Karadzic's Notice of Sentencing Appeal*(MICT - 13 - 55 - 0666/1),2 April 2019.

④ See the *Trial Judgement Summary for Ratko Mladić*,22 November 2017.

⑤ See the *Case Information Sheet of Mladić Case*(IT - 09 - 92), available at http://www.icty.org/x/cases/mladic/cis/en/cis_mladic_en.pdf(last visited 10 December 2018).

辩状和复辩状等书状。[①] 至此，“姆拉迪奇案”中的“上诉陈述程序”完成。此后，被告人姆拉迪奇依据《余留机制程序和证据规则》规则 142 关于“补充证据”的规定，于 2018 年 12 月 31 日连续向余留机制上诉分庭提出五项补充证据的动议。[②]

进入 2019 年，余留机制检察官办公室针对被告人姆拉迪奇提出的上述五项动议向余留机制上诉分庭提出紧急动议，请求余留机制上诉分庭驳回该五项动议。[③] 同日，被告人姆拉迪奇针对上述检察官的动议进行答复。双方争议的焦点问题为：姆拉迪奇申请补充证据的时间是否超出《余留机制程序和证据规则》规则 142 规定的“提交复辩状后 30 日内”的时间限制。对此，姆拉迪奇认为，其提交动议的时间为 2018 年 12 月 31 日，该时间点处于答辩状提交之日也即 2018 年 11 月 29 日后的 30 个工作日内，因此，其提及补充证据的动议的时间并不违反《余留机制程序和证据规则》规则 142 规定的时间限制。[④] 然而，检方指出，被告人姆拉迪奇提交的许多证据材料并未被翻译为余留机制的工作语文，[⑤]而依据《关于上诉程序要求的实践指南》第 12 段的规定，案件的检方或者辩方在依据《余留机制程序和证据规则》规则 142 的规定补充证据时，应当将相关证据材料翻译为余留机制的工作语文进行提交。[⑥] 因此，检方认为，被告人卡拉季奇提交的证据材料的语言形

---

① 控辩双方提交书状的具体时间，详见赵鹏：《国际刑事法庭余留机制 2018 年实践综述》，载《中国国际法年刊(2018)》，法律出版社 2019 年版，第 672 页。

② See the *Notice of Filing as to: Ratko Mladic's First Motion to Admit Additional Evidence-International Witnesses* (MICT – 13 – 56 – 0231/2), 1 February 2019, para. 1.

③ See the *Urgent Prosecution Motion to Strike Ratko Mladić's Motions to Admit Additional Evidence* (MICT – 13 – 56 – 0234), 9 January 2019.

④ See the *Ratko Mladic's First Motion to Admit Additional Evidence-International Witnesses* (MICT – 13 – 56 – 0231/1), 31 December 2018, para. 1.

⑤ 依据《余留机制程序和证据规则》规则 3(A)的规定，余留机制的工作语文为英语和法语。

⑥ See the *Urgent Prosecution Motion to Strike Ratko Mladić's Motions to Admit Additional Evidence* (MICT – 13 – 56 – 0234), 9 January 2019.

式不符合《余留机制程序和证据规则》规则 142 的规定。

负责处理上述争议事项的余留机制上诉预审法官对于检方主张的上述法律依据予以确认,但是鉴于距离《余留机制程序和证据规则》规则 142 规定的 30 日的时限期满仍有几天时间,余留机制书记官处依据《余留机制程序和证据规则》规则 3(E)的规定对于被告人卡拉季奇补充提交的部分较为简短的证据材料完成翻译工作仍有可能,因此,余留机制上诉预审法官仅部分支持了检方的主张;对于被告人卡拉季奇提交的其他较为冗长的证据材料,出于保证诉讼效率的考虑,该上诉预审法官要求被告人卡拉季奇对于其提交的相关的证据材料进行精简,也即将相关证据材料中与其主张直接相关的部分提炼出来交由余留机制书记官处进行翻译。[①] 此后,被告人卡拉季奇依据余留机制预审法官作出的上述决定对于其申请补充提交的相关证据材料进行了精简,并于 2019 年 4 月 29 日通知余留机制上诉分庭相关证据材料的翻译工作全部完成。[②] 此后,余留机制检察官于 2019 年 5 月 24 日就被告人卡拉季奇补充提交的相关证据材料进行了答辩,被告人卡拉季奇于 2019 年 6 月 28 日对于检察官的答辩进行了复辩。本案控辩双方提交证据完成后,2019 年 12 月 16 日,余留机制上诉分庭发布命令,将“姆拉迪奇案”的上诉听讯定于 2020 年 8 月 25 日至 26 日进行。[③]

二、复审案件

2019 年,余留机制就其管辖的唯一复审案件“恩吉拉巴图瓦

---

① See the *Decision on Urgent Prosecution Motion to Strike Ratko Mladić's Motions to Admit Additional Evidence* (MICT – 13 – 56 – 0241), 22 January 2019.

② See the *Second Notice of Filing of Translations Relating to: Ratko Mladić's First Motion to Admit New Evidence Pursuant to Rule* 142 – *Sarajevo Segment*(MICT – 13 – 56 – 0230/3), 24 April 2019, para. 7.

③ See the *Scheduling Order for the Hearing of the Appeals*(MICT – 13 – 56 – 0291/1), 16 December 2019.

雷案”继续进行审理并且作出判决。奥古斯丁·恩吉拉巴图瓦雷(Augustin Ngirabatware)为卢旺达大屠杀期间卢旺达规划部部长,其早在2012年12月20日便被卢旺达问题国际刑事法庭(以下简称卢旺达刑庭)审判分庭判决犯下灭绝种族罪,煽动、协助、教唆灭绝种族罪和危害人类罪,并被判处35年监禁。[①] 其后,余留机制上诉分庭依据《过渡安排》第2条第2款的规定负责该案件的上诉审理,并于2014年12月18日作出上诉判决。该上诉判决推翻了审判判决作出的恩吉拉巴图瓦雷犯下危害人类罪的认定,同时确认了审判判决认定的恩吉拉巴图瓦雷犯下的其他罪行,并将其刑期减为30年。[②] 2016年7月8日,恩吉拉巴图瓦雷向余留机制上诉分庭提交其申请对于该上诉判决进行复审的动议。恩吉拉巴图瓦雷在该动议中指出:在审判判决中对于其犯下煽动、协助、教唆灭绝种族罪的认定起着关键作用的4名代号分别为ANAE、ANAM、ANAN和ANAT的证人在上诉判决作出后撤回了其指控被告人犯下上述罪行的证言;依据《余留机制规约》第24条和《余留机制程序和证据规则》规则146关于申请复审的条件的规定,被告人有权申请余留机制上诉分庭复审。对于被告人恩吉拉巴图瓦雷提出的该动议,余留机制检察官指出,因为上述4名被告人撤回其证言的事件十分可疑,且因为该4名证人撤回其证言的行为将直接关系到被告人恩吉拉巴图瓦雷构成相关犯罪与否,因此余留机制检察官同意举行关于证据问题的听讯,以查明上述4名被告人所谓“撤回”其证言的可信性。[③]

2019年9月16日至24日,该复审案件的听讯程序进行。此前,在余留机制上诉分庭于2018年10月3日征求控辩双方关于举行听讯时间的建议时,控辩双方均指出,考虑到马克西米利安·

---

① See the *Deposition in the Trial Judgement*(*ICTR* – 99 – 54),20 December 2012.

② See the *Appeal Judgement Summary*(*ICTR* – 99 – 54),18 December 2014.

③ See the *Prosecution Response to Motion for Review of Judgement*(MICT – 12 – 29 – R),19 September 2016,paras. 2,3.

图里纳博(Maximilien Turinabo)等人藐视法庭的案件与本案密切相关,在完成对于图里纳博等人藐视法庭案的审理之后举行本案的听讯程序将更有利于查明本案的事实。[①] 2019年7月22日,余留机制上诉分庭发布命令决定于2019年9月16日至27日间举行听讯。2019年8月9日,检方针对上述命令向余留机制上诉分庭提起紧急动议,并于同日向余留机制提交指控恩吉拉巴图瓦雷犯有藐视法庭罪的起诉书。[②] 检方在其上述动议中指出,恩吉拉巴图瓦雷本人和图里纳博等人涉嫌藐视法庭案的判决结果与本案复审听讯关注的证据问题存在直接关联,因此,余留机制上诉分庭在当前阶段举行本案的复审听讯将不能够排除被告人恩吉拉巴图瓦雷提交其通过威胁或者贿赂的手段获取的非法证据,而这显然与正当司法不符。[③] 2019年8月20日,余留机制上诉分庭针对检方的上述紧急动议作出决定,余留机制上诉分庭在该决定中指出,将本案的复审听讯延迟到相关的藐视法庭案件完结之后将侵害被告人恩吉拉巴图瓦雷享有的在"接受审判时没有不当的拖延"的权利;[④]同时,也不利于余留机制司法资源的有效利用;此外,卢旺达刑庭上诉分庭清楚地表明,藐视法庭案件的程序独立于和附属于主案件的程序,二者之间可同时进行以免对于藐视法庭案件的审理延误主案件被及时和有效地完结。[⑤] 因此,余留机制上诉分庭驳回检方的紧急动议。

本案复审听讯完成后,余留机制上诉分庭于2019年9月27日作出复审判决。余留机制上诉分庭在其作出的复审判决中指

① See the *Order for Submissions*(MICT – 12 – 29 – R),8 November 2018.

② See the *Urgent Prosecution Motion for Postponement of the Review Hearing*(MICT – 12 – 29 – 0454/1),9 August 2019.

③ See the *Urgent Prosecution Motion for Postponement of the Review Hearing*(MICT – 12 – 29 – 0454/1),9 August 2019.

④ 参见《余留机制规约》第19条第4款(c)项的规定。

⑤ See the *Decision on Prosecution Request to Postpone the Review Hearing*(MICT – 12 – 29 – R),20 August 2019.

出,被告人恩吉拉巴图瓦雷不能够提供证据证明上述 4 名证人撤回其证言的行为出于其本意(truthfully recanted),有证据显示该 4 名证人撤回其证言的行为受到金钱贿赂的驱使和精心的策划;此外,更是有其中两名证人在复审听讯中宣布放弃其撤回的证言的行为,确认其在审判程序中所作证言的真实性。① 因此,余留机制上诉分庭一致驳回恩吉拉巴图瓦雷的复审主张,全部维持上诉判决对于恩吉拉巴图瓦雷的定罪和量刑判决。② 2019 年 10 月 11 日,恩吉拉巴图瓦雷向法庭申请对于上述复审判决进行重新审议。③ 2019 年 10 月 17 日,余留机制检察官对于该重新审议的申请作出答复,认为法庭无权对于最终的判决再次进行审议。④ 目前,余留机制尚未对于该事项作出决定。

三、审判案件

"斯坦尼希奇和西马托维奇案"为余留机制目前正在审理的唯一审判案件。该案两名被告人约维察·斯塔尼希奇(Jovica Stanišić)和弗兰科·西马托维奇(Franko Simatović)分别为塞尔维亚国家安全部门的负责人和雇员,其均被前南刑庭检察官办公室指控犯有危害人类罪和战争罪。2013 年 5 月 30 日,前南刑庭审判分庭判决该两名被告无罪释放。⑤ 2013 年 6 月 28 日,前南刑庭检察官针对该审判判决向前南刑庭上诉分庭提起上诉,前南刑庭上诉分庭于 2015 年 12 月 15 日判决重审此案。⑥ 其后,余留机制审

---

① See the *Review Judgement* (MICT - 12 - 29 - 0511/1), 27 September 2019, paras. 35 - 43.

② See the *Review Judgement* (MICT - 12 - 29 - 0511/1), 27 September 2019, para. 65.

③ See the *Motion for Reconsideration of Review Judgement* (MICT - 12 - 29 - 0523/1), 11 October 2019.

④ See the *Prosecution Response to Motion for Reconsideration of Review Judgement* (MICT - 12 - 29 - 0527), 17 October 2019, para. 1.

⑤ See the *Judgement Summary for Jovica Stanišić and Franko Simatović*, 30 May 2013.

⑥ See the *Appeal Judgement Summary* (MICT - 13 - 55 - A), 23 December 2016.

判分庭依据《过渡安排》第2条第2款的规定负责重审此案。2017年6月13日,检方的案情陈述伴随着其进行开庭陈述而开始,伴随着其于2019年2月21日完成举证而结束。2019年6月18日,被告人斯塔尼希奇的辩护团队进行开庭陈述,标志着辩方案情陈述开始。① 目前,辩方案情陈述仍在进行中。

四、藐视法庭案件

(一)图里纳博等五人藐视法庭案

"图里纳博等五人藐视法庭案"是余留机制于2018年8月24日受理的第一起重大的藐视法庭案件。② 该案5名被告人马克西米利安·图里纳博(Maximilien Turinabo)、安塞尔姆·恩扎邦帕(Anselme Nzabonimpa)、让·德·迪乌·恩达吉吉马纳(Jean de Dieu Ndagijimana)、玛丽·罗斯·法图玛(Marie Rose Fatuma)和迪克·普鲁登斯·穆耶舒利(Dick Prudence Munyeshuli)被指控在余留机制管辖的"恩吉拉巴图瓦雷上诉案"中干扰证人作证,从而该5人涉嫌犯下藐视法庭罪。③ 2018年12月7日,该案独任法官瓦格恩·普鲁士·约恩森法官(Judge Vagn Prüsse Joensen)作出决定,决定驳回检方提出的该案应当依据《余留机制规约》第6条的规定移交卢旺达共和国当局进行管辖的主张,决定继续由余留机制审理此案。④

---

① Available at https://www.irmct.org/en/cases/mict-15-96(last visited 29December 2019).

② 关于该案件的详细介绍,赵鹏:《国际刑事法庭余留机制2018年实践综述》,载《中国国际法年刊(2018)》,法律出版社2019年版,第677页。

③ See the *Case Information Sheet of Turinabo et al.-Contempt of Court* (MICT-18-116), available at https://www.irmct.org/sites/default/files/cases/public-information/cis_turinabo-et-al_en.pdf(last visited 31 December 2019).

④ See the *Decision on Suitability of Referral of the Case* (MICT-18-116-0115), 7 December 2018.

鉴于该案为余留机制审理的第一起重大的藐视法庭案件且涉及重要的法律问题,余留机制检察官办公室就该案的预审程序进行了广泛的准备工作,并于2019年7月8日向法庭提交预审陈述。[①] 2019年8月23日,检方向法庭提交一份经过修正的起诉书,该修正后的起诉书指出,新的证据显示该案5名被告人实际上在更加广的时间跨度内实施了藐视法庭的行为,因此其加重了对于该5名被告人的指控;2019年10月17日,该案独任法官批准了检方对于其起诉书的上述修正。[②] 目前,该案的预审工作仍在进行中。

(二)恩吉拉巴图瓦雷藐视法庭案

余留机制受理的第二起重大的藐视法庭案件为"恩吉拉巴图瓦雷藐视法庭案"。2019年8月9日,余留机制检察官向法庭提交其对于本案被告人奥古斯丁·恩吉拉巴图瓦雷(Augustin Ngirabatware)的非公开起诉书。2019年10月10日,检方向法庭提交其起诉书的公开版本;同日,本案独任法官瓦格恩·普鲁士·约恩森法官(Judge Vagn Prüsse Joensen,该法官同时是"图里纳博等五人藐视法庭案"的独任法官)对于检方提交的起诉书予以确认。[③] 检方在其起诉书中控诉,至少自2015年8月至2018年9月间,本案被告人恩吉拉巴图瓦雷直接或者煽动"图里纳博等五人藐视法庭案"中的5名被告人干扰"恩吉拉巴图瓦雷案"中受保护的证人作证,从而促使受干扰的证人撤回其作出的对于被告人恩吉拉巴图瓦雷不利的证词;因此,被告人恩吉拉巴图瓦雷涉嫌犯下藐

---

① Available at https://www.irmct.org/en/cases/mict - 18 - 116 (last visited 30 December 2019).

② See the *Decision on the Prosecution Motion to Amend the Indictment* (MICT - 18 - 116 - PT), 17 October 2019.

③ See the *Decision on Confirmation of Indictment* (MICT - 19 - 121 - 0001/1), 10 October 2019.

视法庭罪和煽动藐视法庭罪。[①] 2019 年 10 月 17 日,恩吉拉巴图瓦雷表示其对于检察官的所有上述指控均不认罪;同日,约恩森法官作出不将本案移交国家司法机关进行管辖的口头决定。[②] 2019 年 10 月 18 日,检方向法庭提交动议,申请将“恩吉拉巴图瓦雷藐视法庭案”与该案合并审理。[③] 2019 年 12 月 10 日,约恩森法官就检方提出的合并审理的动议作出决定,该决定指出,将“恩吉拉巴图瓦雷藐视法庭案”与“图里纳博等五人藐视法庭案”合并审理符合司法利益,且此举并不会导致被告人的权利受损,因此,约恩森法官指令将上述两案合并审理。[④]

五、总　　结

2019 年,余留机制继续专注于联合国安全理事会第 1966(2010)号决议赋予其的职责,遵循其作为小型、临时、高效机构的定位,全面深入推进其组织工作和司法工作。同时,余留机制在 2019 年继续向有关国家、组织和个人提供必要的协助和支持,继续跟踪和强化其对于相关案件的监督,继续完善其法律规范的框架和内容,继续致力于扩大其与国家间的合作,为及时、有效地完成其历史使命付出了大量努力。

---

① See the *Notice of Filing Indictment*(MICT－19－121－0002/1),10 October 2019.

② S/2019/888,p. 33.

③ See the *Prosecution Motion for Joinder of the Ngirabatware and Turinabo et al. Contempt Cases*(MICT－19－121－0007),18 October 2019.

④ See the *Decision on Prosecution Motion for Joinder of the Ngirabatware and Turinabo et al. Contempt Cases*(MICT－19－121－0026),10 December 2019.

国际海底管理局2019年工作进展综述

张　丹*

2019年是国际海底管理局(以下简称管理局)成立25周年,在国际社会多年来的共同努力下,以管理局为核心的多边“区域”治理体系日趋完善。管理局第25届会议继续分成两部分,分别于2月和7月在牙买加首都金斯顿总部召开,理事会审议核准了北京先驱高技术开发公司(以下简称北京先驱公司)提交的多金属结核勘探矿区申请,对开发规章草案部分内容进行了审议并就后续制定步骤达成一致意见,深入就企业部运作有关问题开展了讨论;大会通过了管理局战略计划的高级别行动计划及业绩指标,核准了中国自然资源部与管理局建立联合培训和研究中心的谅解备忘录。

一、监管的勘探合同数目持续增加

2018年12月,管理局秘书长收到了北京先驱公司提交的多金属结核勘探矿区申请。申请区位于西太平洋,总面积为148,250平方千米。申请区分为估计商业价值相等的AB两部分,A部分

* 自然资源部海洋发展战略研究所副研究员。

由 4 个区块组成,面积为 74,052 平方千米;B 部分由 5 个区块组成,面积为 74,198 平方千米。[①] 在第一期会议期间,法律和技术委员会(以下简称法技委)对北京先驱公司的申请进行了审议,北京先驱公司应法技委要求现场陈述申请情况,并就有关问题提交了书面答复意见。在第二期会议期间,法技委向理事会作出核准北京先驱公司申请的建议,将申请区 A 部分分配给北京先驱公司作为勘探区,将申请区 B 部分作为管理局保留区。[②] 在随后召开的理事会会议上,理事会一致同意核准北京先驱公司的申请。2019 年 10 月,管理局与北京先驱公司在北京签订了多金属结核勘探合同。至此,管理局已核准并与承包者签订了 30 个"区域"资源的勘探合同,包括 18 个多金属结核勘探合同、7 个多金属硫化物勘探合同、5 个富钴结壳勘探合同,总面积约 151 万平方千米。

二、开发规章制定取得重要进展

在第一期会议召开前,管理局秘书处在 2018 年管理局成员和其他利益攸关方就开发规章草案所提书面意见基础上,分析和梳理出各方普遍关注的开发规章制定的 8 个关键领域,即财务模型、标准和指南、决策、区域环境管理计划、预防性办法、关键概念、对环境计划的独立评估以及检查机制,建议理事会予以讨论,以便为法技委修订开发规章草案案文提供明确指导。[③] 秘书处还就上述

---

① 国际海底管理局:《北京先驱高技术开发公司请求核准多金属结核勘探工作计划的申请书执行摘要》,ISBA/25/LTC/3(2019),第 4 段。

② 国际海底管理局:《法律和技术委员会就北京先驱高技术开发公司请求核准一项多金属结核勘探工作计划的申请书提交理事会的报告和建议》,ISBA/25/C/30(2019),第 36 段。

③ 国际海底管理局:《关于"区域"内矿物资源开发规章草案的评论意见秘秘书处的说明》,ISBA/25/C/2(2018),第 3 段、第 21 段。

关键领域编写了若干讨论文件。[①] 在第一期会议期间，理事会重点围绕上述关键领域进行了讨论，提出了一些指导和评论意见。[②] 在随后召开的法技委会议上，法技委在理事会反馈意见以及管理局成员和其他利益攸关方所提书面意见基础上，对开发规章草案案文进行了修改，拟定了经修订的《"区域"内矿产资源开发规章草案》[③]（以下简称《规章草案》），法技委还编写了一份"说明"，[④]介绍了对《规章草案》的修改情况，供理事会在第二期会议期间审议。

在第二期会议期间，法技委率先召开会议，对制定开发规章配套标准和指南问题进行了审议，法技委提出标准和指南这两个用语应在开发规章草案框架下理解，标准具有强制性，而指南具有建议性质，标准应由理事会通过并经大会核准。法技委提出，标准和指南应分阶段到位，即：第 1 阶段是需要在开发规章草案通过之前到位的标准和指南，第 2 阶段是需要在收到开发工作计划申请之前到位的标准和指南，第 3 阶段是需要在开始"区域"商业采矿活动之前到位的标准和指南。[⑤] 法技委提出在第 1 阶段将制定 6 套

① 秘书处编写的讨论文件参见国际海底管理局：《管理局监管框架下"区域"内活动相关标准和准则的内容与制定工作秘书处的说明》，ISBA/25/C/3(2018)；《"区域"内矿物资源开发规章草案与区域环境管理计划的关系秘书处的说明》，ISBA/25/C/4(2018)；《执行"区域"内活动的检查机制秘书处的说明》，ISBA/25/C/5(2018)；《理事会的职能下放和监管效率秘书处的说明》，ISBA/25/C/6(2018)；《对"区域"内的活动采取预防性办法秘书处的说明》，ISBA/25/C/8(2019)；《"区域"内矿物资源开发规章所述环境计划和执行情况评估独立审查机制和进程的审议情况秘书处的说明》，ISBA/25/C/10(2019)；《关键用语：区别"区域"内矿物资源开发规章草案下的良好行业做法和最佳做法秘书处的说明》，ISBA/25/C/11(2019)。

② 国际海底管理局：《理事会主席关于理事会第二十五届会议第一部分期间工作的声明》，ISBA/25/C/17(2019)，第 9～49 段。

③ 经修订的开发规章草案文本参见国际海底管理局：《"区域"内矿产资源开发规章草案》，ISBA/25/C/WP. 1(2019)。

④ 法律和技术委员会编写的关于开发规章草案的"说明"，参见国际海底管理局：《"区域"内矿物资源开发规章草案法律和技术委员会的说明》，ISBA/25/C/18(2019)。

⑤ 国际海底管理局：《法律和技术委员会主席关于委员会第二十五届会议第二部分工作的报告(增编)》，ISBA/25/C/19/Add. 1(2019)，第 20～21 段。

指南,同时启动制定另外3套指南的工作。[①] 在随后召开的理事会会议上,理事会审议了法技委提交的《规章草案》和“说明”,各代表团对《规章草案》作了一般性评论并对《规章草案》从序言到第三部分的案文提出了具体起草建议。理事会就审议《规章草案》后续步骤达成一致意见,决定邀请管理局成员和其他利益攸关方在2019年10月15日前向秘书处提交关于《规章草案》的书面意见,包括具体的起草建议,要求秘书处对各方提交的书面意见进行汇编,由理事会主席在2019年12月30日前公布,以供理事会下届会议审议。[②] 理事会要求秘书处和法技委就开发规章制定继续开展的工作,并要求优先开展标准和指南方面的工作;强调任何标准,环境目标草案、目标和原则均须经理事会讨论和通过;确保彻底和及时地制定开发规章,并考虑到在通过开发规章之前应制定必要的标准和指南。[③]

值得关注的是,在2017年管理局第23届会议上,法技委主席报告附件中曾列明通过和核准开发规章的时间表,计划在2020年出台开发规章。[④] 鉴于开发规章涉及采矿、财务、环保、法律等诸多问题以及谈判进展相对缓慢,在第二期会议上,许多代表团强调,相对于自行设定的最后期限而言,开发规章草案以及所附标准

---

① 法技委提出的第1阶段应制定的6套指南为:编写和评估开发工作计划核准申请书的指南,环境影响评估和编写环境影响报告的指南,制定环境管理和监测计划的指南,制定和应用环境管理系统的指南,危害识别和风险评估工具和技术的指南,采矿支持船只安全管理和操作的指南。法技委提出的同时启动制定的另外3套指南为:环境履约保证金形式和计算的指南,基线数据收集预期范围和标准的指南以及制定和执行应急和应变计划的指南。参见国际海底管理局:《法律和技术委员会主席关于委员会第二十五届会议第二部分工作的报告(增编)》,ISBA/25/C/19/Add. 1(2019),附文一。

② 参见国际海底管理局:《国际海底管理局理事会关于法律和技术委员会主席的报告的决定》,ISBA/25/C/37(2019),第7~8段。

③ 参见国际海底管理局:《国际海底管理局理事会关于法律和技术委员会主席的报告的决定》,ISBA/25/C/37(2019),第2段、第4~5段。

④ 参见国际海底管理局:《法律和技术委员会主席关于委员会2017年届会工作的报告》,ISBA/23/C/13(2017),第8页。

和指南的质量应更优先，开发规章不必非在2020年出台。

至提交截止日期，管理局收到了19个理事会成员、8个管理局其他成员、1个观察员国、2个政府间组织、6个非政府组织、2个勘探合同承包者以及1个其他利益攸关方提交的总共39份书面意见。[①]

在2019年10月15日提交的书面意见中，中国政府强调，开发规章是规范"区域"内活动的法律文件，对落实"人类共同继承财产原则"至关重要。中国推动构建海洋命运共同体，高度重视开发规章制定工作，愿与各方一道，共同促进《规章草案》更加优化合理。开发规章应忠实、准确、严格地体现《联合国海洋法公约》（以下简称《公约》）以及《关于执行1982年12月10日〈联合国海洋法公约〉第十一部分的协定》（以下简称《执行协定》）的规定和精神，公平对待管理局和承包者，确保双方权利和义务的平衡。惠益分享是"人类共同继承财产原则"的重要内容和体现，也是《公约》为管理局规定的一项重要职责。惠益分享作为"区域"资源开发整体制度设计中的重要一环，有必要与深海开发其他问题统筹处理，协调作出规定。在书面意见中，中国政府还对企业部、缴费机制、检查机制以及独立专家等重点问题表达了立场，并就《规章草案》正文的35个条款以及3个附件提出了具体的修改意见。

三、深入讨论企业部运作有关问题

开发规章的制定以及波兰政府在2018年提出与企业部成立联合企业的建议使企业部运作有关问题成为管理局近期关注的重点问题。在第一期会议上，理事会听取了秘书长任命的企业部特

---

① 各方提交的书面意见的文本参见管理局网：https://www.isa.org.jm/legal-instruments/ongoing-development-regulations-exploitation-mineral-resources-area，最后访问时间：2019年12月12日。

别代表的报告,报告介绍了与波兰政府协商的情况,并附有组建联合企业的提案草案。报告建议延长组建联合企业提案草案的谈判时限;请秘书长延长特别代表的合同和职权范围,并提供与特别代表工作有关的必要资金;允许特别代表参加关于开发规章和与保留区有关事项的谈判;启动对理事会议事规则修正案的讨论,以考虑到企业部的参与。① 理事会通过决定,基本同意了特别代表报告中的建议,请秘书长设立自愿信托基金,用于提供特别代表开展工作所需的资金,并承诺继续在第二期会上审议有关企业部运作的各项建议,包括任命临时总干事问题。②

在第二期会议上,理事会听取了特别代表提交的关于企业部运作所涉问题的报告,报告提出实现企业部独立运作的"四步走"路径。③ 波兰在会上表示由于开发规章对联合企业的规定尚不确定,其将不再推动联合企业建议。理事会未就企业部运作和临时总干事任命问题达成共识。为满足非洲国家希望企业部特别代表参与开发规章谈判的关切,会议决定将特别代表任期延至管理局第26届会议结束。④

四、审议通过管理局战略计划的高级别行动计划及业绩指标

管理局大会在2018年审议通过了管理局2019~2023年期间战略计划,并要求秘书长编写一份高级别行动计划,其中纳入今后

① 参见国际海底管理局:《2018年12月17日国际海底管理局秘书长企业部特别代表给国际海底管理局秘书长的信》,ISBA/25/C/7(2018),第2~6页。

② 参见国际海底管理局:《国际海底管理局理事会关于国际海底管理局秘书长企业部特别代表的决定》,ISBA/25/C/16(2019),第1~2页。

③ 参见国际海底管理局:《企业部运作所涉问题,特别是对国际海底管理局和〈联合国海洋法公约〉缔约国的法律、技术和财务影响》,ISBA/25/C/26(2019),第24~28段。

④ 参见国际海底管理局:《国际海底管理局理事会关于国际海底管理局秘书长企业部特别代表的决定》,ISBA/25/C/36(2019),第1页。

5 年的主要业绩指标和产出清单,供大会在管理局第 25 届会议期间审议。[①] 在第二期会议期间,大会听取了秘书长关于管理局战略计划的高级别行动计划草案及业绩指标草案的说明和报告。[②] 大会经审议后作出决定,通过了高级别行动计划和业绩指标,邀请管理局成员和观察员以及管理局各机关支持执行战略计划和高级别行动计划,并邀请管理局成员和其他利益攸关方提供必要数据,以确保准确地报告在执行战略计划和高级别行动计划以及实现产出方面的进展情况;请秘书长在拟订秘书处 2019 ~ 2023 年期间业务计划时考虑到业绩指标和产出清单,并酌情监测和分析进展情况,视需要建立审查所需机制以及提供在战略计划下取得进展的最新情况。[③] 大会核准的高级别行动计划和业绩指标,围绕管理局战略计划的 9 个战略方向提出 87 项高级别行动和 42 个业绩指标,对促进管理局战略计划的实施和落实具有重要意义。[④]

五、核准建立联合培训和研究中心谅解备忘录

在第二期会议期间,大会主席介绍了中国自然资源部与管理局

---

① 参见国际海底管理局:《国际海底管理局大会关于海管 2019 ~ 2023 年期间战略计划的决定》,ISBA/24/A/10(2018),第 1 页。

② 秘书长关于高级别行动计划草案及业绩指标草案的说明和报告参见国际海底管理局:《国际海底管理局 2019 年至 2023 年期间高级别行动计划草案秘书长的说明》,ISBA/25/A/L. 2(2019);国际海底管理局:《国际海底管理局战略计划的执行:2019 ~ 2023 年期间业绩指标草案秘书长的报告》,ISBA/25/A/5(2019)。

③ 参见国际海底管理局:《国际海底管理局大会关于海管局 2019 ~ 2023 年期间战略计划执行工作的决定》,ISBA/25/A/15(2019),第 1 ~ 2 页。

④ 管理局战略计划提出的 9 个战略方向包括:在全球背景下实现管理局的作用;加强"区域"内活动的监管框架;保护海洋环境;促进并鼓励"区域"内的海洋科学研究;发展中国家能力建设;确保发展中国家充分综合参与;确保公平分享财政及其他经济利益;改善管理局的组织业绩;透明度承诺。参见国际海底管理局:《国际海底管理局大会关于海管局 2019 ~ 2023 年期间战略计划的决定》,ISBA/24/A/10(2018)。

关于建立联合培训和研究中心的谅解备忘录草案。[①] 中国代表团发言指出,拟议的联合培训和研究中心将促进能力建设、海洋技术转让和海洋科学研究,从而有助于落实"人类共同继承财产"这一原则。亚太国家组和大会其他成员对拟议建立联合培训和研究中心表示欢迎,支持大会核准该谅解备忘录。大会核准了谅解备忘录的文本,并建议授权秘书长代表管理局签署和缔结该谅解备忘录。[②]

2019 年 10 月,管理局与中国自然资源部在北京签订了《中国自然资源部与国际海底管理局关于建立联合培训和研究中心的谅解备忘录》,该谅解备忘录是管理局与其成员签订的除东道国协议之外的首个合作谅解备忘录。根据谅解备忘录,中国自然资源部与管理局将在青岛建立联合培训和研究中心。联合培训和研究中心是面向国际社会特别是发展中国家,开放的致力于深海科学、技术、政策培训与研究的机构,主要负责为发展中国家人员提供深海科学、技术与管理方面的业务培训;研究分析深海采矿发展方向及深海技术发展趋势,为相关政策法规制定提供参考依据;促进与发展中国家在"区域"事务的交流与合作。

六、结　语

2019 年是《公约》生效和管理局成立 25 周年。管理局大会在第二期会议期间举行了管理局成立 25 周年特别纪念会议。近 40 个管理局成员和 10 多个非政府组织发言祝贺,积极肯定管理局迄今取得的成就。25 年来,在国际社会的共同努力下,以管理局为核心的多边"区域"治理体系在落实"人类共同继承财产原则",促进人类对"区域"资源的开发利用,增进人类对"区域"环境的认知

① 参见国际海底管理局:《国际海底管理局与中国自然资源部(国家海洋局)关于建立联合培训和研究中心的谅解备忘录草案秘书处的说明》,ISBA/25/A/4(2019),附件。

② 国际海底管理局:《国际海底管理局大会主席关于大会第二十五届会议工作的说明》,ISBA/25/A/17(2019),第 28 段。

和保护，以及加强发展中国家海洋能力建设等方面取得了诸多成绩。管理局一年来的工作也不断取得新进展，在促进勘探合同监管、推进开发规章制定、推动企业部运作、落实管理局战略计划以及促进发展中国家能力建设等方面做了大量工作。

中国是"区域"事务的积极参与者和贡献者，一年来在参与"区域"治理和国际规则制定方面继续发挥着重要作用。中国大洋矿产资源研究开发协会在第二期会议期间在管理局总部举办了"合作、贡献与人类命运共同体"主题边会，分享了中国承包者自管理局成立25年来为"区域"事务所做的贡献和努力；中国担保的北京先驱公司勘探矿区申请为管理局新贡献了一块保留区；中国政府继续就开发规章制定提交书面意见，积极促进《规章草案》更加优化合理；自然资源部与管理局共建联合培训和研究中心是中国促进发展中国家能力建设、推动构建"人类命运共同体"的积极贡献，充分体现了中国在促进"区域"事务发展中的大国责任担当。

附表 "区域"勘探合同一览

附表1 多金属结核勘探合同一览①

序号	承包者	担保国	签约时间	到期时间	位置
1	海金联	保加利亚、古巴、捷克、波兰、俄罗斯、斯洛伐克	2001-3-29	2016-3-28（延期5年）	太平洋CC区
2	海洋地质作业南方生产协会	俄罗斯	2001-3-29	2016-3-28（延期5年）	太平洋CC区
3	大韩民国政府	韩国	2001-4-27	2016-4-26（延期5年）	太平洋CC区

① 根据国际海底管理局网站公布信息整理。

续表

序号	承包者	担保国	签约时间	到期时间	位置
4	中国大洋矿产资源研究开发协会	中国	2001－5－22	2016－5－21（延期5年）	太平洋CC区
5	深海资源开发有限公司	日本	2001－6－20	2016－6－19（延期5年）	太平洋CC区
6	法国海洋开发研究所	法国	2001－6－20	2016－6－19（延期5年）	太平洋CC区
7	印度政府	印度	2002－3－25	2017－3－24（延期5年）	印度洋
8	德国联邦地球科学及自然资源研究所	德国	2006－7－19	2021－6－18	太平洋CC区
9	瑙鲁海洋资源公司	瑙鲁	2011－7－22	2026－7－21	太平洋CC区
10	汤加近海开采有限公司	汤加	2012－1－11	2027－1－10	太平洋CC区
11	马拉瓦研究与勘探有限公司	基里巴斯	2015－1－19	2028－1－13	太平洋CC区
12	英国海底资源有限公司	英国	2013－2－8	2028－2－7	太平洋CC区
13	全球海洋矿物资源公司	比利时	2013－1－14	2028－1－13	太平洋CC区
14	新加坡大洋矿产有限公司	新加坡	2015－1－22	2030－1－21	太平洋CC区

续表

序号	承包者	担保国	签约时间	到期时间	位置
15	英国海底资源有限公司	英国	2016－3－29	2031－3－28	太平洋CC区
16	库克群岛投资公司	库克群岛	2016－7－15	2031－7－14	太平洋CC区
17	中国五矿集团公司	中国	2017－5－10	2032－5－11	太平洋CC区
18	北京先驱高技术开发公司	中国	2019－10－18	2034－10－17	西太平洋

附表2　多金属硫化物勘探合同一览①

序号	承包者	担保国	签约时间	到期时间	位置
1	中国大洋矿产资源研究开发协会	中国	2011－11－18	2026－11－17	西南印度洋
2	俄罗斯联邦政府	俄罗斯	2012－10－29	2027－10－28	大西洋
3	大韩民国政府	韩国	2014－6－24	2029－6－23	中北印度洋
4	法国海洋开发研究所	法国	2014－11－18	2029－11－17	大西洋
5	印度政府	印度	2016－9－26	2031－9－25	中印度洋
6	德国联邦地球科学及自然资源研究所	德国	2015－5－6	2030－5－5	中印度洋
7	波兰政府	波兰	2018－2－11	2033－2－10	北大西洋

① 根据国际海底管理局网站公布信息整理。

附表 3 富钴结壳勘探合同一览①

序号	承包者	担保国	签约时间	到期时间	位置
1	中国大洋矿产资源研究开发协会	中国	2014－4－29	2029－4－28	太平洋麦哲伦海山区
2	日本国家石油天然气金属公司	日本	2014－1－27	2029－1－26	太平洋马尔库斯－威克海山区
3	俄罗斯联邦自然资源和环境部	俄罗斯	2015－3－10	2030－3－9	太平洋麦哲伦海山区
4	巴西矿产资源研究公司	巴西	2015－11－09	2030－11－08	大西洋里奥格兰德海底高原
5	大韩民国政府	韩国	2018－3－27	2033－3－26	太平洋麦哲伦海山区

① 根据国际海底管理局网站公布信息整理。

文 件 资 料

搭建法治交流桥梁
助力“一带一路”建设

——外交部副部长罗照辉在第一期“一带一路”法治合作研修项目开幕式的致辞

（2019 年 10 月 14 日，北京）

各位同事、各位朋友：

首先我代表中国外交部对首期“一带一路”法治合作研修项目成功举办表示热烈祝贺，也欢迎各位远道而来参加这个项目。

2013 年，习近平主席提出共建“一带一路”倡议。六年来，“一带一路”建设从理念到行动，从愿景到现实，朋友圈越来越广，务实合作越来越深，得到越来越多国家的支持，惠及越来越多的国家。今年 4 月，第二届“一带一路”国际合作高峰论坛在北京成功举办，提出了一些新概念和理念，包括法治的理念、法治的合作。习近平主席高度重视规则和法治在“一带一路”建设中的重要作用，强调指出要“推动构建公正、合理、透明的国际经贸规则体系”，要“按照普遍接受的国际规则标准，同时要尊重各国的法律法规”。我们按照习近平主席的要求，积极与共建“一带一路”国家密织条约网络、加强法律交流、构筑合作平台，为“一带一路”提供更加坚实的法律和制度保障，努力将“一带一路”打造为法治之路。

“一带一路”法治合作研修项目是第二届“一带一路”国际合

作高峰论坛的成果之一,也是推动“一带一路”法治合作的重要举措。今天,在各方的大力支持下,第一期研修项目如期启动。为使研修项目达到预期效果,中方在课程和活动方面做了精心安排。在课程方面,我们邀请了知名专家学者介绍“一带一路”建设、和平解决争端、世贸组织、国际投资法等国际法律的前沿问题和中方实践、观点,希望对大家未来工作有所裨益。在活动方面,为让大家实地感受中华民族传统文化以及丝路精神,我们将安排各位学员参观北京的故宫、长城以及古丝绸之路的起点西安。相信通过这些活动,大家将会充分认识到中国人民自古以来就没有殖民扩张和侵略的基因,丝绸之路带去的是贸易、和平和繁荣,而不是鸦片、殖民和战争。一些国家别有用心的所谓“中国威胁论”站不住脚,“新殖民主义”的帽子也扣不到中国头上。

各位朋友:

我想借此机会就首届研修项目和法治合作提几点希望:

第一,加强交流互鉴,传承丝路精神。古丝绸之路是一条文明交流之路,也是一条互学互鉴之路。2000 多年来,沿着古代丝绸之路,多少高僧大德、商贾墨客梯山航海,匹马孤征,传播着文明和文化的种子,这当然包括人流、物流以及思想的交流。从法律角度看,“一带一路”沿线囊括了大陆法系、普通法系、伊斯兰法系等不同法律制度,各国法治传统千差万别,法治文明丰富多彩。各方对“一带一路”法治合作和相关国际法问题都有自己独到的见解,不少国家还有自身的实践和好的做法。希望大家通过研修项目交流互鉴,分享良好做法和最新实践,增进互相理解和信任。

第二,着力提升能力,促进规则协调。“一带一路”倡议源于中国,但机遇和成果属于世界。共建“一带一路”国家多数属于发展中国家,对于提高自身能力和参与国际治理有殷切的期盼。我们要以研修项目为契机,深入研究“一带一路”建设中的法律问题,共同提高能力水平,深化贸易投资、金融税收、交通环保等领域的法律和规则“软联通”,打造相互兼容的“规则高速公路”,为“一带一路”建设营造相对稳定的法律框架。

第三,坚持多边主义,维护公平正义。当今世界面临的不稳定性不确定性突出,单边主义、霸权主义和保护主义不断抬头。有的国家频频“毁约”“退群”,动辄对他国搞“贸易战”和“极限施压”。面对复杂的形势,国际社会更应维护多边主义,维护以联合国为核心的国际体系,维护以国际法为基础的国际秩序,维护以世贸组织为代表的多边贸易体制。我们要充分发挥国际法作为国际关系“稳定锚”的作用,推动国际关系法治化,以法律约束强权、以合作取代冲突,努力推动国际政治和经济秩序朝着更加公正合理的方向发展。

各位学员、各位来宾:

“一带一路”倡议是习近平外交思想的重要组成部分,是中国与世界相互促进、共同发展,推动构建人类命运共同体的重要实践平台。当前,“一带一路”已与世界各国发展战略和联合国等国际组织发展规划对接,取得了丰硕成果。我们将继续以习近平外交思想为统领,坚持共商共建共享原则,坚持开放、绿色、廉洁理念,努力实现高标准、惠民生、可持续目标,推动共建“一带一路”沿着高质量发展方向不断前进。共谋发展新机遇,共探发展新动力,坚持推动构建相互尊重、公平正义、合作共赢的新型国际关系,坚持推动构建人类命运共同体,共同建设持久和平、普遍安全、共同繁荣、开放包容、清洁美丽的世界。这和中国传统的“天下一家”“世界大同”的思想理念、哲学理念也是高度吻合的。

最后,预祝各位学员在中国期间学习生活愉快,预祝本期研修项目圆满成功!谢谢各位!

携手努力维护以联合国为核心，以国际法为基础的国际体系

——外交部副部长罗照辉在“大变局下的国际法：发展中国家的作用”研讨会上的讲话

(2019年7月29日，北京)

尊敬的优素福法官，

加斯顿顿秘书长，

黄进会长，

各位嘉宾，

女士们，先生们，朋友们：

很高兴出席本次研讨会。中国国务委员兼外交部长王毅对研讨会高度重视，特地发来了贺信。我首先宣读他的贺信：

今天，来自多个国家、国际组织和国际司法机构的代表相聚北京，共同探讨当前国际法面临的形势和发展方向，以及发展中国家对国际法发展的作用和影响。我对研讨会的召开表示诚挚祝贺，对与会代表表示热烈欢迎！

这次研讨会的主题具有重要现实意义。“二战”结束以来，以联合国为核心、以国际法为基础的国际体系为世界总体保持和平、实现发展提供了制度保障，为发展中国家赢得主权独立和群体性崛起提供了有利环境。广大发展中国家也为维护和发展国际法做

出了重要贡献。当今世界正在经历百年未有之大变局。单边主义、保护主义和霸凌行径明显抬头,多边主义和经济全球化遭遇逆流,国际法的权威和国际秩序受到冲击。世界将向何处去,是国际社会都在关注和思考的重大问题。

人类是休戚与共的命运共同体。世界的未来攸关每个国家的利益。发展中国家是国际舞台上的一支重要力量,向来有同舟共济、团结合作的优良传统。今天,我们比以往任何时候都更需要凝聚共识,携手努力,推动加强国际法,尊重国际法,在国际关系中按国际法办事,坚定维护我们赖以生存、发展和繁荣的国际体系,推动世界走上相互尊重、公平正义、合作共赢的正确道路。

希望本次研讨会深入探讨这个重要命题,形成真知灼见,为国际社会提供有益的参考和指引。

预祝研讨会圆满成功!

中国国务委员兼外交部长

王　毅

(2019 年 7 月 29 日于北京)

女士们,先生们,朋友们:

王毅国务委员兼外长的贺信阐明了这次研讨会的重要意义,为我们接下来的讨论提供了重要指导。

当今世界既充满希望,也面临不少严峻挑战。发展中国家群体性崛起势头强劲,面临广阔的发展机遇。经济全球化和科技革命给人类发展带来无限潜力。与此同时,地区热点和冲突此起彼伏,气候变化、恐怖主义、网络安全等非传统安全威胁持续蔓延,全球治理和规则赤字更加凸显。尤其令人担忧的是,个别国家奉行单边主义和保护主义,违反国际义务,削弱多边机制,大搞霸凌和干涉,滥施单边制裁,到处挑起贸易战和科技战。其所作所为无视国际法和国际关系基本准则,给世界带来了不安、冲突和动荡,使以联合国为核心、以国际法为基础的国际体系受到前所未有的挑战。“二战”结束70多年后,世界又一次站在了十字路口。是重回弱肉强食的丛林时代？还是迈向文明进步的美好未来？这是攸关人类前途命运的重大抉择。

透过云迷雾罩,中国坚定认为,各国坚守初心、携手合作,维护以联合国为核心、以国际法为基础的国际体系是符合人类共同利益的唯一正道。

这是历史给出的响亮答案。在“二战”的废墟上诞生了《联合国宪章》,宣告人类决心在国际关系中以秩序消除动荡、以规则约束强权、以合作取代冲突。这是人类政治文明取得的巨大进步,是我们历经上世纪那两次惨不堪言的战祸后得出的宝贵经验。

这是各国人民的共同意愿。无论在地球的哪个角落,人民都向往和平安宁的环境,都追求幸福美好的生活。事实一再证明,在国际上搞霸权强权,破坏规则为所欲为,只会让世界陷入混乱,给人民带来痛苦和灾难。遵守规则、追求正义是人心所向、大势所趋。

这是人类进步的必由之路。世界正日益相互联系、相互依存,各国同处一个地球村,早已是你中有我、我中有你的命运共同体。为了人类共同的未来,我们必须用国际法明是非、护和平、谋发展、促合作,坚决摒弃“强者为所欲为、弱者逆来顺受”的旧思维。

女士们,先生们,朋友们:

中华人民共和国成立70年来,一直是国际法的坚定维护者和建设者。65年前,中国与印度、缅甸共同提出了“互相尊重主权和领土完整、互不侵犯、互不干涉内政、平等互利、和平共处”的五项原则,这是对国际法基本原则的一大贡献,至今仍是中国外交政策的基石。中国向来坚持和平解决国际争端,反对使用武力。中国创造性地根据“一国两制”方针妥善解决了历史遗留的香港、澳门问题。通过友好谈判与14个邻国中的12个国家彻底解决了陆地边界问题。中国积极参与各领域国际治理,为国际法发展贡献智慧和方案，参加了几乎所有的全球性政府间国际组织，加入了500多项国际公约。中国作为联合国安理会常任理事国、联合国第二大会费国和维和摊款国，始终在国际问题上坚定维护国际法和国际关系基本准则，秉持正义，推动有利于和平、合作、共赢的解决方案。

纵观人类历史发展进程，深刻思考人类的前途命运，中国国家主席习近平提出了构建人类命运共同体重要思想。倡导各国共同努力，建设持久和平、普遍安全、共同繁荣、开放包容、清洁美丽的世界。要实现这一美好愿景，维护国际法、按国际法办事是应有之义和重要途径。推动构建人类命运共同体已经被载入中国宪法，代表着中国坚定走和平发展道路、坚定维护国际法的庄严承诺。

女士们，先生们，朋友们：

维护国际法、坚守公平正义与广大发展中国家的利益休戚相关。历史上，发展中国家饱受殖民主义、帝国主义和霸权主义之害，连生存和独立都难以保障。以《联合国宪章》为核心的国际法和国际关系基本准则，使发展中国家得以作为国际社会的平等一员参与国际事务，实现发展和进步。如果霸权和强权再度盛行，世界重新陷入混乱，没有任何国家能够独善其身。发展中国家更将首当其冲，成为受害者。

发展中国家向来重视在国际法领域携手合作。1955 年的万隆会议上，亚非国家提出处理国家间关系的十项原则，是对《联合国宪章》的丰富和具体化。作为万隆会议的重要成果，亚非法律协商组织应运而生，成为两大洲在国际法领域协调合作的重要平台。发展中国家共同推动在国际海洋法中确立“人类共同继承财产”原则，在国际环境法领域坚持“共同但有区别的责任”原则，在多边贸易领域确立发展中国家的“特殊与差别待遇”原则，推动将生存权、发展权作为基本人权。这些例子表明，只要发展中国家团结协作、用一个声音说话，就能为推动国际法发展作出我们的贡献，促进公平正义,维护共同利益。

中国是发展中国家的一员,始终是发展中国家的可靠朋友和真诚伙伴。中国一直在国际法领域与发展中国家保持密切协调和合作。2015 年 4 月,习近平主席宣布设立"中国—亚非法律协商组织国际法交流与研究项目",这是中国加强与发展中国家国际法合作的重要举措。中国已经在这一项目下举办四期国际法培训,40 多个国家的 150 多名法律官员从中受益。今天,参加第五期培训的 39 个国家的法律官员也来出席这次研讨会,我代表中国外交部,对你们表示热烈欢迎!

女士们,先生们,朋友们:

发展中国家占联合国会员国总数的三分之二,经济总量在全球经济总量中占比达到 40%,对世界经济增长的贡献率高达 80%,是世界舞台上一支不可忽视的重要力量。我们有共同责任、也有更大能力坚持正义、维护规则。世界大变局中,我们要进一步密切南南合作,不断壮大理性和进步的力量,携手维护以联合国为核心、以国际法为基础的国际体系,共同把世界带向光明的未来。

——我们要共同推动在国际规则制定中坚持多边主义。国际事务要各国商量着办,国家不分大小强弱,都有权平等地参与全球治理和规则制定。只有这样,才能使国际规则平衡、包容地反映最广泛的主张和利益,得到最广泛的拥护和遵守。我们要共同反对单边主义,反对任何国家把他们自家的规则当作"国际规则"强加于人。我们要踊跃参与国际规则制定,特别是在应对气候变化、国际贸易投资和深海、外空、网络等"新疆域"规则制定中争取更多发言权,维护共同利益,为全球治理做出更大贡献。

——我们要共同推动国际法得到切实遵守。当今世界的种种乱象,决不意味着国际法过时了、没用了,反而再次提醒我们遵守国际法的重要性。要避免世界再次滑向无序和动荡,我们就要坚定维护《联合国宪章》确立的主权平等、不干涉内政等重要原则,反对对他国内政指手画脚,搞颜色革命和政权更迭,反对滥施单边制裁和“长臂管辖”。要坚定维护以世贸组织为核心、以规则为基础的多边贸易体系,反对挑起贸易战和围堵打压他国企业。要倡导善意履行国际义务,反对搞双重标准,合则用、不合则弃,甚至任意“废约”“退群”。

——我们要共同维护国际法的核心价值。国际法根植于国家之间的交往,它的价值是在国际关系中维护公平正义,促进和平发展合作。对国际法的适用、解释和发展不能背离这个出发点,否则就会把国际法引向歧途。我们要反对从一己私利出发,对国际法刻意歪曲和滥用,反对借国际法之名行霸权强权之实,更要反对在处理国际和地区热点问题时,打着国际法的旗号调词架讼,挑动、加剧分歧和冲突。

女士们,先生们,朋友们:

纵观人类发展进程,放眼世界变化大势,定规则、守规则是各国正确的相处之道,搞霸凌、行强权注定没有出路。中国古话说,“积力之所举,则无不胜也;众智之所为,则无不成也”。站在历史的十字路口,中国愿和发展中国家团结一致,承担起时代赋予的责任,共同维护以联合国为核心、以国际法为基础的国际体系,为人类争取更加美好的未来。

预祝本次研讨会取得圆满成功!

谢谢大家!

外交部副部长罗照辉在《联合国反腐败公约》第八届缔约国会议上的发言

（2019年12月16日，阿布扎比）

尊敬的哈里布·阿勒阿米米主席先生：

首先，请允许我代表中国代表团祝贺您当选本次会议主席，并衷心感谢阿联酋政府为举办此次会议所做的周到安排和热情款待。

女士们，先生们：

12月9日，世界各国刚刚举办了"国际反腐败日"活动，今天我们又齐聚阿布扎比，出席《联合国反腐败公约》第八届缔约国会议，共商反腐国际治理。

腐败是全民公敌，是全球治理难题。2012年中国共产党十八大以来，中国持续开展波澜壮阔的反腐败斗争，在全球反腐治理中正在发挥重要引领作用。

一是重拳反腐治吏。反腐高压态势持续。六年来，中国纪检监察部门立案232.7万件，涉嫌犯罪被追究刑事责任7.7万人，其中副部级以上官员133人。在"天网行动"中，中国追回外逃人员7042人，追回犯罪资产173亿人民币。"百名红通人员"已落网60人。

二是强化法治反腐。反腐标本兼治,建章立制提速。我们建立并完善与《公约》总体一致的反腐败法律体系,先后颁布《反洗钱法》《监察法》《国际刑事司法协助法》,修订《公务员法》《刑法》《刑事诉讼法》,完善监察法与刑事诉讼法的衔接,实现对国家公职人员监督全覆盖。

三是反腐与世界同行。我们积极参与反腐国际治理,以实际行动履行《公约》义务。今年 4 月,中国主办“廉洁丝绸之路”国际论坛。今年 10 月,中国国家监察委员会首次与联合国毒罪办签署反腐败合作备忘录。我们还一直参与《公约》履约审议工作。同时,中国反腐得到国际社会大力支持,追逃追赃得到各国有力协助,我们表示衷心感谢。

四是反腐永远在路上。当前,中国反腐斗争取得压倒性胜利,但腐败并未根除。根治腐败,必须持续完善治理体系、提升治理能力。前不久召开的中国共产党第十九届四中全会,聚焦国家治理体系和治理能力现代化,对坚持和完善监督体系做出新的部署,构建一体推进不敢腐、不能腐、不想腐的长效机制。我们承诺反腐节奏不变,力度不减。

中国铁拳反腐,顺应了时代潮流,反映了人民呼声,体现了中国社会主义制度的独特优势,凝聚了中国共产党自我革命的勇气和决断,也得到了国际社会的高度评价。

女士们,先生们:

近年来国际形势不确定因素增加,单边主义和霸凌主义抬头,给全球反腐治理带来新挑战。我们主张,反腐不应搞双重标准,不应以反腐之名行侵害他国主权利益之实。《公约》应当在国际反腐治理中继续发挥主渠道作用。

第一,加强预防是打击腐败的“先手棋”,重在交流互鉴。《公约》规定的预防措施,充分体现了从源头防治腐败的重要性。各国国情和制度不同,预防腐败具体举措各异。我们应本着相互尊重、主权平等的原则,加强沟通借鉴,不断提升预防腐败的意识和能力。

第二,国际合作是惩治腐败的“杀手锏”,重在知行合一。《公约》规定的引渡、司法协助等制度,为惩治腐败布下“天罗地网”,但有些国家仍借口制度差异,为合作设坎设限。有些国家表态虽然积极,但是迟迟没有行动。对腐败,我们认为各国应坚持态度“零容忍”、确保机制“零漏洞”、实现合作“零障碍”,不让任何地方成为“避罪天堂”。

第三,资产返还是反腐合作的“洼地”,重在强化意愿。返还资产是《公约》的基本原则,但国际合作效果不尽如人意,其症结是缺乏政治意愿。我们呼吁各国不忘反腐初心,展现最大诚意,相互配合,追回并返还犯罪资产,彻底断绝腐败分子的经济后路。

第四,全面实施《公约》是全球反腐治理的“生命线”,重在遵约守诺。遵约守诺是《公约》有效实施的活力之源。当前我们应当共同努力,筹备好 2021 年反腐败特别联大。同时,《公约》履约审议机制下一步运作备受关注。中国认为,机制的非对抗性、非政治化原则必须得到坚持。

女士们,先生们:

“潮平两岸阔,风正一帆悬”。中国将继续坚定支持多边主义,切实履行《公约》,以我们的反腐成就和经验,为国际社会贡献中国智慧。让我们携手努力,为打造共商共建共享的全球反腐治理体系,构建国际反腐新秩序而奋斗!

预祝本次会议取得圆满成功!谢谢大家!

加强法治合作，服务“一带一路”高质量发展

——外交部副部长孔铉佑在第二届“一带一路”国际合作高峰论坛廉洁丝绸之路分论坛开幕式上的致辞

（2019 年 4 月 25 日，北京）

尊敬的李书磊副书记、苏亚雷斯副秘书长，
各位嘉宾，女士们、先生们：

上午好！首先，我代表中国外交部，热烈欢迎大家来京出席“一带一路”国际合作高峰论坛廉洁丝绸之路分论坛。

“一带一路”是廉洁之路。腐败是人类社会的毒瘤，是国际社会的公敌。中方坚定不移推进反腐败工作，坚持反腐败无禁区、全覆盖、零容忍，反腐败斗争取得了压倒性胜利。坚持通过国际合作打击腐败，首批签署《联合国反腐败公约》，发挥公约在反腐败国际合作方面的主渠道作用，积极推进公约框架下引渡、司法协助、资产返还等国际合作。强化司法协助类条约和司法执法合作网络建设，截至目前，已与包括“一带一路”沿线国家在内的 77 国缔结 55 项引渡条约和 64 项刑事司法协助条约。

廉洁丝绸之路需各国携手共建。中方主张，一要平等互利，兼顾各方利益，共商反腐败大计。二要强化公约作用，克服制度差异，共建反腐败机制。三要深化国际合作，惠及国际民生，共享反

腐败成果。中方期待通过此次分论坛进一步凝聚共识,密切各国在引渡、遣返和起诉腐败犯罪嫌疑人,以及追缴和返还腐败犯罪资产方面协作,不断深化“一带一路”反腐败合作。

女士们、先生们:

“一带一路”是法治之路。“一带一路”以法治和规则为基础,法治合作是“一带一路”国际合作不可或缺的组成部分。中方大力推进“全面依法治国”方略,提升国内法治环境;积极构建国际条约法律网络,增进各方法律和规则联通;主动搭建国际交流平台,举办首届“一带一路”法治合作国际论坛,增强各方互信和共识。

随着“一带一路”建设进入高质量发展的新阶段,法治合作意义更加突显。中方将继续以“共商、共建、共享”原则为指引,携手各方按照以下精神,进一步推进法治之路。

第一,坚持尊重各国主权,固守法治合作之本。法治与各国的政治体制、管理制度和意识形态等密切相关,开展法治合作必须尊重各国主权和法治文化。共建“一带一路”国家无论大小、贫富、强弱,都有权平等参与、共同协商法治合作蓝图和项目。在促进规则互联互通和标准兼容对接过程中,充分考虑各国的国内法和实际情况,不强人所难。

第二,坚持遵守国际规则,夯实法治合作之基。“一带一路”是国际合作领域的增量方案,不是另起炉灶。作为“一带一路”的基础工程,法治合作将推动各方遵守相关国际公约、双边条约及公认规则,按规则办事,以规则明是非、定纷争。同时,也要根据“一带一路”建设的实际情况,共同完善和发展交通、税收、知识产权、环境、反恐和打击跨国犯罪等领域的规则,为“一带一路”构建稳定、公正、透明、非歧视的规则和制度框架。

第三,坚持互学互鉴,弘扬法治合作之利。“一带一路”法治合作不为任何一方谋私利,而是致力于提升各方的法治水平和能力。共建“一带一路”国家法律体系不同,法治传统多元,要加强法治领域的相互交流,分享良好做法和最新实践,通过合作实现共同进步。要积极开展法治能力建设,培养符合“一带一路”建设需要的法律人才。目前,中方正在积极筹备第一届“一带一路”法治合作研修项目,欢迎各方积极派人参加。

最后,预祝本次论坛取得圆满成功!

外交部驻澳门公署特派员沈蓓莉在澳门回归20周年对外法律事务研讨会开幕式上的致辞

（2019年11月12日，澳门）

各位来宾，各位朋友：

很高兴出席本次研讨会。首先，我谨代表外交部向本次研讨会的召开表示热烈祝贺。

我们刚刚一起满怀喜悦地庆祝了新中国70华诞，即将迎来澳门回归祖国20周年。20年来，“一国两制”、“澳人治澳”、高度自治方针得到全面贯彻，宪法和基本法确定的特别行政区宪制秩序得到尊重和维护，中央全面管治权有效行使，特区享有的高度自治权受到充分保障，爱国爱澳的核心价值观接续传承。在中央政府大力支持下，在特区政府和社会各界共同努力下，澳门经济快速增长、民生持续改善、社会安定和谐，各项事业全面进步，对外交往持续扩大，居民的获得感、幸福感、安全感不断充实。澳门“一国两制”成功实践故事表明，“一国两制”不仅是解决历史遗留的香港、澳门问题的最佳方案，也是香港、澳门回归后保持长期繁荣稳定的最佳制度，是完全行得通、办得到、得人心的，是有强大生命力的。

当前，澳门正着眼“一中心、一平台、一基地”新定位，积极参与共建“一带一路”、粤港澳大湾区建设等国家战略，主动融入国家发展大局，大力拓展国际合作空间，持续推进经济适度多元。

服务发展是中国外交的重要使命,外交惠澳是涉澳外交义不容辞的责任,外交部将更加积极发挥外交资源优势,为特区长期繁荣稳定营造良好外部环境,助推特区在中国特色大国外交中发挥更大作用。

"一国两制"是一项前无古人的伟大创举。回归20年来,"一国两制"框架下的澳门对外法律工作也经历了从无到有的不平凡发展历程。20年来,中央政府和特区政府密切合作,严格按照宪法和基本法处理澳门对外法律事务,紧扣特区对外交往实际需要,不断推进实践创新,织牢织密法律保障网络,建立健全工作体制和机制,妥善应对复杂敏感个案,强化国际法人才队伍建设,为维护国家主权、安全和发展利益,保持特区长期繁荣稳定发挥了重要作用。

各位来宾,各位朋友:

"一国两制"是我国国家制度和国家治理体系的一个显著优势,刚刚闭幕的中国共产党十九届四中全会审议通过《中共中央关于坚持和完善中国特色社会主义制度 推进国家治理体系和治理能力现代化若干重大问题的决定》,对坚持和完善"一国两制"制度体系作出专门部署,为下一步工作指明了方向。为了进一步做好澳门对外法律工作,需要从以下方面不断加强工作力度:

一要依法办事。澳门对外法律工作必须坚持依法治澳,严格遵循宪法和基本法规定,维护宪法和基本法确定的宪制秩序。加强澳门社会特别是公职人员和青少年的宪法和基本法教育,增强澳门同胞国家意识和爱国精神,凝聚爱国爱澳的强大正能量,提高依法治理能力和水平。

二要健全机制。根据"一国两制"形势变化和实践发展,完善特区同宪法和基本法实施相关的制度和机制,坚决防范和遏制外部势力干预澳门事务和进行分裂、颠覆、渗透、破坏活动,确保基本法得到全面准确贯彻落实,确保澳门长治久安。

三要服务发展。发展是解决问题的金钥匙。当前,澳门经济社会发展正面临新形势新挑战。澳门对外法律工作要更加精准服务特区所急所需,更加积极有为服务“一中心、一平台、一基地”建设,为特区经济适度多元发展、对外交往持续深化保驾护航。

四要开拓创新。充分发挥澳门政治生态良好、爱国爱澳核心价值深植人心等优势,紧紧围绕新形势下澳门对外交往中涉及的深层次法律问题,积极调查研究,稳步推进机制体制完善创新,服务“一国两制”行稳致远。

各位来宾,各位朋友:

我相信,有祖国内地坚强后盾的支持,有特区政府的正确领导,有澳门同胞的团结奋斗,澳门特区未来发展的前景必将更加光明,特区对外法律事务的道路也必将更加宽广。让我们携起手来,共同开创特区更加美好的明天!

谢谢大家。

用规则与法治助力“一带一路”高质量发展

——外交部条法司司长贾桂德在中国法治国际论坛开幕式上的发言

（2019 年 11 月 10 日，广州）

尊敬的王晨副委员长，
尊敬的李希书记，
各位嘉宾，女士们、先生们：
大家上午好！

感谢会议主办方的邀请，很高兴参加中国法治国际论坛。

“一带一路”倡议是习近平主席纵观中国和世界发展大势，深刻思考人类前途命运，提出的重大国际合作倡议。六年来，在各方共同努力下，“一带一路”倡议已进入高质量发展的新阶段，成绩举世瞩目，“朋友圈”越来越大，发展前景越来越好。共建“一带一路”应潮流、得民心、惠民生、利天下，是当之无愧的全球最受欢迎公共产品。

女士们、先生们：

本次论坛聚焦“深化法治国际合作，服务共建‘一带一路’”，规则和法治是“一带一路”走向世界的通行证，也是“一带一路”行稳致远的定盘星。

首先,共建“一带一路”以规则为基石。“天下从事者,不可以无法仪”。共建“一带一路”遵循国际通行规则,用普遍适用的规则明是非、定止争、促合作、谋共赢。尊重国家主权,遵守东道国的国内法,通过多双边合作协议、备忘录等方式确定合作领域、合作方式、合作项目,将合作置于法律和规则的框架内。支持参与国将国内规则与国际规则“纵向联通”,鼓励参与国之间规则“横向联通”,打造畅通无阻的“规则高速公路”。

第二,共建“一带一路”以法治为信守。法治是共建“一带一路”顺利运作的重要维系。共建“一带一路”践行民主参与,坚持各方共同书写规则,均衡反映各方利益和关切;严格依法实施,所有建设项目都坚持市场化运作,坚持合法合规、公开透明,任何国家符合条件的企业均可参与;重视依法解决争端,尊重当事人意思自治,支持积极运用国内、国际争端解决机制和机构依法解决争端,避免争端政治化。

第三,共建“一带一路”以可持续发展为目标。共建“一带一路”注重兼顾经济、社会和环境三方面的协调与可持续发展,让建设成果更好惠及各国人民。尊重不同国家国情和发展阶段不一的现实,既立足各国发展实际,因地制宜,又努力践行生态文明理念,实现兼顾当前与长远、当代与子孙后代的可持续目标。中国政府专门出台有关政策和文件,要求中方企业遵守东道国环保法律法规,履行环境社会责任,打造绿色“一带一路”。

女士们、先生们:

共建“一带一路”离不开法律界人士的共同参与。在座各位都是各国的法律大家,我们有着不同的法律传统和制度文化,但都怀着对法治的共同追求,通过交流互鉴,深化法治国际合作,助力“一带一路”高质量发展是我们共同的使命。

本着“共商共建共享”的原则,外交部条法司与相关部门一道,积极与共建“一带一路”国家密织条约网络,夯实双边合作的法律基础。加强国际规则标准对接，打通各领域务实合作的重要关节。营造法治化营商环境，助力市场主体释放活力。深化与各方沟通交流，努力为“一带一路”提供全方位法律保障与服务。

去年7月，中国外交部和中国法学会共同举办首届“一带一路”法治合作国际论坛，王毅国务委员兼外交部长出席，论坛发表《共同主席声明》，为“一带一路”法治合作绘就了路线图。论坛宣布设立的“一带一路”法治合作研修项目已于今年10月正式启动，来自共建“一带一路”国家的20多名法律官员参加了首期项目，收效良好。欢迎更多国家的法律官员参与该研修项目。

女士们、先生们：

当今世界正经历百年未有之大变局，单边主义和保护主义严重冲击国际合作。面对前所未有的风险挑战，国际社会更应密切合作，坚定维护多边主义，维护以国际法为基础的国际秩序，维护国际公平正义。

今年是新中国成立70周年。70年来，新中国外交风雨兼程、砥砺奋进，走出了一条中国特色大国外交之路。坚定维护多边主义和国际法治，倡导互利合作是中国外交的鲜明特色。“一带一路”倡议是在习近平外交思想指引下，中国与世界相互促进、共同发展，推动构建人类命运共同体的重要实践平台。

潮平两岸阔，风正一帆悬。让我们以深化法治国际合作为抓手，共同推动共建“一带一路”合作进一步走深走实，为构建人类命运共同体，建设一个持久和平、普遍安全、共同繁荣、开放包容、清洁美丽的世界而作出不懈努力！

最后，预祝本次论坛圆满成功！

谢谢大家！

积极支持特区构建国际法律合作网络　推动“一国两制”伟大事业行稳致远

——外交部条法司司长贾桂德在澳门回归20周年对外法律事务研讨会上的主题报告

（2019年11月12日，澳门）

今年是澳门回归祖国20周年。20年来，中央政府全面贯彻落实“一国两制”、“澳人治澳”、高度自治方针，严格依据《中华人民共和国宪法》和《澳门特别行政区基本法》开展涉及澳门特区的外交条约法律工作，积极指导协助特区依法对外交往。当前，在中央政府和澳门特区政府共同努力下，澳门特区已基本形成比较全面的国际法律合作网络，为特区融入国家发展大局、扩大国际交往提供了坚实保障。

一、指导协助澳门特区构建国际法律合作网络的实践

（一）多边公约适用于澳门特区以及履约工作

条约适用于澳门特区是一个复杂的外交和法律问题，既涉及

澳门回归前葡萄牙政府缔结并适用于澳门的条约在回归后如何适用问题,也涉及澳门回归前和回归后中国政府缔结的条约如何适用问题,还涉及澳门特区单独对外缔约问题。在“一国两制”方针的指导下,中央政府创造性运用国际法,妥善解决了上述问题,形成了独特的实践,维护了国家主权统一和特区繁荣稳定,便利了特区深度参与国际多边事务和全球治理。

澳门回归前,中央政府通过外交行动和法律行动处理了158项多边公约适用于澳门的问题(其中2项公约后因故未在澳门特区适用),涉及外交、经济、环保、人权等14个领域。澳门回归后,截至2019年10月,中央政府先后就近600项多边公约(含修正案、议定书)是否适用于澳门特区征询了特区政府意见,其中400余项多边公约已在澳门特区适用。连同回归前适用的156项公约,目前适澳多边公约总数达600余项。

为监督条约的履行,不少多边公约设有专门的履约机制。中央政府高度重视并积极指导协助澳门特区做好多边公约履约工作。回归以来,协助澳门特区向公约履约监督机构提交人权、反腐败、劳工、环保等领域履约报告近300份,并对特区撰写履约报告提供指导,确保特区提交的报告既符合公约要求,又全面准确反映特区履约实际情况。邀请澳门特区政府派员作为中国政府代表团成员出席人权、反腐败等领域履约审议多边会议。建立中央各部委与澳门特区共同参与的履约协调机制,在基本法框架下推动各方协力做好履约审议工作。

(二)授权或协助澳门特区对外签署双边协定

从国际法角度看,澳门特区作为中国的一部分,不具有国际法主体资格,本无对外缔约的权力。考虑到澳门特区的实际需要,中央政府通过基本法赋予特区一定的缔约权。主要体现为,澳门特区可以“中国澳门”名义,在经济、贸易、金融、航运、通讯、旅游、文化、科技、体育等九个领域签订和履行协议。此外,经中央人民政府协助或授权,澳门特区可对外谈判和签订互免签证协定、司法协助协定、移交逃犯协定、移交被判刑人协定等。这些规定有利于澳门特区固化国际权利义务关系,规范与世界各国交流合作。

中央政府和澳门特区政府于回归后正式建立授权通报机制,明确了中央政府授权特区对外谈判和签署特定领域协定的具体程序。截至2019年10月,中央政府已授权澳门特区与葡萄牙、荷兰、比利时谈判投资保护协定3项,与欧盟、老挝、日本等谈判民航协定45项,与印度、澳大利亚、丹麦等谈判税收信息交换协定34项,与越南、蒙古、文莱等谈判避免双重征税协定8项,与葡萄牙、蒙古、越南等谈判司法协助协定32项。其中,经中央政府授权,澳门特区已正式对外签署投资保护协定2项,民航协定12项及其修订案5项,税收信息交换协定16项及其谅解备忘录2项,避免双重征税协定4项及其修订议定书1项、司法协助协定10项。

(三)协助和授权澳门特区对外开展司法执法合作

基本法规定,澳门特区可在中央政府的协助和授权下,与外国就司法互助关系作出适当安排。据此,中央政府大力支持澳门特区拓展司法执法合作国际条约网。在多边公约方面,通过回归前采取外交行动和法律行动以及回归后办理多边公约适澳手续等方式,将《关于向国外送达民事或商事司法文书和司法外文书的公约》(《海牙送达公约》)、《关于从国外调取民事或商事证据的公约》(《海牙取证公约》)、《联合国反腐败公约》以及《联合国打击跨国有组织犯罪公约》等重要国际公约适用于澳门。在双边协定方面,回归以来,授权澳门特区与外国谈判32项司法协助协定、签署10项司法协助协定。

在此过程中,部分国家对澳门特区可经中央政府授权单独对外商签司法协助协定的做法缺乏了解,导致其与特区商签双边协议时有所顾虑。中央政府充分利用外交资源优势,主动做对方国家工作,增信释疑。2016年,中央政府会同澳门特区政府启动“周边国家司法执法官员参访计划”，增进特区与周边国家在司法执法领域理解与互信。2018 年，邀请来澳磋商《刑事司法协助协定》的越南代表团顺访南京、杭州，精心设计“一国、两制、三城”参访行程，安排与省市两级司法执法部门会谈座谈，引导越方更加直观深入了解“一国两制”框架下特区对外司法执法合作的法律与实践做法。

（四）指导和协助澳门特区参加国际组织和国际会议

回归以来，在中央政府的大力支持下，澳门特区参与国际组织和国际会议的深度和广度不断拓展，国际知名度和影响力不断提升。截至 2019 年 8 月，澳门特区加入的国际组织已由回归前的 51 个增至 120 个。其中，全球性国际组织 72 个，区域性国际组织 48 个。

此外，澳门特区积极参加各类国际会议和活动，对外交往日趋活跃。据不完全统计，截至 2019 年 8 月，特区政府官员以中国代表团成员身份参加国际会议或活动近 300 次，包括世界卫生大会、国际劳工大会、海牙国际私法会议等重大国际会议。同时，澳门特区还以“中国澳门”名义单独参加与特区有关的国际会议 1500 余次，包括博鳌亚洲论坛年会、联合国教科文组织大会等。在中央政府的大力支持下，澳门特区积极申请并主办国际会议和国际活动。据不完全统计，截至 2019 年 8 月，中央政府协助特区申请举办各类国际会议和国际活动达 80 余次，包括中葡经贸论坛部长级会议、第四届东亚运动会、世界旅游经济论坛等。

（五）支持澳门特区加强国际法能力建设

高素质的国际法人才队伍是构建澳门特区国际法律合作网络的重要支撑。回归以来，中央政府高度重视并积极支持澳门特区加强国际法能力建设，特区国际法人才队伍储备和培养取得长足进步。2003 年，外交部与澳门特区行政法务司签订《国际法培训项目安排》并正式启动培训。目前,已成功举办20届特区公务员国际法培训班,1100余名来自政府、法院、检察院、立法会等部门的公务员参训。培训项目覆盖面广,形式灵活多样,注重将国际法理论与涉外法律实务工作相结合,受到广泛欢迎,成为外交部与特区培训合作的"精品项目"。

自2012年起,中央政府将能力建设范围拓展至澳门高校,每年与高校合办"国际法进校园"活动,迄今已举办8期。活动邀请外交部专家及国内知名学者主讲,宣介我国外交方针政策,阐释国际法热点问题,激发青年学子学习国际法、报效国家的兴趣和热情,增强其国家认同感和归属感。经多年努力,"国际法进校园"活动已成为面向特区青年学子宣介外交政策、普及国际法知识的重要平台。

二、几点体会

"一国两制"是一项史无前例的伟大工程。如何从条约法律层面落实好"一国两制"和基本法,没有现成的做法和先例可循。经过20年的实践和探索,在中央政府与澳门特区政府共同努力下,指导协助特区构建国际法律合作网络工作形成了很多好的经验和做法,取得了有目共睹的成绩。综合看,主要有以下三点体会:

(一)全面准确贯彻"一国两制"和基本法是根本前提

实践充分证明,"一国两制"是澳门回归后保持长期繁荣稳定的最佳制度安排,是行得通、办得到、得人心的。基本法是"一国两制"在澳门特区具体实施的法律化和制度化,也是开展涉澳外交条约法律工作、指导协助特区构建国际法律合作网络的主要依据。习近平主席指出,"一国"是根,根深才能叶茂;"一国"是本,本固才能枝荣。指导协助特区构建国际法律合作网络,必须深刻领会

“一国两制”和基本法的要义和精髓，准确把握中央与特区、宪法与基本法的关系，始终牢固树立“一国”意识，把坚持“一国”原则和尊重“两制”差异、维护中央权力与保障特区高度自治权、发挥祖国内地坚强后盾作用与提高澳门自身竞争力有机结合起来。在处理重大复杂的法律问题时要从大局出发，与时俱进，把握正确的方向和原则，站稳立场、守住底线，维护好国家主权、安全和特区繁荣稳定。

（二）紧密贴合澳门特区需求是基本思路

指导协助澳门特区构建国际法律合作网络根本出发点是促进特区对外交往，维护特区长期繁荣稳定。因此，澳门特区的需求始终是我们开展工作的重要决策因素。回归以来，中央政府坚持问题导向和需求导向，从特区对外交往的重点和难点出发，积极从外交条约法律角度为特区出谋划策、解决问题。例如针对部分外籍人员在特区违法犯罪突出问题，多措并举协助推动遣返外籍非法滞留人员，提升特区与相关国家司法执法合作互信水平，取得良好效果。针对一些国家利用税务、反洗钱等领域多边话语权优势对特区进行审查和施压问题，通过加快办理相关国际公约适澳手续，积极协助特区落实有关审查建议，履行对外承诺，推动相关评审结果客观公正反映特区实际情况等方式，维护特区良好投资环境和国际形象，保持特区经济社会稳定。

（三）不断推动体制机制创新是重要保障

回归以来，中央政府在指导协助澳门特区构建国际法律合作网络时，始终坚持立足澳门实际、适应澳门特点、面向澳门需要，积极探索体制机制创新，推动相关工作更加顺畅规范有序。例如自2004年起，外交部条法司与澳门特区政府行政法务司建立涉澳条约法律工作年度磋商机制，定期梳理总结涉澳条约法律工作，就工作中遇到的新情况、新问题及时沟通协调并推动落实解决。中央政府与澳门特区政府还多次开展专题磋商,集中解决了上海合作组织多边公约、环境保护类公约、国际海事组织条约及修正案适澳等问题。此外,中央政府会同港澳特区就《濒危野生动植物种国际贸易公约》《联合国反腐败公约》等多边公约履约工作建立协调机制。事实证明,上述体制机制在落实"一国两制",推动解决特区关心的重点难点问题等方面发挥了积极作用。

三、未来工作展望

习近平主席指出,中国特色社会主义进入了新时代,国家改革开放和"一国两制"事业也进入了新时代。在新时代国家改革开放进程中,香港、澳门仍然具有特殊地位和独特优势,仍然可以发挥不可替代的作用。对香港、澳门来说,"一国两制"是最大的优势,国家改革开放是最大的舞台,共建"一带一路"、粤港澳大湾区建设等国家战略实施是新的重大机遇。习主席讲话不仅对澳门特区发展提出了殷切期望,也为新形势下我们进一步做好涉澳外交条约法律工作明确了方向。我们要以习近平外交思想和关于港澳工作的重要论述为指导,抓住机遇,进一步指导协助特区完善国际法律合作网络,推动涉澳外交工作再上新台阶。

(一)继续坚定不移支持澳门特区开展对外交往,助力中国特色大国外交

涉澳外交既是保障和丰富"一国两制"成功实践的重要方面,也是国家总体外交的重要组成部分,政治意义和示范性突出。在中国特色大国外交的舞台上,澳门拥有重要的一席之地,面临全新的机遇。我们要从国家外交全局角度运筹好澳门特区对外交往,主动发掘"国家所需、澳门所长",利用好"一中心(世界旅游休闲中心)、一平台(中国与葡语国家商贸合作服务平台)、一基地(以中华文化为主流、多元文化共存的交流合作基地)"的优势,从条

约法律方面促进特区进一步扩展对外交往,协助特区完善国际法律合作网络。我们要为澳门特区充分发挥自身独特优势,全面参与"一带一路"建设提供更好支持,提升澳门在国家对外开放中的地位与功能,把澳门特区打造成国家改革开放的双向桥头堡,在中国特色大国外交中发挥更大的作用。

(二)继续坚持底线思维,防范外部风险,排除外部干扰

当今世界面临百年未有之大变局,国际竞争博弈加剧,"一国两制"面临复杂严峻的外部环境和风险。近期发生在香港特区的修例风波表明,有一些势力不愿看到"一国两制"成功,千方百计想要搞破坏,甚至幻想什么"颜色革命"。澳门特区有爱国爱澳、包容共济、务实进取的优良传统,"爱国爱澳"是澳门社会广泛认同和坚守的主流核心价值。我们要传承发扬好"澳门精神",进一步增强忧患意识,坚持底线思维,加强在政治安全、经济金融、外交法律等领域化解涉外风险的意识和能力。要在指导协助澳门特区完善国际法律合作网络中认真把关履职,特别是要警惕外部势力以法律为幌子、行干预施压的图谋,落实好维护国家主权、安全和发展利益的宪制责任,为特区长期繁荣稳定保驾护航。

(三)继续加强研究,创新完善与基本法实施相配套的机制体制

要确保"一国两制"方针不走样不变形,就要不断完善基本法的实施机制,把基本法的各项规定真正落到实处。回归以来的实践表明,"一国两制"前所未有,需要大胆探索、勇于创新。回归以来的实践还表明,基本法具有极大的包容性和生命力,完全能适应新时代的要求。随着涉澳外交条约法律工作的内涵和外延不断拓展,我们要更好地确保外事领域的中央全面管治权在特区有效落地,深入研究探索如何更好履行宪法和基本法赋予的各项权利和义务。要进一步研究基本法中尚未被"激活"或未使用过的涉外

条款,为"一国两制"积累新经验、新做法。同时,要对外讲好"澳门故事",推动国际社会充分认可"一国两制"的国际法创新实践,避免误解和歪曲。

四、结　语

20年来,"一国两制"在澳门生根发芽、茁壮发展,取得了丰硕成果。展望未来,我们将继续与澳门特区政府密切沟通协调,严格按照"一国两制"、"澳人治澳"、高度自治方针,严格依据宪法和基本法,深入开展涉澳外交条约法律工作,大力支持特区完善国际法律合作网络,共同发挥新作用、实现新发展、作出新贡献!

外交部条法司司长贾桂德在海牙判决公约国际研讨会开幕式上的致辞

（2019 年 9 月 9 日，香港）

尊敬的香港特别行政区政府律政司长郑若骅女士，
尊敬的海牙国际私法会议秘书长贝纳斯科尼博士，
女士们，先生们：

大家上午好！仲秋时节的香港，天高云淡，金风送爽。我谨代表中国政府，向出席此次研讨会的各位嘉宾表示最诚挚的欢迎！大家知道，近一段时间来，在香港围绕特区政府修订移交逃犯条例等法例，发生了一系列游行示威和暴力事件，尽管行政长官已宣告撤回修例，一小部分极端激进分子蓄意制造和不断升级暴力活动，严重冲击香港法治和社会秩序。在此形势下，此次会议在香港如期召开，既充分体现了香港特区政府坚守法治的信念，中央政府对特区政府的理解和支持，也体现了国际社会对香港法治的信心。我要特别感谢香港特区政府律政司、海牙会议及其亚太区域办事处所作的周到安排和细致工作，感谢各位嘉宾的积极参与和鼎力支持。

本次研讨会的主题是“2019 海牙会议判决公约：民商事判决的全球执行”。在此我想首先与大家分享对《公约》的三点感受：

第一，《公约》是维护多边主义的“好典范”。当今世界正经历百年未有之大变局,和平、发展、合作、共赢的时代潮流浩荡向前,同时世界多极化、经济全球化也遭遇了单边主义、贸易保护主义的逆流。在这种形势下,《公约》的通过是多边主义的胜利,因为《公约》承载了几代国际私法工作者的心血与付出,凝聚了70多个国家400多位代表的努力和智慧,展现了各国加强多边合作、共同应对挑战的意愿,是国际社会在多边主义旗帜下开展合作的积极成果。

第二,《公约》是促进判决全球流通的"金钥匙"。《公约》系统全面地规定了承认和执行外国民商事判决的范围和条件,体现了各国在此领域合作的"最大公约数"。同时,《公约》规定的一系列声明机制等灵活安排,充分兼顾了各国利益诉求,最大限度地包容了法律制度差异。因此,我有理由相信,《公约》将成为一把"金钥匙",为民商事判决承认与执行打开合作之门、展现光明前景,推动实现民商事判决在各国间的自由流通。

第三,《公约》是国际民商事规则制定的"里程碑"。《公约》的通过意义重大,影响深远。它是全球首个全面确立民商事判决国际流通统一规则的国际文书,标志着创设该领域国际司法合作制度的努力获得成功。《公约》与《纽约公约》、《新加坡公约》涵盖诉讼、仲裁、和解三大争端解决机制,共同组成了国际民商事纠纷解决的"三驾马车"。这将为国际民商事活动提供更全面更优质的司法保障,进一步促进民商事活动的蓬勃发展。

女士们、先生们,"凡是过往皆为序章"。我们有理由为《公约》的通过而欣喜,我们也有责任为《公约》的未来而努力:

一是着力实现《公约》的普遍性。《公约》未来的成功离不开各国对《公约》的接受,这需要各位专家学者、政府官员开展对《公约》更多研究和推广,不断强化各国以《公约》为基础深化合作的意愿,确保更多国家积极考虑加入《公约》。中国2017年9月签署了《选择法院协议公约》,目前正在加紧推动批准。中国作为判决《公约》谈判的主要参与方之一,也将积极研究参加《公约》的问题。

二是推动《公约》造福各国民众。《公约》有利于保障各国民商事判决的流通,积极预防和妥善解决民商事争端,为各国经贸与人员往来营造稳定的法治化环境,最终服务于提升各国人民福祉,这与中国国家主席习近平提出推动构建人类命运共同体和“一带一路”倡议的目标高度契合。中国希望与各国加强包括《公约》在内的法治合作,推进“一带一路”建设,推动构建人类命运共同体。

三是支持海牙会议发挥更大作用。《公约》的成功通过再一次表明,面对新课题、新挑战日益增多的世界,海牙会议大有可为。她不断适应时代需要,善于发现和解决新问题,通过架立不同法律文化间的桥梁,帮助各国克服不同法域之间的隔阂,制定共同接受的规则,促进国际交往。中国愿与海牙会议继续携手同行,期待通过这一平台与各国共同应对挑战,建设更美好的世界。

女士们,先生们,首个推介《公约》的全球会议在香港召开可谓占据了天时地利。“天时”是恰逢《公约》通过伊始,势头正劲;“地利”是香港文化和法律制度东西合璧、融会贯通且正在着力打造区域法律服务和争端解决中心。此次研讨的议题涵盖《公约》的方方面面,各位嘉宾也是国际私法领域的专家,希望大家畅所欲言,提出真知灼见,为《公约》发展贡献智慧。

再过几天就是中国的传统节日中秋节,这个节日象征着团圆、美满。值此中秋佳节即将来临之际,我衷心祝愿各位嘉宾身体健康、家庭幸福,祝愿会议取得圆满成功,也祝愿香港的法律和秩序尽快得到恢复,明天更加美好!

谢谢大家。

中国代表、外交部条法司司长贾桂德在第74届联合国大会关于“国际法院的报告”议题的发言

（2019年10月30日，纽约）

主席先生：

首先，请允许我代表中国代表团，感谢优素福院长所作国际法院工作报告，也感谢国际法院全体法官和工作人员过去一年来的辛勤工作。

国际法院作为联合国主要司法机关，是世界上最具权威和影响力的国际司法机构。成立70多年来，国际法院依照《联合国宪章》与《国际法院规约》履行司法职能，作出130余项判决和近30项咨询意见，涉及领土主权和海洋划界、非殖民化、不干涉内政、不使用武力、外交和领事关系、单边制裁等诸多重要国际法问题。通过这些司法活动，国际法院为解释、适用和发展国际法发挥了重要作用，也为和平解决争端、维护国际和平与安全作出了重要贡献。

主席先生：

近年来，国际法院在和平解决争端方面的作用日益受到国际社会重视，受案量持续增加，这反映出国际社会对法院的信任日益上升。

过去一年，法院处理了多起案件。在国际社会广为关注的

“1965年查戈斯群岛从毛里求斯分离的法律后果”咨询意见案中，法院基于该案与联合国非殖民化进程的历史联系，以及为联大履行相关职责提供法律指引的目的，决定受理该案并就所请求的问题发表了意见。需要指出的是，该咨询意见并不减损“当事国同意原则”的效力。根据这一原则，无论是咨询案件还是诉讼案件，非经当事国同意不得将本质上纯属双边争端的问题诉诸国际司法。中方期待法院咨询意见能为有关方面通过协商方式妥善解决实质争议提供帮助。

另外，在伊朗诉美国违反1955年《美伊友好、经济关系和领事权利条约》一案中，法院全体法官一致赞成指示临时措施，要求美国撤销其2018年5月重启对伊朗单边制裁措施中影响人道需要的措施。这从一个方面体现了法院高度关注单边制裁措施对受制裁国及其民众的负面影响。

中方支持国际法院继续忠实履行司法职能，为维护和促进国际法、弘扬国际公平正义不断作出新的贡献。

主席先生：

中国一贯积极倡导和平解决国际争端，致力于通过谈判和协商解决国际争端，反对动辄采取单边行动激化矛盾、扩大争议。当前国际关系动荡，个别国家奉行单边主义，采取霸凌行径，多边主义和国际法遭到前所未有的挑战和冲击，严重损害各国利益。在此形势下，国际法院捍卫国际法、和平解决争端的职责将更为突出。中国将更加坚定地与包括国际法院在内的国际社会一道，共同努力维护以联合国为核心的国际体系和以国际法为基础的国际秩序。

谢谢主席先生。

中国代表、外交部条法司司长贾桂德在第74届联大六委关于“国际法委员会第71届会议工作报告”议题的发言(一)

（第一部分：第1、2、3、4、5、11章）

(2019年10月28日，纽约)

主席先生：

这是我在本届联大六委首次发言，在此祝贺您当选主席，相信在您的有力领导下，本届会议将取得圆满成功。我也要感谢国际法委员会主席就第71届会议工作报告所作介绍，这对各国代表开展相关讨论有很大帮助。

委员会第71届会议取得了不少进展，二读通过了“危害人类罪”条款草案及其评注，一读通过了“与武装冲突有关的环境保护”原则草案和“一般国际法强制性规范(强行法)”结论草案及有关评注。委员会还首次审议了“一般法律原则”专题，并将“与国际法有关的海平面上升”专题纳入当前工作方案。中国代表团对委员会的积极工作表示赞赏。

主席先生:

下面我愿介绍中国代表团对国际法委员会有关专题的看法。

关于“危害人类罪”专题。委员会第71届会议二读通过了关于本专题的条款草案,并建议联大以该草案为基础谈判制订公约。中方一贯重视预防和惩治危害人类罪,打击有罪不罚,制订公约涉及危害人类罪定义和范围等复杂问题,须建立在各国有意愿也有共识的基础上,但目前各方对制订公约还远未形成共识。再者,历年联大六委的讨论也表明,许多国家认为草案部分关键条款仍存在很大不足。例如,草案大量条款是从其他国际公约的规定类推或演绎而来,缺乏基于广泛国际实践的扎实论证,片面倚重不具普遍性的国际刑事司法机构的做法。中国代表团认为,目前制订公约的时机并不成熟。

关于“一般国际法强制性规范(强行法)”专题。委员会一读通过了整套23条结论草案及评注,厘清了强行法的概念、性质、识别标准和法律后果等,可为国家和国际机构提供有益的参考。

中国代表团注意到,由于时间紧张,委员会对很多问题未进行深入讨论。鉴于强行法具有不同于一般国际法规则的特殊重要性,希望委员会在联大六委各方发言和相关评论的基础上,进一步完善结论草案及其评注,充分反映各方关切。为此,中国代表团着重表达三点意见:

一是强行法的识别标准应得到严格执行。目前委员会一读通过的两个识别标准,即属于一般国际法规范且被国家组成之国际社会全体接受和承认为不容克减,基本符合国际社会共识。委员会在自身编纂活动中应严格执行上述标准,同时也希望委员会在起草结论草案评注时详细阐明上述标准,以有助于各国和国际机构在识别实践中,严格执行上述标准,增强强行法规则的权威性和严肃性。

二是结论草案应避免涉及安理会决议与强行法的关系问题。中国代表团注意到,结论草案16规定国际组织有约束力的决议、决定和行动如与强行法相抵触,则不创设义务。关于结论草案16的评注还认为,这种国际组织有约束力的决议包括安理会决议,这等于间接否认了与强行法抵触的安理会决议的效力。尽管评注也认为,在处理安理会决议与强行法的关系时,应考虑《联合国宪章》第103条关于《宪章》义务优先的规定,但中国代表团认为在评注中明确提及安理会决议与强行法的关系仍是不适宜的。安理会是联合国集体安全机制的核心,安理会决议按《宪章》规定作出,既有严格的程序要求,也必须符合《宪章》的宗旨和原则,很难设想会违反强行法。此外,在强行法的内容和范围远不清楚的情况下,试图以强行法评判安理会决议的有效性,极有可能导致以强行法为借口逃避执行安理会决议或挑战安理会决议的权威,从而损害联合国集体安全机制。因此,中国代表团建议将结论草案评注中涉及安理会决议的措辞删去。

三是结论草案应避免列举一份强行法规则的说明性清单。目前,结论草案附录中列举了8项强行法规则,分别是禁止侵略、禁止灭绝种族、禁止危害人类罪、国际人道法基本规则、禁止种族歧视和种族隔离、禁止奴役、禁止酷刑以及民族自决权。中国代表团认为,这一清单存在很大问题,委员会没有按照结论草案自身关于识别强行法的标准,对清单中的规则进行令人信服的论证。事实上,一些规则本身的内涵远未清楚,如"国际人道法基本规则"到底包括哪些规则在结论草案和评注中没有任何说明。清单也无法解释为什么列举上述8项规则而未列入一些规范国家间关系的规则,例如国家主权平等原则。再者,拟定清单将导致本专题的性质发生改变,将从编纂关于强行法的识别标准和法律后果的次级规则,变成列举哪些规则构成强行法的初级规则,从而引发更大争议,偏离本专题阐明识别强行法的标准这一初衷。中国代表团建议删除结论草案中的有关清单。

关于委员会决定纳入长期工作方案的两个专题,中国代表团愿简要发表以下意见:

关于“防止和打击海盗行为和海上武装劫船”。中国政府高度重视防止和打击海盗和海上劫船问题,赞赏国际法委员会将该议题纳入长期工作方案。中国根据安理会有关决议在索马里沿海海域开展护航行动,积极参与打击几内亚湾海盗的国际合作,充分理解在此领域推动实施已有条约、协调各国行动、提高有关国家打击海盗能力的必要性。

防止和打击海盗是国际海洋法领域的传统议题,国际条约和国家实践都很丰富。《联合国海洋法公约》《制止危及海上航行安全非法行为公约》等全球性条约,以及《亚洲打击海盗和武装抢劫船舶行为区域合作协定》等地区性条约提供了法律框架和规则。联合国安理会还根据《联合国宪章》第七章通过一系列决议,处理在索马里沿海和几内亚湾等海域发生的海盗行为。希望委员会在工作中充分考虑法律和实践发展水平,在不改变现有国际法律框架或规则以及尊重各国法律制度的前提下,寻找切实可行的具体举措,在海盗行为刑事定罪、引渡以及司法协助等领域,推动各国更好地开展国际合作与协调,以加强预防和打击海盗的力度。

关于“就严重违反国际人权法和人道法行为对个人的赔偿”。目前,国际社会对于何为严重违反国际人权法、人道法的行为尚无统一意见,在这种情况下,委员会将“就严重违反国际人权法和人道法的行为对个人进行赔偿”作为一项长期工作计划,条件似不太成熟,也没有足够的国际和国家实践予以支撑。

此外,2005 年 12 月 16 日,联合国大会通过的《严重违反国际人权法和严重违反国际人道主义法行为受害人获得补救和赔偿的权利基本原则和导则》中已为国家处理该问题提供了相应指导,满足国家需求,当前国际社会应将重点放在如何保证导则得到落实,而非制定新的规则。

谢谢主席先生。

中国代表、外交部条法司司长贾桂德在第74届联大六委关于“国际法委员会第71届会议工作报告”议题的发言(二)

（第二部分：第6、8、10章；第三部分：第7、9章）

（2019年10月31日，纽约）

主席先生：

关于“与武装冲突有关的环境保护”专题。中国代表团祝贺委员会一读通过28条原则草案及评注，赞赏两任特别报告员为此付出的努力，认为这项工作对于加强与武装冲突有关的环境保护具有积极意义。中国代表团理解委员会有意发展相关规则，以更好地规范非国际性武装冲突，但需再次重申将原则草案无差别地适用于国际性武装冲突和非国际性武装冲突并不适当，特别是不宜将国际性武装冲突有关规则简单照搬适用于非国际性武装冲突。例如，原则草案19规定禁止使用改变环境的作战技术，其依据主要是《禁止为军事或任何其他敌对目的使用改变环境的技术的公约》，原则草案19的评注承认，公约有关条款作为习惯国际法仅适用于国际性武装冲突，但并未对有关规则在非国际性武装冲突的适用问题作出进一步说明。

国际性与非国际性武装冲突在性质、参与主体、危害程度等方面均有较大差别,适用于这两类武装冲突的国际人道法规则构成两套不同的规则体系。委员会须充分考虑二者区别,结合国家实践分别进行论证。

关于“国家官员的外国刑事管辖豁免”专题。中国代表团注意到,尽管距委员会投票通过条款草案七已过去两年,但该条草案规定的属事豁免例外仍是本专题争议最大、最受关注的问题。在去年及前年联大六委会议上,许多国家表达了对条款草案七所列例外的反对观点;不少委员也仍坚持对条款草案七的保留立场,要求重新审查条款草案七及其评注。建议委员会重视这些意见。

特别报告员今年提交了第七次报告,主要讨论了与国家官员外国刑事管辖豁免有关的程序保障问题,并提出 9 条条款草案。目前,委员会对程序保障的制度框架和具体内容尚未达成一致。程序保障对保护官员的豁免不受侵犯具有重要意义,有助于防止政治性滥诉,保障外国官员尊严及其正常履职,维护国家间关系稳定。中国代表团认为,委员会应重视有关委员提出的加强程序保障的意见和建议,包括:法院地国应充分尊重官员所属国优先行使管辖权;为相关刑事案件设置启动司法程序的严格门槛;法院地国与官员所属国要充分沟通,确保后者充分了解案情并有机会表达关切;为备受争议的条款草案七设置专门的保障条款。

最后要强调的是,程序性保障规则与官员豁免规则性质不同,无论怎样完善的程序性保障,都无法弥补条款草案七在官员属事豁免例外这一实体规则上的缺陷。因此,有必要重新审查条款草案七,以达成获得普遍国家实践和法律确信支持的正确方案。

关于“与国际法有关的海平面上升”专题。中国代表团注意到委员会在本届会上将本专题纳入当前工作计划,并组成研究组,将就海平面上升对海洋法、国家地位、受海平面上升影响的人员保护三个问题展开研究。

海平面上升关系众多沿海国的重大利益,是一个超出现有海洋法范围,需要结合其他多个领域的国际法一起研究的新问题,且相关国家实践还在不断发展中。我们希望委员会充分认识到该问题的复杂性,深入广泛研究各类国家实践和与之相关的法律问题,得出客观、平衡、有价值的研究成果。

海平面上升的根源在于气候变化,中国愿与世界各国一道,积极推进巴黎协定全面有效实施,同时与周边海洋邻国加强区域合作,积极探索行之有效的应对方案。

主席先生:

由于我因工作安排无法参加下周会议,我想借此机会介绍一下中国代表团对其他两项专题的意见。

关于"与国家责任有关的国家继承"专题。中国代表团重申以下观点:就与国家责任有关的国家继承而言,国家实践十分有限,并且这些有限的国家实践也各有其复杂政治和历史因素。特别报告员在报告中援引的国家实践均有其特殊背景,很多是通过签订协议的方式处理有关问题。这些特殊实践很难被视为具有普遍意义或反映了国家的"法律确信",委员会恐怕很难从中编纂出一般性的法律规则。由于本专题缺乏普遍性的国家实践支撑,造成委员会和特别报告员的研究方法过于学术化。因此,是否有必要继续本专题的工作,或者是否仅编纂必要的指南草案或研究报告,建议委员会认真考虑。

关于"一般法律原则"专题。中国代表团欢迎委员会启动对这一专题的研究。考虑到一般法律原则作为国际法渊源之一的重要意义,以《国际法院规约》第38(1)(c)条为起点,以广泛的国家实践和国际司法机构判例为基础,并采取审慎严密的方法开展研究,将有助于澄清一般法律原则的性质、来源、如何识别以及与国际法其他渊源的关系等重要问题,从而更好地发挥一般法律原则的作用,完善国际法体系。

特别报告员第一次报告提出三项结论草案,起草委员会暂时通过的结论草案1确定了该专题研究范围,为后续工作奠定了基

础。对于报告涉及的有关实质问题,中国代表团主要有两点意见:

一是一般法律原则的识别应有明确和严格的客观标准。此类原则是否满足《国际法院规约》第38(1)(c)条规定的为"文明各国所承认"这一条件,需要在各国实践的基础上,进行严谨充分的论证,不宜将少数国家、区域国家或个别法系认可的国内法律原则识别为一般法律原则。

二是识别一般法律原则要和识别习惯国际法一样具有严格的标准。"一般法律原则"一般理解为来自各国法律体系中普遍适用的规则,用以弥补国际法规则的不足。如果认为作为例外情况一般法律原则也可来自于国际法本身,考虑到一般法律原则与习惯国际法有很大的相似性,特别是相关实践同样须具有普遍性和广泛接受性,一般法律原则的识别标准至少应同样严格,避免不满足习惯国际法识别标准的做法或实践被认定为一般法律原则。

谢谢主席先生。

外交部条法司副司长郭晓梅在中国国际私法学会2019年年会上的讲话

（2019年7月5日，桂林）

尊敬的黄进会长，尊敬的贺祖斌校长，各位专家学者，各位来宾，老师们、同学们：

首先，我谨代表外交部条约法律司对中国国际私法学会2019年年会表示衷心祝贺。

今年是新中国成立70周年，本次年会主题紧扣这一重大时间节点，讨论“新中国成立70周年与中国国际私法的发展”，非常有意义。新中国成立70年以来，国内国际形势发生了很大变化。我想利用今天这个机会，结合外交条法工作实践，分享我们对当前国际法形势和特点，以及国际私法发展和作用的认识，旨在从实务工作视角给大会讨论提供参考，也希望大家给予外交条法工作以更有力的支持。

一、国际法形势

当前国际法发展呈现两个突出特点：一方面，美国奉行单边主义，无视国际规则，破坏国际秩序，引发国际社会普遍反对。美国将强权政治和霸凌主义发挥得淋漓尽致，无视国际规则和国际义务,不断“废约”“退群”,对于其他国家滥施单边制裁和“长臂管辖”,成为国际秩序的动荡之源。国际法的权威和作用受到冲击,面临冷战结束以来最严峻的挑战。另一方面,中国奉行多边主义,遵守国际规则,维护国际秩序,得到国际社会的普遍支持。中国支持和维护以联合国为核心和以国际法为基础的国际秩序,旗帜鲜明地反对单边主义和贸易保护主义,支持多边主义和自由贸易;提出“人类命运共同体”“构建新型国际关系”等先进理念,尤其是共建“一带一路”已成为中国为全球提供的最受欢迎的公共产品。最近,有新加坡学者在探讨当前中美贸易摩擦时给出了很有意思的评论:“中美贸易战可能没有输赢,但是理念之争已经分出了高下”。谁高谁下,谁回应了国际社会的期待,又是谁在开历史的倒车,显而易见。

这两个特点生动诠释了“世界正处于百年未有之大变局”。“变”在哪里,刚才黄进教授在开幕式致辞中也提到了,在于国际力量的对比发生变化,核心是“东升西降”,以中国为代表的发展中国家群体性崛起,随着国际力量对比的变化,国际格局也随之发生着深刻的演变。对中国而言,就国内来讲,中国特色社会主义进入新时代,我们深化改革,扩大开放,为实现“两个一百年”的奋斗目标,为实现中华民族的伟大复兴不断努力;从国际来看,中国正前所未有地走近世界舞台中央,我们在全球治理的各个领域、各个方面越来越多地提出中国方案、发出中国声音,在影响和引领国际规则制定方面正发挥着不可替代的作用。这是当前国际法面临的形势,也是国际私法面临的形势。

二、对中国国际私法的展望

在这样的大形势下,国际私法理论和实践面临重大机遇和挑战,我们该如何回应?

一是理论统领,共同推动“构建人类命运共同体”。“坚持以维护世界和平,促进共同发展为宗旨推动构建人类命运共同体”,是习近平外交思想的核心要义,并已获得国际社会广泛支持。国际私法直接作用于人,以人的民商事法律关系作为调整对象,以为跨境民商事活动提供稳定、可预见的法律制度为目标,以解决和协调各国法律之间的冲突为己任。从这一意义上来讲,国际私法和推动“构建人类命运共同体”之间有天然相关性,国际私法的理论研究和实践也应将“构建人类命运共同体”作为理论统领,大力推动理论和实践创新,加强国际交流与合作,助力建设持久和平、普遍安全、共同繁荣、开放包容、清洁美丽的世界。

二是抓住机遇,为“一带一路”建设提供法治保障。共建“一带一路”倡议,是习近平主席纵观中国和世界发展大势,为促进各国人民的共同发展繁荣,携手“构建人类命运共同体”所提出的重大国际合作设想。坚持以共商共建共享为原则,推进“一带一路”建设,是习近平外交思想的重要内容,也是推动“构建人类命运共同体”的重要实践平台。“一带一路”参与国家众多,各国法律传统和制度差异很大,随着“一带一路”建设的深入,各国间民商事交往将不断扩大和深入,也必将产生各种复杂的法律问题,包括国际私法问题。我们国际私法工作者应抓住机遇,善于发现问题,深入研究问题,提出妥善解决的方案,为在不同的民商事法律制度间寻求共识和协调,构建可预见的、稳定的民商事合作规则体系和制度框架,促进各国共同发展和进步提供智力支持。在这一过程中,也会迎来国际私法理论和实践的繁荣。

三是开拓创新,加强重点及前沿问题研究。当前,我们正处于一个急速变化的时代,新科技飞速发展,涉外民商事关系越来越复杂,很多新兴的国际私法前沿问题需要及时研究和应对。比如电子信息技术在海牙公约中的应用,包括《取证公约》和《送达公约》中央机关电子传输有关文书的请求、《取证公约》下的视频取证、《取消认证公约》下电子“附加证明书”等新举措;再比如投资和贸易便利化产生的相关法律问题、知识产权保护、大数据技术应用与保护、旅客权利保护、人的身份关系的跨国承认和代孕等。我们有必要紧跟发展、加强学习研究。同时,近一段时间以来美国“长臂管辖”问题较为突出,实践中遇到的案例越来越多。长臂管辖也涉及到民商事领域,其中最突出、最典型的问题是美国相关主管机关绕过正常的司法协助渠道,直接要求中国境内的银行机构提供账户信息。如何应对这一类“长臂管辖”措施,尤其是如何对这类“长臂管辖”所体现的司法霸权进行批驳,国际私法工作者可以作出贡献。

三、外交部条法司在国际私法领域的工作

我从两个方面向大会简要汇报外交部条法司在国际私法领域所开展的实务工作。

(一)以海牙国际私法会议为平台,积极参与全球国际私法规则制定。

我们都知道,海牙国际私法会议是国际私法领域最具权威的政府间国际组织。根据其章程,各个成员国需指定“国家机构”,负责海牙国际私法会议相关工作。外交部条法司就是我国指定的“国家机构”,发挥沟通联络、组织协调、跟踪研究等作用。以去年工作为例:

一是建设性参与海牙公约谈判进程。今年海牙国际私法会议最重要的日程和成果就是“判决项目”。刚刚结束的海牙会议第22届外交大会已经通过公约文本。具体谈判情况,稍后将由直接参加谈判并参与起草委员会工作的孙笑非副处长向大家介绍。条法司还积极参与海牙公约的日常运作,包括总务政策理事会、各特委会、各专家组会议。“判决项目”公约谈判完成后,大家较为关心的是管辖权问题是否能被提上海牙国际私法会议的日程。海牙国际私法会议正在组织专家组进行讨论,规划下一步在管辖权方

面如何开展工作,我们会积极参与这一进程。

二是高度重视海牙公约的跟踪研究。目前中国加入了三项海牙公约,包括《送达公约》《取证公约》《收养公约》。2017 年 9 月,我国签署了《法院选择协议公约》,此后我们一直推动国内履行批准程序,包括牵头组织与主管部门及学术界就批准公约时需要作出哪些声明进行研讨,目前工作还在进行。对提交排除适用声明,我们的原则是只有与我国法律原则、强制性规定冲突,且不能通过其他方法解决时,再考虑作排除适用声明。借此机会,请允许我对国际私法学术界为《法院选择协议公约》签署和批准研究工作所提供的支持表示感谢。

外交部还在牵头研究加入《取消认证公约》事宜,目前仍有一些国内法层面的问题需要解决,领事司在积极推动相关工作。

(二)牵头缔结双边司法协助条约,推动双边合作。

我国已经缔结了 39 项双边民商事司法协助条约。改革开放之初,我国对外开展司法合作以民商事领域为重点,后来拓展到刑事领域,包括引渡。随着反腐败追逃追赃工作深入开展,推动缔结引渡条约成为我们的首要任务。在推进“一带一路”建设的过程中,需要进一步加强推动缔结民商事司法协助条约的工作,为国际民商事活动构建稳定、可预见的法律体系。

以上就是我向大会汇报的主要内容。希望与各位同仁共同努力、携手共进,继续推动中国国际私法事业不断发展,为新中国 70 周年华诞献礼。

最后,预祝大会圆满成功!

中国观察员代表团团长在《国际刑事法院罗马规约》第18届缔约国大会上的发言

（2019年12月3日，海牙）

主席先生：

中国代表团认真倾听了本届会议对国际刑事法院活动的审议。我们注意到，各方在一般性辩论中普遍表示，国际刑事法院是“一种实现国际法的方式”，需要“不断改进”。此外，尊敬的奥素季院长昨天发言有力地阐释，作为法院崇高目标的“正义”“是在许多复杂和不断变化的因素中求取平衡的一个过程”，我们对此表示赞同。中国代表团将基于上述两点共识，建设性地分享观点、表达关切。我们也同各方一样，反对单边霸凌行为。

中方一贯认为，国际刑事法院应在国际法框架内运作，这是践行法治原则的最高标准。法院既要严格遵守《罗马规约》，也要遵循一般国际法原则和规则，尤其是当涉及《罗马规约》未决事项或当非缔约国存在与法院不同的正当观点时，这也是非缔约国认为最重要的一点。此外，法院在追求正义的同时，也应平衡有关国家在恢复和平方面作出的努力，并考虑到维护国家主权原则这一由《联合国宪章》确立的基本原则的重要性。中国代表团将基于上述基本立场，针对法院去年工作提出以下具体评论：

首先，我们呼吁法院根据补充性原则和一般国际法的要求，在涉及非缔约国时严谨审慎地行使管辖权。根据补充性原则,法院没有国内法院当然享有的优先管辖权,而是在满足《罗马规约》相应条件时由缔约国授予的管辖权。法院扩大管辖权的做法与其管辖权的补充性、授权性实质难以相容。此外,法院通过扩大解释《罗马规约》,将其管辖权过度延伸至主要发生在非缔约国领土上的行为,这一做法是否符合关于管辖权域外适用合法性和合理性等问题的一般国际法原则,值得怀疑。最后,任何司法机构都存在被滥用的风险,严谨审慎行使管辖权能够提供不可或缺的保障,避免法院被滥用。

第二,法院处理涉及一般国际法豁免规则问题的方式引发争议,我们继续对此表达关切。国家官员豁免规则,尤其是根据一般国际法对国家元首、政府首脑及其他适格高官的豁免规则,对于维护国际关系的稳定具有重要意义,构成当前国际秩序的基石。我们注意到法院相关分庭通过一些颇具争议的判决剥夺有关人员的豁免,这些判决缺乏扎实的论证和前后一致性,也就缺少了树立法院权威的最基本要素。法院系统内外,尤其是非洲国家,已经对上述判决表达强烈关切。作为一个非缔约国,我们同情非洲国家要求在法院系统内采取进一步措施,以解决有关争议的合法诉求。同时,我们仍然保留原有立场,即豁免规则是一般国际法问题,其权威解释只能由联合国在各国最广泛参与审议的情况下作出。

最后,中方希望法院认真反思各方提出的合理关注并改进法院工作,这也是法院所推崇的法治和公正原则的内在要求。

谢谢主席先生。

中国代表在联合国外空委第62届会议上的一般性发言

（2019年6月13日，维也纳）

主席先生：

中国代表团祝贺您当选本届会议主席。相信在您的卓越领导下，会议将取得圆满成功。我们也要感谢外空司司长迪皮蓬女士及秘书处同事为筹备此次会议所付出的努力。中方支持埃及代表“77国集团加中国”所作发言。

过去一年，中国和平利用外空事业继续取得实质进展，并始终秉持人类命运共同体愿景，坚持多边主义，以开放包容合作的态度与国际社会共享外空发展成果。中国“嫦娥四号”探测器成功在月球背面软着陆和巡视探测，并实现了地球与月球背面的中继测控通信，这在人类历史上尚属首次。在执行任务过程中，中国与德国、瑞典、荷兰、沙特、俄罗斯等国开展了载荷搭载或联合探测等合作。中国空间站计划将于2022年前后建成并投入使用。中国载人航天工程办公室与联合国外空司已面向国际社会征集搭载实验合作项目，为有关国家利用中国空间站开展外空科研活动提供机会。中国北斗全球导航定位系统建设加速，目前有18颗北斗二号卫星和20颗北斗三号卫星在轨，共同向全球用户提供服务。一周前，中国首次在海上成功实施运载火箭发射技术试验，这有利于满足不同轨道有效载荷发射需求，可为各国更好提供商业航天发射服务。

中国一贯重视促进外空国际合作和能力建设。2018 年 11 月,中国在西安举办联合国全球卫星导航系统国际委员会第 13 届大会。中国国家主席习近平向大会致贺信,呼吁加强卫星导航领域的国际合作与协调,促进卫星导航全球化应用,推动卫星导航为人类福祉发挥更大作用。今年 4 月,中国国家航天局与联合国外空司在长沙共同举办"中国—联合国航天助力可持续发展大会",会议发布了中国航天助力可持续发展宣言和长沙宣言,并见证签署 9 项合作协定和 28 项合作意向协议。2018 年 10 月,新成立的应急管理部与联合国外空司在北京共同举办"联合国利用天基技术进行灾害风险管理国际会议——加强备灾有效应急响应"。中国会继续向 UN-SPIDER 北京办公室、联合国附属空间科技教育亚太区域中心、亚太空间合作组织提供资助和支持。

中国高度重视利用空间技术服务"一带一路"参与国家。中方将与"一带一路"参与国家共建"合作共赢的空间信息走廊"。北斗导航卫星系统和风云气象卫星系统为"一带一路"国家和地区提供导航气象和减灾服务。中国还通过相关国际机制为有关国家应对重大自然灾害提供卫星数据服务。

主席先生:

当前,空间技术快速发展,活动主体日益多元,商业航天蓬勃发展,外空治理已进入一个新阶段。UNISPACE + 50 高级别会议成果文件为我们在新时期规划合作、应对挑战指明了方向。中方认为,在新形势下,应坚持多边主义,加强外空委及其小组委员会的职能与作用,为完善外空国际合作提供机制保障。

制订"空间 2030 议程"及其执行计划是当前外空委的一项重要工作。中方将继续支持主席团的工作,同各方合作促进工作组的讨论取得积极进展。中方认为,"空间 2030 议程"应全面平衡反映不同空间能力国家的诉求,服务和促进落实联合国"可持续发展 2030 议程"。

“外空活动长期可持续性”(LTS)工作组已于去年6月结束授权,但LTS问题本身需要国际社会持续的努力。中方支持成立新工作组,鼓励成员国就交流自愿执行准则的信息以及就遗留和可能的新的LTS相关事项进行后续谈判等问题达成一揽子安排。中方注意到并感谢有关代表团在此方面提出的建议,也感谢瑞士代表团昨天举行的非正式磋商。中方将继续加入俄罗斯和其他感兴趣的国家就LTS问题共同提出建议,促进会议讨论。

对空间资源开发的兴趣和需求正不断增长,法律制度和监管方面不应出现“真空”。中方支持在外空委法律小组委员会设立工作组,在坚持现有外空条约确立的法律框架和原则精神基础上逐步发展空间资源开发行为国际规则。

主席先生:

维护外空安全,防止外空武器化和外空军备竞赛,是确保外空和平利用的根本保障。中国一贯致力于和平利用外空,愿与各国继续携手努力,推动和平利用外空事业更好促进各国经济发展和社会进步,实现命运共同体愿景。

谢谢主席先生。

中国代表在国际海底管理局第25届会议第一期会上的发言汇编

(2019年2月25至3月1日,金斯敦)

关于标准、准则和关键概念的发言

(2月25日)

谢谢主席女士,

谢谢秘书处对相关问题的介绍。中国代表团愿就标准、准则和关键概念发表如下看法:

1. 鉴于深海开发涉及环保、技术等多个领域,中方支持制定相应的标准和准则,对开发规章的主体框架予以必要补充。

2. 标准和准则的制定过程应公开透明,广泛听取各利益攸关方特别是承包者的意见。其制定进程应与开发规章制定相协调,两者最好同步,在必要的标准和准则出台前不应启动深海开发。

3. 相关标准和准则应与当前深海采矿的技术水平和实践能力相适应,保持稳定,不应朝令夕改,无故加重承包者负担。

4. 根据《公约》及1994年执行协定,相关标准和准则原则上应由理事会制定,法技委可就此向理事会提出建议。

5. 如"良好工业做法"和"最佳实践"等关键概念最终纳入开发规章,它们应被清晰界定,以便承包者明确执行。

谢谢主席女士。

关于开发规章财务问题的发言

(2月25日)

谢谢主席女士,

首先,请允许我祝贺您当选为本届理事会主席,中国代表团将全力支持您的工作。相信在您的领导下,本次会议一定会取得丰硕成果,获得圆满成功。

借此机会,我要感谢上任理事会主席奥立夫·迈克尔巴特斯阁下。他不仅主持了第24届理事会会议,还主持了上周四、五举行的财务问题非正式工作组会。中国代表团感谢他刚刚就工作组会情况所作的报告,并愿就开发规章所涉财务问题发表如下看法:

1. 惠益分享是“区域”内资源开发整体制度设计不可或缺的重要内容。我们高兴地看到,报告中特别提及,开发规章缴费机制包括两方面:一是承包者需向海管局缴纳多少费用,二是缴纳的费用如何由海管局进行分配。这正是中国代表团一贯秉持的观点,即惠益分享与缴费机制密不可分,两者本质上都是对“区域”内活动产生收益的处置和再分配。惠益分享作为人类共同继承财产原则的重要内容,理应在开发规章中加以规定。中方切实希望今后的财务问题研讨会可对惠益分享问题进行专题研讨。

2. 缴费机制不宜将特许使用权使用费与盈利分享相结合的制度排除在外。《联合国海洋法公约》相关执行协定明确规定,缴费机制“应该考虑采用特许权使用费制度或结合特许权使用费与盈利分享的制度”。目前各方已就特许权使用费制度开展了研究和讨论,但并未考虑特许权使用费与盈利分享相结合的制度。有观点认为,混合缴费模式存在繁重的行政费用以及不易实施等弊端。中方认为,在未对混合缴费模式进行深入研究的情况下,任何结论都缺乏实证支持。中方重申,希望按照执行协定的要求,对特许权使用费与盈利分享相结合的缴费方式进行研究,并在此基础上讨论采用何种缴费机制。

3. 缴费机制应覆盖三种矿产资源。现有财务模型都是仅针对多金属结核的,多金属硫化物和富钴结壳的开采方式和金属种类与结核明显不同。中方支持报告中关于及时处理另外两种矿产资源的缴费机制和缴费率问题的建议。

4. 开发规章财务制度应体现“公平对待”原则。《执行协定》附件第8节第1条(a)款要求,缴费制度“应公平对待承包者和管理局双方”。中方认为,“公平对待”就是既要落实“人类共同继承财产”原则,保障海管局代表的全人类的利益;也要遵循“健全商业原则”,使承包者有经济动力从事生产。有关缴费制度是否、如何体现了“公平对待”,建议予以澄清和说明。

5. 开发规章财务制度应充分考虑陆上采矿的影响。《执行协定》规定,“缴费率应不超过相同或类似矿物的陆上采矿缴费率的一般范围,以避免给予深海采矿者人为的竞争优势或使其处于竞争劣势”。目前的财务模型似乎并未涉及陆上采矿,特别是深海采矿未来可能与全球金属市场的相互影响,建议在此后研究中纳入。

谢谢主席女士。

关于决策问题的发言

(2月26日)

谢谢主席女士,

感谢秘书处准备的有益材料。深海开发中的决策问题很重要,中方愿就此发表如下观点:

1. 深海采矿极其复杂,建立兼顾效率、责任和透明的决策机制至关重要。相关决策本质上应是执行《联合国海洋法公约》和1994年执行协定,而不是对这些法律框架的更改。中方支持理事会依据上述法律框架授权秘书长或其他海管局机关就特定事项作出决策。

2. 有关授权应以确有必要为前提。对于重大事项的决策，比如深海开发政策、环保制度、遵约标准等，应由理事会作出。对于深海开发过程中的日常性事项的决策，可授权秘书长。理事会应对授权事项具有复查权，通过听取定期或不定期报告等方式，审查授权执行情况。

3. 对于深海采矿中发生的紧急事项，秘书长可以作出临时性决定，但须依据理事会事先制定的相关原则性文件。秘书长事后应向理事会报告，以便理事会对秘书长的决定进行复查。

谢谢主席女士。

关于区域环境管理计划的发言

(2 月 26 日)

谢谢主席女士，

中方理解，区域环境管理计划(REMP)是落实《联合国海洋法公约》第 145 条的体现，我们应在《公约》规定的基础上讨论 REMP 问题。

1. 中方认为 REMP 对保护海洋环境具有重要意义，并支持海管局开展相关工作。去年 5 月，中国的承包者中国大洋协会与海管局联合在中国青岛举办环境问题研讨会，对在西北太设立 REMP 的问题进行了讨论，并取得积极进展。

2. 设立和管理 REMP 的关键性问题还需进一步研究。海管局目前在 CC 区内建立的唯一的 REMP 明显缺乏管理和复查，在西北太平洋和大西洋中脊设立新的 REMP 的工作也刚刚启动。尽管秘书处 ISBA/25/C/13 号文件提供了制定 REMP 的战略说明，但仍有诸多问题不够明确，比如责任义务问题、数据的来源和可靠性、REMP 的法律地位等。不少国家呼吁在开发规章中对 REMP 问题作出规定。中方认为这确有必要，并建议先明确设立 REMP 的责任义务、具体程序和路线图，再讨论其与开发规章和深海开发的关系。

3. 设立和管理 REMP 应顾及海管局 2018 年制定的 2019 至 2023 年五年期战略计划。该战略计划提及,在制定区域环境评估和管理计划过程中,应采取协作和透明的方式开展环境数据收集和分享。有关过程应确保发展中国家的全面参与,特别是与能力建设相关的国际义务。海管局在推进 REMP 相关工作时,应充分考虑上述内容,并重视和听取理事会的意见。

谢谢主席女士。

关于独立专家问题的发言

(2 月 27 日)

谢谢主席女士,谢谢秘书处就此问题提供的文件材料。

考虑到深海采矿影响重大,海管局和承包者在此过程中有必要听取独立专家的意见。中方愿对此发表如下看法:

1. 关于独立专家介入的法律依据。海管局第 ISA/25/C/10 号文件指出,《联合国海洋法公约》第 165 条第 2 款 e 项规定,委员会在就海洋环境保护问题向理事会提出建议时,还需要考虑公认海洋环境保护专家的意见。中方理解,该条款是独立专家介入深海采矿活动的法律依据。根据该条款,咨询专家意见的主体应是法技委,咨询事项应限于海洋环境问题。

2. 独立专家与现有海管局制度框架的关系。第 ISA/25/C/10 号文件强调,独立专家的审查进程必须具有意义,能够产生额外价值,不能流于形式,特别是这一进程必须补充和支持而不是破坏《公约》规定的现有治理和决策结构。具体而言,独立专家的意见不应取代法技委的决定。中方完全支持这种观点,建议有关制度设计应明确独立专家作用的性质是辅助性和参考性的,并确保不对现有海管局治理架构造成冲击。

3. 任命独立专家应考虑地域平衡和文化多样性,坚持透明和包容。无论是建立独立专家库名册,还是就具体问题指定独立专家,均应按照透明和包容的方式,充分考虑地域平衡和文化差异,确保独立专家参与的程序公正和实际效果。

谢谢主席女士。

关于监管机制的发言

(2 月 27 日)

谢谢主席女士,谢谢秘书处就此问题提供的文件材料。

为保证深海采矿的顺利进行,制定合理的监管机制十分重要,这也是《公约》第 153 条第 5 款对海管局提出的要求。中方愿就该问题发表如下观点:

1. 深海采矿监管机制应处理好海管局、担保国和船旗国各自的监管责任。海管局作为管理和控制"区域"内活动的国际组织,应承担主要监管责任;担保国为履行担保责任,需要承担辅助和补充监管责任;海上作业涉及的船旗国对本国船只享有管辖权。上述各方责任划分、适用法律和规则等问题最好提前明确,以便在事件或争端发生时,能够通过有效机制迅速获得解决。

2. 海管局 ISBA/25/C/5 号文件强调,相关的监管执法活动必须考虑到经济和效率,这也是独立专家检查员发挥其职能的关键所在。根据这一原则,中方认为现场检查(spot inspection)不必是经常性的,只须在有明确规定的必要情况下开展,同时还可利用远程监控等方式进行检查。秘书处文件还提到参考其他国际组织的检查制度,建立海管局检查机制。中方认为,海底区域与南极的法律地位以及相关的法律制度不同,不宜完全照搬南极海洋生物资源养护委员会等其他国际组织的检查机制,但可以适当借鉴,并充分考虑深海采矿本身的复杂性和独特性。

3. 为规范检查员活动,切实发挥检查员作用,建议在现有规章草案基础上,制定明确的检查员遴选规则、检查员派遣规则以及检查员行为准则。

谢谢主席女士。

关于企业部问题的发言

(2 月 28 日)

谢谢主席女士,谢谢企业部特别代表对相关问题的介绍。

企业部是落实人类共同继承财产原则的重要体现,也是发展中国家参与“区域”资源开发的重要渠道。中方支持非洲集团希望企业部尽早独立运作的立场,也赞赏波兰提出与企业部成立联合企业的建议,赞赏秘书长为此作出的努力。同时,我们认为,企业部独立运作和联合企业安排以及秘书处所应开展的工作等均应符合《公约》、1994 年执行协定以及理事会的相关指示。在此,我们愿发表以下观点:

1. 处理企业部问题应首先制定并完善相关的规则和政策。《公约》附件三第 9 条第 3 款规定,海管局可在其规则、规章和程序内规定联合企业的实质性和程序性要求和条件,目前显然缺乏此类规定。特别代表信函附件所列联合企业的提议涉及的许多问题都缺乏明确标准,比如,健全商业原则、联合企业的性质和法律地位、企业部在联合企业的持股比例以及在董事会和管理层的席位比例、联合企业适用的法律、争端解决机制等,一些内容与 1994 年协定也不尽一致。在此情况下,理事会可考虑先按照协定的要求,制定联合企业运作的实质性和程序性规则,包括申请成立联合企业的程序和审查流程,在此基础上再对联合企业的具体建议进行处理。

2. 我们注意到秘书长在去年 8 月任命了特别代表,现在面临特别代表延期的问题。但迄今为止,我们并没有看到特别代表的职责范围(terms of reference)。从 ISBA/25/C/7 文件来看,特别代表的主要职责是与波兰政府谈判联合企业的建议。鉴于联合企业设立的标准和要求并不明确，特别代表在谈判过程中可能缺乏明确的指导，难以进行有意义的谈判。中方再次呼吁尽快制定联合企业的标准和程序。此外，关于特别代表代表企业部参与开发规章制定问题，中方支持非洲集团等利益攸关方的关切，同时愿提醒会议注意，特别代表参与开发规章制定谈判可能需要修改理事会议事规则，此方面的工作需提前考虑。

谢谢主席女士。

中国代表在国际海底管理局第25届会议第二期会上的发言汇编

（2019年7月15至26日，金斯敦）

关于理事会2018年涉及法技委主席报告的决定执行情况的发言

（7月15日）

谢谢主席女士，中方愿就此问题发表如下观点：

中国作为担保国，将严格履行担保责任，督促本国承包者严格履行义务。关于设立区域环境管理计划，中方认为理事会应发挥主导作用，研讨会相关成果应提交法技委和理事会参考，秘书处应对研讨会的举行发挥主导作用，确保公开透明，为相关与会人员提供便利。中方支持印度关于外部专家的意见，当前《公约》和1994年协定确立了法技委作为理事会专家机构的地位，外部专家不应该冲淡法技委的职能。

谢谢主席女士！

关于财务模型议题的发言

（7月15日）

中国代表团祝贺海管局第二次财务模型会议成功举办，感谢会议主席就财务模型所作的报告。支持召开第三次财务模型会议，继续开展多金属结核研究，并开始其他资源类型的财务模型研究。

我们愿就财务模型问题发表如下看法：

1. 建议当前保留财务模型的各种选项。建议对从价权益金或特许权使用费与盈利分享相结合的不同缴费制度进一步开展深入对比研究，以保障承包者选择不同缴费模式的权利。1994 年《执行协定》规定，缴费机制应考虑采用特许权使用费制度或结合特许权使用费与盈利分享的制度，承包者有权选择适用于其合同的制度，开发规章应保留这一选择权。事实上，特许权使用费与盈利分享相结合的制度已经广泛应用于陆地采矿实践中，我们建议继续研究多金属结核的缴费制度。

2. 建议采用缴费率分阶段的模式。考虑到承包者在商业开发前期投入巨大，可以让它们少交权益金，以降低开采初期的经济负担，最大程度减少商业风险，此后再逐步增加权益金。《公约》第 82 条对沿海国开发 200 海里外大陆架的收费模式即是良好示范。

3. 建议随金属价格使用浮动的缴费率。从财务模型可见，金属价格对深海开采项目经济指标影响很大。第一次财务模型工作组中，有代表提出使用浮动价格的缴费率，值得考虑。为实现《执行协定》中关于“公平对待承包者和管理局双方”的要求，可考虑根据权益金计价周期的国际市场实际金属价格确定当期的权益金缴费率，金属价格高时，缴费率高，以增加管理局的收益。金属价格低时，缴费率低，以降低承包者的经济负担。

4. 麻省理工现有财务模型假设环境补偿基金由承包者提供，与目前开发规章草案第 56 条不一致，中方认为应充分考虑第 56 条所确定的 5 项资金来源。

关于开发规章第一部分“引言”的发言

（7 月 16 日）

谢谢主席女士，中国代表团很高兴地注意到新一版开发规章草案更加优化合理，感谢各方和法技委为此做出的努力。

昨天下午和今天上午,各方除讨论了草案的具体条款,还对会议进程提出一些意见。澳大利亚提出,希望缔约方有充分的机会深入讨论。牙买加表示,新的规章案文应该能够识别所作修改。一些代表团希望法技委解释所作修改,希望法技委和理事会成员国更多互动。中方认为,工作方法问题非常重要,希望理事会采取与谈判阶段更适应的工作方法,更好发挥法技委作用,让成员国更多更直接更有效地互动,以便谈判更快地取得更多进展。建议会议划出专门时间,讨论规章制定下步工作。

坦率而言,由于相关建议非常具体和详细,理解和研究这些建议并及时互动并非易事。关于规章草案序言和第一部分,中方评论和对各方意见的初步反馈如下:

关于序言,有代表团提出序言中应提及 1995 年渔业协定。中方认为,虽然渔业协定和 1994 年协定同为《联合国海洋法公约》执行协定,但二者是互相独立的协定。国际海底管理局工作的主要依据是《公约》和 1994 年协定,而非 1995 年渔业协定。

关于第 1 条,俄罗斯建议明确规章适用于三种资源。对此,中方原则上支持。同时,我们注意到当前规章制定进程中,包括财务模型等,主要针对多金属结核。下步工作中,应更多考虑三种资源的不同特点,在规章中充分反映。

关于第 2 条“基本政策和原则”(e)款(四)项规定的“污染者付费”原则,中方认为,“污染者付费”原则在不同语境下有不同含义,各方理解不尽相同。如在开发规章中规定该原则,需明确其内涵。《关于环境与发展的里约宣言》原则 16 所述的“污染者付费”原则是国际社会达成的共识,一是由各国采取措施,包括促进环境费用内在化;二是考虑污染者在原则上应承担污染的费用的方法;三是适当顾及公共利益,不打乱国际贸易和投资。中方同意日本、意大利、牙买加等代表团的建议,将关于第 2 条“基本政策和原则”(e)款(四)项改为适用《关于环境与发展的里约宣言》原则 16 所述的“污染者付费”原则。

有代表团提出,应在第 2 条中明确,区域环境管理计划(REMP)是开发的前提。中方认为这一建议非常有意思。目前,REMP 的制订仍处于起步阶段,针对各种资源、不同区域,REMP 的进展并不平衡。应避免相关工作过度不平衡,导致不同区域、不同资源的开发者处于不公平的地位。

关于第 4 条,中方愿发表以下看法:

(1)关于本条第 4 款,为保证理事会发布“紧急命令”的依据更有权威性,中方建议将第 4 条第 4 款中的“指南”更改为具有法律约束力的“标准”。同时,中方建议澄清理事会发布“紧急命令”的程序和规则,以使本款更加具有操作性。

(2)根据《公约》第 165 条第 1 款(K)项,法技委应向理事会建议发布紧急命令,包括停止或调整作业的命令,以防止“区域”内活动对海洋环境造成严重损害。第 4 条第 5 款所述事项似乎也可由理事会通过此种方式处理,而不必由秘书长发布遵行通知和启动检查程序。

关于开发规章草案第 10 至 11 条的发言

(7 月 16 日)

谢谢主席女士。我们愿就规章草案第 10 至 11 条发表如下看法:

中方赞同巴西所说,即同意秘书长对工作计划核准申请书进行形式审查,但是,某一申请人是否享有优惠和优先,超越了形式审查的范围,应由法技委进行统一处理。

关于规章草案第 11 条,我们注意到一些代表团提出关于独立专家的建议,中方认为,独立专家在公开和审查环境计划的过程中发挥什么样的作用并不清楚。如果独立专家是作为公众的一部分参与磋商,似乎没有单独做出规定的必要。独立专家究竟如何参与,是否会与法技委的审查发生重复?中方愿在收到相关代表团的书面意见后,进一步研究和讨论相关问题。

谢谢主席女士!

关于规章草案第二部分第3节的发言

(7月16日)

谢谢主席女士,中方愿就规章草案第二部分第3节发表如下评论意见:

关于第12条第4款,我们建议将4(a)项"秘书长的任何报告"修改为"秘书长的相关报告"。关于4(b),我们认为秘书长在审查申请书时的主要责任是一种初步的形式审查,不涉及请求独立专家就申请书提供任何咨询意见或报告,因此我们建议在该款删除"秘书长"措辞。此外,我们认为,根据《公约》,独立专家可以参与的事项主要是环境事项,我们建议在4(b)中予以明确。

关于规章草案13条第4款(e)项,该项提及了"特别是第2条所述基本政策和程序",我们建议其与规章第2条的标题保持一致,改为"基本政策和原则"。

关于规章草案第15条,之前版本的规章草案存在如下规定,"如果法技委发现另一合格申请者根据《公约》附件三第10条拥有优惠和优先权,则其不应核准开发工作计划"。我们建议恢复这一款,因为当前草案中关于不得核准工作计划的情形并不包含上述情况。

谢谢主席女士!

关于开发规章第三部分的发言

(7月17日)

谢谢主席女士,各位同事早上好。关于规章草案第三部分第一节,中国代表团有以下评论:

关于规章草案第18条,该条第7款规定,如承包者在开发合同区内进行勘探活动,应根据适用的勘探规章缴纳有关费用。事实上,承包者为获得和履行开发合同,已就全部合同区缴纳了固定年费或特许权使用费,其在开发合同区内的勘探活动属于开发准备或者附带活动,是根据开发合同享有的权利,不应再另行支付费用,我们建议删除有关收费的内容。

关于规章第 20 条,我们注意到,昨天墨西哥代表团提出对于发展中国家而言,开发合同的最高初始期限应该是 50 年,我们认为这是一个非常积极的建议,值得认真考虑。

关于规章第 21 条第 2 款,国家提出终止担保之后,担保的终止至迟于秘书长收到通知之日起 12 个月内生效。这一规定只说明了终止担保生效的最迟日期,但是,终止担保的声明具体在何时生效,仍然不确定,建议规章进一步予以明确。

关于规章第 24 条控制权的变更,本条第 1 款提出控制权变更的条件是所有权或者合伙企业成员的 50% 或以上发生变化。我们认为这一条的规定与之前规章中关于“有效控制”的规定密切相关。在实践中,一方对公司的控制权是否需要达到 50% ,如何认定“有效控制”,如何认定“控制权的变更”需要进一步研究。此外,本条第 2 款规定,在控制权变更的情况下,承包者应通知秘书长。中方认为,控制权的变更还涉及担保国的担保义务。本规章应要求承包者在控制权变更的情况下及时通知担保国,并就承包者如何找到新的担保国,原担保国是否可以终止担保等做出相应规定。

谢谢主席女士!

关于规章草案第四部分的发言

(7 月 17 日)

谢谢主席女士。中方已就第四部分第 1 节发表了意见,关于本部分的其他章节,中方愿发表如下意见:

关于规章草案第 26 条环境履约保证金,该条的第 6 款规定在承包者履行环境履约保证金所涉义务后,应退还或释放环境履约保证金或其中一部分,但是根据本条的规定,承包者应履行的环境履约保证金所涉义务究竟是什么义务?是不是本条第 2 款所述内容,有待进一步明确。本条第 3 款规定保证金的数额,应当根据指南予以确定,考虑到指南并没有法律约束力,建议将本条中的"指南"换为"标准"。本条的第 5 款涉及环境履约保证金的计算问题,我们建议由财委会研究环境履约保证金的计算方法以及上限问题,并就此向理事会提出建议。

关于第 29 条,该条规定承包者因市场条件或者为保护海洋环境或保护人身健康和安全,可减少或暂停生产。建议在该条增加"在承包者减少或暂停生产期间,适当减免其缴纳的固定年费或特许权使用费"的规定。

关于第 31 条第 1 款,该款的最后部分规定每个承包者均应尽职尽责,确保不损害合同区内的海底电缆或管线。根据《公约》规定,承包者在此种情况下承担的应是适当顾及而非尽职的义务。因此中方建议将"exercise due diligence ..."改为"exercise reasonable regards to avoid damage"。

关于 33 条第 2 款(a)项中的"至迟于事故发生后 24 小时通知担保国",中方建议将"事故发生后的 24 小时"修改为"有合理理由认为承包者知悉事故发生后的 24 小时"。

规章第 33 条规定防止和应对事故,34 条规定了应通报事件,根据附录一,我们了解到应通报的事件包括人员的死亡、失踪、工伤等,这些与 33 条所述的事故有何区别,建议澄清,如果区别不大,是否可以考虑将这两条合并。

规章第 35 条规定,在合同区域内发现人类遗骸、文物或遗址后,不得继续进行勘探和开发。在这种情况下,是否考虑对承包者给予一定补偿,比如在其他地方提供同等面积或价值的开发区域,或适当减免承包者缴费。

关于规章第 36 条保险,目前海底开发活动并没有成熟的保险机制，下一步相关保险机制能否建立，如何发展，仍有很大不确定性，建议规章草案可以对保险问题做出原则性规定，并规定在规章生效之后，对有关保险的规定进行定期审查。

关于第38条年度报告，本条第2款(h)项规定承包者的年度报告应包括由独立合格人员所作任何核查和审计的结果。本草案中多次提及独立合格人员，在本条中这一术语具有不同含义，为避免混淆，建议将此处的“独立合格人员”界定为“由承包者任命或授权的独立合格人员”。

谢谢主席女士！

关于财务委员会报告的发言

（7月17日）

谢谢主席女士。

第一，对于财务委员会年度报告中所提的大部分建议，中国代表团都予以支持。我们特别对自愿信托基金余额不足，无法支持来自发展中国家委员参加财务委员会和法技委会议表示遗憾。法技委和财委在海管局的工作中发挥着重要作用，中国一贯支持两个委员会的工作。今年我们继续向海管局捐款7万美元，其中2万美元用于自愿信托基金，以支持两个委员会中来自发展中国家的委员参加会议。我们呼吁其他相关方也能向自愿信托基金捐款，支持委员会的工作。

第二，关于建议中所提将大会和理事会的翻译变成远程翻译，中国代表团对此表示担忧。我们认为最重要的是保证会议的质量，远程翻译可能无法在议员和代表团之间建立有效的互动，影响会议的进行。我们注意到，财委会报告第三页列举了5种情境。其中情境1可以在现有预算范围内为大会和理事会提供现场翻译。我们建议秘书处和财委会进一步挖掘潜力，加强管理，明确理事会工作中的优先事项，确保在现有预算的范围内，为理事会和大会配备现场翻译。

第三,关于公平和惠益分享工作。我们注意到财委会和法技委在7月6至9日就此议题举行了非正式会议,财委会当前无法向理事会和大会做出成熟的建议。我们想了解的是,根据财委会目前工作状况以及财委会和法技委非正式会议的情况,就惠益分享的问题是否需要制定"标准"或者"指南",如果需要"标准"和"指南"的话,需要在什么时候完成这项工作。

谢谢主席女士!

关于标准和指南问题的发言

(7月18日)

谢谢主席女士! 中国代表团祝贺曼德拉国际日,感谢法技委主席所作报告,感谢委员会的专业工作。关于标准和指南,中方感谢南非主办比勒陀利亚研讨会,并愿发表如下意见:

1. 关于标准和指南的法律地位。中方原则同意法技委的建议,即标准是具有法律约束力的,应由理事会核准和大会通过;指南是建议性质的,不具有法律约束力。为此,中方支持法技委主席报告附件第5段中的建议,即在开发规章中提及"指南"时,不宜采用"依据"字样,而应采用"考虑到"表述。为进一步明确"指南"的法律地位,中方建议在规章草案第95条中明确规定"指南仅具有建议性质,不影响承包者通过指南之外的方式履行开发合同"。

委员会报告中提出,准则可由委员会或秘书长发布,我们希望在规章制订过程中明确,委员会和秘书长在准则制订中的分工。

2. 关于标准和指南的制定方法。中方注意到,法技委建议通过两种渠道协助其制定指南:一是通过技术工作组,二是通过咨询专家。我们希望了解,为何不统一采用技术工作组的方式,哪些指南采用何种方式是否有分类标准或依据。我们同时注意到,法技委将分三阶段制定标准和指南,但在第一阶段,法技委的工作只涉及指南,是否这阶段不需要标准,希望得到澄清。

3. 关于专家遴选。法技委报告关于制定标准和指南建议的第10段提出,“将于2019年设立两个技术工作组,为制定若干环境准则提供支持,工作组将由委员会成员领导,包含适当数量的该领域公认专家,专家的甄选将按照《公约》第165条第2款(e)项进行。”《公约》第165条第2款(e)项规定,“向理事会提出关于保护海洋环境的建议,考虑到在这方面公认的专家的意见”。上述《公约》规定并不包含甄选专家的具体程序和标准,建议进一步澄清。

谢谢主席女士!

关于企业部问题的发言

(7月18日)

中国代表团感谢企业部特别代表介绍对企业部问题的初步研究。期待法技委关于这一问题的最终研究成果。

企业部是海管局直接在国际海底勘探和开发的机关。中方支持理事会在符合法定条件的前提下讨论企业部独立运作问题。中方愿就企业部问题发表如下看法:

1. 初步研究提出的企业部投入运作的几个步骤中,很多功能都与谈判成立联合企业有关。特别代表指出,今年二月理事会后,由于某种原因,并未与波兰进行相关谈判。建议在最终研究成果中,考虑目前阶段是否需要相关职能,并就企业部投入运作提出建议。

2. 关于企业部特别代表。法技委建议对增设岗位设立临时总干事一事继续研究,由理事会在海管局第26届大会上审议。在此之前,可暂时延长企业部特别代表的任期。中方认为这一建议平衡照顾了各方关切,务实合理。中方支持理事会据此采取行动。

3. 关于企业部运作的资金来源。初步研究报告执行摘要第30段提出,应探讨能否从承包者所缴费用中筹集资金,用于企业部的运作。中方注意到,财务委员会正在讨论与公平惠益分享相关的问题,其初步考虑区域开发所获惠益可用于理事会行政开支、返还会费等。是否能用于企业部,需要在惠益分享框架下统一考虑。企业部与承包者都从事区域开发活动,商业上处于竞争关系,用承包者所缴费用资助企业部,是否公平,需要进一步研究。

4. 建议制定申请联营企业的程序和标准。目前联营企业的诸多问题无规可依,包括什么是"健全的商业原则"、联营企业的运作模式、企业部盈利分成的考虑因素等。建议抓紧研究,制定申请联营企业的标准和程序,以便于各方在平等条件下申请联营企业以及理事会在收到联营企业申请时有规可循。

最后,中国代表团愿重申,中方支持企业部根据《公约》及其1994年执行协定尽快开始运作。企业部独立运作应遵循以下原则:

1. 成本效益原则。企业部的运作应符合成本效益,尽量减少各缔约国可能为此承担的费用,合理利用缔约国为企业部活动筹资而提供的自愿捐款。

2. 渐进原则。企业部独立运作应采取渐进的方式,并按照深海采矿的现有技术条件和市场需要客观务实地开展相关工作。

3. 健全的商业原则。企业部作为独立商业实体的自主权应予以充分保障,企业部经营业务、订立联合企业或其他形式的联合安排等都应符合健全的商业原则。

4. 发展中国家优惠待遇的原则。企业部的独立运作应促进发展中国家有效参与"区域"内活动,企业部在考虑成立联合企业时,应提供发展中国家缔约国及其国民有效参与的机会。

谢谢主席女士!

中国代表团团长、外交部北极事务特别代表高风在第七届北极圈论坛“亚洲与北极”议题下的发言

（2019 年 10 月 10 日，冰岛雷克雅未克）

尊敬的格里姆松主席，

尊敬的 Kwon Sei-Joong 大使，

女士们，先生们：

大家下午好！很高兴再次来到北极圈论坛。见到各位新老朋友，我倍感亲切，并愿在此就亚洲与北极的关系分享一些看法。

欧亚大陆与北冰洋紧密相接，自然环境深受彼此影响。源自亚洲的大江大河，如额尔齐斯河、额毕河、叶尼塞河等，源源不断注入北冰洋。每年深冬时节，来自北极的冷空气长驱直下，不远万里吹到中国北京。可以说，亚洲和北极从不遥远，在大自然的神奇造化下，它们互动频繁，彼此深刻影响。

当前，伴随气候变化和全球变暖，北极跨区域和全球性问题愈加突出，正在并将会对亚洲地区产生深远影响。北极夏季海冰持续融化，甚至有预测称北极海域可能在本世纪中叶甚至更早出现“无冰之夏”。一方面，北极冰雪融化带来的气候变暖加速、海平面上升、极端天气现象增多等全球性问题，需要包括亚洲国家在内的各方协同应对。另一方面，北极冰雪融化也为北极开发利用提供了有利条件，为包括亚洲国家在内的各方带来发展红利。

女士们,先生们:

中国是亚洲国家,也是北极事务的重要利益攸关方。推动北极可持续发展是中方参与北极事务的根本目标。

气候变化对北极的影响远甚于地球上其他地区,中国在气候变化领域的突出贡献将有力促进北极可持续发展。中国践行创新、协调、绿色、开放、共享的发展理念,致力于走绿色、低碳、可持续发展之路。2018 年,中国单位 GDP 二氧化碳排放比 2005 年下降 45.8%,超额完成当年的目标,相当于减少二氧化碳排放约 52.6 亿吨。同年,非化石能源占一次能源的消费比重达 14.3%。中国将认真履行《联合国气候框架公约》和《巴黎协定》义务,如期实现国家自主贡献目标。

海洋垃圾特别是微塑料是北极环保的一项严峻挑战,中国高度重视并采取行动致力于减少北极海洋垃圾。2017 年和 2018 年,中国先后实施第 8 次和第 9 次北极科学考察,在北极和亚北极区域开展海水、海冰、沉积物微塑料监测,初步了解了北冰洋敏感区域的海漂垃圾和海洋微塑料赋存现状,为北极海洋垃圾治理积累了宝贵的观测数据。

中国致力于保护北极脆弱的生态系统和生物多样性,积极参与《预防中北冰洋不管制公海渔业协定》谈判。《协定》是北极规则制定和国际治理的重要进展,是中、日、韩等亚洲国家参与北极多边治理的生动实践,对于北冰洋公海捕鱼管理乃至北极生物资源保护都具有重要意义。目前,谈判十方均已签署《协定》。中方正在履行国内批约程序,并有望于明年上半年批准《协定》。

女士们,先生们:

北极可持续发展需要亚洲国家的贡献,亚洲国家的发展与北极紧密相关。今年 5 月,来自世界多国的北极事务官员、驻华外交官、专家学者、企业界代表等 500 多人齐聚中国上海,共同出席北极圈论坛——中国分论坛。各方就冰上丝绸之路、北极科学与创新、北极运输和投资、北极可持续发展及环境保护、北极治理等问题进行了广泛研讨。无论是会议本身,还是会议讨论的议题,都充分展示了北极与亚洲国家之间的密切关系。

中日韩三国地处东北亚,是北极航道进出亚洲的必经区域。三方对北极环境保护和开发利用等具有共同关切。今年6月,第四轮中日韩北极事务高级别对话在韩国举行。三方全面盘点了过去三轮对话会取得的成果,展望未来合作方向,并就加强三方北极专家合作进行了探讨。

女士们,先生们:

在全球化的今天,北极的未来关乎北极国家的利益,也关乎亚洲各国人民的福祉。中方愿与其他亚洲国家一道,与各方共建“冰上丝绸之路”,通过最大程度地开展国际合作,共同建设亚洲和北极的美好未来。

谢谢大家!

中国代表团团长、常驻联合国副代表吴海涛大使在《联合国海洋法公约》第29次缔约国会议“秘书长报告”议题下的发言

（2019年6月19日，纽约）

主席先生：

中国代表团感谢秘书长根据《联合国海洋法公约》第319条作出的报告，感谢秘书处长期以来为海洋和海洋法相关工作付出的辛勤劳动。

海洋对于人类社会生存发展具有重要意义，当前，全球海洋问题形势严峻，作为全球治理的重要领域，全球海洋治理是需要国际社会共同应对的重要课题，中方主张：

——兼顾经济社会和环境因素，推动实现海洋可持续发展。当今世界，以海洋为载体和纽带的市场、技术、信息、文化等合作日益紧密，中国提出共建21世纪海上丝绸之路倡议，以促进海上互联互通和各领域务实合作，推动蓝色经济发展，推动海洋文化交融，共同增进海洋福祉。与此同时，我们也要高度重视海洋生态文明，持续加强海洋环境污染防治，保护海洋生物多样性，实现海洋资源可持续开发利用，为子孙后代留下一片碧海蓝天。

——坚定维护多边主义，完善国际海洋治理体系。中方秉持共商共建共享的全球治理观，倡导国际关系民主化，积极参与联合

国框架内海洋治理机制和相关规则的制定与实施,建设性参与"国家管辖范围以外区域海洋生物多样性的养护和可持续利用国际协定"谈判以及"国际海底资源开发规章"制定等重要国际海洋立法进程,为国际海洋治理体系的完善和发展做出努力。国际海洋法法庭、大陆架界限委员会和国际海底管理局三大《公约》机构为国际海洋治理作出重要贡献,中方将继续支持三大机构的工作。

——促进国际海洋法治,维护和发展以规则为基础的海洋秩序。各国应继续善意、准确、完整地解释和适用《公约》;对于《公约》未予规定的事项,应继续遵循一般国际法的规则和原则。各国应坚持平等协商,通过谈判妥善解决涉海分歧。国际司法机构应将促进当事国最终和长久解决争端为己任,尊重当事国意愿,在当事国授权范围内依法准确解释和适用《公约》,避免越权扩权,同时也应支持国家间通过谈判解决争端的努力。

主席先生:

构建海洋命运共同体,是理念也是实践。中方作为海洋可持续发展的推动者、和谐海洋秩序的构建者和国际海洋法治的维护者,愿继续本着相互尊重、公平正义、合作共赢的精神,与各国加强对话交流,深化务实合作,促进互联互通,携手应对全球性海洋挑战,共同建设更加美好的地球家园。

谢谢主席先生。

中国代表团团长、常驻联合国副代表吴海涛大使在《联合国海洋法公约》第29次缔约国会议“纪念《公约》生效25周年”议题下的发言

（2019年6月17日，纽约）

主席先生：

中方很高兴与各方一道在此纪念《联合国海洋法公约》生效25周年。海洋与人类的生存发展密切相关，习近平主席指出，“海洋孕育了生命，联通了世界，促进了发展。我们人类居住的这个蓝色星球，不是被海洋分割成了各个孤岛，而是被海洋连接成了命运共同体，各国人民安危与共。”维护公正合理的海洋秩序，是构建海洋命运共同体不可或缺的组成部分。《公约》是关于现代国际海洋秩序的重要法律文件，在妥为顾及国家主权、尊重国家意志的基础上，对各海域法律地位、各国权利与义务以及主要海洋活动等予以规范。25年来，《公约》在世界范围内得到广泛支持和适用。

主席先生：

我们要不断积累履行《公约》的良好经验，保持《公约》的活力和生命力，特别要平衡处理海洋资源的保护与合理利用、沿海国利益和国际社会整体利益、《公约》与一般国际法规则和原则、《公约》下设机构与其他相关国际机构之间的关系。中方提出如下建议：

一是维护《公约》宗旨和原则。要维护海洋和平安宁,实现海洋资源的公平、有效和可持续利用。特别照顾发展中国家的利益和需要,促进海洋发展繁荣,推动实现联合国关于海洋的可持续发展目标。

二是善意、准确、完整地解释和适用《公约》。应尊重《公约》所反映的国家意愿,恪守国家同意原则,维护谈判协商在争端解决中的重要作用,推动妥善解决涉海争端。对于《公约》未予规定的事项,应继续遵循一般国际法的规则和原则。

三是不断完善以《公约》为代表的国际海洋治理体系。坚定维护多边主义,积极推进全球海洋治理。以国家实践和共识为基础,循序渐进地制定和实施新规则。

主席先生:

6 月 10 日凌晨,在南沙礼乐滩海域发生一起中方渔船和菲方渔船意外相撞事件。中国政府高度重视海上航行安全和人命安全问题,将以事实为依据,认真负责地处理相关事件。中方正深入开展调查,并已向菲方发出邀请,建议双方开展联合调查。目前双方正在通过双边渠道进行沟通,《联合国海洋法公约》缔约国会议不是讨论该事件的合适场所。中方高度重视中菲关系,愿与菲方一道,为事件妥善解决共同努力。

中国对南沙群岛及其附近海域拥有无可争辩的主权。有关事件的实质是渔船碰撞和海上救助问题,而非领土主权和海洋划界争端。对于南海仲裁案,中国的立场是一贯的,明确的,即不接受、不参与仲裁,不接受、不承认有关仲裁裁决,也不接受任何基于有关裁决的主张和行动。

主席先生:

中国高度重视《公约》的地位和作用。长期以来,中国秉持善意履行《公约》,建设性参与相关规则制定,持续通过提供资金、人员和后勤协助等方式支持《公约》各机构工作，支持发展中国家能力建设和海洋事业发展。中国将继续坚定支持《公约》的宗旨和目的，加强国际交流合作，为国际社会提供更多海上公共产品，为构建海洋命运共同体而不懈努力。

谢谢主席先生。

中国代表团团长、常驻国际海底管理局代表田琦大使在国际海底管理局第25届大会“秘书长报告”议题下的发言

（2019年7月23日，金斯敦）

主席女士：

中国代表团祝贺您当选本届大会主席，相信在您的领导下，本届会议将取得圆满成功。我们感谢牙买加政府和人民对国际海底管理局工作给予的大力协助和宝贵支持，感谢秘书长所作全面而翔实的报告。

主席女士：

今年是海管局成立25周年，深海事业呈现出前所未有的蓬勃发展之势。特别是过去一年来，在秘书长的领导协调和各方共同努力下，海管局各项工作均取得丰硕成果。

2018年，海管局通过了史上首份战略计划，确定了九大战略方向，为其未来五年工作完成了顶层设计。本届会议将进一步讨论旨在实施战略计划的高级别行动计划。中方期待与各方根据《公约》和《执行协定》共同努力，确保高级别行动计划务实合理、简便可行。

开发规章制定是当前海管局工作的优先事项。在上周的理事

会会议上,各方针对有关具体问题展开了热烈讨论,但仍有不少重大事项需要继续研究。开发规章对落实人类共同继承财产原则至关重要,其制定工作应在充分讨论、协商一致基础上循序推进,避免匆忙出台、漏洞百出。中方愿继续与各方一道,推动开发规章草案更加优化合理。

区域环境管理计划(REMP)是海管局采取的重要环保举措。秘书长在报告中提及今明两年将举办多场研讨会,在西北太平洋、大西洋中脊等区域筹备设立 REMP。REMP 作为海管局重要的环保政策,其与开发规章的关系应予妥善处理。中方原则同意将 REMP 作为深海商业开发的前提,但其存在与否不应影响开发工作计划申请和开发合同的签署。

我们高兴地看到,海管局数据管理战略已完成基础性工作,并将在本月向公众提供环境数据。秘书处关于深海采矿国家法律和规章的研究初有成果,有助于未来深刻理解国际海底制度与各国国内相关监管体系的关系。中方支持海管局为 2030 可持续发展目标作出积极贡献,期待有关工作取得更大进展。

主席女士:

中方倡导构建海洋命运共同体,积极参与国际海底事务。去年 9 月和今年 5 月,中方分别就开发规章草案和战略计划高级行动计划草案提交了书面意见,为海管局建章立制积极贡献中国智慧和中国方案。

就在上周,中国北京先驱高技术公司所提多金属结核勘探矿区申请获得理事会核准,该申请为海管局贡献了一块面积约 7.4 万平方公里的保留区。中方感谢法技委和理事会对先驱公司的信任与支持,将严格履行担保国责任,鼓励中国的承包者积极参与海管局有关深海环境保护工作。

作为发展中国家,中方一贯支持其他发展中国家广泛参与国际海底事务。在此前多年向海管局有关基金捐款的基础上,今年中方继续向海管局捐款 7 万美元，分别用于海管局自愿信托基金、捐赠基金和 25 周年庆祝活动。中国承包者大洋协会和五矿集团公司也为 25 周年庆祝活动捐赠了物品。本届会议将审议中国自然资源部与海管局合作成立联合培训和研究中心的谅解备忘录。该倡议的核心目的就是为深海活动提供培训和研究平台，更好促进发展中国家参与深海工作。

主席女士：

海洋对于人类生存和发展具有重要意义。当前，深海采矿正处在从勘探向开发过渡，国际海底事业大有可为。中方倡导的“人类命运共同体”理念与海管局运作的法律基础“人类共同继承财产原则”高度契合。中方愿与各方一道，致力于深海资源开发和环境保护，共同增进全人类的共同利益和共同福祉。

谢谢主席女士。

中国代表团团长、常驻国际海底管理局代表田琦大使在国际海底管理局第25届大会“纪念国际海底管理局成立25周年”议题下的发言

（2019年7月25日，金斯敦）

主席女士：

尊敬的国际海底管理局秘书长迈克·洛奇，

各位同事：

国际海底管理局成立25年来，取得了重要历史性成就。

第一，海管局的成立是人类文明进步的里程碑。海管局是《联合国海洋法公约》创设、1994年执行协定加以完善的国际组织，它管理着世界上最大的地理政治单元——国际海底区域。其成立标志着人类共同继承财产原则从理念到制度的转变，是在国家主权和公海自由之外践行另一种法律制度的开端。

第二，海管局促进了人类对海洋资源的开发利用。海洋是资源的宝库，管理和控制“区域”内活动是海管局的核心职能，各方在海管局框架内规范、有序、安全地开展海底活动，人类距离实现深海商业开发的目标越来越近。

第三，海管局增进了人类对海底环境的认知和保护，保护深海

环境是“区域”内活动不可或缺的组成部分。海管局不仅确认了“预防性做法”和“最佳环境做法”在“区域”的适用,还设立了以保护海洋基因资源为目标的“区域环境管理计划”,有效促进了人类对海底世界的认知和保护。

第四,海管局为发展中国家海洋能力建设发挥着独特作用。2013 年至 2018 年,海管局承包者共提供了 98 个培训名额,海洋科研捐赠基金共资助了来自 50 个发展中国家的 145 名科学家或政府官员,有助于发展中国家提升参与“区域”内活动的能力和水平。

主席女士:

海管局的成就离不开历任秘书长的努力和奉献。秘书长萨特雅·南丹、秘书长尼·奥敦通、秘书长麦克·洛奇都为海管局的发展奉献了心血和汗水,在海管局的历史上留下了不可磨灭的个人烙印。中国代表团向他们致以诚挚的谢意。我们还感谢秘书处的所有工作人员,海管局良好运作与他们的辛勤工作密不可分。

我们特别感谢东道国牙买加政府。25 年来,你们为秘书处和各国代表团在这个美丽的国度共商深海大计提供了服务和方便。海管局和牙买加早已融为一体,彼此刻下了深深的印记。

主席女士:

中国是国际海底事业的见证者、参与者和贡献者。早在 1990 年,中国大洋协会即申请登记为先驱投资者之一。海管局核准了中方的五块矿区申请,中方贡献了两块保留区,并向发展中国家人员提供 33 个培训名额,为国际深海事业发展作出了实实在在的贡献。

中国严格履行担保国责任。2016 年,中国颁布实施《深海海底区域资源勘探开发法》,对中国公民、法人或者其他组织从事深海海底区域活动作出系统规定,体现了中国作为担保国的决心和行动。

作为发展中国家的一员,中国真心支持其他发展中国家参与国际海底事务。中国已向海管局各类基金捐款25万美元,主要用于资助来自发展中国家的法技委和财委委员参加会议和人员培训。

主席女士:

当前,深海采矿正在从勘探向开发转段,中方愿与各方一道,秉持共商共建共享理念,积极践行人类共同继承财产原则,推动构建海洋命运共同体,为促进全人类的共同福祉作出新的更大贡献。

谢谢主席女士。

中国代表在国家管辖范围以外区域海洋生物多样性国际协定谈判第二次政府间大会上的一般性发言

（2019年3月25日至4月5日，纽约）

谢谢主席女士！中国代表团赞同巴勒斯坦代表“77国集团加中国”所作发言，感谢会议主席和DOALOS为筹备本次会议所做的努力。会议主席准备的《谈判协助文件》很好地体现了各方前期表达的观点，中方愿以此为基础继续推进谈判。

BBNJ国际协定谈判是当前海洋法领域最重要的国际立法进程，在就诸多法律和技术细节展开谈判的同时，我们需要对两个重要的方向性问题保持清楚认识：我们想要一个什么样的新协定？如何才能达成这样的新协定？对此，中方有三点基本看法：

1. 我们要一个渐进发展的新协定，为此，要处理好新协定与现有法律框架的关系。渐进发展意味着稳定与变化的适度平衡。为加强国家管辖外区域海洋生物多样性的养护和可持续利用，我们既不能停滞不前，也不能不顾现有制度另起炉灶。我们要遵循包括《联合国海洋法公约》在内的国际法，不损害其他全球、区域和部门海洋机制，不贬损各国航行、科研、捕鱼等方面权利。我们要对现有制度进行有益补充和完善。

2. 我们要一个公平合理的新协定，为此，要统筹兼顾各方利益。人类在养护和可持续利用国家管辖范围以外区域海洋生物多样性方面是兴衰与共的命运共同体。新协定要维护国际社会整体利益和各国共同利益,特别是应充分顾及广大发展中国家的利益和需求。中方认为,海洋遗传资源应“便利获取”,其惠益应“合理分享”;海洋保护区应兼顾养护和可持续利用;环境影响评价应坚持国家主导、国家决策;能力建设和海洋技术转让应实现互利共赢,切实增强广大发展中国家养护和可持续利用海洋生物多样性的内生能力。

3. 我们要一个普遍参与的新协定,为此,应不断累积共识,稳步推进谈判。仓促出台的国际文书不仅无法得到广泛认可,在解释和适用中也将面临困难。谈判所涉四方面议题要平衡推进,确保每个议题都得到充分讨论。应坚持国家驱动,坚持协商一致。中方同意主席对于本次会议讨论顺序的安排,希望各方迅速投入实质讨论,以便尽早形成“零案文”。

中国愿以建设性的态度同各方密切合作,为谈成一个渐进发展、公平合理、普遍参与的协定而努力!谢谢主席女士!

中国代表在国家管辖范围以外区域海洋生物多样性国际协定谈判第三次政府间大会上的一般性发言

（2019 年 8 月 19 日至 30 日，纽约）

谢谢主席女士！中国代表团赞同巴勒斯坦代表“77 国集团加中国”所作发言，同时感谢会议主席和 DOALOS 精心筹备本次会议。会议主席起草的协定草案总体反映了各方立场，为推进谈判提供了良好基础。

BBNJ 国际协定谈判是当前海洋法领域最重要的立法进程，也是全球治理的一个热点领域，中国政府始终以负责任、建设性态度参与谈判。国际社会在海洋生物多样性问题上休戚与共、密不可分，应秉持人类命运共同体理念，展现诚意、加强合作，提出公平、合理、有效应对方案，探索平衡养护和可持续利用的治理模式。

新协定应妥善处理好与现有法律框架的关系。新协定应符合《联合国海洋法公约》的目标、宗旨和相关规定，还应放在一般国际法框架下加以审视，并与现有海洋机制加强协调合作，避免职权重复或冲突。

新协定应致力于达成养护和可持续利用的平衡。加强养护是利用国家管辖范围以外海域的前提，可持续利用则是发挥相关海域价值的题中之义。协定要正确处理养护和利用的关系，这对确定未来海洋治理方向、实现经济社会发展和海洋环保良性互动至关重要。

新协定应兼顾各方利益和关切,体现普惠包容。各方应充分发挥政治和法律智慧,不断弥合分歧,平衡推进联大决议授权谈判的“一揽子”议题,平衡规制海洋遗传资源获取与保障公海科研自由、惠益分享与尊重知识产权、海洋遗传材料保有者权利之间的关系等。新协定应惠及国际社会,特别是应充分顾及广大发展中国家的利益和需求,致力于实现互利共赢。

新协定应鼓励广泛参与,讲求务实有效。一个成功的国际协定需要各方普遍参与和遵守。仓促出台的协定不仅无法得到广泛认可,在解释和适用中也面临困难。谈判中应坚持国家驱动、协商一致,不断积累共识、稳步推进。中方支持采取包括非正式磋商等在内的各种形式增进互动沟通,同时应确保各国充分参与其中,保持谈判公开透明。

中方愿在主席女士的有力领导下,与各方携手努力,共同为推动建立公平有效的 BBNJ 养护和可持续利用机制,为实现更高水平全球可持续发展、构建合作共赢的海洋秩序作出贡献!

中国代表在亚非法协第58届年会一般性辩论上的发言

（2019年10月21日，达累斯萨拉姆）

主席先生：

60多年前，在1955年万隆会议精神的引领下，亚非国家共同决定成立亚非法协，以加强在国际法律事务中的合作与交流。在世界大变局的背景下，亚非法协的作用显得尤为重要。

当前，以联合国为核心、以国际法为基础的国际秩序正面临单边主义、保护主义的严重冲击。个别国家无视国际法和国际关系基本准则，削弱多边机制，大搞霸凌和干涉，滥施单边制裁，到处挑起贸易战和科技战，给世界带来了不安、冲突和动荡。“二战”结束70多年后，世界又一次站在了十字路口。当下能否选择正确的前进道路，将对我们共同的未来产生深远影响。

中方认为，多边主义和以国际法为基础的国际秩序代表了世界的正确发展方向。“二战”结束以来，尽管偶尔遭遇波折，这条道路总体上使世界朝着和平与繁荣的方向发展。这也是世界绝大多数国家的共同选择。在9月刚刚举行的联大一般性辩论上，各国普遍谴责单边主义、保护主义，纷纷提出各自关于多边主义和国际法的倡议。

世界将向何处去，有赖于国际社会的共同努力。今天，亚洲和非洲国家的数量已占联合国会员国总数的三分之二和世界经济总量40%，我们不应再做“沉默的大多数”，而应共同肩负起将世界引向光明未来的责任。在这方面,亚非法协作为万隆精神的产物,且有着亚非国家国际法合作的优良传统,应当为维护以国际法为基础的国际秩序发挥更加积极、重要的作用。

我们要在国际规则制定中坚持多边与民主,提升发展中国家的代表性和发言权,使国际立法公正、平衡、包容地反映最广泛的主张和利益。没有任何一个国家或国家集团能够垄断国际规则制定。

我们要推动国际法得到切实遵守,维护《联合国宪章》确立的基本原则,维护以世贸组织为核心的多边贸易体系,善意履行国际义务,反对双重标准,反对合则用、不合则弃。

我们要坚守国际法维护公平正义、促进和平发展合作的核心价值。反对歪曲和滥用国际法,反对打着国际法的旗号调词架讼,挑动加剧分歧和冲突,坚决摈弃"强者为所欲为,弱者逆来顺受"的旧思维。

我们要携手使亚非法协力量更加壮大,更具韧性,更加活跃,更有能见度。为此,我们应尽最大努力求同存异,使亚非法协紧跟国际法发展,在网络国际法等前沿领域加大投入,尤其要在国际规则制定中发挥积极作用。同时,我们还应确保亚非法协获得足够的、持续的和可预见的资源,以充分履行其职责。

主席先生:

今年是中华人民共和国成立 70 周年。70 年来,中国始终做世界和平的建设者、全球发展的贡献者和国际秩序的维护者。面对当今世界面临的各种挑战,中国坚定维护多边主义和国际法。王毅国务委员兼外长前不久在联大发言时强调,"国际秩序需要法治规则,为所欲为恐将天下大乱"。中国倡议的新型国际关系、人类命运共同体,核心也是要坚持公平正义、坚持互相尊重、坚持平等互利、坚持国际法。

在维护国际法和国际秩序方面,中国一直与亚非国家站在一起。作为推进亚非国际法合作的一项具体举措,中国于 2015 年启动“中国—亚非法协国际法交流与研究项目”。迄今，中国政府已在该项目框架下成功举办五期国际法培训，累计为来自 40 多个亚非国家的约 200 名法律官员提供培训。我们欢迎所有亚非法协成员国未来继续参与这一项目。

谢谢主席先生。

中国代表在第74届联合国大会关于“国际刑事法院的报告”议题的发言

（2019年11月4日，纽约）

主席先生：

中国代表团感谢奥素季院长所做关于国际刑事法院活动的报告。中方注意到，法院继续在调查、审判及补偿受害者等方面作出努力。同时，国际社会对法院权威性和公信力的担忧也在上升，原因包括：一些缔约国的重要关切在法院框架下未得到有效回应；法院对官员豁免规则的处理引发争议，不少国家认为有必要由联大提请国际法院就此发表咨询意见；法院预审分庭不当扩大管辖权，甚至模糊了非缔约国和缔约国的界限；对于是否授权检察官调查一项情势，法院似乎并无明确和统一的条件与标准；个别法官在仍参与案件审理情况下接受本国政府大使职务任命引发广泛质疑，这一问题后来虽得到纠正，但对于一个视“独立”和“公正”原则为其立身之本的国际司法机构而言原本就不应该发生。

中方还注意到，法院上诉分庭今年5月关于约旦上诉案的裁决引发各方重大关切。该裁决依据相关临时国际刑庭的实践，认定国家元首在国际司法机构不享有豁免是一项习惯国际法。但法院并没有详细甄别这些国际刑庭实践的特定背景和条件，如相关刑庭规约在国家元首豁免方面有明确的规定，或相关安理会决议载明类似规定等。从各国实践看,绝大多数国家一直明确主张国家元首等高级官员享有无例外的豁免。同时,法院预审分庭和上诉分庭多次作出裁决,但每次裁决理由各不相同,甚至相互矛盾,这大大削弱了法院的权威性与公信力。

主席先生:

中方认为,法院需切实采取有效措施改进不足,以回应国际社会对上述方方面面的合理担忧和关注。中方希望法院严格按照《罗马规约》审慎行使职权,确保其司法活动符合包括《联合国宪章》宗旨和原则在内的国际法基本原则,真正贯彻落实公平正义原则。

谢谢主席先生。

中国代表在第74届联大六委关于“国内与国际法治”议题的发言

（2019年10月11日，纽约）

主席先生：

中国代表团欢迎联大在“国内与国际法治”议题下讨论“分享在促进各国尊重国际法方面的最佳做法和想法”分议题。

当今世界面临广阔的发展机遇，经济全球化和科技革命给人类发展带来无限潜力。与此同时，地区热点问题此起彼伏，恐怖主义猖獗，维护世界和平、促进共同安全依然任重道远。气候变化、网络安全等非传统安全威胁持续蔓延，全球治理和规则赤字更加明显。尤其是单边主义、保护主义和霸凌行径明显抬头，多边主义和经济全球化遭遇逆流，国际法的权威和国际秩序受到冲击。国际法作为规范国家行为的重要依据，是构建以合作共赢为核心的公正合理的国际关系的基石，国际社会需要国际法明辨是非、定分止争。

中方认为，当前比以往任何时候都需要凝聚共识，推动加强国际法，尊重国际法，坚定维护我们赖以生存、发展和繁荣的国际体系。首先，要共同推动在国际规则制定中坚定支持多边主义，反对单边主义，反对任何国家把他们自家的规则当作“国际规则”强加于人，摒弃“强者为所欲为，弱者逆来顺受”的丛林法则。第二，要推动国际法得到切实遵守，倡导善意履行国际义务，反对双重标准和“合则用、不合则弃”。第三，要共同维护国际法的核心价值，坚持国际法的适用、解释和发展不能背离维护国际关系的公平正义，促进和平发展合作这个出发点，反对从一己私利出发对国际法歪曲和滥用，更要反对借国际法之名行霸权主义和干涉内政之实。

主席先生：

今年是中华人民共和国成立70周年。70年来，中国始终致力于促进尊重国际法，是国际法的维护者和建设者。1954年，中国与印度、缅甸共同提出“互相尊重主权和领土完整、互不侵犯、互不干涉内政、平等互利、和平共处”五项原则。和平共处五项原则与《联合国宪章》原则和宗旨一脉相承，丰富了国际关系基本准则，不仅是中国外交政策的基础，也为国际社会所广泛认同。国际关系沧桑变化，历经六十五年的发展，和平共处五项原则历久弥新，在新的国际形势下仍具生命力。中国积极维护以联合国为核心，以国际法为基础的国际体系，积极参与各领域全球治理，以国际法为基础推动国际合作。中国参加了几乎所有的全球性政府间国际组织，加入了500多项国际公约。作为联合国安理会常任理事国、联合国第二大会费国和维和摊款国，中国始终在国际问题上秉持正义，致力于推动有利于和平、合作、共赢的解决方案。

针对当今世界共同面临的种种挑战，中国提出构建人类命运共同体理念，提倡建设一个“持久和平、普遍安全、共同繁荣、开放包容、清洁美丽”的世界。这一理念的五方面内涵与促进尊重国际法密切相关，为维护多边主义和促进国际法发展注入了正能量，是中国对国际法发展的新贡献。

中国始终坚持自身的发展中国家属性，高度重视发展中国家在促进尊重国际法中的重要作用，也和广大发展中国家共同努力，在促进尊重国际法进程中推动建立更公正合理的国际秩序。今年7月29日，中国外交部和中国国际法学会在北京共同举办“大变局下的国际法：发展中国家的作用”研讨会。国际法院院长优素福出席会议并作主旨讲话。来自80多个国家的法律官员和驻华使馆代表,联合国、国际海洋法法庭、红十字国际委员会、亚洲—非洲法律协商组织等国际组织代表和国内专家300多人与会,深入研讨当前国际秩序和国际法面临的挑战,以及发展中国家在维护国际法、塑造国际秩序方面的作用。王毅国务委员兼外长在致会议的贺信中强调,广大发展中国家是国际舞台上的一支重要力量,历史上为维护和发展国际法做出了重要贡献。在多边主义和全球化遭遇逆流的今天,发展中国家有更大力量和责任共同坚持正义、维护规则,推动世界走上相互尊重、公平正义、合作共赢的正确道路。

中国政府重视联合国及其专门机构在传播国际法方面的重要作用,持续多年向联合国国际法教学、研究、传播和广泛了解协助方案捐款。中方还通过设立合作项目等方式直接支持亚洲、非洲国家在国际法领域的能力建设,中国政府迄今已成功举办五期"中国—亚非法协国际法交流与研究项目"培训班。今年8月,来自38个亚非国家及亚非法协和非盟的44名官员参加了在北京和香港两地举行的第五期培训班。本月24至25日,中方还将在北京举办第一期"一带一路"法治合作研修项目,为来自20余国的法律官员提供法律培训和交流的平台。

主席先生:

促进尊重国际法符合国际社会的共同利益。中国愿和各国一道,共同推动构建人类命运共同体,维护和发展国际法,促进世界的和平与发展。

谢谢主席先生!

中国代表在第74届联大六委关于"《联合国宪章》和加强联合国作用特别委员会的报告"议题的发言

（2019年10月18日，纽约）

主席先生：

中国代表团感谢特委会主席特欧菲利女士对特委会2019年届会情况的介绍。

特委会是联合国框架内唯一讨论《宪章》和加强联合国作用的常设会议机制，为维护《宪章》宗旨和原则、加强联合国作用作出重要贡献。中方一贯重视特委会的积极作用，支持特委会根据联大授权在职权范围内开展工作。

"和平解决争端"是特委会目前议程中的一项重要议题，这次届会重点讨论了调解方法，中方也积极参与了讨论。调解是《宪章》规定的一项重要的争端解决方法，历史上曾发挥有益作用，现实中仍被广泛运用。作为一种第三方介入的争端解决方式，调解的运用应严格遵循《宪章》宗旨和原则，以当事国同意为前提，而不能强加于任何国家。只有建立在自愿、平等的基础上，充分体现友好互谅精神，才能充分发挥调解在解决争端方面的独特作用，调解的结果也更易为各方所接受。

作为联合国创始会员国和安理会常任理事国，中国始终把维护地区与国际和平作为自身应尽责任，积极推动以和平方式解决国际和地区热点问题。中方在开展有关工作时,坚持不干涉内政原则,尊重当事国的主权和意愿,秉持客观公正立场,坚决反对谋取私利,符合《宪章》的宗旨和原则,为维护地区与国际和平作出了不懈努力和应有贡献。

主席先生:

关于“采取及执行联合国制裁”议题,中方一贯主张,联合国制裁只是手段,不是目的,应服务于有关问题的政治解决。安理会应审慎使用制裁措施,应以穷尽其他非强制性手段为前提,应符合《宪章》和相关国际法原则,最大限度降低制裁对普通民众和第三国的影响。中方认为,应严格遵守和执行安理会制裁决议,反对额外施加违反《宪章》和国际法的单边制裁,维护《宪章》的宗旨和原则以及国际法的权威。当前个别国家奉行单边主义,滥施单边制裁,损害了联合国制裁的有效性和权威性,在这种背景下,本议题具有很强的现实意义,应继续在特委会进行深入讨论。

关于有国家建议请国际法院就国家在安理会未授权情况下诉诸武力的法律后果发表咨询意见,中方认为该建议有助于进一步厘清禁止使用武力的国际法规则,有助于对《宪章》的理解和执行,支持特委会对其作进一步审议。关于有国家建议就《宪章》第51条关于自卫权规定的解释和适用问题进行讨论,中方愿予积极考虑。中方认为,自卫权的行使应符合《宪章》宗旨和原则,应避免对自卫权的扩大解释和滥用。

关于改进特委会工作方法和提高工作效率,中方希望各方从加强特委会作用出发,秉承务实协商精神,探索切实有效的新思路和新方法。中方赞赏秘书处在编写《联合国机关惯例汇编》和增订《安理会惯例汇辑》方面取得的进展,希望秘书处进一步推动这两份重要文件以联合国所有官方语言同步出版。

谢谢主席先生。

中华人民共和国政府关于《“区域”内矿产资源开发规章草案》的评论意见

（2019 年 10 月 15 日）

根据国际海底管理局（海管局）第 25 届会议理事会关于法律和技术委员会（委员会）主席报告的决定，中华人民共和国政府在 2017 年 12 月 20 日和 2018 年 9 月 28 日所提意见基础上就 ISBA/25/C/WP.1 号文件所载《“区域”内矿产资源开发规章草案》（《规章草案》）发表如下评论意见。

一、关于《规章草案》的总体意见

开发规章是规范“区域”内活动的法律文件，对落实人类共同继承财产原则至关重要。中国推动构建海洋命运共同体，高度重视开发规章制定工作，愿与各方一道，共同促进《规章草案》更加优化合理。中国政府认为，开发规章应忠实、准确、严格地体现《联合国海洋法公约》（以下简称《公约》）以及《关于执行 1982 年 12 月 10 日〈联合国海洋法公约〉第十一部分的协定》（以下简称《执行协定》）的规定和精神，公平对待海管局和承包者，确保双方权利和义务的平衡。惠益分享是人类共同继承财产原则的重要内容和体现，也是《公约》为海管局规定的一项重要职责。财务委员会在海管局第25届会议前已就这一问题的研究取得积极进展。惠益分享作为"区域"资源开发整体制度设计中的重要一环,有必要与深海开发其他问题统筹处理,协调作出规定。

二、关于《规章草案》的重点问题

(一)关于企业部

企业部是直接进行"区域"内活动以及从事运输、加工和销售从"区域"回收的矿物的海管局机关,也是发展中国家参与"区域"资源开发的重要渠道。但现有《规章草案》对企业部相关问题的规定失之简略。目前理事会有关企业部问题的处理和讨论也暴露了无规可依的问题。建议在《规章草案》中进一步丰富和细化有关企业部的规定。

第一,澄清"健全的商业原则"的含义和标准。根据《公约》附件四第1条第3款、《执行协定》附件第2节第2条和第6节第1条(a)款,"健全的商业原则"不仅是"区域"内资源开发的原则,也是企业部经营业务的原则,包括与其他实体成立联合企业。《公约》和《执行协定》并未规定"健全的商业原则"的确切含义,《规章草案》作为执行性法律文件,有必要根据需要予以细化。

第二,尽快制定成立联合企业的标准和程序。《执行协定》附件第2节第2条规定,企业部初期的深海底采矿业务应以联合企业的方式进行。《公约》附件三第9条第3款规定,海管局可在其规则、规章和程序内规定联合企业的实质性和程序性要求和条件。建议以制定开发规章为契机,就联合企业的性质和法律地位、企业部在董事会和管理层的席位比例、联合企业适用的法律等问题制定相关的标准和程序。

第三,对联合企业安排的股份作出规定。《"区域"内多金属硫化物探矿和勘探规章》第19条以及《"区域"内富钴铁锰结壳探矿和勘探规章》第19条均规定，企业部可在联合企业安排中获得股份，联合企业安排在申请者签订开采合同之时生效。上述两条在脚注中还都说明，企业部"获取股份参与的条款与条件应进一步阐明"。但上述内容在《规章草案》中均未提及，建议补充完善。

(二)关于缴费机制

《规章草案》在落实《公约》和《执行协定》有关缴费机制的规定和要求方面尚有差距。这一问题是开发规章制定的核心问题，应严格遵循《公约》和《执行协定》的相关原则和精神。《执行协定》附件第8节第1条(a)款规定，缴费制度"应公平对待承包者和管理局双方"。该条(b)款规定，"缴费率应不超过相同或类似矿物的陆上采矿缴费率的一般范围，以避免给予深海采矿者人为的竞争优势或使其处于竞争劣势"。该条(c)款规定，缴费机制"应该考虑采用特许权使用费制度或结合特许权使用费与盈利分享的制度。如果决定采用几种不同的制度，则承包者有权选择适用于其合同的制度。"上述缴费机制所涉及的公平性问题、与陆上采矿的可比性问题以及缴费模式的多样性问题均有必要予以体现和落实，但《规章草案》在此方面仍有较大差距。

令人欣慰的是，财务问题特设工作组已就缴费机制问题取得积极进展。中国政府支持工作组继续开展相关讨论，并认为，为合理规避深海风险以及保护承包者从事深海开发的积极性，在保证给予承包者多个缴费模式选择的情况下，可考虑采用分阶段缴费和随金属价格变化的浮动缴费率。同时还需就年费和特许权使用费制定适当和明确的标准，以方便承包者了解自身义务，并便于理事会将来进行审查。

(三)关于检查机制

为保证深海采矿顺利进行，建立合理的检查机制十分重要，这也是《公约》对海管局提出的要求。《规章草案》应明确、清晰地界定有关各方在检查活动中的权利、义务和责任,避免增加承包者的负担。

"区域"活动涉及多个检查主体。《公约》第153条第5款规定,海管局应有权检查与"区域"内活动有关而在"区域"内使用的一切设施。海管局作为管理和控制"区域"内活动的国际组织,应承担主要监管责任,其检查权的实施应严格限定于《公约》授权的范围和事项。担保国为履行担保责任,应承担辅助和补充监管责任。按照《公约》第153条第4款、第165条第2款(c)项和第3款,担保国有协助海管局进行检查的义务,也享有参与海管局检查的权利。同时,担保国有权按照国内立法对承包者的活动实施检查。船旗国对"区域"活动涉及的本国船舶享有管辖权。检查机制应处理及协调好海管局、担保国和船旗国各自的监管责任。

海管局各机构及检查员在检查方面的权力和职能应严格符合《公约》规定。《公约》第162条第2款(z)项规定,理事会是海管局行使检查职能的权力机构,有权设立适当机构来指导和监督检查员。根据《公约》第165条第2款(c)项、(m)项和第165条第3款,法技委应理事会请求,监督"区域"内活动,并可就指导和监督检查人员向理事会提出建议。《公约》未明确规定秘书长及秘书处在检查方面的权限。如开发规章授权秘书长行使检查权,则需按照《公约》由理事会授权并加以适当限制。根据《公约》第162条第2款(z)项和第165条第2款(m)项,检查员负责检查"区域"内活动,以确定《公约》规定、海管局的规则、规章和程序以及同海管局订立的合同的条款和条件,是否得到遵守。需要强调的是,检查员的职能应限于对"区域"内活动的"检查",不应包括"执法权"。

检查机制需制定配套的规则和程序。按照《公约》附件三第17条第1款(b)项(8)目规定,海管局应制定并划一地适用规则、规章和程序,以执行第十一部分所规定的职责,包括业务的检查和监督。为此,理事会应在法技委协助下制定和建立相关规则和程序,包括:指派检查员的程序,进行检查通知的程序,检查报告的送交和评议制度,检查员的权利和责任,登临和检查的程序,检查清单制度,远程、实时监测和监督设备设施的部署,指导检查员进行检查的手册或指南等。

检查机制应注重经济性和效率,充分考虑深海采矿本身的复杂性和独特性。现场检查不必是经常性的,只需在有明确规定的必要情况下开展,同时还可利用远程监控等方式进行检查。建立和执行"区域"内活动检查机制,可参考借鉴其他国际组织,包括南极海洋生物资源养护委员会的检查制度,但不宜完全照搬。

(四)关于独立专家

考虑到深海采矿的复杂性,海管局相关机构根据自身履职需要,斟酌决定"邀请"独立专家就特定事项提供咨询确有必要。

独立专家参与相关工作应符合《公约》规定。按照《公约》第165 条第 2 款(e)项和附件三第 8 条,独立专家可就海洋环境保护以及保留区资料评估等特定事项提供咨询。《规章草案》中规定独立专家和独立合格人员可为审议开发工作计划提供咨询或报告、评估和核实环境管理和监测计划、对风险管理制度实施情况进行核查和审计以及参与标准制定等,超出了《公约》规定的独立专家可介入的事项和领域。建议严格按照《公约》规定发挥独立专家的作用。

独立专家的意见不具有任何法律效力,也不应妨碍或取代海管局相关机构作出决定。海管局 ISBA/25/C/18 号文件《"区域"内矿产资源开发规章草案法律和技术委员会的说明》明确指出,"法技委确认,与外部专家接触对于补充其工作和专门知识有好处,但认为此类接触应由委员会自行斟酌决定而非强制性……委员会意识到,必须避免建立一种过于官僚主义和形式主义的机制"。《规章草案》涉及独立专家的条款应充分考虑上述法技委的意见,避免对海管局现有机制造成消极影响或冲击。

独立专家的遴选和任命应坚持包容和透明。无论是建立独立专家库名册,还是就具体问题指定独立专家,均应本着公开、公平、公正的原则,充分考虑地域平衡和文化差异,确保独立专家参与的程序公正和实际效果。

三、关于《规章草案》的具体条款

(一)第一部分

1.《规章草案》第2条

该条规定了深海开发的基本原则。建议在现有基础上再增加两项原则:一是确保勘探和开发"区域"内资源与保护和保全海洋环境的合理平衡。二是确保"区域"内活动与其他海洋活动相互顾及。

本条第(e)款第(四)项提及的"污染者付费"原则在不同语境下有不同的含义和适用条件。《关于环境与发展的里约宣言》原则16所述的"污染者付费"原则是国际社会达成的共识,建议此处明确规定使用《关于环境与发展的里约宣言》原则16所述的"污染者付费"原则。

2.《规章草案》第4条

关于本条第4款,为保证理事会发布"紧急命令"的依据更有权威性,中方建议将第4条第4款中的"指南"更改为具有法律约束力的"标准"。同时中方建议澄清理事会发布"紧急命令"的程序和规则,以使本款更加具有操作性。

关于本条第5款,按照《公约》,委员会在确定"可能发生或已发生对海洋环境的严重损害或此种威胁"后,应向理事会进行报告,由理事会来决定应采取的措施。秘书长无权直接发布遵行通知或直接指令检查承包者的活动。如需秘书长行使相关权力,须经理事会授权,并在规章中明确范围和条件。

(二)第二部分

3.《规章草案》第5条

此处“主管机构”指示不清,如主管机构为海管局,则会产生海管局向自身提交申请书的情形,显失合理。建议明确“主管机构”,或将其删去,由企业部直接提交申请。

4.《规章草案》第10条

《公约》附件三第10条不仅规定了勘探承包者享有的优惠和优先,也规定如经营者的工作成绩不令人满意,这种优惠和优先可予撤销。因此,建议秘书长仅对工作计划核准申请书进行形式审查,对于某一申请人的工作成绩是否满意,是否存在撤销优惠和优先的情形,应由法技委或理事会进行统一处理。因此,建议在第一款中将“秘书长确定依《公约》附件三第10条申请人是否享有优惠和优先”改为“秘书长确定依《公约》附件三第10条申请人是否享有优惠和优先,如对此存在争议,则应提交法技委作出建议并由理事会作出决定”。

5.《规章草案》第12条

建议在第1款后增加1款内容:“如果有多份对同一区域和同一资源类别的申请,委员会应根据《公约》附件三第10条的规定就申请者是否享有优惠和优先向理事会作出建议。”

第4款中,委员会审议工作计划应有充分自由裁量权,建议将“委员会应考虑到”改为“委员会可考虑到”。本款(a)中所提“秘书长的任何报告”范围过宽,建议改为“秘书长的相关报告”。

根据《公约》,独立专家或独立合格人员可提供咨询事项主要限于环境问题。建议将第4款(b)项中独立人员提供咨询意见或报告的“申请书”改为“环境计划”或“环境事项”。

(三)第三部分

6.《规章草案》第18条

承包者为获得和履行开发合同,已就全部合同区缴纳了固定年费或特许权使用费,其在开发合同区内的勘探活动属于开发准备或附带活动,不应再另行支付费用。建议删除有关收费的内容。

7.《规章草案》第 21 条

关于本条第 2 款,国家提出终止担保之后,担保的终止至迟于秘书长收到通知之日起 12 个月内生效。这一规定只说明了终止担保生效的最迟日期,但是,终止担保具体在何时生效、如何认定,仍不确定。建议规章进一步予以明确。

8.《规章草案》第 24 条

本条第 1 款提出控制权变更的条件是所有权或者合伙企业成员的 50% 或以上发生变化。在实践中,一方对公司的控制权并非需要达到 50% 的控股。如何认定"控制权的变更"需要进一步研究。此外,本条第 2 款规定,在控制权变更的情况下,承包者应通知秘书长。实际上,控制权的变更还涉及担保国的担保义务。承包者在控制权变更的情况下还应及时通知担保国。控制权变更可能还会产生担保国变更问题,建议也对此作出相应规定。

9.《规章草案》第 25 条

在本条第 1 款中,秘书长可以根据承包者提供的可行性研究确定承包者是否对工作计划作出重大变更。鉴于是否构成重大变更属于重要但并不紧急的事项,此项权力似由法技委承担更为合理。建议将本条第 1 款修改为,承包者应在拟于采矿区内开始生产前至少 12 个月,向秘书长提交按照良好行业做法并结合指南编写的可行性研究。秘书长如认为可行性研究可能对工作计划构成重大变更,应将其提交法技委决定。如法技委认为构成重大变更,则承包者应编写并向法技委提交经修改的工作计划。

10.《规章草案》第 26 条

本条第 2 款涉及环境履约保证金的计算,建议由财委会研究环境履约保证金的计算方法以及上限问题,并就此向理事会提出建议。本条第 3 款规定保证金的数额,应当根据指南予以确定。考虑到指南并没有法律约束力,建议将本条中的"指南"换为"标准"。

本条第 6 款规定,在承包者履行环境履约保证金所涉义务后,应退还或释放环境履约保证金或其中一部分,但承包者应履行的环境履约保证金所涉义务并不清楚,建议予以明确。

11.《规章草案》第 29 条

建议在第 2 款中增加"在承包者减少或暂停生产期间,适当减免其缴纳的固定年费或特许权使用费"的规定。

该条第 3 款中关于"如果承包者暂停所有生产超过 5 年,理事会可终止开发合同并要求承包者实施最终关闭计划"的规定过于武断。如承包者因不可抗力暂停 5 年以上,则应继续保有其合同。或者也可规定,承包者在 5 年期被终止合同后,可对同一区域同一资源的开发享有优先和优惠。

12.《规章草案》第 31 条

本条中的"《公约》第 147 条、经核准的环境管理和监测计划、关闭计划"已足以涵盖承包者合理顾及其他海洋活动的义务。"主管国际组织制定的任何适用的国际规则和标准"指向不明,过于宽泛,建议将其删去。

本条中的"特别是,每个承包者均应尽职尽责,确保不损坏合同区内的海底电缆或管道"为承包者创设了超出《公约》规定的义务。建议改为"特别是承包者在从事开发活动时应合理顾及海底电缆或管道,避免使之破坏或损害"。

13.《规章草案》第 33 条

建议将本条第 2 款(a)项中的"至迟于事故发生后 24 小时通知担保国"修改为"有合理理由认为承包者知悉事故发生后的 24 小时"。

14.《规章草案》第 35 条

该条规定,如在合同区内发现人类遗骸、文物或遗址,为避免扰动该人类遗骸、文物或遗址,不得在合理范围内继续勘探或开发,直至理事会综合考虑各方意见后作出决定。但如理事会决定不能继续勘探或开发,承包者将面临一定损失。在此情况下,是否考虑对承包者给予一定补偿,比如在其他地方提供同等面积或价值的开发区域,或适当减免承包者缴费等,建议进一步研究。

15.《规章草案》第38条

年度报告由承包者编写并向海管局提交,建议明确该条第2款(h)项中"独立合格人员"为"由承包者任命或聘用的独立合格人员"。

(四)第四部分

16.《规章草案》第46条

该条规定的"环境管理系统"存在诸多模糊之处,需要进一步澄清和明确环境管理系统由谁来建立,系统所要包括的内容有哪些,独立审计由谁来委托等事项。

17.《规章草案》第47条

建议将第3款(c)项修改为:"符合已有的相关区域环境管理计划的目标和措施"。此处加上"已有的",理由是尽管区域环境管理计划的有无可以作为深海开发的前提,但不应妨碍开发工作计划的申请。

18.《规章草案》第48条

建议将第3款(b)项修改为:"符合相关已有的区域环境管理计划的目标和措施"。理由是尽管区域环境管理计划的有无可以作为深海开发的前提,但不应妨碍开发工作计划的申请。

19.《规章草案》第55条

环境责任信托基金应是救济和补充性的,目的在于预防、限制或修复"区域"内活动产生的环境损害。该条(c)项"与保护海洋环境有关的教育和培训方案"过于宽泛,容易稀释基金的核心目标。考虑到相关培训可通过承包者履行培训义务等渠道予以实施,建议删除有关内容。

(五)第五部分

20.《规章草案》第57条

本条涉及对工作计划的修改是否涉及重大变更问题。本条第

2 款规定,“秘书长根据指南审议对工作计划的修改是否构成重大变更”,不妥。一是建议将指南改为具有约束力的“标准”。二是秘书长不能决定是否构成重大变更,将相关条款改为,“若秘书长认为拟议修改可能构成重大变更,则将其提交法技委决定。如法技委认为拟议修改构成重大变更,则承包者应根据第 12 条和第 16 条在实施此类重大变更之前征得理事会根据委员会的建议事先核准。”

(六)第七部分

21.《规章草案》第 63 条

建议进一步明确第 1 款中向承包者提供“财政鼓励”的具体措施,如是否可将商业开发第一阶段的权益金费率设定为最小值,以减少风险并更早回收投资,或减免首批承包者的费用等。

22.《规章草案》第 65 条

该款中的“行政管理和业务管理问题”的说法过于模糊,建议予以澄清。

23.《规章草案》第 70 条

第 3 款规定向海管局缴纳的所有款项均应为毛额。从上下文来看,此处是否应为净额,建议澄清。

建议进一步明确第 4 款“需要分期缴纳的特殊情况”,以便符合条件的承包者作出选择。

24.《规章草案》第 71 条

第 1 款(a)(b)两项规定的从采矿区回收和装运的矿石数量均以湿公吨数为计量单位,而《规章草案》附录四所载特许权使用费计算公式中涉及的矿石总量计数单位则为公吨。鉴于矿石的“湿公吨”和“干公吨”重量差别大,有关统计方式应保持一致。建议《规章草案》对矿石计量单位问题予以明确。

(b)项中规定矿物价值难以计算,且(c)项中有关于价值评估的专门规定,建议(b)项删除“价值”。

(c)项中“具备适当资格人员”由谁来委任,具体资质如何确定等问题应当明确。

25.《规章草案》第 74 条

建议明确书册和记录应保留的年份,包括闭矿后是否还要保存。

26.《规章草案》第 75 条

按照《公约》第 153 条第 5 款,管理局检查的范围限于与“区域”内活动有关而在“区域”内使用的一切设施。本条第 3 款规定的“检查员可以检查、查核和审查承包者办公室内”的内容显然超出了《公约》的规定。建议删除相关内容。

27.《规章草案》第 78 条

本条第 2 款规定,“秘书长可调整此种费用、价格和收入的价值,以体现符合国际公认原则的公平价值”。鉴于相关费用的调整重要但不紧急,此事项应由法技委或财委处理。建议改为“秘书长可向法技委或财委建议调整费用、价格和收入的价值”。

(七)第八部分

28.《规章草案》第 85 条

鉴于商业生产开始之日是缴纳固定年费的起始日,建议在第 1 款中明确何种情况属于“商业生产”,比如达到预计产量的多少比例,或者给出产量的数据标准。

第 2 款中表示,“按照理事会根据上文第 2 款规定的费率”的内容,此为开发规章草案上一版本的遗留内容。因本条中未再提及“费率”,建议删除上述内容。

同时,考虑到本条对固定年费如何计算仍不清楚,建议进一步明确。

(八)第九部分

29.《规章草案》第 89 条

该条第 3 款(i)项规定,机密资料在交给秘书长 10 年后将不再视为机密资料。根据现有《规章草案》规定,开发合同期限可为30年,而机密资料的保密期限仅为10年,两者缺乏协调。除非承包者另有表示,机密资料在合同存续期间原则上都应保密。建议对该条款进行相应调整。

(九)第十部分

30.《规章草案》第94条

《公约》未在制定"区域"相关标准问题上赋予公认专家特殊地位,不宜对公认专家予以单独强调。建议去掉"公认专家"。

在程序上,法技委建议标准须经理事会核准和大会通过。我们支持这种意见。建议对本条第4款中相关内容调整为"理事会和大会通过的标准"。

31.《规章草案》第95条

《公约》并未授权委员会或秘书长制定具有法律拘束力的规则,由该两者发布的指南应是建议性和指导性的,没有拘束力的。为避免由此引发承包者的法律责任,建议本条参照第94条的做法,增加1款,明确指南的法律地位。可在规章草案第95条中明确规定"指南仅具有建议性质,不影响承包者通过指南之外的方式履行开发合同"。

(十)第十一部分

32.《规章草案》第96条

第2款关于允许检查员派往和进入"海上或岸上船只及设施上""无论位于何处的办公场所"的规定,明显超出了《公约》的规定。检查员检查的范围应限于与"区域"内活动有关而在"区域"内使用的船舶或设施,建议删除上述内容。

第3款规定,"有合理理由认为事项紧迫导致无法发出通知的情况,秘书长可在可行的情况下行使不事先通知即进行检查的权利"。按照《公约》,理事会而非秘书长才是行使检查权力的机构。

本款规定不仅扩大了秘书长职权,也排除了担保国参与检查的机会。建议明确哪些情况属于“事项紧迫而无法发出通知的情况”。如不能明确,建议删除上述内容。

第4款关于检查员可检查“任何船只或设施”的规定,超出了《公约》规定的检查员可检查的范围。建议修改为“与‘区域’内活动有关而在‘区域’内使用的船只或设施”。

第5款(c)项“进入办公场所”的规定,超出了《公约》规定,建议删除。(f)项规定“在秘书长提出要求的情况下,同意部署远程、实时监测和监督设备”,按照《公约》,应由理事会而非秘书长提出相关要求,应予以修改。

第6款(b)项包含的“有合理理由相信承包者的作业违反了开采合同规定的义务”例外条款,不当扩大了检查员的权力。检查员可能会因此不当干扰承包者正常作业。如检查员确实“有合理理由相信承包者的作业违反了开采合同规定的义务”,则应向海管局紧急报告,而非擅自行动。

33.《规章草案》第98条

按照《公约》第162条第2款(z)项的规定,检查员的职能是通过检查来确定承包者是否遵守了《公约》、海管局的规则、规章和程序以及合同规定条款和条件,其职责应限于检查和报告,并未授予其“执法权”。该条规定第1款(f)项和(g)项以及第3款和第4款,授权检查员扣留文件、取走样品等权利,显然超出《公约》范围。建议进一步澄清检查员的权力和责任,删除相关“执法权”内容。

34.《规章草案》第99条

第1款赋予检查员在“紧急情况”和“违反开发合同条款”情况下发布指示的权力,包括要求暂停采矿活动、为继续采矿活动设定条件等,显然超出了《公约》规定。上述应是理事会的权力。按照《公约》和海管局的勘探规章,“遇有紧急情况”应由理事会发布紧急命令或在“在理事会未采取任何行动之前”可由秘书长采取临时措施。因此,检查员经检查发现紧急情况,应立即向海管局报告。在理事会未采取行动前,秘书长可按照理事会授权采取临时措施,临时措施应有一定的期限。

该款规定的"在其他方面违反合同条款的情况"的条件过于宽泛,也不具有"紧急"性。按照《公约》,海管局对于违反合同的情况可以向承包者发出书面警告,而不应由检查员发布指示。建议进一步澄清和修改相关内容。

35.《规章草案》第 100 条

秘书长在收到检查报告后,应将报告向承包者及其担保国以及被检查的船只的船旗国通报,并应给予相关承包者和国家予以评论或陈述的机会。

按照《公约》,法技委经理事会请求,也可以执行检查的职能。鉴此,建议秘书长应将检查报告连同承包者及其担保国或船旗国的评论或陈述一并送交给法技委,由法技委进行审议,并向理事会报告检查情况以及所可能做出的建议。

(十一)附件

36.《规章草案》附件一

第 21 条(a)项也涉及企业部主管机关的问题。如主管机关为海管局,则会出现自己向自己提交证明的问题。建议删除"应附上其主管机关开具的证明"的规定,改由企业部或其内部机构(如董事会)开具相关证明。

37.《规章草案》附件四

本部分环境影响评估报告所列项目过于庞杂、操作性不强。一是部分项目涉及连通性、生态系统功能和生命史等基础科学前沿问题,明显超出承包者的科研能力和合同义务。二是部分项目似无评估必要。根据勘探规章,承包者申请勘探矿区,应确保有关设施"不坐落在可能干扰国际航行必经的公认航道的地点或坐落在捕鱼活动集中的区域"。因此,只要勘探区和开采区都不位于渔场和航道上,评估对渔业和海上运输可能受到的影响似无必要。鉴上,环境影响报告应删减不必要的评估项目,并参照法律和技术委员会制定的《指导承包者评估“区域”内海洋矿物勘探活动可能对环境造成的影响的建议》(ISBA/25/LTC/6),对“不需要进行环境影响评估的活动”和“需要进行环境影响评估的活动”加以区分。

由于委员会审议核准的矿区不会位于渔场区,建议将关于“渔业”的6.2.1一段删除。

由于委员会审议核准的矿区不会位于公认航道区,建议将关于旅游的6.2.3一段删除。

38.《规章草案》附件七

第1条(b)项规定,环境管理和监测计划必须由独立合格人员核实并提出报告。“独立合格人员”的任命以及其核实和报告的效力等问题均不明确,应予以进一步澄清。

“改革开放40周年国际法工作”座谈会在京举行

12月28日，由外交部和中国国际法学会共同主办的“改革开放40周年国际法工作座谈会”在北京举行。中共中央政治局委员、中央外事工作委员会办公室主任杨洁篪出席会议并发表题为《开创国际法工作新局面，服务改革开放新征程》的主旨讲话。

杨洁篪表示，习近平总书记在“庆祝改革开放40周年大会”上深刻总结了改革开放的伟大成就和宝贵经验，对在新时代新起点上把改革开放不断推向深入作了总动员。对外工作是改革开放40年伟大成就的重要组成部分。40年来，我们认真贯彻党中央决策部署，不断开拓奋进，在对外工作中取得了丰硕成果。特别是党的十八大以来，面对国际形势风云变幻，以习近平同志为核心的党中央领导我国对外工作攻坚克难、砥砺奋进，开创了中国特色大国外交的崭新局面，为改革开放争取了有利外部环境，为维护世界和平、促进共同发展作出了重要贡献。在这一进程中，国际法工作在国家整体对外工作大局中积极作为，为改革开放伟大成就的取得发挥了重要作用。

杨洁篪指出，40年来，我们广泛参与国际条约和机制，参加了几乎所有政府间国际组织，加入了500余项国际公约，运用法律和条约搭建广泛领域的合作平台，促进我国与世界交融发展、共同进步。我们运用和发展国际法，妥善解决历史遗留问题和国际争端，我国创造性地提出“一国两制”，恢复对香港、澳门行使主权，通过和平谈判与周边邻国解决陆地边界和海洋划界问题。我们广泛深入参与国际经济、金融、环保、网络、极地、外空等各领域全球治理规则制定,引领气候变化国际合作,积极推动和平解决国际和地区热点问题,努力为应对全球性挑战贡献中国智慧和力量。我们积极运用法律规则,坚决维护国家主权、安全和发展利益,坚决反对其他国家干涉我国内政,坚决遏制和打击一切形式的分裂行径,打造打击犯罪、反恐、追逃追赃等法律合作网络,积极维护海外利益,推进"一带一路"法治保障。我们始终高举国际法旗帜,倡导践行和平共处五项原则,坚决维护以《联合国宪章》宗旨和原则为核心的国际法体系,坚定支持多边主义,积极履行国际责任,成为公认的世界和平的建设者、全球发展的贡献者、国际秩序的维护者。

杨洁篪说,40 年来,我们在运用国际法保障和推进改革开放方面也积累了很多宝贵经验。早在擘画改革开放蓝图之初,党中央就明确要求加强对国际法的研究。习近平总书记多次强调,观察和规划改革发展,必须统筹国际国内两类规则。我们坚决贯彻党中央对国际法工作的战略部署,有力地发挥了国际法工作对改革开放的服务和促进作用。我们运用国际法为深化改革、扩大开放提供规则保障。我们推动联合国 2030 年可持续发展议程、达成气候变化《巴黎协定》及其实施细则、完善"一带一路"法治保障体系,以此服务"五位一体"总体布局、协调推进"四个全面"战略布局。我们始终坚持从我国社会主义初级阶段和发展中大国的基本国情出发,同时尊重得到普遍认可、公正合理的国际规则,研究和解决中国涉外法律实践问题,中国既在与世界的交融互动中丰富和完善了中国特色的国际法理论和实践,也为当代国际法的发展作出了重要贡献。我们始终尊重各国主权和领土完整,坚定推动国际关系民主化,坚持正确义利观,决不以牺牲别国利益为代价来发展自己,也决不放弃自己的正当权益。我们始终坚持以国际法明是非、促和平、谋发展,坚持国际法平等统一适用,不搞双重标准。

杨洁篪表示,习近平总书记深刻指出,"我们现在所处的,是一个船到中流浪更急、人到半山路更陡的时候,是一个愈进愈难、愈进愈险而又不进则退、非进不可的时候”。在深入推进改革开放的新征程中,国际法工作也面临新形势。从我国自身发展看,中国广泛和深入地参与国际体系,日益走近世界舞台中央,国际社会期待中国发挥更大作用;我国对外开放广度和深度进一步扩大,发展日益与世界融为一体,国内发展与外部规则及其演变的互动更为密切,这就要求我们不断加强包括国际法在内的涉外法律工作,在更高水平上维护国家利益,为世界作出更大贡献。从我国所处的外部环境看,当前单边主义、保护主义不断蔓延,现存国际秩序受到严重冲击,大国竞争博弈日趋激烈,世界处于百年未有之大变局,国际规则经历深刻震荡,国际竞争中的法律因素前所未有地突出,这就要求我们更好运用国际法,妥善化解外部风险挑战,为改革开放深入推进争取有利外部环境。

杨洁篪强调,我们要深刻把握新一轮改革开放对国际法工作提出的新要求,全面贯彻党的十九大和中央外事工作会议精神,以习近平新时代中国特色社会主义思想和习近平外交思想为指导,树牢“四个意识”、坚定“四个自信”,努力开创中国国际法工作新局面。要聚焦党和国家中心工作,主动将国际法工作融入国家发展规划,为“五位一体”总体布局和“四个全面”战略布局服好务。要深入贯彻全面依法治国,进一步丰富和完善涉外立法,更好适应和促进新一轮改革开放。要加强国际法合作机制建设,为共建“一带一路”提供扎实法治保障,将其打造成为顺应经济全球化潮流的国际合作平台。要进一步用好国际法,坚决抵制单边主义、保护主义,继续坚定维护我国领土和海洋权益,织密反腐败和追逃追赃、打击跨国犯罪、恐怖主义的法律网络,不断丰富和完善保护我国公民和企业在海外合法权益的法律手段。要创新我国国际法理论和实践,使构建人类命运共同体、建设新型国际关系等新理念在国际关系中更好发挥引领作用,为中国特色大国外交开辟新境界,为世界和平与发展作出新的贡献。要本着共商共建共享原则,积极参与和引领全球治理规则制定,充分运用国际法促进国际合作、公平正义的内在功能,推进全球治理体系改革和建设。要不断加强涉外法律工作的交流协商。注重发挥国际法专家智库的作用,进一步加强国际法人才培养,提升国际法工作的整体水平。

座谈会由外交部副部长孔铉佑主持。获得党中央、国务院授予改革先锋称号的联合国国际法院原院长史久镛法官、世界贸易组织争端解决机制上诉机构原主席张月姣法官、有关中央国家机关负责人以及资深国际法专家与会。

中国关于联大“迈向《世界环境公约》”特设工作组进程的评论意见

（2019年2月18日，北京）

一、对工作组进程的总体评论

中国将建设清洁美丽世界作为构建人类命运共同体的重要方面，坚定支持加强全球环境治理，并认为本特设工作组工作是加强全球环境治理的重要环节。中方认为，加强国际环境治理，包括推进本工作组进程应统筹各方利益，做到“四个坚持”：一是要坚持在可持续发展框架下讨论解决环境问题，实现经济社会发展与环境保护相协调；二是要坚持“共同但有区别的责任”原则，切实帮助发展中国家稳步提高环境治理水平和可持续发展能力；三是要坚持环境资源国家主权原则；四是要坚持发展中国家的充分参与。

关于推进工作组工作的程序要求，中方认为应坚持科学民主决策、凝聚共识动力、协同增效。同时在具体工作中坚持以下几点：首先，不与既有国际公约或机制的工作重复。工作组工作的主旨在于加强现有法律和文书执行，联大授权决议明确要求工作组不损害现有相关文书和框架以及相关的全球、区域和部门机构，不重复是应有之义。其次，应坚持渐进发展。根据国际法委员会，渐进发展意味着稳定与变化的适度平衡。为完善国际环境治理，国际环境法既不能停滞不前，也不能搞修正（revision），应寻求稳定与变化的平衡，通过国际环境法持续的渐进发展不断提升国际环境治理。第三,应聚焦全球性问题、避免介入双边及地区性问题。工作组要严格按照授权,将有限时间和资源聚焦全球性和普遍性问题,避免过多讨论应在双边及地区层面解决的问题,影响实现工作组宗旨和目标。第四,要坚持国际法原则和方法。要尊重国家意愿和实际情况,坚持国家同意原则,立足国家实践,避免超越实际强行推进。

中方对联合国秘书长起草《国际环境治理不足报告》的努力表示赞赏,同时认为,工作组进程是成员国驱动的进程,各国可不受该报告局限。如成员国在报告之外提出关于国际环境治理的不足,工作组亦应予以重视。

二、对国际环境法现状的总体评论

(一)关于方法论

国际环境法是国际公法的一部分,植根于一般国际公法的原则和规则。我们应运用国际公法的规则和工具来识别国际环境法的可能不足及提出解决方案。习惯国际法规则的存在需证实相应的公认国家实践和法律确信。讨论国际环境法原则时应遵循这一规则。此外,条约解释规则与处理国际环境法碎片化所带来的困难密切相关,应予重视。

(二)关于国际环境法现状

1972 年斯德哥尔摩人类环境会议以来,全球环境治理取得长足进展,环境问题在国际议程中的位置不断前移。对秘书长报告提出的国际环境法碎片化、国际环境法原则状态不明及各部门国际环境法之间及与其他领域国际法缺乏协调等问题,中方初步看法如下:

1. 关于碎片化

由于环境问题性质、特点各不相同,需要针对具体问题订制解决方案，碎片化有其合理性。另一方面，碎片化确实有产生互相冲突和不相容的规则、原则、规则体系及体制惯例的危险。对于碎片化可能引起的规则、原则冲突，可通过关于条约冲突的成熟国际法工具协助解决。例如，特别法优先于普通法(lex specialis derogat legi generali)和后法优先于先法(lex posterior derogat legi priori)、不得与强行法抵触(norms of jus cogens tolerate no derogation)等，对解决碎片化问题很有裨益。这些条约法规则对于解决国际环境法碎片化问题也是有效的手段。中方愿本着开放态度结合碎片化具体个案展开研讨，寻求务实解决之道。

从长远来说，国际环境法的碎片化发展趋势确实会导致各国履约负担日益繁重、相关权利义务清晰度可能下降等问题，需要通过加强国际环境条约、机制之间的协调予以解决。相关机制已就此展开诸多统筹协调工作。如化学品领域的巴塞尔、鹿特丹和斯德哥尔摩三公约缔约国大会 2008 年发起的"协同增效进程"(synergies process)、联合国环境规划署(UNEP)2017 年发起的"环境条约项目—实现生物多样性的协同增效"倡议等。相关努力应在现有框架内继续推进。此外，环境法以外其他领域为应对碎片化加强机制、规则间协调的做法也值得借鉴。如在国际贸易法领域，联合国国际贸易法委员会(UNCITRAL)通过与相关国际组织磋商确定拟审议的新专题，编写各组织与国际贸易法相关的立法和技术援助活动概览、报告，联合研究研讨等方式加强协调，取得了良好效果。可以参考相关做法，推进加强环境条约、环境机构之间的协调，进一步加强 UNEP 相关协调职能。

2. 关于国际环境法原则状态不明

中方认为，有些国际环境法原则更加接近于"习惯国际法"，有些则仍是"软法"。有些原则更多体现在国际法文书中，有些则主要来自各国国内法。对于同一原则的地位、内容和适用范围，不同国家、不同学者存在不同看法。进一步澄清相关原则的地位、内容和适用范围，有助于发挥这些原则的作用。

就此,中方有三点基本看法:第一,国际环境法原则并不自动构成国际法渊源意义上的一般法律原则。第二,关于一项国际环境法原则是否构成习惯国际法,应坚持识别习惯国际法的惯常做法。有观点认为,应对全球环境问题的迫切性,使得国际环境法领域习惯国际法的形成比较快。但国际法委员会 2018 年关于国际习惯法识别的结论草案,重申应综合考虑法律确信和国家实践两要素来识别国际习惯法。根据两要素进行衡量,会发现国际环境法原则是否已形成习惯法,在何种内涵上形成了习惯法,事实上是需要严谨讨论的。第三,即使作为软法,国际环境法的原则也是有其意义的。软法能更好更快适应环境问题的紧迫性,软法义务具有很大包容性和灵活性甚至可执行性,对习惯法的形成有潜在影响。

对于国际环境法原则状态不明问题,中方认为关键在于加强研究和编纂。相关专家组织在此方面已开展了不少工作,但政府参与不足限制了相关工作的认知度和影响力。未来加强国际环境法的研究和编纂,应努力探讨各国政府和专家互动的方式。理论上,加强国际环境法的研究和编纂可有多种选项:一是可通过本特设工作组加强相关研究和讨论,工作组的任务是识别国际环境法的不足并研讨应对方案,加强研究是题中之义。二是可建议联大成立专家组,就特定国际环境法问题加强研究和编纂。三是可借鉴海牙国际私法会议、联合国国际贸易法委员会,探讨作出机制安排,加强 UNEP 关于国际环境法研究、编纂、渐进发展以及传播、协调的职能。四是可进一步发挥国际法委员会在国际环境法的编纂和渐进发展方面的作用。国际法委员会在 2001 年和 2006 年分别就预防危险活动的跨界损害及损失分配原则提出草案。相关工作较好实现国际法稳定性和渐进发展的统一,有助于进一步澄清有关原则的法律地位。虽然国际法委员会目前工作繁重,但联大有权要求委员会就国际环境法具体原则开展编纂工作,委员会应将联大授权事宜作为优先事项处理。五是如各方认为制定新的国际法文书确有必要而且可行,新文书也可作为选项之一。此外,不采取任何行动也是一种选项。即维持国际环境法原则和规则的现状不变,由各方根据各自理解予以解释、适用。

目前阶段,中方没有倾向性意见,也不排除任何可能的解决办法。如工作组认为确实存在国际环境法原则不明的问题,则需要认真评估各种选项的附加值、可行性,探讨、确定最为有效的解决办法。

三、对有关具体问题的评论

(一)关于国际环境法原则

1. 环境资源国家主权原则、合作原则、共同但有区别的责任原则、可持续发展、发展权等重要原则,构成各国合作应对环境问题的基础;不论采取何种方式加强国际环境治理,均不应偏离这些原则。

2. 对预防原则(prevention)、风险防范(precaution)、污染者付费(polluter pays)、环境权(right to a clean and healthy environment)、环境民主(environmental democracy)、不倒退和进步原则(non-regression and progression)等问题,中方已在第一次实质会议发言中发表了具体意见,并认为国际社会应认真研究,进一步明确其地位、内涵和适用范围。

(二)关于各领域规制制度

国际环境法各领域相关机制、条约针对具体环境问题进行的规制和治理,有其合理性、专业性和科学性。同时,工作组联大授权决议要求工作组进程不应损害现有相关文书和框架。因此,工作组工作不宜对各领域的规制制度和治理结构的不足和解决方案进行讨论和处理,相关工作宜由各领域的文书和机构自身进行处理。

对于森林可持续利用、海洋塑料垃圾问题、土壤保护、人权与气候变化等新兴问题,在现有机制下已开展讨论,可通过既有机制以适当方式进行处理。如工作组发现现有机制无法处理的问题,中方愿积极讨论解决方案。

(三)关于与环境有关的文书

关于贸易文书,中方注意到,WTO 争端解决机制与 GATT 相比,更多地考虑环境保护因素,并通过条约解释等方法考虑相关环境法原则、规则,加强环境保护;此外,地区和双边的贸易条约和立法也越来越多纳入环境保护章节。国际环境法和国际贸易法相互支持的趋势加强,联大可以鼓励继续加强上述这种相互支持。同时,需要强调的是,加强环保要避免对自由贸易构成不合理限制或贸易壁垒。

关于投资文书,中方注意到报告中引用的文献较为陈旧,未能涉及该领域新的发展。近年,越来越多的地区和双边投资条约中纳入环境保护的规则和标准,这是积极的趋势。中方认为,处理该问题要兼顾成员国对环境的保护和对投资者投资的保护之间的平衡。

关于知识产权,中方认为,该问题专业性和复杂性强,且在生物多样性公约、TRIPs 等机制下已开展讨论,应继续在既有框架下推进相关讨论。

关于人权文书,中方注意到报告提及的一些国际和地区层面的发展,认为应在既有的平台和机制下开展相关的讨论。

(四)关于治理架构

1. 关于加强不同机构和条约间协调。目前已开展的如化学品领域的“协同增效进程”、UNEP2017 年发起的“环境条约项目—实现生物多样性的协同增效”倡议等,可继续加强。此外,还可借鉴海牙国际私法会议、联合国国际贸易法委员会,探讨作出机制安排,加强 UNEP 关于国际环境法研究、编纂、渐进发展及传播、协调的职能。

2. 关于非国家行为体参与。中方支持鼓励非国家利益相关方根据国内法参与环境治理,依法行使知情权、参与权和救济权,也欢迎他们在国际环境治理中发挥更大作用。同时需强调的是,环境条约的主体是国家,非国家行为体不是条约主体,其在国际环境立法、履约监督和遵约程序中的作用必须与这一地位相符合,不能冲淡甚至破坏主权国家在国际环境法中的主体地位。

遵约机制是促进履约、而非惩罚性质的机制,有关制度设计不能影响遵约机制的这一性质。虽然生物多样性公约等个别公约在惠益分享、传统知识等特殊问题上为非国家行为体一定程度上参与遵约程序提供了便利,但总体上我们仍应坚持环境条约遵约机制政府间进程的性质和促进性的特点。

(五)关于执行和有效性

1. 关于履约手段

中方认为,面对日益多元化、专业化、复杂化的国际环境条约体系,发展中国家履约能力和手段欠缺问题需要得到国际社会更多关注,发达国家应进一步加强对发展中国家在履行多边环境协定的资金、能力和技术等方面的支持,确保发展中国家充分和深入参与全球环境治理。

2. 关于争端解决机制

现有的国际、国内司法机制和程序提供了有效处理国家之间、国家与投资者之间以及民事主体之间环境法案件的机制,建立新的司法、仲裁机制时机不成熟。

(六)关于跨界损害赔偿

1. 国家责任和跨界损害损失分担属不同层面问题:

(1)预防跨界损害存在相对较多的国家实践和法律确信,但针对国家责任的损害赔偿则缺少足够的国家实践和法律确信,还远未形成习惯国际法。国际实践中存在国家参与跨界损失分担的情况,但这些国家总是强调这是一种善意补偿(ex gratia),而非法律意义上的赔偿责任。所以并不存在关于国家赔偿责任的法律确信。

(2)关于跨界损害,国家承担的是适当注意的义务,即确保其管辖或控制的活动不损害其他国家或在国家管辖范围以外地区的环境,这是一种行为义务,而非结果义务。只要一国采取了适当措施,就履行了适当注意义务,不引起国家责任。

(3)跨界损害损失分配的主要责任主体是经营者(operator)。目前除核和太空等个别领域规定了国家责任外,其他领域实践主要涉及民事责任,由民事主体赔偿。相关国际法的渐进发展应继续坚持这一大的方向。

2. 本进程应尽量回避跨界损害的赔偿问题,交由具体领域处理。原因如下:

一是由于环境问题性质各异,国际社会难以制订统一适用各领域环境问题的跨界损害赔偿规则;

二是国际法委员会在2001年《关于预防危险活动的跨界损害的条款草案》(Draft Articles on Prevention of Trans-boundary Harm from Hazardous Activities)和2006年《关于危险活动造成的跨界损害案件中损失分配的原则草案》(Draft Principles on the Allocation of Loss in the Case of Trans-boundary Harm Arising out of Hazardous Activities)体现了在这一问题上最新和最大程度上的进展。其后的国家实践并没有出现重大突破。脱离具体领域,在一般意义上重复讨论跨界损害问题不会取得新的进展;

三是跨界损害主要是双边或区域问题,应主要在双边和区域层面解决。联合国进程可以不必就此花费过多时间。

3. 鉴于上述,本进程可进一步鼓励各国制定关于损害的责任和赔偿受害者的国内法,并鼓励各国发展关于跨界损害的责任和赔偿的国际法规则。但本进程本身不宜实质性讨论跨界损害赔偿问题。

《中国国际法年刊》(2020 年)稿约

《中国国际法年刊》(以下简称《年刊》)是由外交部主管、中国国际法学会主办的学术出版物。《年刊》创办于 1982 年,是改革开放后全国最早的学术年刊。创办以来,《年刊》一直致力于成为中国学界在国际法领域的最高水准研究成果发表和交流的平台。《年刊》现已收入中国社会科学研究评价中心"中文社会科学引文索引"(CSSCI)核心集刊目录。

《年刊》设有论文、述评、书评、动态和资料汇编等栏目。欢迎国内外专家、学者赐稿。

《年刊》来稿要求如下:

1. 国际公法、国际私法和国际经济法领域的原创性作品,未经发表。稿件字数一般不少于 1 万字。

2. 稿件适用《年刊》注释体例(参见中国国际法学会网站(http://www.csil.cn/)"中国国际法年刊"菜单下"注释体例")。

3. 来稿包括论文正文、题目(中英文)和作者简介(作者的姓名、单位、职务或职称、电子邮箱和电话),并请附中文摘要(不超过 500 字)、英文摘要(不超过 300 字)以及关键词。

4.《年刊》长期征稿。2020 年《年刊》征稿截止日期为 2020 年 12 月 31 日。

5. 投稿《年刊》的稿件,请将 WORD 电子版发送至 niankan@cfau.edu.cn。

《年刊》采用双匿名审稿制。从编辑部收到稿件起3个月内未收到采纳通知,可自行处理稿件。

中国国际法学会

《中国国际法年刊》编辑部

图书在版编目(CIP)数据

中国国际法年刊. 2019 / 中国国际法学会主办. --
北京 : 法律出版社, 2020
ISBN 978-7-5197-4958-3

Ⅰ. ①中… Ⅱ. ①中… Ⅲ. ①国际法-2019-年刊
Ⅳ. ①D99-54

中国版本图书馆 CIP 数据核字(2020)第 180138 号

中国国际法年刊(2019)
ZHONGGUO GUOJIFA NIANKAN(2019)

中国国际法学会 主办

责任编辑 孙东育 王 珊
装帧设计 李 瞻

出版 法律出版社
总发行 中国法律图书有限公司
经销 新华书店
印刷 永清县金鑫印刷有限公司
责任校对 王晓萍
责任印制 陶 松

编辑统筹 学术·对外出版分社
开本 A5
印张 19.25
字数 488 千
版本 2020 年 10 月第 1 版
印次 2020 年 10 月第 1 次印刷

法律出版社/北京市丰台区莲花池西里 7 号(100073)
网址/www.lawpress.com.cn
投稿邮箱/info@lawpress.com.cn
举报维权邮箱/jbwq@lawpress.com.cn
销售热线/400-660-8393
咨询电话/010-63939796

中国法律图书有限公司/北京市丰台区莲花池西里 7 号(100073)
全国各地中法图分、子公司销售电话:
统一销售客服/400-660-8393/6393
第一法律书店/010-83938432/8433
西安分公司/029-85330678
重庆分公司/023-67453036
上海分公司/021-62071639/1636
深圳分公司/0755-83072995

书号:ISBN 978-7-5197-4958-3
定价:96.00 元